图书在版编目（CIP）数据

青神年鉴. 2022 / 青神县党史和县志编纂中心编. —
北京 ： 方志出版社, 2022.10
ISBN 978-7-5144-5392-8

Ⅰ. ①青… Ⅱ. ①青… Ⅲ. ①青神县－2022－年鉴
Ⅳ. ①Z527.14

中国版本图书馆CIP数据核字（2022）第232660号

责任编辑：陈菁
责任校对：刘玉霞
责任印制：梅中英
出 版 者：方志出版社
地　　址：北京市朝阳区潘家园东里 9 号（国家方志馆4层）
邮　　编：100021
网　　址：http://www.zgfzcb.cn
发　　行：方志出版社图书营销中心（010-67110500）
印　　刷：成都市开心彩之韵印刷有限公司
开　　本：889毫米×1194毫米　1/16
印　　张：21
字　　数：787千字
版　　次：2022年10月第1版
印　　次：2022年10月第1次印刷
定　　价：260.00元

青神年鉴

QINGSHEN YEARBOOK 2022

青 神 县 人 民 政 府 主办
青神县党史和县志编纂中心 编

方志出版社
Publishing House of Local Records

重要会议

IMPORTANT MEETING

2021年10月13日至15日，中国共产党青神县第十五次代表大会召开　（县融媒体中心供图）

2021年10月14日，县委书记刘今朝代表中国共产党青神县第十四届委员会向大会作报告　（县融媒体中心供图）

2021年4月27日至28日，青神县第十七届人民代表大会第九次会议召开　（县融媒体中心供图）

2021年4月28日，新当选的县人民政府县长邱磊进行宪法宣誓　（县融媒体中心供图）

青神县行政区划图

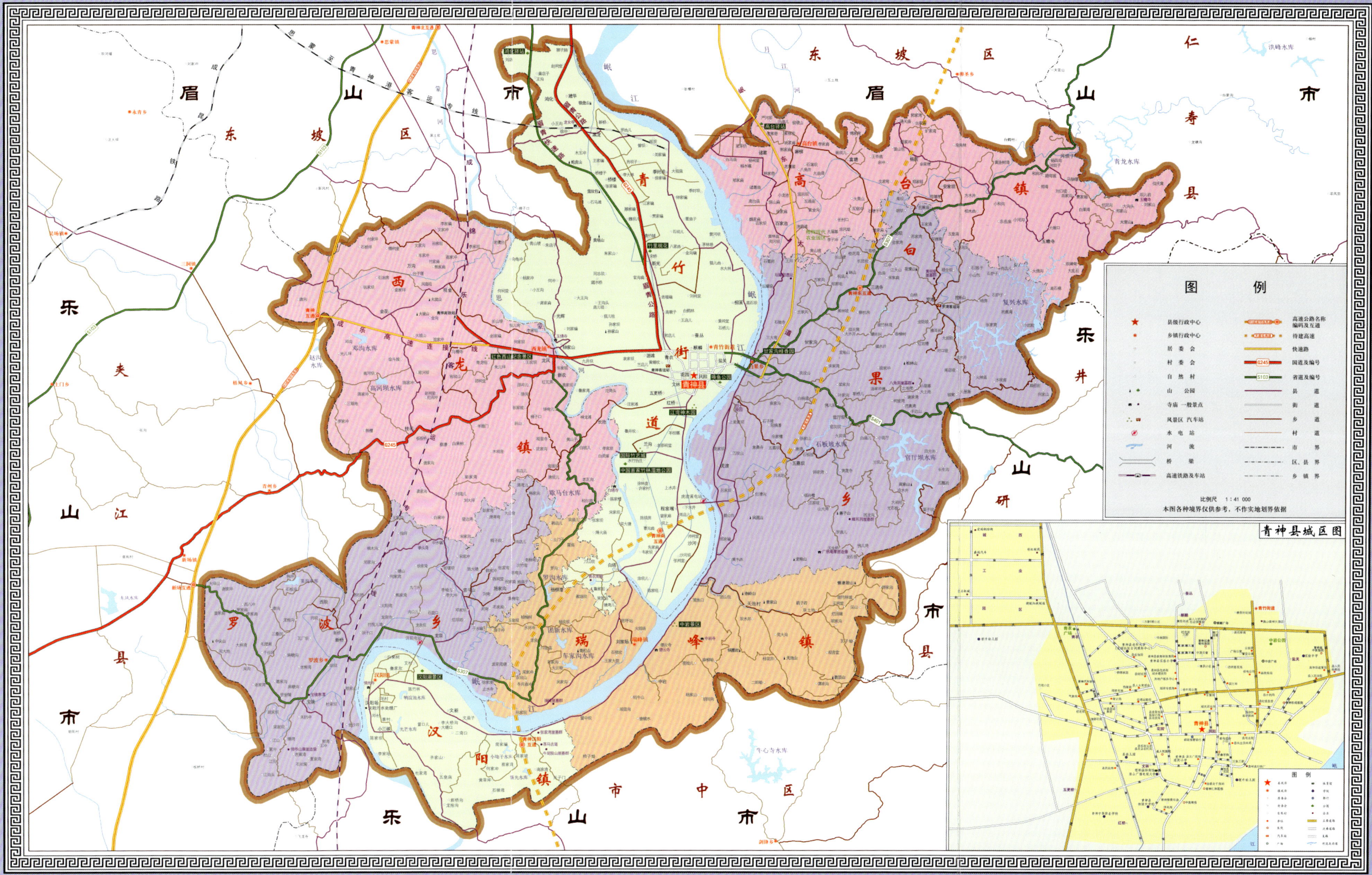

审图号：川S【2020】7075号

2021年11月3日至5日，青神县第十八届人民代表大会第一次会议召开 （县融媒体中心供图）

2021年11月5日，新当选的青神县第十八届人民代表大会常务委员会主任卢明春发言 （县融媒体中心供图）

2021年1月31日至2月2日，中国人民政治协商会议第九届青神县委员会第七次会议召开 （县融媒体中心供图）

2021年2月1日，县政协主席陈开军代表县政协第九届常务委员会向大会作工作报告 （县融媒体中心供图）

重要活动

2021年9月30日，青神县在烈士陵园举行烈士公祭活动 （县融媒体中心供图）

2021年10月19日至20日，第五届四川“村长”论坛暨首届乡村振兴县委书记峰会在崇州市白头镇五星村举行，县委书记刘今朝在会上就推进城乡融合发展、加快全域乡村振兴作交流发言 （县农业农村局供图）

2021年7月6日，青神县人民政府与清华大学学生职业发展指导中心共建干部人才培养实践基地合作签约暨揭牌仪式举行（县融媒体中心供图）

2021年10月14日，2020年联合国生物多样性大会上，生态环境部授予青神县国家生态文明建设示范区称号 （眉山市青神生态环境局供图）

经济建设

ECONOMIC DEVELOPMENT

2021年1月30日，青神县冷链物流园建成使用　　（县现代农业示范园区供图）

2021年5月13日，金茂源（西南·青神）表面处理循环经济产业园项目举行奠基仪式　　（县融媒体中心供图）

2021年8月23日，青神县西龙镇观金社区高标准农田喜获丰收　（县融媒体中心供图）

2021年10月12日，岷江虎渡溪航电枢纽工程施工现场　（县交通运输局供图）

2021年10月19日，斑布健康竹产业园项目建设现场鸟瞰图 （县融媒体中心供图）

2021年12月20日，眉山市制造业招商引资“百日攻坚”行动集中签约仪式在眉举行。图为青神县人民政府和四川环龙新材料有限公司签约现场 （县融媒体中心供图）

城乡建设

2021年7月6日，青神县青衣神广场夜景　（县文广旅局供图）

2021年7月13日，青神县青竹街道兰沟村　（徐彬森供图）

2021年8月15日，青神县柑橘现代农业园区　　（县现代农业示范园区供图）

2021年8月16日，青神县红色西山革命教育基地　　（县融媒体中心供图）

2021年9月24日，成乐高速公路青神收费站建成并投入运营　（县融媒体中心供图）

2021年10月1日，青神县唤鱼公园C区建成开放　（肖祁供图）

2021年10月1日，青神县唤鱼公园C区夜景　（肖祁供图）

2021年12月15日，成乐高速扩容项目建成通车　（县融媒体中心供图）

2021年12月30日，青神县复兴水库扩建工程俯瞰　（县水利局供图）

2021年12月30日，青神县老旧小区改造后的新小区——青枫小区　（县住建局供图）

文化建设

2021年4月8日，2021年眉山市“三下乡”暨文化下乡启动仪式在青神县举行（县文广旅局供图）

2021年5月6日，青神县开展“同心向党　薪火相传”——青神县新时代文明实践活动走进竹里巷子活动（县融媒体中心供图）

2021年5月28日，青神县开展“寻找党的好女儿”活动　（县妇联供图）

2021年6月29日，红色舞台剧《面向党旗永生》在红色西山革命教育基地演艺厅首次公演　（县融媒体中心供图）

2021年10月16日，青神县学道街小学赴北京参加“共迎未来”中外人文交流小使者迎冬奥倒计时100天活动　（县融媒体中心供图）

2021年10月16日，歌剧《卓文君》在青神县演出　（县文广旅局供图）

2021年4月29日，青神县首次采取模拟现场和视频录播的方式开展食品安全突发事件（Ⅳ级）应急演练
（县融媒体中心供图）

社会建设

2021年5月20日，青神县实验幼儿园教育集团瑞峰分园举行授牌仪式　（县教体局供图）

2021年7月27日，青神中学整体搬迁项目建设成果 （县融媒体中心供图）

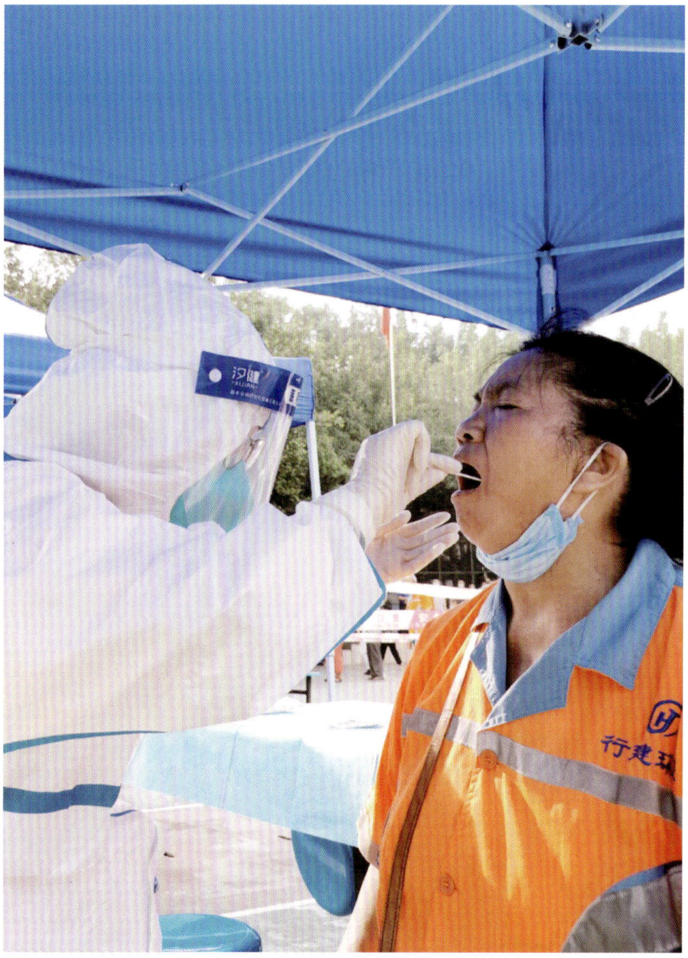

2021年8月10日，青神县开展新冠肺炎疫情全员核酸检测应急演练 （县融媒体中心供图）

青神县矛盾纠纷多元化解协调中心（2021年）（县委政法委供图）

2021年10月22日，2021年眉山市"新时代好少年"先进事迹发布仪式在青神县举行（县教体局供图）

2021年11月25日，青神县开展交通安全巡逻　　（县公安局供图）

2021年12月21日，青神县高台镇百家池村共庆百家寿宴　　（县融媒体中心供图）

生态建设

青神县唤鱼公园B区（2021年） （县融媒体中心供图）

青神县竹林湿地公园（2021年） （县文广旅局供图）

青神县竹林湿地公园绽放的荷花（2021年） （县文广旅局供图）

竹里巷子（2021年）（县文广旅局供图）

在青神县眺望峨眉山（2021年）（县文广旅局供图）

青神县实验小学秋景（2021年）　（杨彦刚　摄）

青竹街道程家嘴村（2021年）　（县融媒体中心供图）

《青神年鉴（2022）》编辑部

《青神年鉴（2022）》供稿人名单

单位名称	审稿人	撰稿人
县纪委监委	宋美林	徐泽敏
县人民法院	陈径舟	艾睿
县人民检察院	周文彬	王皓
县委办	李仕贵	陶凯
县人大办	郑亮	万琼、肖丹、吕海军、刘媛媛、袁倩、兰晓东、葛磊、谢娜
县政府办	刘建林	杜宇
县政协办	余卫红	饶金勇
县委组织部	彭章勤	张志、郑宇宸
县委宣传部	宋杰林	王月、方玲、余涛、叶曦、杨欢、赵琴
县委统战部	刘炼刚	宋诚
县委政法委	宋志全	王秋艳
县委编办	游晓艳	周渝翔
县直机关工委	罗姝毅	曾娟
县委老干局	游晓艳	罗静
县委巡察办	胡同强	黄韦
县发改局	苏雨	王栖、蒲雯佳、吴松、徐彬森、文科
县经信局	贾靖宇	吴宇
县教体局	兰志祥	王英
县公安局	徐建忠	王露萍
县民政局	李科	黄奕新
县司法局	潘雯	周子婷

单位名称	审稿人	撰稿人
县财政局	黄颖	徐滔、杨春、童晓芬、唐靖瑜、王强、陈琳、余茂呈
县人社局	毛星燕	张玲梅
县自然资源局	潘正强	鲁艳
眉山市青神生态环境局	汤田计	吕莉莉
县住建局	刘永生	李典乐
县交通运输局	陈骏	王梓萱
县水利局	刘欣	刘子昂
县农业农村局	饶舜	杨小刚、郑美琳、宋刚、刘聪斌、戴益明、席利娟、郑强、陈艇、陈彬、陈柯灵、邹杰、徐培、郭柯航、郭义华、沈秀连、余滔、王鹏
县商务局	李燕	许倩
县文广旅局	余瑶	谭虹
县卫健局	陈爱中	周丽
县退役军人事务局	雷栋奎	杨小红
县应急管理局	陈建英	郑建波、韦建军、陈书言、陈志强、万兴、朱界宇、葛睿琪
县审计局	陈治	陈兰
县市场监管局	刘炯	周倍
县统计局	徐洪刚	王玉辉、孙敏
县信访局	邹建	邓运敏
县医保局	罗姝毅	谢雨辰
县行政审批局	李艳祥	欧利祥、朱丽
县综合执法局	杨勇建	赵秀波
县林业园林局	张旭	滕佳微、黄尹姝、李松、罗娟、林建、陈建如、杨璐

单位名称	审稿人	撰稿人
县人武部	魏斌、尹波	何乐
县武警中队	刘建	方一舟
县消防救援大队	周毅	王滔
县总工会	林刚	祝丽红
团县委	阳佳秀	段姝莉、姜霞
县妇联	刘迎春	鲁立
县科协	滕薇	黄文静
县工商联	刘勇义	赵丹
县残联	费永军	任惠琴
县红十字会	刘旭明	张欢
县委党校	张建华	鲁江燕
县档案馆	魏艳琼	张斯寒
县史志编纂中心	徐红	张可、马汉超
县机关服务中心	邵利英	李晓玲
眉山市住房公积金管理中心青神县管理部	杨慧	熊涛
县融媒体中心	郑欢	李梦瑶
县税务局	吴涯	王玉梅
县气象局	杨磊	王佳林
中国邮政集团青神分公司	程传武	王伟男
人民银行青神支行	王茂春	郑旭
农业银行青神支行	向昊	孙雪梅
国网青神供电公司	夏承续	沈燕
烟草公司	郭左铭	何亚卓
盐业公司	曾山	曾山
中国移动青神分公司	黄忠祥	王倩茜

单位名称	审稿人	撰稿人
中国联通青神分公司	赵钦	兰燕
中国电信青神分公司	肖德伟	李乾平
四川青神经济开发区管委会	梁煜梓	曾健梅
县竹编产业园区管委会	林莉	黄美娴
县现代农业示范园区管委会	徐婧	姚璐
青竹街道	宋振兴	向玉麒
西龙镇	任和	罗楠
瑞峰镇	葛亚飞	陈建飞
罗波乡	张世洪	毛飞
白果乡	何喻	孙小琴
高台镇	王军	陈俊
汉阳镇	江涛	王涛

说明：图片由相关部门提供

编辑说明

一、《青神年鉴》坚持以马克思列宁主义、毛泽东思想、邓小平理论、“三个代表”重要思想、科学发展观、习近平新时代中国特色社会主义思想为指导，坚持辩证唯物主义和历史唯物主义的立场、观点和方法，紧紧围绕全县发展战略和县委、县政府中心工作目标，全面、系统、翔实地记录青神县年度经济和社会发展现状及所取得的成就和经验，为社会各界人士了解青神、认知青神提供可靠的基本县情资料，为各级各部门决策与研究提供重要的参考依据。

二、《青神年鉴》是由中共青神县委领导，青神县人民政府主办，青神县党史和县志编纂中心主编，全县各部门、各乡镇（街道）、县属及驻县相关企事业单位共同参与编纂、出版的资料性工具书，具有政府公报性、年史性、地方综合性、权威性等特点。《青神年鉴》首卷出版于1996年，一年一鉴，至2022年共编纂、出版27卷。

三、《青神年鉴（2022）》收录资料时限原则为2021年1月1日至2021年12月31日，部分史实适当上溯或下延；收录的先进集体和个人为获得市委、市政府及以上表彰的先进集体和个人。条目为记述的基本单元，各条目标题均加【】表示。

四、《青神年鉴（2022）》采用分类编辑法，按类目、分目、条目的框架结构组成主体内容。全书设置特载、专记、大事记、青神县情、中共青神县委员会、青神县人民代表大会、青神县人民政府、政协青神县委员会、纪检监察、群众团体、法治、军事、综合经济管理、农业、工信产业、竹艺行业、商贸业、旅游业、金融业、交通·邮政、城乡建设与管理、教育·科学技术、文化·体育、卫生、社会民生、生态环保、乡镇·街道、附录。

五、《青神年鉴》的基本数据以县统计局提供数据为准。县统计局无法提供的数据，以各部门、各乡镇（街道）、县属及驻县相关企事业单位的数据为准。全书除按原文登载的报告、文件及个别行业外，数字用法、标点符号用法分别采用国家标准《出版物上数字用法》（GB/T 15835—2011）、《标点符号用法》（GB/T15834—2011），计量单位采用国家技术监督局 1993 年 12 月发布的《量和单位》系列国家标准。考虑到社会使用习惯，全书中亩不统一换算。

六、《青神年鉴（2022）》所用稿件均由各部门、各乡镇（街道）、县属及驻县相关企事业单位提供，并经各级主要负责人签发后提供给《青神年鉴》编辑部。本书收入时除对各单位提供的文稿按年鉴规范做相关技术处理外，基本事实和数据不予改动。本书图片主要由各相关供稿部门提供，并予以标注、署名。全卷使用的机构名称及简称，原则上以各级编制机构核实的名称为准。

目录

特载

专记

大事记

青神县情

国民经济和社会状况

中共青神县委员会

县委重要会议

重要决策

县委巡察

县委事务

组织建设

宣传工作

精神文明建设

统一战线

侨务和港澳台事务

民族和宗教事务

机要保密

群众团体

法 治

农 业

竹艺竹业

商贸业

旅游业

金融业

交通·邮政

城乡建设与管理

教育·科学技术

文化·体育

卫 生

社会民生

生态环保

乡镇·街道

附 录

索 引

CONTENTS

Features

Special Reports

Chronicle of Major Events

Qingshen County

Qingshen County Committee of CPC

Qingshen County People's Congress

Qingshen County People's Government

CPPCC Qingshen County Committee

Discipline Inspection and Supervision

Mass Organizations

Rule of Law

Military

Comprehensive Economic Management

Agricultrue

Industry and Information Industry

Bamboo Decoration

Commerce And Trade

Tourism

Financial Industry

Transportation and Postal Industry

Urban–rural Construction and Management

Education and Science and Technology

Culture and Sports

Health

Society and People's Livelihood

Ecological Environmental Protection

Township, Town and Sub-district

Appendices

Index

特　载

追求卓越　真抓实干
奋力建设高质量发展的国际竹艺名城
全面开启青神现代化建设新征程

——在中国共产党青神县第十五次代表大会上的报告

中共青神县委书记　刘今朝

（2021 年 10 月 14 日）

中国共产党青神县第十五次代表大会，是在“两个一百年”奋斗目标历史交汇的关键节点，召开的一次承前启后、继往开来的重要大会。大会主题是：坚持以习近平新时代中国特色社会主义思想为指导，追求卓越，真抓实干，聚焦特色产业，深化城乡融合，彰显生态价值，迈向共同富裕，奋力建设高质量发展的国际竹艺名城，全面开启青神现代化建设新征程！

一、过去五年的主要工作

县第十四次党代会以来，县委坚持以习近平新时代中国特色社会主义思想为指导，深入学习贯彻习近平总书记来川视察重要讲话和对四川工作系列重要指示精神，增强“四个意识”、坚定“四个自信”、做到“两个维护”，认真落实中央、省委、市委各项决策部署，团结带领全县广大干部群众，坚持“135”工作思路不动摇，努力夺取新冠肺炎疫情防控和经济社会发展双胜利，打赢了脱贫攻坚战，较好地完成了县第十四次党代会确定的建设幸福美丽青神目标，与全国全省全市同步建成了小康社会。

五年来，我们成功创建国家生态文明建设示范区，获评全国平安建设先进县、四川省文明城市、四川省竹产业高质量发展县；深入实施乡村振兴战略，成为 2020 年全省唯一同时囊括四川省乡村振兴先进县、农民增收先进县、农村改革先进县三项殊荣的区县。预计 2021 年全县地区生产总值（GDP）将突破 100 亿元大关，是 2016 年的 1.58 倍，人均 GDP 与全国的差距五年缩小 10 个百分点；地方一般公共预算收入达 6.5 亿元，是 2016 年的 1.4 倍；五年累计完成全社会固定资产投资 320 亿元，年均增长 12%；城乡居民人均可支配收入分别达 4.1 万元、2.3 万元，是 2016 年的 1.48 倍、1.57 倍，城乡收入比从 2016 年的 1.86 缩小到 1.78。2016 年、2020 年两度获评全市综合目标绩效考核一等奖。

——*五年来，我们守正创新，特色产业加快成势。*坚持竹、机械、柑橘三大特色产业不动摇。竹产业优势已显。青神竹编产业园区成功创建为全省唯一的国家林业产业示范园区。青神竹编小镇获评全省首批、眉山唯一的四川省特色小镇。青神竹编连续三年跻身全国区域品牌百强榜，作为国礼赠送多国政要，青神竹桶成为北京世园会中外领导人植树专用桶，斑布竹纸成为同类产品市场占有率全国第一。斑布健康竹产业园成为全省十五年来唯一获批的大型制浆造纸项目，即将建成投产。预计 2021 年竹产业综合产值实现 60 亿元，较 2016 年增长 233%，实现了从竹艺传承到竹业支撑的历史性跨越。机械产业蓄势突破。青神工业开发区获批省级经济开发区，成功申报省级小型微型企业创业创新示范基地。德恩精工主板上市，成为全市第三家独立上市企业。环龙新材料、民众日化、青城机械等 12 家企业建成国家级高新技术企业，四川丹甫获评国家创新型企业，德鑫航空等 3 家企业获评国家级专精特新“小巨人”企业。开工建设成都都市圈范围内唯一获批的表面处理产业园。柑橘产业质效齐升。青神椪柑园区成功创建省级三星级现代农业园区。建成西南地区最大的柑橘单轨运输基地、最大区域性农产品仓储冷链物流中心，成为全国晚熟柑橘产业集群县、晚熟柑橘优势区、绿色防控示范区。

——*五年来，我们奋发有为，城市面貌焕然一新。*坚持以人为本，加快建设宜居宜业的品质城市。总投资 115 亿元的滨江新区、城北新城全面推进，青神人民期盼已久的唤鱼公园惊艳亮相，护城河全面整治提升，滨江大道、振兴路等城市干道高标准建成，青绘河、苏母湖等河湖水脉灵动自然，竹里系列公园绿廊绿满青神，建成区面积达 8.1 平方公里，较 2015 年增加 1.3 平方公里，最美竹林城市形态初显。高标准完成投资 15 亿元的 150 个棚户区、老旧小区改造，补齐城市功能短板，开展两年提升“2658”[①]工程，城市管理规范有序，城市形象明显提升。城镇化率从 2015 年的 38.6% 提升到 2020 年的 46.9%。岷东大道、蚕丛大桥建成通车，成乐高速扩容并设置青神互通，结束了青神县域没有高速出入口的历史。眉青供水工程建成投用，复兴水库改扩建工程全面开工，全县可用水资源将实现翻番。220千伏牯牛山变电站即将建成，全县未来15年的用电需求得到保障。

——*五年来，我们善作善成，乡村振兴走在前列*。坚持把实施乡村振兴战略作为新时代“三农”工作总抓手，加速谱写乡村振兴青神篇章。全面打赢脱贫攻坚战，全县26个市级贫困村如期“摘帽”、3793户建档立卡贫困户9358人全部脱贫。粮食生猪等重要农产品稳产保供，建成高标准农田10.23万亩，粮食产量达到6.25万吨；生猪养殖布局更加优化，非洲猪瘟等重大动植物疫情防控扎实有力。累计投入22亿元新建干线公路及农村公路68公里、改建农村公路202公里，成功创建全省“四好农村路”[②]示范县。全域统筹推进农村人居环境整治，推广“拆收改栽画”五字工作法，纵深推进垃圾、污水、厕所“三大革命”，农村生活垃圾、生活污水有效治理的村分别占比100%、98.1%，无害化卫生厕所普及率96.7%，居全省前列。

——*五年来，我们攻坚克难，生态环境持续改善*。坚持以习近平生态文明思想为指引，切实履行生态环境保护职责。全力打赢污染防治攻坚战，解决了一大批群众身边突出的环境问题。岷江出境断面悦来渡口水质今年以来平均达到Ⅱ类标准，思蒙河、金牛河水质持续稳定在Ⅲ类。空气质量在全市率先达到国家二级标准，优良率连续三年全市第一。全面完成土壤污染防治目标。深入实施绿色发展五年行动计划，投入111.9亿元，建成竹里桃花、竹里海棠等72个生态类项目。竹林风景线建设成效显著，获评省级竹林风景线建设先进县。森林覆盖率由46.1%提升到48.2%。2018年以来，连续三年被市委、市政府考评为生态环境保护工作党政同责先进县。

——*五年来，我们践行初心，民生福祉大幅提升*。坚持以人民为中心，把增进民生福祉作为发展的根本出发点和落脚点。坚决打赢疫情防控的人民战争、总体战、阻击战，全县始终清净无疫，守护住了青神人民的生命健康。累计投入50亿元，每年办好民生实事，全县民生支出占年度一般公共预算支出比重保持在64%以上。坚持教育优先发展，完成县幼儿园整体搬迁及实验幼儿园分园建设，幼儿园公办率和普惠率均居全市第一，投入7.8亿元完成青神中学校整体搬迁，增加学位2400个，实现了青神人民夙愿，办学条件大幅改善，优质教育资源实现普惠共享。成都艺术职业大学升格为全国第一所艺术类本科职业大学。医疗卫生水平大幅提升，县妇幼保健院新院、县人民医院和县中医院业务用房相继建成，县妇幼保健院成功创建“二甲”，县级医疗机构门诊患者满意度96%，全市第一。累计城镇新增就业14534人，城镇登记失业率控制在4%以内。全民参保计划全面实施，医保水平不断提升，基本养老参保人数较2016年增加36.5%。社会福利、慈善事业、粮食物资储备、老龄事业、优抚安置、退役军人等服务保障体系不断完善。2020年，存贷款余额分别达125亿元、65.4亿元，较2015年增长63.2%、73.9%；居民人均存款余额达6.2万元，较2015年增长78%。

——*五年来，我们敢为人先，改革开放不断深化*。坚持以改革培育动能，以开放激发活力。75项中省市改革试点任务全部完成。县级部门机构改革、乡镇行政区划和村级建制调整改革顺利完成。农业农村、营商环境、国资国企等重点领域改革取得突破。成为全国农村改革试验区、中央农办三农政策基层联系县，城乡县域融合发展实施路径改革经验被中央农办《农村要情》刊发。医共体、学联体模式办医办学改革经验全省推广。土地集约节约利用成效明显。以竹为媒、联通世界，2018年以来连续三年高标准举办中国国际竹产业交易博览会。成功举办“椪柑节”“龙舟节”等会节活动。汉阳湖忆村、竹里院子、竹里巷子等成为网红打卡地，国际竹艺城、江湾神木园成功创建AAAA级旅游景区。五年来，累计落地项目71个，招商引资到位资金244亿元；全县消费品市场总体规模年均增速达8.8%，旅游收入累计实现210亿元；成为全省第一个电商顺差县，两次获评全国电子商务进农村综合示范县。

——*五年来，我们担当尽责，社会大局和谐稳定*。坚持把稳定作为第一责任，坚决确保人民群众生命财产安全。“七五”普法圆满收官，扫黑除恶专项斗争扎实有效，禁毒人民战争成效明显，政法队伍教育整顿成效显著，平安青神建设深入推进，2020年平安建设群众满意度全市第一。不断加强社会治理创新，在全市率先推行“街道吹哨、部门报到”工作机制，建成首家矛盾纠纷多元化解调解中心，信访工作呈现“五降”[③]良好态势，连续三年获评全国信访“三无”县。公共安全体制机制、应急管理机制建立健全，防灾减灾综合能力显著提升，各乡镇（街道）均被命名四川省安全社区。2020年，战胜了新中国成立以来最大暴雨洪涝灾害，未发生人员伤亡。连续16年未发生较大及以上生产安全事故，连续19年未发生食品药品安全事故。

——*五年来，我们崇严尚实，党的建设全面加强*。坚持以习近平新时代中国特色社会主义思想武装头脑，认真开展“两学一做”学习教育、“不忘初心、牢记使命”主题教育和党史学习教育，隆重开展庆祝新中国成立70周年和建党100周年活动，全县党员干部理想信念更加坚定。意识形态领域总体态势平稳向好，宣传思想工作亮点突出，成功创建省级文明城市。始终坚持新时期好干部标准，鲜明选人用人导向，优化干部成长路径，高素质干部人才队伍不断壮大。基层基础更加牢固，“1314”④工作法获评全国城市基层党建创新优秀案例。深化纪检监察体制改革，惩贪治腐持续发力。认真整改落实巡视反馈问题，全覆盖完成本届县委巡察工作。阳光问廉扎实有效，监督跟着项目走创新开展。党风廉政建设社会评价连续五年居全市前列。统一战线工作持续巩固和发展。县委总揽全局、协调各方，党的领导全面加强，政府执行力和行政效能明显提升，人大、政协工作取得明显成效。党管武装工作制度落实有力有效，国防后备力量建设不断发展。群团组织、退役军人、人民防空、外事侨台、文物保护、档案党史、机要保密等工作均取得了新的成绩。

五年的坚持坚守，五年的拼搏奋斗，我们谱写了一段践行新发展理念、建设幸福美丽青神的辉煌篇章。过去五年的成绩，是习近平新时代中国特色社会主义思想科学指引的结果；是中央、省委、市委坚强领导的结果；是县委、县人大、县政府、县政协团结奋进，全县各级党组织和广大党员干部共同奋斗的结果；是全县人民辛勤耕耘、社会各界鼎力支持的结果。在此，我代表十四届县委，向全县广大党员干部群众，向各人民团体、各界人士，向驻青武警官兵、政法干警、消防指战员，向所有为青神发展建设作出贡献的同志们、朋友们，表示最衷心的感谢，致以最崇高的敬意！

回顾改革开放以来青神的发展历程，经过历届县委带领全县人民接续奋斗，我们累积了鲜明的发展优势，值得倍加珍惜和传承，总结起来就是“六个最大”。青神最大的亮点在农业农村，必须坚持农业农村优先发展，全面深化农村改革，形成实施乡村振兴战略的最大合力。青神最大的特色在竹艺竹业，必须深入贯彻习近平总书记“让竹林成为四川美丽乡村的一道风景线”指示精神，做美竹林、做强竹业、做特竹艺，持续擦亮青神竹产业金字招牌。青神最大的潜力在机械制造，必须坚持走专、精、特、新发展道路，久久为功、善作善成，把潜力转化为推动高质量发展的强劲动力。青神最大的动能在城乡融合，必须坚持用统筹城乡发展的理念，实现基础设施全面覆盖、公共服务全民共享、自然资源全域配置。青神最大的财富在生态环境，必须坚定不移走生态优先、绿色发展之路，守护好青神一方绿水青山。青神最大的底气在政治生态，必须全面加强党的领导，始终胸怀“国之大者”，坚持一张蓝图绘到底，一届接着一届干，持续巩固风清气正的良好政治生态。

在看到成绩的同时，也要清醒地认识到当前青神发展中的问题和短板。经济体量不大、城镇化水平较低、总体上欠发达仍是最基本的县情，发展不平衡不充分仍是主要矛盾，全县人均 GDP 仅相当于全国的 73.4%、全省的 91.9%，城镇化率仅为 47.7%，分别比全国、全省低 17、10 个百分点。特色产业特而不大、特而不强、特而不优。城市功能欠缺、活力不足，城乡基础设施水平仍然不高。交通区位仍未彻底改变，外联内畅的交通体系还未形成。土地、能耗、环境、资金、劳动力等要素制约将更加突出。部分干部创新意识不强、创业热情减退，不能很好适应新时代推动高质量发展的新要求。我们一定要正视问题、找准差距，在今后的工作中努力加以解决。

二、未来五年工作的总体思路

未来五年，青神正处于多重战略机遇叠加的关键时期，中央实施长江经济带发展、新时代推进西部大开发、成渝地区双城经济圈建设等重大战略，省委把成德眉资同城化发展作为实施“一干多支”发展战略的先手棋，国省大力支持革命老区振兴发展，青神迎来了历史上前所未有的发展机遇。随着成乐高速扩容完成，天眉乐高速、岷江梯级航电和航道陆续建成投用，青神的区位将实现颠覆性改变，成为西部陆海新通道上成都都市圈联动川南的重要节点，高质量发展其时已至、其势正成。

未来五年，全县经济社会发展的指导思想是：高举中国特色社会主义伟大旗帜，坚持以习近平新时代中国特色社会主义思想为指导，立足新发展阶段，完整、准确、全面贯彻新发展理念，融入新发展格局，抢抓成渝地区双城经济圈建设、成德眉资同城化发展和支持革命老区振兴发展等重大机遇，聚焦特色产业，深化城乡融合，彰显生态价值，迈向共同富裕，奋力建设高质量发展的国际竹艺名城和全国特色产业示范区、全国乡村振兴示范区、全国生态文明示范区，大力弘扬“追求卓越、做小巨人”的新时代青神精神，全面开启青神现代化建设新征程。

——*建设高质量发展的国际竹艺名城*。经济实力显著增强，城市建设更有品质，治理水平大幅提升，改革开放更加深入，城乡一体化融合发展取得明显成效，竹艺竹业金字招牌擦得更亮，民生社会事业全面进步，共同富裕程度明显提高。力争到 2026 年，全县地区生产总值（GDP）达到 150 亿元，年均增长 7.5% 以上，增速高于全国全省；人均 GDP 达到全省平均水平；累计完成全社会固定资产投资 500 亿元，年均增长 10% 以上；规模以上工业增加值年均增长 11% 以上；地方一般公共预算收入年均增长 9% 以上，达到 10 亿元；城乡居民人均可支配收入年均增长 8%、9%；城镇化率达到 54%。

——*建设全国特色产业示范区*。建成全国特色竹产业高质量发展示范区、全国特色先进机械制造产业聚集区、全国晚熟柑橘集群核心区重点县。力争到 2026 年，工业总产值实现 240 亿元，其中机械产业产值 120 亿元；竹产业综合产值实现 100 亿元，县域特色产业发展成为全国示范。

——建设全国乡村振兴示范区。农业高质高效、乡村宜居宜业、农民富裕富足，城乡融合发展水平走在全省前列，城乡差距、收入差距进一步缩小。力争到2026年，农村居民人均可支配收入达3.3万元，城乡收入比缩小至1.7，成功创建国家农业现代化示范区，乡村振兴工作成为全国示范。

——建设全国生态文明示范区。生态环境质量持续改善，生态空间格局不断优化，森林覆盖率持续提高，绿色低碳生产生活方式加快形成。力争到2026年，主要河流水质达标率100%，空气质量保持国家二级标准以上，国家生态文明建设示范区创建成果进一步巩固，做好全国示范。

——大力弘扬“追求卓越、做小巨人”的新时代青神精神。从“小而不卑、难而不惧”到“敢为人先、善作善成”，精神的力量引领青神走上了小而精、小而特、小而美的发展之路。立足新时代，我们要有追求卓越的精神，在特色产业、乡村振兴、深化改革、城乡融合、生态环境等方面深耕细作、精益求精；开启新征程，我们要有做小巨人的气概，在县域经济高质量发展中创先争优、勇当示范，努力为青神争取更大光荣！

三、聚焦特色产业，以创新驱动引领县域经济高质量发展

继续抓好竹、机械、柑橘三大特色产业，突出创新驱动引领，大力加强招商引资，持续优化营商环境，狠抓重大项目建设，推动三次产业向高端化、绿色化、智能化、融合化方向发展。

（一）突出龙头引领和技术创新，做特竹艺竹业。以青神竹编为引领，依托竹产业“一园两馆两中心三基地”，加快建设省级特色小镇，推动青神竹编申报世界非物质文化遗产。以斑布竹纸为龙头，全面建成斑布竹产业园，打造成全国最大的竹纤维全价利用基地，支持环龙新材料上市。持续招引竹业龙头企业，构建竹材全价利用全产业链。与国际竹藤中心共建竹产业研究院，瞄准市场空白、高端消费需求，研发拳头争冠产品，打响“竹+”特色品牌，加快竹编机械装备化进程，力争生产工艺成为国家行业标准，争创国家级竹制品检验检测中心。

（二）突出全链构建和数字赋能，做强先进制造业。完成四川青神经济开发区扩区，建成西南表面处理循环经济产业园、绿色智能制造产业园、彩虹健康医药产业园和立白智能家居产业园，向“微笑曲线”两端延伸产业链，力争产业聚集度达到85%以上。与“双一流”高校、行业协会、重点企业共建机械制造研究院，助推龙头企业做大做强、中小企业做精做优，力争新增国家级行业单项冠军企业2家、专精特新“小巨人”企业3家、高新技术企业数量翻番。加快传统企业数字化改造、智能化升级，支持德恩云造工业互联网平台抢占数字产业发展先机，实现从“青神制造”向“青神智造”的转变。

（三）突出园区带动和品牌引领，做优特色农业。椪柑园区建成省级五星级现代农业园区。加强与中柑所、农科院合作，加快农业新技术应用，培育推广高标准、高品质晚熟柑橘品种，巩固全国晚熟柑橘优势地位。完成“中国椪柑”国家地理标志认证，培育一批农产品拳头品牌。依托10万吨果蔬分选仓储冷链物流基地，建成全省最大的川果出口贸易基地，争创全国冷链物流示范县。力争到2026年，柑橘产业产值实现20亿元。

（四）突出产业配套和消费升级，加快发展现代服务业。大力发展仓储物流、商务会展、人力资源等生产性服务业，注重培育龙头企业，高水平规划建设综合物流园区。顺应消费升级新趋势，科学规划城市商业网点，打造一批新消费场景和市场引爆点。放大电子商务示范县优势，带动数字消费快速发展。力争到2026年，社会消费品零售总额实现年均增长11%以上。

（五）突出招商引资和对上争取，积极拓展发展资源。紧盯三大特色产业和生产性服务业，大力招引优势企业，主动承接东部地区产业转移，做好成渝地区产业协作配套。充分借势借力，密切与省市经合局和驻外机构合作。坚持办好中国国际竹产业交易博览会，鼓励企业积极“走出去”拓展市场。加大对上争取力度，确保更多项目纳入国省支持盘子。力争未来五年，招商引资实际到位资金超过300亿元，对上争取资金翻番。

（六）突出优化服务和政策支持，持续提升营商环境。巩固拓展放管服改革成果，进一步提升政务服务水平，拓展“互联网+”新型服务模式，建立领导干部“一对一”联系服务企业机制，推进社会信用体系建设。优化金融服务环境，助推产业发展。设立扶持中小企业发展专项资金，用好产业分险基金，持续提升金融机构存贷款余额和存贷比。优化科技创新环境，强化知识产权保护运用，支持扩大知识产权质押融资、增资扩股，加快科技成果转化和产品研发，加大对初创企业的培育和扶持力度。

四、深化城乡融合，加快推进新型城镇化和全域乡村振兴

坚持规划先行，加快以人为核心的新型城镇化，突出做强县城，全面振兴乡村，聚力发展交通，促进城乡融合一体化发展。

（一）构建“一城引领、一带聚联、全域融合”的空间布局。按照经济区和行政区适度分离的要求，高标准编制县域国土空间规划。一城引领。建设高品质的宜居县城，推动工业、服务业、人口、资源要素向县城聚集，完善城市功能、提升城市能级，实现核心引领。一带聚联。沿岷江建设特色产业和文化旅游示范带，推动特色优势产业向一带汇聚，依托公路、水路交通干线，紧密联通成都，有效联动川南。全域融合。东山片区建设现代农业林业发展优势区，西山片区建设现代种养循环发展区，推动城乡产业一体规划，基础设施一体建管，公共服务一体保障。支持西龙镇打造省级百强中心镇，支持瑞峰镇打造生态文旅名镇，支持罗波乡打造美丽乡村示范镇（乡），支持白果乡打造国家级农业产业强镇（乡），支持高台镇打造乡村振兴示范镇，支持汉阳镇打造历史文化名镇。

（二）建设产城、文城、景城一体的宜居县城。坚定走以人为本的新型城镇化之路，坚持“半城山水半城竹”形象定位，推进城市北拓、拥江发展，建设绿色、智慧、韧性、宜居的滨江城市。构建“四纵四横”⑤的城市交通骨架，实施“引岷入城”，形成“五湖四河”⑥河湖联通的城市水脉。提升干道景观，建成环游绿道，形成“一环多点”的城市绿地系统。把竹编、东坡等文化元素融入城市建设，彰显文化特色。加快补短板强弱项，开展老城体检，治理城市堵点和盲点，抓好老旧小区、城中村、城市管网等改造，大力提升城市精细化管理水平。高标准建设滨江新区和城北新城，持续做大城市规模。力争到2026年，城市建成区面积达10平方公里，城镇人口达10万人，成功创建国家卫生县城、国家园林县城，争创全国文明城市。

（三）加快推进乡村振兴和农业农村现代化。巩固拓展脱贫攻坚成果同乡村振兴有效衔接，坚决守住不发生规模性返贫的底线。稳定粮食和生猪生产，保障粮食安全，压实耕地保护主体责任，坚决遏制耕地“非农化”、防止“非粮化”。巩固农村人居环境整治成效，建立长效机制，让乡村更加美丽宜居。大力发展休闲农业、创意农业等新产业新业态。大力培育农业新型经营主体和职业农民，推动小农户与现代农业有机衔接。优化农村资源配置，创新农村集体经济发展新模式。发挥好乡村振兴研究院作用，借智借力增添发展动能。

（四）加快构建外联内畅的综合立体交通体系。完成天眉乐高速（青神段）“三桥、三线、三互通”⑦建设，开工建设G245、S401、S307城区段。全面建成岷江虎渡溪航电枢纽工程，规划建设青神港。争取成都至眉山S13市域铁路延伸至青神，青神港至成昆铁路货运专线纳入上位规划。全面实现城乡公交一体化，巩固省级“四好农村路”示范县创建成效，争创国家级示范县。

（五）推动城乡基础设施一体化提档升级。加快岷江干流防洪工程建设和重点中小河流治理。完成220千伏牯牛山变电站建设，加快推进农网升级改造。积极推进第二气源管道工程建设，优化完善加油加气站布局，超前布局新能源充电设施。完成城乡5G基站建设全覆盖。全面完成复兴水库建设，启动实施城乡供水一体化工程，加强村镇供水管网提升改造。

五、彰显生态价值，提升生态环境质量和绿色低碳发展水平

巩固拓展国家生态文明建设示范区创建成果，持续改善生态环境，围绕碳达峰、碳中和目标，打通“两山”转化通道，筑牢长江上游生态屏障。

（一）持续打好污染防治攻坚战。打好蓝天、碧水、净土保卫战，主要污染物排放总量持续减少，大气、水等重要环境指标持续变好。深入推进河（湖）长制，城乡生活污水收集处理率居全省前列。深化土壤污染防治，实现危废规范处置率和固废综合利用率100%。进一步提升生活垃圾分类和资源化利用实效。以最严格生态环境保护制度，确保不发生环境安全事件。

（二）深入推进绿色低碳发展。实施绿满青神固碳行动，建成国家森林城市。倡导简约适度、绿色低碳的生产生活方式。持续加强节能减排，加快产业结构调整，坚决不新增高能耗、高排放项目，提升智能制造水平和资源产出率，实现亩均产值高于全市、单位GDP能耗低于全市，绿色低碳发展水平走在全省全市前列。

（三）建设岷江文化旅游示范带。全力创建天府旅游名县和省级全域旅游示范区。打造岷江水上之旅，合理布局岷江旅游码头，积极举办各类高水平水上赛事和活动；打造历史文化之旅，中岩景区创建国家AAAA级旅游景区，全力做好汉阳古镇保护和文旅开发；打造红色研学之旅，用好红色西山资源，创建省级爱国主义教育基地；打造竹艺特色之旅，建好竹里系列项目，完善竹编研学游、熊猫亲子游、竹里萤光游等精品旅游路线。力争到2026年，实现年接待游客600万人次，旅游总收入60亿元。

六、迈向共同富裕，不断实现青神人民对美好生活的向往

坚持以人民为中心，千方百计抓好群众增收就业，全心全力改善民生，大力提升社会事业，让群众劳有厚得、病有良医、老有颐养、学有所教、弱有众扶。

（一）切实增加城乡居民收入。推进更高质量充分就业，重点做好农村转移劳动力、城镇就业困难人员、退役军人、高校毕业生等就业工作，城镇登记失业率控制在4%以内。加大对自主创业、灵活就业扶持力度。多渠道提高各类群体的工资性收入，提升经营性收入，增加财产性收入，扩大中等收入群体比重，拓宽低收入群体增收渠道。

（二）着力提升疫情防控和医疗养老服务水平。落实新冠疫情常态化防控各项措施，坚持外防输入、内防反弹，确保疫苗应接尽接，构建全民免疫屏障。努力引进成渝地区优质医疗资源，推进城乡医疗卫生一体化发展，持续深化全国首批紧密型县域医疗卫生共同体试点。积极应对人口老龄化，完善县乡养老服务体系建设，加快建设专业化养老机构，打造15分钟康养圈。城乡居民医疗保险实现全覆盖，基本养老保险应保尽保。

（三）用心办好人民满意的教育。深入推进教育综合改革，进一步优化学校布局、整合教育资源、提升办学水平。完成学道街小学校舍改扩建项目，新建滨江新区幼儿园、滨江小学、青神中职校基础能力提升等重点项目。全力推动“双减”[8]工作落地见效，培育高素质专业化创新型教师队伍。到2026年，实现学前三年毛入园率95%以上，义务教育巩固率99%以上，高中阶段毛入学率达95%，争创全国义务教育优质均衡县。中职校办学规模进一步扩大，青神中学教育质量显著提高。支持成都艺术职业大学扩校扩容。

（四）优先保障重点群体基本权益。切实履行政府兜底责任。适度扩大低保覆盖范围，健全社会救助体系，加强对残疾人、妇女儿童、特困人员、退役军人等重点群体的保障救助。完善殡葬服务设施，提高绿色殡葬服务供给能力。全面落实三孩政策，建立健全三岁以下婴幼儿托育服务机制。

七、强化基层治理，确保社会大局安全和谐稳定

落实总体国家安全观，树牢底线思维，防范化解风险，以改革的思维破解治理难题，推进基层治理体系和治理能力现代化。

（一）深入推进重点领域改革。扎实抓好两项改革“后半篇”文章，争创全省试点示范县。用好用活全国农村改革试验区政策，深化农村土地制度改革，开展好新型职业农民培育和农民合作社质量提升整县推进等改革试点工作，形成更多可复制可推广的农村改革“青神经验”。深入推进财税、金融、国有企业等经济重点领域改革和医疗卫生、教育体育、便民服务等民生领域改革。

（二）提升城乡基层治理水平。坚持党建引领基层治理，持续深化自治、法治、德治、智治融合，健全县、乡、村、网格组织体系，建立健全“一员多用”[9]服务机制，继续实施好党员社区“双报到”“红色门卫”[10]等制度。深化乡镇（街道）管理体制改革，增强行政执行、为民服务、议事协商能力。创建一批基层治理省级、市级示范（村）社区。深化群团改革，强化群团组织和社会组织服务功能。

（三）全面加强民主法治建设。坚持公正司法、严格执法、全民守法，深入推进“八五”普法，大力建设法治青神。坚持和发扬新时代“枫桥经验”，健全矛盾纠纷多元化解体系，争创全国信访工作示范县。加强立体化、信息化社会治安防控体系建设，常态开展扫黑除恶斗争，严厉打击各类违法犯罪活动，深入推进禁毒防艾、电信反诈、特殊人群服务管理等工作，争创全国社会治安综合治理最高奖“长安杯”，不断提升广大群众的安全感和满意度。加强政法队伍教育管理，打造新时代政法铁军。

（四）坚决守住各类安全底线。加强政府债务、金融、项目等风险管控，确保不发生系统性风险。认真实施新《安全生产法》，坚持“三管三必须”[11]原则，把安全责任落实到最小工作单元，坚决防范遏制较大及以上生产安全事故发生。加强防灾减灾能力建设，做好森林防灭火、城市防火、地质灾害防治、防汛减灾等工作，切实提高灾害综合防治能力。

八、全面从严治党，不断提高党的建设质量和领导水平

全面落实新时代党的建设总要求，加强党的全面领导，弘扬伟大建党精神，推动全面从严治党向基层延伸，为青神经济社会高质量发展提供坚强保证。

（一）加强党的政治建设和思想建设。始终把党的政治建设摆在首位，严守政治纪律和政治规矩，增强“四个意识”、坚定“四个自信”、做到“两个维护”，不断提高政治判断力、政治领悟力、政治执行力。持续加强党的领导，充分发挥县委总揽全局、协调各方的领导核心作用，支持人大、政府、政协依法依章程履行职能。持续推进“不忘初心、牢记使命”主题教育常态化制度化，完善党委（党组）理论学习中心组制度。弘扬革命老区精神，用好红色西山党性教育基地，广泛开展爱国主义教育、理想信念教育、国防教育。严格落实意识形态工作责任制，培育和践行社会主义核心价值观。提高统一战线工作的科学化规范化制度化水平。加强党对群团工作的领导，深化与工商联、无党派人士的合作共事。加强民族宗教、外事侨台等工作。坚持党管武装，巩固军政军民团结。

（二）加强基层组织建设。贯彻新时代党的组织路线，不断增强党的政治领导力、思想引领力、群众组织力、社会号召力。实施新一轮党的基层组织建设三年行动计划，统筹推进农村、社区、机关、企事业单位和“两新”组织等领域基层党组织建设，加大带头人队伍培养力度，建强基层战斗堡垒。

（三）加强干部和人才队伍建设。坚持新时期好干部标准，牢固树立政治过硬、实干实绩、群众公认的选人用人导向，注重从重要工作、重大项目、基层一线考察识别培养干部。实施优秀年轻干部蹲苗培养计划，开展干部能力提升五年行动，增强“八项本领”、提高“七种能力”，建设高素质专业化干部队伍。准确把握县域人才成长规律、聚集规律、市场规律、效益规律，持续深化人才机制体制改革，全方位培养、引进、用好人才，完善“青神优才工程”政策体系，加快建设全省人才工作先行区。

（四）加强党风廉政建设。坚持全面从严治党，坚定扛起管党治党政治责任，强化对“一把手”和各级领导班子的监督，推动各级党委（党组）全面落实主体责任。以“阳光纪检·青廉工程”为统揽，扎实开展监督跟着项目走、阳光问廉、小微权力“监督一点通”；深入开展反腐败斗争，坚持受贿行贿一起查，深查执法司法腐败，常态化“打伞破网”，做深做实重大违纪违法案件“后半篇”文章；坚持不懈纠治“四风”，坚决杜绝形式主义、官僚主义，持续整治群众身边腐败和不正之风；开展青廉机关、青廉企业、青廉村居建设，打造一批廉洁文化教育阵地；抓实政治巡察，强化巡察整改和成果运用，实现十五届县委任期内巡察全覆盖。

站在新的历史起点，全县党员干部必须积极响应习近平总书记向全党同志发出的伟大号召，牢记初心使命，坚定理想信念，践行党的宗旨，始终同青神人民想在一起、干在一起。我们要有培育一棵树苗长大的历史定力，不求名动一时的轰轰烈烈，但求利及长远的点点滴滴，以功成不必在我的胸怀境界和功成必定有我的拼搏奉献，不辜负省委、市委和全县人民的期望和重托！

山积而高，泽积而长；功崇惟志，业广惟勤。让我们更加紧密地团结在以习近平同志为核心的党中央周围，追求卓越、真抓实干，为奋力建设高质量发展的国际竹艺名城、全面开启青神现代化建设新征程而努力奋斗！

注 释

①“2658”：推进城市形象提升两年行动，全面实施“老城美化、城市净化、城市骨架、城市精治、城市光彩、素质提升”六大工程，完成58个子项工程，简称“2658”。

②四好农村路：建好、管好、护好、运营好农村公路。

③五降：信访总量下降、到县上访批次下降、到市上访量下降、到省上访量下降、纸质来信量下降。

④“1314”：坚持基层党组织的一核引领、围绕建设环成都最美竹林城市、全国特色产业示范县、国际竹艺名城三大定位，突出一心为民，深化自治、共治、法治、德治四治融合，引导党员一生一世当先锋、群众一生一世跟党走。

⑤四纵四横：四纵即竹艺大道、振兴路、滨江大道、南北干道；四横即青五路、兴业路、青衣大道、成艺路。

⑥五湖四河：五湖即青衣湖、青神湖、竹林梅花湖、苏母湖、合悦湖；四河即岷江、青绘河、护城河、鸿化堰。

⑦天眉乐高速（青神段）三桥、三线、三互通：建设岷江三桥、虎渡溪大桥、汉阳大桥三座跨江特大桥，白果、竹艺大道、汉阳三条收费站连接线，青神东、青神南、汉阳三个落地互通收费站。

⑧双减：有效减轻义务教育阶段学生过重作业负担和校外培训负担。

⑨一员多用：社区网格员要承担好社情民意调查员、矛盾纠纷化解员、政策法规宣传员等多个职能。

⑩红色门卫：青神县党员干部、志愿者在疫情防控期间严守小区防疫大门，由于他们别着红色臂章、穿着红色马甲，摆放着“党员突击队”红色横幅，被群众亲切地称为“红色门卫”。

⑪ 三管三必须：管行业必须管安全、管业务必须管安全、管生产经营必须管安全。

青神县人民代表大会常务委员会工作报告

青神县人大常委会主任　卢明春

（2021 年 2 月 2 日）

2020 年工作回顾

2020 年，在县委的坚强领导下，县人大常委会坚持以习近平新时代中国特色社会主义思想为指导，坚决贯彻中央、省委、市委、县委各项决策部署，认真履行宪法和法律赋予的职权，在助力“六稳”、“六保”、疫情防控、脱贫攻坚、乡村振兴、城市形象提升、民生实事中主动担当、积极作为，圆满完成了县十七届人民代表大会第六次会议确定的各项任务，为推动全县改革发展稳定和民主法治建设作出了应有贡献。一年来，共召开常委会会议 12 次、主任会议 18 次，听取和审议专项工作报告 28 项，作出决议决定 26 项，开展执法检查、视察和调研 20 次，提出审议意见 49 条。

一、紧扣初心使命，在把牢政治方向上坚定有力

始终牢记人大是党领导下的重要政治机关，树牢“四个意识”、坚定“四个自信”、做到“两个维护”，自觉把党的领导贯穿于人大工作的全过程各方面。

坚持党委全面领导。县人大常委会始终坚持党委总揽全局、协调各方的领导核心作用，做到议事谋事紧贴县委意图、工作安排紧跟县委部署、重大事项及时向县委请示报告；做到县委重大决策部署第一时间传达部署，县委常委会会议及重要会议精神第一时间传达贯彻，县委党政周例会精神当天传达落实，确保人大与县委同频共振、同向发力。

依法做好干部任免。县人大常委会坚持党管干部与人大依法任免有机统一，严格执行任前法律知识考试、主任会议决定提请、供职报告、宪法宣誓等程序，全年任免国家机关工作人员 42 人次，县委推荐的拟任人选全部满票通过，圆满实现县委人事安排意图。依法补选市、县人大代表 11 人，都满票或高票当选。加强干部任后履职监督，开展人大常委会任命干部向人大常委会述职测评，激励和督促干部履职尽责、担当作为。

科学决定重大事项。围绕全县改革发展稳定大局，认真落实县委关于村级建制调整的决策部署，听取和审议县人民政府《关于提请审议〈青神县村级建制调整改革方案〉的议案》，依法作出决定，确保村级建制调整工作依法有序推进。同时，加强对重大事项决议决定落实情况的跟踪监督，确保决议决定落到实处、取得实效。

二、紧扣疫情防控，在助力夺取“双胜利”上积极有为

认真学习贯彻习近平总书记关于统筹推进疫情防控和经济社会发展工作的重要指示精神，及时落实中央和省、市、县委部署要求，以实际行动坚守为民初心，彰显责任担当。

筑牢临战状态“责任墙”。常委会班子成员率先垂范、下沉基层，带头深入所联系的乡镇、街道、社区一线，恪守应尽之责；动员机关全部力量，协调联防联控责任单位，派出 2 名年轻干部参与社区排查值守，抽调 14 名干部包干负责 2 个小区，尽职尽责坚守防控一线，善始善终开展防控工作。

跑出助力防控“加速度”。常委会及时调整并批准县政府防疫特别国债、直达资金计划，并跟踪监督执行到位，为疫情防控提供有力保障；听取和审议县人民政府关于依法做好新冠肺炎疫情防控工作情况的报告，提出毫不放松抓好常态化疫情防控、统筹推进抓好项目建设和复工复产，坚持问题导向补短板、巩固防控基础的审议意见，得到高度重视。

凝聚同心抗疫“正能量”。组织全县 492 名各级人大代表积极响应县委号召，投身疫情防控，践行初心使命，踊跃捐款 110 万元，捐赠各类物资超 210 万元。各级代表在各条战线，立足各自岗位履职尽责，担当作为，助推复工复产，有力促进了全县疫情防控和经济复苏。

三、紧扣中心工作，在服务高质量发展上监督有力

始终牢记围绕中心服务大局是人大工作的基本原则，坚持突出重点、精准发力，不断增强监督的刚性和实效，推动县委重大决策部署贯彻落实。

齐心协力推动经济平稳运行。深入分析全县经济运行存在的困难和问题，及时调整经济社会发展目标任务。听取和审议上半年计划执行情况，审查批准 2020 年度经济社会发展主要目标调整方案，实事求是调减了相关指标。认真落实预算法和预算审查监督条例，把监督重点向支出预算和政策拓展，促进提高财政资金使用效益和政策实施

效果。听取和审议上半年预算执行情况，审查批准2019年县级财政决算和2020年预算调整。听取和审议审计工作报告及审计查出问题整改情况的报告，把部门往来款项清理等审计查出问题作为跟踪重点，督促整改到位，并推动建章立制，形成长效机制。听取和审议县人民政府关于国有资产管理综合报告及县属国有企业资产管理专项报告，提出审议意见4条，推动提升国有资产管理绩效。审查批准地方政府债务限额，切实强化政府债务风险防控。

*凝心聚力推动县域经济发展。*专题调研绿色竹纤维综合利用产业园项目推进情况，提出建议意见4条，助推项目建设进度。关注市场主体健康成长，开展民营经济发展情况和优化营商环境调研，形成专题调研报告。县委书记肖巍在《关于优化营商环境助推民营经济发展的调研报告》上批示："这份调研报告很有质量，问题找得准，建议写得实。"紧扣发展要务，听取和审议县人民政府关于全县房地产业健康发展情况的报告，视察调研全县重点交通项目推进、竹加工产业发展等，深入了解全县发展中面临的新情况、新问题，提出应对解决建议。常态化开展国土空间规划监督，《青神县2020年国土空间规划监督工作情况报告》在全市规监工作培训会上交流，并在规监工作年度考核中受到市规监委充分肯定。听取和审议县人民政府乡村振兴先进县创建、建设全国特色产业示范县推进椪柑高质量发展、国家生态文明示范县创建工作情况的报告，持续推动生态产业发展和农村人居环境改善，为决战决胜脱贫攻坚、助力乡村振兴贡献人大智慧和力量。专注项目，彰显绿色，积极推进彩虹健康产业园项目建设，经常深入项目一线，每月进行项目推进调度，先后解决各类问题10余个，实现了项目9月份开工目标，在助力青神经济社会高质量发展中敢为善成。

*同心发力推动民生实事落实。*科学确定民生实事项目，实现民生实事项目"为民做主"到"由民做主"的转变。夯实监督机制，做实民生实事票决项目监督，建立"1+1+N"常态监督工作机制，组建10个代表监督小组，做到项目"件件有监督"、代表"人人有责任"。实行"一月一检查、一季一督查、半年一报告、一年一测评"工作机制。提升监督层级，听取和审议县政府民生实事项目推进情况的报告，审议意见亮短板，明要求，常委会主要领导亲自督查推进4个重点民生项目进度，确保完成年初目标任务，为全县人大代表和人民群众交上一份满意答卷。县委书记肖巍在《青神县人大常委会办公室关于2020年民生实事票决项目推进情况的督查通报》上批示："很好！加强督查，加强通报，点对点指出问题，推动项目进度。"

*朋心合力推动"法治青神"建设。*聚力保证法律法规正确实施，听取和审议县人民政府"七五"普法工作情况的报告，提出审议意见4条，有力有序推进普法工作。有针对性地开展就业促进法、禁毒法、水污染防治法执法检查，提出审议意见13条。配合市人大开展义务教育法等3部法律法规的执法检查，维护法律权威和群众合法利益。配合开展眉山市文明行为促进条例等3部地方性法规的立法调研，收集、提出建议意见15条，均被吸收采纳。加强司法监督，听取县人民法院、县人民检察院工作情况报告，调研破产审判、公益诉讼和规范行政执法程序工作开展情况，督促相关部门正确履职行权，促进司法公正。依法做好规范性文件备案审查，聘请法律顾问，建立标准化审查模式，依法审查规范性文件31件。做好信访工作，全年接待群众来访24人次，反映的问题均处理回复或转交有关部门处理回复，努力维护人民合法权益。

四、紧扣主体作用，在支持代表履职上保障有方

坚持民有所呼、我有所应，不断夯实代表工作基础，完善代表工作制度，推动人大代表在联系人民群众、推进改革发展中展现新作为。

*注重服务联系，保障代表履职权力。*加强常委会组成人员同代表联系，利用乡镇人大代表联络站、村（社区）人大代表联络室，密切人大代表同人民群众的联系，做到真联系，取得真效果。邀请部分县人大代表列席常委会、参与调研、执法检查等，广泛听取代表意见建议。继续开展"脱贫攻坚——人大代表再行动"活动、"11·22"代表集中联系选民日活动和代表"五个一"活动，完善代表履职情况登记和活动情况的反馈，确保闭会期间代表活动制度化、规范化、常态化。建立人大代表系统，提升代表建议办理智能化水平。继续开展争当优秀人大代表活动，评选出18名履职优秀人大代表通报表扬，激励代表创先争优、比学赶超。

*突出建议督办，增强代表履职动力。*提升建议质量，以建议"提得准、抓得紧、办得好"为目标，优化建议调研环节，加强代表培训，把好代表建议审核关。强化重点督办，选取5件建议由常委会领导挂牌督办，其他建议交由相关委室分别牵头督办。通过压紧压实办理责任、细化督办方案、建议落实"回头看"等举措，促使代表建议逐步实现"内容高质量、办理高质量"。代表提出的55件建议均在法定时限内办结，办结率和满意率均为100%。开展专题询问，结合听取和审议代表建议、批评和意见办理情况报告开展专题询问，就代表所提6件建议提出询问问题12个，督促政府部门进一步找准问题，细化办理举措，推动问题解决。

*丰富走访活动，激发代表履职活力。*聚焦疫情影响下中小微企业复工复产、经营发展面临的具体问题和人民群众生产生活面临的实际困难，对标对表、精心谋划，用3

个月时间在全县集中开展人大代表走访企业、走访群众专项工作，旨在发现问题、收集问题、解决问题。全县492名各级人大代表全部投入到走访活动中，共走访群众596人，走访企业55家，收集问题67件，解决46件，提出并转办建议21件。在走访中，王晓梅代表聚焦县实验幼儿园周边交通安全问题，提交3条建议意见，县人大常委会迅速召集相关部门对建议进行了研究解决，促进了县实验幼儿园周边交通秩序的改善。《青神县人大常委会开展“双走访”专项活动侧记》被《民主法制建设》总第379期刊登。

五、紧扣时代要求，在提升履职能力上扎实有效

坚持加强自身建设是做好新时代人大工作的根本保证，把政治建设摆在首位，提振干事精神、提升履职能力，确保人大工作紧跟时代步伐，富有时代特色。

*以政治建设为统领树高线。*坚定用习近平新时代中国特色社会主义思想武装头脑、指导实践、推动工作，系统学习新思想、分类研究新思想、对表贯彻新思想，推动学习贯彻往深里走、往心里走、往实里走。坚持把习近平法治思想和关于坚持和完善人民代表大会制度的重要思想作为基本遵循，用以指导推动新时代地方人大工作，积极助推重要指示精神在青神落地生根。

*以组织建设为重点夯基础。*争取县委支持，在全市六区县中率先设立人大代表联络服务中心，加强代表联系和服务工作。启动“智慧人大”建设，人大网站、微信公众号开设栏目近20个，全年更新信息70余条。推进办公、会议和宣传等智能化、信息化建设，提升人大工作整体水平。加强对乡镇和街道人大工作的联系指导，依法做好代表补选工作、开展代表小组活动，推动乡镇人大工作依法有序开展。指导高台镇依法按程序完成乡镇行政区划调整人大选举工作。

*以能力建设为抓手强素质。*制定年度学法计划，坚持常委会会前学法制度，全年学法7部。建立机关学习制度，为机关干部订购书籍30余套，落实个人学习计划，不断提高思想素质和知识结构。加强干部培训，通过专题辅导讲座、“学习强国”App、汇贤学堂等新媒体、新平台，强化机关干部学习教育。专题组织开展民法典培训，不断优化高质量发展的法治保障，持续推动依法治县进程。

*以作风建设为保障守底线。*扎实推进党风廉政建设，严格落实意识形态工作责任制，推动党建工作和业务工作紧密结合。对照党纪党规和警示典型案例，认真检视问题，增强纪律规矩意识。严格落实中央八项规定精神，厉行节约，杜绝浪费。全力做好县委对县人大办的巡察反馈问题的整改落实，巡察反馈7个方面问题全部整改到位。扎实做好挂、帮、联、包保工作，协调解决所挂联乡镇、村（社区）、企业、项目的实际问题26个，帮助汉阳镇小三峡村争取水利项目资金100万元，助推联系村脱贫成效巩固提升和乡村振兴整体推进。

过去一年，县人大常委会所取得的工作成绩，是县委正确领导的结果、是全体代表和常委会组成人员尽心履职的结果、是“一府一委两院”密切配合的结果、是全县人民和社会各界大力支持的结果。在此，我谨代表县人大常委会向关心、支持人大工作的同志们、朋友们表示衷心的感谢和崇高的敬意！

我们也清醒地认识到，县人大常委会的工作与县委的要求，与各位代表、全县人民的期望还有差距。主要是：监督实效有待进一步加强，代表建议办理质效有待进一步提升，代表作用有待进一步发挥等。对此，我们将高度重视，采取有力有效措施，切实改进和提升。

2021年工作任务

2021年是建党100周年，是实施“十四五”规划的开局之年，是乘势而上开启全面建设社会主义现代化国家新征程、向第二个百年奋斗目标进军的起势之年。县人大常委会将在县委的坚强领导下，坚持以习近平新时代中国特色社会主义思想为指导，全面贯彻县委第十四届二十九次全会精神和省、市、县人大工作会议精神，紧扣建设全国特色产业示范县目标和“绿色发展冲刺年”主题，以助推高质量发展为重点，以保障改善民生为根本，推动人大工作创新发展，为助力现代化青神特色发展作出更大贡献。重点抓好以下五个方面：

一、在坚持党的领导上更加坚定自觉。始终坚持党对人大工作的领导，落实好重大事项报告制度，坚决把县委的决策部署贯穿于人大工作的全过程各方面，确保县委的主张通过法定程序转化为全县人民的共同意志和自觉行动。依法决定重大事项。健全完善人大讨论决定重大事项制度，紧紧围绕县委重大决定，抓住事关全县经济社会发展中具有根本性、长远性和全局性的重大事项和关系人民群众切身利益的重大问题，适时作出决议决定。依法做好人事任免。坚持党管干部的原则，认真落实县人大常委会任免国家机关工作人员办法，用制度程序规范人事任免工作，确保县委推荐的人选经过法定程序成为国家机关工作人员。同时，着力加强干部任后履职监督，继续开展人大常委会任命干部年度述职和测评，探索测评结果运用机制，督促其担当作为、依法行政、尽职尽责。依法做好换届选举。坚持党的领导，充分发扬民主，严格依法办事，做到认识到位、措施到位、指导到位、服务到位，扎实做好县乡换届选举工作。

二、在依法开展监督上更加精准有力。紧跟党中央决策部署，把人大工作放到县委中心工作中去思考、谋划和推进。突出监督重点，增强监督刚性，提高监督实效。围绕项目抓监督。专题视察彩虹健康产业园、西南表面处理循环产业园、红色西山研学基地、竹里萤光等重点项目建设，助力特色发展、绿色发展。专题调研全县“三创一保”推进情况，助推创建目标如期实现。围绕计划、预算抓监督。听取和审议青神县2021年上半年国民经济和社会发展计划执行、上半年财政预算执行、2020年度财政预算执行和其他财政收支审计工作报告、审计查出问题整改报告及国有资产管理情况的报告，提高人大对计划、预算审查监督的针对性、有效性。围绕民生抓监督。坚持把人民对美好生活的向往作为奋斗目标，把以人民为中心的发展理念体现在工作导向上，落实到监督工作中。听取和审议县人民政府关于县域医疗卫生共同体建设、城市形象提升两年行动、持续推进乡村振兴战略工作情况的报告；专题调研我县农村道路建设、基层社会治理工作；视察长江流域天然水域退捕禁捕工作开展情况和民生实事项目实施情况。针对监督发现的困难和问题，提建议、抓落实。

三、在推进法治建设上更加务实管用。把握重点，讲求实效，有针对性地开展英雄烈士保护法、建筑法等执法检查，配合上级人大做好相关法律法规的执法检查和立法调研，从严规范执法行为，保障宪法和法律法规正确实施，助推法治青神建设。听取和审议县人民法院、县人民检察院半年工作情况报告，推进严格执法、公正司法。以法治建设为抓手，听取和审议县人民政府社区矫正工作开展情况。认真做好规范性文件备案审查工作，进一步加强备案审查制度和能力建设，促进“一府一委两院”依法履职。

四、在联系服务代表上更加用心用情。坚持尊重代表主体地位，深化拓宽代表履职渠道，切实支持和保障代表依法履行职责，促进代表为人民代言、为人民谋利、为人民服务，当好人民群众的知心人和代言人。加强常委会组成人员联系代表、代表联系群众，“11·22”代表联系选民日活动和人大代表“五个一”活动的有机衔接，助力县乡人大代表联系选民常态化、制度化。强化代表培训，落实代表履职登记和履职补助制度。强化代表建议办理，听取和审议办理工作情况报告，继续落实常委会领导督办重点建议制度，提高建议办理的实际解决率，推动办理工作由“答复满意”向“结果满意”转变。开展优秀代表、优秀建议和先进承办单位评选表扬。加强对乡镇、街道人大工作的指导和支持，保持良性互动，形成整体合力、增强整体实效。

五、在加强自身建设上更加从严从实。立足“四讲四有”机关建设，按照“讲政治、有活力、善作为、促和谐”的要求，切实加强县人大常委会机关建设。切实加强政治建设，坚持把党的领导作为人大工作的“生命线”，始终在思想上行动上同以习近平同志为核心的党中央保持高度一致，旗帜鲜明讲政治，做到县委有号召、人大有响应，县委有部署、人大有落实。持续加强思想建设，建立定期学习制度，在系统学习党的创新理论上下功夫。持续加强组织建设，进一步加强人大代表联络服务中心建设，发挥专门委员会作用，激励干部干事创业。进一步加强“智慧人大”建设，努力提高人大工作的智能化、信息化水平。持续加强作风建设，严格落实中央八项规定精神，努力做到调研求“深”、审议求“实”、督办求“效”，全面提升监督实效。持续加强党风廉政建设，守住底线，不碰红线，构建人大机关风清气正良好政治生态，打造忠诚、干净、担当的干部队伍。

聚力拥抱新时代，扬帆起航再出发。让我们在县委的坚强领导下，同心同向、凝心聚力，主动作为、奋力冲刺，为推进我县民主法治建设、加快建设全国特色产业示范县和现代化青神特色发展作出更大贡献！以优异的成绩迎接建党100周年！

青神县人民代表大会常务委员会工作报告

青神县人大常委会主任 卢明春

（2021 年 11 月 4 日）

过去五年工作回顾

县十七届人大常委会任期的五年，是青神砥砺奋进、接续奋斗，改革发展迈上新台阶的五年，也是青神民主法治建设取得新成效的五年。五年来，在县委的坚强领导下，县人大常委会以习近平新时代中国特色社会主义思想为指导，坚持党的领导、人民当家作主、依法治国有机统一，紧紧围绕全县工作大局依法行使职权，共组织召开县人民代表大会 9 次，常委会会议 52 次，听取和审议专项工作报告 75 项，作出决议决定 88 项，开展执法检查、视察和调研 113 次，提出审议意见 78 件 268 条，圆满完成了县十七届人大历次会议确定的目标任务。各项工作迈出新步伐、取得新进展、开拓新局面，为建设幸福美丽青神做出了积极贡献。

一、坚持党的领导有高度，始终保持初心如始的政治本色

坚持把党的领导贯穿于人大依法履职的全过程各方面，围绕县委中心工作精准发力，努力服务全县发展大局。

（一）旗帜鲜明讲政治。坚持把学习习近平总书记系列重要讲话作为常委会会议、党组会议首要议题，通过“两学一做”学习教育、“不忘初心、牢记使命”主题教育、党史学习教育，不断夯实思想基础，在学思践悟中进一步增强“四个意识”、坚定“四个自信”、做到“两个维护”。坚持重大事项请示报告制度，确保与县委在思想上同心、政治上同向、行动上同步。

（二）落实决策显担当。坚决贯彻落实县委重大决策部署，立足县委工作重心谋划人大工作重点，综合运用听取专项工作报告、视察调研、执法检查、专题询问等方式，助推县委决策部署落地落实。坚持党管干部与人大依法任免有机统一，把县委主张通过法定程序转化为人民意志。五年来，依法任免国家机关工作人员 211 人次，组织意图圆满实现。

（三）融入大局有作为。坚持寓监督于参与之中，寓监督于支持之中。专题开展绿色发展、生态文明建设、竹产业发展、乡村振兴、柑橘保险、农村公路提档升级等调研，为青神高质量发展提供人大思考。将重点项目、民生实事、脱贫攻坚等纳入年度监督重点，积极推进西南表面处理产业园、彩虹健康产业园项目建设，在助力青神经济高质量发展中履职尽责、率先垂范。

二、助推县域发展有精度，全力贡献服务大局的智慧力量

坚持监督与支持相统一，聚焦发展要务开展监督，助推县域经济高质量发展。

（一）围绕稳定经济增长开展监督。听取和审议计划执行、“十三五”规划纲要实施中期评估情况报告，支持政府沉着应对经济下行压力。坚持每年中期召开半年经济形势分析会，开展半年经济运行情况调研，把对中长期规划审查监督贯穿于年度计划监督之中。专题调研《中华人民共和国中小企业促进法》《优化营商环境条例》和减税降费、“三去一降一补”①等重要措施的贯彻落实，力促全县经济发展稳中有进、稳中向好。

（二）围绕优化经济结构开展监督。听取和审议重点工业企业转型升级扩张、竹产业高质量发展、房地产业健康发展、建设全国特色产业示范县推进椪柑高质量发展等情况报告，提出审议意见 30 余条，为县委决策提供依据。立足机械产业发展、斑布产业园、椪柑现代农业园和竹艺小镇等项目建设开展专题调研，形成调研报告 18 篇，促进发展动能转换、主导产业壮大、产业结构调优。常态化开展国土空间规划监督，强化规划引领，确保规划落地落实。

（三）围绕全面深化改革开展监督。依法审议青神县乡镇行政区划调整改革方案，作出《关于青神县乡镇行政区划调整改革涉及乡镇（街道）人大工作相关事项的决定》等 6 个决定，确保我县乡镇行政区划调整改革和村级建制调整依法依规有序推进。作出《关于加快推进绿色发展五年行动计划的决定》《关于加快森林城市建设的决定》《关于保护中国首家竹林湿地公园的决定》，推动全县绿色发展形成共识。审议批准《青神县生态文明建设规划（2017—2025 年）》，推动青神绿色发展迈出新步伐。

（四）围绕强化财政保障开展监督。每年听取和审查预算执行、预算调整、决算、地方政府债务限额情况报告，扎实推进依法理财，切实防范债务风险。建成预算联网监督中心，强化成果运用，提高预算审查监督针对性和时效性。完善审计工作和审计查出问题整改报告机制，深化和拓展审计监督。建立健全政府向人大常委会报告国有资产管理制度，促进国有资产更好地服务于县域经济发展和民生改善。

三、增进民生福祉有温度，充分彰显人民至上的鲜明底色

始终把解决人民群众最关心、最直接、最现实的利益问题作为监督重点，充分发挥人大代表机关作用，使人民群众共享改革发展成果。

*（一）顺应民生期盼，让群众生活更加暖心。*全面启动实施民生实事项目人大代表票决制工作，探索形成“群众点单、代表定单、政府接单、人大验单”工作模式。建立“一月一检查、一季一督查、半年一报告、一年一测评”工作机制，对票决出的民生实事项目进行全年动态监督，做到项目“事事有监督”、代表“人人有任务”。近三年，票决产生的30项县级民生实事（除1件因政策调整未实施）、57项乡镇民生实事项目顺利实施、落地见效，群众满意率达100%。

*（二）聚焦民生热点，让群众生活更加称心。*听取和审议脱贫攻坚、农村电网改造、公共卫生体系建设情况报告，视察调研棚户区改造、城乡低保政策落实，针对问题提建议、促整改，确保惠民政策落地落实，群众利益有效保障。专题调研药品监督管理、县医院住院业务用房建设、民办医疗机构运营管理、中小学幼儿园安全管理、学前教育、三岁以下婴幼儿照护发展工作等，提出建议意见18条，促进公共服务全面发展。听取生猪疫情防治、限养区犬只管理、城北农贸市场建设等情况报告，督促解决突出民生问题，不断增进民生福祉。

*（三）致力绿色发展，让群众生活更加舒心。*听取和审议环境状况和环境保护目标完成情况，大气、水、土壤污染防治“三大战役”情况及国家生态文明示范县创建工作情况等报告，提出审议意见40余条，着力补齐生态环境短板。围绕岷江流域生态屏障项目、“三创一保”②、环保督察反馈问题等开展视察、调研，推动生态和农村人居环境不断优化。视察调研江湾神木园和国际竹艺城建设经营情况及汉阳古镇保护开发情况，开展“建设森林城市引领绿色发展”主题大调研、大讨论，探索“两山”转化路径，助力幸福美丽青神建设。

*（四）坚持问题导向，让群众生活更加安心。*严把议题选择、调研、审议、跟踪问效等关键环节，积极发挥专题询问在推动和改进政府工作中特有的监督效力。聚焦县城秩序管理开展专题询问，汇集群众最关注的车辆停放、占道经营、市场管理和违规违建等13个问题，向政府9个部门提出询问，助推县城秩序全面改善。聚焦代表建议办理开展专题询问，针对农村四好公路建设、建成公园后期管护、村容村貌整治、老旧小区改造、杨篾子危桥改造等6件建议提出询问问题12个，督促政府部门精准解决问题。聚焦民生实事推进开展专题询问，重点围绕群众最关心、最期盼解决的岷东大道、乡镇污水处理提档升级等民生实事，精选14个问题，向政府6个部门、2个乡镇提出询问，推动事关人民群众切身利益的问题得到有效解决，促进民生事业健康发展。

四、推动民主法治有厚度，彰显维护公平正义的责任担当

大力弘扬宪法精神、践行法治理念、强化法律监督、凝聚法治共识，促进“一府一委两院”依法行政、公正司法。

*（一）强化法治监督，维护法律权威。*聚焦普法教育和依法治县，作出“七五”普法决议，增强全社会学法尊法守法用法意识。专题调研社区矫正、法治政府建设、“七五”普法等工作开展情况，扎实推进民主法治建设。开展安全生产法、药品管理法、水污染防治法、禁毒法等18部法律执法检查；配合上级人大常委会开展预算法、公路法、义务教育法等26部法律执法检查和16部条例、法规立法调研，促进严格执法、依法行政。依法做好规范性文件备案审查，聘请法律顾问，制定规范性文件备案审查暂行规定，接收规范性文件备案审查135件。

*（二）深化司法监督，维护公平正义。*支持县法院、县检察院依法公正行使职权，听取和审议县法院审判工作、执行工作、县检察院公诉工作、规范司法行为专项整治工作情况报告，专题调研民事审判、“两法衔接”、行政诉讼、破产审判、公益诉讼等工作开展情况，开展法院破解“执行难”工作专项检查，督促完善司法权力运行机制，规范司法行为，提高社会公信力。开展扫黑除恶工作专项监督，确保社会安定，人民安居乐业。视察、调研执法办案中心、交警智能指挥平台等规范化建设情况，督促严格、规范、公正、文明执法。

*（三）化解信访矛盾，维护社会和谐。*不断健全信访工作机制，畅通信访工作渠道，加强和改进人大信访工作，共受理群众来信来访223件次，重点督办、协助化解征地拆迁、医疗卫生等方面的突出矛盾5件，有力促进社会和谐。

五、紧抓代表工作有亮度，致力建设务实为民的代表队伍

充分发挥人大代表桥梁纽带作用，积极拓展代表履职方式和路径，实现代表工作和常委会中心工作深度融合，不断汇聚促进基层民主政治建设、推动青神发展的强大正能量。

（一）提升建议办理实效。采取常委会领导挂牌督办、专委归口督办方式，抓实代表建议办理。坚持年初抓及时交办、年中抓限期办结、后期抓难点督办，突出抓承办大户和建议办理“回头看”，使建议办理做到件件有着落、事事有回音，办理质量逐年提升。五年来，共办理代表建议311件，办结率100%，代表满意率100%。

（二）深化代表主题活动。实行常委会组成人员联系代表、代表联系选民制度，开展“11·22”集中联系选民日③、“脱贫攻坚——人大代表再行动”、“保护生态环境——人大代表在行动”和人大代表“五个一”活动④，让代表零距离接待选民，一对一宣传政策，点对点收集意见，进一步推动县委决策沉下去、基层民意传上来。聚焦疫情影响下中小微企业复工复产、经营发展和人民群众生产生活面临的实际困难，开展人大代表走访企业、走访群众活动，解决问题46个，实现代表主题活动重心下移、深度融合。县乡人大代表以主人翁的姿态，奋发有为，干事创业，在各个领域、各条战线展现出新时代人大代表的良好风采。

（三）畅通代表履职渠道。设立乡镇人大代表联络站、村（社区）人大代表联络室等活动阵地58个，搭建代表履职平台。邀请代表列席县人大常委会等会议，不断提高代表对人大工作的参与度。有针对性地组织代表开展76项重点视察调研、执法检查活动，常态化组织代表参加宪法宣传日、价格听证、法院庭审旁听、检察院开放日等活动，丰富代表履职活动。

（四）优化代表履职服务。强化代表联络服务，在全市率先成立青神县人大代表联络服务中心，配备编制4名。组织代表初任履职培训、学法培训、工作培训等集中培训5次，邀请省、市领导、专家到青授课4次，不断提高代表履职能力。坚持“双联”制度⑤，常委会组成人员、代表以走访、调研等方式，加强与基层代表和人民群众的经常性联系。统一为县人大代表订阅报刊，逐年提高无固定收入代表误工补助标准。广泛宣传优秀代表典型事迹，激发代表履职热情，提高代表履职影响。

（五）依法做好县乡人大换届选举。深入学习贯彻中央和省委、市委、县委文件精神，及时研究换届选举新情况新问题，依法决定县乡人大换届选举有关事项。成立县乡两级选举委员会，加强工作指导，做细组织动员，把握正确舆论导向，确保换届选举工作顺利进行。9月25日，选举产生了179名县人大代表、338名乡镇人大代表，新一届人大代表结构得到进一步优化，整体素质有了新的提高。10月12日，各乡镇选举产生了新一届乡镇人大、政府领导班子，圆满完成乡镇人大换届选举工作。

六、强化自身建设有深度，不断夯实为民服务的履职根基

牢记初心使命，持续改进作风，不断夯实为民履职的工作根基，依法履职能力和机关服务水平得到新提高。

（一）抓理论武装，履职能力得到提高。坚持会前学法制度和机关学习制度，重点学习党的路线方针政策、习近平新时代中国特色社会主义思想和习近平总书记系列重要讲话、宪法法律和人大业务知识，始终做到以先进的理论武装头脑、指导实践、推动工作，不断提高调研能力、审议能力和解决问题能力。

（二）抓规范建设，管理水平得到提升。完善人大专门委员会设置，依法设立6个专门委员会；加强对乡镇和街道人大工作的联系指导，依法设立县人大常委会青竹街道工作委员会，推动乡镇（街道）人大工作依法有序开展。提请县委批转《切实加强新时代人大工作和建设的实施方案》，进一步提升全县人大工作和建设水平。启动“智慧人大”建设，加强改进人大宣传工作，在人大网站、微信公众号开设栏目近20个。全面清理、完善机关各项制度30余个，规范公务接待、严控“三公”经费，做到以制度管权、管人、管事，机关管理运行规范、高效。

（三）抓作风建设，规矩意识得到强化。落实全面从严治党主体责任，严守政治纪律和政治规矩，全面整改巡察反馈问题。定期分析研判常委会工作，定责、定时、定标抓好工作落实。全力参与疫情防控、防汛减灾、“三创一保”、环保督察、河长制等中心工作，以包挂重点项目、帮助基层解决实际困难的效果检验工作成效。

我们也清醒地看到，常委会工作与县委要求和全县人民的期望相比，还有一定差距，主要表现在：监督工作实效有待进一步提高，代表建议办理质效有待进一步提升，代表作用有待进一步发挥，推动人大代表、人民群众关注的热点、难点问题的解决力度还需进一步加强等。这些都需要在今后的工作中，不断创新实践，努力加以解决。

未来五年工作打算

未来五年，青神正处于成渝地区双城经济圈建设、成德眉资同城化发展和支持革命老区振兴发展等多重战略机遇叠加的关键时期。新一届县人大及其常委会将在县委的坚强领导下，坚持以习近平新时代中国特色社会主义思想为指导，坚持党的领导、人民当家作主、依法治国有机统一，坚持依法履行职责与服务改革发展有机结合，立足新发展阶段，完整、准确、全面贯彻新发展理念，融入新发展格局，聚焦特色产业，深化城乡融合，彰显生态价值，迈向共同富裕，紧紧围绕奋力建设高质量发展的国际竹艺名城和全国特色产业示范区、全国乡村振兴示范区、全国生态文明示范区目标，大力弘扬“追求卓越、做小巨人”

的新时代青神精神，依法行使职权、担当作为，为全面开启青神现代化建设新征程贡献力量。

一、更加突出政治建设，进一步把握新时代人大工作正确方向

认真学习贯彻习近平总书记在庆祝中国共产党成立100周年大会上的重要讲话和在中央人大工作会议上的重要讲话精神，深入贯彻落实习近平总书记关于坚持和完善人民代表大会制度重要思想。坚持把党的领导贯穿于人大依法履职的全过程，做到县委有号召、人大有响应，县委有部署、人大有落实。围绕县委中心工作，依法决定重大事项，始终做到与县委工作合拍，与政府工作同步，与人民群众同心，保证县委主张通过法定程序转变为全县人民的共同意志和推进发展的行动自觉。坚持重大事项向县委请示报告制度，准确把握新时代人大工作的定位和方向。坚持党管干部与人大依法行使选举权任免权相统一，确保县委人事意图圆满实现。强化干部任后监督和满意度测评，积极探索测评结果运用机制，不断提升执政为民水平。

二、更加突出监督质效，进一步彰显服务中心大局的担当作为

坚持正确监督、有效监督、依法监督。探索建立全链"清单监督法"，推行一张清单盯到底，检查调研列出问题清单、集中审议对照问题清单开出对策清单、办理测评对照问题清单晒出成绩清单，切实解决检查调研工作不深、集中审议重点不明、办理审议意见措施不准、满意度测评效果不实等问题。突出推动经济高质量发展，对"十四五"规划执行情况、国民经济和社会发展计划情况、预算执行情况等深入开展视察调研，推动解决制约经济发展的突出矛盾和问题，助推高质量发展的国际竹艺名城建设。突出特色产业发展，聚焦竹、机械、柑橘三大特色产业推进情况开展监督，持续加大对优化营商环境、重大项目建设的监督力度，助力全国特色产业示范区建设。突出推进城乡融合发展，对交通基础设施、社会公共服务、乡村生态宜居和乡村振兴与脱贫攻坚有效衔接等情况进行专题调研，加快农业农村现代化进程，助推全国乡村振兴示范区建设。突出生态环境保护，持续开展生态环境专项监督，对污染防治、绿色转型等方面跟进监督，助推全国生态文明示范区建设。

三、更加突出以人民为中心，进一步在监督中保障和改善民生

坚持以人民为中心的发展思想，聚焦人民群众所思所盼所愿，从解决人民群众关注的教育、医疗、养老、就业、托育照护等重点、难点、热点民生问题入手，把监督工作的着力点放在除障碍、破瓶颈、补短板、强弱项上，抓小抓细开展监督，做到"问、议、督、评"一体，"督事、督人、督政"并举，推动人民群众幸福感和满意度逐年提升。探索建立"六步六关"票决制⑥，全面开展县、乡两级民生实事项目人大代表票决制工作，以民声定民生，实现党委、政府决策和人民群众诉求有机结合，让有限的财力发挥出更大的政治、经济和社会效益。

四、更加突出民主法治建设，进一步保障全县改革发展和稳定

深入践行习近平法治思想，以建设更高水平的"法治青神"为目标，加强对宪法法律实施情况的监督检查，保证宪法法律在本行政区域内得到遵守和执行，自觉维护国家法治统一。听取和审议县法院、县检察院专项工作报告，着力促进依法行政、公正司法，助推构建与现代化建设、高质量发展相适应的社会治理体系。健全人大常委会听取和审议备案审查工作报告制度，依法开展规范性文件备案审查，实现对"一府一委两院"和乡镇人大备案审查全覆盖。依法作出"八五"普法决议，让维护宪法和法律尊严、捍卫宪法和法律权威成为全社会自觉行动，保障全县改革发展和稳定。

五、更加突出代表主体地位，进一步激发代表依法履职积极性

加强代表工作能力建设，把加强代表思想政治建设、提高代表素质能力摆在突出位置，不断提高代表履职能力。加强代表履职管理，建立代表履职考核机制，开展代表述职测评，促进代表正确履职、有效履职、充分履职。健全代表联络机制，丰富代表联系人民群众的内容和形式，让代表更好接地气、察民情、聚民智、惠民生。深化拓宽代表履职渠道，继续组织开展"11.22"联系选民日和"五个一"等形式多样的代表活动，不断加强代表阵地建设和代表服务工作，支持和保障代表依法履职，充分发挥代表作用。探索建立代表意见办理制度"组合拳"⑦，推动办理工作由"答复满意"向"结果满意"转变。

六、更加突出机关自身建设，进一步展现新时代人大新作为

着力强化思想政治建设，严格执行常态化学习机制，强化党性锤炼，始终做到讲政治、重品行、做表率，不断提高政治判断力、政治领悟力、政治执行力。着力强化能力建设，深刻把握新时代人大工作的规律和特点，积极探索履行职责的新机制新方式，守规不守旧，出新不出格，在守正创新中不断提升人大系统运用法治思维和法治方式解决问题的能力。着力强化信息化建设，加强人大常委会网站、代表履职平台、电子会议系统、办公信息系统等应用平台建设和预算联网监督工作，提升信息化水平。着力强化制度建设，坚持立改废相结合，以现有制度为基础修改完善，补齐短板，不断推动人大工作制度化、规范化水平。着力强化作风建设，落实好全面从严治党主体责任，驰而不息纠“四风”、转作风，切实增强“四个意识”、坚定“四个自信”、做到“两个维护”，努力锻造一支政治品格优良、业务素质过硬、履职能力突出的人大干部队伍，努力打造让党放心、让人民满意的政治机关、权力机关、工作机关、代表机关。

新时代开启新征程，新使命呼唤新作为！全面开启青神现代化建设新征程号角已经吹响，让我们更加紧密地团结在以习近平同志为核心的党中央周围，以习近平新时代中国特色社会主义思想为指导，在县委的坚强领导下，大力弘扬“追求卓越、做小巨人”的新时代青神精神，在奋斗中释放激情，在奋进中展示作为，努力开创新时代人大工作新局面，为奋力建设高质量发展的国际竹艺名城、全面开启青神现代化建设新征程而努力奋斗！

注 释

①“三去一降一补”：去产能、去库存、去杠杆、降成本、补短板等五大任务的简称。

②“三创一保”：创建国家生态文明建设示范县、国家森林城市、国家卫生县城，继续保持四川省文明城市荣誉称号。

③“11·22”集中联系选民日：每年11月22日县乡人大代表集中联系选民活动日。

④“五个一”活动：每年自学一部法律，每年回到原选区开展一次调研活动，参加一次代表视察活动、联系帮扶一户困难户，提一条以上高质量的批评、建议和意见。

⑤“双联”制度：常委会组成人员联系代表、代表联系选民制度。

⑥“六步六关”票决制：“六步”即组织发动代表征集项目—人大和政府筛选提出初步候选项目—政府提交人大审议、人大报请党委审定项目—人代会票决项目—组建代表小组监督推进项目—政府在人代会上报告项目完成情况并接受代表满意度测评；“六关”即征集关、筛选关、初定关、票决关、监督关、评价关。

⑦代表意见办理制度“组合拳”：建立提能机制，着力提高建议质量；完善交办机制，着力增强办理意识；完善督办机制，着力提升办理质效；建立评价机制，着力加大问效力度。

2021 年政府工作报告

青神县人民政府县长　刘今朝

（2021 年 2 月 2 日）

2020 年及“十三五”工作回顾

2020 年，是极不平凡的一年。面对突如其来的新冠肺炎疫情和严重洪涝灾害，我们坚定以习近平新时代中国特色社会主义思想为指导，深入贯彻落实党中央国务院、省委、省政府、市委、市政府和县委决策部署，坚持“稳中求进”总基调，扎实做好“六稳”①工作，全面落实“六保”②任务，统筹疫情防控和经济社会发展，较好地完成了县第十七届人民代表大会第六次会议确定的目标任务。

全年地区生产总值完成 89.82 亿元，同比增长 4.2%，增速高于全国、全省水平，与全市持平；全社会固定资产投资完成 66 亿元，同比增长 11.8%，增速全市第二；地方一般公共预算收入完成 5.66 亿元，同比增长 9.1%；城镇居民人均可支配收入达 37743 元，同比增长 5.7%；农村居民人均可支配收入达 21134 元，同比增长 8.9%，增速全市第一。

过去一年，我们众志成城，坚决打赢疫情防控的人民战争、总体战、阻击战。自疫情发生以来，全县无确诊病例、无疑似病例、无无症状感染者，始终为低风险区，守住了一方平安。

过去一年，我们工业发展取得重大突破。斑布竹产业园全速推进，是近 15 年以来全省唯一新批准的年制浆 20 万吨的造纸项目；西南表面处理循环经济产业园、绿色铸造产业园、彩虹健康产业园、牯牛山变电站等项目遍地开花。

过去一年，我们安全、成功举办了“2020 中国国际竹产业交易博览会·首届数字国际熊猫节”，竹博会升格为国家级展会，国际竹藤组织总干事，喀麦隆、塞浦路斯大使等 11 位驻华使节，8 位国家部委和省领导莅临青神，竹里院子、竹里巷子惊艳亮相，签约项目、带动销售均创新高，首次实现所有嘉宾客商吃住在青神，竹博会的丰硕成果获得社会各界高度评价。

过去一年，我们以全省前五名的优异成绩成功创建四川省实施乡村振兴战略先进县，获评四川省农村改革工作先进县、四川省农民增收工作先进县，成为全省唯一囊括三项殊荣的县（区）。全面打赢脱贫攻坚战，共圆小康梦。以椪柑为主导的现代农业提质增效，农村基础设施全面升级，乡村颜值大幅提升。

过去一年，我们推动全县人民翘首以盼的蚕丛大桥、青关路、华青路建成通车，虎渡溪航电枢纽工程下水施工，成乐高速（青神段）及连接线项目加快推进。滨江新区综合开发全面推开，改造老旧小区 101 个，新（改）建城市道路 10 条，城市面貌焕然一新。

过去一年，我们积极拓展资源，对上争取、债券融资均创历史新高，有力支撑经济社会恢复发展。争取到各类补助资金 12.78 亿元，增加 3.24 亿元，同比增长 34%。其中：省预算内投资项目资金 2.83 亿元，增加 2 亿元，同比增长 253%。争取债券资金 3.93 亿元，同比增长 63.1%；县属国有企业实现融资 6.07 亿元，同比增长 15%；县内金融机构存款余额 125 亿元，增加 16.6 亿元，同比增长 15.3%，贷款余额 65.4 亿元，增加 13.3 亿元，同比增长 25.4%，存贷比首次突破 50%，达到 52.3%。

一年来，在县委坚强领导下，我们主要做了以下工作：

一、突出精准施策，凝聚人民力量，夺取疫情防控和经济社会发展“双胜利”

坚持人民至上、生命至上，第一时间打响疫情防控阻击战，先后召开县政府常务会 27 次、疫情防控调度会 46 次，推动中央、省委、市委和县委决策部署落地落实。

——抢前抓早阻断疫情。在全市率先关闭娱乐场所、景点景区等人员密集场所，暂停城乡集体聚餐，禁止中心城区活禽交易。创新采用“入户回执单双签字”模式对重点人员进行四轮全覆盖大排查，“红色门卫”制度被《人民日报》报道。慎终如始严防疫情反弹，持续加强重点人群、重点区域、重点部位日常防控，实现疫情防控由应急状态向常态化转变。

——迅速提升防控能力。落实落细院感防控措施，投入 5600 多万元，实施 ICU 病房负压病房改造、乡镇卫生院能力提升等 12 个防疫基础能力建设项目。在全市率先开展职业暴露人群血清抗体抽检，率先实行发热门诊血常规、胸部 CT 费用财政全额保障制度，率先建成核酸检测实验室。组织 6 名医卫人员驰援湖北，为打赢湖北保卫战、武汉保卫战贡献了“青神力量”。

——*有序推进复工复产*。出台支持中小微企业渡过难关的二十二条政策措施，兑现各类纾困解难资金8500余万元，推动全县企业、项目在最短时间内实现复工复产。“惠民消费之餐饮季”活动带动消费8000万元以上，全年完成社会消费品零售总额25.5亿元，增速全市第一。坚持不误农时抓生产，农产品帮扶销售亮点做法被《焦点访谈》报道。积极实施“春风行动”，组织1.82万名农民工有序返岗。

二、立足特色产业，主动“进城入圈”，推动县域经济高质量发展

主动融入成渝地区双城经济圈建设和成德眉资同城化发展，推进优势互补、产业互动、企业对接，加快发展机械、竹、椪柑三大特色产业，建设具有核心竞争力的特色产业集群。

——*机械产业蓄势突破*。四川青神经济开发区成功申报全省工业企业基础调查试点园区。投资50亿元的绿色铸造产业园成功签约，投资100亿元的西南表面处理循环经济产业园、投资10亿元的彩虹健康产业园开工建设，完成德恩云智造平台搭建，建成数字化车间2个，“一区五园一平台”③产业格局初显形态。隆源机械成功创建国家级高新技术企业；德恩精工成功创建国家级绿色工厂，成为首批国家信息消费体验中心。全年新增规模以上工业企业5户，规上工业企业累计实现产值75.3亿元，同比增长5.7%。

——*竹产业特色彰显*。斑布竹产业园加快推进。国际竹产业展览中心、国际竹文化中心提档升级，总投资1.68亿元的竹里院子、竹里巷子、竹里书屋建成投用，“一园两馆两中心三基地”④竹产业格局初步形成。实施“年万亩栽竹”计划，尖山、天池、白果竹产业基地被认定为省级现代竹产业基地。青神县获评四川省竹产业高质量发展县、四川省竹林风景线建设先进县、四川省自然教育（竹文化）国际实训基地，瑞峰镇获评四川省竹林小镇。青神竹编成功入选全省“文化遗产＋扶贫”典型案例之一。全年竹产业产值达48.5亿元，同比增长18.3%。

——*椪柑产业提质增效*。成功争取全国晚熟柑橘产业集群项目资金5300万元，接受省星级现代农业园区复评。投资2.6亿元的冷链物流园、全省首个柑橘博览园建成投用。西南地区最大的柑橘单轨运输基地投入运行。新（改）建标准化果园3000亩，建成最美果园120个。成功签约京东、快手等平台公司，拓展柑橘网络营销渠道。林下种豆新模式全省推广，全国农民合作社高质量提升与多元化发展学术论坛、全省生草栽培现场会在青举办。全年椪柑产业产值达到18亿元，同比增长12%。

三、抓实要素保障，全力攻坚破难，全面全域推进乡村振兴

——*千方百计做强要素支撑*。编制《青神县乡村振兴战略规划》，形成县域乡村振兴“1+6”规划体系⑤。设立乡村振兴发展资金3000万元、奖励资金2700万元，统筹安排各类资金12.4亿元，占一般公共预算支出的71.3%，撬动社会资本68亿元参与乡村振兴。从县农发行融资4亿元、新增专项债券3.5亿元用于保障农村污水治理、垃圾分类处理、乡村道路建设和农村风貌提升等项目推进。调配468亩建设用地保障乡村振兴项目建设。

——*聚焦重点全面落实任务*。深入开展脱贫攻坚清零行动，3780户9342名贫困人口全面脱贫，决战脱贫攻坚取得决定性胜利。投资6.8亿元全域推进厕所革命、污水革命、垃圾革命，农村户用卫生厕所普及率97.8%，生活污水得到有效处理的村占比96.2%，生活垃圾有效处理的村占比100%。全县柑橘种植面积18万亩，竹林基地20万亩。粮食种植面积扩种1830亩达13.8万亩，生猪出栏18.3万头。创建“美丽宜居乡村”达标村46个。

——*强化惠民抓好乡村治理*。高台镇诸葛村获评全国文明村镇，百家池村“微治理”机制探索入选2020年全国乡村治理典型案例，获评四川省实施乡村振兴战略示范村。青神“做好五篇文章，跑出百家池乡村治理加速度”实践获时任中央农办副主任，农业农村部党组副书记、副部长韩俊同志签批肯定。

四、突出项目引领，夯实发展基础，持续提升基础设施水平

——*项目建设掀起高潮*。制定《青神县政府投资项目实施与管理办法（试行）》，全流程规范项目管理。坚持经济运行、招商引资、对上争取、项目推进周例会、月调度、季拉练等机制。深入推进项目攻坚，全年新建项目56个，续建项目36个，固定资产投资增速全市第二。

——*城市品质大幅提升*。实施城市形象提升两年行动“六大工程”⑥。投资3.5亿元推进滨江新区建设，滨江大道南段、唤鱼公园（西区）、县城市生活污水处理厂改扩建工程、振兴路南段等项目建成投用，唤鱼公园（东区）、护城河综合整治等项目加快推进。投资1.18亿元改造老旧小区101个，惠及居民2884户。出让土地1868亩，商品房销售20.96万平方米，城镇化率提升1.48个百分点，达到44.65%。成功保持四川省文明城市称号。

——*基础设施更加完善*。投资5.6亿元的岷东大道青神段、投资3.8亿元的蚕丛大桥建成通车，总投资9500万元的华青路、青关路完成升级改造，投资5亿元的成乐高速（青神段）扩容及连接线、投资14.25亿元的虎渡溪航电枢纽工程和总投资6700万元的思蒙河五更桥段防洪治理工程、岷江瓮家坝堤防工程加快推进。投资3.48亿元的复兴水库扩建工程、投资2.23亿元的220kV牯牛山变电站项目开工建设。完成5G网络布点50个。

五、深化改革创新，推进开放发展，大力培育县域经济发展新动能

——深化改革迈出新步伐。全面完成乡镇行政区划和村级建制调整。稳步推进县属国有企业改革。“首查不处、首违不罚”[7]容错整改机制入选全省“放管服”改革优化营商环境工作典型做法和法治政府建设创新实践案例。青神县成为全省唯一的国家级第二轮土地承包到期后再延长三十年试点县、省级深化新型职业农民制度试点县和省级农民合作社质量提升整县推进试点县。县农业农村局被评为全省唯一县级“全国农村承包地确权登记颁证工作先进集体”。

——开放合作开创新局面。编制成渝地区双城经济圈建设“四重清单”[8]，编制项目25个，总投资超过500亿元。签约引进水月楼旅游度假酒店、竹里萤光文化园等项目13个，总投资达97.5亿元，招商引资实际到位资金45亿元。发起成立“大竹海”“大峨眉”川渝文旅发展联盟，推动14个城市组建“中国竹产业高质量发展联盟”。全年实际利用外资324万美元；外贸进出口总额1.79亿元，增长118%，增速全市第一。

——现代服务业迈上新台阶。出台《青神县促进现代服务业高质量发展的实施方案》，全面完成四川省服务业强县项目建设，“433”现代服务业体系[9]初步建立。加快推进第二轮国家级电子商务进农村综合示范项目，“双11”期间实现网络销售额6.3亿元，同比增长94%，斑布本色生活用纸排名全网本色生活用纸第一。全年吸引游客362万人次，实现旅游收入31亿元。

六、坚持共建共享，增进民生福祉，切实提升人民群众获得感幸福感

——民生保障提标扩面。除竹里银杏项目因国家政策调整未实施外，全面完成省市下达民生工程和县人大代表票决的民生实事，民生支出占一般公共预算支出的65.8%。城镇新增就业2169人。坚决打击恶意欠薪行为，为农民工追讨工资130万元。青神中学校整体搬迁项目主体工程完工，县实验幼儿园分园项目竣工验收，青神县成功创建“全国县域德育创新示范区”。全国首批紧密型县域医疗卫生共同体建设试点工作经验全省交流。坚决遏制耕地“非农化”、防止“非粮化”[10]，保障粮食安全。城乡低保实现应保尽保，低保、特困供养标准高于全省标准。青神县获评四川省第十一届双拥先进县。

——生态环境持续改善。全面落实“河（湖）长制”“点长制”和“田长制”要求，全力打好污染防治攻坚战，持续抓好中央省市环保督察反馈问题整改。投资5.1亿元实施农村生活污水治理工程、岷江流域生态屏障建设等项目。全面推进岷江流域天然水域退捕禁捕工作。全国首创“十二分制”[11]农资管理办法，实现农药包装废弃物回收处置闭环管理。全年空气质量优良率93.2%，$PM_{2.5}$年均浓度27.7微克/立方米，均居全市第一。岷江、思蒙河、金牛河、沙溪河等水质持续稳定在Ⅲ类，饮用水水源地水质达标率100%，西龙镇成功创建省级森林小镇，全县森林覆盖率达48.23%。

——社会大局安全稳定。纵深推进扫黑除恶专项斗争，成功破获“6·05”“7·01”等部督、省督重大涉网案件，涉案金额达4.8亿元。平安建设群众满意度测评排位全市第一。扎实推进安全生产专项整治三年行动和森林防灭火专项整治，成功应对8月持续性暴雨洪涝灾害，全年未发生一起森林火灾和较大及以上生产安全事故。政府性债务风控指标控制在安全值以内。落实“四个最严”[12]要求，保障食品药品安全。顺利通过农产品质量安全监管示范县资格复审。持续推进“七五”普法和“法律七进”[13]，运用法治思维、法治方法化解稳控信访突出问题，青神县被国家信访局评为信访工作“三无”县。

七、坚持党的领导，切实转变职能，政府自身建设全面加强

政府系统不断增强“四个意识”、坚定“四个自信”、做到“两个维护”，始终在县委的坚强领导下，在县人大、县政协的监督支持下，不忘初心、牢记使命，确保各项部署落地落实。

——依法行政持续推进。贯彻执行《重大行政决策程序暂行条例》，修订《青神县人民政府常务会议议事规则》。全面落实行政执法“三项制度”[14]，行政执法案件无败诉，行政机关负责人到庭率100%。认真办理县人大代表批评建议意见55件、县政协委员提案107件，代表、委员满意率100%。

——行政效能持续提升。持续深化“基层减负”，力戒形式主义、官僚主义，全县性文件、会议压减1/3。扎实推进政务信息公开，公开政府信息26620条，办理热线3490件，满意率为100%。持续实行周六错时和延时、预约、代办服务，开通政务服务事项“跨域通办”，推进“互联网+政务服务”，“一网通办”率达100%，办理时限缩短比例85%。

——廉洁从政持续强化。开展“监督跟着项目走”专项行动，发出黄色提示卡23张、橙色警示卡11张、组织处理2人。深入开展粮食系统严重违纪违法案“以案促改”和“4+1”[15]重点行业领域突出问题系统治理，严格执行中央八项规定及实施细则精神，落实意识形态工作责任制，加强统计执法检查，强化审计监督，全面加强政府系统党风廉政建设。

过去一年，保密、档案、地方志、老龄、医保、妇女儿童、残疾人、红十字会、工会、共青团、科协、外事台侨、民族宗教、退役军人、国防动员、人民武装、消防等各项工作都取得了新突破，税务、气象、邮政、电力、通信、金融等驻青单位为青神发展贡献了新力量。

在肯定成绩的同时，我们也要看到，当前国外疫情持续蔓延，外防输入任务仍然艰巨，经济下行压力依然很大。我县经济总量小、城镇化水平低的局面还未改变，制造业还处于产业的中低端水平，财政金融保障能力不足，营商环境有待进一步改善；政府干部大谋、大气、大为的精气神和抓落实、抓执行还有差距，创造性开展工作的能力还有欠缺。对于上述问题，我们必须采取有效措施，下大力气予以克服和解决。

“十三五”期间，我们不忘初心、牢记使命，贯彻新发展理念，推动高质量发展，全县经济社会发展取得优异成绩，圆满完成各项目标任务。

过去五年，我们坚持创新发展，综合实力显著增强。全县地区生产总值年均增长6.5%，比2015年增长50.1%，地方一般公共预算年均收入增长5.1%。三次产业结构由2015年的13.2 ∶ 55.5 ∶ 31.3调整为2020年的13.7 ∶ 39.1 ∶ 47.3。机械产业集聚实力，德恩精工成功上市，国家高新技术企业达11家，占规上工业企业总数的25%。竹产业彰显特色，“青神竹编”跻身全国区域品牌百强榜，获评全省首批竹产业高质量发展县。椪柑产业质效齐升，成功创建省级现代农业园区，椪柑产业基地跻身省级特色农产品优势区。现代物流、数字经济等新兴服务业加快发展，两度入选全国电子商务进农村综合示范县。累计引进产业项目65个，总投资超253.7亿元。

过去五年，我们坚持协调发展，统筹城乡成绩斐然。城乡建设投入累计达80亿元，新增城镇建成区面积1.46平方公里，城镇化率达44.65%。完成交通类项目投入12.9亿元，综合交通网络体系基本建成。全域安全饮水眉青供水工程建成投运，建成各类水利工程约3600处。滨江新区全面启动，老城改造深入实施，竹里系列城市IP特色彰显，城市形象显著提升。实现村村通光纤、全域通4G，村级体育设施实现全覆盖。土地集约节约工作受到国务院办公厅通报表扬。

过去五年，我们坚持绿色发展，环境质量明显改善。实施绿色发展五年行动计划，生态环境持续改善。打好大气、水、土壤污染防治攻坚战，$PM_{2.5}$、PM_{10}浓度实现双下降，环境空气质量位居全市第一。岷江、思蒙河、金牛河、沙溪河等水质提升并稳定在Ⅲ类。原南城镇入围全国最美森林小镇，白果乡成功创建省级森林小镇。

过去五年，我们坚持开放发展，改革创新成果丰硕。完成机构改革、乡镇行政区划和村级建制调整。县乡村三级农村产权交易体系基本形成，村集体经济发展壮大。“放管服”改革持续深化，营商环境全面优化提升。建成企业技术中心6家，德鑫航空获评国家级专精特新“小巨人”企业⑯，力兴孵化园创建省级小型微型企业创业创新示范基地。成功举办竹文化节、竹博会等重大会节活动，擦亮幸福美丽青神名片。

过去五年，我们坚持共享发展，幸福指数大幅跃升。民生投入累计达50亿元，占一般公共预算支出的65.7%，重点民生实事项目全面完成。城镇、农村居民人均可支配收入分别为2015年的1.4倍、1.6倍，城镇新增就业1.34万人，登记失业率控制在4%以内。脱贫攻坚取得决定性胜利，“两不愁三保障”和“四个好”目标提前实现，贫困人口全面脱贫。教育事业稳中有进，学前教育入园率达94%，正常适龄儿童入学率100%，均居全市第一。“健康青神”加快推进，城乡医疗卫生设施显著改善，全民参保计划全域推开，老龄事业、养老服务体系建设成效显著，体育事业、社会救助、公共文化服务体系更加完善，人均预期寿命达78.1岁，群众获得感、幸福感、安全感显著增强。

过去一年和“十三五”期间成绩的取得，是市委、市政府和县委坚强领导的结果，是县人大、县政协监督支持的结果，是全县人民团结奋斗的结果。在此，我谨代表县人民政府向全县人民，向各位人大代表、政协委员、老领导、老同志，向驻军、武警、消防指战员、政法干警，向所有关心、支持、参与青神发展的社会各界人士表示诚挚的感谢并致以崇高的敬意！

“十四五”规划和2035年远景目标的总体考虑

“十四五”时期是开启全面建设社会主义现代化国家新征程、向第二个百年奋斗目标进军的第一个五年。根据中央十九届五中全会、省委十一届八次全会、市委四届十六次全会和县委十四届二十九次全会精神，县政府编制了《青神县国民经济和社会发展第十四个五年规划纲要（草案）》，提交大会审议。

展望2035年，青神将与全国全省全市同步基本实现社会主义现代化，全面建成全国特色产业示范县。锚定“十四五”，纲要提出了今后五年经济社会发展主要目标。到2025年，全县地区生产总值增速高于全省、全市平均水平，力争突破135亿元，年均增长7.5%左右，人均地区生产总值接近全省水平，与全国的差距进一步缩小；完成全社会固定资产投资500亿元以上；新增城镇建成区3平方公里，城镇化率超过50%。这些指标任务综合考虑了国际国内形势和青神阶段性特征，兼顾了需求和可能。从发展机遇来看。成渝地区双城经济圈建设、成德眉资同城化发展等国省重大战略汇聚，市委支持青神建设全国特色产业示范县、联动川南高质量发展引领区、西部陆海新通道重要节点，为青神发展指明了方向。从发展任务来看。经济总量不大，总体上欠发达，发展不平衡不充分问题仍比较突出；产业基础水平不高，产业链现代化程度偏低，服务业层次不高，现代物流、文化娱乐、信息服务等门类仍处于空白和起步阶段；城市规模、功能、品位亟待提升等。总体来看，发展任务十分繁重。我们要坚持用全面、辩证、长远的眼光看待新发展阶段面临的新机遇、新挑战，顺应发展规律，保持战略定力，努力在危机中育先机、于变局中开新局。

为实现这些目标，纲要坚持全面融入国省战略，持续深化改革创新，不断扩大对外开放，提出了一系列支撑发展的重大工程、重大项目、重点工作，突出了以下五个方面：

*一是聚焦高质量发展，建设全国特色产业示范县。*围绕实现工业总产值220亿元、机械产业总产值100亿元目标，建强承载平台，推动工业集群化、高端化、智能化、绿色化、融合化发展，聚力建设全国特色先进机械制造产业聚集区。围绕实现竹产业综合产值100亿元目标，充分发挥青神竹产业领先优势，做美竹林，做强竹业，做特竹艺，全面构建青神“竹子联通世界”的开放发展格局，聚力建设全国特色竹产业高质量发展示范区。围绕实现椪柑产业产值20亿元，抓好建基地、创品牌、搞加工、促融合等重点任务，加快构建现代农业产业、生产、经营体系，聚力建设全国晚熟柑橘集群核心区重点县。围绕构建“433”现代服务业发展体系，推进发展模式和业态创新，推动生活性服务业向高品质和多样化升级、生产性服务业向专业化和价值链高端延伸。

*二是推进县城城镇化补短板强弱项，建设国际竹艺名城。*围绕“一城三区[17]、协调发展”区域发展布局，坚持“半城山水半城竹”形象定位，加快县城扩容提质、增强承载能力。依托“引岷入城”，打造水系联通、贯穿全城的灵动之城；依托“竹+”系列风景线，打造公园绕城、绿道串联的森林之城；依托蚕丛文化、东坡文化、竹编文化，打造底蕴深厚、开放包容的文化之城；依托岷江旅游，打造运动康养、特色体验的休闲之城；完善功能配套，推进城市智慧治理，逐步构建“四纵四横”[18]的城市骨干交通网络，创建国家森林城市，全力争创全国文明城市，建设成渝地区最美竹林城市。

*三是全面推进乡村振兴，建设全国实施乡村振兴战略先进县。*按照“二十字”总要求[19]，统筹推进“五大振兴”[20]，促进农业高质高效、乡村宜居宜业、农民富裕富足，打造高分值、高颜值、高水平的“三高”乡村青神样板，创建全国实施乡村振兴战略先进县。聚焦巩固脱贫攻坚成果和乡村振兴的有效衔接，调整优化并逐步完善财政支持政策。全域巩固提升农村人居环境整治，统筹推进农村基础设施建设，加强农村生态建设保护，提升乡村公共服务和治理水平。

*四是完善交通等基础设施体系，建设西部陆海新通道重要节点。*按照“内畅外通、融入成都、承接川南”的交通定位，以建设现代化立体综合交通体系，畅通城乡物流，实现铁路、水路货运零突破为重点，加强对外大通道建设，构建高效便捷的物流基础设施网络。抓好水利工程补短板，纵深推进城乡供水一体化。加快推进电力基础设施建设，合理布局充电站充电桩，全面增强油气供应能力和保障能力，打造清洁高效的能源利用体系。加快5G、物联网、大数据等技术应用，促进数字经济与生产制造、现代服务业等深度融合，打造数字经济新业态。

*五是突出绿色发展和民生导向，提升人民群众幸福感获得感。*深入实施“绿满青神”行动，强化资源高效利用，统筹推进大气、水、土壤等生态环境治理，深入打好污染防治攻坚战，加快构建绿色生产生活方式，持续提升人居环境质量，创建国家生态文明示范县。坚持在发展中保障和改善民生，持续加强普惠性、基础性、兜底性民生建设。千方百计推动创业就业，深入实施教育优先发展战略，加快构建高质量公共卫生体系、医疗服务体系，健全多层次社会保障体系。积极应对人口老龄化，推动养老事业和养老产业协调发展。强化应急管理体系和能力建设，提高安全生产水平。推进城乡基层治理制度创新和能力建设。防范和化解金融风险，守住食品药品安全底线，维护社会和谐稳定。

2021年工作安排

2021年是“十四五”开局之年和中国共产党成立100周年。做好今年工作，意义重大、任务艰巨。必须坚持以习近平新时代中国特色社会主义思想为指导，立足新发展阶段，贯彻新发展理念，融入新发展格局，抢抓成渝地区双城经济圈建设和成德眉资同城化发展机遇，坚持“稳中求进”工作总基调，坚持“135”[21]工作思路不动摇，紧扣“绿色发展冲刺年”主题，强化底线思维和系统观念，加快建设全国特色产业示范县，以“三创一保”[22]统揽绿色发展和城乡建设，确保主要经济指标增速高于全国、全省，力争高于全市。

全县经济社会发展主要目标是：全年地区生产总值增速9%；全社会固定资产投资增速12%；地方一般公共预算收入增速7%；城镇居民人均可支配收入增速9%；农村居民人均可支配收入增速9.5%；社会消费品零售总额增速11%；城镇化率提高1.5个百分点。

为实现上述目标，我们要慎终如始抓好疫情常态化精准防控，扎实做好“外防输入、内防反弹”，严格落实“四早”“四集中”[23]措施，压实“四方”责任[24]，持续做好重点地区来青人员管理服务，严格规范医疗机构和隔离场所管理，加强冷链物流和重点场所管控，努力把疫情影响降到最低，持续巩固疫情防控和经济社会发展成果。在此基础上，重点抓好以下五个方面工作：

一、聚焦特色发展，加快建设全国特色产业示范县

——加快建设全国特色先进机械制造产业聚集区。推进四川青神经济开发区扩区，争创省级高新技术园区。开工建设绿色铸造产业园、立白智能家居产业园、众鑫盛饲料成套设备等25个工业项目，加快推进西南表面处理循环经济产业园（一期）等项目，建成德鑫航空新能源车辆生产项目、彩虹健康产业园（一期）等项目。德恩云平台上线运行，完成10家以上企业上云。新增规模以上企业5家，实现规模以上工业企业产值84亿元。

——加快建设全国特色竹产业高质量发展示范区。依托竹产业“一园两馆两中心三基地”，争创四川省现代竹产业园区。建成斑布竹产业园，打造全国最大本色纸生产基地。实施竹里萤光、竹里稻香、竹里院子（三期）、竹里巷子（二期）等项目，建设全国首个竹里萤光文化园。新建以竹板材为原料的高端家具生产线2条，推进竹产业加工基地建设。办好2021中国国际竹产业交易博览会。实现竹产业综合产值60亿元。

——加快建设全国晚熟柑橘集群核心区重点县。发挥冷链物流园、柑橘博览园示范带动作用，加快投资6900万元的全国晚熟柑橘产业集群项目，新（改）建标准化果园7000亩，椪柑园区争创全省五星级现代农业园区。推进与京东、快手等互联网平台合作，打造直播营销基地，推动农产品“出村进城”。申报“青神椪柑”为国家地理标志产品，“青神南瓜柑”“青神马克斗”为原产地证明商标。实现椪柑产业产值19亿元。

二、聚焦“三创一保”，加快推进城乡一体化融合发展

——持续改善环境质量。争创国家生态文明建设示范县、国家森林城市。深入打好污染防治攻坚战，推进岷江流域生态屏障建设，完成长江面源污染治理、城市生活污水处理厂扩容提标，建成工业开发区污水处理厂，确保岷江、思蒙河、金牛河、沙溪河等水质持续稳定在Ⅲ类；15个微型空气监测站投用，持续加强秸秆禁烧、扬尘管控和夏季挥发性有机物治理，空气质量优良率达90%以上，$PM_{2.5}$浓度控制在30微克/立方米以内。继续抓好环保反馈问题整改销号，做好中央生态环境保护督察第二轮迎检准备。持续开展绿满青神行动，全县森林覆盖率达到48.5%以上。

——大力提升城市品质。争创国家卫生县城；保持四川省文明城市荣誉称号，力争排位提升20位。围绕公共服务设施提标扩面、环境卫生设施提级扩能、市政公用设施提档升级、产业培育设施提质增效，推进县城城镇化补短板强弱项。启动城东农贸市场搬迁重建，完成城南农贸市场改造。启动兴业路东沿线市政道路建设，完成青衣大道改造，推进货运绕城。持续推进城市形象提升行动，完成唤鱼公园、竹里梅花公园、护城河综合整治项目和100个老旧小区改造。推进城市网格化管理，着力提升市民文明素养。

——全面推进乡村振兴。做好巩固拓展脱贫攻坚成果同乡村振兴有效衔接，争创全国实施乡村振兴战略先进县。加快椪柑、竹、生猪等富民产业发展。坚决遏制耕地“非农化”、防止“非粮化”，完成高标准农田建设1.3万亩，确保生猪出栏18万头以上。实施乡村建设行动，新（改）建漫水桥11座，提升改造“四好农村路”[25]20公里；稳步推进供水城乡一体化工程和农村集中供水工程建设，农村居民自来水普及率达到98%。加强农村生态文明建设，持续实施农村人居环境治理项目，推进生活垃圾处理、农村厕所、生活污水和村容村貌治理。完成乡镇（街道）村（社区）两委换届，加强和改进乡村治理，推动农业全面升级、农村全面进步、农民全面发展。争创全省农村改革先进县，创建省级乡村振兴先进乡镇1个、示范村2个，市级先进乡镇1个、示范村4个。

——加快基础设施建设。聚焦建设西部陆海新通道重要节点，积极争取成都至眉山S13市域铁路延伸至青神、青神港至成昆铁路货运专线纳入国省规划，开工建设天眉乐高速青神段、G245经开区段，加快推进岷江虎渡溪航电枢纽工程，完成成乐高速扩容（青神段）及连接线项目。开工建设第二气源管道工程项目，加快推进复兴水库扩建工程，220千伏牯牛山变电站建成投用。新（改）建5G基站150个，新建充电桩100个。

三、聚焦改革开放，加快汇聚高质量发展新动能

——开放引领招大引强。在“双循环”[26]新格局和“双城经济圈”中找准定位，立足“五园一平台”，主动承接长三角、珠三角等东部地区机械加工、整机制造产业转移，重点招引机械、汽车、电子等产业上下游配套企业，以及日化、医药等终端消费品生产企业和竹板材、竹纤维等竹企业。围绕岷江旅游经济带，全力引进重大文旅项目，发展养老、研学等"一老一小"产业，推动生态价值转化为经济价值。全年引进5亿元以上项目4个，其中，10亿元以上项目2个，招商引资到位资金45亿元以上。

——推进重点领域改革。把握"十四五"开局之年的新政策、新机遇，进一步加强对上争取。完成国土空间总体规划编制，深入开展"亩均论英雄"[27]试点，推进"批而未用"土地盘活三年行动。做好乡镇行政区划和村级建制调整"后半篇"文章，完成国家级第二轮土地承包到期后再延长三十年、省级深化新型职业农民制度、省级农民合作社质量提升整县推进试点等改革任务。深化县属国有企业改革，提高征信评级和融资能力。加快环龙新材料、德鑫航空等IPO进程。

——培育新产业新业态。发展竹编、竹纸等中高端消费品，持续开展"消费促进季"活动，支持"汽车下乡"、家电等耐用消费品以旧换新活动，推动生活性服务业向高品质、多样化升级。发展研发设计、仓储物流、金融服务、高端会展等生产性服务业，补齐服务业发展短板。大力发展工业互联网和智能制造，推动数字赋能产业，提升企业自动化率、智能化水平和生产效率。加大智慧城市基础服务和行业应用，推进智慧城市建设。积极创建省级全域旅游示范区，启动水月楼旅游度假酒店建设，建成红色西山研学基地，推进国际竹艺城、汉阳湖·忆村、中岩文旅度假区升级。发展外向型经济，完成外贸进出口2亿元、实际利用外资300万美元。

四、聚焦民生福祉，加快提升群众获得感幸福感安全感

——大力发展民生社会事业。全面完成省市县民生工程和民生实事任务，民生投入占一般公共预算支出的比例65%以上。完成第七次全国人口普查，用好普查成果。开展各类补贴性职业技能培训1500人，新增就业1900人以上。坚持教育优先发展，完成青神中学校整体搬迁，开工建设学道街小学校舍改扩建项目。完成全国首批紧密型县域医疗卫生共同体建设试点工作。实施养老服务"七大工程"[28]，完成7个社区配套养老服务设施、5个农村养老服务分中心建设。完成贫困老人家庭适老化设施改造30户，资助白内障患者实施复明手术90例，完成困难残疾人家庭无障碍设施改造100户。做好农产品质量监管和天然水域退捕禁捕工作。做好重要物资保供稳价，确保食品药品安全。

——全力守住安全稳定底线。压实安全生产责任，持续开展安全生产专项整治三年行动和森林防灭火专项整治，确保全年不发生较大及以上安全事故。完成县救灾物资储备库和安全体验中心项目、县应急管理信息化平台建设。构建扫黑除恶长效常治机制，严厉打击各类违法犯罪行为。防范化解各类社会矛盾，加快问题楼盘化解处置，全力化解信访积案，巩固全国信访"三无县"成果。全面加强根治拖欠农民工工资工作。加大债务风险防控和对非法集资的打击力度。

五、聚焦效能提升，加快建设人民满意的服务型政府

——加强政治建设。坚持把习近平新时代中国特、社会主义思想内化于心、外化于行，增强"四个意识"，坚定"四个自信"、做到"两个维护"。始终把党的领导贯穿于政府工作全过程各方面，全面贯彻落实县委决策部署，确保政令畅通、令行禁止。

——推进依法行政。贯彻执行重大行政决策程序、重大经济事项决策等规定，严格落实行政执法"三项制度"。持续推进政府信息公开。认真办理人大代表建议和政协委员提案，自觉接受人大的法律监督、工作监督和政协的民主监督，主动接受纪律监督、审计监督、社会监督，认真听取并办理人大代表、政协委员意见建议。全面启动"八五"普法工作，推进"法律七进"。

——提升行政效能。坚持"并联审批、容缺办理、主动服务、红色代办"原则，构建亲清政商关系，营造优良营商环境。坚持"一线工作法"和"问题工作法"，树立有要求有布置必有检查的意识，深入一线督促研究解决问题。提高专业化能力，增强补课充电的紧迫感，努力成为推动高质量发展的行家里手。

——强化廉政建设。加强政府系统党风廉政建设，严格执行中央八项规定及其实施细则精神，持续整治"四风"，力戒形式主义、官僚主义。深入开展粮食系统严重违纪违法案"以案促改"和经责审计、巡视反馈问题整改。坚持政府过紧日子，继续压减一般性支出和"三公"经费。全面落实意识形态工作要求。加强重点领域、重点环节、重点岗位廉政风险管控，严防腐败问题发生。

凡是过往，皆为序章。新的一年，让我们更加紧密地团结在以习近平同志为核心的党中央周围，坚持以习近平新时代中国特色社会主义思想为指引，在市委市政府和县委的坚强领导下，在县人大、县政协的监督支持下，担当作为、奋力冲刺，加快建设全国特色产业示范县，开启全面建设现代化青神特色发展新征程，以更加优异的成绩迎接建党100周年！

注 释

①"六稳"："六稳"即稳就业、稳金融、稳外贸、稳外资、稳投资、稳预期工作。

②"六保"："六保"即保居民就业、保基本民生、保市场主体、保粮食能源安全、保产业链供应链稳定、保基层运转。"六稳""六保"之间不是孤立的，两者是彼此联系的。

③“一区五园一平台”：“一区”即四川青神经济开发区；“五园”即西南表面处理循环产业园、绿色铸造产业园、斑布竹产业园、彩虹医药园、立白智能家居产业园；“一平台”即德恩云智造平台。

④“一园两馆两中心三基地”：“一园”即国家青神竹编产业示范园区；“两馆”即国际竹编艺术博览馆、熊猫馆；“两中心”即国际竹文化中心和国际竹产业展览中心；“三基地”即竹艺培训基地、竹业研发基地、竹企孵化基地。

⑤“1+6 规划体系”：“1”即 1 个总体规划；“6”即乡村空间布局规划、古村落保护规划、乡村基础设施和公共服务设施建设规划、乡村产业发展规划、宜居乡村建设规划、乡村生态环境规划 6 个专项规划。

⑥“六大工程”：即大力实施老城美化工程、城市净化工程、城市骨架工程、城市精治工程、城市光彩工程、素质提升工程。

⑦“首查不处、首违不罚”：即企业首次轻微或一般性违法、违规行为纳入不予处罚清单，对再次发生同类违法行为的，明确低限给予处罚的容错整改机制。

⑧“四重清单”：即重大项目、重大改革、重大平台、重大政策清单。

⑨“433”现代服务体系：“4”即商业贸易业、特色餐饮业、文化旅游业、医疗康养业；第一个“3”即现代物流业、商务会展业、金融服务业；第二个“3”即科技信息服务业、电子商务业、家庭社区服务业。

⑩遏制耕地“非农化”、防止“非粮化”：“非农化”即为在耕地上从事非农业活动；“非粮化”即在耕地上种植非粮作物的土地经营行为。

⑪“十二分制”：即根据《农药管理条例》创新编制的农药经营管理细则。

⑫“四个最严”：即最严谨的标准、最严格的监管、最严厉的处罚、最严肃的问责。

⑬“法律七进”：进机关、进学校、进社区、进乡村、进寺庙、进企业、进单位。

⑭“三项制度”：即行政执法公示制度、行政执法全过程记录制度、重大行政执法决定法制审核制度等三项制度。

⑮“4+1”：即开展工程招投标领域、建筑企业资质审批、人防系统、医疗卫生行业及自选动作国有企业 5 个领域突出问题的系统治理工作。

⑯专精特新“小巨人”企业：即专注于细分市场、创新能力强、市场占有率高、掌握关键核心技术、质量效益优的排头兵企业。

⑰“一城三区、协调发展”：即建设国际竹艺名城，打造全国特色机械产业示范园区、国家青神竹编产业示范园区、省级现代农业园区。

⑱“四纵四横”：“四纵”即竹艺大道、振兴路、滨江大道、南北干道；“四横”即青五路、兴业路、青衣大道、成艺路。

⑲“二十字”总要求：产业兴旺、生态宜居、乡风文明、治理有效、生活富裕的总要求。

⑳“五大振兴”：即产业振兴、人才振兴、文化振兴、生态振兴、组织振兴。

㉑“135”：“1”就是以建设幸福美丽青神为总体目标；“3”就是突出三大业态，即以机械产业为主的现代工业业态、以竹编产业为主的文化旅游业态、以椪柑产业为主的特色农业业态；“5”就是全面建设“五个青神”，即“正气青神”“活力青神”“绿色青神”“幸福青神”“法治青神”。

㉒“三创一保”：“三创”即争创全国卫生县城、国家生态文明建设示范县和国家森林城市；“一保”即保持四川省文明城市荣誉称号。

㉓“四早”“四集中”：早发现、早报告、早隔离、早治疗；集中患者、集中专家、集中资源、集中救治。

㉔“四方”责任：辖区党委和政府的属地责任、行业部门的主管责任、各单位的主体责任、个人和家庭的自我管理责任。

㉕“四好农村路”：即建好、管好、护好、运营好农村公路。

㉖“双循环”：即以国内大循环为主体、国内国际双循环相互促进的新发展格局。

㉗“亩均论英雄”：即以提高“亩产效益”为核心，围绕节约集约用地、节能降耗减排等重点，促进经济增长方式从粗放到集约、从量的扩张到质的提高。

㉘“七大工程”：即居家社区养老服务提质增效工程、机构养老服务提档升级工程、农村养老服务补短板工程、养老服务功能拓展工程、养老服务消费促进工程、养老服务人才队伍建设工程、综合监管能力提升工程。

2021年政府工作报告

青神县人民政府县长 邱 磊

（2021年11月4日）

过去五年主要工作

过去的五年，是青神勇于开拓、砥砺前行的五年，是决战决胜脱贫攻坚、全面建成小康社会的五年。五年来，在市委、市政府和县委的坚强领导下，在县人大、县政协的监督支持下，县人民政府深入贯彻习近平新时代中国特色社会主义思想，坚持新发展理念，坚定不移围绕县委“135”工作思路，全力抓“六稳”、促“六保”，持续打好“三大攻坚战”①，始终保持战略定力，一心一意谋发展，脚踏实地抓落实，倾情倾力惠民生，解决了一个又一个多年想解决没有解决的难题，办成了一件又一件多年想办没有办成的大事，较好完成了县第十七届人民代表大会确定的各项目标任务。

预计2021年，全县地区生产总值（GDP）突破100亿元，是2016年的1.58倍；全社会固定资产投资五年累计完成320亿元，年均增长12%；社会消费品零售总额达28.3亿元，是2016年的1.5倍；地方一般公共预算收入达6.5亿元，是2016年的1.4倍；全县城镇、农村居民人均可支配收入分别为4.1万元、2.3万元，是2016年的1.48倍、1.57倍；城乡收入比从2016年的1.86缩小到1.78；三次产业结构调整为13.7 ∶ 39 ∶ 47.3。

五年来，我们坚持统筹兼顾，城乡面貌焕然一新。

——城市形象大幅提升。投资100亿元，群众期盼已久的滨江新区建设全面启动，建成滨江大道、城北路网等10条城市骨干道路，唤鱼公园、竹里海棠、竹里梅花等6个共2100亩的城市公园，青绘河、护城河、苏母湖等城市水系，建设改善性住房52万平方米；投资15亿元，加快推进老城更新，完成2个农贸市场、10条老街、24个棚户区、223个老旧小区改造；实施城市形象提升“2658”工程，健全城市精细化管理机制，城市更加净化、美化、亮化。建成区面积达8.1平方公里，较2016年增加1.2平方公里；人均绿地面积39平方米。城镇常住人口8万人，较2016年增加1.3万人，预计城镇化率从2016年的40.5%提升到2021年的48.1%。

——乡村振兴全省示范。聚力打赢脱贫攻坚战，如期实现3793户9358名贫困人口高质量脱贫，不让一人掉队。聚焦要素配置，推动项目、土地、资金、技术等向农村汇聚，财政投入12亿元，撬动金融和社会资本78亿元，实施特色产业、人居环境、基础设施等领域项目380个，促进农业全面升级、农村全面进步、农民全面发展。严格落实粮食安全主体责任，建成高标准农田10.23万亩，发展茶叶5万亩、蔬菜3.5万亩；投资4.9亿元的德康生猪养殖项目加快推进，重大动植物疫情防控扎实有力。全县农村户用卫生厕所普及率97.8%，生活污水、生活垃圾有效处理的村分别占98.1%、100%。创建省级乡村振兴示范村3个，农村人居环境“拆收改栽画”五字工作法在国省交流。两次获评四川省农民增收工作先进县，成功创建四川省乡村振兴先进县。

——基础设施持续改善。投资32亿元，建成岷东大道青神段、蚕丛大桥，青关路、华青路成为最美农村路，推进成乐高速（青神段）扩容及连接线、虎渡溪航电等国省重点工程；争取到天眉乐高速“三桥、三线、三互通”；建设农村道路270公里，成功创建全省“四好农村路”示范县。投资11.8亿元，建成岷江和思蒙河堤防、眉青供水工程等涉水工程29个，推进复兴水库扩建工程，实现城乡“双水源”安全供水。投资5亿元，完成2万吨城市生活污水处理厂、3万吨工业污水处理厂建设和11座乡镇生活污水处理站提档升级。4G网络全覆盖，建成5G基站210个。投资2.3亿元，建成220千伏牯牛山变电站，可满足青神未来15年用电需求。

——生态环境不断优化。投资111.9亿元实施绿色发展五年行动72个生态类项目，青神蓝、青神清、青神绿基本实现。完成两轮中央生态环境保护督察及“回头看”等反馈问题整改，打好污染防治三大战役，空气优良率达93%，连续三年全市第一；岷江水质三十年来首次达到Ⅱ类，金牛河、思蒙河等水质由劣Ⅴ类提升并持续稳定在Ⅲ类；主要农作物化肥农药使用量逐年递减。创建国家级、省级绿色工厂7家，万元GDP能耗下降和主要污染物排放总量减排目标任务全面完成。2021年全县森林覆盖率48.2%，较2016年提高2.1个百分点。连续三年被评为全市生态环境保护工作先进县，国家生态文明建设示范区首创即成。

五年来，我们坚持夯实基础，特色产业持续壮大。

——竹艺竹业加快价值转化。建设最美竹林风景线，建成现代竹林示范基地4个、翠竹长廊6条。投资35亿元的斑布竹产业园即将建成投产，竹编产业园区建成“一园两馆两中心三基地”。青神竹编连续三年跻身全国区域品牌百强榜，“斑布”竹纸成为国内本色生活用纸第一品牌，实现从竹艺传承到竹业支撑的历史性跨越。成功创建全省唯一的国家级林业产业示范园区，青神竹编小镇获评首批四川省特色小镇，青神荣获省竹产业高质量发展县、竹林风景线建设先进县。预计2021年，竹产业综合产值60亿元，是2016年的3.33倍。

——机械产业集聚成效显现。坚定“专精特新”发展，培育机械企业112家，其中规模企业19家，基本构建“毛坯铸件—初加工—精加工—整机生产”机械产业链。投资5.6亿元，完善经开区基础配套，成功创建省级经济开发区。实施西南表面处理产业园、德恩云造平台等工业项目127个，完成工业固定资产投资130亿元，“一区五园一平台”的产业发展格局加快形成。德恩精工成为全市第三家本土上市企业，四川丹甫荣获国家级创新企业称号，培育德鑫航空等国家级专精特新“小巨人”企业3家，民众日化、青城机械等高新技术企业12家。预计2021年，全县规上工业企业实现产值90亿元。

——柑橘产业发展势头强劲。擦亮“青神椪柑”金字招牌，推进柑橘产业优质高效发展。投入4亿元，建成10万吨果蔬分选仓储冷链物流基地、柑橘博览园、140公里标准化柑橘环线；新增柑橘种植面积1.2万亩，新（改）建高标准果园3万亩，推广柑橘产业政策性保险7.2万亩。椪柑现代农业园成功创建全省首批三星级现代农业园区，青神入选省级特色农产品优势区、全国晚熟柑橘产业集群县。预计2021年，柑橘产业总产值达到19亿元，较2016年增长41%。

——现代服务业提档升级。投资157亿元，实施服务业重点项目196个。打造竹里院子、竹里巷子、汉阳湖·忆村网红旅游IP，萤火虫夜经济引爆青神，红色西山党性研学教育基地全面建成，汉阳湖景区、中岩景区成功创建国家AAA级旅游景区。青神成为全省首个电商顺差县，两次入选全国电子商务进农村综合示范县，2021年全县网络零售额将突破20亿元。现代物流等新兴服务业加快发展，预计2021年快递业务量突破480万件，是2016年的7.5倍。第三产业增加值年均增长10%，社会消费品零售总额年均增长8%。

五年来，我们坚持激发活力，改革开放不断深化。

——改革创新成果丰硕。高质量完成县级部门机构改革、乡镇行政区划和村级建制调整“两项改革”，调减乡镇3个、村（社区）31个。闲置宅基地盘活利用改革等4项全国农村改革试点任务有序推进，青神获评国家级农民合作社质量提升整县试点县、全省深化新型职业农民制度试点县。县属国有企业改革稳步推进，实体化运营能力持续增强。成立乡村振兴研究院、国际竹藤中心竹产业博士工作站，建成省级工程技术研究中心和企业技术中心6个、博士后创新示范基地1个。预计2021年，科技研发（R&D）投入达1亿元以上，占GDP比重居全市第二。

——开放合作开创新局。主动“进城入圈”，编制成渝地区双城经济圈建设“四重清单”[⑧]，项目总投资超过500亿元；签订成渝地区装备制造重点产业功能区合作协议，与崇州市签订区域协同发展合作协议。推动14个城市组建“中国竹产业高质量发展联盟”。成为中国国际竹产业交易博览会永久举办地，高水平举办三届竹博会、全省首届“百舟竞渡迎端午”龙舟展演、椪柑节等会节活动，组织参展广交会、进博会、北京世园会。五年来，招引百亿项目1个、10亿元以上项目6个，实际到位资金244亿元，实际利用外资4180万美元，外贸进出口总额7.21亿元。

——发展要素加速集聚。围绕特色产业实施“优才工程”和“双千培训”，培育竹艺名师、椪香名星等本土菁才76名，培训产业工人7500余人。与清华大学、中国农大等深度合作，引进高层次人才35名。对上争取到各类补助资金48.7亿元、债券资金16.8亿元，县属国有企业实现融资29亿元。预计2021年，存贷款余额分别达137亿元、78亿元，较2016年增长约50%、36%，存贷比较2016年提升9个百分点。推进国土空间总体规划编制，深入开展“亩均论英雄”试点，实施工矿废弃地整治，推进低效用地盘活，累计供应土地1.9万亩，全力保障发展。

五年来，我们坚持普惠共享，民生福祉明显增强。

——社会事业和谐共进。累计投资50亿元，实施民生项目865个，上学就医等群众普遍关注问题加快解决。城镇新增就业1.57万人，城镇登记失业率3.96%。城乡低保供养标准实现三连增，累计发放低保救助金1.2亿元，惠及5.2万人次。投资10亿元，完成青神中学校、县幼儿园整体搬迁等项目，增加学位3000个，幼儿园公办率、普惠率全市第一，成功创建全国县域德育创新示范区，青神中学校橄榄球队两获全国冠军，成艺大学升格为本科职业大学。坚持“外防输入，内防反弹”，累计核酸检测近18万次、疫苗接种近28万剂，始终确保为低风险区，无一人感染。投入1.2亿元，县人民医院和县中医院业务用房建成投用，县妇幼保健院整体搬迁并成功创建二级甲等医院；推动全国首批紧密型县域医疗卫生共同体建设，医疗服务和保障能力大幅提升，患者满意率达96%。改造提升各类养老服务设施100余处，城乡养老服务体系初步构建，百岁老人万人比全市第一。深化绿色殡葬改革，乡村公益性公墓建设“青神模式”全省推广。建成省级妇女竹编居家灵活就业基地、县残疾人托养中心，妇女工作获全国先进，双拥、残联工作获全省先进。国防动员、国防教育、后备力量建设持续加强。慈善、社工、志愿服务等队伍稳步壮大，社会工作服务网络初步建立。保密、档案、税务、气象、消防、工会、科协、地方志、退役军人事务、外事台侨、民族宗教、红十字会等工作成效显著。

——社会治理显著加强。健全“1314”基层治理工作体系，创新“街道吹哨、部门报到”和“一员多用”工作机制，发动4500余名干部投入城乡基层治理，治理体系更加健全，治理能力持续提升。完成9个社区服务中心亲民化改造。“红色门卫”防疫制度被《人民日报》刊发。全面完成“七五”普法任务，高台司法所获评全国模范司法所，创建全国民主法治示范村1个、省级法治示范社区2个。诸葛村获评全国文明村，百家池村、兰沟村获评全国乡村治理示范村。创建并保持省级文明城市称号。

——社会大局平安稳定。“平安青神”扎实推进，扫黑除恶专项斗争和禁毒人民战争取得实效，荣获全国平安建设先进县，县公安局记“一等功公务员集体”。建成县矛盾纠纷多元化解中心。县应急指挥中心建成投用，争取地质灾害防治资金3200万元，实施工程治理和排危除险项目44个，省级安全社区实现全覆盖。2020年，战胜了新中国成立以来最大暴雨洪涝灾害，未发生人员伤亡。全力保障食品药品安全。五年未发生较大及以上森林火灾和生产安全事故。

五年来，我们坚持转变职能，自身建设显著加强。

——政治建设持续深化。全面落实意识形态工作责任制，政府系统不断增强“四个意识”、坚定“四个自信”、做到“两个维护”。严守党的政治纪律和政治规矩，确保中央、省委、市委和县委决策部署落地落实。深入开展“不忘初心、牢记使命”主题教育、党史学习教育，扎实开展庆祝建党100周年系列活动。

——依法行政持续推进。严格执行民主集中制。全面落实行政执法“三项制度”②。坚持会前学法和重大行政决策法定程序，依法接受县人大、县政协和各界人士的监督，办理人大代表建议311件、政协委员提案470件，办结率、满意率100%。

——行政效能持续提升。持续深化“基层减负”，力戒形式主义、官僚主义，全县性文件、会议逐年压减。在全市率先实施周六延时服务，实现政务平台服务事项网办率100%。办理“12345”热线11600余件、县长信箱1000余件，办结率、回复率100%。“首查不处、首违不罚”容错整改机制全省推广。

——廉洁从政持续强化。全面加强党风廉政建设，深入开展粮食系统“以案促改”、执纪为民“4+X”③系统治理和重点行业领域系统治理。修订完善政府决策和项目、资金管理办法，加强审计监督。严格执行中央八项规定精神，一般性支出和“三公”经费同比压减10%、34.9%。化解政府性债务11.8亿元，牢牢守住风险底线。

经过多年的不懈努力，青神奠定了坚实的发展基础，积蓄了强劲的发展动力，开拓了广阔的发展空间，农业农村成为青神最大亮点，竹艺竹业成为青神最大特色，机械制造成为青神最大潜力，城乡融合成为青神最大动能，生态环境成为青神最大财富，政治生态成为青神最大底气。成绩的取得，是县委坚强领导的结果，是县人大、县政协和社会各界有效监督、鼎力支持的结果，是全县干部群众团结奋斗、拼搏进取的结果。在此，我代表县人民政府，向各位人大代表、政协委员、历任老领导、老同志，向全县人民、武警官兵、政法干警、消防指战员，向关心、支持和参与青神发展的社会各界人士表示衷心的感谢！

在肯定成绩的同时，我们也清醒地看到，青神在推动经济社会高质量发展方面还存在明显的短板：产业特而不强，工业体量不大，企业规模小，规模以上企业仅46家，产值10亿元以上企业仅2家；竹产业融合发展不充分，成链不足，竹加工类别单一，竹文旅品牌不响；柑橘产业市场饱和度高，品种改良滞后，缺乏市场竞争力。城市基础设施功能不完善，城市管理水平不高，商业品质较低，消费外流严重。交通区位改善不彻底，北上南联通道不畅，内部农村道路等级低。人口年龄结构性矛盾突出，14岁以下人口占比全市最低，60岁以上人口占比全市最高，人口外流严重，人力资源短板日趋明显。对此，我们要正视问题、找准差距，认真加以解决。

未来五年重点工作

未来五年，我们将深入贯彻县第十五次党代会精神：高举中国特色社会主义伟大旗帜，坚持以习近平新时代中国特色社会主义思想为指导，立足新发展阶段，完整、准确、全面贯彻新发展理念，融入新发展格局，抢抓成渝地区双城经济圈建设、成德眉资同城化发展和支持革命老区振兴发展等重大机遇，聚焦特色产业，深化城乡融合，彰显生态价值，迈向共同富裕，奋力建设高质量发展的国际竹艺名城和全国特色产业示范区、全国乡村振兴示范区、全国生态文明示范区，大力弘扬“追求卓越、做小巨人”的新时代青神精神，全面开启青神现代化建设新征程。

我们的奋斗目标是：聚焦“一名城三示范”建设，到

2026年，全县地区生产总值（GDP）达到150亿元，年均增长7.5%以上，增速高于全国全省，人均GDP达到全省平均水平；第一产业增加值年均增长5%以上；规模以上工业增加值年均增长11%以上；建筑业增加值年均增长8%以上；第三产业增加值年均增长9%以上；五年累计完成全社会固定资产投资500亿元以上，年均增长10%以上；社会消费品零售总额年均增长11%以上；地方一般公共预算收入达到10亿元，年均增长9%以上；城乡居民人均可支配收入分别年均增长8%和9%以上；城镇化率达到54%。

为实现这些目标，我们将重点抓好以下七个方面工作：

一、聚力调结构促转型，建设全国特色产业示范区

——*建成全国特色竹产业高质量发展示范区*。打造竹艺传承名地，深化与国际竹藤组织合作，开展竹艺培训，梯次培养国省市工艺美术大师20名、竹编非遗传承人10名；实施竹编全球推广计划，提升青神竹艺品牌影响力，推动青神竹编申报世界非物质文化遗产，“眉山青神”申报联合国手工艺与民间艺术之都。打造竹业发展高地，斑布竹产业园建成全国最大的竹纤维全价利用基地，实现年产值50亿元以上，支持环龙新材料上市；扶持云华竹旅等企业做大做强，招引竹食品、竹家居、竹纤维等企业，拓展竹产业链条；加快竹编机械装备化进程，争创国家级竹制品检验检测中心。打造竹旅融合胜地，做特竹里萤光、竹里巷子等IP，做活青神竹编特色小镇；丰富竹艺研学体验，打造全国首个竹艺劳动教育研学基地。到2026年，竹产业综合产值实现100亿元。

——*建成全国特色先进机械制造产业聚集区*。完成经开区扩区，抓好园区道路、电力、污水等基础设施提档升级。突出全链构建，建成西南表面处理产业园、绿色智能制造产业园、立白智能家居产业园和彩虹健康产业园，产业集聚度达85%以上。突出科技引领，搭建科技资源共享平台，鼓励企业加大科技研发（R&D）投入，深度参与传动件、小型压缩机等行业标准制定。培育国家级行业单项冠军企业2家以上、国家级专精特新“小巨人”企业3家以上、国家高新技术企业10家以上。突出数字赋能，推动传统企业数字化、智能化升级，以德恩云造平台为载体，实现县内60家以上企业上云。到2026年，培育机械加工产值20亿元以上企业1家、10亿元以上企业3家，机械产业总产值实现120亿元。

——*建成全国晚熟柑橘集群核心区重点县*。青神柑橘园区建成全省最大的川果出口贸易基地、五星级现代农业园区。深化与中柑所、省农科院等合作，搭建产学研农业科技创新平台，推动柑橘关键技术攻关，培育推广高标准、高品质柑橘优良品种，发展良繁基地500亩以上。坚持种养循环，强化绿色防控，完成“中国椪柑”国家地理标志认证，提升区域品牌价值。推进数字乡村建设，打造智慧供应链，提升农产品基础设施数字化、智能化水平。到2026年，柑橘产业总产值实现20亿元。

二、深入推进新型城镇化，建设宜居宜业精致县城

——*建设水润竹韵之城*。坚持“半城山水半城竹”形象定位，计划投资15亿元，推进兴业路、滨江大道北段等项目建设，构建“四纵四横”的城市交通骨架；实施“引岷入城”，建设青神湖、兴业渠，改造鸿化堰，形成“五湖四河”河湖联通的城市水脉。提升城市干道绿化景观，新建点状公园绿地6个，串联唤鱼公园、竹里系列公园，建成40公里城市环游竹林绿道，形成“一环多点”④的城市绿地系统。

——*建设文化品质之城*。推动城市北拓、拥江发展，计划投资70亿元，推进滨江片区、城北片区综合开发，推出一批绿色高品质住房；完善居住、文教、医养、商贸等配套功能，科学规划城市商业网点，培育以滨江新区为核心的夜市、夜展、夜秀、夜游等夜间消费业态；挖掘竹编、东坡人文内涵，在城市街道、建筑、社区植入本土文化元素，恢复重建青神“老八景”⑤，打造“新八景”，延续城市文脉。

——*建设韧性智慧之城*。开展老城体检，启动城市设计，优化城市风貌。计划投资20亿元，实施城镇化强弱项补短板、老旧小区改造、城中村改造、城镇污水处理提质增效等项目，推进老城更新，着力解决城市内涝、雨污混流等“城市病”，全面提升城市公共设施水平。建设智慧城市“一网统管”平台，坚决治理违建及出行、停车、物业等方面城市乱象，提升精细化管理能力。到2026年，实现城市建成区面积10平方公里、城镇人口10万人，成功创建国家卫生县城、国家园林县城，争创全国文明城市。

三、加快农业农村现代化，建设全国乡村振兴示范区

——*巩固拓展脱贫攻坚成果同乡村振兴有效衔接*。严格落实“四不摘”要求，确保兜底救助、义务教育、基本医疗、住房安全、饮水安全等普惠性政策保持5年不变。健全农村低收入人口动态监测和帮扶机制，防止规模性返贫；建立农村集体经济组织、新型经营主体与脱贫户的利益联结机制，积极推广“扶贫+合作社+农村电商”等模式。

——*推进农业高质高效发展*。严格落实粮食安全主体责任，坚决遏制耕地“非农化”、防止耕地“非粮化”，加强高标准农田建设，启动青竹粮经复合示范区、瑞峰种养循环示范区建设，提升茶叶、蔬菜发展质效，增强粮食、生猪等重要农产品供给保障能力。加强农业面源污染治理，提升畜禽粪污资源化和秸秆综合利用率。加强农产品质量和安全监管。引领农户加快融入现代农业，培育农业龙头企业3家以上、新型经营主体1000个以上、职业农民300人以上，集体经济年收入超10万元的村占比50%以上。

——打造幸福美丽新村。实施“美丽青神、宜居乡村”建设行动。开展农村人居环境提升行动，提标升级厕所粪污处理设施，完善农村生活垃圾收运和处置体系，健全农村生活污水“四统一”[⑥]管护机制，新建“四小园”[⑦]1万个以上。打造沿岷江休闲农业带、柑橘产业环线农旅公园；创建全国“一村一品”示范村镇2个、乡村治理示范村3个，四川省乡村振兴先进乡镇2个、示范村10个。

四、突出生态价值转化，建设全国生态文明示范区

——提升生态环境质量。持续打好污染防治三大战役。落实“点长制”，深入实施“减排、压煤、抑尘、治车、控秸”五大工程，推动空气质量持续向好。落实“河（湖）长制”，持续改善全域河流水质，落实好岷江“十年禁渔”，加强生物多样性保护，筑牢长江上游生态屏障。落实“田长制”，实施农用地分类管理，推进工业固废集中处理、农业废弃物分类处置、污水处理厂污泥有效利用。落实“林长制”，加强森林资源保护管理，加快龙泉山城市森林公园、国家储备林项目和天然林资源保护工程建设。

——加快绿色低碳发展。落实碳达峰、碳中和部署，加快形成绿色低碳生产生活方式。强化“三线一单”[⑧]管控，严控“两高”项目，大力推动节能减排，单位能耗、二氧化碳排放逐步下降，新增省级以上绿色工厂10家。倡导绿色出行、绿色消费，推广以竹代木、以竹代塑，推动生活方式转变。

——推进全域文旅融合。加快生态价值文旅转化，编制全域旅游发展规划，打造竹艺特色—岷江水岸—历史文化—红色研学之旅。依托42公里岷江生态水岸资源，招引知名文旅企业，建设白果新城、汉阳古镇等八大特色文旅组团，开发岷江水上运动、游乐项目，建设汉阳湖休闲度假区。用好红色西山资源，开展青少年研学教育。积极融入“大峨眉”“大竹海”旅游环线，中岩景区创建国家AAAA级旅游景区，打造天府民宿集群，争创天府旅游名县和省级全域旅游示范区。

五、着力补短板强弱项，推动基础设施城乡一体化

——实施全域统筹规划。按照“一城引领、一带聚联、全域融合”空间布局，高质量完成县域国土空间总体规划、乡村经济片区规划编制，科学划定城镇、农业、生态“三类空间”和生态保护、永久基本农田、城镇开发“三条红线”。优化区域发展布局，支持西龙镇打造省级百强中心镇，支持瑞峰镇打造生态文旅名镇，支持罗波乡打造美丽乡村示范镇（乡），支持白果乡打造国家级农业产业强镇（乡），支持高台镇打造乡村振兴示范镇，支持汉阳镇打造历史文化名镇。

——完善综合交通体系。坚持“主攻干道、紧抓航道、打通轨道”思路，完成天眉乐高速“三桥、三线、三互通”、岷江虎渡溪航电枢纽等项目建设，全力推进青神港及旅游码头建设，开工建设G245、S401、S307城区段，力争S13市域铁路延伸至青神纳入上级规划，多式联运实现零突破。开展农村公路三年攻坚行动，建设“四好农村路”430公里，全面实现城乡公交一体化，争创“四好农村路”国家级示范县。

——推进基础设施建设。完成复兴水库扩建工程、城市第三自来水厂建设，加快岷江防洪工程和重点中小河流治理，新增灌溉面积2万亩，全面提升水安全保障能力。实施县域主干电网改造，推进第二气源项目建设，全面增强能源保障能力。加快建设5G基站、新能源汽车充电站（桩）等新型基础设施。建设经开区物流园，构建现代化物流体系。

六、持续增进民生福祉，提升群众获得感幸福感安全感

——健全社会保障体系。稳步提高就业水平，实施职业技能提升行动，加快就业服务能力建设，建成人力资源市场；强化援企稳岗，年均城镇新增就业2000人以上，城镇登记失业率控制在4%以内。推进全民参保，实现基本养老、医疗保险应保尽保，强化兜底、低保政策动态管理。多渠道租购并举保障城镇中低收入家庭和引进人才住房需求。加强妇女儿童、残疾人、退役军人等重点群体权益保障。

——健全公共服务体系。坚持教育优先，严格落实“双减”政策，办更加公平更高质量的青神教育。进一步优化城乡学校布局，新建滨江新区幼儿园、小学，完成学道街小学改扩建，推进农村薄弱学校提升改造。巩固学前入园、义务教育、高中入学率，完成中职校、成艺大学增容扩招。完善城乡公共体育设施，开展全民健身运动。慎终如始抓好新冠肺炎疫情常态化防控，确保疫苗应接尽接，筑牢免疫屏障。持续推进紧密型医共体建设和“三医联动”[⑨]改革，优化县乡医疗机构布局，县人民医院创建三级乙等医院，更好满足群众就医需求。积极应对人口老龄化，建成养老服务区域中心、失能照护中心，实现城乡养老服务设施全覆盖。全面落实三孩政策，推进婴幼儿托育机构建设。实施文化惠民、文化遗产保护、文化精品创作“三个一”工程，丰富群众文化生活。

——健全社会治理体系。全面推进“八五”普法，持续开展“法律七进”。统筹抓好两项改革“后半篇”文章，深化“街道吹哨、部门报到”“三社联动”[⑩]“四治融合”[⑪]工作机制，推进协同联动的基层治理。畅通群众诉求表达渠道，依法规范信访秩序。健全社会治安防控体系，常态化开展扫黑除恶斗争，加大禁毒工作力度。完善应急管理体系，扎实开展安全生产专项行动、地质灾害全域综合整治，提升应急救援及防灾减灾能力，坚决守住安全底线。

七、深化改革扩大开放，集聚高质量发展新动能

——推进改革创新。创建全省人才工作先行区，深化“校地院企”合作，共建竹产业研究院、机械产业研究院、乡村振兴研究院，推动产业科技创新。深化国有企业改革，做实做强县属国有企业。支持金融机构开展知识产权质押融资和股权融资。加快推进全国农村改革试验区改革试点。

——扩大开放合作。加快“进城入圈”步伐，用好经开区、竹编产业园区、椪柑现代农业园区等对外开放平台，打造开放示范性园区。完成竹产业海关特殊监管库申报，启动规划建设，支持外向型企业拓展国际市场。持续办好竹博会、椪柑节、龙舟节等展会活动，积极申办2022年世界竹藤大会。立足本地产业优势，瞄准专精特新制造企业精准招商，实际到位资金300亿元以上，外贸进出口总额实现10亿元。

——强化投资引领。紧盯中省投向，瞄准交通水利、城镇补短板、新型基础设施、民生等重点领域谋划项目，力争更多项目进入国省盘子，对上争取资金实现翻番。发挥政府投资示范引导作用，激活民间投资活力。加大金融支持实体经济力度，到2026年存贷比提高5个百分点。推进天眉乐高速、表面处理、智能制造等重点项目建设，以大项目带动大投资。

站在“两个一百年”的历史交汇点，我们将大力弘扬“追求卓越、做小巨人”的新时代青神精神，持续加强政府自身建设。我们将旗帜鲜明讲政治。坚持党的全面领导，不断增强“四个意识”、坚定“四个自信”、做到“两个维护”，严守党的政治纪律和政治规矩，全面落实意识形态工作责任制，确保中央、省委、市委和县委各项决策部署不折不扣落地落实。我们将坚定不移强法治。严格落实重大行政决策法定程序，严格执行行政执法“三项制度”，做好政府信息公开，全面推进法治政府建设。认真执行县人大及其常委会决议决定，支持县政协履行职责，自觉接受人大法律监督和政协民主监督，主动接受社会监督、舆论监督。我们将担当作为提效能。把抓落实、重执行、强服务放在突出位置，实施清单式管理，确保工作权责分明、高效推进。持续优化营商环境，深化“放管服”改革，健全效能督查、跟踪问责、绩效考评体系，推行正向激励、容错纠错机制，激发干部工作主动性、创造性。我们将廉洁自律守底线。严格落实全面从严治党主体责任，深入贯彻落实中央八项规定精神，驰而不息纠治“四风”。带头过“紧日子”，持续压减“三公”经费。自觉接受纪律监督、监察监督、司法监督，强化审计监督，持续整治群众身边腐败和作风问题，营造风清气正的政治生态。

征程万里风正劲，奋楫扬帆再启航。让我们坚持以习近平新时代中国特色社会主义思想为指引，在市委、市政府和县委的坚强领导下，在县人大、县政协的监督支持下，追求卓越，真抓实干，为奋力建设高质量发展的国际竹艺名城、全面开启青神现代化建设新征程而努力奋斗。

注　释

①“三大攻坚战”：防范化解重大风险、精准脱贫、污染防治三大攻坚战。

②“三项制度”：行政执法公示制度、行政执法全过程记录制度、重大行政执法决定法制审核制度等三项制度。

③“4+X”：4是市纪委确定的教体、国土、卫生、扶贫领域4个系统；2018年“X”项治理包括开展2017年度执纪为民“4+X”系统治理工作“回头看”及扶贫领域腐败和作风问题专项治理两个方面。

④“一环多点”：一环即公园绿地绕城；多点即城市内的多处公园绿地。

⑤“老八景”：灵岩石笋、宝镜寒潭、仙池夜月、古阁清风、麒麟瑞井、三山牧笛、虎渡横舟和蓉岸春涛。

⑥“四统一”：推广生活污水处理统一规划、统一建设、统一运行、统一管理模式。

⑦“四小园”：小菜园、小果园、小花园、小公园。

⑧“三线一单”：生态保护红线、环境质量底线、资源利用上线和生态环境准入清单。

⑨“三医联动”：医保体制改革、卫生体制改革与药品流通体制改革联动。

⑩“三社联动”：指在政府主导下，在社区治理中以党建为引领、社区为平台、社会组织为载体、社会工作专业人才为支撑并实现“三社”相互支持、协调互动的过程和机制。

⑪“四治融合”：“法治、德治、自治、智治”相互融合。

风雨同舟共荣辱　凝心聚力促发展

——在政协第九届青神县委员会第七次会议上的报告

青神县政协主席　陈开军

（2021 年 2 月 1 日）

2020 年工作回顾

2020 年是极不平凡的一年！一年来，县政协在中共十九大和十九届二中、三中、四中、五中全会精神指引下，在县委的坚强领导下，深入学习习近平总书记关于新时代加强和改进人民政协工作的重要思想，认真贯彻落实中央、省委、市委、县委政协工作会议精神，围绕县委、县政府中心工作“靠谱支招”。在抗击新冠疫情、洪涝灾害等件件大事中，政协有行动，有感动；在脱贫攻坚、乡村振兴等场场大考中，政协有作为、有担当；在“六保”“六稳”决胜全面小康、助推项目攻坚、深化绿色发展等次次战场上，政协有智慧、有力量。在助推建设全国特色产业示范县、环成都最美竹林城市、开放发展的国际竹艺名城、开创新时代幸福美丽新青神中，政协深入一线、勇立潮头。

2020 年，我们共开展协商、调研、视察、座谈 140 余次，撰写提案 112 件，立案 107 件，提案办结率、满意率均为 100%；深入调研，形成《协商专报》12 期，县委主要领导签批 3 期；收集社情民意 42 条，编报《社情民意》31 期，13 条社情民意得到县委、县政府主要领导签批交办落实；《青神文史》第四辑顺利编印出版；2020 年，青神县被市委、市政府评为全市政协工作先进县。

一、思想同心，在党建引领下坚定政协方向

——强化学习，常学常新。坚持党组中心组学习制度，常态化开展主席会、常委会学习活动。全年召开主席（扩大）会 17 次、党组（扩大）会 22 次、政协常委会 6 次，列入学习议题 36 个。重点学习了中共十九届四中、五中全会和中央政协工作、中央经济工作、中央农村工作等会议精神，深刻领会习近平总书记关于新时代加强和改进人民政协工作的重要思想。及时传达省委十一届七次、八次全会和市委、县委全会相关精神，认真学习《中华人民共和国香港特别行政区维护国家安全法》《中华人民共和国民法典》等法律、法规，充分利用“学习强国”“汇贤学堂”等学习平台开展学习，增强政协担当新使命新任务的理论支撑和思想自觉。

——意识形态，常抓不懈。严格落实《党委（党组）意识形态工作责任制实施办法》要求，不断提高对意识形态工作重要性、紧迫性认识。将意识形态工作纳入政协党建工作的重要内容，全面贯穿到政协业务工作之中。自觉接受县委对意识形态工作的专项督查。落实工作微信群群主主体责任，强化清理和管控工作，及时对不当言论开展批评教育、落实问题整改。及时更新青神老乡网、青神老家群信息，传播家乡新风尚，播撒青神正能量。5 个委员工作室在宣传引导、凝聚共识、化解矛盾等方面发挥了积极作用。

——党建引领，明确方向。坚定政治立场，坚决落实党对政协工作的全面领导，牢固树立“四个意识”、坚定“四个自信”、做到“两个维护”。认真贯彻落实中央、省委、市委、县委政协工作会议精神，深入学习《中共青神县委关于新时代加强和改进人民政协工作的实施意见》，分解落实工作责任；坚持重大事项向县委请示、报告制度，不折不扣完成县委交办工作任务；顺利召开九届六次全会，选举工作圆满实现组织意图；坚持政协党建工作联席会议制度，机关党支部活动规范、5 个委员党支部功能性作用发挥良好；坚持党组成员讲党课，“牢记初心使命，不负时代担当”“弘扬抗疫精神，担当新时代政协工作新使命”“杜绝舌尖上的浪费”“党性修养”等专题党课反响强烈；坚持常态化谈心谈话，实现政协机关谈心谈话全覆盖；开展粮食系统严重违法违纪案“以案促改”警示教育活动，加强机关党风廉政建设，政协干部红线意识和底线意识进一步筑牢。

二、步调一致，在防疫抗洪中彰显政协担当

——疫情防控，全员参与。去年新年伊始，全国上下遭遇新冠肺炎疫情“寒流”。县政协按照全市重大突发公共卫生事件一级响应要求，第一时间向全体委员发出了《发挥政协优势全力协助做好新型冠状病毒感染肺炎疫情防控工作的通知》。县政协领导亲临一线，包片督导疫情防控；政协办和各委室积极参与小区值守，想方设法解决包保片

区体温枪、消毒液、口罩等防疫物资紧缺问题，发动机关全体在职、退休人员为疫情防控捐款；宋云禄、陈云华、涂丽红、鲁建强等政协委员，斑布纸业、金弘能源、丹甫科技、广源药业、力兴机械产业园等委员企业积极参与疫情防控，为疫情防控出力出钱出物，共计捐款130余万元，捐赠口罩2.6万余只，捐赠价值220余万元的医用和生活物资。

——在外老乡，心系青神。县政协依托青神籍在外人士联络工作服务中心和青神老乡网、青神老家群等平台，广泛联系、发动在外老乡为家乡发展献计出力。疫情防控期间，祝华达、涂加林、李天鹏、曾卫忠、王学全等众多在外老乡，想方设法为家乡采购防疫物资、捐款捐物，共捐款55万元，捐赠口罩5.33万只和价值18万元的其他医用物资，协助外销青神柑橘200余吨；中国青神第十届椪柑节前夕，在外老乡还在全国各地开展“青神椪柑亲吻中国”活动，进一步提升了青神椪柑的知名度和美誉度；在团县委发动的为贫困学生献温暖的暖冬行动中，在外老乡共认领心愿293件，占总发布心愿的82.3%。青神“老家办”工作经验写入《中共眉山市委关于新时代加强和改进人民政协工作的实施意见》。

——复工复产，助企解困。疫情基本稳定后，县政协又积极助力县内企业的复工复产。2月底3月初，对县内30多家委员企业逐一进行了走访调研，深入了解企业疫情防控措施落实情况和复工复产情况，帮助解决遇到的困难和问题，坚定企业战胜疫情和加快发展的信心。6月至8月，组织开展了走访困难企业、走访困难群众，助力解决实际问题的“两走一助”活动，走访困难企业8家、慰问困难群众20家，协助企业解决流动资金贷款500万元，争取村道建设资金100余万元，扶助10余名贫困学生。

——抗洪救灾，风雨同舟。去年8月中旬，青神连降暴雨，岷江流域和思蒙河流域遭受了特大洪水灾害。洪灾面前，政协人没有置身事外，政协机关干部50余人次紧急投入到抗洪抢险工作之中，分组深入岷江瑞峰码头2个防洪值守点，与乡镇干部一道，查看灾情，监测水位，疏导群众，通宵值守。《四川政协报》配图报道了县政协参与抗洪抢险的相关情况。

三、突出重点，在服务大局中展现政协作为

——围绕中心，开展协商议政。2020年，县政协按照县委批转的《政协青神县委员会2020年工作要点》，开展了9大类31个协商课题的调研协商。重点开展了群团组织在基层治理中的作用发挥、传染病防控能力建设、现代农业园区建设等专题协商；开展了小流域污染治理、公益性公墓建设、河（湖）长制工作开展情况、县医保基金监管使用、县融媒体中心建设与运行等双月协商；开展了县档案馆建设、岷江二桥建设、成乐高速连接线建设、华青路青关路改造、斑布竹产业园区建设、虎渡溪航电工程、青中校整体搬迁等现场视察；围绕市场监督管理、省级文明城市创建、重大项目推进中的人力资源保障等课题开展了民主评议和民主监督。政协各委室还与联系部门开展了常态化的对口协商。

——突出重点，助推全县发展。一年来，县政协积极参与脱贫攻坚、乡村振兴、环境治理、项目推进、重大会节筹办等工作，体现了政协担当。多次深入官斗山村，对45户贫困户进行“一对一”帮扶，解决生产、生活困难，并对村级党建、产业发展、环境整治、厕所改造等出谋划策；协助省政协农业农村委界别委员莅青开展调研视察，为我县创建乡村振兴示范县提出许多有益建议；2020中国国际竹产业交易博览会·首届数字国际熊猫节期间，积极参与竹产品创意设计的评选，圆满完成嘉宾邀请和莅青领导“一对一”接待工作；组织政协委员、各界人士为青神发展馆建设和村级建制调整改革建言，通过社会征集、网络投票、评委组评选，完成了蚕丛大桥征名工作。

——关注民生，广集社情民意。坚持以人民为中心，通过社情民意恳谈会、“社情民意征集日”等形式，了解民情、反映民意。政协委员积极撰写社情民意，反映所听、所看、所思、所想。全年共编报《社情民意》31期，反映的建议都事关广大群众的切身利益，得到县领导签批交办的社情民意都已收到实际成效。例如，关于建立统一规范的城市住宅专项维修资金的建议，县房管局认真办理，加强了维修资金的归集，建立了维修资金台账，更新了资金管理系统，城市住宅维修资金的监管、使用更加规范；关于严格管理并取缔电动车雨棚雨伞的建议，县委、县政府成立工作专班，通过宣传引导、自行拆除、强制拆除三个阶段，先后拆除雨棚雨伞1966个，实现了道路交通安全秩序的明显好转。

四、注重实效，在履职创新中推动政协发展

——探索建立“有事来协商”平台。认真落实“市县政协的主要工作是协商、主要方式是搭台、工作主旨是双向发力”要求，积极探索建立“有事来协商”平台。按照省政协全面开展“有事来协商”指导意见和市政协工作推进会精神，在外出学习、现场观摩的基础上，结合青神实际制定了《关于开展“有事来协商”平台建设工作方案》。先后围绕甘家沟村12组生产便道建设、社会组织参与基层治理、老旧小区改造等内容召开了多次“有事来协商”议事会。在12月18日召开的老旧小区改造“有事来协商”专题议事会上，小区居民、社区代表同住建、自然资源等职能部门、施工单位进行面对面沟通，对现场提出的10多个问题，相关部门负责人现场解释说明，对群众提出的工程质量和施工进度等问题，现场表态、限时办结。对政策限制暂时难以解决的问题做好政策宣传，化解了群众怨气，达到了协商效果，小区居民、社区代表非常满意。

——坚持先调研后协商。为增强建言资政实效，把问题找准，把建议提对，坚持做到先调研后协商。调研中，既立足县内找准问题，更要放眼县外学习好的做法。在“传染病防控能力建设”专题议政中，先对县疾控中心、县医院、白果乡卫生院等进行调研，结合存在的问题，又先后到仪陇、阆中、仁寿等地考察学习，确保建议提到点子上，增强了协商的实效。在“现代农业园区建设”专题议政中，在全面调研了解我县现代农业园区的基础上，外出到遂宁、西充、广安考察学习。此外，我们还通过“走出去、迎进来”的方式，在接待外地来青考察中宣传青神的同时，不失时机学习他们的好经验、好做法。全年共接待上海、江苏、重庆、南充、阿坝、宜宾、达州等省内外政协考察团 40 多批、500 多人次来青参观考察。

——不断提升提案办理质量。提案工作是最有政协特色的工作，也是政协委员履职的重要抓手和途径。我们通过开展提案撰写培训、编印提案征集目录、提案审查、界定提案主（协）办单位，加大催办督办，提案撰写质量和办理质量得到极大提升。提案委修改完善提案办理民主评议办法，召开重点提案民主评议工作会，提案办理“被满意”现象得到有效改进。还与县委办、政府办联合开展提案办理“回头看”工作，促进 15 件 B 类提案转变为 A 类，1 件 C 类提案转变为 B 类。

2020 年政协工作成绩的取得，得益于县委的坚强领导，得益于县人大、政府的大力支持，也得益于县级各部门、各乡镇以及社会各界人士的关心帮助，更得益于全体政协委员和政协机关的担当付出。在此，我谨代表县政协常委会，对大家的倾心、倾力关心支持表示衷心的感谢！

总结成绩的同时，我们也清醒地看到存在的差距，主要表现在：协商议政的深度还不够、民主协商的触角还需要进一步向基层延伸、政协委员建言献策的质量还需进一步提高。在助推青神现代化特色发展的征途上，政协任重道远。

2021 年主要工作

2021 年，我们献礼党的百年新华章；2021 年，我们开启“十四五”逐梦新征程；2021 年，我们担当政协时代新作为。我们将在县委的坚强领导下，继续深入学习贯彻习近平总书记关于加强和改进人民政协工作的重要思想，认真贯彻中央、省委、市委、县委政协工作会议精神，紧扣县委十四届二十九次全会和县委经济工作会确定的目标任务，进一步明确政协性质定位，强化政协使命担当，提高政协协商水平，凝聚各界广泛共识，助推县委政府决策落地，为全面建设现代化青神特色发展作出政协新贡献。

一、强化思想政治引领，进一步做好凝聚共识工作

2021 年，县政协将以党建引领、意识形态、作风建设为抓手，以广泛凝聚共识为己任，牢牢把稳政协事业的正确方向。

——进一步抓好党建工作。认真履行政协党组把方向、管大局、保落实的重要职责，把四个坚持贯穿于政协党建工作始终：坚持党对政协工作的全面领导，每年向县委专题汇报一次政协工作，每季度汇报一次党风廉政建设工作；坚持政协党建工作“三个联系”制度，每半年召开一次政协党建工作联席会；发挥好政协委员联合党委功能性作用，加强政协委员党员队伍建设，做到党建工作全覆盖、谈心谈话全覆盖和党组成员讲党课全覆盖，为政协换届工作提供坚强有力的组织保障；坚持每季度开展一次机关党支部和委员党支部主题活动，做到党支部活动与理论学习相结合、与青神经济发展相结合、与建言献策相结合、与党性教育相结合，努力创建具有政协特色的党建品牌。按照县委工作部署，结合政协实际，组织开展好政协系统建党 100 周年庆祝活动。

——进一步抓好意识形态工作。坚持把意识形态工作同业务工作同安排、同部署、同落实。压紧意识形态工作责任，积极培育社会主义核心价值观；贯彻落实好全国政协《关于加强和促进人民政协凝聚共识工作的意见》和省政协的《实施意见》；建立健全政协党组中心组理论学习制度、党组成员理论辅导制度和常委会、党组会、主席会等会前学习制度；探索尝试协商会会前政策法规学习，加强对各界人士的思想政治引领；加强宣传思想工作，提高政协传播力、引导力和影响力；高度重视网络安全，净化政协委员社交圈、微信朋友圈、QQ 群，共同维护良好的社会、网络舆论环境。

——进一步抓好作风建设。全面落实党风廉政建设责任制，压实党风廉政建设主体责任，深入开展廉政谈话、廉政提醒和党组成员讲廉政党课。严守党的政治纪律和政治规矩，严格遵守政协章程，为换届提供风清气正的良好政治生态环境。严格遵守中央八项规定精神，坚持勤俭节约，全力支持纪检组的工作，巩固巡察整改成果。激发干事创业激情，不存惰性思想，不当“二线”干部，用实际工作效果塑造青神政协良好形象。

二、强化主责主业，进一步发挥好专门协商机构作用

2021 年，县政协要围绕青神县国民经济和社会发展第十四个五年规划和二〇三五年远景目标，准确把握青神“建设全国特色产业示范县、联动川南高质量发展引领区、

西部陆海新通道重要节点”的发展定位，进一步发挥好专门协商机构的作用。

——*认真选好协商议题*。围绕县委、县政府工作中心，通过党政交题、政协选题、委员荐题、群众出题、调研找题、社会征题等多种形式，广泛征集、筛选确定协商议题。要紧扣青神“开放发展、特色发展、绿色发展”的总基调，重点围绕青神“三大特色产业”，建设全国特色产业示范县目标进行深入调研；围绕“绿色发展冲刺年”工作任务，持续关注生态环境改善；围绕乡村振兴、旅游发展、民生工程等重点工作开展广泛协商；围绕竹博会、椪柑节、龙舟会等重要会节活动积极建言。要将西南表处理循环经济园、绿色铸造创新产业园、斑布竹产业园、彩虹健康产业园、立白智能家居产业园、滨河文化公园、虎渡溪航电工程、天眉乐高速公路建设等重大项目作为政协视察、调研和协商的主要内容。

——*继续完善协商机制*。加强政协协商与县委、县政府中心工作的有效衔接，完善协商于决策之前和决策实施之中机制；加强与县委办、人大办、政府办的沟通联系，合理安排协商调研工作日程，积极建议和争取县委、人大、政府相关领导参与政协重要协商活动，提高政协参政议政水平；探索建立学习于调研之前、调研于协商之前的工作机制，提高建言献策的针对性、可行性和操作性；合理确定协商参与范围，科学安排协商程序，充分听取委员和参与者的意见，使协商议政更具广泛性和群众性。

——*不断拓宽协商渠道*。在坚持政协全会协商、政协常委会专题议政协商、双月协商、部门对口协商、提案办理协商等协商形式外，要贯彻落实《中共青神县委办公室青神县人民政府办公室印发〈关于开展“有事来协商”平台建设工作方案〉的通知》精神，通过“有事来协商”平台，构建科学有序的议事规则，推动“党委领导、政府支持、政协搭台、各方参与、服务群众”的基层协商民主建设向纵深发展，解决好民主协商触角向基层延伸不够的问题，切实把政协制度优势转化为参与基层治理的效能。

——*着力提升协商实效*。支持政协委员和政协机关干部参与各类学习培训，大力推进协商能力建设，培育协商文化，提高“两支队伍”政治把握能力、调查研究能力、联系群众能力和合作共事能力。要加强成果转化，坚持“谁调研、谁跟踪”的原则，完善调研成果和协商议政成果跟踪问效机制。县政协办、各专委会要及时收集反馈县委、县政府领导对调研报告的批示及相关部门采纳落实情况，及时跟踪协商议政成果转化情况，每季度向县委政府汇总报告一次，切实提高协商议政的实效。

三、强化队伍建设，进一步彰显政协优势和责任担当

2021 年，县政协将继续加强政协委员队伍和政协系统党员队伍的教育和管理，不断加强机关自身建设，进一步提高委员履职能力和机关服务水平。

——*组织学习培训*。按照习近平总书记“懂政协、会协商、善议政，守纪律、讲规矩、重品行”的十八字要求，以政协小讲堂、政协专题培训班等形式，以增强政治规矩意识、提升业务能力水平为重点，加强对委员和政协机关干部的学习教育培训。提升“两支队伍”的政治素质，自觉做县委、县政府决策部署的执行者、群众利益的维护者和社会稳定的促进者；提升“两支队伍”的能力素质，增强履职本领，真正做到“建言建到需要时、议政议到点子上、监督监到关键处”；鼓励广大政协委员和机关干部广泛学习现代科技、经济、文化等领域知识，提升综合素质。加强对政协委员工作室的指导、支持力度，进一步发挥政协委员工作室在法律政策宣传、社情民意收集、矛盾纠纷化解、基层民主协商等方面的积极作用。

——*强化服务管理*。尊重和支持委员履行职责，为委员履行职责提供服务保障。健全和完善委员联络机制，创新委员活动方式，密切与委员的经常性联系。健全走访看望委员、专委会联系界别委员制度，把联系服务融入到视察调研、协商履职活动之中。推动服务创新，搭建更多履职平台，多元拓宽委员履职渠道。开展九届政协委员届期履职考核评估，肯定委员履职成果，宣传委员典型事迹，不断增强政协委员的荣誉感、责任感。协助县委组织部、统战部开展第十届政协委员的考察推荐，做好政协换届的相关基础工作。继续做好青神籍在外人士联络服务，及时传递县内发展动态，广泛收集外地发展信息，助推县域经济社会发展。

——*加强自身建设*。进一步发挥专委会在协商民主中的基础作用，调整充实专委会力量，加强专委会之间的联动协作。进一步提高政协办综合协调服务能力，加强业务培训学习，提升工作人员“办文、办事、办会”能力，倡导“文经我手无差错，事交我办请放心”的工作理念，提高工作效率，把“高标准”要求落实到政协机关建设中。积极争取县委、县政府支持，促进政协机关规范化、标准化建设。

履职因有为而精彩，使命因担当而光荣。站在新的百年目标的交汇点，政协人将不忘初心、牢记使命！开启“十四五”规划的新征程，政协人忠诚履职、担当有为！在抢占“双城”“同城”发展先机、融入新发展格局的关键时刻，政协人将不负县委重托、牢记为民宗旨，积极投身青神改革发展大潮，为全面建设现代化青神特色发展展现政协的智慧和力量，为中国共产党百年华诞奉献政协的忠诚和担当！

初心如磐 使命在肩
奋力谱写新时代青神政协事业新篇章

——在政协第十届青神县委员会第一次会议上的报告

青神县政协主席 陈开军

（2021 年 11 月 3 日）

九届政协工作回顾

过去五年，是青神发展史上极不平凡、成果丰硕的五年，也是广大政协委员不辱使命、担当有为的五年。九届县政协及其常委会在县委的坚强领导和市政协的大力指导下，始终以习近平新时代中国特色社会主义思想为指引，深入学习贯彻中共十九大和历次中央全会精神以及习近平总书记关于加强和改进人民政协工作的重要思想，认真贯彻中央、省委、市委和县委政协工作会议精神，增强“四个意识”、坚定“四个自信”、做到“两个维护”，不忘初心、牢记使命，围绕县委、县政府中心工作建净言，助力青神高质量发展献良策，关注民生福祉出实招，与党同心、与民同行、与时俱进，为青神夺取新冠肺炎疫情防控和经济社会发展双胜利，打赢脱贫攻坚战，实现与全国全省全市同步建成小康社会目标做出了青神政协应有的贡献。

一、坚持党建引领，在参政议政中保持正确方向

这五年，县委全面加强对政协工作的领导，出台《关于新时代加强和改进人民政协工作的实施意见》，建立县委常委会听取县政协工作报告和审议县政协年度协商工作计划制度。县委、县政府主要领导先后 5 次调研政协工作，参加政协会议和活动 20 多次，安排政协协商课题 8 件，签批政协信息专报 60 多件，为县政协更好地正确履职、高效履职提供了重要支持和保障。

——*强化思想建设，筑牢思想政治根基*。突出以习近平新时代中国特色社会主义思想特别是习近平总书记关于加强和改进人民政协工作的重要思想为主线，健全党组理论学习中心组常态化学习机制，扎实开展党的群众路线教育实践活动、“两学一做”学习教育、“不忘初心、牢记使命”主题教育、“大学习、大讨论、大调研”和党史学习教育，着力夯实增强“四个意识”、坚定“四个自信”、做到“两个维护”的思想根基。开展意识形态工作专题培训，落实意识形态工作责任，强化意识形态风险防范。健全会前政策理论学习、红色经典领诵、干部小讲堂、党组成员讲党课等制度。共开展会前学习 160 多次，干部小讲堂 20 多次，领学红色经典近 30 篇，党组成员上党课 20 多次，政协队伍理论水平不断增强。

——*坚持守正创新，打造青神政协党建品牌*。在全省政协系统率先成立政协委员联合党委，依托委员界别小组，成立 5 个政协委员党支部。制定《青神县政协党建工作“三个联系”制度》《青神县政协党建工作联席会议制度》，创建“一核三红，共筑同心圆”党建工作品牌，形成政协大党建工作格局，实现党建工作全覆盖。召开党建工作联席会议 6 次，开展联合党委活动 5 次，政协委员党支部活动 30 次。建立 5 个“政协委员工作室”，有效解决协商触角向基层延伸的问题。

——*增强法纪意识，营造风清气正的工作环境*。切实加强党纪法规学习，严格遵守中央八项规定精神和省、市、县相关纪律要求；积极支持纪检组工作，自觉配合县委巡察组和换届风气监督组对政协办的巡察监督，指出的问题全部整改落实；通过“以案促改”、警示教育、谈心谈话等活动，政协干部、全体委员政策法纪意识进一步增强。

二、坚持围绕中心，在民主协商中贡献政协智慧

这五年，县政协组织开展各类协商、调研、视察、座谈 390 余次，撰写调研报告 62 篇，其中《加强基层协商民主建设》等 5 篇调研报告分别得到省政协领导的肯定性批示；撰写提案 461 件，立案 421 件，提出建议、意见 600 余条，上报社情民意 160 余条。《建议调整小学学龄儿童入学时间》等社情民意被省政协选用；“老家办”工作经验写入市委《关于新时代加强和改进人民政协工作的实施意见》；民主评议重点提案、破解“被满意”现象和“我爱阅读 · 书香政协”活动等创新做法分别被《中国政协报》《四川政协报》头版刊登；2020 年青神县被眉山市委、市政府表彰为全市政协工作先进县。

——*始终围绕实现县委政府重大决策凝聚人心*。宣传

解读县委政府重大决策，理顺群众情绪，形成社会共识，广泛凝聚人心。组织政协委员、社会各界人士，先后召开了国际竹艺城广场建设、机构改革、青神发展馆建设、烈士陵园改建、城市公共服务设施规划等方案的意见征求会，听取意见，统一思想，形成共识；每年召开一至两次社情民意恳谈会，广泛收集社会各界不同意见；切实加强政协宣传工作，连续四年被省政协报评为政协宣传工作先进单位。

——*始终围绕推动县委政府重点工作协商议政*。围绕建设全国特色产业示范县、环成都最美竹林城市、开放发展的国际竹艺名城和实施脱贫攻坚、乡村振兴战略，深化供给侧结构性改革、乡镇行政区划和村级建制调整等重大改革，滨江新区建设、斑布健康竹产业园等重大项目，青神椪柑旅游文化节、中国国际竹产业交易博览会等重大会节活动，岷东大道、成乐高速连接线、虎渡溪航电等重点工程开展视察协商议政，提出的建议大多数被采纳并转化。

——*始终围绕群众关心关注的热点难点开展民主监督*。着力在解决老百姓身边事上出实招、见成效，先后围绕食品安全、青中校整体搬迁、破解执行难、扫黑除恶、电动三轮车非法运营整治、公共交通运输体系建设、城市容貌提升、环保突出问题整治、公厕建设等民生问题开展专题议政、个案监督、对口协商等，提出建议意见上百条，有力推动了民生实事落地见效。

三、坚持善作善成，在大考大战中彰显使命担当

这五年，县政协不断强化一线思维，敢为人先、善作善成，在实施脱贫攻坚、乡村振兴、“六稳”、“六保”等场场大考中，在抗击新冠疫情、抗洪救灾、环境治理等场场“大考”中，在解决群众关切和急难愁盼的件件“小事”上，县政协有情怀、有担当、有智慧、有力量、有成效，共同营造了青神热火朝天的干事创业氛围。

——*积极助力脱贫攻坚和乡村振兴*。组织县政协委员和驻青市政协委员深度参与“我为脱贫攻坚做件事”活动和“点对点对接”精准扶贫工作，多次组织机关干部深入挂联村指导脱贫攻坚，引导36家企业对口帮扶30个贫困村；100多名委员参与捐资助学、爱心回馈、结对帮扶1500余件次，涉及金额3000余万元。充分发挥“老家办”桥梁纽带作用，团结和发动青神籍在外人士力量全面参与脱贫攻坚，10余名青神籍在外企业家先后回乡投资创业。深度开展农村垃圾、污水治理和厕所革命调研，多次开展农村人居环境治理、现代农业园区建设、农旅融合发展、农业“三品”建设等方面的协商和视察活动。成立助推“全创”工作领导小组，李丛峰、曾惠容等委员的“全创”事迹受到省、市政协肯定。

——*深度参与全县生态环境治理*。专门成立资源环境保护监督委员会，选齐配强专委会负责人；组织开展河湖长制实施情况调研，政协班子主要成员分别担任县内重要河流河长；围绕农村面源污染治理、小流域污染治理、岷江流域生态屏障项目建设、县乡污水处理厂建设等内容开展“双月协商”、民主监督；在推进国家生态文明建设示范区创建和迎接中央生态环境督察工作中，县委政府抽调政协领导、委室主任参加生态环境治理，长期深入一线巡察、督查，推动问题整改落实。

——*主动参与疫情防控、防洪减灾*。面对世纪罕见新冠疫情，县政协第一时间号召并团结带领广大委员积极投身抗疫战场。在这场疫情大考中，政协委员有的冲在一线、护佑生命，有的联防联控、值班值守，有的走访企业、纾困解难。疫情期间，政协委员、委员企业和青神籍在外人士为疫情防控捐款捐物合计超过450万元。在“两走一助”活动中，帮助县内企业解决项目建设资金6500万元。每年汛期，县政协都严格按照县上统一部署，积极参与抗洪抢险和防洪值守等工作。

四、坚持踔厉奋发，在与时俱进中提高履职成效

这五年，县政协坚持守正创新，积极探索参政议政的新方法、新形式，不断提升参政议政新成效，焕发出了新时代青神政协的生机活力，多项创新举措得到省、市政协肯定。

——*探索提案办理和转化机制，提升提案工作实效*。每年对重点提案办理开展“领导督办、面对面评议、背靠背打分”民主评议，有效破解了委员对提案办理的“被满意”现象，五年共民主评议重点提案23件。强化委员履职培训，提高委员的提案意识和提案水平，委员提案数量较上一届增加143件，实现了提案量和质的双提升。建立委员政协全会发言制度和发言转化为重点提案制度，开通了政协委员建议“直通车”。五年共有30多名政协委员在市、县政协全会上作大会发言，发言建议绝大多数被采纳并转化为实际成果。

——*搭建“有事来协商”平台，协商触角进一步延伸*。印发《关于开展“有事来协商”平台建设工作方案》，创建“有事来协商·竹乡人话竹乡事”协商平台，采取面对面协商会、协商调解会、上门协商会、广场（院坝）协商会等多种形式，就近、就地、就事，小切口选题，大范围协商，把政协协商履职触角向乡镇（街道）、村（社区）和在外老乡集聚地延伸。先后开展现代农业产业园区发展、老旧小区改造、老年人活动中心扩建、乡村产业道路建设等方面的有事来协商活动20多场次，取得较好效果。省、市政协先后在我县召开“有事来协商”现场会，推广我县的经验做法。

——*挖掘青神历史文化资源，厚植青神文化内涵*。组建30余名青神文史特约研究员队伍，编撰出版《青神文史》

5辑，《三线建设在青神》《青衣神韵》《青衣飞羽》《青衣翰墨》《新视界》《希望的田野》等文史类画册12本，广泛宣传青神、推介青神，文史资料“存史、资政、团结、育人”和宣传推介作用得到有效发挥。

五、坚持强基固本，在塑形提能中展现政协形象

这五年，始终锚定政协九届一次全会既定目标，步履铿锵、砥砺前行，圆满地完成了各项目标任务，活力政协、合力政协、智慧政协、和谐政协建设卓有成效。

——坚持以制度为抓手，着力提升制度化、规范化水平。先后建立《政协青神县委员会主席会议制度》《政协第九届青神县委员会常务委员会工作规则》《加强政协专门委员会工作的意见》《关于加强政协委员联络管理工作试行办法》《民主评议提案办理工作考核实施办法》《关于开展“有事来协商”平台建设工作方案》《委员大会发言制度》等10个制度，修订完善了民主评议、个案监督、双月协商工作流程等20个制度和工作规范，确保了政协工作有章可循，落实见效。

——坚持以学习为先导，着力打造学习型、创新型政协。建立坚持了主席会、党组会、常委会、界别小组活动的会前学习制度，政协机关还开设以朗诵红色经典、分享交流公文写作、公务摄影、撰写提案、社情民意心得等为内容的“政协小讲堂”，干部职工人人上台当“老师”，人人台下当“学生”。强化委员教育培训，先后邀请全国政协、省委党校、市政协专家领导等来青为委员作理论和业务辅导培训。鼓励和支持委员参加省市县调训，先后有90余人次参加厦门大学、浙江大学、吉林大学以及北戴河、青岛、井冈山、重庆、苏州、广西等地的专题培训，有效提升了政协“两支队伍”的履职能力。

——坚持以开放为常态，着力提高合作交流的针对性、实效性。采取每年召开青神籍在外知名人士春节座谈会，政协班子成员带队到西藏、云南、山西、广东等青神老乡相对集中地区进行乡情通报，利用青神老乡网、青神老家微信群等平台和重大会节活动，邀请在青工作过的领导回青座谈等方式，传递乡音、介绍乡情，听取和征求对青神经济社会建设的意见建议。热情接待青海、辽宁、湖北、上海、甘肃、云南、贵州、江西、浙江、重庆等10多个省市及省内外各级学习考察团200多批、1200余人次，其中接待省部级领导20余人次。

过去五年的履职成绩，离不开县委坚强领导，离不开人大、政府和县级各部门、各乡镇（街道）、社会各界的全力支持，离不开历届政协班子和老领导、老同志的关心，特别是离不开九届政协领导、常委、委员同志们的辛勤付出。在此，我们一并向大家表示衷心的感谢并致以崇高的敬意！

总结过去五年的履职实践，我们深深体会到：坚持党的领导是做好政协工作的根本保证。只有把坚持党的领导贯穿于政协调查研究、协商议政、民主监督、提案办理、为民服务等政协工作全过程，才能保证政协工作的阵地不失，方向不偏。坚持以人民为中心是政协工作的出发点和落脚点。只有坚持一切为了人民，一切依靠人民，坚持聚焦人民群众对美好生活的向往，不忘初心、牢记使命，政协工作才有牢固的根基和明确的目标。坚持协商的主责主业是政协参政议政的基本抓手。只有坚持以主责主业为重点，聚焦县委政府重大决策、重点工作、重大项目，聚焦社会关注、民生福祉，充分发挥专门协商机构的优势，在建言资政和凝聚共识上双向发力，才能有效凝聚人心，汇集起干事创业的磅礴力量。坚持守正创新是确保政协工作行稳致远的不竭动力。只有始终坚持党的领导，始终遵守政协章程，树立创新思维和创新理念，持续推动协商模式、协商平台和协商机制创新，持续提高协商实效，政协工作才能继往开来，行稳致远。

回顾五年的工作，我们也清醒地认识到政协工作还存在政治协商向基层延伸不够长，民主监督力度不够大，服务群众实效不够好，机关规范建设不到位等问题。这些都需要我们在今后的工作中认真研究，积极争取，切实加以解决。

十届政协工作建议

征程万里风正劲，重任千钧再扬鞭！未来五年，是开启全面建设社会主义现代化强国目标的第一个五年。县政协要始终坚持以习近平新时代中国特色社会主义理论为指引，认真贯彻落实习近平总书记关于加强和改进人民政协工作的重要思想，在县委的坚强领导下，立足新发展阶段、贯彻新发展理念、构建新发展格局，紧紧围绕县第十五次党代会提出的奋力建设“一名城三示范”目标，聚焦特色产业，深化城乡融合，彰显生态价值，迈向共同富裕，大力弘扬“追求卓越、做小巨人”的新时代青神精神，充分发挥民主协商专门机构作用，以永不懈怠的昂扬姿态，勇往直前的奋发精神，奋力谱写新时代青神政协事业新篇章。

一、着力培根铸魂，锤炼坚毅忠诚的政治品格

加强思想政治引领、广泛凝聚共识是政协履职的中心环节。未来五年，县政协要在县委坚强领导下，以习近平新时代中国特色社会主义思想为引领，增强“四个意识”、坚定“四个自信”、做到“两个维护”，不断提高政治判断力、政治领悟力和政治执行力。

——强化政治学习，夯实理论基础。完善以政协党组理论中心组学习为引领，党组会议、主席会议、常委会会议集体学习和会前学堂、政协干部小讲堂、“我爱阅读·书香政协”、专题培训等相配套的学习体系，继续开展党史学习教育，不断增强学习的针对性和实效性，努力夯实政协队伍的思想理论基础。

——*强化思想引领，广泛凝聚共识*。要把围绕党的中心工作汇聚正能量作为重要职责，把加强思想政治引领、广泛凝聚共识贯穿政协履职全过程、各方面，引导社会各界心往一处想、劲往一处使，把县委的主张转化为全县人民的共同意志，把政协委员和社会各界的力量智慧凝聚到县委政府的决策部署上来。

——*强化政协党建，守好意识形态主阵地*。充分发挥政协党组把方向、管大局、保落实的作用，切实把加强党的领导贯穿政协工作始终，推进政协党建规范化、品牌化，不断提升新时代政协党建工作质量。坚持把意识形态工作同业务工作同安排、同部署、同落实，加强信息宣传，重视网络安全，、不断提高政协传播力、引导力和影响力。

二、突出主责主业，展现卓越高效的政协作为

人民政协是具有中国特色的制度安排，是社会主义协商民主的重要渠道和专门协商机构。我们要准确把握政协的性质定位，充分发挥自身优势，让民众充分参与到公共决策中来，把协商民主作为主责主业，贯穿于民主监督、参政议政、凝聚共识之中，做到多协商、广协商、真协商、协商好。

——*在推动特色产业发展中建言*。立足竹产业科技创新和产品研发、机械产业全链构建和数字赋能、柑橘园区建设和品牌培育等深入调研，广泛协商，建言献策，助推特色产业向高端化、绿色化、智能化、融合化方向发展。

——*在城乡融合、乡村振兴上出力*。立足“一城引领、一带聚联、全域融合”的空间布局、建设产城文城景城一体的宜居县城、脱贫攻坚与乡村振兴的有效衔接和农业农村现代化等深入调研，广泛协商，促进城乡融合一体化发展。组织开展好“助力巩固脱贫、助推乡村振兴”专项活动，动员政协委员为“双助活动”献计出力，力争在推进乡村产业发展、健全完善保障体系、建设宜居乡村和做好两项改革“后半篇”文章、推进基层治理等方面发挥更大作用。

——*在重点工作推进中献智*。聚焦城建、交通、旅游、人才、民生等重点工作，组织开展好多形式的协调、调研、视察活动。持续关注虎渡溪航电枢纽项目、天眉乐高速项目、G245 等基础设施重点项目建设，持续关注农村劳动力转移、创业就业、教育卫生等民生工作，在完善城镇功能、提升城市品质、彰显文化特色以及建设全省人才工作先行区等方面多出主意、多提建议。

——*在绿色发展、生态文明建设中用劲*。牢固树立“两山”理念，重点围绕绿色青神建设、生态环境保护开展好民主监督，围绕岷江文化旅游示范带建设、争创中岩国家AAAA级旅游景区、创建省级爱国主义教育基地等开展协商议政，积极参与国家卫生县城、国家园林县城、全国文明城市创建和成果巩固提升工作。

——*在完成急难险重任务中争先*。要积极完成县委政府赋予的各项工作任务，特别是在招商引资、疫情防控、抢险救灾、生态环境治理等重大任务中，不当局外人，任务不推诿、行动不掉队，以一流的工作业绩展现政协人的担当本色。

三、坚持创新驱动，永葆蓬勃向上的生机活力

创新是引领发展的第一动力，也是人民政协事业永葆生机的活力源泉。政协唯有勇于开拓、锐意创新，才能发挥更大作用、取得更大发展。

——*不断强化协商制度创新*。以广泛凝聚共识、为全县经济社会发展凝聚力量为主线，把协商民主贯穿履行职能全过程，将“老家办”、提案办理、委员工作室等经验性做法探索完善并转化为制度规定，形成常态化工作模式，推动政协工作更加规范、更有成效。

——*不断强化履职方式创新*。探索设立乡镇（街道）委员工作站，将政协工作向基层、向群众延伸；深化有事来协商平台建设，探索完善协商选题、协商形式、成果运用新机制，切实有效地协商解决好青神发展的事、群众身边的事、百姓需要的事；创新社情民意收集方式，通过社情民意恳谈会、民意洽谈会、场院议政坝坝会、民情咨询会等形式，推动政协协商同基层协商相衔接、同基层治理相结合，促进公民有序的政治参与；探索运用新媒体技术，打破时间和空间的限制，更加快捷畅通地实现委员履职的便利化。

——*不断强化文史工作创新*。调整充实青神特约文史研究员队伍，深度挖掘青神东坡文化、蚕丛文化、红色文化、竹艺文化、佛教文化等历史文化内涵；加强与文联、作协、党史县志等部门的沟通协作，加强与外地政协文史委的工作交流，充分运用“老家办”工作平台，将文史资料收集整理视角向更大范围、更深层次拓展。

四、强化教育管理，铸造干净担当的政协队伍

政协委员是人民政协工作的主体，政协机关干部是政协履行职能的重要力量。加强政协“两支队伍”建设，是推进政协事业不断向前发展的永恒课题。

——*以提高履职能力为核心，加强政协委员队伍建设*。人民政协工作基础在委员、力量在委员、优势在委员。广大政协委员要全面落实“懂政协、会协商、善议政，守纪律、讲规矩、重品行”要求，强化责任担当，更好发挥在本职岗位上的带头作用、政协工作中的主体作用、界别群众中的代表作用；高度重视委员特别是新任委员的能力提升，进一步加大学习、培训力度，健全委员知政明情机制，提高委员参政议政、建言献策的主动性，提高政治把握能力、调查研究能力、联系群众能力和合作共事能力，以高质量的履职成果展现新时代委员风采。

——以强化引领能力为重点，加强政协干部队伍建设。充分发挥领导班子引领作用和专委会基础性作用，切实加强自身建设，打造“学习型、创新型、服务型、效能型、廉洁型”政协机关，继续办好“政协小讲堂”，坚持“我爱阅读·书香政协”等学习活动，不断提升机关干部的政治理论素质和文化素养。加强政协机关干部的培养、选调和交流，不断优化结构、增强活力，努力培养造就一支政治坚定、作风优良、学识丰富、业务熟练、干净担当的高素质政协干部队伍。

海阔潮涌千帆竞，乘风破浪启新程。让我们紧密团结在以习近平同志为核心的党中央周围，在中共青神县委的坚强领导下，同心同德、凝心聚力，追求卓越、真抓实干，为奋力建设高质量发展的国际竹艺名城，全面开启青神现代化建设新征程贡献政协的智慧和力量！

专 记

庆祝中国共产党成立 100 周年活动纪实

一、总体情况

自庆祝中国共产党成立 100 周年活动开展以来，青神县对标对表、周密谋划、高效实施，组织开展一系列简洁隆重、成效明显的庆祝活动。年内召开县委庆祝中国共产党成立 100 周年活动暨党史学习教育领导小组会 3 次，庆祝活动调度会 6 次，审核乡镇（街道）、部门庆祝活动方案 12 个。县委统筹的 7 大项 、18 小项庆祝活动中，组织收听收看中央庆祝大会，“两优一先”评选表彰，走访慰问、老党员老干部和社会各界人士座谈会 4 大类、9 小项活动已全面完成，开展党史学习教育、重大宣传采访报道、“永远跟党走”群众性主题宣传教育活动 3 大类、 9 小项活动持续推进。

二、主要成效

（一）凝聚共识，坚定发展信心。坚持党史学习教育领导干部率先垂范，县委书记刘今朝等县级领导带头深入基层上党课 30 余场次。县委理论学习中心组先后到彝海结盟纪念馆、中国三线建设博物馆、红色西山党性教育基地、四川省庆祝中国共产党成立 100 周年主题展览开展现场教学。“七一”当天，组织全县 906 个基层党组织、1 万余名党员和 3 万余名群众，收听、收看中央庆祝大会盛况，共同聆听习近平总书记的重要讲话。“七一”前夕，组织开展老党员、老干部和社会各界人士交流座谈会 2 次，收集青神发展建议意见 7 条。“七一”前后，召开优秀共产党员、优秀党务工作者和先进基层党组织表彰大会，向 2103 名表现优异、党龄达到 50 年的老党员颁发“光荣在党 50 年”纪念章；走访慰问困难党员 172 名、殉职党员干部家属 100 名、老干部 25 人。

（二）赓续血脉，打响红色品牌。整理出版《青神县武装斗争史》《三线建设在青神》等红色书籍，做好红色西山研学基地、何光辉活动地点旧址——何祠堂、三线建设（三厂一院）等 32 个红色遗址普查工作，为红色资源的开发利用打下基础。创作以青神本地革命史实为素材的《面向党旗永生》舞台剧，真实还原革命场景，生动传播青神红色文化，传承红色基因。依托县委党校（眉山市委党校青神分校）迁建项目，将烈士陵园迁建升级打造为红色西山党性教育基地，目前共接待党政企事业单位 230 余个，学生红色研学 7 批次，接待人数 13300 多人次。6 月 10 日，省委常委、副省长李云泽到青神县调研，高度赞扬红色西山体验点简洁明了，很有意义。6 月 29 日，市委在青神县开展“传承红色基因、弘扬奋斗精神——走好新时代长征路”活动，时任市委书记慕新海对红色西山党性教育基地展馆打造、氛围营造、微党课设计、舞台剧编排等工作予以充分肯定。

（三）营造氛围，激发干事力量。联合澎湃新闻、眉山市互联网行业党委举办“建党百年 初心之路”特别党课。策划“同声咏唱·同心向党”活动，拍摄制作《在灿烂阳光下》MV，网络浏览量破 5 万次。围绕“党员干部不忘初心”“城乡群众感恩之心”主题，广泛组织“四史”宣讲 450 余场，覆盖 906 个党组织、1 万余名党员干部。广泛开展“党旗在一线高高飘扬”活动，将“我为群众办实事”落到实处，引导全县党员干部领办发展项目、领办民生项目、领办信访积案等实事清单，全县每名党员干部平均领办 1~2 件实事，形成 5000 余件办实事清单，带动全社会开展志愿服务，惠及群众 3 万余人。深入推进 2021 年十大民生实事，持续升华“吹哨报道”工作机制，率先在全市建成县级矛盾纠纷多元化解协调中心，上半年累计解决群众关切的急难愁盼问题 600 余件，在全社会形成浓厚的谈初心、干实事氛围。

实施乡村振兴战略工作纪实

2021年，青神被确定为中央农办三农政策基层联系县，获评第五批全国生态文明建设示范区及省级“四好农村路”示范县。青神县坚持农业农村优先发展，走出一条城乡融合发展的乡村振兴道路，“城乡县域融合发展实施路径”获评四川农业农村改革十大优秀案例，在中央农办《农村要情》2021年第38期刊发。青神在全国乡村发展与农村人居环境治理论坛、第五届四川“村长”论坛暨首届乡村振兴县委书记峰会上作经验交流，《人民日报》头版以《明天会更加美丽富足》为题单条报道青神百家池村，央视新闻联播报道兰沟村产业发展。现将青神县实施乡村振兴战略情况报告如下。

一、加强党的领导，开启乡村振兴新征程

办好农村的事情，关键在党。青神县始终把全面推进乡村振兴摆在突出位置抓实抓细，充分发挥县委在乡村振兴工作的领导核心作用，立足问题导向，精准工作举措，集聚资源要素，汇聚形成磅礴合力。

（一）压实“一个责任”。县委、县政府全面贯彻落实习近平总书记关于“三农”工作和乡村振兴工作的重要指示，以高度的思想自觉、政治自觉、行动自觉，把推进乡村振兴作为县委、县政府首要政治任务和第一主体责任。调整优化县委农村工作领导小组，增设常务副组长1名，新设立6个专项工作小组，召开县委农村工作领导小组会4次，县委常委会、县政府常务会专题研究乡村振兴工作18次，研究乡村振兴重要议题44个，切实当好乡村振兴“总指挥”。在全省率先成立乡村振兴局，承担全县乡村振兴服务职能，强化县委农办建设，设立专职副主任，精准制发《高质量推进乡村振兴加快实现农业农村现代化的意见》《关于巩固拓展脱贫攻坚成果有效衔接乡村振兴的实施意见》等文件，确保抓“三农”工作精力不转移、劲头不减弱、工作不松懈。

（二）落实“两个全面”。持续引导更多优质资源要素向农村流动，加快实现乡村振兴。一是在干部配备上全面发力。以换届为契机，选优配强乡镇领导班子和村“两委”干部，乡镇（街道）班子配备实现“两升一降”，35岁以下年轻干部占比从53.03%升至60.27%、全日制本科以上学历占比从60%升至64.62%、班子平均年龄下降3岁；书记、主任100%实现“一肩挑”，“两委”班子平均年龄下降6岁；大专及以上学历占比提高37.9个百分点。选优派驻13名乡村振兴第一书记和26名工作队成员开展后续帮扶工作，持续巩固拓展脱贫攻坚成果。二是在资金投入上全面保障。落实公共财政更大力度向农业农村倾斜，财政投入持续增长。一到三季度，一般公共预算中乡村振兴投入2.21亿元，占比18.68%，同比增加2个百分点，争取上级涉农资金1.62亿元、债券资金2.32亿元，盘活存量资金1269万元。强化财政金融支持，落实支农支小、精准扶贫、农村产权抵押等贷款奖补18.2万元，创业担保贷款贴息38.78万元，设立乡村振兴风险补偿金962万元。截至10月，涉农贷款余额48.58亿元，同比增加10.27亿元，增速26.81%。

（三）用好“三项机制”。县委、县政府切实抓好统筹谋划，健全完善常态长效机制，压实工作责任，以真抓实干推动乡村振兴工作落地生根。一是压实“三级书记”责任。落实由县委、县政府主要负责同志亲自抓、分管同志直接抓、每个乡镇（街道）落实1名县委常委联系的责任落实机制，完善28个部门“一把手”联席会议制度，每个县级部门包帮1个村（社区），统筹推进全县乡村振兴工作。二是完善考核激励机制。将乡村振兴纳入实绩考核，制定《乡村振兴实绩考核任务清单》，建立重奖惩激励约束机制，设立奖补资金1000万元，重点支持奖补镇村用于“三农”领域补短，对连续2次排名末位的乡镇开展约谈，连续3次排名末位的严肃追责问责，将考核结果作为评先评优、领导干部综合考核评价和政策支持的重要依据。三是抓实督导推进机制。实行“四大家”班子联动、纪委监委日常督查、部门专项督导工作机制，通过“周调度、月排位、季拉练”常态化督促检查，采取通报、约谈、问责等方式追责问效，开展督导工作16次，确保各级责任落实到位。

二、突出优先发展，展现乡村振兴新作为

青神县坚持将农业农村作为“青神最大的亮点”，聚焦“全域全民”发展理念，推动农业农村“四个优先”落地生根，全面推进乡村振兴提质增效。

（一）以国土空间规划为引领，推进全域融合。坚持城乡融合、一体设计理念，打破城乡功能区域分隔形态，推进县、乡、村功能衔接互补。一是开展全域村规编制。明确乡镇、片区、重点村的功能定位，有序推进国土空间总体规划，完成“双评价”“双评估”等专题分析，形成

"三区三线"试划第二轮成果，镇（乡）村片区划分形成2个乡镇级片区、12个村级片区初步成果。高台镇被评为全市乡村振兴先进镇，高台镇百家池村规划成为全省国土空间规划实用性村规划编制培训案例。二是强化乡村独特空间形态保护。尊重自然生态原真性、保护山水生态基底，打响"竹里萤光"IP，青神综合生态指数及综合赏萤指数均排名西南地区前列。将川西林盘保护传承纳入村规划，整体塑造"青山绿水抱林盘、大城小镇嵌田园"的城乡风貌。三是强化乡村用地建设保障。运用"点状供地"政策灵活供应土地，每年安排不少于10%的建设用地指标保障乡村产业发展和村民住宅建设用地，调配486亩建设用地全面保障斑布竹产业园项目用地，落实4.83公顷土地保障冷链物流园项目建设，预留1.13公顷的"留白"用地支持农村新产业新业态发展。

（二）以现代农业园区建设为载体，推进全域布局。围绕现代农业"10+3"产业体系布局，集聚资源壮大主导产业，加快形成产业兴旺聚集地。一是国家级竹编产业园区特色彰显。成功创建全省唯一的国家林业产业示范园区，青神竹编小镇获评全省首批、眉山唯一的四川省特色小镇。青神竹编连续三年跻身全国区域品牌百强榜，作为国礼赠送多国政要，青神竹桶成为北京世园会中外领导人植树专用桶，斑布竹纸领跑全国、进驻欧美。斑布健康竹产业园成为全省十五年来唯一获批的大型制浆造纸项目，即将建成投产。预计2021年竹产业综合产值实现60亿元，实现了从竹艺传承到竹业支撑的历史性跨越。二是省级柑橘现代农业园区质效齐升。全面推进晚熟柑橘优势特色产业集群县建设，建成西南地区最大柑橘单轨运输系统、最大区域性农产品仓储冷链中心，柑橘产地初加工6.38万吨、初加工率93%，承办全省烘干冷链物流建设现场会，建成覆盖3000亩的智慧果园数字终端应用系统，积极推广绿色防控、生草栽培等生态种植技术13项。三是粮食和生猪等重要农产品实现稳产保供。严守耕地红线，坚决遏制耕地"非农化"，防止"非粮化"。启动青竹粮经复合示范区和瑞峰种养循环示范区建设，建成高标准农田10.23万亩，完成粮食播种面积13.94万亩、粮食总产量6.25万吨、粮食扩种任务0.979万亩。非洲猪瘟等重大动植物疫情防控扎实有力，生猪养殖布局更加优化，扶持新建规模场，截至第三季度全县存栏生猪11.12万头，出栏生猪10.67万头。

（三）以乡村建设行动为抓手，推进全域覆盖。按照"点上示范出彩、线上连片成景、面上美丽宜居"建设思路，全域推进美丽宜居乡村建设。一是推进基础设施一体化建管。建立健全财政投入、村民自筹、社会资本参与的多元投入渠道，推进县域内城乡基础设施一体建设、一体管护。自来水普及率98.91%，电、天然气、宽带互联网、4G网络均实现全覆盖，5G网络已覆盖县域和重点场镇，打造"四好农村路"示范线106公里，实现沥青路100%通乡镇，水泥路100%通行政村，优良中等级路的比例达96.6%。投资4.6亿元，实施全域安全饮水眉青供水工程、复兴水库扩建工程，实现农村安全饮水全覆盖。二是因地制宜开展农村人居环境整治。创新"拆收改栽画"五字工作法，拆除农村乱搭乱建1.5万余处，提升改造农房风貌4000余户，建成"四小园"5万余个，建成中国首家竹林湿地、小微湿地等生态景观60个，建设竹林风景线150公里，"一村一主题"实施农房墙面彩画4000余幅。推广生活垃圾治理"一元钱"模式，全国首创"12分制"农资管理办法，农药包装废弃物回收率87.1%，全县农村无害化卫生厕所普及率96.7%，农村生活污水治理覆盖率98.1%，农村生活垃圾有效处理的行政村占比100%。三是探索推进乡村治理新路径。在全市率先建成县级矛盾纠纷多元化解协调中心并实体化运行，"一村一法律顾问"100%全覆盖，实现群众诉求"只进一扇门，最多跑一地"。常态化开展"书记坝坝会"，探索"一员多用"模式，在两个乡镇开展乡村治理"片长制"试点，积极推广高台镇百家池村"一核三微"、罗波乡宝镜村"五共众筹"等乡村治理品牌，百家池村、兰沟村先后被认定为全国乡村治理示范村。

（四）以深化农村改革为动力，推进全民共享。聚力改革攻坚，打通"人、地、服务"等核心要素向农村流动的制度性壁垒，推进全民共享改革成果。一是外引内育人才资源。引进中农大、清华大学等智库人才35名，培养土专家、田园名星等实用人才500余人。推进全国第二批农民合作社质量提升整县推进试点，创建国、省级示范社6家。深化省级职业农民制度试点，优化"遴选、认定、扶持、管理"四位一体培育模式，认定新型职业农民120名，落实社保补助、生产性扶持资金210万元。二是盘活利用土地资源。依托全国农村改革试验区平台，稳慎推进农村集体经营性建设用地入市改革，积极盘活闲置宅基地和集体建设用地，打造竹里巷子等特色IP。完成全国第二轮土地延包三十年试点，8个试点小组承包延包协议书签订率100%，探索建立无地少地农户土地权益保障机制、无地少地农户土地进退机制、承包地去碎片化机制。三是均衡配置公共资源。实行城乡教育一体化保障供给，投资8.1亿，完成青中校整体搬迁和县实验幼儿园扩建，启动学道街小学扩建，撤并农村小规模学校9所，城区新增初高中优质学位2400个，组建办学共同体5个，让教育资源同等惠及农村孩子。深化全国首批紧密型"医共体"改革试点，整合县内13家公立医疗机构，组建青神医院集团，建立信息一体化平台，累计开展远程诊疗服务8.99万人次。

实施农村便民服务体系“三化”建设，完成乡村行政事项下放 130 项，推动管理服务职能向农村延伸。

三、坚持示范引领，再创乡村振兴新辉煌

抢抓“十四五”发展机遇，扎实推进乡村全面振兴，形成持续发力、协同推进的常态长效机制，持续引导各类要素向农村流动，实施“三示范”行动，引导集聚发展，汇聚振兴合力。

（一）建设全国特色产业示范区。突出创新驱动，推进农业高质高效发展，着力建设全国特色竹产业高质量发展示范区，全国晚熟柑橘集群核心县。紧盯粮食和重要农产品保供给，加快粮经复合、种养循环示范区建设，争创全国农业现代化示范区。

（二）建设全国农村改革示范区。抢抓中央农办三农政策基层联系县机遇，全面激活人、地、钱要素保障。构建现代农业经营体系，抓好全国农民合作社质量提升整县推进试点；全面推广盘活闲置宅基地成效经验，高质量完成全国农村改革试验区试点任务；抢抓眉山进入乡村振兴金融创新示范区机遇，引导财政、金融、社会资本高效投入乡村振兴。千方百计促进农民增收，发展壮大村集体经济，缩小城乡公共服务差距，加快迈向共同富裕。

（三）建设全国生态文明示范区。持续聚力基础设施建设、特色产业发展、生态环境提升等“五大工程”，推进碳达峰、碳中和，做好“两山”转化。打好污染防治“三大战役”，优化生态空间格局，提高森林覆盖率，改善生态环境质量，加快绿色低碳生产生活方式形成。巩固国家生态文明建设示范区创建成果，发挥全国示范引领作用。

国家生态文明建设示范区创建工作纪实

青神县深入学习贯彻习近平生态文明思想，认真践行“绿水青山就是金山银山”理念，始终把生态文明建设摆在突出位置，坚持生态为底、文化为魂、产业为基，完善生态优先机制，构建生态红线体系，竹、机械、椪柑三大产业特色发展，创新探索“十二分制”“邻里百家”“N+1”危废联合体管理等模式，坚定不移走开放发展、绿色发展、特色发展、融合发展之路，加速谱写“生态福地 · 竹里青神”绿色发展新答卷。

一、坚持“三高推动”，聚焦聚向统筹发力

创建国家生态文明建设示范县是青神坚持绿色、开放、特色、融合发展的有效实践。全县上下坚持高点定标、谋定后动、一以贯之，全面打响创建国家生态文明建设示范县“青神之战”。

（一）坚持高起点定位。一是全面谋划布局。坚定“一带两路、拥江发展、一心一环、多点支撑”发展思路，2017 年青神县作出实施绿色发展五年行动计划的决定，印发《青神县加快推进生态文明建设实施意见》，全面启动创建工作。聚焦“全面建设现代化青神特色发展”定位，相继出台推进竹产业、机械产业、椪柑产业高质量发展的决定，构建“一城引领、一带聚联、全域融合”发展新格局，推动青神经济社会高质量发展、生态环境质量持续改善、生态文明制度更加完善。二是全域推动实施。出台《青神县落实新发展理念建设国家生态文明建设示范县的决定》，将创建国家生态文明建设示范县作为今年“绿色发展冲刺年”主要抓手，创建工作千人动员大会通过电视、网络直播到村到户，全覆盖召开书记坝坝会，搭建“邻里空间”“众筹公园”等群众议事微平台，创新推出“绿色发展大家谈”“阳光问廉”系列访谈节目，在中央、省、市各级媒体传播创建工作动态和声音 850 余次，下“竹”功夫做“竹”文章实践信息被中共中央办公厅采用，“四小园”建设、竹产业园区发展等 18 篇经验信息在农业农村部、国家林业和草原局官网刊载。三是全力保障投入。建立政府投入引导、农村集体和农民投入相结合、社会力量积极支持的多元化投入机制，投入 111.9 亿元，实施岷江流域生态屏障建设、农村改水改厕、城市生活污水处理站扩容提标等 79 项支撑项目工程建设。

（二）坚持高标准规划。一是坚持生态红线。深化生态安全底线意识，编制生态保护红线、环境质量底线、资源利用上线、生态环境准入清单等“三线一单”，划定生态保护红线 0.3 平方公里，严格执行区域开发、资源利用、空间规划、产业布局、项目准入等要求，在全省率先开展全域生物多样性调查与监测，全面加强保护动物栖息地环境保护。二是坚持规划先行。全方位审视资源禀赋，因地制宜，高质量编制《青神县生态文明建设规划（2017—2025）》《青神县城市总体规划（2014—2030）》《青神县国土空间总体规划》《青神县乡村振兴战略规划》《青神县畜禽养殖污染防治规划》《青神县水土保持生态修复总体规划》等，着力构建“一屏、一带、多核”生态安全格局，明晰创建“路线图”和“时间表”，将经济建设、政治建设、文化建设、社会建设各方面贯穿生态文明建设全过程。三是坚持制度引领。严格落实党政领导干部生态环境损害责任追究、领导干部自然资源资产离任审计、自然资源资产负债表、生态环境损害赔偿、“三线一单”等制度保障工作，制发《青神县生态文明建设目标评价考核办法》《青神县绿色发展指标体系》《青神县全面推行河长制工作制度》，出台《青神县网格化环境监管方案》《青神县打赢蓝天保卫战行动方案（2018—2020 年）》《青神县水污染防治行动 2020 年度实施计划》《土壤污染防治行动计划青神县工作方案》，统筹推进各项生态建设工作。

（三）坚持高效率推进。一是强化责任压实。明确“一把手”责任制，成立县委书记和县长任“双组长”工作领导小组，落实“1 名县委常委 +1 名分管县领导”挂联抓具体。坚持指标任务化、任务工作化、工作项目化、项目具体化，制定《青神县创建国家生态文明建设示范县实施方案》，印发任务、指标、项目、宣传“四张清单”，实行“周调度、月拉练、季通报”，确保创建任务落地落细。二是创新督查考核。制定《青神县重大工作任务干部考核管理办法》，实行量化考评和差异化考核，生态文明建设工作占党政实绩考核比例达 20% 以上；健全“部门 + 纪委 + 人大”督导机制，严格落实环境保护“党政同责、一岗双责”，全域网格化环境监管，开展自然资源资产离任审计，生态环境损害追责问责 27 人。三是激发干群创造力。县、乡、村三级干部要发挥好组织、示范、带动作用，领导带头对标抓，主动跑部进省到市汇报争取，邀请省生态环境厅副厅长雷毅等领导到青神把脉指导 5 次；部门联动逗硬抓，用好“吹哨报到”、直接联系服务群众机制，向村组、居民小区、商超店铺下沉宣传上千次，发放宣传资料上万份；乡镇发挥党员干部模范带头作用，突出农民主体地位，从“清洁庭院”起步，从“门前三包”做起，推广环境整治“红黑榜”“积分超市”等举措，农民群众筹资筹劳，主动参与生态文明建设。

二、探索“三项转化”，聚力拓展生态价值

立足生态本底优势，坚守生态红线，实施“生态 +”战略，推动生态价值向经济价值、文旅价值、社会价值转变，巩固区域经济发展生态底色，提高青神高质量发展的成色。

（一）探索生态价值向经济价值转化。立足“生态 + 产业”，推动资源节约型、产业循环型、环境友好型社会构建，县域经济发展方式加快转变，三产结构比由 2018 年的 12.5 ：42.9 ：44.6 优化为 12.1 ：42.8 ：45.1，竹产业特色彰显、机械产业蓄势突破，椪柑产业提质增效。探索“农户 + 合作社 + 村集体”的“5+4+1”柑橘信用托管模式，斑布纸成为全国本色用纸领军品牌，成功入驻美国最大的药品零售商和第三大连锁商超，是全国唯一占领美国主要大型商超的中国生活用纸品牌。

（二）探索生态价值向文旅价值转化。聚焦“生态 + 旅游”，推进国家 AAAA 级旅游景区国际竹艺城提档升级，打造“竹里院子”“竹里巷子”等一批乡村旅游产业融合示范点，“中国首家竹林湿地”“中国竹编第一村”等成为青神竹林康养美丽风景，入选省文旅厅“大竹海”精品旅游环线。“竹里萤光”文旅 IP，交出生态环境保护“绿色答卷”，成立青神县萤火虫保护研究服务中心，与湖北省守望萤火虫研究中心共建“守望萤火”西南萤火虫研究和保护中心，已发现萤火虫品种 9 个，其中珍稀品种 2 个，相对集中的数量和品种居全国前列。2021 年竹里萤光观萤季活动，40 天累计吸引成渝、东三省等全国各地游客 10 万余人，实现“萤光经济”旅游收入 9000 万元。

（三）探索生态价值向社会价值转化。紧盯“生态 + 民心”，大力实施农村厕所改造、生活污水治理等“十大民生工程”，唤鱼公园、竹林湿地公园、绿廊绿道等生态景观成为青神城市标配，新增新能源公交客运、配套公共自行车等绿色出行系统，近郊游、生态游等成为出行首选，“低碳生活”成为新时尚。持续推进竹编、机械产业“千人培训”计划，培育新型职业农民 1200 人，青神竹编扶贫案例荣获全省“文化遗产 + 扶贫”典型案例。“一根竹撬动百亿产业”，斑布健康竹产业园夺取全国竹浆造纸行业制高点、主阵地，新增和带动就业岗位 4000 人，实现产值 100 亿元。积极践行碳达峰、碳中和国家战略，20 万亩竹林面积实现每年碳减排 6 万吨，空气质量优良率连续两年全市第一，百岁以上老人万人比 1.62，均高出全国、全省平均水平 1 倍以上。

三、突出“三个抓手”，生态环境持续改善

深化生态文明底线意识，坚守“两山”理论价值取向，苦干实干、聚力攻坚，城乡生态环境向好向善。

（一）打好“三大攻坚战”。坚持问题导向，抓重点、补短板，精准施策、全域推进。一是打好蓝天保卫战。建立大气网格化管理体系，率先同周边区县实行联防联控，建成环境空气质量监管平台和 15 个微观监测点位，强化工业企业废气、城市扬尘、机动车尾气、秸秆禁烧、烟花爆竹禁放、“散乱污”企业整治、重污染天气应急“五个管控”。二是打好碧水保卫战。建立县、乡、村三级河长巡河问河治理体系，常态化开展“清河、护岸、净水、保水”四项行动；严格开展岷江流域“十年禁捕”，全面完成 145 名渔民退捕工作；投入 9.14 亿元，全面实施污水处理工程，新增（改）雨污管网 184.56 公里，乡镇（街道）生活污水处理厂、城市生活污水处理厂、工业园区污水处理厂提标扩能，城区、园区、场镇污水处理设施实现全覆盖。三是打好净土保卫战。建立健全危险废物产生单位清单，完善危险废物环境重点监管清单；开展危险废物三年专项整治行动，规范处置危险废物 410.98 吨，固废综合利用率达 100%。创新开展“N+1”危废联合体管理模式，力兴机械企业孵化园治污经验全省推广。全国首创“十二分制”农资管理办法，推广农药包装废弃物“1 元押金制”回收处置模式，建立有机肥微型生产应用推广基地和资源化利用中心，农药包装废弃物回收处置率 85.5%，扎实推进农药化肥减量增效行动，“一控两减三基本”理念在青神落地生根。

（二）抓好生态问题整改。紧盯中央、省环保督察反馈问题，对标对表，全面查摆，落实整改。一是强化责任机制。成立书记、县长双组长的生态环境保护督察工作领导小组和生态环境保护委员会，印发生态环境保护责任清单，完善“清单制 + 责任制 + 销号制”，强化“县领导 + 部门负责人 + 乡镇负责人 + 分管负责人 + 县督查督办组”责任机制，增加“暗访 + 曝光 + 扣分”防反弹机制，全面督导环境问题整改到位。二是强化督导整改。抓好岷江、思蒙河、沙溪河、护城河生态环境综合治理，2018 年以来投入约 10 亿元强化环保基础设施建设，企业自行投入 1.3 亿元推进污染防治设施技改升级，开展现场推进调研 1350 次，督导城市生活污水处理厂、岷江流域生态屏障等重大生态环境保护项目 20 个，梳理信访投诉问题 23 项、反馈问题 35 项，完成整改中央、省生态环境保护督察反馈 8 个批次 170 个问题，整改完成率 100%。三是强化追责问责。坚持“管行业管环保，管发展管环保，管生产管环保”，建立健全党政领导干部生态环境损害责任追责问责机制，2018 年以来，对环保领域问题追责问责 27 人，立案查处环境违法行为 61 件，办理信访投诉 670 件，按时办结率 100%。

（三）聚力人居环境整治。一是聚力生态项目攻坚。深入推进岷江流域生态屏障、万亩竹原料基地风景线、长江经济带面源污染治理等一批绿色生态项目建设，打造沿江竹林风景和竹林特色小镇，建成岷东大道、眉青快速通道、机械大道等四好农村路景观带 150 公里，竹里院子、竹里巷子等“竹里”系列 IP 点靓青神。二是聚力“三大革命”攻坚。坚持疫情防控和人居环境整治两手抓、两促进，全覆盖制定农村人居环境整治任务，系统治理、分类指导、补齐短板，全域推进垃圾革命、污水革命、厕所革命，建成覆盖全县乡村生活垃圾清扫保洁转运网络，农村生活垃圾有效处理的村占比 100%，生活污水得到有效处理的村占比 96.2%，户用卫生厕所普及率 97.8%，居全省前列。三是聚力村容村貌提升。印发《青神县村容村貌提升行动实施方案》，推广“拆、收、改、栽、画”五字工作法，以拆治乱、以收归序、以改提质、以栽增绿、以画添彩，拆除私搭乱建 14321 处，实施风貌改造 2029 户，建成美丽宜居乡村 46 个，全域提升村容村貌；持续开展“小菜园、小果园、小花园、小公园”建设，5 万余个“四小园”让村庄净起来、绿起来、靓起来。

四、紧扣“三大产业”，绿色发展提质增效

产业是绿色发展的主要支撑。融入成渝地区双城经济圈建设和成德眉资同城化发展，加快发展机械、竹、椪柑三大特色产业，建设具有核心竞争力的特色产业集群。

（一）绿色发展竹产业。一是做强竹工业。推动竹编、竹纸、竹桶等竹加工业集群发展，启动全国最大竹本色纤维材料生产基地建设，与国际竹藤组织、中央美术学院共建博士工作站和全国竹产业研究中心，开展竹材生物质精炼技术和竹材全价利用研究等 20 多个科研项目攻关，成功创建全省唯一国家林业产业示范园区。二是打造“竹风景”。深化“绿满青神”行动，建设万亩竹原料基地 4 个，引入竹林湿地污水治理样板，建成“中国首家竹林湿地”，打造 10 万平方米竹林康养基地。推进“竹里 +”生态建设，发展“竹 + 茶”“竹 + 果”“竹 + 花”等立体生态模式，建成“竹里桃花”“竹里海棠”等乡村公园 25 个，打造竹茶园、竹果园和竹花园 6000 余个。三是做美“竹品牌”。支持龙头企业与美国梦工厂、爱马仕等知名品牌跨界合作，推出“斑布・功夫熊猫”“竹 +X”（皮、玉、瓷、珠宝）系列品牌产品 36 种。协同邛崃、崇州等全省 19 个竹产业高质量发展重点培育县，联合打造产业发展共同体，常态化举办竹文化节、竹产业交易博览会等活动，青神竹编跻身全国区域品牌百强榜。

（二）低碳发展机械产业。坚持机械产业“精深”特色发展，提升产业集聚程度，增强产业特色竞争优势。一是做精园区。坚持工业园区、产业园区“两翼驱动”，推动园区集群化、智能化、绿色化、融合化发展，引进机械加工、整机制造、汽车、电子等产业，建设智能制造产业园、西南表面处理循环经济产业园，打造德恩精工生态云智能制造平台。二是创新机制。探索建立机械工业项目审批建管绿色通道机制，完善工业园区环境准入条件，淘汰落后产能和高耗能企业 7 家，全省首创危险废物管理“N+1”联合体，力兴机械产业孵化园被称为四川工业“十三五”“奔绿前行散乱污企业整治攻坚”成功典型。三是绿色创建，开展绿色制造示范单位创建工作，培育打造绿色制造创新标杆企业，现有国家级高新技术企业 9 家，成功创建国家级绿色工厂 2 家、省级绿色工厂 5 家、市级绿色工厂 4 家，绿色制造体系创建工作走在全市前列。

（三）融合发展椪柑产业。一是抓好基地建设。实施柑橘“双品双晚”发展战略，建立晚熟柑橘实训基地、中国柑橘工程研究中心成果转化基地，实施高标准果园建设，建设柑橘母本园和新品种示范园，打造 18 万亩柑橘基地，建成全国晚熟柑橘产业集群示范带、四川省首个柑橘博览园、十万吨农产品冷链物流园区，成功创建省级现代农业园区。二是建好农业科技创新平台。推进物联网、大数据等信息技术的融合与应用，开展“1+1+1+N”的智慧农业试点，打造晚熟柑橘“1+3”良繁体系，推广使用科研成果 18 项，绿色防控、生草栽培等实用配套技术 12 个，成功申报绿色农产品 17 个，有机农产品 7 个。三是建立产品信息化追溯平台。建成全国晚熟柑橘优势区、绿色防控示范区，成功申报“三品一标”21 个，“青神椪柑”获评产地证明商标；构建晚熟柑橘病虫害防控体系和农产品质量安全检测网络，实现绿色生态价值转换，全省农作物病虫害防治现场培训会在青神召开。

五、抓实“三项举措”，生态文明共建共享

践行“县为民造福、民为县立业”青神价值观，不断挖掘、提升生态文化价值，带动文旅融合，打造生态文化特色鲜明的生态文明共建共享先行区。

（一）厚植生态文化自信土壤。大力弘扬本土文化，将东坡、竹编、蚕丛、红色等五大本土文化纳入生态文明建设内容，常态化举办国际竹产业交易博览会、东坡初恋地旅游文化节、椪柑节、丰收节等，红色西山成为全市爱国主义教育基地，汉阳镇汉阳场社区列入中国传统村落名录。发起成立“大竹海”“大峨眉”文旅发展联盟，“龙舟文化节”“竹乡大舞台”等群众文化活动品牌深入人心，青神竹编非遗之旅列入全省首批十大“非遗之旅”研学路线。

（二）推进生态文明教育实践。一是加大生态保护知识普及，将生态文明教育融入育人全过程，推动生态文明进家庭、进社区、进工厂、进机关、进农村活动，党政领导干部生态文明培训实现全覆盖，广泛开展校外实践、农民夜校、田间学校、坝坝会等宣传培训千余场，发放宣传资料上百万份。二是推进绿色示范创建，开展“绿色学校”创建，开设生态教育课堂，推动“美境行动”“一木环保”等中小学环保公益性实践活动，寻找全省、市“最美基层环保人”和“绿色先锋”，开展“最美我家”“村级民星”“最美庭院”“人居环境示范户”等活动评选，成功创建省、市生态家园9600户。三是鼓励生态艺术创作，成立“苏母艺术工坊”，开发竹编虫、竹灯笼、竹编包等本土文化产品58种；开展生态文化采风活动，将生态文明理念、绿色生活方式植入各类文化产品。

（三）优化生态文化服务供给。一是实施政府绿色采购，倡导绿色消费，加大政府绿色采购财政支持力度，对政府采购节能产品、环境标志产品实施品目清单管理，近三年实现政府绿色采购1789.17万元、占比96%。二是完善公共文化服务，乡镇（街道）综合文化站实现全覆盖，建立农家书屋58家、综合性书屋13个、文化院坝58个，“文化惠民乡村行”“农民丰收节”等文化活动群众参与率95%以上。开辟青神县国际竹编艺术博览馆、国际竹艺中心等生态文化科普展厅16个。三是推进基层环境教育，构建乡村治理格局，全覆盖完善村规民约，推行“垃圾不落地”，网格化管理覆盖率100%，成功创建县级及以上文明村63个；推进移风易俗，建立生态文明理事会，推行“美德超市”“椪香橘力”等积分模式，鼓励一水多用、节电节能，提倡阳台绿化、屋顶绿化、庭院绿化，树好生态文明新风。

“制度、安全、空间、经济、生活、文化”同频共振，“共谋、共建、共治、共管、共享”齐头并进。生态文明建设只有起点没有终点，只有更好没有最好。我们始终把生态文明建设摆在突出位置，全力推进污染防治“八大战役”，坚守生态安全底线，筑牢绿色本底，奋力打造美丽宜居环成都最美竹林城市。

国家卫生县城创建工作纪实

近年来，青神县抢抓国省战略机遇，立足实际，发挥比较优势，走出一条生态、文明、卫生引领县域经济高质量发展路子，获评国家生态文明建设示范区、全国村庄清洁行动先进县、四川省乡村振兴先进县、四川省文明城市、四川省卫生县城。2020 年 7 月，青神县委、县政府在常态化疫情防控下作出了创建国家卫生县城的决定，成立县创建国家卫生县城指挥部以及 8 个工作组，印发《青神县创建国家卫生县城工作实施方案》，大力开展各项创建工作。2021 年 10 月，青神县一次性通过国家卫生县城省级暗访。

一、主要指标完成情况

青神县为进一步改善县城人居环境，促进全县经济社会持续健康发展，在巩固提升“省级卫生县城”创建成果的同时，立足实际，积极开展“国家卫生县城”创建工作。各指标完成情况如下：

（一）高度重视，构建爱国卫生高规组织体系。

一是健全爱卫工作组织体系。县上成立县爱卫会，由县长任主任，分管县领导任副主任，相关部门主要负责人为成员，及时调整和充实县爱卫会组织机构；乡镇（街道）设立爱卫会，由政府主要负责人任爱卫会主任。县爱卫办相对独立设置，由县爱国卫生运动服务中心承担县爱卫办相关工作职能，配备 5 名人员编制和办公设备，工作经费纳入财政预算。乡镇（街道）爱卫会办公室也配备有与工作任务相适应的人员和办公设备，能够承担和履行爱卫创卫工作职责。全县形成横向到边、纵向到底的爱国卫生组织管理网络。

二是落实政策保障措施。青神县将爱卫创卫工作列入青神县社会经济发展“十四五”规划和县政府工作报告，并纳入目标管理，工作经费纳入财政预算。近年来，投入爱国卫生工作经费 280 万元，创建经费单独预算 200 万元。制发《青神县关于进一步加强新时期爱国卫生工作的实施意见》《青神县爱国卫生管理实施细则》等系列政策性文件，为爱国卫生工作提供政策和制度保障。

三是建立创建高效指挥体系。县委、县政府作出创建国家卫生县城决定后，成立县创建国家卫生县城指挥部，由县委书记，县委副书记、县政府县长任双指挥长，县委、县政府分管领导任常务副指挥长，县委、县政府相关县领导任副指挥长，县级相关部门（单位）主要负责人为成员，下设办公室在县卫健局，由相关县领导任县创卫办主任，并抽调 6 人集中办公，设立 8 个工作组，全面负责各工作组创建工作。县级各责任部门，各乡镇（街道）成立“一把手”任组长的创建工作领导小组，把创卫工作作为自上而下的“一把手”工程。

四是不断提增爱卫工作效能。青神县认真贯彻落实国家、省、市各级爱卫工作精神，做到爱国卫生工作有长远规划、年度计划，部署到位、总结及时。每年初，县爱卫会印发爱国卫生工作要点，部署工作任务，广泛开展爱国卫生宣传月活动以及各项专项整治工作。截至目前，全县省级卫生乡镇覆盖率 100%，省级卫生村覆盖率 100%，已建成国家卫生乡镇 1 个、省级卫生乡镇（街道）6 个、省级卫生村（社区）58 个、省级卫生单位 24 个。

五是畅通爱国卫生建议与投诉平台。青神县建立卫生问题群众建议与投诉处理平台，公布投诉建议电话 3 个，接受市民关于爱卫创卫电话咨询、投诉，并落实相应的办理机制。2021 年，经第三方机构测评，群众对卫生状况满意率达 95%。

（二）夯实健教，提高居民健康素养水平。

一是健全健康教育组织网络。青神县设立县级健康教育专业机构 1 所，各村（社区）、机关企事业单位、医疗机构、学校均落实健康教育专兼职人员，构建横向到边、纵向到底、统一归口、上下联动的健康教育工作格局。建成区 1 个街道办事处、8 个社区，健康教育专兼职人员共 60 余人；58 家县级机关事业单位，健康教育专兼职人员共 62 人；9 家医疗卫生单位，健康教育专兼职人员共 14 余人；各级各类学校 15 所（中小学校 10 所）。

二是大力开展全民健身活动。青神县遵循“因地制宜、业余自愿、小型多样、就近就便”的原则，组织开展形式多样、丰富多彩的全民健身活动，不断创新活动形式和内容。加强健身体育设施配套建设工作，建成区内体育协会共 12 个，体育设施 348 个，覆盖所有社区和行政村，现有社会体育指导员 389 人。建成健康步道 22 公里、健康主题公园（广场）6 个。

三是广泛开展健康教育和健康促进活动。青神县以《中国公民健康素养——基本知识与技能》为主要内容，开展健康科普宣传活动积极开展形式多样的卫生知识宣传和健康教育，倡导健康生活方式。制定《健康青神 2030 行动纲要》，大力推广“健康三件事”，提高群众自我保健能力。学校、企事业单位定期对学生、职工进行健康体检服务。组织开展健康素养监测，居民健康素养水平达标。各类场所健康教育全覆盖，县级各部门单位、学校、医院、社区、企业、大型公共场所LED显示屏滚动播放宣传标语，并设立健康教育宣传栏（每2个月更换1次宣传内容）、创卫宣传栏、禁烟标识等。全县学校开展形式多样的健康教育课程，学校健康教育开展率达100%。

四是深入开展控烟工作。青神县大力开展无烟单位创建等系列创建活动，全县共创建省级无烟单位78个，全县中小学校及幼儿园均达到无烟学校标准，已完成全域创建无烟单位。全县所有室内公共场所、工作场所以及公共交通工具内做到禁烟标识全覆盖。建成区无烟草广告。

（三）突出重点，规范市容环境卫生秩序。

一是扎实推进环卫基础设施建设。青神县按照标准要求对建成区垃圾地库进行提档升级改造，现已完成升级改造3座垃圾地库。县财政投入经费5586万元购置环卫设施设备。目前，配备道路洗扫车、洒水车、垃圾收集电动车等环卫车辆300余辆，垃圾中转站1座，分类果屑箱、垃圾桶1000余个，垃圾地库23座（包含生活垃圾收集站2个），垃圾压缩站1座，新建有毒有害暂存中心1个，确定资源回收站点4个，城区环卫工人243人，垃圾收集容器套用专用环保垃圾袋，垃圾收集袋装率达100%。果屑箱、垃圾桶等垃圾收集容器配置齐全，环卫基础设施能满足群众生活需要。

二是高效推进“厕所革命”。青神县全面取缔建成区旱厕，创卫以来，共改造涉农社区旱厕768个，改造城区旱厕133个。高标准改造和建设公共厕所，制定《城区公共厕所分类管理规定》，新建、改建公共厕所65座，其中达到AAA级标准的4座，达到AA级标准的2座。建成区主次干道、旅游景点等公厕均达到二类标准，公厕均完善防蚊蝇、防鼠等设施设备，规范标牌标识，有卫生管理制度，落实专人定时保洁维护。

三是推进农贸市场改造升级。青神县投入1.5亿元，按照《标准化菜市场设置与管理规范》，对建成区4家农贸市场进行提档升级改造。建立和完善市场监管制度，强化卫生管理职责，增添环卫设施，改造市场公厕。现各农贸市场内分区合理规范，商品分类，划行归市，区域标志明显；食品与非食品经营区域分开设置；鲜活畜禽与其他经营区域隔开，实行从宰杀、处置、销售三区分离，针对活禽销售的管理将重新选址，修建活禽宰杀集中点；生食与熟食、代加工与直接入口食品摊位分开。有布局导购图（牌），有卫生管理制度、投诉服务台、公平秤和物业管理用房；有农药残留检测室，对蔬菜、水果农药残留含量进行监测公示；场内经营户统一配置垃圾桶（箱）。

四是着力打造“颜值”城市。青神县按照《眉山市市容和环境卫生管理条例》《建筑施工现场环境与卫生标准》等要求，以县城出入口、城乡接合部、农贸市场、背街小巷、建筑（拆迁）工地、公路沿线和河道水体、车站、商业街区、旅游景点、居民社区和所有企事业单位等为重点，落实“门前五包”责任制，彻底清除卫生死角、占道经营、店外经营等市容顽疾；落实建筑工地“六个百分百”措施。规范户外广告、牌匾设置，加大照明、亮化设施的日常管理和维护，加强重要街路、广场的绿化、美化，开展河道水域、岸坡清洁治理工作，规范早、夜市经营秩序和环境卫生管理，对流动摊贩进行有效治理。进一步规范生活垃圾、餐厨垃圾、医疗垃圾分类收集处理。建成区绿地率34.48%，绿化覆盖率37.21%，人均公园绿地面积23.42平方米，下水道管网覆盖率95%；路灯装灯率达到100%，亮灯率达到98%；主要道路保洁时间达13小时，一般道路保洁时间达10小时，道路机械化作业率80%，道路洁净度95%；生活垃圾中转实行机械化、密闭化，日产日清率达到100%，无害化处理率100%。科学设置道路标牌、交通信号、标识标线、隔离设施，建立方便、快捷、畅通的市民出行交通系统。

（四）整治环境，推进生态文明建设提质。

一是打好蓝天保卫战。青神县贯彻落实《中华人民共和国大气污染防治法》，推动大气污染治理向常态化转变，构建完备、标准、规范的治理体系。近五年辖区内未发生较大（Ⅲ级）以上级别环境污染事件。重点工业污染源废水、废气达标排放率100%。建成区区域噪声平均值均小于60分贝。2021年，$PM_{2.5}$浓度27.3微克/立方米，同比优化1.4%；全年优良天数达到344天，环境空气优良率94.2%。岷江、思蒙河、金牛河、沙溪河水质持续稳定在Ⅲ类；粤江河水质持续稳定在Ⅳ类，集中式饮用水水源地水质达标率100%，水质持续稳定在Ⅲ类以上。全县秸秆综合利用率95%，城镇生活污水处理率96%。

二是加强医疗废弃物处置监督管理。青神县对各医疗卫生机构产生医疗废弃物严格监管，督促各级医疗机构将医疗废弃物交由有资质单位处置，杜绝医疗机构自行处置医疗废弃物；各相关医疗机构要严格落实污染防治主体责任，做好医疗废弃物的规范管理工作，全县医疗废物无害化处置率100%，医源性污水规范处置，实现稳定达标排放。

（五）科学消杀，积极开展病媒生物防制。

坚持政府主导、全社会参与、科学治理的工作原则，青神县建立健全病媒生物防制体系和工作机制，以环境治理为主的综合防制方针，始终把孳生地治理放在首位，把重点行业防范设施建设作为重点，把药物消杀作为辅助手段，实行专业队伍和群众性运动相结合，聘请专业病媒生物防制公司，进行统一消杀，防制措施符合国家有关标准和规范要求，孳生地得到有效治理，建成区鼠、蚊、蝇、蟑螂的密度达到国家病媒生物防制密度控制水平标准C级标准，重点单位防蝇设施合格率为95%。

（六）落细落实，持续抓好食品安全、生活饮用水及公共场所卫生。

一是切实保障食品安全。青神县建成区内食品生产经营单位做到依法依规经营，生产、经营的食品符合食品安全要求。食品“三小”从业人员持有效健康合格证明上岗，内外环境整洁，经营分区合理，经营设施齐全，清洗消毒制度落实。完善“三防”设施建设，对建成区食品“三小”经营户采取全覆盖、拉网式摸排，广泛动员经营户升级改造，落实专人上门指导，规范改造“三防”设施。截至目前，共指导423家食品“三小”经营单位完成“三防”设施升级改造，其中，小食品加工店改造4家，小食品店改造158家，小餐饮店改造261家，完成率100%，并全部完成验收。全县1183家食品经营单位食品安全风险分级完成率为100%，498家持证餐饮服务单位量化分级率100%。建成区生猪屠宰点严格落实检疫程序，屠宰检疫率达100%，屠宰环节无害化处理率100%。

二是加强生活饮用水卫生监督管理。青神县贯彻落实《生活饮用水卫生监督管理办法》，生活饮用水卫生符合国家标准要求，二次供水符合国家《二次供水设施卫生规范》的标准要求，集中式供水、二次供水持证率达100%，有水污染突发公共卫生事件应急预案。开展水质监测工作，集中式供水出厂水、管网末梢水、二次供水、小区直饮水水质检测合格率均达100%。近三年未发生重大食品安全事故和饮用水污染事故。

三是加强公共场所卫生监督管理。青神县成立公共场所监督领导小组，采取定期不定期对建成区“五小”行业开展专项整治。累计通报100余家，其中行政处罚单位共计96家，予以行政罚款5家，切实巩固源头治理成果，建成区公共场所量化分级率达100%、信息公示率达100%。公共场所“五小”行业经营资格合法，从业人员取得有效健康合格证明，室内外环境卫生整洁，硬件设施符合国家标准要求，理发店配备皮肤病专用工具。建成区学校和托幼机构教室等环境卫生较好，课桌椅、黑板、教室采光、教室照明均符合国家有关标准。近五年未发生重大职业危害事故。

（七）高效预防，加强传染病防治能力建设。

贯彻落实《中华人民共和国传染病防治法》，加强对传染病防治工作的领导，疾病预防控制机构建设达到规定要求。建立健全以县疾控中心和县级医疗机构、乡镇卫生院、村卫生室为主线的县、乡、村三级传染病防治体系，设置传染病定点救治医院1个，卫生执法监督机构1个、疾病控制中心1个，县疾控中心达到二级乙等建设标准。全县15家传染病网络直报单位，其中县级医疗机构3家、乡（镇）卫生院9家、社区卫生服务中心1家、民营医院2家。近五年未发生实验室生物安全事故和因防控措施不力导致的甲、乙类传染病暴发流行。疫苗储存和运输管理、接种单位条件符合国家规定要求。预防接种规范，安全接种率100%。加强流动人口计划免疫管理，居住期限3个月以上流动人口儿童建卡、建证率98%。儿童国家免疫规划全程接种率98%。无偿献血能够满足临床用血需要，临床用血100%来自无偿献血。

（八）综合治理，提升村社卫生水平。

一是筑牢基层医疗卫生服务体系。青神县建成区乡镇卫生院、村卫生室和社区卫生服务机构建设均达到国家相关要求，具有医疗机构执业许可证，在执业范围内开展业务，布局合理，内外环境整洁，医疗垃圾和污水处理符合相关规定。辖区内村卫生室配置有基础设施设备，村医取得合法执业资格，能够满足辖区内各村社基础医疗，符合国家相关要求，能满足群众基本医疗和公共卫生等服务。2021年城乡居民医疗保险的参保率达98.8%，高于全省平均水平。

二是推进城中村和城乡接合部环境卫生整治。青神县投入环境治理经费8891.6万元，用于各村（社区）道路硬化、沟渠整治、高标准农田建设、分发分类垃圾桶、新建垃圾亭、配备秸秆枝条粉碎机、实施改水改厕项目和绿化工程等工作，拆除违章建筑330余处。健全村（社区）卫生管理制度，积极开展卫生户、卫生家庭等评比活动，发放各类宣传资料10万余份，召开专题会议、宣传讲座30次，“脏、乱、差”现象得到改善。居民生活习惯良好，垃圾密闭存放，无蚊蝇孳生的污水坑、粪坑，建成区无放养家畜家禽，无饲养宠物影响环境卫生和居民正常生活的现象。省级卫生村覆盖率100%。自来水普及率达98.92%，其中学校自来水普及率100%，无害化卫生厕所普及率达96.7%，其中学校无害化卫生厕所普及率达100%。

三、特色亮点工作

（一）聚焦补齐短板，开展城市形象提升两年行动。

投资10.59亿元，开展城市形象提升两年行动，制发《关于青神县开展城市形象提升两年行动的实施意见》，围绕城市建设和管理，实施老城美化、城市净化、城市骨架、城市精致、城市光彩、素质提升“六大工程”，提升县城形象品质，巩固创卫硬件设施建设基础。“以新换心”推进老旧小区改造。按照“先拆思想再拆违，先拆违建再改造，先建组织后启动”的工作思路，注重高位推进，强化组织协调，制定《青神县老旧小区改造实施方案》，由分管县领导挂帅，统一谋划，统一指挥，统一调度，统一督办，并建立“七个一”工作机制，坚持“四不改原则”，强力推进旧改工作。同时，发挥社区党组织“轴心”功能，结合“包保片区”“街道吹哨、部门报到”等活动，充分发挥基层治理作用，形成可复制能推广的老旧小区改造工作模式。截至目前，已累计完成投资约6.63亿元，占总投资的62.5%。

（二）突出示范引领，开展卫生示范单位创建工作。

以“示范引领、以点带面”的创建原则，青神县组织开展卫生示范单位创建活动，制定《青神县卫生示范单位创建活动实施方案》，以创建卫生示范街道、示范小区、示范机关（单位）、示范学校、示范商户、示范企业为主题，以治理脏、乱、差为重点，建立城市管理和环境卫生长效管理机制为突破口，抓好乱贴乱画、乱泼乱倒、乱扯乱挂、乱搭乱建、乱停乱放“十乱”治理，全面开展卫生示范创建活动，点面结合、应创尽创。建成区卫生示范单位共挂牌803个，其中卫生示范街道43条、示范小区247个、示范机关（单位）53个、示范学校10个、示范商户418家、示范企业32个，已完成卫生示范全域覆盖。通过示范创建，城区环境卫生发生明显变化，市容市貌大有改观，居民群众的卫生意识得到极大提升。

（三）优化基层治理，全面落实包保责任。

根据青神实际，青神县印发《青神县创建国家卫生县城工作实施方案》，充分运用“街道吹哨，部门报到”工作机制，明确创建工作实行街道（路段）责任制，责任部门（单位）下沉到社区、网格帮扶片区创建工作，一包群众宣传教育工作，二包带领群众清除卫生死角，三包开展卫生检查评比活动，四包解决创建工作中的难点问题，落实必要创建经费。确保负责片区达到创建国家卫生县城标准要求，实现包保范围横向边、纵向到底。开展包保工作以来，由最初“干给群众看”到“带着群众干”，实现“群众自觉干”，推动了由“一群人创建”到“一城人创建”的转变。19名县级领导分别牵头包保督导30个片，76个区，共动员76个机关企事业单位万民志愿者参与包保工作，参与者达10万余人次，落实包保帮扶资金50万元，清理卫生死角1000余处，清除垃圾1500余吨。

（四）落实三项行动，扎实推进疫情防控工作。

一是完善响应机制。新冠肺炎疫情发生以来，县委、县政府全面落实中省市决策部署，及时抓早抓小，应急指挥体系随时可被激活，坚持每日调度、查堵漏洞，及时协调解决各类新问题，落实主体责任，党政“一把手”靠前指挥，坚持全县一盘棋、上下左右协同配合，积极思考谋划大规模疫情应急处置措施，做好随时驰援的准备。

二是强化能力建设。按照“新冠肺炎疫情隔离医学观察指南”标准，青神县规范设置隔离场所“三区两通道”，工作人员和防疫、应急物资保障到位；采取“固定接种点”+“临时接种点”+“巡回接种点”的模式，日接种量可达6000针剂；建立核酸检测实验室4个，共有96通道核酸提取仪7台、32通道核酸提取仪2台、96通道核酸扩增仪11台，全县培训具备资质的核酸采样人员524人，检测人员38人，可设采样点124个。每日最大检测量8400管，基本能满足2天内完成全县全员核酸检测要求。

三是强化问题导向。青神县制定《青神县农村地区新冠肺炎疫情防控工作方案》，落实四级网络包干责任体系和“五包一”责任制，划小防控单元，织密防控网络，建立完善“两台账一张卡”，精准落实各项防控措施。采取“日指导、周督查、周通报、立整改”，从严从细落实各项防控措施，切实巩固住来之不易的防控成果。加强国内中高风险地区入（返）川人员排查管控，强化冷链物流、邮件包裹等消杀，严格落实“四方责任”。持续加强防疫知识宣传，提高群众防护意识，养成良好的卫生习惯。

青神县爱国卫生工作在县委、县政府的高度重视和上级爱卫会的大力支持下，取得了一定的成绩，但工作中还存在着有待解决的问题，需要在下一步工作中逐步改进。我们将以这次复审为契机，持续加强爱国卫生运动，巩固拓展创建成果，提升城市品质、促进人民健康，把我县爱国卫生工作提高到一个新的水平。

大事记

1月

4日 眉山市工业统计年报培训会在青神县召开。

5日 青神县召开"十四五"规划编制各界人士座谈会，研究青神县"十四五"规划编制工作，全县13名社会各界代表提出意见建议。

8日 市委常委、宣传部部长何迎晓调研青神县"医共体"建设情况。要求青神坚持深化改革、示范先行，不断完善总结，探索建立一个可复制可推广的"青神医共体模式"，为全市探索出更多好经验、好做法。县委书记肖巍等陪同调研。

是日 县委书记肖巍调研青竹街道工作，要求青竹街道一马当先扛起首位责任，立起首位标杆，铆足干劲锐意进取，当好青神跨越赶超的排头兵、蓄势突破的先行者，为加快建设全国特色产业示范县，奋力夺取建设现代化青神特色发展新胜利贡献青竹力量。

是日 青神县2020年"三农"融资工作总结会在青神县农业农村局召开，会议总结2020年全县乡村振兴农业产业发展贷款风险补偿金工作，安排部署2021年重点工作。会议讨论修订青神县农业产业发展风险补偿金管理办法和实施细则等相关事宜。

9日 四川开放大学党委书记谭文劲调研指导青神电大工作。

18日 县委副书记、县长刘今朝调研思蒙河流域（青神段）水环境治理工作。他指出：要进一步抓好思蒙河治污工作，对沿河各类污染源逐一排查；要继续加强对工业企业的监管和督导，确保达标排放；要做好每月暗访工作，并及时向有关部门进行情况反馈；要持续优化完善工作举措，把握好时间节点，确保治污项目建设早出成果、人民群众早受益。

21日 眉山市总工会、青神县总工会开展"送温暖慰问"活动，深入青神企业、学校、医院，慰问困难职工、防疫一线人员、困难学子及"八大群体"。

27日 眉山市紧密型县域医共体试点改革工作现场推进会在青神县召开，市委常委、常务副市长刘先伟，县委书记肖巍参加会议。

是日 省教育厅二级巡视员程微梦代表省委教育工委、省教育厅走访慰问青神县名师、名校长代表。

是日 2020年度县委书记落实主体责任述职评议会议暨乡镇、街道党（工）委书记和县级部门党（工）委（党组）书记落实主体责任述职评议会在国际竹文化中心召开。县委书记肖巍主持会议并讲话。

28日 青神县召开2020年十大民生实事项目实施情况新闻发布会，通报2020年十大民生实事项目完成情况，解读2021年县人大代表票决民生实事候选项目有关情况，相关部门负责人现场答复记者提问。

是日 青神县召开2021年春节前疫情防控和安全工作专题会，会议传达眉山市疫情防控第55次调度会精神，安排部署当前重点工作。

31日 青神县人大代表对2020年重点民生实事项目建设情况进行集中视察。

31日至2月2日 中国人民政治协商会议第九届青神县委员会第七次会议在国际竹艺中心举行。

是月 省人社厅二级巡视员杨毅英率四川省长江流域重点水域禁捕退捕工作第五考核组到青神县调研考核眉山市2020年禁捕退捕工作。杨毅英肯定全市、全县禁捕退捕工作和青神县"三无"船只清理行动取得的成绩，提出下一步工作要求。

是月 青神县冷链物流园投产。

2月

1—3日 青神县第十七届人民代表大会第八次会议举行。

7日 市人大常委会党组书记、主任刘十庆调研青神县德鑫航空设备有限公司和斑布健康产业园，传达市委、市政府经济工作决策部署，帮助企业协调解决面临的困难。

18日 青神县召开森林防灭火工作专题会。会议分析全县当前森林防灭火工作形势，就春季森林防灭火工作进行再安排再部署。

19日 省委农村工作会议在成都召开，青神县被评为2020年度四川省乡村振兴先进县、全省农村改革工作先进县、全省农民增收工作先进县，青神县白果乡甘家沟村被评为2020年度四川省乡村振兴示范村。

是日 青神县"民企乡村共兴"行动调研座谈会在高台镇玉蟾寺村召开。

24日 青神县举行2021年第一次民营企业家联谊会，传达学习《中国共产党统一战线工作条例》及《关于加强新时代民营经济统战工作的意见》，企业家代表作专题分享。

是日 青神县召开"三创一保"工作动员大会，动员部署创建国家生态文明建设示范县、国家森林城市、国家卫生县城，继续保持四川省文明城市荣誉称号工作。

是日 省民政厅副厅长卢攀登、社会事务处处长林舸调研青神县乡村公益性公墓建设工作。

25—26日 省政府副省长李云泽到青神专题调研疫情防控、企业和重点项目复工复产、脱贫攻坚等工作。他看望了康苑新城小区疫情防控一线的工作人员及高台镇百家池村贫困户，调研青神县高台镇百家池村椪柑产业，了解四川丹甫环境科技有限公司防疫措施落实和复工复产情况。

是月 四川隆源机械有限公司、四川省民众日化有限公司、四川新鑫元农牧机械有限公司、眉山市科跃工业自动化设备有限公司被评为国家级高新技术企业。

3月

3日 青神县召开继续保持省文明城市荣誉称号推进组2021年第1次会议。再次动员、专题部署2021年文明城市创建工作，细化落实县委、县政府“三创一保”工作要求，继续保持四川省文明城市荣誉称号，推进四川省文明城市创建工作。

5日 青神县获评2020年度眉山市乡村振兴先进县，高台镇获评先进乡镇，罗波乡宝镜村、白果乡虎渡社区、汉阳镇文新村、瑞峰镇刘家场社区获评示范村（社区）。

8日 高台镇安家坝村女当家养殖专业合作社获评“全国巾帼文明岗”称号。

10日 省政协委员、副秘书长杨平率省政协、眉山市政协调研组调研青神县乡镇区划调整后农村中小学教育资源的合理配置工作。

是日 “蓉城人企进青神——成眉同城、合作共赢”主题活动在青神举行。

是日 青神县城市生活污水处理站扩容提标改造工程建设项目开工建设。

11日 市人大常委会副主任李永高调研青神法治政府建设，对青竹街道办在全市探索建立的“街道吹哨，部门报道”工作机制给予肯定。要求加大力度推进法治政府建设，坚持法定职责必须为、法无授权不可为，着力实现政府职能深刻转变，把该管的事务管好、管到位，形成边界清晰、分工合理、权责一致、运行高效、法治保障的政府机构职能体系。

14日 青神县58个村（社区）村（居）民委员会换届选举工作完成，选举产生村（居）委会成员236名，其中主任58名，副主任34名，委员144名，100%实现书记、主任“一肩挑”，100%一次性当选，100%高票当选。14.98万名选民参加投票选举，参选率92.07%。

17日 省卫健委副主任徐旭调研青神县中央预算内投资项目建设工作。

是日 夹江县卫健局、医保局一行22人到青神医院集团交流医共体工作。

18日 青神县召开落实中央生态环境保护督察反馈问题整改工作推进会。

是日 青神县入选第二批城乡社区治理试点区（市、县）名单；高台镇入选“三社联动”机制创新试点街道（镇）名单，青竹街道入选“社区服务项目化”试点街道（镇）名单；青竹街道花园社区入选便民服务型试点社区名单，青竹街道青衣社区入选社会组织参与型试点社区名单，高台镇麻柳社区入选社区服务项目化试点社区名单。

19日 全市晚熟柑橘集群建设项目推进会在青神县召开，强调有关部门要做好项目建设进展跟踪调度，落实好资金等各项保障，高效推动全市晚熟柑橘产业集群项目建设。

21日 农业农村部党组成员、中央农办秘书局局长吴宏耀，省农业农村厅厅长杨秀彬调研青神县城乡融合发展情况，参观德康生猪养殖项目建设现场、兰沟村竹里巷子、椪柑现代农业园区及高台镇百家池村，要求要走好城乡融合发展这条乡村振兴的必由之路。

23日 “成渝双城经济圈·寻萤追梦目的地”观萤季媒体推荐活动在中岩寺举行。

是日 全省殡葬工作现场会在青神县龙女谷公益性公墓召开。

24日 青神县乡村振兴总结表扬大会暨县委农村工作会召开。会议传达学习中央、省委、市委农村工作会议精神，总结2020年创建四川省实施乡村振兴战略先进县工作，表扬乡村振兴先进集体、先进个人、先进乡镇、示范村（社区），安排部署2021年“三农”工作。

是日 青神县政法队伍教育整顿征求意见座谈会召开，县“两代表一委员”、媒体监督员、群众代表等17人参会，就全县政法工作、政法队伍建设和教育整顿工作提出意见和建议。

25日 全国工商联专职副主席谢经荣到调研青神县“民营企业助力乡村振兴”情况，实地参观青神县椪柑现代农业园区、高台镇百家池村和国际竹编艺术博览馆，肯定青神县委积极支持工商联开展百企联百村工作和脱贫攻坚取得的成绩。

26日 青神县召开创建国家卫生县城阶段性工作推进会，安排部署国家卫生县城阶段性工作，提高卫生创建质量和水平，巩固卫生创建成果。

29日 省住房和城乡建设厅厅长何树平调研青神县住房和城乡建设工作。要建立健全农房建设质量安全管理机制，实现农村房屋建设质量安全常态化管理；要新发展理念贯穿改革创新全过程，建设现代宜居新农房，提升农房现代化水平；要加强农村污水垃圾治理力度，把生态和安全放在更加突出的位置，持续改善农村人居环境，助力乡村振兴。

30日 G0512成乐高速公路青神收费站关闭，进行加宽改造，建成后更名为“青神北（张坎）收费站”。

是日 中国共产党青神县第十四届纪律检查委员会第八次全体会议召开。县委书记、县长刘今朝出席会议并讲话，他强调要坚定以习近平新时代中国特色社会主义思想为指导，深入学习贯彻十九届中央纪委五次全会和省纪委十一届五次全会精神，认真落实市纪委四届八次全会部署要求，以永远在路上的坚韧和执着，把“严”的主基调长期坚持下去，扎实推进全面从严治党向纵深发展，努力实现青神县政治生态持久的风清气正，为项目决战、推动高质量转型发展“清障护航”，以更加优异的成绩迎接建党100周年。

是日 农业农村部农村经济研究中心处长、研究员习银生到青神县高台镇百家池村调研基层微治理模式。

31日 民建四川省委政研委副主任陈健生到青神县高台镇百家池村调研乡镇行政区划和村级建制调整改革后续问题。

是月 资阳市人大社会建设委主任委员苏清鹏到青神医院集团考察县域医共体建设工作。

是月 青神竹编入选中欧地理标志协定第二批名单。

是月 斑布竹纤维科技创新中心被四川省科协评为四川首批科普惠民共享基地。基地位于青神县西龙镇华家嘴斑布健康竹产业园内，是四川环龙新材料有限公司在青神县委、县政府和国际竹藤中心的共同支持下打造的国内首家竹纤维科技馆，设置有竹科技展示区、学术交流区、创意互动区、企业文化展示区等配套设施。

4月

1日 青神县召开2021年晚熟柑橘产业发展推进会暨科学安全用药培训会。

是日 市政府副市长肖忠良检查督导青神县森林防灭火工作。

是日 青神县融媒体中心同都江堰市融媒体中心进行交流合作签约。

2日 青神县2021年老干部工作和关心下一代工作会议召开。会议以中共十九届五中全会、省委十一届八次全会、市委四届十六次全会和县委十四届二十九次全会精神为主线，围绕贯彻落实全省、全市老干部局长会议和关心下一代工作会议精神，总结2020年工作开展情况，安排部署2021年主要工作。

是日 青神县教育和体育局组织少先队员、党员教师代表约180余人在烈士陵园开展“清明祭英烈 红色照我心”纪念活动。

6日 青神县在烈士陵园举行“清明祭英烈”活动。县委书记、县长刘今朝，县人大常委会主任卢明春，所有在青神县级领导，各乡镇（街道）、县级各部门主要负责人，老战士代表和军烈家属代表等参加活动。

8日 人民日报四川分社社长参观高台镇百家池村“邻里百家”。

是日 眉山市“三下乡”暨文化下乡启动仪式在青神县高台镇河坝子社区举行。

9日 青神县建成矛盾纠纷多元化解协调中心，整合县综治中心、县群众工作中心、县公共法律服务中心、县社会心理服务中心相关职能，实行“1+2+N”的多元化解机制。“1”即县矛盾纠纷多元化解协调中心；“2”即县、乡镇（街道）、村（社区）多元化解纵向体系和县级部门、行业、社会组织多元化解横向体系；“N”即诉讼服务、劳动人事争议、家事纠纷调解、商事纠纷调解、物业纠纷调解等分中心和个人调解室。

11日 中国工程院院士、副院长邓秀新调研青神县柑橘发展馆和农产品冷链物流园区。

12日 中国柑桔学会2021年学术年会到青神县高台镇参观。

13日 青神县地质灾害指挥部组织召开2021年全县地质灾害防治工作部署暨培训会，安排部署2021年全县应急保障工作和地质灾害防治工作，培训地质灾害防治知识。

14日 智能制造能力成熟度国家标准宣贯会在青神县召开，会议邀请专家对国家智能制造的发展和企业智能制造的推进进行介绍，并对智能制造能力成熟度模型国家标准进行详细解读，重点企业现场分享相关经验，以达到“学会标准、利用标准、做到标准”的目的。

是日 青神县开展全民国家安全教育日进校园系列宣传教育活动，通过悬挂横幅、摆放展板、发放资料、讲解内容等方式，提高师生的国家安全意识，营造宣传教育氛围。

是日 四川省水土保持科普教育活动在青神县天河沟水土保持科技示范园举行。

16日 省政府参事、农业农村厅一级巡视员涂建华调研青神县现代农业园区建设。

是日 县委书记刘今朝率队对青神县第一季度省市县重点项目暨“三创一保”工作进行拉练检验，先后深入青神县复兴水库扩建工程、岷江虎渡溪航电枢纽工程、青衣大道改建工程、德恩精工机械企业工业互联网云智造平台项目、滨河文化公园建设工程、成乐高速扩容（青神段）及连接线项目、斑布健康竹产业园百万吨竹材生物质精炼技改项目、红色西山研学基地建设项目等13个重点项目建设现场交流考察，推动项目建设。

18日 农业农村部政策与改革司副司长王宾到青神县调研指导工作。

19日 农业农村部生态与资源保护总站资源保护处处长黄宏坤到调研青神县外来生物普查（试点）工作。

20日 青神县不动产登记中心整体搬迁到县市民服务中心4楼。

是日 青神禁毒大队配合眉山市禁毒支队、特巡警支队警航大队，在组织力量开展人工踏查的同时，运用无人机进行航拍巡查，打击非法种植毒品原植物的违法犯罪活动。

22 日 四川省脱贫攻坚总结表彰大会在成都召开。青神县高台镇党委、青神县白果乡党委被评为四川省脱贫攻坚先进集体，青神县汉阳镇党委书记李燕及青神县农业农村局党组成员、副局长徐婧被评为四川省脱贫攻坚先进个人。

23—25 日 青神县委宣传部组织策划《同场唱一首歌》MV 拍摄活动，庆祝中国共产党建党 100 周年。全县机关干部、学生、企业工人、医护人员等多行业人士 700 余人参与录制。

24 日 《人民日报》头版报道《四川省青神县百家池村——“明天会更加美丽富足”》。

26 日 市委书记慕新海到青神县专题调研省委书记彭清华到眉山调研时重要指示精神贯彻落实情况，强调要进一步提高政治站位，深入贯彻落实省委书记彭清华到眉山调研重要指示精神，奋力推动全市各项工作取得更大成效。

27 日 青神县召开庆祝“五一”国际劳动节暨劳模座谈会，组织劳模们参观青神县发展馆，并交流工作感悟和体会。

27—28 日 青神县第十七届人民代表大会第九次会议召开，大会表决通过青神县第十七届人民代表大会第九次会议选举办法（草案），选举产生县人民政府县长邱磊。

28 日 省委编办主任、省委组织部副部长陈忠义到青神县调研开发区体制机制和中小学教职工编制管理等相关工作。

29 日 青神县开展 2021 年食品安全突发事件（Ⅳ级）应急演练。食安委成员单位、乡镇（街道）、村（社区）食品安全协管员、乡厨和餐饮业业主代表等 500 余人现场观摩。

是日 青神县 2021 年第一季度环委会暨迎接中央第二轮环保督察安排部署会召开。会议通报全县一季度生态环境质量情况和生态环境保护突出问题整改情况，安排部署中央第二轮生态环境保护例行督察准备工作。

是日 青神县 2021 年安委会第二次全体会议暨县应急委全体会议召开。会议贯彻落实全国、省、市安全生产、防汛、地质灾害、森林防灭火工作会议精神，总结全县第一季度安全生产工作，分析当前安全生产工作形势，安排部署第二季度安全生产工作。

30 日 青神县举办“传承红色基因 弘扬革命精神”职工趣味运动会，全县各乡镇（街道）、园区，县级机关、企事业单位工会会员约 900 人、49 支参赛队伍参与。

是日 青神县召开优秀青年代表座谈会，青神县引进的高层次人才以及来自民营企业、教育战线、公安战线、创新创业、脱贫攻坚、文旅产业、医疗卫生、志愿服务等领域的优秀青年参加会议，5 名优秀青年代表作交流发言。

是日 青神县委副书记、县长邱磊率队开展“五一”前疫情防控、安全生产、地质灾害防治工作检查。他强调，要时刻紧绷疫情防控这根弦，做实做细疫情防控工作；要切实增强安全生产责任感，全力做好安全生产各项工作；要全面排查风险隐患，加强监测预警，认真做好防汛抗旱和地质灾害防治工作。

是月 青神县实施环卫大起底、市容大清理、停车大整治、伞篷大清除、路灯大检修“五大行动”，采取“卫生起底 +”“以罚转改 +”“教育曝光 +”“引导自拆 +”“精准检修 +”五大模式，打造环境优美、整洁有序、和谐文明的城市环境。

是月 青神县举行第四届中小学教师课堂教学大比武活动，涵盖音乐、美术、信息技术、科学 4 个学科，分中学组、小学组 2 个组别进行比赛，中小学教师共 110 余人参加活动。

是月 青神县召开政法队伍教育整顿查纠整改环节征求意见座谈会。会议邀请工商企业负责人、律师、村（社区）干部、网格员和群众等 15 名代表参加，共收集建议意见 27 条。

是月 青神县被认定为全国中小学劳动教育实验区。

是月 青竹街道兰沟村被评为首批四川省乡村治理示范村。

5 月

5 日 青神县举办“迎接建党 100 周年，保持本色再出发”暨第二届“青马”（青神县马拉松竞赛）活动，来自全国各地 400 余名长跑爱好者参赛。

7 日 省人大城环资委梁伟华主任调研青神县固体废物污染环境防治工作。

8 日 “青神县 2021 年竹予杯职工男子篮球赛”在县体育馆开幕。来自全县各乡镇（街道）、园区、机关企事业单位共 18 支代表队、260 多名运动员参赛。

12 日 四川省“民法典走进乡村（社区）”“三个一百”主题宣讲活动启动仪式暨首场宣讲在青神县举行。司法部普治局局长王晓光出席活动，并为全国民主法治示范村兰沟村授牌。

13 日 金茂源（西南·青神）表面处理循环经济产业园项目奠基仪式举行。

是日 眉山市新时代文明实践中心建设现场会在青神县高台镇百家池村“邻里百家”文明实践站召开，会议总结全市新时代文明实践中心建设试点前期工作，分析存在的问题和原因，明确工作目标，安排部署下一步工作。青神县高台镇新时代文明实践所负责人进行经验交流发言。

14日，青神县被教育部办公厅认定为全国中小学劳动教育实验区。

是日 省住建厅副厅长贾德华调研青神县城市建设、城市防洪排涝等工作。市政府副市长孙剑等陪同调研。

是日 青神县举行2021年防汛地质灾害应急抢险救援演练，全县各单位及相关负责人、应急抢险救援队伍和汉阳镇干部群众300余人参加。

17日 重庆市政协联络委专职副主任、重庆市政协办公厅帮扶集团驻云阳县清水乡工作队队长黄兵考察青神县乡村振兴工作。

17—18日 四川省现代农业烘干冷链物流体系建设培训会在青神县召开。全省各地市州（区）县农业部门的业务技术人员参加培训。与会人员实地参观农产品冷链物流园、青神县衡鑫果品农场、白果乡白庙村水果专业合作社、孟平种植家庭农场现代农业仓储保鲜库等。省农业农村厅总经济师廖蔚到会指导。

18日 省经信厅二级巡视员李文莉、经信厅电力处处长马健民、综合处副处长王波等调研青神县工业企业发展现状，并召开“办实事解难题，稳增长强工业”主题座谈会。

19日 青神县以“绿色发展，美好生活”为主题在中岩广场举行2021“中国旅游日”宣传活动。

20日 省农业农村厅副厅长、省两项改革“后半篇”文章专项工作领导小组办公室副主任毛业雄带领第五巡回指导组到青神县指导两项改革“后半篇”文章工作。

是日 青神县幼儿园教育集团、青神县实验幼儿园教育集团分园分别授牌，学前教育两大集团正式成立。

是日 资阳市雁江区农业农村局赴青神县高台镇百家池村学习交流。

21日 青神县2021年县政府廉政工作会议召开。会议传达学习国务院、省、市政府廉政工作会议精神，安排部署2021年政府系统党风廉政建设和反腐败工作。

24日 青神县2021年高考中考工作会议召开。

25日 青神县主城区一环路东段（城南农贸市场至南门口）、双槐树街及川主庙街全封闭断道施工完成通车。

是日 青神县2021年度“街道吹哨、部门报到”工作会召开。会议安排部署保持四川省文明城市荣誉称号、创建国家卫生县城工作，优化调整包保工作，增设包片“纪检长”，形成“六长共治”工作局面。

26日 眉山市小学语文课堂教学优秀课例展评活动在青神县学道街小学举行。

是日 青神县召开2021年第二季度环委会暨生态环境突出问题整改推进会，总结近期迎接中央生态环境保护督察工作开展情况，分析当前全县生态环境保护形势，安排部署近期生态环境保护重点任务。

是日 青神县政协召开社情民意恳谈会，来自各行各业的20余名党代表、政协委员和群众代表提出诸多意见和建议。

28—30日 青神中学女子橄榄球队代表四川参加在河南省漯河市举行的2021年“漯河杯”全国青少年U系列英式7人制橄榄球系列赛第一站暨冠军赛，夺取女子体校组冠军。

6月

1日 青神县人民政府与中国农业银行眉山分行举行战略合作协议签约仪式。

是日 青神县红十字会第五次会员代表大会召开，会议审议通过有关工作报告，选举产生青神县红十字会第五届常务理事、会长、常务副会长、兼职副会长和第五届监事会监事长、副监事长。通过秘书长名单。

是日 中国农业大学乡村振兴研究院执行院长任大鹏教授到青神县高台镇百家池村为基层干部解读《中华人民共和国乡村振兴促进法》。

3日 青神县扶贫开发局更名为青神县乡村振兴局，正式揭牌成立，挂牌在青神县农业农村局，主要负责巩固拓展脱贫攻坚成果、统筹推进实施乡村振兴战略有关具体工作。

4日 青神县开展水域救援培训，县应急局、县水利局、县农业农村局、县交通运输局、县消防救援大队等部门在瑞峰镇码头开展为期1天的水域救援培训。

7日 市人大常委会主任刘十庆调研青神县3岁以下婴幼儿照护服务发展情况。

10日 省委常委、副省长李云泽到青神调研，前往高台镇百家池村、红色西山革命教育基地了解党史学习教育、“我为群众办实事”实践活动开展等情况。

16日 青神县举办庆祝中国共产党成立100周年劳模宣讲活动启动仪式。会议强调，要坚定信心跟党走，牢固树立“劳动光荣，技能宝贵”理念，向劳模学习，向榜样看齐，争当青神发展的主力军和排头兵，以优异成绩迎接中国共产党成立100周年。

17日 省信访局局长陈泽广到青神县调研指导工作。

18日 海南省儋州市人大常委会主任王克强到青神县考察青神竹编。

是日 “百年风华正青春——我的初心故事”微党课暨讲解员大赛决赛举行，微党课和讲解员分别选出一等奖2名、二等奖4名、三等奖6名。

21日 青神竹编特色小镇创建全省首批省级特色小镇。

22日 青神县召开第一次全国

自然灾害综合风险普查领导小组会议暨工作推进会。会议传达学习贯彻李克强总理重要批示、全国普查工作电视电话会议、省市普查领导小组会议、省普查试点工作现场会议精神，通报全县普查工作推进情况，安排部署下一步普查重点工作。

24日　青神县禁毒工作暨打击治理电信网络新型违法犯罪工作推进会召开。会议通报2020年及2021年上半年禁毒工作推进情况。

是日　青神县举办“青神学子爱青神”2021年青神应届毕业生本地企业专场招聘会，为县内企业用工和劳动者求职搭建面对面双选平台。

25日　青神县召开市域社会治理现代化试点暨平安青神建设工作推进会，传达眉山市2021年市域社会治理现代化试点工作推进会精神，通报2020年试点工作情况，安排部署2021年试点工作。

28日　青神县召开社会各界代表人士庆祝中国共产党成立100周年座谈会。工商界代表、党外知识分子代表等社会各界人士围绕“同心庆华诞 携手新征程”主题，为青神发展提出意见建议。

29日　市委“走好新时代长征路”活动在红色西山举行。

是日　中共青神县委宣传部、青神县文化广播电视和旅游局以毛慈影烈士为原型创编的红色舞台剧《面向党旗永生》在红色西山革命教育基地演艺厅首次公演。

30日　青神县召开“两优一先”表彰大会，会议宣读《关于表彰青神县优秀共产党员、优秀党务工作者、先进基层党组织的决定》，现场向35名优秀共产党员、30名优秀党务工作者和35个先进基层党组织颁发表彰证书，向10名老党员代表颁发“光荣在党50年”纪念章。全县获得“光荣在党50年”纪念章的老党员有2103名。

是日　青神县开展交通安全隐患排查，县公安局交管大队、县交通局到青关路排查整治公路隐患，规范临水、临崖和坡陡弯急处易受灾路段的安防设施、警示标志标牌，推进道路交通安全综合整治。

7月

5日　2021年眉山市“学党史 颂党恩 听党话 跟党走”青少年夏令营主营暨青神分营开营活动在青神县红色西山革命教育基地举行。

6日　清华大学学生职业发展指导中心、青神县人民政府共建干部人才培养实践基地合作签约暨揭牌仪式在国际竹文化中心举行。

是日　全市政协“有事来协商”等工作推进会在青神县高台镇百家池村召开。

7日　省住建厅副厅长贾德华调研青神县城市生活污水处理厂运行和燃气安全工作。

7—8日　眉山市首届养老护理员技能大赛在四川城市职业技术学院（眉山校区）举行。青神代表队获团体三等奖；青神县中心敬老院养老护理员邵燕，颐伦养护中心养老护理员刘念、刘海华分别荣获个人三等奖。

9日　省政府副主席、党组成员杨克宁到青神县调研斑布健康竹产业园、国际竹编艺术博物馆、竹里巷子。

12日　青神县防汛减灾和地灾防范应对工作调度会召开。会议传达省、市防汛减灾和地灾防范应对会议精神，安排部署全县防汛减灾和地质灾害防范应对工作。

13日　农业农村部到高台镇百家池村开展农村集体产权制度改革抽查评估工作。

14日　县委书记刘今朝率队调研部分科技创新企业，强调要深入贯彻落实习近平总书记关于科技创新和人才工作的重要讲话精神、省委十一届九次全会精神，深入实施创新驱动发展战略，坚持科技创新、人才引进和科技成果转化并重，进一步提高科技创新水平，加快打造全国先进机械制造产业聚集区。

15日　青神县青乐路、青关路、井洪路等路段因降雨及大风导致竹林倒伏，交通受到影响。县交通运输局立即启动突发灾害性天气应急预案，派出抢险队伍，快速处置灾情，经过3个多小时的紧急抢险，截至当日早上9时50分，倒伏竹子清运完毕，交通恢复正常通行，未出现交通安全事故。

19日　青神县召开生态环境保护突出问题整改第七次调度会。会议指出，对排查出的问题立行立改、立改立成，对已经整改落实的，做好长效管控，巩固成果。在环保督察问题整改的同时要注意周边环境，做到不留死角、不存盲区，对群众反映强烈的突出环境问题必须及时整改到位，使群众反映的环境问题以最快、最好、最满意的方式得以妥善解决。

20日　青神县首家“金融＋物流”农村金融综合服务站在高台镇百家池村挂牌成立，服务站提供基础金融服务、便民服务、电子商务等。

21日　青神县召开防汛减灾工作业务培训会。会议解读《四川省防汛抗旱应急预案（2021年修订）》，回顾近几年防汛和重点灾害的防范应对工作，讲解分析当前工作，开展防汛工作培训。

是日　市经济合作局局长张文鹏调研青神县工业企业和文旅产业发展工作，了解青神县招商引资情况。

是日　市人大常委会副主任李永高率队到青神县，调研市四届人大七次会议代表建议、批评和意见办理情况。

是月 县主要领导率队检查调研全县农业农村工作、防汛减灾工作及教育工作。

是月 青神县民政局创建国家卫生县城示范机关。

是月 瑞峰镇中岩村入选省级乡村旅游重点村。

是月 四川德恩精工科技股份有限公司和四川丹甫环境科技有限公司获评国家级专精特新“小巨人”企业。

8月

2日 省委统战部副部长徐君调研青神县统战工作。

3—5日 青神县秋季征兵体检工作在县人民医院体检中心开展。

5日 市精神文明建设办公室督导青神县省级文明城市创建工作。督导组强调，要全域、全员、全过程推进创建工作，要建立健全常态化创建机制，要创新方式方法，提高群众知晓率，全力以赴保持省级文明城市创荣誉称号。

6日 市委副书记、代理市长黄河调研督导青神县产业发展、生态环保、疫情防控、安全生产、防汛减灾等工作，推动市委四届十八次全会、市政府第八次全体会议暨上半年经济形势分析会精神落地落实。

9日 青神县6所学校完成疫苗接种工作，12 ~ 17岁人群接种5572剂。

10日 青神县开展新冠肺炎疫情全员核酸检测应急演练，县疾控中心、青神医院集团下属医疗机构共30余名医护人员参加，现场组织200余名环卫工人进行免费核酸检测。

11日 青神县召开农村“房地一体”登记工作联席会。会议安排部署下一步工作，解读《青神县农村“房地一体”确权登记暂行办法（草拟稿）》。

是日 青神县2021年第三季度安委会会议召开。会议学习贯彻习近平总书记、李克强总理关于安全生产工作的重要批示及国家、省、市安全生产会议精神，分析安全生产面临的形势和问题，安排部署近期重点工作。

14日 省委常委、组织部部长于立军调研青神县人才工作先行区建设情况，指出要持续加强人才精准引进培育，做优建强人才体系。

16日 青竹街道徐村2组村民徐华彬感谢供电公司半夜抢修，为国网青神县供电公司青竹服务站送来“人民生存靠电力 电力服务贴人心”的锦旗。

18日 第十届梁慧星奖学金发放仪式在青神县汉阳图书馆举行。

20日 市政府副市长肖忠良调研位于青神县气象局的眉山晚熟柑橘气象试验基地，指出要与农业专家密切合作，切实发挥气象和农业各自的优势；要按试验方案推进相关试验，全面准确留存相关试验过程数据和信息，实事求是搞科研试验；要有阶段性的总结评估，不断改进完善试验方案，确保试验成果能实实在在为晚熟柑橘产业增产增效发挥作用。

23日 青神县灾害信息员灾情报送工作培训会议召开。会议培训报灾责任主体、报灾内容流程和灾情统计方法。

25日 县政协、县交通局、青神生态环境局、县财政局等相关部门到青神县复兴水库扩建工程现场专题协商。要求以确保水安全、保护水资源、改善水生态为重点，进一步完善项目规划、优化功能配套，加强施工期间和施工后的环境保护工作，实现人与自然和谐共生的建设目标。

是日 县综合执法局、县市场监管局、县公安局和消防部门凌晨对城区所有夜宵店突击检查，责令占道经营的夜宵店限期整改；督促经营业主履行禁噪主体责任，引导顾客文明就餐。

是日 白果乡获“四川省安全社区”荣誉称号。

26日 青神县召开第一次全国自然灾害综合风险普查综合要素调查培训会。会议传达省长黄强批示要求、全省第一次全国自然灾害综合风险普查工作电视电话会议精神，通报全县普查工作推进情况，培训综合要素调查工作，安排部署下一阶段工作。

27日 青神县两项改革“后半篇”文章工作推进会召开，会议传达全省两项改革“后半篇”文章工作调度电视电话会议和全市两项改革“后半篇”文章工作现场推进会议精神，听取推进情况汇报，安排部署下一阶段重要任务。会议强调，要抓住重点、打造亮点补齐短板、突出示范，确保取得实实在在的改革成效。

30日 眉山市“加快民营经济发展壮大”重点课题调研座谈会在青神县召开。调研组指出，青神县在促进民营企业经济健康发展方面的工作成效明显，接下来，要认真做好贯彻落实，围绕降低民企经营成本、破解民企融资瓶颈、促进民企升级成长、营造公平竞争环境、保护企业合法权益、构建清亲政商关系等方面，进一步强化工作举措，不断促进青神民营经济健康发展。

是日 青神县竹编产业园区创建为四川省现代竹产业园区。

31日 青神县文广旅局组织召开《全国重点文物保护单位瑞峰崖墓群保护规划》编制论证会。

是日 中央环保督察组下沉青神，对青神县水质、大气质量持续改善表示肯定。

是日 县委书记刘今朝调研青神中学开学工作并召开座谈会。

是日 市人大常委会副主任王晓丽调研青神县促进3岁以下婴幼儿照护服务发展情况。

是月 四川省文旅公共服务高质量发展“四个一批”推荐活动结果公

示。青神县端午龙舟赛入选优秀品牌，“青神竹编——非遗编出脱贫路”入选优秀案例，青神县汉阳图书馆入选优秀站点。

是月　由文化和旅游部、四川省文化和旅游厅组织开展的2021—2023年度“中国民间文化艺术之乡”“四川省民间文化艺术之乡”推荐及命名名单完成公示，青神凭借“竹编”被命名为2021—2023年度“四川省民间文化艺术之乡”。

9月

1日　青神中学整体搬迁暨2021年秋季开学典礼在新校区举行。青神中学整体搬迁建设项目于8月14日全面竣工投用。

是日　青神县高台镇社会工作服务站挂牌，是全县第一家社会工作站。

是日　青神县召开2021年县委全面依法治县工作会议。会议要求，要深化思想认识，共树法治信仰，要深入学习贯彻习近平法治思想，牢固树立“利民为本、法治为基、整体智治、高效协同”的理念，要顺应人民群众对“平安幸福”“公平正义”“共建共享”的期待。

是日　省防办检查组专项检查青神县沙河坝、金沙坪河心洲岛防灾避险工作，对河心洲岛防灾避险工作予以肯定。

2日　市委组织部部长曾令举调研指导青神县基层治理和党建工作。

2—5日　青神竹编亮相乐山市人民政府、四川省文化和旅游厅、省政府外事办公室、省商务厅共同主办的第八届四川国际旅游交易博览会。

4日　中国农业大学任大鹏教授团队调研青神县乡村振兴背景下的农村综合改革。

7日　四川广源药业有限公司和青神鑫统领建材有限公司成功创建为2020年度现代企业制度达标民营企业。

是日　省农业农村厅宜居乡村建设协调处处长李劲到青神县调研。

9日　青神县召开中秋、国庆期间安全生产暨水上安全防范工作会。会议要求，要以学习宣传贯彻《中华人民共和国安全生产法》为契机，在加强节日期间安全生产督查上不放松；聚焦重点、难点、关键点，在加强风险隐患排查整治上不放松；严格值班值守，在加强应急能力提升上不放松。

是日　市政府副市长肖忠良调研青神中学教育工作。

是日　成都百度科技有限公司《宝藏中国之宝藏四川》栏目制作团队到青神县国际竹艺城景区采编拍摄青神竹编大型公益宣传片。

是日　参加第十九届中国西部海外高新科技人才洽谈会的诺贝尔奖获得者，海内外院士海外高校、科研机构和企业代表，以及国内高新科技行业领军企业负责人、专家学者等40余名代表到青神实地考察。

10日　青神县庆祝第37个教师节座谈会在青神中学召开。

13日　青神县“梦想计划·兴趣课堂”三期项目启动仪式举行，项目开设音乐、美术、舞蹈、器乐、竹编等课程，16名教师参与送教，辐射7所农村中小学，惠及520名学生。

14日　青海省气象局纪检组组长陶建、四川省气象局纪检组组长李扬富调研青神局纪检监督体系建设工作。

15日　阿坝州黑水县政协到调研高台镇基层治理工作。

16日　受强降雨天气影响，青神城区多个地势低洼处积水严重，影响居民和车辆的通行安全。县消防救援大队接到群众求助后立即组织队员，成功排水排涝。

17日　青神县《构建三个一体化机制，探索县域城乡融合发展路径》入选四川省农业农村厅“四川农业农村改革十大优秀案例”。

22日　市委书记胡元坤到青神县调研，强调要深入学习贯彻习近平总书记在庆祝中国共产党成立100周年大会上重要讲话精神，以习近平生态文明思想为指导，坚持生态优先、绿色发展，认真落实省委十一届九次全会、市委四届十八次全会决策部署，处理好保护与发展的关系，以高水平生态环境保护推动经济高质量发展。

23日　农业农村部科技教育司李波副司长、重庆海关植检科科长艾艺、国家林草局野生动植物保护司干部郭琳、农业农村部生态总站处长黄宏坤调研青神县外来入侵物种防控工作。

是日　市人大常委会党组书记杜紫平到青神县调研四川德恩精工科技股份有限公司和四川丹甫环境科技有限公司，强调要牢固树立绿水青山就是金山银山的理念，始终坚持生态优先、绿色发展，与时俱进、转型升级，推进高质量发展，坚定不移走产业兴县、产业富县、产业强县的道路。加强重点项目推进工作监督，及时推动解决具体困难问题，为企业发展营造法治化营商环境。

24日　成乐高速公路青神收费站建成投入运营，成乐高速扩容项目青神互通及青神连接线历时860余天顺利完工。青神收费站位于青神县西龙镇金花村，共设有“四进五出”9个收费车道，是青神县首个门户型站点，对于连接成都至眉山、乐山的环成都经济圈有重大推动作用。

是日　市人大常委会副主任宋仕祥到青神县高台镇诸葛村调研。

是日　省厅监管总队到青神县红色西山革命教育基地开展组织生活会活动，进行烈士纪念日暨警示教育。

25日　昆山台协“走进眉山”青神专场推介会在苏州昆山举办，推介会由眉山市经合局和青神县人民政府联合主办，市政府驻江苏经合局承办，是“百日攻坚”行动后市经合局首次和区县联合主办的针对机械制造尤其是表面处理类企业的专题推介活动。县委副书记袁利民等参加。

是日 中央党校(国家行政学院)督学、教授、博导乔清举到青神县高台镇邻里百家调研基层微治理模式，考察幸福美丽新村建设、人居环境等方面情况。

是日 参加“侨连五洲·川通四海”2021侨界菁英(成都)创新创业发展大会暨“一带一路”华商峰会的50余位嘉宾考察青神县斑布健康竹产业园。省侨联党组成员、专职副主席徐永明出席活动，市委统战部副部长、市侨台办主任潘素梅，青神县委常委、统战部部长陈其军陪同考察。

26日 省委统战部副部长唐强到高台镇邻里百家调研基层统战工作。

28日 2021四川省文化和旅游发展大会在阿坝州九寨沟县举行。国际竹艺城被评为全省二十大文旅项目，青神竹编·平面系列被评为首批天府旅游名品，汉阳棒棒鸡被评为天府旅游美食。

29日 四川省第三届残疾人文化艺术节眉山市工艺品类评选活动在青神县举行，33件来自眉山市6个区县作品参加评选，《苏母教子》《“建设100周年”竹编台屏》《逐梦》获前三名，代表眉山市参加四川省第三届残疾人文化艺术节。

是日 高台镇富塘村农村金融综合服务站正式挂牌成立，是青神县首家“政务+金融”服务模式的农村金融综合服务站，标志着青神县行政村实现农村金融综合服务站全覆盖工作正式启动。

30日 青神县各界人士到青神县烈士陵园参加烈士公祭仪式。

是月 眉山市青神生态环境局、县委督查室、县农业农村局等部门组成2个专项联合督查组，对全县7个乡镇(街道)农村生活污水治理问题整改推进情况进行专项督查。

是月 青神县各乡镇(街道)分别组织对村级灾害信息员的培训工作，重点培训气象知识、灾害信息员职能职责、自然灾害情况统计制度等内容。

是月 市医保局党组成员、副局长张进调研青神县“两病”门诊用药保障专项行动示范城市活动工作，召开支付方式改革专题工作推进会。会议强调，要深化支付方式改革，确保三方共赢；要拓宽家庭医生签约，探索公共卫生服务共同打包使用；要推进县乡村一体化管理，强化分级诊疗，畅通服务“最后一公里”。

10月

1日 青神县唤鱼公园C区正式对外开放。

9日 市委第三巡察组巡察青神粮食购销领域工作动员会召开，会议要求，要扛起政治责任，加强协作配合，深化市县联动，严肃纪律要求。

是日 县人大常委会副主任彭志军率视察组对青神县全国卫生县城和国家森林城市创建工作中的重点部位和点位推进情况进行专题视察。

11日 青神县举行2021年国家网络安全宣传周活动启动仪式。宣传周采用集中宣传和进机关、进社区、进学校等形式，利用“线上+线下”相结合的方式，向广大市民普及网络安全知识，提高广大群众的网络安全意识。

是日 青神县白果乡春橘种植专业合作社、白庙水果专业合作社获评“四川省第十三批农民合作社省级示范社”。

12日 百度宝藏中国之“宝藏四川 慢慢耍撒”App城市品牌系列非遗展示活动在成都宽窄巷子举行，国家级非遗项目青神竹编代表眉山市参加活动现场竹编技艺展示。

13日 青神县在第32个国际减灾日围绕“构建灾害风险适应性和抗灾性”活动主题开展集中宣传活动。

13—15日 中国共产党青神县第十五次代表大会召开。大会选举产生中共青神县第十五届县委委员33人、候补委员7人、县纪委委员25人和青神县出席中国共产党眉山市第五次代表大会代表25人。会上县委书记刘今朝代表中国共产党青神县第十四届委员会向大会作题为《追求卓越 真抓实干 奋力建设高质量发展的国际竹艺名城 全面开启青神现代化建设新征程》的工作报告。

14日 农业农村部农村社会事业促进司副司长侯曜禹调研青神县移风易俗工作情况。

15日 省发改委以工代赈办综合处主任于涛调研指导青神县2022年中央财政以工代赈任务项目遴选工作。

17日 中国非物质文化遗产协会保护协会会长、文化和旅游局原党组成员王晓峰调研青神县国际竹艺博览馆。

18日 眉山市群众广场舞集中展演活动“舞出中国红奋进新征程”为主题在眉山市举办，青神县中岩艺术团的作品《母亲是中华》在展演活动中荣获一等奖。

19日 国家卫生健康委、全国老龄办联合印发《关于命名2021年全国示范性老年友好型社区的通知》，青神县高台乡百家池村入选为2021年全国示范性老年友好型社区。

20日 成都市机械制造业商会考察团到青神考察，参观四川丹甫、青城机械、德恩精工、金茂源西南表面处理循环经济产业园。

是日 海南省委政研室主任刘旭调研青神县基层治理工作。

21 日 青神县举办 2021 年农村建筑工匠培训会，会议解读《农村建筑工匠培训合格证计分管理暂行规定》，培训农房建设施工技术，通报 2021 年违法建设建筑工匠处理情况。为“星级工匠”和严格修建“新农村农房建设通用图集（三期）”的工匠颁奖。

24 日 眉山市“峥嵘岁月 红色中国”主题经典诵读比赛在三苏祠启贤广场举行，青神县《我喜欢红色》和《别样的十九岁》获优秀奖。

26 日 成都市玉林街道簧门街社区与青竹街道花园社区举行结对共建签约仪式暨公司战略合作签约仪式，双方共同签署《社区结对共建协议》《四川簧门宜邻居民服务有限公司与青神县爱邻智慧生活服务有限公司战略合作协议》以及《“华西坝健康直通车”项目协议》。

是日 青神县机构编制核查暨 2021 年度统计培训会议召开，培训核查内容、核查方法和步骤，推进全县第二次机构编制核查工作。

28 日 由央视综艺频道和央视网联合出品的综艺节目《你好生活》到青神竹里巷子拍摄。

是月 青神县学道街小学赴北京参加由教育部和北京冬奥组委联合主办的“共迎未来”中外人文交流小使者迎冬奥倒计时 100 天活动，青神县现场展示舞蹈节目《牛娃》。

是月 青神县全面完成家庭减灾能力调查，青神县 26 个村（社区）1040 户的家庭参与调查。

是月 青神县举办游泳运动协会工会 2021 年全民健身游泳活动。活动设有男女混合接力赛、男女单项赛、畅游岷江 3 个项目，共 90 人参赛。

是月 青神县开展 2021 年度检验检测机构资质认定“双随机、一公开”监督抽查工作，监督检查检验检测机构法律地位、技术能力、行为规范和管理体系能否持续符合资质认定的条件与要求的情况，以及履行法定义务、提供检验检测服务等情况，未发现违法违规行为。

11 月

1 日 青神县召开城乡居民医保参保工作安排部署会。会议通报 2021 年参保情况，安排部署 2022 年城乡居民基本医保征缴工作。

是日 重庆市农业农村委、省农业农村厅到青神县高台镇邻里百家调研乡村振兴工作。

2 日 眉山市第三季度就业创业工作现场会在青神县召开，青神县围绕“做实服务，努力破解企业招工用工难题”作经验交流。

3—4 日 中国人民政治协商会议第十届青神县委员会第一次会议在国际竹文化中心举行。会议听取并审议政协第九届青神县委员会常务委员会工作报告和提案工作报告，选举政协第十届青神县委员会主席、副主席、秘书长和常务委员。全体委员列席青神县第十八届人民代表大会第一次会议，听取、协商并赞同“一府两院”工作报告。

3—5 日 青神县第十八届人民代表大会第一次会议召开。

8 日 县公安局组织警力开展社会治安集中清查行动。

9 日 县住建局、县公安局、县商务局、县市场监管局、县综合执法局、县消防大队开展城镇燃气安全专项检查。

是日 青神县优质柑橘及农特产品（华东）推介会在上海新国际博览中心举办，推介会由四川省林业和草原局、青神县人民政府主办，青神县现代农业示范园区管理委员会承办。会上，中国经济林协会向青神县授予“中国晚熟柑橘之乡”称号。

11 日 全省农田水利和高标准农田建设暨农村人居环境整治提升电视电话会召开。青神县作交流发言。

14 日 白果乡甘家沟村的百鲜果集市开业。

是日 西龙镇万沟村采用坝坝会形式共同商议拓宽道路事宜。

15 日 青神县烟草专卖局、青神县市场监管局“守护成长”专项行动联合突击检查。

23 日 政协第十届青神县委员会第一次常务委员会议召开。会议审议通过《政协第十届青神县委员会常务委员会工作规则》，听取县政协各专委会 2021 年工作开展情况的报告，对新一届政协常委进行工作培训。

是日 四川省人民政府网站发布《四川省人民政府关于 2020 年度四川专利奖授奖的决定》。青神县环龙新材料公司获四川专利奖一等奖，德恩精工获创新创业奖。

25 日 眉山市假冒伪劣消防产品集中销毁仪式在青神县消防救援大队举行。县重点单位消防安全管理人代表、物业公司负责人、社区网格员、消防志愿者及消防救援大队工作人员等 50 余人参加销毁仪式。

是日 省农业农村厅一级巡视员赵勇到青神县现场考评 2021 年度省星级现代农业园区。

28 日 青神县首个社区社会工作服务室挂牌仪式在高台镇麻柳社区举行，麻柳社区是 2021 年全省第二批城乡社区治理“社区服务项目化”试点单位，通过引入第三方社工机构，建立青神县首个社区社工室。

30 日 青神县召开 2021 年食品安全委员会第一次（扩大）会议。会议通报 1—11 月食品安全工作情况，安排部署下一步工作。会议要求要提高政治站位，严守工作底线；要聚焦群众关切，紧抓工作重点；严把粮食收储、加工质量安全关，筑牢从农田到餐桌的全链条安全防线。

是日 青神县供销合作社联合社召开第一届代表大会。会议审议通过《青神县供销合作社联合社章程》，选举产生理事、监事和第一届理事会、监事会领导班子。市供销社监事会主任阮永忠到会指导。

是日 青神县法学会第三次会员代表大会召开。会议审议通过县法学会第二届理事会工作报告，选举产生新一届县法学会理事会和领导班子。会议强调要充分认清形势，始终牢记肩负职责使命；坚持党的领导，始终保持正确政治方向；坚持理论武装，深入贯彻习近平法治思想；坚持服务大局，保障青神经济社会发展；加强组织领导，确保法学会工作落地见效。

是月 省公安厅出入境管理总队到青神县公安局出入境接待大厅检查验收“三星”窗口创建工作。

是月 四川青神经济开发区获评省级绿色园区，成为全省获评的 8 家园区之一。

是月 青神县入选四川省第五批“四好农村路”省级示范县。

12 月

2 日 青神县民政局、县慈善会、县教体局联合开展“青神县 2021 年爱心成就梦想慈善助学”活动。

7 日 市政协主席黄剑东到青神县高台镇诸葛村调研。

是日 市委常委、组织部部长曾令举调研青神县人才工作先行区建设情况，指出要锁定目标、明晰思路、统筹资源、先行先试、重点突破，有效有声建好全省人才工作先行区。

8 日 青竹街道商会成立并召开第一次会员大会，通过《青神县青竹街道商会章程》《青神县青竹街道商会会费收取及管理办法》《青神县青竹街道商会第一次会员大会选举办法》，选举产生青神县青竹街道商会第一届理事会、监事会，举行青竹街道商会授牌仪式。

是日 青神县召开城镇燃气安全排查整治工作会议。会议强调，要切实提高政治站位、制订方案、加强监督、加强宣传，全力抓好城镇燃气安全生产工作，确保青神县燃气安全。

是日 青神县召开森林防灭火、抗震救灾、地质灾害处置、防汛减灾工作专题会议，传达学习省市相关会议精神，安排部署下一步工作。

9 日 “蓉眉高校进青神——成眉同城，产学共赢”校政企交流活动举行，县人社局与高校签订校政合作协议书。

是日 省纪委监委宣传部部长向军调研青神县苏母祠家风馆建设情况。

是日 省人大农业与农村委员会副主任杜志仁调研青神县蔬菜产业发展情况。

13 日 市实地核查工作组组长、市审计局副局长张征率工作组到青神县开展乡村振兴实绩考核考评检查工作，通过汇报会、查阅档案、现场考评等方式，了解人居环境整治、基层治理、发展壮大集体经济和深化改革等相关情况。

14 日 四川省 2021 年生态环境系统执法类业务标兵和岗位能手竞赛比武活动在青神红色西山革命教育基地举行。来自省生态环境厅和全省 21 个市（州）层层选拔的 90 余名执法人员参加。

是日 四川省社会工作服务体系建设和社区治理创新工作视频会在成都召开，青神县民政局围绕社会工作服务体系建设工作作交流分享。

是日 阿坝州金川县党政代表团到青神县考察调研，到存储保鲜园和十万吨果蔬分拣包装保鲜基地、高台镇百家池村、斑布健康竹产业园、国际竹编艺术博览馆实地调研。

是日 省委常委、省政府副省长李云泽到青神县调研西南表面处理循环经济产业园、斑布健康竹产业园建设情况。

15 日 成乐高速扩容项目建成通车。

是日 高台镇被四川省委城乡基层治理委员会评为四川省第二批乡村治理示范村镇。

是日 眉山市幼小衔接实验区工作推进会在青神县幼儿园举行。

是日 青神县召开抢救青神川剧座谈会。

16 日 县委书记刘今朝在青神中学青江讲堂宣讲中共十九届六中全会精神。

是日 德阳市人大常委会副主任许双全、眉山市人大常委会副主任立胡左格考察青神县养老服务体系建设等工作。

17 日 青神县召开巩固脱贫攻坚成果后评估工作会。会议传达全省 2021 年巩固脱贫成果评估视频调度会议精神，通报青神县核查评估中发现的问题，安排部署当前迎检重点工作。

是日 青神县 13 家企业 44 个科创项目参加四川省首届“科创中国天府科技云服务大会”眉山市推介洽谈区专场推介及直播推介，“酵素种植技术”项目及四川省满竹里科技有限公司项目入选市级重大高新技术专场推介。

是日 青神县第十八届人大常委会第一次会议召开。会议传达学习中央人大工作会议精神和市五届人大一次会议精神、《青神县人大常委会关于进一步严肃县人大代表和县人大常委会组成人员履职请假纪律的意见》和《中华人民共和国长江保护法》；听取和审议县人民政府 2020 年预算执行和其他财政收支的审计工作报告、青神县 2020 年决算草案报告，批准 2020 年财政决算；审议青神县人民代表大会常务委员会议事规则等6个制度。

22日 市委副书记、天府新区眉山党工委书记刘先伟调研青神县乡村振兴、经济发展和城市建设等工作。

是日 青神县成立青神县供销合作社有限公司。

是日 四川乡村文化振兴“百千万”工程总结表彰暨现场推进会在遂宁市举行，高台镇百家池村正式宣布入选四川省首批省级乡村文化振兴样板村镇100个样板村镇。

23日 高台镇被中共眉山市委宣传部、中共眉山市委统战部、眉山市民族宗教事务局命名为第二批眉山市民族团结进步示范区示范单位。

24日 青神发展投资集团有限公司揭牌成立。

29日 省委党史研究室主任刘晓晨调研指导青神县党史工作，肯定青神党史工作成效，指出一要立足县域发展实际，深入挖掘地方党史精神内涵，特别是要讲好党史人物故事；二要注重传承和弘扬革命精神，把地方党史融入校园建设；三要继续深入学习贯彻党的十九届六中全会精神，推进党史学习教育走深走实。

31日 眉山市能源统计年报培训会在青神县召开。会议传达全省能源统计工作会议精神，回顾总结2021年能源统计工作情况。

是月 高台镇入选四川省第二批乡村治理示范乡镇，罗波乡宝镜村、高台镇诸葛村入选四川省第二批乡村治理示范村（农村社区）。

是月 青神县应急管理局、县经信局、县住建局等部门联合开展安全生产专项检查。

是月 四川省“示范交易中心”第一验收评估小组到青神开展“示范交易中心”创建验收评估工作，对青神县“示范交易中心”创建工作给予肯定。

是月 青神县档案馆获“四川省档案工作先进集体”称号。

是月 青神县医疗保障局获“全省医疗保障系统先进集体”称号。

（杜燕玲　张　可）

青神县情

政区人口

【建置沿革】 青神建置，始于南北朝时期的西魏废帝二年（553），初立为郡，继而置县。其间三度省并，终以县制确立，迄今已有1400余年。

此前，青神在两汉时期属于犍为郡南安县（今乐山市）地。西晋永安元年（304），李雄踞蜀，建立成汉，三世而传至李寿，纵容僚人北徙，造成社会动荡。南朝齐建武三年（496），于犍为郡武阳县南遥置齐通左郡，开眉山建置之始而定青神建政之基。南朝梁普通时期（520—526），改齐通左郡为齐通郡；太清二年（548），复于齐通郡设青州，以州治郡，州郡同治。

西魏废帝二年（553），平蜀，改青州为眉州，并设置青城郡。其后二年（555），西魏恭帝于青城郡立青衣县，同治思蒙水口，临青衣江。

西魏恭帝三年（556）至北周初期（557），蜀中郡县多所变更，北周保定二年（562）于青城郡治南50步移置青城县，郡县同名。北周大成元年（579），又改青城为青神，依然郡县同名。

隋开皇三年（583），废郡存州，以州统县。青神郡因之以罢，徙县治居郡里，隶属嘉州。隋大业二年（606），改嘉州为眉州。大业八年（612），又改眉州为眉山郡，领八县，青神是其中之一。唐武德元年（618），眉州郡改为嘉州。次年，又分嘉州置眉州，治齐通（今眉山城），青神属之。

两宋，青神县名又别称青城或眉州青城。

元代，至正二十二年（1362），明玉珍踞重庆，建立夏国，青神受其统治。

明洪武四年（1371），定蜀。洪武九年（1376）四月，降眉州为眉县。次年五月，青神并入眉县，隶属嘉定州。洪武十三年（1380）十一月，复眉州，青神复置县。

清康熙六年（1667），青神县再次省并入眉州。清雍正六年（1728），复置县，隶眉州直隶州，先后属建昌道上南道及上川南道。

民国2年（1913），眉州改为眉山县，青神与之解除隶属关系，直属上川南道，次年又改属建昌道。民国24年（1935），川政统一，省政府划全川为2个市、18个行政督察区，青神由第四行政督察区眉山专属，直至新中国成立。

中华人民共和国成立初期，四川省划为4个行政区，下设专区。青神隶属川西行政区眉山专区。1953年，眉山专区撤销，青神划归乐山专区管辖。1959年3月，青神并入眉山县，成为一个区，1962年10月恢复县制，仍归乐山专区管辖。1968年乐山专区改称为乐山地区，1985年又改为省属乐山市，青神与之保持隶属关系。1997年8月，眉山从乐山市分出，另设眉山地区，青神隶属眉山地区。2000年7月，撤销眉山地区设立眉山市，青神亦随之隶属眉山市至今。

（杜燕玲　张　可）

【人口】 2021年，青神县有常住人口16.85万人（其中城镇人口8.03万人、乡村人口8.82万人），户籍总数68771户、户籍人口18.99万人（男性人口9.55万人、女性人口9.44万人）；人口出生率0.52‰、人口自然增长率-0.24‰，人口密度为每平方公里491人。

（王露萍）

自然地理

【地理位置】 青神县位于川西平原西南边缘，属川西平原与川西丘陵接壤的过渡带。地处北纬29°42′30″～29°55′33″、东经103°41′～103°59′。北接眉山，南靠乐山，西与夹江接壤，东与井研连界。紧密衔接眉山、乐山两市，是眉山市南向的重要门户。青神县属于成德眉资同城化核心区，也处于成都都市圈副中心南部区域，是连接川南的独特区域和西部陆海新通道的重要节点。

【地形地貌】 青神县辖区面积386.8平方公里。地貌以县城为中心，呈盆地状，有明显的坝丘之分。辖区东部以龙泉山脉为主体，山岭连绵起伏，称为“东山”；西部以眉山向斜南东翼延伸部分为主体，丘陵逶迤相续，称为“西山”。“两山”隔江环峙，形成盆地。中部为岷江冲积平坝，地势平坦开阔。县内江河纵横、溪流交错，有“一江五河三十二溪流”。

（王梓萱）

【矿产资源】 2021年，青神矿业勘查和利用程度低，矿种和储量不详。根据省矿产勘查开发局提供数据，全县已发现矿种有砂金、建筑用砂石、砖瓦用页岩和砖瓦用砂岩4种，均已开采利用。

砂金：砂金含储在河床流沙中，主要产于县内岷江、思蒙河河床，储量甚少。

砂石：砂石主要分布在岷江流域，县内共有砂石产地6处，即青竹街道、高台镇、白果乡、瑞峰镇、汉阳镇、罗波乡对应的岷江河道。2021年资源总储量约 1060.92 万立方米。

页岩：县内矿产资源较为贫乏，全县矿产勘查程度不高，截至 2021 年底，发现和开发的矿种都为非金属，包括砖瓦用页岩和砖瓦用砂岩两种。全县都由小型矿山企业开采，缺乏规模效应。根据“十三五”规划，县内设置有两个集中开采区：青神黑龙—罗湾集中开采区，面积 88.23 平方千米；青神西龙集中开采区，面积 82.92 平方千米。开采区内设有 8 宗矿业权，2 个砖瓦用砂岩和 6 个砖瓦用页岩矿。县内查明的资源储量约为 32.8 万立方米，2021 年开采总量约为 73.61 万吨。

【野生动植物资源】 全县森林植被分布有平坝区的村舍慈竹林盘，路渠旁有桉树、桤木、水杉林带，丘坡（阶地）丘顶有巨桉、马尾松、柏木、枫杨、杉木、楝树、青冈、柑橘、茶、桑、椪柑、李、桃、梨和柚林。境内木本类植物有 150 余种，其中，主要品种有 90 余种，包括用材林木 46 种，经济林木 25 种，灌木 20 余种；竹类植物有多个品种，如慈竹、水竹、楠竹等。有藤木 15 种和草本类若干种。苔、藻类有叶苔、团藻等。自然菌类主要有鸡枞菌、罾潭香菌等。境内野生动物种类繁多，有野兔、野猫、果子狸等近 10 种兽类；家燕、白鹭、竹鸡等近 30 种鸟类；黄颡鱼、白鲫鱼、乌鳢等近 20 种鱼类；还有近 40 种昆虫及其他动物。

（李　松）

【水资源】 地表水：2021 年，全县年均降雨量 1258.6 毫米，年均降水总量约 4.87 亿立方米，天然地表流量 2.86 亿立方米。全县各项水利工程拦蓄地表水总量约 0.37 亿立方米，占全年地表径流量的 11.2%。

地下水：青神地下水储量较丰富，总量约有 5250 余万立方米，主要蕴藏于中部平坝区孔隙潜水层、岷江河东西两岸部分浅丘地层、岷江河东深丘厚层砂岩之中。中部平坝区属近代河流冲积层，结构疏松，孔隙较大，底部有黏土和页岩，饱含地下水。此地区地下水一般离地表 10 ~ 15 米，年采量 310 万立方米，可满足平坝区人民生产生活用水需要。岷江河东西两部分浅丘地层主要是红壤土和黄色黏土，孔隙较小，透水性较差，属贫水层。此地区含地下水较少，枯水季节人民生产生活用水时有不足。岷江河东深丘地区地质多厚层砂岩，孔隙大、透水性强，含有丰富的地下水，泉眼大、泉水多、水质较好。

江河水：青神境内有“一江五河三十二溪流”，江河水量丰富，总量约 150 亿立方米。岷江在县境内流长 40 公里，流域面积 128.8 平方公里，河面宽 150 ~ 300 米，水深 2 ~ 5 米，多年平均流量为每秒 450 立方米。

思蒙河从县内西龙镇入境，到青竹街道与瑞峰镇交界处汇入岷江。县内流长 21 公里，流域面积 95 平方公里，多年平均流量为每秒 10 立方米。

金牛河在县内罗波乡入境并汇入岷江。县内流长 6 公里，流域面积 31 平方公里，多年平均流量为每秒 6 立方米。

粤江河从仁寿县发源，在县内高台镇入境并汇入岷江。县内流长 7 公里，流域面积 30 平方公里，多年平均流量为每秒 7 立方米。沙溪河发源于仁寿县，在县内高台镇入境，途经白果乡后再从高台镇汇入岷江，县内流长 14 公里，流域面积 68 平方公里，多年平均流量为每秒 2.3 立方米。

筒车河发源于井研县，在县内白果乡象鼻寺汇入岷江。县内流长 10 公里，流域面积 33 平方公里，多年平均流量为每秒 0.8 立方米。

除“一江五河”外，县内还有 32 条较大的溪流，总长约 205 公里。

水库水：2021 年，全县有水库 23 座，其中中型水库 2 座、小（1）型 1 座、小（2）型 20 座。白果乡的复兴水库（又名青峡湖、神海），属中型水库，库区面积 2520 亩。白果乡的官厅水库（又名仙姑湖）和小型水库有高台镇的青龙水库等。全县 23 座水库总蓄水能力约 4000 余万立方米。

（刘子昂）

【旅游资源】 青神县山水秀美，历史悠久。2021 年，全县有国家 AAAA 级旅游景区国际竹艺城、江湾神木园，国家 AAA 级旅游景区汉阳湖景区、中岩文物风景名胜区。拥有竹编文化、东坡文化、蚕丛文化、佛教文化、红色文化等众多文旅资源，有全国重点文物保护单位和省级重点文物保护单位 6 处、省级风景名胜区 1 处、三级以上优质资源 204 处、省级竹林小镇 2 个、省级森林小镇 3 个。有文化馆 1 个、美术馆 1 个、图书馆 1 个、乡镇综合文化站 10 个。青神特色竹编小镇被评为四川省首批特色小镇，兰沟村、中岩村被评为省级乡村旅游重点村。青神生态本底优良，全县森林覆盖率 48.23%，岷江、金牛河水质持续稳定在Ⅲ类，全年空气优良天数、优良率均为眉山市第一名。强化湿地、湖泊、竹林等生态修复，“蓝天、碧水、净土”引来萤火虫到青神共享绿色生态家园，有 9 种类别的萤火虫在青神繁衍生息，其中有 2 个种类属珍稀品种。建成“竹里桃花”“竹里海棠”“竹里芙蓉”“竹里院子”“竹里巷子”绿地公园 5 个，打造出青神特色“竹里”旅游品牌。

（谭　虹）

【气象状况】 青神县属于亚热带湿润气候区，主要气候特点是：气候温和，雨量充沛，四季分明，冬迟春早，无霜期长。多年年平均气温 17.4 ℃，日照 1077.5 小时，夏季平均气温 25.6 ℃，冬季平均气温

8.1℃，春秋两季平均气温 18.0℃，年无霜期平均为 313 天。全年平均降雨量 1050.7 毫米。由于降水量时空分布不均匀，夏季占年降水量的 57.3%，其中 7—8 月为降水集中期。秋季占 19.1%，冬季占 3.9%，春季占 19.7%。2021 年，气温偏高，降水正常，日照正常。年内影响全县的气象灾害主要为干旱、高温、暴雨、连阴雨等。年平均气温 18.0℃，较历史平均气温偏高 0.6℃；年极端最高气温 38.4℃，较多年极端最高气温 39.3℃偏低 0.9℃；年极端最低气温 -2.2℃，较多年极端最低气温 -3.6℃偏高 1.4℃。年总降雨量 1258.6 毫米，较多年平均 1050.7 毫米偏多 20%。年总日照数 940.5 小时，较多年平均 1077.5 小时偏少 13%。

（王佳林）

【交通状况】 2021 年，青神县境内规划有高速公路 2 条、铁路 2 条和岷江航道。青神县政府所在地北距成都 90 公里，南至乐山 30 公里，全县有国道 1 条 23.23 公里、省道 3 条 103.21 公里、县道 13 条 160.4 公里、乡道 39 条 178.27 公里、村道 221.76 公里，境内公路总里程 686.87 公里，形成“七纵二横三连一环”的干线交通路网和“畅通乡镇、衔接村社”的农村公路网。其中“七纵”为已建成的成绵乐城际铁路、成乐高速，部分建成的 S103 线、G245 线黑龙段至 S307 线罗波段，规划的成眉市域铁路 S16 线、天眉乐高速和岷江航道（青神段）；“两横”为部分建成的 S307 线河坝子段至 G245 线桂花段及 S401 线；“三连”为已建成的成乐高速连接线，规划的天眉乐高速连接线、港区铁路专线；“一环”为规划的城市外环线。县内公路按技术等级分有一级公路 24 公里，二级公路 18.5 公里，三级公路 35.8 公里，四级公路 589.4 公里；按路面类型分有沥青混凝土路面 117.47 公里，水泥混凝土路面 551.63 公里，简易铺装路面 2.3 公里。有高速公路 2.5 公里。水运岷江航道建成青神汉阳航电梯级，是眉山航道 5 个梯级之一。全县形成纵横交错、四通八达的交通网络。

（王梓萱）

历史文化

【人文历史】 青神，因古蜀王蚕丛氏“着青衣教民农桑，民皆神之”而得名，是苏东坡求学、初恋之地，哺育了苏轼、苏辙之母程夫人，清官良吏陈希亮，明代长城之父余子俊、和平老人邵从恩等历史人物。历代文人黄庭坚、陆游、范成大等流连于此，留下大量人文古迹。新民主主义革命时期，青神建立上川南第一个地下党组织，并发动“西山红军武装起义”，成为眉山市唯一的四川省革命老区县。2021 年，全县有不可移动文物 134 处。中岩寺摩崖造像、瑞峰崖墓群为国家级文物保护单位；坛罐窑遗址、蜂耳洞崖墓群、八角洞崖墓群、牛屁股山崖墓群为省级文物保护单位；有市级文物保护单位 15 处，县级文物保护单位 38 处，未定级不可移动文物点 75 处。馆藏文物共有 364 件（套），其中二级文物 13 件（套）、三级文物 121 件（套）。

【非遗与民间工艺】 2021 年，青神县保存有非物质文化遗产项目 35 个。其中青神竹编为国家级非遗项目；青神捻条画艺术、瑞峰端午龙舟节为省级非遗项目；青神牛儿灯、青神传统杆秤制作技艺等 32 项为市县级非遗项目。全县有非遗代表性传承人 60 人，其中，国家级项目代表性传承人 1 人（陈云华），省级代表性传承人 4 人（殷超、吴践堂、张德明、陈岚），市县级代表性传承人 55 人。

【地方特产】 青神县是“中国椪柑之乡”“中国竹编艺术之乡”，旅游商品独具特色。青神椪柑以其个大、皮薄、汁多、核少、脆甜、易化渣的独特品质享誉市场。2021 年，品种有中岩早椪柑、新生系 3 号、台湾椪柑、岩溪晚芦、马克斗、默科特、清见橘橙、不知火、爱媛 38 号、青神红、春见橘橙、南瓜柑、皇帝柑、口之津、纽荷尔、太田椪柑。不同的品种有着独有的特性和口味、口感，各具特色。青神竹编是流传千百年的传统工艺，其历史悠久，工艺精湛，分为平面竹编、立体竹编、混合竹编等 6 大类、8 大系列、3000 多种产品体系，以其新、奇、特、绝的神韵而艺甲天下，与丝绸、蜀绣并称四川旅游商品“蜀中三宝”，是中国民间艺术的一朵奇葩，多次作为国礼赠与外宾，成为青神的文化符号、地方支柱产业和四川省“五大特色”农业产业之一。除此之外，青神还有汉阳棒棒鸡、青神枕头粑、青神老腊肉、汉阳花生、青神咸鸭蛋、青神米花糖、青神阴米、茶叶等地方特产。

（谭　虹）

国民经济和社会状况

【概况】 2021 年，全县地区生产总值（GDP）100.04 亿元，比 2020 年增长 9.2%。其中，第一产业增加值 12.67 亿元，比 2020 年增长 6.6%；第二产业增加值 40.3 亿元，比 2020 年增长 8.3%；第三产业增加值 47.08 亿元，比 2020 年增长 10.6%。三次产业对 GDP 增长的贡献率分别为 10%、36.1%、53.9%，分别拉动 GDP

增长0.9、3.3、4.9个百分点，三次产业结构调整为12.7 ∶ 40.3 ∶ 47。全年民营经济增加值58.64亿元，增长9.9%，占GDP的58.6%，对GDP的贡献率62.1%，拉动GDP增长5.7个百分点。年末工商登记个体工商户11359户，私营企业1726家。民间投资下降0.3%，占全社会固定资产投资的61.4%。

【农业】 2021年，全县农作物总播种面积25.12万亩，比2020年增长0.7%。其中，粮食作物播种面积14.01万亩，比2020年增长0.9%；油料作物播种面积5.92万亩，比2020年增长0.7%；中药材播种面积0.15万亩，比2020年增长1.4%；蔬菜播种面积3.59万亩，比2020年增长0.4%。全年粮食产量6.47万吨，比2020年增长4.1%。其中，小春粮食产量0.12万吨，比2020年增长0.5%；大春粮食产量6.35万吨，比2020年增长4.1%。经济作物中，油菜籽产量6599吨，与2020年基本持平；茶叶产量725吨，增长1.7%；水果产量79758吨，增长4.2%。全年肉类总产量1.75万吨，增长1.6%。其中，猪肉产量12696吨，增长2.4%；牛肉产量330吨，增长5.8%；羊肉产量115吨，下降9.2%。牛奶产量5805吨，增长4.3%。禽蛋产量4694吨，下降1.3%。生猪存栏增长8.4%，生猪出栏下降12.5%，羊出栏下降8.9%，家禽出栏下降3.4%。有高标准农田10.27万亩，农业机械总动力18.13万千瓦，机耕作业面积1.3万公顷，主要农作物耕种收综合机械化水平84.1%。维修改造提灌站机械数176台次，维修改造提灌机械总动力2370千瓦。全年农业生产燃油消耗850吨。

【工业和建筑业】 2021年末，全县规模以上工业企业46户，规模以上工业增加值比2020年增长10.6%。规模以上工业产销率96.58%，营业收入85.92亿元，增长16.6%；利润总额4.19亿元，增长6.9%。全年建筑业增加值8.31亿元，增长2.2%，建筑业总产值增长11.1%。年末，具有资质等级的建筑企业13户，增长18.2%；新签合同额39.0亿元，增41.8%。房屋建筑施工面积120.7万平方米，增长1.9%。房屋建筑竣工面积61.8万平方米，增长12.4%。

【运输、邮电和通信】 2021年，全县旅客运输总量643.88万人次，旅客运输周转量24988.78万人公里。机动车保有量6.41万辆，其中，大型车0.12万辆，小型车2.53万辆，新能源汽车保有量22辆。全年电信业务总量1.59亿元，比2020年增长28.5%。固定电话用户4.24万户，比2020年增长1%。移动电话用户19.01万户，比2020年增长5.2%。宽带用户7.22万户，比2020年增长7.1%。全年邮政业务总量7010.95万元，比2020年增长28.7%。快递业务量577.63万件，增长65.8%；快递业务收入2376.73万元，比2020年增长71.3%。

【社会保障】 2021年，全县参加城乡基本养老保险9.4万人，工伤保险1.8万人，失业保险1.21万人，城乡居民基本医疗保险15.91万人，城镇职工基本医疗保险1.8万人。发放养老金5600万元，失业金58.05万元，支出城乡居民基本医疗保险待遇1.18亿元，城镇职工基本医疗保险待遇5900万元。全年城镇新增就业2800人，失业人员实现再就业584人，就业困难人员实现就业324人，城镇登记失业率3%。组织各类就业、创业培训4400人次，发放小额担保贷款850万元。年末，城乡低保保障人数5734人，支出保障金2000万元。城乡特困供养人员1378人，集中供养率25%。老年人口每千人养老床位数27张，有老年学校1所。社区服务设施20个，农村社区综合服务设施覆盖率100%，城市社区综合服务设施覆盖率100%。全年销售福利彩票1100万元。

【环境和安全生产】 水利建设总投资2.63亿元。年末森林面积1.88万公顷。全年空气质量优良天数344天，城市空气质量达标率94.2%。PM_{10}年平均浓度每立方米44.5微克，$PM_{2.5}$年平均浓度每立方米27.3微克。全年发生各类生产经营性事故3起，死亡3人。其中，工矿商贸事故死亡1人。全年产品质量合格率94.4%。

（王玉辉　孙　敏）

中共青神县委员会

县委重要会议

【概况】 2021年，中共青神县委主要召开中国共产党青神县第十五次代表大会、中共青神县委十四届全委会议3次，中共青神县委常务委员会（扩大）会议8次，县委工作会议和领导干部大会13次，县委专题学习会议6次，以及县委专题会议45次。

【中国共产党青神县第十五次代表大会】 10月13日至15日，中国共产党青神县第十五次代表大会召开。会议应到代表200人，实到代表198人。大会选举产生中共青神县第十五届县委委员33人、候补委员7人、县纪委委员25人和青神县出席中国共产党眉山市第五次代表大会代表25人。会上县委书记刘今朝代表中国共产党青神县第十四届委员会向大会作题为《追求卓越 真抓实干 奋力建设高质量发展的国际竹艺名城 全面开启青神现代化建设新征程》的工作报告。大会主题是：坚持以习近平新时代中国特色社会主义思想为指导，追求卓越，真抓实干，聚焦特色产业，深化城乡融合，彰显生态价值，迈向共同富裕，奋力建设高质量发展的国际竹艺名城，全面开启青神现代化建设新征程。

【县委全委会议】 中共青神县委第二十九次全体会议听取和讨论县委书记肖巍代表作的工作报告，审议通过《中共青神县委关于制定青神县国民经济和社会发展第十四个五年规划和二〇三五年远景目标的建议》，讨论《2021年全县经济工作要点》，听取县委常委会党建工作报告，通过县委委员调整事项；中共青神县委第30次全体会议审议通过《中国共产党青神县第十四届委员会第三十次全体会议关于召开中国共产党青神县第十五次代表大会的决议》，通过县委委员调整事项；中共青神县委第三十一次全体会议审议通过《中共青神县委关于深入推进创新驱动引领特色产业高质量发展 加快建设全省人才工作先行区的决定》《县委在中国共产党青神县第十五次代表大会上的报告》《县纪委在中国共产党青神县第十五次代表大会上的工作报告》《中国共产党青神县第十五届委员会委员、候补委员和纪律检查委员会委员候选人预备人选建议名单》《中国共产党青神县第十五次代表大会相关事宜的请示》，通过县委委员调整事项。

2021年9月23日，县委常委（扩大）会议在国际竹文化中心召开 （县委办供图）

2021年12月16日，县委书记刘今朝在青神中学青江讲堂宣讲中共十九届六中全会精神 （县融媒体中心供图）

【县委常委会（扩大）会议】 中共青神县委十四届常务委员会第177次（扩大）会议专题传达学习习近平总书记在青海考察期间重要讲话精神，《用好红色资源，传承好红色基因，把红色江山世世代代传下去》《学好"四史"，永葆初心、永担使命》《以史为鉴、以史明志，知史爱党、知史爱国》文章精神，《中共中央办公厅关于在全社会开展党史、新中国史、改革开放史、社会主义发展史宣传教育的通知》等重要会议、文件精神，研究贯彻意见；中共青神县委十四届常务委员会第一百八十次（扩大）会议专题传达学习中共眉山市委四届常务委员会第二百零六次（扩大）会议精神，研究贯彻意见；中共青神县委十四届常务委员会第一百八十一次（扩大）会议传达学习习近平总书记对防汛救灾工作的重要指示精神和省市关于防汛救灾工作有关会议精神，研究贯彻意见；中共青神县委十四届常务委员会第一百八十八次（扩大）会议传达学习中央第五生态环境保护督察组督察四川省动员会、省委常委会会议、市委常委会（扩大）会议精神；中共青神县委十五届常务委员会第五次（扩大）会议传达学习中共十九届六中全会和省委常委会（扩大）会议、市委常委会（扩大）会议精神，研究贯彻意见；中共青神县委十五届常务委员会第六次（扩大）会议专题传达学习中国共产党眉山市第五次代表大会和市委五届一次全会精神，研究贯彻意见；中共青神县委十五届常务委员会第八次（扩大）会议专题传达学习四川省委十一届十次全会精神、市委常务委员会第四次（扩大）会议精神，研究贯彻意见；中共青神县委十五届常务委员会第十三次（扩大）会议专题传达学习中国共产党眉山市第五届委员会第二次全体会议精神，研究贯彻意见。

【县委工作会议和领导干部大会】 2021年，青神县委召开“三创一保”工作动员大会，青神县河湖长制工作会议，全县市域社会治理现代化试点推进会，研究交通重点工作专题会议，研究城东农贸市场整改设计方案专题会议，全县乡村振兴总结表扬大会，第三季度经济运行项目投资竞技拉练暨制造业招商引资“百日攻坚”行动推进工作会议，召开干部大会6次，传达学习上级会议精神，通报有关情况，总结工作，表扬先进，安排部署当年及相关工作。

【县委专题会议】 2021年，青神县委举办青神县新任科级领导干部暨年轻干部学习中共十九届六中全会精神专题培训班；召开县委理论学习中心组专题学习会，县委庆祝中国共产党成立100周年暨党史学习教育领导小组第一次、第二次、第三次、第四次、第五次会议，深入学习习近平新时代中国特色社会主义思想，传达学习习近平总书记重要讲话精神和中央、省和市相关文件和会议精神，总结全县党史学习教育工作开展情况和工作成效；召开改革开放史专题学习会，总结改革开放伟大经验。青神县召开2020年度县委书记落实主体责任述职评议会议暨乡镇、街道党（工）委书记和县级部门党（工）委（党组）书记落实主体责任述职评议会议，县乡党（工）委（党组）书记落实主体责任述职评议工作会议，县委常委班子2020年度民主生活会，听取相关人员工作述职；召开青神县党管武装工作述职会议，听取各乡镇（街道）党（工）委书记作党管武装工作述职；召开县委常委班子严肃换届纪律专题民主生活会，全县乡镇领导班子换届工作会暨换届纪律专题谈心谈话会，全县严肃换届纪律专题会议，全县县乡换届工作领导小组会，县乡领导班子换届工作领导小组（扩大）会议，迎接市委换届风气专项巡察见面会，传达中央、省和市严肃换届纪律相关会议精神，安排部署换届有关工作；召开县委应对新冠肺炎疫情工作领导小组会议、全县疫情防控工作会，研究部署疫情防控有关工作；召开县人才工作领导小组第一次、第二次会议，县委党建工作领导小组（扩大）会议，县委统一战线工作领导小组（扩大）会议，县委网络工作和信息安全委员会第三次会议，县委外事工作委员会第二次会议，县政法队伍教育整顿领导小组第三次会议，县委农村工作领导小组第一次、第二次全体会议，县委全面依法治县工作会议，县委财经委员会第七次、第八次、第九次（扩大）、第十次（扩大）、第十一次会议，县委投资促进委员会第一次会议，县国土空间规划委员会第一次、第二次、第三次、第四次会议，县委平安青神建设领导小组第一次工作会、第二次全体会议，县食品安全委员会第一次（扩大）会议，青神县2021年安委会第二次全体会议暨县应急委全体会议等议事协调机构会议25次，传达学习中央、省委和市委会议精神，审议领导小组工作规则、办公室细则、工作要点和具体工作议题，安排部署2021年工作；召开青神县2021年第一季度环委会暨迎接中央第二轮环保督察安排部署会，青神县2021年第二季度环委会暨生态环境突出问题整改推进会，青神县2021年第三季度环委会暨迎接第二轮中央生态环境保护督察动员会，青神县2020年第四季度环委会，传达学习中央、省生态环境保护相关会议文件精神，安排部署生态环境保护工作；召开青神县乡镇行政区划和村级建制调整改革“后半篇”文章专项工作领导小组会议，研究乡村治理“片长制”试点工作，研究部署有关工作；召开中国（国际）竹产业交易博览会筹备专题会议、中岩寺历史遗留问题专题会议、统战工作专题会议。

（陶　凯）

重要决策

【概况】 2021年，中共青神县委制定青神县国民经济和社会发展第十四个五年规划和二〇三五年远景目标，力争“十四五”期末，地区生产总值突破135亿元；到2035年，与全国全省全市同步基本实现社会主义现代化，全面建成全国特色产业示范县。中国共产党青神县第十五次代表大会明确提出“一名城三示范”发展目标，奋力建设高质量发展的国际竹艺名城和全国特色产业示范区、全国乡村振兴示范区、全国生态文明示范区。中共青神县委十四届三十一次全体会议审议通过《深入推进创新驱动引领特色产业高质量发展 加快建设全省人才工作先行区的决定》明确要求，深入推动机械、竹、柑橘三大特色产业高质量发展，加快县域人才工作先行区建设。

【制定青神县国民经济和社会发展第十四个五年规划和二〇三五年远景目标】 县委十四届二十九次全体会议明确，抢抓成渝地区双城经济圈建设重大战略机遇，深入落实省委“一干多支、五区协同”“四向拓展、全域开放”战略部署，主动融入新发展格局，全面融入成德眉资同城化，统筹发展和安全，推进治理能力和治理体系现代化，实现经济转型跨越、社会安定和谐，加快建设全国特色产业示范县，开启全面建设现代化青神特色发展新征程。力争“十四五”期末，经济发展提质提速，地区生产总值增速高于全省、全市平均水平，力争突破135亿元，人均地区生产总值接近全省水平，与全国的差距进一步缩小；开放发展提能升级，全域、全面开放新格局基本形成，初步建成联动川南高质量发展引领区。城乡发展协调融合，常住人口城镇化率接近全市平均水平，与全省的差距进一步缩小，乡村振兴在全省示范引领，城乡一体化发展水平走在成都都市圈前列；民生福祉日益增进，城乡居民收入差距进一步缩小，社会保障体系更加健全，教育、卫生、养老等基本公共服务均等化水平明显提高；生态环境持续改善，成功创建国家生态文明建设示范县；治理效能显著提升，新时代城乡基层社会治理新格局初步形成，防范化解重大风险体制机制不断健全，发展安全保障更加有力。到2035年，与全国、全省、全市同步基本实现社会主义现代化，全面建成全国特色产业示范县。

【明确“一名城三示范”发展目标】 中国共产党青神县第十五次党代会明确，抢抓成渝地区双城经济圈、成都都市圈建设和革命老区振兴发展重大机遇，聚焦特色产业，深化城乡融合，彰显生态价值，迈向共同富裕，奋力建设高质量发展的国际竹艺名城和全国特色产业示范区、全国乡村振兴示范区、全国生态文明示范区的发展，全面开启青神现代化建设新征程。力争到2026年，全县地区生产总值（GDP）达到150亿元，年均增长7.5%以上，增速高于全国全省；人均GDP达到全省平均水平；累计完成全社会固定资产投资500亿元，年均增长10%以上；规模以上工业增加值年均增长11%以上；地方一般公共预算收入年均增长9%以上，达到10亿元；城乡居民人均可支配收入分别年均增长8%、9%；城镇化率达到54%。

【科技创新引领特色产业高质量发展】 县委十四届三十一次全体会议，就深入推进创新驱动引领机械、竹、柑橘三大特色产业高质量发展，加快建设全省人才工作先行区进行研究，出台《深入推进创新驱动引领特色产业高质量发展 加快建设全省人才工作先行区的决定》。坚持创新在现代化建设全局中的核心地位，强化党对创新驱动和人才工作的全面领导，发挥人才支撑高质量发展的重要作用，加强科技创新和平台建设，打造特色产业“小巨人”，建设县域人才“小高地”。力争到2025年，区域综合创新能力全面提升，全县有效发明专利拥有量、高新技术企业、科技型中小企业和专精特新“小巨人”企业数量较“十三五”期末实现倍增，引进有影响力创新团队5个以上、国省领军和拔尖人才20人以上，科技进步贡献率达60%以上；创新体系质量效能全面提升，规模以上企业建立研发机构比达50%以上，建成以企业为主体、市场为导向、产学研相结合的技术创新体系；创新引领支撑作用全面提升，形成头部带动、高端引领、上下成链的产业生态圈，机械制造产业功能更为独特、链条更加完整，竹产业高端消费品产销体系更加健全，柑橘产业品种、品质、品牌显著提升，每万名就业人员中研发人员达到9.87人，市民具备基本科学素质比例超过12%。

（陶　凯）

县委巡察

【概况】 2021年，中共青神县委巡察工作领导小组开展新增对象常规巡察、国企专项巡察、环保突出问题机动巡察、粮食购销联动巡察以及巡察“回头看”，完成十四届县委巡察全覆盖工作。发现问题1062个，移交问题线索13条，发挥巡察监督保障执行、促进完善发展的作用。如何提升巡察发现线索质量在全市作经验交流，延伸巡察村（社区）工作受到省委巡视办主任肯定。

【巡察组织】 2021年，青神县委将巡察纳入常委会年度工作要点，县委书记主持研究巡察工作年度计划，听取巡察和整改情况，对巡察工作作出3次批示。巡察工作领导小组会听取巡察情况报告2次，组长点人点事10条。县委巡察办、巡察组牵头配合省、市巡视巡察上下联动，截至年底，完成了十四届县委76个巡察对象的全覆盖任务。省委巡视办主任顾勇到眉山调研，青神县就如何提升巡察发现线索质量作经验交流；青神县延伸巡察村（社区）工作受到肯定。

2021年6月1日，中共青神县委环保突出问题机动巡察巡中推进会　（县委巡察办供图）

【巡察情况】 2021年，青神县委巡察机构开展环保突出问题机动巡察，组建巡察组3个，县人大、政协3名县级领导担任组长，围绕中央环保督察反馈、环保督察交办、主管部门自查、重点信访件、群众反映强烈、会议通报媒体曝光6个重点，对全县园区、乡镇（街道）和22个环保重点部门开展环保机动巡察，巡察采取明察与暗访相结合，通过向监督部门发函、运用大数据查询、设置信访意见箱等方式，收集环保突出问题信息资料，发现问题935个，提出整改意见600余条，督促被巡单位整改问题900余个，推动被巡单位完善制度机制16个，向县纪委移交问题线索4条，立案查处5人，组织处理2人。环保突出问题机动巡察受到县委书记肯定性批示，被评选为全县重大改革亮点工作。开展第十一轮巡察，结合青神县国粮公司腐败案“以案促改”工作，县委3个巡察组分别对全县国有资产经营有限公司、青神发展投资控股有限公司、青神县国际竹艺城发展投资有限公司等14家国有企业开展专项巡察，重点针对国有企业反映集中的人事薪酬、资金运行、项目建设、企业党建4个方面，发现问题90个、线索6条，提出巡察建议6条，形成专报2份。县委第三巡察组对县人民检察院和新成立党组织“青神县现代农业示范园区管委会”开展常规巡察，围绕“三个聚焦”发现问题21个、线索1条，提出巡察建议3条。开展粮食购销领域专项巡察，对县发改局、县财政局（含金融国资）、县市场监管局等部门（单位）和国有粮食企业（粮库粮站）开展巡察，紧盯被巡察单位党组织职能职责和权力腐败问题，了解贯彻落实上级粮食购销方针政策和决策部署情况、业务主管监管部门监管责任落实情况，延伸查找基层粮库“靠粮吃粮”问题，发现粮食收购、销售、储存环节存在问题16个。

【巡察整改】 2021年，青神县通过第十轮巡察、环保突出问题机动巡察及巡察“回头看”，反馈被巡单位问题1062个，制定整改措施3000余条，完成整改1014个，长期坚持整改48个；县委巡察办统筹协调，县纪委监委、县委组织部配合，加强被巡单位巡察整改日常监督，强化整改责任意识。

【巡察规范建设机制与队伍建设】 县委巡察办建立完善巡察制度14个，修订《中共青神县委巡察工作手册》，优化巡察工作流程，分解巡察准备、巡察了解等7个环节，规范巡察监督机制和巡察程序，确保巡察工作有章可循、有规可依；建立巡察师资库、人才库，入库170余人，结合被巡察单位特点配齐配强巡察组，提高巡察质效；强化学习培训，巡前集中开展业务培训2次，提高专业化水平；组织巡察干部到芦山、仁寿、洪雅等县学习先进经验，提升巡察工作质效。

（黄　韦）

县委事务

【概况】 2021年，中共青神县委办公室以“快准严细实”的工作作风，统筹抓好党史学习教育、庆祝中国共产党成立100周年等多项重点工作落实，县委办公室与县委在决策上合谋，节奏上合拍，工作上合心。坚持疫情防控与业务工作“两手抓、两手硬”，推动办文办会、信息调研、督查督办、公共服务等工作再上新台阶，完成全年各项工作任务，保证和促进县委及全县各项工作快速高效运转。

【信息调研】 2021年，青神县委办围绕县委中心工作，设计编排信息公开栏14期，编发《青神信息》46期、《调研专报》6期，提炼上报信息300余条。其中，《中药材种植爆发式增长占用耕地恐影响粮食安全》《猪价下跌致生猪养殖出现亏损风险需关注》专报信息被中办刊物采用；被省委办《每日要情》等刊物采用14条，获省委领导肯定性批示4次；被市委办《眉山要情》等刊物采用48条。

【统筹协调】 2021年，青神县委办发挥运转中枢作用，落实县委主要领导日安排、周安排，定期召开党政周例会，调动各方积极性，服务县委高效运转；围绕县委“一名城三示范”目标任务，发挥综合协调和参谋助手职能作用，完善服务理念，提升服务水平，统筹抓好党史学习教育、庆祝中国共产党成立100周年、“三创一保”、乡村振兴、迎接中央生态环境保护督察等重点工作落实。

【目标和绩效管理】 青神县委办以县委“2021年目标考核力争进入第一方阵”目标定位，围绕市定目标任务和县委中心工作，发挥目标绩效考评“指挥棒”作用，强化目标导向，提升工作水平。开展调研，形成高质量调研报告，重新修订《青神县目标绩效考核办法》，优化考核体系。严格落实精简考核指标，为基层减负工作要求，制定《关于下达2021年度政务目标三级指标及评价细则的通知》《关于调整2021年度政务目标三级指标及评价细则的通知》《2021年度党务目标考评指标和考评细则》《青神县“三创一保”工作考核评价方案》《青神县2021年度表彰表扬目录》“2021年青神县主要经济指标目标任务细化分解表”等文件；探索街道（乡镇）评议职能部门方式方法，拟定并制发《青神县2021年街道（乡镇）评议职能部门（单位）试点工作实施方案》。将全年党务、政务目标分解到牵头单位，并制作告知单，将各分管县领导牵头的各项指标进行一对一打包分发，确保所有分管县领导和责任单位能够非常清晰地知晓各自承担的目标任务。根据市下达的102项政务目标、46项党务目标和12个重点项目“三比三看”指标完成情况进行季度分析和年度全面总结，并分别提请县委常委会和县政府常务会审议，持续强化目标任务研判分析，做到心中有数、工作有方。在2021年第2、3季度全市重点项目“三比三看”中，青神考评为一等，获得一个“红榜”。严格按照市目标绩效管理办法，按照“奖优罚懒”的原则，指导全县72个考核单位拟定内部目标绩效评价实施方案对单位人员进行二次分配。

【督查督办】 2021年，青神县委办按照“县委中心工作开展到哪里，督查落实就跟进到哪里”要求，实行全县督查工作集中统筹、扎口管理，促进督查工作高效有序。整合力量，构建“大督查”工作格局。全年召开县委督促检查暨目标绩效管理工作领导小组工作会4次，统筹研究部署全县督查考核工作；印发《青神县2021年督查检查考核年度计划》《2021年县委督查工作要点》，严格执行督查检查考核年度计划和计划外审批报备制度，整合督查力量，围绕疫情防控、两项改革“后半篇”文章工作、“三创一保”、换届风气等采用“四不两直”、明察暗访相结合的方式开展监督检查，县级层面督查比2020年下降3%，切实减轻基层负担。聚焦重点，推动督查工作有力有效。聚焦重要会议开展督查督办，完成市委常委会议定事项督办8次，县委常委会议定事项督办37次；聚焦重要批示指示开展督查督办，完成市委书记批交办事项督办11次，县委书记批交办事项督办14次；聚焦其他重点工作开展专项督查，完成迎接第二轮中央环保督察工作督查督办，完成农村生活污水治理整改专项督查，完成部分省市重点项目推进情况督办，参与疫情防控督查、“监督跟着项目走”督查、“三创一保”督查、农村人居环境整治考核等100余次。

【公务服务】 2021年，青神县公务服务中心公务接待和政务活动124批次，指导协助部门公务接待30余批次，其中外宾20人、副省级及以上领导10人，接待青神县创建国家生态文明示范区预审验收等检查考察组31批次，做好眉山市抓项目促投资现场会、县“三代会”等8场重要会议后勤服务；探索常态化疫情防控下公务接待安全措施，加强干部职工和接待基地疫情防控管理，确保公务接待安全有序；围绕“东坡初恋地·国际竹艺城”名片，坚持“竹文化+接待”的理念，将竹里院子建成全市“赏竹、用竹、品竹”的重要政务接待基地；将斑布竹纸、汉阳花生、青神椪柑、青神竹编等特色产业融入“竹里青神”系列接待物料，展示开放发展、特色发展的青神形象；按照“节俭安全、展现特色”原则，土菜精做、土菜细做，汉阳棒棒鸡、观金蘸水鸡、竹筒饭、中岩烧烤等青神传统菜和特色菜受到宾客青睐与肯定。全年公务服务无差错、零失误。

【办文办会】 2021年，青神县委办落实中央、省委、市委和县委精文简会切实减轻基层负担的决策部署，严格执行发文计划，精简不该发、不必发、超篇幅、超范围文件。完善文件制发规范，弘扬“短实新”文风，加强发文必要性审核和文风审查，严格执行退文制度和错情通报，退回部门文件28次，提醒部门73次，通报错情单位。健全党内规范性文件前置审核机制，加强同县人大法制与监察司法委员会、县司法局会商协作，指导县纪委监委、白果乡做好党内规范性文件备案直报工作，印发县委规范性文件12件，按时向市委备案，通过率100%。全年发文107件，比2020年减少70.2%。合理制定会议计划，统筹安排会议合并召开、套开或连开，严控会议数量、规模、时长，严格落实新冠肺炎疫情防控有关要求，推广线上会议，精简线下会议；对标学习省、市好经验、好做法，优化流程、严格标准、严肃会风会纪，提升会议实效，召开全县会议82场，比2020年减少8.9%。

【后勤服务管理】 2021年，青神县严格贯彻落实《四川省厉行节约制止餐饮浪费行为行动方案》，落实“整理到位、责任到位、培训到位、执行到位”的机关食堂管理模式，把好源头、制作、监管3个关口，建立规范化、精细化、标准化食堂，让干部职工吃得放心、吃得舒心；按照节俭实用、满足基本需求的原则，精细化运行领导周转房，用心用情做好异地到青神县任职领导住房保障工作，解决领导后顾之忧；严格落实公务用车管理规定和疫情防控要求，坚持原则性和灵活性相结合，全年出车139次，确保县“四大家”调研用车随用随到、有序安全。推进“节约型”机关建设，完成机关场所附属设施改造、机关食堂氛围营造。

【机关党建】 2021年，青神县委办持续巩固深化“365”党建品牌（坚守服务群众、服务基层、服务发展“三服务”党办职责；抓严基本责任、基本队伍、基本制度、基本活动、基本服务、基本保障“六基本”党建标准；做实唱好同一首歌、盯紧一个项目、讲好一个故事、写好一篇文章、开展一项运动“五个一”工作特色），紧抓“五星级”党组织建设，扎实开展党史学习教育，推动县委办党建工作再上台阶，机关一支部被评为“五星级”党组织，“2+4”红帆领航工程（以“旗帜鲜明讲政治”“为民服务解难题”2个“贯穿始终”助力“三服务”；以“为人低调”“思想活跃”“作风高效”“能蹦会跳”4种状态助力“五个一”）被评为十大党建亮点工作之一。县委办机关党委深入学习贯彻习近平新时代中国特色社会主义思想和中央、省委、市委、县委重要会议精神，坚决贯彻省委、市委、县委决策部署，利用“三会一课”、“学习强国”学习平台、“思享会”等开展线上线下集中学习，分享学习党史心得24场次。以注重学深悟透、注重实际实效、注重立行立改为抓手，推进党史学习教育，深入开展“我为群众办实事”实践活动，解决开放式老旧小区未安装门禁系统等84个问题，积极参与人居环境整治、基层治理等工作。面对疫情防控防汛减灾等急难险重任务，成立党员先锋队，扎实开展包保和直接联系服务群众工作，投身防汛防疫。同时，机关党委切实抓好意识形态阵地建设，发动干部职工撰写网宣网评文章120余篇，上报党务信息150余条。

【制度建设】 青神县委办修改完善《中共青神县委办公室工作细则》，明确股室工作职能、工作目标、运行规则等内容，印发《中共青神县委办公室公务员平时考核实施方案》，加强日常管理。推进“节约型”机关建设，完成机关场所附属设施改造，营造机关食堂氛围。

（陶　凯）

组织建设

【概况】 2021年，青神县完成县、乡、村三级换届工作，优化52个县级部门（单位）班子结构；加强党的政治建设，开展建党100周年庆祝活动，升级改造红色西山革命教育基地；举办党政领导干部党史学习专题培训班、中青年干部培训班等各类培训16期，抓好换届纪律监督、教育工作；加强基层党组织建设，开展“党旗在基层一线高高飘扬”和“我为群众办实事”实践活动，组织党员干部认领办好民生实事2700余件，新建“两新”组织党支部16个，“两新”组织党组织覆盖率100%；探索建设1个村级主阵地、N个村民小组微阵地的村级党群服务阵地体系，开展乡村治理“片长制”工作试点；有效实现党员教育全覆盖轮训工作，覆盖率达92.25%。

【县乡村换届】 2021年，青神县成立以县委书记为组长的县委换届工作领导小组，制定换届实施方案，落实县、乡、村三级党组织换届责任，开展县、乡、村集中换届。分类制定村（社区）“两委”干部、县乡党代表等资格清单，实行县级联审制度，纪委、公安等多个部门联合审查人选既往情况，分类组建考察组从严考察人选素质和实绩表现；严明换届纪律，鲜明“十严禁”（严禁结党营私、严禁拉票贿选、严禁买官卖官、严禁跑官要官、严禁个人说了算、严禁说

2021年1月17日，青神县西龙镇新农村举行党组织换届选举党员大会　（县委组织部供图）

情打招呼、严禁违规用人、严禁跑风漏气、严禁弄虚作假、严禁干扰换届）“四必须”（必须提高政治站位、必须树牢大局意识、必须严格遵规守纪、必须强化责任担当）和“四个绝不能”（绝不能有模糊意识，绝不能盲目乐观，绝不能有侥幸心理，绝不能低估市委、县委从严执纪的决心）纪律要求，全覆盖开展攻心谈话，畅通监督举报渠道，快查快办，从严从重惩处换届违规违纪问题，县乡村换届无违反程序问题、无违反纪律行为。换届后，第十五届县委委员平均年龄43.2岁，45岁以下占比57.5%，大学及以上学历占比95%；乡镇领导班子平均年龄35岁，全日制大学及以上学历占比64.8%，选调生占比26.8%；村（社区）“两委”成员平均年龄40.4岁，比上届下降6岁，大专及以上学历208人，占比64%。县乡村班子结构进一步优化，实现了“老中青”梯次配备，班子整体功能明显增强。

【思想政治建设】 2021年，中共青神县委组织部将政治建设摆在首位，制定《县乡村三级落实全面从严治党主体责任清单》《县级领导联系乡镇（街道）办法》，构建层层抓落实、责任全覆盖格局。开展党史学习教育，组织开展建党100周年庆祝活动，深入学习贯彻习近平总书记在庆祝中国共产党成立100周年大会上的重要讲话精神，升级改造红色西山革命教育基地。

【领导班子建设】 中共青神县委组织部采取个别谈话、征求意见、民主测评等方式评估班子运行情况，对62个乡镇（街道）和部门党员干部全覆盖开展谈心谈话和领导班子运行分析，优化53个县级部门（单位）班子结构。全年全县调整干部17批次，提拔干部59人，进一步使用10人，交流119人，免职34人。全县科级领导干部470人，其中，男性313人，女157人，平均年龄41.2岁。副科级领导干部共335人，其中，男性215人，女性120人；全日制研究生12人，全日制本科以上学历128人，30岁以下23人。正科级领导干部135人，其中，男性98人，女性37人；30岁以下1人，35岁以下21人；全日制研究生2人，全日制本科以上学历35人。换届后，全县乡镇领导班子成员中，留任干部占班子成员总数51.8%，其中党政正职留任占比50%，确保一半以上干部熟悉本地情况。各班子中均配备熟悉党的建设、产业经济、财政金融、城建规划、乡村振兴、基层治理等工作的干部，实现结构优化、功能增强的目标。

2021年6月30日，青神县召开“两优一先”表彰大会　　（县融媒体中心供图）

【干部教育培训】 2021年，中共青神县委组织部在县委理论学习中心组学习会上开展党史学习教育集中学习9次、专题研讨6次。县委书记刘今朝带头在成艺大学就党史学习教育讲授专题党课。各类宣讲团开展专题宣讲500余场，1.1万名党员干部参加；召开全县领导干部党史学习教育专题读书班，培训领导干部215人；将党性教育作为重点培训班的“必修课”，课程占比不低于30%，举办各类培训19期，培训干部2100余人次；配合省、市参加各类调训35人次，网络调训30人次。

【干部管理监督】 中共青神县委组织部召开2020年度县委选人用人“一报告两评议”工作会，组织全县33名县级领导集中进行个人有关事项填报，并指导7名领导干部做好《个人有关事项及时报告表》的上报；强化换届宣传教育，印发《青神县巩固深化“不忘初心、牢记使命”主题教育成果的实施方案》，分层分类分阶段全覆盖开展谈心谈话4000余人次；从严换届监督检查，制定《青神县换届风气督查督导工作方案》，选聘12名换届风气监督员，下沉乡镇驻点协助抓好换届工作，抽调精干力量组成6个督查指导组，开展专项督导和常态化督导，采取“四不两直”方式督导检查110余次，配合制定《青神县违反换届纪律问题举报查核实施办法》，对县人民法院、县人民检察院等7个单位开展选人用人专项检查；落实干部兼职审批工作，上报同意市管干部在协会兼职1人，建立全县干部兼职动态管理台账；规范出入境证照管理，动态更新“青神县领导干部持有出国（境）证件及保管情况统计表”，县委组织部代管县级领导证照29本、科级领导干部证照115本、涉密人员证照1本；委托县审计局，对4人开展领导干部经济责任审计、自然资源资产审计工作，对新提拔任用干部任前公示共 154 人次，公示期间未接到“12380”电话举报。

【基层党组织建设】 2021 年，中共青神县委组织部组织开展建党 100 周年系列庆祝活动，开展“一次集中宣誓、一次走访慰问、一次服务中心作贡献、一次红色记忆主题党日、一系列讲党课和优秀党课展播、一批党员先锋岗创建、一系列调查研究”活动，扎实开展“党旗在基层一线高高飘扬”和“我为群众办实事”实践活动，组织党员干部认领办好民生实事 2700 余件；圆满完成乡、村两级党组织换届，统筹加强农村、城市、两新、机关、国企等各领域党建，升格村（社区）党委 26 个，健全 12 个社区区域党委协调机制，设立村（居）民小组和小区党支部 500 个，理顺 7 个城乡接合部社区治理架构，“两新”组织党组织覆盖率 100%，成立青神发展投资集团有限公司党委，评选五星级基层党组织 34 个，培育国省乡村治理示范镇村 5 个。年末，全县有各级党组织 874 个，其中县委 1 个、县委派出工委 5 个、县级部门党组 34 个、县级部门党组性质党委 4 个、基层党组织 830 个。

【农村党组织建设】 中共青神县委组织部做好两项改革“后半篇”文章，以提升组织力、增强政治功能为重点，加强乡村基层组织建设，全覆盖建立村民小组党支部（党小组），与中农大建立“1+1+1”党建结对关系；建立村党组织书记权责三张清单，开展小微权力“监督一点通”试点工作；圆满完成乡村换届，村（社区）党组织书记平均年龄 41.1 岁，大专及以上学历占比 82.7%；乡镇党政正职平均年龄 36 岁，大学本科以上学历 100%；持续回引优秀农民工，开展“后备力量储备行动”，发展壮大村级集体经济，完成 2021 年村级集体经济收入 10 万元以上的村 8 个；探索建设 1 个村级主阵地、N 个村民小组微阵地的村级党群服务阵地体系，开展乡村治理“片长制”工作试点，划小治理单元，整合人员、资金、职能，推行“一员多用”，推动党群阵地、资源精准配置、服务精准高效。

【“两新”党组织建设】 中共青神县委组织部制定“两新”领域党史学习教育实施方案，组织开展“提质增效 创新争优”等 5 大系列活动；启动“两个覆盖”集中攻坚，新建“两新”组织党支部 16 个，纳入党建统计“两新”组织党组织覆盖率 100%；开展流动党员“一码通”注册登记，将 59 名流动党员纳入组织有效管理；创新探索“两新”组织党组织星级评选管理机制，建立“1+2+5”评价体系，健全“一星两用三挂钩”激励措施，分类实施“五星巩固、四星提升、三星优化”行动，强化“两新”领域党建标准化规范化建设。选树培育县委“两新”工委“‘两新’组织党组织星级评选管理机制探索”、德恩精工“红师傅带蓝徒弟”活动 2 个全市“两新”党建示范项目，县电商行业党委、四川丹甫环境科技有限公司获评眉山市第二批“两新”组织党建示范单位；培训党组织书记、党务工作者和新发展党员 160 余人次，全覆盖选派“两新”党建指导员 71 名；响应“民企乡村共兴”行动，50余个“两新”组织联系结对 46 个村（社区），组织实施“共兴项目”13 个，推动企村互动共走振兴路。

【党员队伍管理】 2021 年，全县发展新党员 231 名，其中发展“两新”组织党员 54 名，发展农牧渔民党员 73 名。县委组织部采取专题党课、专题宣讲、专题培训、专题民主生活会和专题组织生活会，抓好各领域党员干部党史学习教育；开展流动党员排查，加强管理，做到党员基本情况、流入时间、工作单位、联系方式情况“四个清楚”，全部将流动党员纳入所在党组织管理；开展“党员先锋示范岗”创建，常态开展“党建大联盟”、党员“双报到”，引导党员干部积极参与疫情防控、小区治理等工作；开展走访慰问生活困难党员、老党员、老干部和烈士遗属、因公殉职党员干部家属活动，向 2103 名党龄达 50 年以上且表现良好的老党员颁发“光荣在党 50 年”纪念章。中共青神县委组织部制发《党员教育培训工作五项制度》，落实集体培训、集中学习、网络教育三大培训内容，严格党（工）委党员教育培训计划备案制，收集汇总全县党员教育课程、学时登记资料 1 万余份，党员教育覆盖率 92.25%；按照党员教育规划中期评估要求，开展自评自述、自查自纠，分类汇总 2019—2021 年党员教育成果 7 个大类、83 个小项，顺利完成中期评估工作；对接省委“四川党建智慧云平台”，完成 7132 名党员注册，734 个党组织管理员分配注册，接入率 84.8%，进一步建强智慧党建平台体系。年末，全县有党员 1.11 万名，其中：女性党员 3350 名，占总数的 30%；流出党员 505 名，占总数的 4.5%；35 岁及以下党员 2190 名，占总数的 19.7%；大专及以上学历的党员 4172 名，占总数的 37.6%。

（张　志　郑宇宸）

宣传工作

【概况】 2021 年，中共青神县委宣传部围绕中心，服务大局，对内凝心聚力、团结鼓劲，对外联接沟通、提升形象，不断巩固壮大主流舆论。

依托红色西山资源，开展红色研学宣传；策划 MV 拍摄、诗歌朗诵等系列活动，营造热烈社会氛围；结合观萤特色实际，策划举办“成渝双城经济圈·寻萤追梦目的地”2021 年“观萤季”媒体推荐活动；启动“成眉同城‘都’是一家‘青’”活动，有效扩大青神对外宣传影响。

【党史学习教育】 2021 年，中共青神县委宣传部召开 2 次县委常委会、5 次领导小组会专题研究部署全县党史学习教育工作，按照任务要求、总体安排和时间节点，印发各类文件 30 余个；组建 7 支县委党史学习教育巡回指导组，开展全覆盖分类指导 2 轮，提出整改意见 300 余条；围绕百年党史、习近平总书记在庆祝中国共产党成立 100 周年大会上的重要讲话精神、中共十九届六中全会精神等，县级干部领导通过常委会、实地调研等方式开展专题学习 20 余次；全县 862 个基层党组织通过“三会一课”、主题党日等组织开展主题突出、特色鲜明的学习培训上千场次，覆盖全县 1 万余名基层党员群众；立足青神本地红色资源，创作《面向党旗永生》《光辉照西山》《毛慈影》《火背篼烧不屈的刘王氏》等红色党史学习教育节目 20 余个，开展演出活动 300 余次。整合红色资源，打造红色西山党史学习教育基地，成功创成市级红色研学教育基地，年内接待市内外 3 万余人次，6 月 10 日，省委常委、副省长李云泽，来青神调研期间给予该基地充分肯定。推进“我为群众办实事”实践活动，收集各级党员领导干部办实事项目清单 2700 余条，推进解决群众关心的教育、就业、就医等切身问题，截至年底，完成项目清单 2300 余条，其中，县级“一站式”矛盾纠纷多元化解协调中心为民办实事经验信息被省党史学习教育简报采用。

（郭晓琴）

【理论学习和研究】 2021 年，青神县各级理论学习中心组开展学习 400 余场次，其中开展新民主主义时期、社会主义革命和建设时期、改革开放和社会主义现代化建设新时期、中共十八大以来历史、社会主义发展简史、中华人民共和国简史、改革开放简史等党史专题学习 300 余场次；县委中心组开展学习 11 场，其中党史学习 9 场，习近平生态文明思想和中共十九届六中全会精神各 1 场；到彝海结盟地、攀枝花三线建设馆、红色西山革命教育基地、成都四川省庆祝中国共产党成立 100 周年主题展览馆等地开展现场学习，坚定理想信念，深化思想认识；全县各级理论中心组发放《论中国共产党历史》《新时代学习面对面》《〈中共中央关于党的百年奋斗重大成就和历史经验的决议〉辅导读本》等各类自学资料 5000 余本，进一步拓展学习的广度；在全县抽调各级理论学习中心组成员，组成县委宣讲团下乡镇、进农村、入企业、到学校，开展党史专题、习近平总书记在庆祝中国共产党成立 100 周年大会上的重要讲话精神、中共十九届六中全会、省委十一届十次全会、市第五次党代会精神宣讲 50 余场次，把党的路线、方针、政策送到普通党员群众中去，进一步凝聚思想共识；全县各级理论中心组带头开展调研，了解群众急难愁盼，收集群众需要解决的各类问题 2600 余个，限时定人解决，进一步拉近群众距离，凝聚群众力量，打下坚实的群众基础，县委理论中心组完成《农民共同富裕指标体系的调研报告》《立足特色优势 坚持文旅融合 提升青神城市文化软实力》等调研报告 14 篇，为现代化青神发展提供思路、分析问题、找到解决办法。

（余　涛）

【对外宣传】 2021 年，四川省人民政府信息公开办公室发文，将青神县“讲好地方故事，传到世界各地”的宣传创新举措和经验做法纳入典型，全国推广，获得省长黄强肯定性批示。围绕特色产业发展、乡村振兴、“两项改革”后半篇文章、国家生态文明建设示范区创建等主题开展宣传，共计在省级及以上媒体上稿 1400 余条，《人民日报》报道 5 次，《人民日报》（海外版）报道 2 次，中央电视台报道 15 次，新华社报道 6 次，《四川日报》报道 62 次，四川卫视报道 17 次，《眉山日报》头版报道 16 次，其中，《人民日报》以《四川省青神县百家池村——“明天会更加美丽富足”》为题，首次头版单条报道青神县。党史学习教育宣传特色

2021 年 10 月 12 日，青神县召开 2021 年三季度意识形态工作暨网上“扫黄打非”工作联席会　（县委宣传部供图）

鲜明。围绕红色西山革命史、红色文物故事挖掘、“五老”人物事迹、“三线建设”等，推出相关宣传报道100余条；澎湃新闻“建党百年初心之路”大型全国巡展活动走进红色西山革命教育基地，直播节目实时收看6万人次；策划“研学在青神 旅行促成长”主题采访活动，面向20余家主流媒体发布青神红色革命史、红色研学情况；筹备《同唱一首歌》MV拍摄活动，全县700余人参与；组织“读党报党刊 学百年党史 做先锋模范”阅读朗诵比赛，揽获全市一等奖、二等奖、最佳摄制奖、最佳人气奖和最佳组织奖。“观萤”宣传吸睛吸金。举办“成渝双城经济圈·寻萤追梦目的地”2021年“观萤季”媒体推荐活动，邀请15家媒体参与外景实地新闻发布会；新华社客户端报道《邂逅“萤宝”：竹里萤光东坡恋 邀您共赏青神萤火虫》，阅读量30余万+人次；四川省委宣传部主管的重点期刊《看四川》，刊登《寻萤青神 到东坡初恋地赴一场与萤火虫的浪漫之旅》；人民网、四川卫视、《成都商报》等主流媒体发布观萤季相关报道60余篇，有效推介本土文旅资源，实现造血三产。双城CP联动宣传出圈。3月中旬，县委宣传部启动“成眉同城‘都’是一家‘青’”城市CP宣传活动，截至5月10日，在青神、都江堰两地媒体，中国网，《眉山日报》，眉山电视台等多家主流媒体宣传报道20次。乡村振兴宣传做“竹”文章。结合生态文明、乡村振兴、两项改革等重点工作策划主题宣传，聚焦中国竹编第一村兰沟村做“竹”文章，央视新闻频道《走进乡村看小康》第24期直播报道兰沟村依托竹资源发展竹产业，四川卫视《新闻联播》、《四川观察》、四川卫视新闻频道《早安四川》相继报道竹里巷子新风貌；协调对接企业、部门、节目组，提供竹产业发展、生态环保相关资料，全力配合《你好生活》节目组做好节目拍摄工作。

（王　丽）

【网络安全管理】 2021年，青神县深入推进网络综合治理体系建设，持续开展“清朗”“打假治敲”等专项整治行动10余次，加强属地重点网站、自媒体等网络新媒体日常监管，规范网络传播秩序。组织开展“2021国家网络安全宣传周”活动。开展网络安全督查6次，扎实推动数据安全保护，严厉打击网络违法犯罪，筑牢网络安全防线。处置涉青神网络信息58条，全县未发生重大影响的负面舆情。

（吕艳玲）

【新闻出版】 2021年，中共青神县委宣传部完成版权作品登记450件、完成3家出版物发行单位年度核验、13种内部资料性出版物准印证申请；以政府机关为重点，把机关软件正版化向纵深推进，完善政府机关软件正版化；为全县38个农家书屋更新书籍2432册。在做好疫情防控前提下，完成全县农村电影公益放映456场；“扫黄打非”工作与落实意识形态、精神文明建设、基层综治工作相结合，开展“扫黄打非”集中行动、保护知识产权宣传活动周、校园周边文化环境整治等系列专项行动；在封堵查缴政治性非法出版物，扫除淫秽色情文化垃圾，加强网络监管，净化社会文化环境，打击侵权盗版行为等方面取得明显成效；全年出动执法人员100余人次，检查出版物市场、店档摊点100余家次，检查印刷复制企业100余家次，与公安、文广旅、市场监管等职能部门开展联合检查8次，有力地净化社会文化环境，为中国共产党成立100周年系列庆祝活动保驾护航。（郭晓琴）

2021年在省级以上报刊、电视台、电台发表新闻情况表

表1

序号	媒体名称	新闻标题	发表日期	版面/栏目	作者
1	人民日报（海外版）	不忘来路的汉阳湖	2021.1.11	12版	蒲光树
2	人民日报	文化融入城市生活、激发产业活力，四川眉山——漫漫东坡韵 千载诗书城（解码·城市味道）	2021.2.2	12版	王永战
3	人民日报	网上买、异地买，选择更多元，品质受关注新春年货“滋味”多（新春走基层）	2021.2.19	4版	王永战
4	人民日报	全国脱贫攻坚先进个人名单（1981名）	2021.2.26	11版	
5	人民日报	四川省青神县百家池村——“明天会更加美丽富足”（奋斗百年路 启航新征程·同心奔小康）	2021.4.24	头版	林治波　朱　虹
6	人民日报	四川着力均衡布局优质医疗资源 大小医院联动 方便基层群众（一线探民生·保障人民健康①）	2021.4.29	12版	王永战
7	人民日报（海外版）	为二手商品交易提供标准化、规范化服务资源循环利用，“互联网+”显身手（网上中国）	2021.7.23	8版	李　贞
8	经济日报	到四川赏非遗住农庄	2021.1.3	7版	刘　畅
9	经济日报	冬游西部不再“冷”	2021.1.3	7版	代　玲
10	经济日报	全国脱贫攻坚先进个人名单	2021.2.26	7版	
11	经济日报	昂首阔步新征程——十三届全国人大四次会议开幕侧记	2021.3.6	2版	贺浪莎　姚　进
12	经济日报	“滚滚”惹人爱	2021.8.15	9版	刘畅
13	经济日报	四川青神竹编——巧手编出美好生活	2021.10.28	9版	钟华林
14	经济日报	保障冬季蔬菜供应	2021.12.13	头版	姚永亮
15	光明日报	竹编卖出“黄金价”	2021.2.9	7版	周洪双　杨　宇
16	光明日报	全国脱贫攻坚先进个人名单	2021.2.26	7版	
17	新华每日电讯	成都茶铺里，氤氲着时光、人生与家国	2021.11.26	16版	吴光于
18	农民日报	图片新闻	2021.2.3	1版	姚永亮　张艳玲
19	农民日报	2021年首期农安公益实训讲堂在成都举办	2021.5.21	4版	丁乐坤
20	农民日报	数字赋能、奖惩并重——让农产品质量安全信用更“有用”	2021.7.7	7版	丁乐坤
21	农民日报	图片新闻	2021.7.20	2版	古良驹　张艳玲
22	农民日报	四川青神程家嘴村　助农增收有妙招	2021.10.8	8版	吴　敏　邹　钰
23	农民日报	四川省青神县：创新园区发展机制　探索特色农业现代化发展新路径	2021.12.25	3版	
24	农民日报	抓关键聚合力护“舌尖安全”——看四川食用农产品“治违禁　控药残　促提升”三年行动开局	2021.12.28	头版	张艳玲
25	法治日报	“十心工程”筑牢美好生活法治支撑	2021.11.12	8版	马利民
26	中国改革报	强项目稳投资 携手三地共画一个“圈”	2021.7.14	3版	何广丙
27	中国改革报	四川：农业社会化服务促增收	2021.11.4	6版	高健钧
28	中国文化报	东坡故里：文旅花开满城芳——聚焦四川眉山文旅融合高质量发展之路	2021.7.14	4版	付远书　伍小花
29	中国旅游报	文化和旅游业为四川经济恢复振兴添活力——2021年四川省文化和旅游局长会议召开	2021.1.21	4版	白　骅　陈俊成
30	中国旅游报	眉山文旅迈入“加速度”发展新征程	2021.7.15	5版	伍小花　白　骅
31	中国环境报	从柴桑河到海棠竹里	2021.1.20	7版	叶　梅
32	中国纪检监察报	竹韵生香	2021.3.5	8版	王慧俊
33	中国教育报	聚焦学生核心素养，四川眉山一体化推进“五育”并举——引“五育”活水 养教育“绿洲”	2021.12.13	3版	王　阳
34	中国食品安全报	聚焦四大方面推动全产业链高质量发展——青神打造全国晚熟柑橘产业集群核心区重点县	2021.11.20	B4版	
35	中国食品安全报	眉山青神县把好“四个端口”筑牢食安监管根基	2021.12.9	B2版	徐　勇　周　倍
36	精神文明报	关爱环卫 免费爱心早餐活动 在四川青神启动	2021.2.6	2版	袁　矛
37	精神文明报	重任在肩豪情满怀 勇担使命筑梦启航	2021.7.13	1版	胡桂芳　周　洁　罗　园
38	精神文明报	新风貌	2021.9.30	7版	易秋彤
39	工人日报	四川省困难职工帮扶基金会推出环卫爱心早餐项目	2021.3.3	2版	李　娜
40	工人日报	“过去工装揣包里，现在工装天天穿”	2021.6.29	2版	李　娜

续表 1

序号	媒体名称	新闻标题	发表日期	版面 / 栏目	作者
41	人民法院报	光影中见证责任和担当	2021.7.1	106 版	
42	检察日报	明初心　知使命	2021.4.18	2 版	曹颖频
43	中国县域经济报	翠竹椪柑闯市场——四川青神以绿色发展为引领推动传统商贸和特色产业转型升级	2021.1.11	3 版	戚　原　余　文
44	中国县域经济报	碧水修竹皆是景 净土一方有良田——四川青神持续推动污染防治擦亮生态名片	2021.1.21	8 版	戚　原　陈梦颖
45	中国县域经济报	四川省青神县甘家沟村村民把丰收的青神椪柑，摆成了“2021 中国加油”字样，形成了一道别样风景。	2021.1.25	4 版	古良驹
46	中国县域经济报	四川青神虎渡溪航电工程建设者节日坚守施工一线——拼进度 抢工期 抓质量	2021.2.22	5 版	戚　原　兰　婷
47	中国县域经济报	四川青神竹编入选中欧地理标志协定第二批名单	2021.4.1	6 版	戚　原　陈　甜　吴　敏
48	中国县域经济报	扎根“三线”志不移——四川青神国营四五〇一厂创建发展纪实	2021.5.5	5 版	戚　原　古良驹　张　莉
49	中国县域经济报	四川青神推进县域矛盾纠纷全链条解决	2021.5.17	6 版	戚　原　陈　甜
50	中国县域经济报	秸秆有了“好归宿”——四川青神农作物秸秆综合利用率达 92.56%	2021.5.20	4 版	戚　原　余　文
51	中国县域经济报	四川青神写好乡镇两项改革“后半篇”文章——为乡村兴旺蓄势聚能	2021.6.17	5 版	戚　原　古良驹
52	中国县域经济报	集体经济好 分红频率高——四川青神交出农村集体产权制度改革满意答卷	2021.8.9	4 版	戚　原　吴　敏
53	中国县域经济报	四川青神发展立体种植全力保障粮食生产安全——扎牢群众“米袋子”	2021.8.26	2 版	戚　原　古良驹
54	中国县域经济报	四川青神：从“洼地”到“高地”的逆袭	2021.9.27	头版	戚　原
55	中国县域经济报	四川青神构建快速响应矛盾调解体系	2021.9.30	3 版	戚　原　邱文清　古良驹
56	中国县域经济报	半城山水半城竹——四川青神持续擦亮生态文明亮丽底色	2021.10.14	7 版	戚　原　余　文
57	中国县域经济报	四川青神：“四个关键”促城乡融合	2021.10.25	4 版	戚　原
58	央视 1 套	走进乡村看小康振兴发展踏新程	2021.9.25	新闻联播	
59	央视 2 套	四川眉山：家乡美味寄亲人 人不返乡“云团圆”	2021.1.27	经济信息联播	
60	央视 2 套	四川眉山：近 30 斤！居民挖出“巨无霸”红薯	2021.11.3	正点财经	
61	央视 3 套	《你好生活》第三季	2021.8.26	你好生活	
62	央视 13 套	形成强大的国内市场 构建新发展格局	2021.3.22	朝闻天下	
63	央视 13 套	六一儿童节 关注未成年人保护 精准保障困境儿童 纳入社会救助范围	2021.6.1	新闻直播间	
64	央视 13 套	迎中秋庆丰收 共享家乡味道	2021.9.20	新闻直播间	
65	央视 13 套	【走进乡村看小康】四川眉山兰沟村 中国竹编第一村 竹文化无处不在。	2021.9.25	走进乡村看小康	
66	央视 15 套	歌手格格演唱《青衣恋城》	2021.7.7	中国节拍	
67	央视 17 套	四川眉山：全产业链发展 果农丰收更增收	2021.3.5	中国三农报道	
68	央视 17 套	农为邦本 砥砺奋斗 既塑形又铸魂 乡村振兴焕发新气象	2021.10.5	中国三农报道	
69	央视 17 套	四川眉山：盘活闲置水域 渔业喜获丰收	2021.10.28	中国三农报道	
70	新华社	四川青神：“纪检妈妈”关爱农村留守儿童	2021.6.1		姚永亮　古良驹
71	中新社	四川青神：宽敞产业路助力乡村振兴	2021.1.12		姚永亮
72	中新社	四川青神：平流雾景观美不胜收	2021.1.12		古良驹
73	中新社	四川青神：春节临近 红灯笼俏	2021.1.29		姚永亮
74	中新社	四川青神采茶迎春	2021.2.17		姚永亮
75	中新社	四川青神：虎渡溪航电节后全面复工	2021.2.26		古良驹
76	中新社	四川青神：首季大豆开始种植	2021.2.26		古良驹
77	中新社	四川青神：茉莉花进入收获季	2021.7.13		古良驹
78	中新社	四川青神县大力打造观光农业	2021.8.10		古良驹
79	中新社	四川青神：抢收玉米入库	2021.8.10		古良驹
80	中新社	四川青神水稻迎丰收 秋收防疫两不误	2021.9.1		古良驹
81	中新社	四川青神：“白露”临近播种忙	2021.9.6		姚永亮
82	中新社	四川青神：农村等级公路比例达 100%	2021.9.7		姚永亮
83	中新社	四川省青神县境内首个高速路门户型站点建成投入运营	2021.9.24		古良驹
84	中新社	四川青神：川芎盖“稻被”助长又环保	2021.9.24		古良驹
85	中新社	四川青神：18 万亩晚熟柑橘进入收获期	2021.11.9		古良驹
86	中新社	四川青神：网络主播助力家乡晚熟柑橘销售	2021.11.21		古良驹
87	中新社	四川青神：自动化专业生产分拣线助力柑橘远销海外	2021.11.25		古良驹

续表 1

序号	媒体名称	新闻标题	发表日期	版面 / 栏目	作　者
88	中新社	四川青神：晚熟柑橘的“气象科技后盾”	2021.12.7		古良驹
89	中新社	四川青神汉阳古镇	2021.12.12		姚永亮
90	人民图片	四川青神采茶迎春	2021.2.17		姚永亮
91	央视频	春满青神 我在青神等你！	2021.3.2		
92	光明网	四川首艘新能源客船将于 6 月正式投运	2021.4.22		
93	中国新闻网	眉山青神县：讲好红色故事 推动红色研学旅游	2021.6.22		刘忠俊
94	中国新闻网	四川青神柑橘将上市 “火车飞机”助力果农作业	2021.9.15		陈选斌　乐小敏
95	人民日报客户端	四川省青神县市场监管局召开 2021 年新冠肺炎疫情防控工作会	2021.1.12		杨紫灵　程伯全
96	人民日报客户端	打开四川青神打好冷链食品疫情防控阻击战	2021.1.23		古良驹
97	人民日报客户端	亲，注册“天府健康通”：60 万元消费券拿去吃高兴耍安逸！	2021.2.3		陈　甜　蒋　麟
98	人民日报客户端	四川青神发放消费券助力推广“天府健康通”健康码	2021.2.6		陈　甜
99	人民日报客户端	四川青神：从房前屋后种到漫山遍野的“致富密码”	2021.2.9		李　幸
100	人民日报客户端	网上买、异地买，选择更多元，品质受关注新春年货“滋味”多（新春走基层）	2021.2.19		王永战
101	人民日报客户端	四川青神乡村振兴显成效	2021.2.22		陈　甜
102	人民日报客户端	致敬！青神县徐俊荣获全国脱贫攻坚先进个人表彰	2021.2.27		余　文
103	人民日报客户端	四川青神：集体经济富兰沟，分红大会凝信心	2021.3.2		赵小建
104	人民日报客户端	四川青神：人勤春早 提前育秧抢农时	2021.3.16		陈　甜
105	人民日报客户端	青神县青竹街道兰沟村：全国民主法治示范村诞生记	2021.4.15		陈　甜　黄浩宇
106	人民日报客户端	四川青神：光辉村何祠堂前红色故事在讲述	2021.4.16		王　清
107	人民日报客户端	这个信物不简单！红色文物讲述革命故事	2021.5.1		朱　虹　陈　甜
108	人民日报客户端	综合利用率达 92.56%！四川青神县“秸”尽其用	2021.5.13		朱　虹　余　文
109	人民日报客户端	青神：建好“四好农村路” 铺就乡村振兴路	2021.5.19		古良驹　李　田
110	人民日报客户端	四川青神：做实两项改革“后半篇”文章	2021.6.8		张　文
111	人民日报客户端	四川青神解决群众“急难愁盼”问题	2021.6.24		张　文
112	人民日报客户端	四川青神：改善人居环境久久为功	2021.7.21		张　文
113	人民日报客户端	四川青神：当好“一根针” 在奋斗中绽放光彩	2021.8.18		安　娜
114	人民日报客户端	四川青神县：传承民间技艺 寻找乡村匠人	2021.8.23		杨　芳　王　青
115	人民日报客户端	在四川青神，这位医生“流动”在乡间	2021.9.1		余　文
116	人民日报客户端	四川青神：竹里青神 安逸乡村	2021.10.22		
117	人民日报客户端	又有多地入围，四川省生态文明创建成效显著	2021.10.28		李凯旋
118	人民日报客户端	擦亮劳务“金招牌” “川字号”特色劳务品牌推介会举行	2021.1.11		李凯旋
119	人民日报客户端	四川青神：赓续红色血脉 凝聚奋进力量	2021.11.29		
120	人民日报客户端	绿意，从城市名字开始	2021.12.15		王　丽
121	新华社客户端	【春光好】青神万沟：牡丹闹春	2021.3.19		古良驹
122	新华社客户端	大熊猫“华容”的暑期生活	2021.8.4		姚永亮　古良驹 万晓一　王慧欣
123	新华社客户端	（经济）战“疫”防涝灭虫 四川确保水稻丰收	2021.8.15		陈　健
124	新华社客户端	收割机 + 志愿者 四川克服疫情抢收水稻	2021.8.19		陈　健
125	新华社客户端	四川眉山：稻熟人勤乡村美	2021.9.7		姚永亮　古良驹
126	新华社客户端	四川青神：监督检查护航柑橘产业促增收	2021.12.22		姚永亮
127	新华网客户端	眉山青神：春节期间抢进度 冷链物流园节后投产开启柑橘存储销售快车道	2021.2.15		蒋　燕
128	新华网客户端	眉山青神：春节不停工 航电建设忙 就地过年有保障	2021.2.15		蒋　燕
129	新华网客户端	（授权发布）中共中央 国务院关于表彰全国脱贫攻坚先进个人和先进集体的决定	2021.2.25		
130	新华网客户端	青神交警假期坚守不让观萤添“堵”	2021.4.6		卞美旋
131	新华网客户端	为柑橘代言！眉山市副市长化身“推销员”	2021.4.20		李　田
132	经济日报客户端	48 国学员相聚“云端” 线上体验眉山青神竹编	2021.12.3		王　丽
133	经济日报客户端	四川青神：绿色大地蔬菜促增收	2021.12.12		姚永亮
134	人民日报海外网	眉山市青神县奋力建设成渝地区最美竹林城市	2021.1.13		兰　婷　刘晓静
135	人民日报海外网	眉山市青神县“城市形象提升两年行动”中期盘点	2021.1.22		刘晓静　邱　毅
136	人民日报海外网	眉山市青神县农耕新模式 充实村民“粮袋子”	2021.3.2		余　文　李　田　邱　毅

续表 1

序号	媒体名称	新闻标题	发表日期	版面 / 栏目	作 者
137	国际在线	“十三五”期间：眉山青神产业转型发展彰显活力	2021.1.13		张琬沁 余 文
138	国际在线	“十三五”期间：生态与发展并重 “绿色青神”跃然纸上	2021.1.13		张琬沁 陈梦颖
139	国际在线	眉山青神公安召开“向人民报告”暨教育整顿收集意见办理情况反馈座谈会	2021.1.13		张琬沁
140	国际在线	晒出安居乐业幸福感 眉山青神民生实事项目完成总投资 11.8 亿元	2021.1.28		张琬沁 黄浩宇
141	国际在线	助力推广“天府健康通”健康码 眉山青神发放 60 万消费券	2021.2.6		张琬沁
142	国际在线	眉山青神荣获 2020 年度四川省乡村振兴先进县	2021.2.19		张琬沁
143	国际在线	眉山青神：耄耋老人感恩党 百米长卷绘祖国	2021.2.24		张琬沁 何 洪
144	国际在线	美丽四川丨满园春色关不住 眉山春景已上线	2021.2.25		张琬沁
145	国际在线	眉山青神县：坚持“四个聚焦” 跑出“绿色发展冲刺年”加速度	2021.3.3		张琬沁 刘 鑫
146	国际在线	【新春走基层】眉山青神：风来有竹声 竹之乡全力打造“竹文化”	2021.3.12		张琬沁
147	国际在线	眉山青神县公安：“点”上发力 防范电信网络诈骗宣传进万家	2021.3.17		张琬沁 陈 洁
148	国际在线	眉山：浪漫萤火点亮美丽青神	2021.3.24		张琬沁
149	国际在线	眉山青神：用活红色资源 掀起党史学习教育热潮	2021.3.30		张琬沁 易跃东
150	国际在线	眉山青神：把握粮食安全主动权 推进高标准农田建设	2021.4.16		张琬沁 余 文
151	国际在线	眉山青神：祠堂变讲堂 红色故事代代传	2021.4.16		张琬沁 王 清
152	国际在线	眉山青神公安暖心相劝 让意欲轻生的母女找回生活希望	2021.4.21		张琬沁
153	国际在线	眉山青神：提速释放“三大红利” 做实“两改”后半篇文章	2021.4.26		张琬沁 夏雨婷
154	国际在线	眉山市青神县红色西山艺术团：传承红色基因 弘扬西山精神	2021.5.12		张琬沁 罗宇豪 易跃东
155	国际在线	眉山青神护士余莎：在平凡岗位做群众健康的守护者	2021.5.12		张琬沁 陈 甜
156	国际在线	眉山公安毛燕鹏——网名“守护”的拼命三郎	2021.5.18		张琬沁
157	国际在线	眉山青神：建好“四好农村路” 铺就乡村振兴路	2021.5.19		张琬沁 古良驹
158	国际在线	眉山市青神县举办 2021 年第一期高校毕业生专场网络直播招聘会	2021.5.20		张琬沁 陈 甜
159	国际在线	眉山青神：引领示范挂“牌”作战 示范户与美好环境有一个“约定”	2021.5.20		张琬沁 余 文
160	国际在线	眉山青神：茶香飘沃野 产业促振兴	2021.5.28		张琬沁 余 文
161	国际在线	眉山青神中学女子橄榄球队夺得全国冠军	2021.6.1		张琬沁
162	国际在线	眉山青神：党建引领聚民心 乡村振兴有“出路”	2021.6.8		张琬沁 余 文
163	国际在线	眉山青神竹编入选“百年百艺 · 薪火相传”中国传统工艺邀请展	2021.6.10		张琬沁 余 文
164	国际在线	奖金总额 46 万元 眉山青神向全球征集竹产品创意	2021.8.12		张琬沁
165	国际在线	眉山青神向全球征集竹产品创意（英文版）	2021.8.16		
166	国际在线	眉山青神公安陈楠：警情记心上 民情记心中	2021.8.27		张琬沁 余 文 陈 甜
167	国际在线	眉山青神：深化教育改革创新 职业教育为经济高质量发展添活力	2021.9.9		张琬沁 吴 敏 王 清
168	国际在线	眉山青神公安：坚持深化改革创新 做“现代警务”的先遣突击队	2021.12.27		张琬沁
169	中国经济网	四川青神：“吹哨报到”哨声响 老旧小区换新装	2021.5.30		张 毅 万辽川 余学梅
170	中国经济网	2021“竹与生活”国际（青神）竹产品创意设计大赛正式开赛	2021.8.13		
171	中国经济网	四川青神竹编——巧手编出美好生活	2021.10.28		钟华林
172	中国网	四川青神县青竹街道丰富居民业余活动，构建社区美好生活	2021.4.16		陈 狄 贾永乐
173	中国网	四川青神县青竹街道开展主题党日活动	2021.6.9		陈 狄 贾永乐
174	中国网	保障冬季蔬菜供应	2021.12.13		姚永亮
175	中国青年网	四川省青神县百家池村：“明天会更加美丽富足”	2021.4.24		林治波 朱 虹
176	改革网	开门纳谏 四川青神公安“向人民报告”	2021.1.11		罗宇豪 何广西
177	改革网	小举措大治理 感受四川青神县城市治理“绿色”温度	2021.1.11		古良驹 何广西
178	改革网	四川青神县“硬核”操作让三无船舶“退出江湖”	2021.1.11		余 文 何广西
179	改革网	四川青神县晒出 2020 年十大民生项目靓丽成绩单	2021.1.28		黄浩宇 何广西
180	改革网	主体工程提前完工 四川青神中学校新校区 8 月底投入使用	2021.1.28		吴欣枰 何广西
181	改革网	全国人大代表王晓梅：全面提升农村养老服务能力	2021.3.7		何广西
182	改革网	四川青神青竹街道举办党史学习教育讲座	2021.4.23		吴 敏 何广西
183	改革网	分享英模故事 55 岁党龄老党员翻开“民情日记”	2021.4.23		余 文 何广西
184	改革网	世界读书日 听“最美教师”王晓梅讲红色故事	2021.4.25		陈 甜 何广西
185	改革网	两千名学生齐跳红色记忆操 “身体力行”传承红色精神	2021.4.26		吴 敏 何广西
186	改革网	四川青神凝聚巾帼力量 “寻找党的好女儿”	2021.5.11		杨 芳

续表 1

序号	媒体名称	新闻标题	发表日期	版面 / 栏目	作　者
187	改革网	四川青神县秸秆综合利用率达 92.56%	2021.5.14		余　文　何广丙
188	改革网	四川青神县：做实两项改革“后半篇”文章 为乡村全面振兴蓄势聚能	2021.6.8		古良驹　何广丙
189	改革网	基层组织带头示范共建美好宝镜村	2021.6.8		余　文　何广丙
190	改革网	四川青神县“两病”个性化健康服务包惠及百姓	2021.6.16		易跃东　余　文　何广丙
191	改革网	四川青神：相约格桑花绽开 援藏干部留余香	2021.6.16		陈　甜　何广丙
192	改革网	四川青神：唱响红色旋律 开启红色西山“研学之旅”	2021.6.22		何广丙
193	改革网	四川青神县原创历史舞台剧《面向党旗永生》正式发布	2021.7.9		何广丙
194	改革网	四川青神加快建设“竹里青神 安逸乡村”	2021.7.19		何广丙
195	改革网	四川青神开展大学生志愿者暑期“三下乡”活动	2021.7.22		王清 何广丙
196	改革网	民生“年中答卷”展现青神温度与速度	2021.7.29		古良驹　何广丙
197	改革网	四川青神上市企业德恩精工首获中国专利奖优秀奖	2021.8.3		陈　甜　何广丙
198	改革网	小作坊焕“新颜” 青神食品安全有保障	2021.8.3		童欣瑶　何广丙
199	改革网	百万欠薪十天追回！青神织牢劳动用工维权“防护网”	2021.8.5		韩明越　杨健舒　何广丙
200	改革网	变村民为股民 激活农村改革“一池春水”	2021.8.5		吴　敏　何广丙
201	改革网	眉山市组团参加第八届四川国际旅游交易博览会	2021.9.3		何广丙
202	改革网	四川青神：改革出实招 城乡“满盘活”	2021.9.15		何广丙
203	中国食品安全网	四川省青神县市场监管局多举措打好学校食品安全保“胃”战	2021.11.25		颜　伟　孙　勇
204	中国旅游新闻网	清明节假期四川文化和旅游市场强劲复苏	2021.4.7		陈俊成　白　骅
205	农村网	四川青神程家嘴村　助农增收有妙招	2021.10.9		吴　敏　邹　钰
206	中国农网	四川青神县百家池村：百家共筑振兴路	2021.7.12		辛　凯　古良驹
207	亚旅卫视	侨连五洲 川通四海 走进眉山 ——知名侨青、侨界菁英和海外华文媒体赴眉山参访交流	2021.9.25		
208	四川日报	乡村书屋：一道生机蓬勃的文化景观	2021.4.23	19 版	边　钰
209	四川日报	青神启动村（社）班子党纪法规培训	2021.4.26	8 版	樊邦平
210	四川日报	交通减碳，“上新”了！	2021.4.28	16 版	黄　刚
211	四川日报	西南地区最大绿色表面污染处理项目青神开建	2021.5.28	8 版	
212	四川日报	刚下门诊 他又“变身”村民家庭医生	2021.6.16	7 版	吴　枫
213	四川日报	青神推出纪检监察片区协作机制	2021.6.21	8 版	潘建勇　樊邦平
214	四川日报	趣说 眉山一代文豪苏东坡 民间传说故事多	2021.6.21	8 版	杨　宇　樊邦平
215	四川日报	最高奖励 5 万元青神全球征集竹产品创意	2021.8.14	4 版	樊邦平
216	四川日报	想飞的竹浆纸	2021.10.13	9 版	吴传明　王代强　王成栋
217	四川日报	第二批省级竹产业高质量发展县出炉	2021.10.27	11 版	
218	四川日报	绿水青山景常在 竹艺之城正扬帆青神县高质量创建省级全域旅游示范区	2021.10.28	3 版	王　丽　山　歌　邦　子
219	华西都市报	苏东坡突发灵感 青神牛儿灯一舞 900 年	2021.3.16	A12	王越欣　李　庆
220	华西都市报	一支底部镌刻五角星的酒瓶 曾是青神地下党组织的联络信物	2021.5.25	A2 版	王越欣　李　庆
221	华西都市报	全网超 1000 万人次一起触摸红色历史	2021.6.15	A3 版	王越欣
222	成都商报	青神发布萤火虫观赏指南：每处限流四千人 需网上预约	2021.3.19	7 版	蒋　麟
223	成都商报	注意绕行 3 月 30 日 7 时起成乐高速青神收费站永久关闭	2021.3.25	7 版	蒋　麟
224	成都商报	小伙逮了 260 只癞蛤蟆 获刑 6 个月缓刑 10 个月	2021.7.27	8 版	罗宇豪　杨　鹏　蒋　麟
225	四川法治报	检察“葫芦娃” 执着守正义——记青神县检察院专职检委会委员、第一检察部主任胡建	2021.4.1	8 版	余佳敏
226	四川法治报	在互动中学习 在参与中感悟 青神县检察院“检爱同行 共护未来”暖人心	2021.6.3	8 版	文国权
227	四川法治报	警情记心上 民情记心中——记眉山市唯一的女派出所所长陈楠	2021.8.27	6 版	余文 陈甜
228	四川法治报	青神有条矛盾纠纷调解“快速通道”	2021.9.10	6 版	邱文清　古良驹　熊　勇
229	四川法治报	让公平正义看得见摸得着——青神县检察院深入开展检察听证工作综述	2021.10.20	8 版	
230	四川法治报	青神检方组织听证让公平正义可触可感可信	2021.10.29	6 版	熊　勇
231	四川法治报	青神政法委书记调研检察工作	2021.11.4	6 版	熊　勇
232	四川法治报	青神检察院举行专题学习会	2021.12.9	7 版	熊　勇
233	四川法治报	强化“四警”铸铁军 持之以恒护安宁——青神县公安局加强队伍建设工作纪实	2021.12.28	7 版	李佳俊　熊　勇

续表 1

序号	媒体名称	新闻标题	发表日期	版面 / 栏目	作　者
234	四川经济日报	青神举办亲子绘本展演活动	2021.1.5	3 版	邓世平　常　坚
235	四川经济日报	预计年销售收入超 5 亿元　青神冷链物流园正式投产	2021.1.28	4 版	王　清　常　坚
236	四川经济日报	全力提升群众幸福感 2020 年青神各民生实事项目完成投资 11.8 亿元	2021.1.29	4 版	黄浩宇　常　坚
237	四川经济日报	青神县集中推广“四川天府健康通”	2021.2.1	4 版	黄浩宇　常　坚
238	四川经济日报	青神县开启“民企乡村共兴”行动	2021.1.28	3 版	马希琴　陈　容　常　坚
239	四川经济日报	青神县航电项目施工忙	2021.1.28	3 版	余　文　常　坚
240	四川经济日报	青神县竹产业助农增收	2021.1.28	3 版	李　幸　常　坚
241	四川经济日报	青神县 27 家规上企业全线开工	2021.2.22	2 版	王炜塞　余　文　常　坚
242	四川经济日报	青神举办“春风送岗·就业扶贫”招聘会	2021.3.1	2 版	罗宇豪　常　坚
243	四川经济日报	青神供电公司服务抗战老兵安全用电	2021.3.10	6 版	唐卫东　吴华羽　常　坚
244	四川经济日报	青神县：“零死角”复核计生奖特扶对象	2021.3.24	3 版	马　瑶　常　坚
245	四川经济日报	青神供电公司：53 个驻村便民供电服务点投运	2021.3.24	7 版	吴华羽　常　坚
246	四川经济日报	工业涅槃看眉山——重大项目引领工业高质量发展	2021.3.29	头版头条	樊邦平　李　幸　常　坚
247	四川经济日报	青神：医务人员上门为企业员工接种新冠疫苗	2021.4.7	7 版	王炜塞　常　坚
248	四川经济日报	眉山：多项指标创新高 工业经济“开门红”	2021.5.7	1 版	钟　烨　常　坚
249	四川经济日报	眉山青神县：专业合作社助群众增收	2021.5.27	3 版	吴　敏　常　坚
250	四川经济日报	青神供电公司 为“双考”保驾护航	2021.6.2	6 版	曾正雨　吴华羽　常　坚
251	四川经济日报	青神县：各界群众认真收看直播	2021.7.2	3 版	陈梦颖　吴　敏 黄浩宇　常　坚
252	四川经济日报	青神供电公司 为经济发展提供强力支撑	2021.7.21	6 版	吴华羽　常　坚
253	四川经济日报	青神：破译工业高质量发展的绿色密码	2021.7.23	1 版	常　坚
254	四川经济日报	青神县 天然流域十年禁捕成果初显	2021.8.2	2 版	兰晋乔　常　坚
255	四川经济日报	青神企业首获中国专利奖优秀奖	2021.8.3	3 版	陈　甜　常　坚
256	四川经济日报	青神县加快推进农业增效农民增收	2021.8.5	4 版	余　文　常　坚
257	四川经济日报	上半年 GDP 增速居眉山市第一青神县以特色产业驱动经济高质量发展	2021.8.12	2 版	古良驹　余　文　常　坚
258	四川经济日报	强“动力” 挖“潜力”青神县切实扎牢群众“米袋子”	2021.8.19	4 版	古良驹　常　坚
259	四川经济日报	国网青神供电公司：“电能替代”助力企业发展	2021.9.17	6 版	赵健文　岳帅锜 吴华羽　常　坚
260	四川经济日报	青神：重阳节里活动多 敬老爱老情意浓	2021.10.14	3 版	徐皓琳　刘宇波　常　坚
261	四川经济日报	青神：“对症”施肥 农作物丰收有保障	2021.10.26	3 版	吴　敏　常　坚
262	四川经济日报	青神：18 万亩晚熟柑橘进入收获期	2021.11.11	3 版	古良驹　常　坚
263	四川经济日报	青神县荣获“中国晚熟柑橘之乡”称号	2021.11.11	4 版	何丽虹　常　坚
264	四川经济日报	青神：聚焦三大特色产业 厚植高质量发展新优势	2021.11.17	2 版	古良驹　常　坚
265	四川经济日报	青神县推动党史学习教育走深走实	2021.12.21	2 版	古良驹　常　坚
266	四川农村日报	布局全产业链 青神竹产业驶入新蓝海	2021.1.6	2 版	刘　佳
267	四川农村日报	海归学霸的“柑橘经”	2021.1.12	7 版	王　青　黄浩宇　王青山
268	四川农村日报	青神“观萤”最佳季游客需预约	2021.3.22	2 版	王林红　刘　鑫　刘　佳
269	四川农村日报	人勤春来早育秧正当时	2021.3.22	1 版	陈　甜　刘　佳
270	四川农村日报	青神加快推进高标准农田建设	2021.4.21	3 版	余　文　刘　佳
271	四川农村日报	传承匠心 妙手编织幸福生活	2021.4.23	8 版	罗　敏
272	四川农村日报	非遗传承人复兴传统技艺一根青竹 编出乡村好风光	2021.5.13	6 版	罗　敏
273	四川农村日报	竹编“玫瑰花”见过吗？“5·20”青神小伙为爱特制礼物	2021.5.21	1 版	杨　都　罗　敏
274	四川农村日报	茉莉花采摘正当时	2021.7.20	4 版	何立坤　黄浩宇
275	四川农村日报	稀奇！柑橘树住进了“玻璃”大棚	2021.8.5	3 版	吴　敏　刘　佳
276	四川农村日报	采风团走进西充青神 聚焦“川果”产业	2021.9.15	1 版	刘　佳　周颖映 洪　瑜　罗　敏
277	四川农村日报	柑橘过上“现代生活”智慧果园尽显科技范儿	2021.9.15	2 版	刘　佳　周颖映 洪　瑜　罗　敏
278	四川农村日报	四川晚熟柑橘咋走“俏”？集群建设显成效	2021.12.16	2 版	聂　姚
279	四川科技报	教育资源高速“内循环”释放强大动能 青神县推动教育事业高质量发展	2021.1.6	5 版	陈学锋　苏兴全　苏文保

续表 1

序号	媒体名称	新闻标题	发表日期	版面 / 栏目	作　者
280	四川科技报	青神“牛倌”致富有法宝	2021.1.15	8 版	兰　婷　苏文保
281	四川科技报	回眸“十三五”，青神县产业发展彰显活力	2021.1.22	3 版	余　文　苏文保
282	四川科技报	青神县建立萤火虫调研监测网络体系	2021.3.24	6 版	王林红　苏文保
283	四川科技报	赋能园区 打造高地解码乡村振兴“青神样本”	2021.4.2	头版头条	苏文保
284	四川科技报	青神县“青神竹编”出口欧盟将有“护身符”	2021.4.9	3 版	陈　甜　吴　敏　苏文保
285	四川科技报	巧手编织美好生活	2021.4.14	6 版	吴　敏　苏文保
286	四川科技报	高台镇：探索“一核三微”基层治理新模式	2021.4.16	6 版	吴　敏　苏文保
287	四川科技报	川芎飘香 诸葛村特色农业收益好	2021.4.30	8 版	罗宇豪 何立坤 苏文保
288	四川科技报	忆革命先烈 传红色基因	2021.5.12	6 版	黄浩宇 苏文保
289	四川科技报	张德明：匠心传承竹编工艺	2021.5.14	8 版	陈　薇　陈　兰
290	四川科技报	“秸”尽其用 变“秆”为宝 青神县秸秆综合利用率达 92.56%	2021.5.21	3 版	余　文　苏文保
291	四川科技报	感受竹编文化魅力——走进中国竹编艺术博物馆	2021.6.4	4 版	罗钦丹
292	四川科技报	聚焦民生实事 优化资源配置青神县助推城乡教育医疗均衡发展	2021.6.4	6 版	赵　莹　苏文保
293	四川科技报	青神县：党建引领集体经济跑出“加速度”	2021.6.11	3 版	陈　甜　苏文保
294	四川科技报	青神县“三抓三提升”加强体育教育	2021.6.23	5 版	李　希　苏文保
295	四川科技报	青神中学橄榄球队再夺全国冠军	2021.7.7	3 版	黄举洪　苏文保
296	四川科技报	整体布局强产业 服务群众零距离 共绘治理同心圆青神县做好两项改革“后半篇”文章	2021.7.9	3 版	赵　会　苏文保
297	四川科技报	青神县高配置农田助力粮食稳产高产	2021.7.23	3 版	余　文　苏文保
298	四川科技报	传承“竹艺”文化	2021.8.27	3 版	杨　芳　王　青　苏文保
299	四川科技报	绿满青神 情暖乡邻——古稀老人热心环保，每天义务捡垃圾	2021.9.3	6 版	陈　甜　苏文保
300	四川科技报	青神中学顺利搬迁新校区	2021.9.8	3 版	黄　平　苏文保
301	四川科技报	水美鱼肥 官厅坝村生态养鱼喜获丰收	2021.11.5	8 版	陈　甜　易跃东　苏文保
302	四川科技报	青神县开展高素质农民培育跟踪服务	2021.11.19	3 版	曾永丽　苏文保
303	四川科技报	青神县村民“众筹”拓宽道路	2021.11.19	6 版	余　文　苏文保
304	四川科技报	陈云华：让竹编技艺“活”起来	2021.12.10	8 版	
305	四川工人日报	2020 年青神十大民生实事晒出期末“成绩单”	2021.1.30	4 版	黄浩宇
306	四川工人日报	你的早餐“娘家人”买单关爱环卫免费爱心早餐活动在青神启动	2021.2.4	1 版	雷　琰
307	四川工人日报	青神县成立职工（农民工）子女托管服务中心	2021.2.6	2 版	涂建平
308	四川工人日报	让嘎伍岭村的宝贝走出深山——记全国脱贫攻坚先进个人徐俊	2021.3.3	4 版	古良驹　刘　聪
309	四川工人日报	传承非遗技艺 织就多彩人生	2021.3.4	4 版	刘　聪
310	四川工人日报	勇做拓荒牛 甘为孺子牛	2021.3.26	3 版	刘　聪
311	四川工人日报	青神柑橘漫谈	2021.3.26	4 版	刘　聪
312	四川工人日报	青神县观萤季拉开帷幕	2021.3.29	3 版	刘　聪
313	四川工人日报	山中 那片红色的记忆	2021.5.28	2 版	周　军　古良驹
314	四川工人日报	青神县启动劳模宣讲活动	2021.6.23	2 版	涂建平
315	四川工人日报	传承红色基因讲好红色故事	2021.6.28	2 版	刘　聪　赵　莹
316	四川工人日报	武装暴动播下革命火种回顾四川青神西山农民武装暴动	2021.7.9	3 版	张　莉
317	四川工人日报	青神县企业职工子女暑期托管班开班	2021.7.22	2 版	涂建平
318	四川工人日报	川妹子千里送物资驰援河南	2021.7.31	3 版	陈　甜
319	四川工人日报	青神县成立眉山首家企业职工法律援助工作站	2021.9.28	3 版	刘　聪　郑姜媛
320	成都日报	到青神县 赴一场与萤火虫的浪漫之约	2021.3.25	12 版	陈　泳
321	四川卫视	眉山：下“竹”功夫铺展美景民富新画卷	2021.2.6	四川新闻联播	
322	四川卫视	关爱农民工·暖心过大年	2021.2.7	四川新闻联播	
323	四川卫视	我省积极构建农村消费大市场	2021.2.24	四川新闻联播	
324	四川卫视	2021 年全国两会特别报道	2021.3.3	四川新闻联播头条	
325	四川卫视	向总书记报告 办好人民满意的教育 四川这样抓	2021.3.9	四川新闻联播	
326	四川卫视	发展绿色交通 助力“碳达峰碳中和”	2021.4.19	四川新闻联播	

续表 1

序号	媒体名称	新闻标题	发表日期	版面 / 栏目	作　者
327	四川卫视	眉山：茉莉花变“致富花”	2021.8.2	四川新闻联播	
328	四川卫视	旅游大通道 成乐高速扩容眉山南至青神段右幅通车	2021.8.17	四川新闻联播	
329	四川卫视	四川省委常委组织部部长于立军调研我县国际竹艺城。	2021.8.18	四川新闻联播	
330	四川卫视	立即行动 边查边改解民忧	2021.9.1	四川新闻联播	
331	四川卫视	央视《走进乡村看小康》直播节目聚焦眉山青神兰沟村	2021.9.25	四川新闻联播	
332	四川卫视	省生态环境厅发布我省生态文明示范创建情况	2021.10.28	四川新闻联播	
333	四川卫视	砥砺奋进新征程 凝心聚力再出发	2021.12.1	四川新闻联播	
334	四川卫视	眉山推行“三区联动” 助力就业创业	2021.12.6	四川新闻联播	
335	四川卫视	到青神赴一场与萤火虫的浪漫之约	2021.3.28	今日视点	
336	四川卫视	《第一书记》第三季⑦徐俊解心结	2021.4.21	今日视点	
337	四川卫视	《对话绿色先锋》交通篇：绿色发展在“路上”	2021.5.2	今日视点	
338	四川卫视	小伙子逮了 260 只癞蛤蟆	2021.7.27	今日视点	
339	四川卫视	“双减”下的特色课堂眉山青神：实践育能 提升素质	2021.11.7	今日视点	
340	四川电视台新闻频道	四川眉山：家乡美味寄亲人 人不返乡“云团圆”	2021.1.28	现场快报	
341	四川电视台新闻频道	大熊猫苏星到成都“耍朋友”“娘家”既骄傲又不舍	2021.3.5	新闻现场	
342	四川电视台新闻频道	眉山青神一女子怀抱 5 个月大婴儿欲跳河轻生 所幸被民警救下	2021.4.2	1800 新闻现场	
343	四川电视台新闻频道	同声咏唱 同心向党青神融媒倾情演绎《少年》	2021.6.13	1800 新闻现场	
344	四川电视台新闻频道	旅游大通道 成乐高速扩容眉山南至青神段右幅通车	2021.8.18	1800 新闻现场	
345	四川电视台新闻频道	技能四川栏目 妙手抽丝匠心传承竹编技艺	2021.11.21	技能四川	
346	四川电视台四川乡村频道	“妈妈团”发力：枕头粑、叶儿粑现场做慰藉远方游子心	2021.1.29	四川乡村新闻	
347	四川电视台四川乡村频道	为了推广“四川天府通”，他们的妙点子真是绝	2021.2.4	四川乡村新闻	
348	四川电视台四川乡村频道	大熊猫苏星要来成都“耍朋友”咯	2021.3.4	四川乡村新闻	
349	四川电视台四川乡村频道	“苏星”上成都 • 背后的故事，青神熊猫馆馆长：说心里话 有一点舍不得	2021.3.4	四川乡村新闻	
350	四川电视台四川乡村频道	“90 后”陈怡的国潮非遗梦	2021.4.1	问您所“?”	
351	四川电视台四川乡村频道	妙手抽丝 匠心传承竹编技艺	2021.4.12	金字招牌	
352	四川电视台四川乡村频道	指尖上的艺术——青神竹编	2021.8.10	金字招牌	
353	四川电视台四川乡村频道	“中国竹编之乡”全球征集竹产品创意设计大赛正式开赛	2021.8.13	四川乡村新闻	
354	四川电视台四川乡村频道	走进 10+3 “竹”打休闲农业 增添发展新动能	2021.9.14	四川乡村新闻	
355	四川电视台文化旅游频道	人生如画 画入人生	2021.2.4	龙门阵摆四川	
356	四川电视台文化旅游频道	青神近郊游 十块钱的超值熊猫馆	2021.5.12	安逸旅途	
357	封面新闻	我们的节日 • 口述民俗丨苏东坡突发灵感 四川青神牛儿灯一舞就是 900 多年	2021.2.22		王越欣　李　庆
358	封面新闻	23000 字！四川青神 8 位老人两年绘百米书画长卷颂党恩	2021.2.23		郑　丽　王昱蒙　王越欣　李　庆
359	封面新闻	全国仅 3 只 四川青神大熊猫“苏星”被选往成都当“种公”	2021.3.4		李　庆　王越欣
360	封面新闻	全国人大代表王晓梅：建议加大支持校外劳动教育实践基地建设 配备专兼职教师	2021.3.8		王越欣　李　庆
361	封面新闻	4 名院士寄语四川青神中学学子：像歼 -20 那样志存高远	2021.4.1		陈学锋　李　希　苏兴全
362	封面新闻	一支底部镌有五角星的酒瓶 是“小延安”地下党组织的联络信物丨红色文物讲述百年党史⑩	2021.5.21		王越欣
363	封面新闻	视频丨去茶馆“打酒” 一支五星酒瓶背后的红军革命斗争故事丨红色文物讲述百年党史	2021.5.21		王越欣
364	封面新闻	讲好红色故事 四川青神红色西山研学教育基地提档升级	2021.6.22		王越欣　李　庆

续表 1

序号	媒体名称	新闻标题	发表日期	版面/栏目	作　者
365	封面新闻	我们的节日·口述民俗丨四川青神瑞峰五月十五过端午 或与苏轼王弗结婚有关	2021.6.24		王越欣
366	封面新闻	四川青神环卫工捡到 1 万多元现金拾金不昧 这已经是今年第二次了	2021.7.6		李　庆
367	封面新闻	无偿栽培九年 四川青神七旬老人将一片荷塘变成网红打卡点	2021.8.11		吴　敏　王越欣
368	封面新闻	探访四川青神中岩寺摩崖造像：2492 尊佛像遍布全山 119 则名人题记琳琅满目	2021.10.16		王越欣
369	红星新闻	聚焦养老保障 全国人大代表王晓梅建议：全面提升农村养老服务能力	2021.3.8		蒋　麟
370	红星新闻	四川青神发布“赏萤”观赏指南：每处限流四千人 需网上预约出行	2021.3.18		蒋　麟
371	红星新闻	贴心！四川青神观萤景区新增 600 多个停车位，还有摆渡车接送	2021.3.29		罗宇豪　吴　敏　蒋　麟
372	红星新闻	沿着高速看中国丨节拍天下：这个五一 沿着 G5 京昆高速 到苏东坡初恋的地方	2021.5.2		蒋　麟
373	红星新闻	捷报！四川青神中学橄榄球队再夺全国冠军	2021.6.1		黄举洪　蒋　麟
374	红星新闻	天热！四川眉山大熊猫“华容”这样避暑：24 小时空调全开，吃冰镇竹笋	2021.8.3		阳佳秀　蒋　麟
375	红星新闻	小小竹伴手礼也能获大奖！奖金 46 万 四川青神向全球征集竹产品创意设计	2021.8.11		蒋　麟
376	澎湃新闻	澎湃红色大巴将驶进古城眉山，追寻“红色足迹”	2021.5.6		张成杰
377	澎湃新闻	党的好女儿——青神籍对越自卫反击战女战士高碧茹	2021.6.27		
378	川观新闻	以“新”换“心” 青神老旧小区提“颜值”增“气质”	2021.1.4		邓世平　邹　钰　王青山
379	川观新闻	逛起来！青神唤鱼公园春节前正式开放	2021.2.5		陈梦颖　邹　钰　王青山
380	川观新闻	天府旅游名品丨青神竹编有何魅力？	2021.11.23		青　吕　邹　钰　王青山
381	川观新闻	视频丨青神县：在这里 听青廉竹“语”	2021.12.6		
382	四川发布	提质增效中！眉山青神冷链物流园本月底投产	2021.1.27		王　清　张　妍
383	四川发布	革命老区孕育“最美老师”——记眉山青神王晓梅的“园丁”之路	2021.4.22		吴　敏
384	四川发布	眉山唯一！青神竹编入选“百年百艺·薪火相传”中国传统工艺邀请展	2021.6.11		余　文
385	四川发布	眉山青神：48 国学员相聚“云端” 线上体验青神竹编	2021.12.4		王　丽
386	四川交通广播	【1017 丨文旅】九大萤火虫类别！青神县开启最佳观萤季	2021.3.25		周　聪
387	四川交通广播	讲好红色故事！四川青神红色西山研学基地采访活动启动	2021.6.22		周　聪

精神文明建设

2021 年 9 月 30 日，青神县召开继续保持四川省文明城市荣誉称号推进会　　（县委宣传部供图）

【概况】 2021 年，青神县精神文明建设以习近平新时代中国特色社会主义思想为指导，贯彻落实《新时代公民道德建设实施纲要》《新时代爱国主义教育实施纲要》，培育和践行社会主义核心价值观，深化文明创建工程，广泛开展理想信念教育，深化群众性精神文明创建活动，不断提升人民思想觉悟、道德水准、文明素养和全社会文明程度。

【保持四川省级文明城市建设荣誉称号工作】 青神县坚持城市建设、基层治理与文明城市创建同频共振、相融互促，大力实施“创建氛围、志愿服务、文明细胞、基础设施、主题活动、专项整治”七大提升行动，常态化推进文明城市建设；坚持创建惠民，完成唤鱼公园、城区道路、农贸市场等基础设施建设，老旧小区改造惠及居民，群众的满意率大幅提升；广泛宣传动员，新设置公益广告和宣传栏 5000 余个，发放创文宣传资料 20 万余份，营造浓厚创建氛围，引导全县人民共同参与创建。11 月，青神县通过省级文明城市年度测评。

【群众性精神文明创建】 2021 年，中共青神县委宣传部制定《青神县群众性精神文明创建活动管理办法》《青神县群众性精神文明创建发展规划（2021—2023 年）》，修订青神县文明村镇、文明单位测评体系，利用眉山市精神文明创建管理平台强化动态管理，启动 2021—2023 年市级以上文明村镇、文明单位创建工作；利用新时代文明实践中心（所、站）等阵地，组织开展文明家庭先进事迹巡讲、展示活动，文明乡镇实现全覆盖，县级以上文明村覆盖率 96.15%；文明校园实现全覆盖，创建市级校园 2 个。

【公民思想道德建设】 青神县推动理想信念教育常态化制度化，广泛开展道德模范（身边好人）、新时代好少年、“最美 +”、文明和谐小区等先进典型创评活动，评选各类先进典型 100 余个，推荐上榜第七届市级道德模范 3 人；组织开展“传承雷锋精神 共建大爱青神”、道德模范（身边好人）先进典型宣讲等活动 60 余场；倡导设置“家风家训展示”“星级文明户展示”“红黑榜、义举榜”，开展“美德超市”“椪香橘力”等积分活动。构建具有青神特色的“我们的节日”主题活动，开展“中国农民丰收节”、清明祭祀、重阳孝老爱亲等主题活动。

【未成年人思想道德建设】 中共青神县委宣传部组织“扣好人生第一粒扣子”“新时代好少年”“青春献给党·红心向祖国”等主题教育实践，评选出 2021 年青神县“新时代好少年”10 名，并在开元大剧院进行表彰；开展青神县域“青苗乐园”托管运营志愿服务项目，通过开展主题活动，服务社区儿童；整合青神县学道街小学等 5 个中央项目和罗波小学等 6 个自建项目乡村学校少年宫，提档升级建设乡村“复兴少年宫”；2021 年眉山市“新时代好少年”先进事迹发布仪式在青神中学召开。

【新时代文明实践中心建设】 中共青神县委宣传部推动新时代文明实践结合乡村振兴、便民服务亲民化改造、老旧小区改造等工作，推进新时代文明实践所（站）建设，实现新时代文明实践三级体系建设全覆盖，涌现出百家池“邻里百家”、宝镜村“众筹”模式等典型示范，因地制宜推进文明实践延伸到千家万户。“邻里百家”文明实践经验被编入中宣部《思想政治工作研究》2021 年第一期。

【志愿服务】 青神县组建县、乡、村三级文明实践志愿服务队，成立环保、助老护老、关爱、应急抢险等志愿服务队，目前全县有注册志愿者 3.19 万人、注册志愿服务团体 561 个，村（社区）设立志愿服务站 58 个，覆盖率 100%。开展理论宣讲、法律咨询、环境治理、技能培训、养老助老等新时代文明实践志愿服务活动 1000 余次，帮助群众 3 万余人次；形成“竹里成长”“街道吹哨 部门报到”等一批具有青神特色的品牌志愿服务项目。各乡镇试点志愿服务反馈

2021 年 5 月 13 日，眉山市新时代文明实践中心建设现场会在青神县举行　（县委宣传部供图）

2021 年 10 月 30 日，青神县青竹街道花园社区新时代文明实践站在教师公寓小区开展“文明从脚下起步 创建自你我做起”创文宣传主题活动　（县委宣传部供图）

机制，白果乡甘家沟村建立“椪香橘力”积分制。

（李　雪）

统一战线

【概况】 2021 年，青神县统一战线工作按照不忘初心、维护核心、服务中心、凝聚人心“四心定位”，贯彻落实《中国共产党统一战线工作条例》，聚焦基层统战工作质量年建设，坚持党的工作部署到哪里，统一战线就跟进到哪里，法宝作用就发挥到哪里，最大限度地凝聚共识、智慧和力量。青神县委、县政府被眉山市委市政府评为“2020 年度统战工作先进集体”。

【民主协商】 2021 年，中共青神县委统战部制发《〈中国共产党统一战线工作条例〉学习方案》，组织召开统战系统工作会、统战团体座谈会、宗教领域党史学习教育宣讲会等 10 余次，参学 600 余人；深入乡镇、联系村、企业、群众分类别、分层次广泛开展《中国共产党统一战线条例》和“四史”宣讲活动，及时传达贯彻中国共产党十九届六中全会、中央民族工作会议、全国宗教工作会议、省委十一届十次全会、市第五次党代会、县第十五次党代会精神，不断夯实团结奋斗的共同思想政治基础。

【党外代表人士工作】 中共青神县委统战部组织召开社会各界代表人士座谈会、青神县“十四五”规划编制各界人士座谈会及其他专项工作意见征求会，收集各界代表人士的建议意见；探索开展民主监督的有效形式，将办理党外人士意见建议纳入重要议事日程和重点工作安排，开通党外人士意见建议“直通车”，畅通提案、建议、信息等建言渠道，收集建议 60 余条；梳理各界代表人士基本情况并建立数据库，加强党外干部培养管理使用等工作，配备党外干部县处级 8 人、正科级 11 人、副科级 15 人；统战部牵头完成政协青神县第十届委员会方案制定、提名推荐、考察、民主协商等工作，并严格换届纪律，确保换届风清气正；开展非公经济人士综合评价 92 人，推荐优秀党外代表人士 140 余人为市县人大代表、政协委员，11 名非公经济人士被推荐为市工商联副主席（副会长）、常委执委；四川用九工业有限公司总经理宋玲被推荐为省光彩事业促进会第五届理事会理事。

【新社会阶层人士统战工作】 2021 年，完成县知联会、县新联会换届工作，加强统战团体人才队伍梯队建设，注重发展质量，突出代表性，体现先进性，建立完善相关机制，鼓励干事创业，创新创造，引导统战团体成员参与县委、县政府中心工作，促进共同提升；中共青神县委统战部出台《统战团体考核评估办法》，提高统战团体社会贡献率。

【非公经济统战工作】 青神县在全市率先完成工商联换届，选优配强工商联（商会）班子；推动乡镇（街道）商会依法注册登记全覆盖，党组织同步成立，全覆盖完成预登记乡镇

2021 年 9 月 25 日，参加“侨连五洲 · 川通四海”2021 侨界菁英（成都）创新创业发展大会暨“一带一路”华商峰会的 50 余位嘉宾到青神县考察
（县委统战部供图）

（街道）7 个；县委统战部制定《青神县民营企业联谊会制度》，采取“请进来、走出去”、专家讲座等方式，每季度举办一次民营企业家联谊会，利用走访调研、“民营企业接待日”等渠道，解决民营企业在生产要素、人才用工、融资等问题 15 个；参与调解企业职工劳资矛盾、产权纠纷、债权纠纷等 13 件，涉及金额 5080 万元；截至年底，青神县有上市企业 2 家、国家级创新型企业 1 家、专精特新“小巨人”企业 3 家、国家高新技术企业 12 家、省技术创新示范企业 2 家，获四川省专利一等奖 1 项，德恩精工成功入选工业和信息化部第三批服务型制造示范名单。

【统战基地建设】 中共青神县委统战部依托红色西山革命教育基地，在全市率先打造青神县统一战线教育培训基地，开展统战知识培训 200余人次；依托成艺大学（青神校区）建设高校统战基地，以铸牢中华民族共同体意识为重点，开展“民族团结进步进高校”系列活动，争创省级民族团结进步示范基地；以力兴工业园、环龙新材料、德恩精工为示范，建“统战之家”，搭建技术研发、创新创业、联谊交友等平台，打造园区、非公企业统战工作示范点；在高台镇打造“百家同心”统战基地，引导农村“四新群体”，助力乡村振兴。在青竹街道青衣社区打造统战助力基层治理示范点；以羽翔城投公司为重点，打造国有企业统战示范基地。高台镇百家池村、成艺大学青神校区被命名为“第一批眉山市民族团结进步教育基地”。

【“民企乡村共兴”行动】 创新实施“民企乡村共兴”，青神县统战部印发《青神县“民企乡村共兴”行动实施方案》，发动 54 户民营企业与 46 个村对接以“民企乡村共兴”模式共走振兴路；签订村企联建项目 52 个，投资金额 1120 万元，解决就业 600 余人。3 月 25 日，全国工商联专职副主席谢经荣，全国工商联副主席、四川省政协副主席、省工商联主席陈放对青神县“民企乡村共兴”行动予以肯定。

（宋　诚）

侨务和港澳台事务

【概况】 2021 年，青神县侨务、港澳台事务工作围绕全县中心工作，创新举措、务实奋进，各项工作有序开展，为促进海峡两岸经济发展、文化交流和民心相通作贡献。

【侨务工作】 中共青神县委统战部组织推荐 1 家侨资企业（果真妙集团）参加省侨办主办的全省“汇侨兴川”贡献奖评选；中国西部海外高新科技人才洽谈会海外创新团队、“一带一路”华商峰会嘉宾到青神参观考察；做好过世归侨家属慰问工作，并组织相关部门、街道召开协调会，妥善处理后续相关工作；为 1 名贫困大一新生办理发放“中国侨商联合会公益助学金”1 万元。

【港澳台事务工作】 中共青神县委统战部组织四川金茂源环保科技有限公司参加粤港澳大湾区与成渝地区双城经济圈建设对接交流论坛系列活动。

（宋　诚）

民族和宗教事务

【概况】 2021 年，青神县坚持党对民族工作的领导，全面落实党的民族宗教政策，主动适应民族工作新常态，不断完善工作机制，创新工作举措，夯实基层基础，强化服务管理，维护民族团结、社会和谐，促进民族团结进步事业健康发展。

【宗教中国化青神实践】 中共青神县委统战部探索宗教中国化青神实践，所撰《探索宗教中国化眉山实践青神路径——德云寺示范宗教活动场所建设案例》被省委统战部评为“2021 年度全省统战工作实践创新优秀成果”，省委宗教工作领导小组办公室简报单条推广《青神县念好“导、行、化”三字经 探索宗教中国化实践路径》工作经验，德云寺被命名为全市首个宗教中国化示范场所。

【民族和宗教事务管理】 中共青神县委统战部以宗教场所疫情防控管理为重点，开展宗教场所大小巡查100余次，确保宗教界稳定底线；开展非法宗教活动排查和苗头性治理，规范基督教“以堂带点”管理，治理工作获省委统战部调研肯定；巩固白塔寺殡葬设施治理成果，健全管理制度，完善长效管理机制。全市宗教界消防演练在德云寺开展，“四联机制”（加强领导，部门联责；现场会商，联席施策；破除瓶颈，联合审批；多元共治，联保安全）工作经验在市民宗领导小组会议作交流。2021年，青神县统战部慰问困难少数民族家庭23户，争取到中央少数民族发展资金50万元，统筹用于巩固脱贫攻坚成果。

（宋　诚）

机要保密

【概况】 2021年，中共青神县委保密机要局认真贯彻落实习近平总书记对保密和机要密码工作的重要指示批示精神和中央、省委、市委、县委关于保密机要工作的决策部署，圆满完成各项工作任务。全县未发生失泄密事件。青神县委保密机要工作受到省委机要局局长张卫东肯定。

【保密宣传】 2021年，中共青神县委保密机要局结合“4·15”国家安全教育日、“12·4”宪法宣传日开展《中华人民共和国保密法》《中华人民共和国密码法》《中华人民共和国国家安全法》等法律法规宣传，发放宣传资料2000余份，推送短信近1万条，宣传教育群众上万人次；围绕庆祝中国共产党成立100周年，开展保密知识竞赛和保密警示语征集活动，征集保密警示语80余条，参与知识竞赛活动近500人次；投资40万元，依托红色西山革命教育基地，建成全市唯一的永久性国家安全（保密机要）宣传教育阵地，并向公众免费开放；接待党政机关、企事业单位党员干部及研学学生32批次、5000余人参观；利用各类培训，举办保密工作专题讲座7期，参训人员800余人次。

【保密监管】 中共青神县委保密机要局组织并指导各机关、单位开展国家秘密事项一览表（细目）和工作秘密事项清单的制定工作和定密责任人的备案工作，明确定密责任人及其定密权限；全年共巡网检查信息5万余条；投资30万元对网络安全设备进行升级，通过二级等保测评。

【保密检查】 中共青神县委保密机要局以保密自查自评工作为抓手，筑牢青神县保密工作安全防线。对全县各机关（单位）保密自查自评工作开展专项检查。

【保密技术】 中共青神县委保密机要局加强对涉密单机和保密要害部门部位的管理，切实抓好县党代会、县人代会、县政协会等重要会议的涉密保障工作，聘请专业公司对会议室、谈话室等重点涉密场所进行保密检查，严格落实涉密会议手机管理制度，确保涉密工作的绝对安全和保密。

【县电子政务内网建设和管理】 县电子政务内网服务中心在全县范围内开展电子政务内网建设需求调研，与县委组织部、县委宣传部、县委政法委、县信访局等重点部门沟通协调，健全拓宽基层电子政务网络平台。县纪委、县检察院将业务专网接入电子政务内网。

（陶　凯）

机构编制管理

【概况】 2021年，中共青神县委机构编制委员会办公室深入贯彻习近平总书记关于机构编制工作系列重要论述，认真贯彻落实《中国共产党机构编制工作条例》，紧紧围绕县委、县政府中心工作，为奋力建设高质量发展的国际竹艺名城提供坚实的体制机制保障。

【机构编制调整】 2021年，青神县委编办围绕全省首批建设人才工作先行区试点工作，聚焦机械产业、竹产业两大支柱产业，探索机构编制服务人才先行区建设新路径，设立青神县机械产业研究服务中心和青神县竹产业研究服务中心，保障事业编制20名；调整县公安局等6个单位机构编制事项，为县农业农村局等3个机构加挂牌子；为县民政局等3个机构下属事业单位更名；为县工商联调整核定领导职数，增核县委农办专职副主任；将县红十字会机关调整为县委领导下的独立群众团体；首次突破1∶1.2的比例，为符合政策安排工作条件的退役士兵提供岗位，为退役士兵安置工作提供编制保障。

【重点领域改革】 2021年，青神县委编办优化配置乡镇机构编制资源，在6个乡镇统一设置党政综合办事机构6个，直属事业单位3个，科学核定乡镇行政编制171名，核定乡镇领导职数71名，跨层级从县级部门调剂事业编制67名增核至乡镇一线；实施“派驻机构属地化”行动，

2021 年 4 月 28 日，省委编办主任、省委组织部副部长陈忠义（中）到青神县调研开发区体制机制和中小学教职工编制管理等相关工作（县委编办供图）

2021 年 10 月 26 日，县委编办召开全县第二次机构编制核查暨 2021 年度机构编制年度统计工作培训会（县委编办供图）

调整设置县农业农村局派驻站所 7 个，撤销县水利局 3 个水利片站，下沉事业编制 7 名、事业人员 19 人至各乡镇（街道），为县自然资源局下属 3 个自然资源片站增核事业编制 8 名；实施“五权下放”，强化乡镇（街道）对派驻体制的机构和人员统筹协调能力；实施“综合执法体系化”行动，构建“网格发现、乡镇主导、片区协调、县区统筹”的四级乡镇综合执法体系，采取“固定制 + 常驻制 + 联系制”的方式，打造“乡镇（街道）综合执法办公室 + 派驻机构 + 县级部门延伸工作力量”的运行模式，编制“三张执法事项清单”，厘清部门与乡镇执法权责边界；以“稳步推进、抓点带面、全域推广”为原则，在高台镇、汉阳镇开展平台化运行工作；完善和深化“街道吹哨、部门报到”工作机制，推动街道赋权扩能，该工作机制受到市委肯定。

【事业单位登记管理】 2021 年，青神县委编办办理事业单位法人登记管理服务事项 76 件、党群机关赋码颁证事项 39 件；提前完成事业单位年度报告公示工作，公示率 100%；高质量完成事业单位法人公示信息年度抽查工作；印发《青神县事业单位印章管理办法》，清理归档各类老旧印章 419 枚，推进印章收缴规范化、全面化。

【机构编制信息化建设】 青神县委编办强化机构编制信息化服务保障，继续保持全县党政机关事业单位网站中文域名注册率和标识挂标率两个“全覆盖”，严格领导干部配备前职数预审，2021 年完成 237 名科级领导职位预审工作；严格执行各类编制用编审核工作，全年用编审核 184 个，为县级相关部门提供数据服务 100 余次；严格按程序上下编，做到机构清、编制清、领导职数清、实有人员清。全年共办理入编 288 人次、出编 270 人次。

【机构编制日常管理】 青神县委编办将机构编制监督检查与县委巡察、党政主要领导干部经济责任审计等深度融合，2021 年结合巡查审计对县检察院、县农业农村局、县教体局等单位机构编制事项进行监督检查，查出并督促整改问题 8 个；以市委编办机构编制专项监督检查反馈的问题整改为契机，举一反三，对全县机关事业单位开展全覆盖实地监督检查，通报共性问题 5 个，涉及 5 个单位的个性问题 4 个；全面完成第二次全县机构编制核查工作。成立领导小组、制定工作方案、开展专题培训、落实上门指导、开展联合审查，按时保质保量地完成全县 51 个行政机关、241 个事业单位的核查工作；印发《关于进一步规范临聘人员管理的通知》，严格临聘人员管理，做到总量控制，严控新增；印发《关于进一步加强县级议事协调机构管理的通知》，严格议事协调机构管理，做到定期清理，全年开展清理精简议事协调机构工作 3 次，撤销任务已完成的议事协调机构 26 个，合并机构 12 个，更名 3 个。

（周渝翔）

档案管理

【概况】 2021 年，青神县档案馆围绕县委、县政府中心工作，推进档案接收与征集、档案资源开发与利用、档案信息化建设和档案法治化建设，加强民生档案、重大活动和项目档案等管理，荣获全省档案工作先进集体称号；进一步推进青神县综合档案馆新馆建设；编制《中国共产党青神县第十五次代表大会资料汇编》《青神县第十八届人民代表大会第一次会议资料汇编》《政协第十届青神县委员会第一次全会资料汇编》等档案资料。至 2021 年年底，青神县有综合档案馆 1 个、机关档案室 107 个，档案馆馆藏档案全宗 148 个，档案共 24 万余卷、件（册），其中，明清档案

2021年12月16日，青神县档案馆新馆竣工并通过验收 （县档案馆供图）

6卷，民国档案1.07万卷，新中国成立后档案23.23万卷、件（册）。

【综合档案馆建设】 青神县新建综合档案馆馆舍项目，占地面积4.12亩，投入资金1380万元，建筑面积3728.48平方米，2021年12月完成竣工验收，县级人民政府配套资金494万元用于采购档案专用相关配套设施设备。2021年5月7日，青神县以《高标准建设县级档案馆夯实档案管理工作基础》为题在眉山市档案工作会上作经验交流。

【档案接收与征集】 2021年，青神县档案馆接收文书档案进馆共4609卷、4722件；同时整理印章档案911枚，对接收进馆的照片档案进行数字化规范整理，累计整理照片2.67万张。进馆档案包括机关、团体、企业事业单位、其他组织以及个人不同门类和载体的档案。

【档案资源开发利用】 青神县档案馆依托馆藏资源，编写档案故事16篇。整编档案资料《中岩药物志》4卷，《中儒采药记》4卷、共62.2万余字；积极参与青神县发展馆、红色西山革命教育基地、三线记忆馆的建设，先后提供党史学习活动等各类史料583卷（件）；全年共接待机关、团体、企业事业单位和其他组织以及个人查档5152人次，调阅档案1.55万卷（件），出具档案证明2930份；开展跨馆异地查档利用37人次，撰写档案利用典型事例12条。

【档案信息化建设】 青神县档案馆制定《加快推进档案信息化建设工作的通知》和《“十四五”期间全县档案信息化建设工作规划》，明确规定档案信息化建设的总体目标、原则、重点任务；核查清点馆藏档案数量、积存零散档案状况、重点档案数量等情况，建立完整档案资料“明细账”；开展档案数据校验工作，共校验扫描文件23.21万件，扫描文件208.48万页，文件著录标引59.74万条，修改档案管理服务器系统文件错误目录596条，确保馆藏所有档案编目准确、整理规范、数据安全、调阅方便。

【档案法治建设】 青神县档案局、档案馆联合编制《青神县档案事业发展“十四五”规划》，为“十四五”期间县内档案事业发展提供行动指南；县档案馆组织全体干部职工学习贯彻新修订的《中华人民共和国档案法》，通过“6·9”国际档案日活动向干部群众宣传档案法律法规，增强全民档案意识和法治观念；开展对县人民检察院、县综合执法局、西龙镇、县实验初级中学校等10个机关、乡镇、企事业单位的档案行政执法专项检查。

【重大活动和项目档案管理】 青神县档案局（馆）在“三创一保”、新冠疫情防控、脱贫攻坚等重点任务中全程参与档案工作指导，在全市脱贫攻坚档案验收工作中被评为优秀；开展对岷江虎渡溪航电工程、220千伏牯牛山变电站等8个重点项目的档案指导、登记备案等工作。

【档案安全管理】 2021年，青神县档案局（馆）联合对全县机关档案室进行全覆盖检查，主要对制度建设及执行、消防设施和安防设施情况、档案实体有无霉变现象、虫蛀黏结等问题进行检查，共排查问题18个，及时将检查结果反馈至相关单位，要求其限期整改，确保国家档案资源的安全，年内全部整改完毕。

【档案规范化管理】 青神县档案馆落实《四川省档案工作规范化管理办法》，加强对立档单位档案工作规范化管理的指导，有效促进各立档单位把档案工作规范化建设列入单位内部管理的重要内容，切实改善档案硬件设施，确保有效开展档案利用，截至2021年年底，全县档案归档合格率98%。

【档案宣传教育】 县档案馆以档案培训、指导为契机，向各机关、团体、企业事业单位宣传新修订的《中华人民共和国档案法》，利用“6·9”国际档案日宣传活动，以“档案话百年”为主题，向群众展示20世纪50至90年代的老照片，活动现场发放宣传资料1000余份、档案文创产品700余件；在“成德眉资”四市档案馆联合举办的读档时光活动中青神积极参与，分享青神红色档案故事，宣传青神红色文化。

（张斯寒）

史志工作

【概况】 2021年，青神县党史和县志编纂中心发挥"为党立言、为国存史、为民修志"作用，融入县委中心工作和全县发展大局，紧扣"征、编、研、宣、审"职能职责，顺利完成全年目标任务和省市史志系统交办的各项工作任务。5月，青神党史工作在全市作经验交流；12月，省委党史研究室主任刘晓晨到青神调研，对青神充分挖掘党史资源，发挥党史阵地作用，持续开展党史宣教等工作给予肯定。

【党史征编】 青神县史志编纂中心完成《中共青神县委执政实录（2020卷）》编纂出版，全书60万字，彩页图片16张，12月正式出版。与县老促会共同编纂出版《青神县革命老区发展史》，全书32万字，分为6个章节，记载青神县近百年重大事件、重点工作和取得的重要成就，公开发行3000册，在全市、各区县的机关、学校等范围发放，成为全市党史学习教育延伸读本。开展第三轮县志、第三卷党史的资料收集整理工作，完成2006—2012年大事记初稿。

【《青神年鉴（2021）》编纂出版】 《青神年鉴》至2021年共编纂出版26卷。《青神年鉴（2021）》采用分类编辑法，按类目、分目、条目框架结构组成主体内容，设30个类目、156个分目、874个条目，辑录3篇文章、14个图表、80幅随文照片、24页彩页图照，共48万字。2021年首次实行双彩印刷，并置随文插图，12月由四川省教育电子音像出版社出版。《青神年鉴（2021）》全面、系统地记载了2020年青神县经济建设和社会事业等方面大事、要事、新事、特事，反映青神县在改善民生和服务社会等方面的重大举措、进展情况和取得的成就。

【乡镇（村）志编纂】 县史志编纂中心在调查摸底的基础上，制定《青神县乡镇（街道）、村（社区）志编纂工作总体规划方案》，除西龙镇外，全面启动其余6个乡镇（街道）志编修工作。全年深入乡镇（街道）、村（社区）指导业务21次。截至年底，全县出版乡镇志1部——《青神县西龙镇志》；出版村志2部——《西龙镇万沟村志》和《白果乡白庙村志》。《汉阳镇汉阳场社区志》于2020年启动，2021年年底完成初稿编纂。

【部门志编纂】 2021年，县史志编纂中心指导推进部门志编纂工作，《中共青神县委办公室志》于2021年启动，年底完成初稿编纂；《中共青神县委宣传部志》于年内完成初稿编纂。

【旧志抢救整理】 《青神备征录》由民国时期原青神县修志委员会委员、县崇本中学校长周子云编著，成书于民国36年（1947年）。全书共3辑，记叙青神县建置、地理、文化、风俗、人物考据情况，为地方史研究提供翔实依据，也为其后编修青神县志提供查询佐证资料和志书蓝本。12月，《青神备征录》点校整理内部出版。该书点校整理后分为两卷，加注标点符号，并将原书的繁体字、古体字、异体字转化为现代简化字。全书共12.8万字。

【史志课题研究】 青神县党史和县志编纂中心开展青神革命斗争史研讨，全县形成针对干部、学生、群众多个版本的宣教材料。开展三线建设研究，《青神县三线建设的经验、历史作用和启示研究》收录到《"三线建设与新中国发展"专家论坛论文集》。把好史实关，完成红色故事演讲、微党课比赛、情景剧《用生命坚守忠诚》、话剧《面向党旗永生》和青神送省市的新闻稿件等20余件材料史实审核。组织开展各类普查、调研，开展青神县首批历史建筑普查，形成汉阳轩师土特产等10个名录，截至年底，完成32个红色遗址的普查工作，为红色资源的开发利用打下基础。

【史志宣传教育】 在会议中心、景区、中心办公区域等地设置"知党

2021年12月29日，省委党史研究室主任刘晓晨（前排中）调研青神县红色西山革命教育基地　（县史志编纂中心供图）

史、晓地情”免费阅读展示柜，精心设计印刷史志书籍礼盒包装，赠送来青领导及宾客200余册。与县政协文史委在《青神文史》《吾乡》等刊物定期推出史志文章。与县委组织部共同在“青神先锋”公众号推出“百年风华”专栏，通过“老区印记”和“初心如磐”板块宣传青神党史。与县委宣传部共同编写《青神县党史学习教育宣讲参考提纲》，深入乡镇、机关、学校等开展专题宣讲。与融媒体中心策划、拍摄红色西山武装斗争、毛慈影、何光辉等7个党史小视频报送省委党史研究室。完成市委党校的区县微党课任务，拍摄微党课《薪火相传精神永续——新民主主义革命时期之青神党史》，在全市公开播放，反响良好。市委书记胡元坤调研红色西山革命教育基地，县史志编纂中心以《一封家书的故事》为题进行微党课宣讲受到肯定。组织干部参加四川省第二届红色故事讲解员大赛，代表眉山市参加“铭记百年路奋斗新征程”四川省首届基层理论宣讲大赛，均获得较好成绩。

【史志阵地建设】 为眉山市史志馆青神部分、青神县发展馆、苏母祠等提供馆内图文及实物资料。精心策划并打造三线记忆馆等一批党史地情宣传教育示范点。参与红色西山革命教育基地建设，为红色西山纪念馆、“党史长廊”“红色之路”“光辉栈道”等撰写图文资料和解说词，该基地被命名为眉山市中共党史教育基地，不断发挥资政育人作用，全年共接待党政企事业单位300余个，学生红色研学20余批次，接待2万多人次。承办市委理论中心组“传承红色基因、弘扬奋斗精神——走好新时代长征路”活动。接待省委统战部副部长唐强等多位领导到青神调研。

（杜燕玲　马汉超）

机关党建

【概况】 2021年，中共青神县直属机关工作委员会直属机关党委16个、医院集团党委1个、机关党总支12个、机关党支部20个，有党员2180名。县直机关工委落实新时代党的建设总要求和新时代党的组织路线，以党的政治建设为统领，围绕中心、建设队伍、服务群众，坚持目标导向、问题导向，以党建推动经济社会高质量发展，以优异成绩庆祝中国共产党成立100周年。县直机关工委被县委、县政府评为青神县2021年度走基层联系服务群众工作先进集体、巩固拓展脱贫攻坚成果同乡村振兴有效衔接工作先进集体、宣传思想工作先进集体，被县政府评为青神县2021年度卫生健康、医药卫生体制改革工作先进集体。

【机关基层党组织建设】 2021年，县直机关工委完成12个党总支、130个党支部集中换届，选举出席县第十五次党代会代表80名，推荐出席眉山市第五次党代会代表人选14名；举办新任职党组织书记、预备党员、发展对象、入党积极分子等各类培训6期，参训学员419人次；全年新发展党员47人，78人列为入党积极分子；召开直属机关“两优一先”表彰会，为173名老同志颁发“光荣在党50年”纪念章；走访慰问246名生活困难党员、老党员，发放慰问金12.1万元。围绕“七个基本”“五星级基层党组织”评选，施行“三年行动”计划，在三年内逐步完成机关党委、党总支、党支部党建示范点打造。创建县纪委监委“青廉四竹”、县市场监管局“4+3+5”党建领航（即发挥党建思想引领、目标引领、组织引领、作风引领“四大引领”作用，全力锻造有活力、有凝聚力、有战斗力“三力”队伍，坚定信念做不忘初心、对党忠心、出于公心、工作诚心、寡欲清心“五心”党员）、县农业农村局“初心引航兴农惠农”等行业特色党建品牌；县综合行政执法局机关党委、县人民医院住院部党支部获全市先进基层党组织称号；13个直属党组织获县委“五星级基层党组织”称号。

【机关干部驻村帮扶】 县直机关工委将巩固拓展脱贫攻坚成果同乡村振兴有效衔接，细化干部直接联系服务群众暨“走基层”工作目标和计

2021年9月23日，青神县直机关工委召开中国共产党青神县直属机关代表会　（县直机关工委供图）

划，向重点村持续选派第一书记和工作队，13名驻村第一书记和26名驻村工作队队员轮岗交接；开展巩固脱贫攻坚成果“回头看”，健全防止返贫动态监测和帮扶机制，全县79个部门、企事业单位，7个乡镇、街道，32名县级领导，2409名干部职工参与直接联系帮扶群众工作，全覆盖帮扶脱贫户、监测户3812户，开展走访慰问9000余人次，投入帮扶资金165万余元，争取项目资金1335万余元，解决实际问题130余个，坚决守住防止规模性返贫底线。

【机关党风廉政建设】 贯彻落实《关于新形势下党内政治生活的若干准则》，落实“三会一课”、组织生活会、民主评议党员、党员领导干部民主生活会、双重组织生活等制度。贯彻落实民主集中制。加强党风廉政建设，强化政治担当，深化巡视巡察问题整改，坚持党组织书记述职评议，对48名直属机关党组织书记开展廉政集体谈话，反馈问题清单48份。贯彻落实中央八项规定精神，纠正“四风”，加强党员干部职工的教育、监督、管理，严守党的政治纪律和政治规矩，从严履行意识形态工作责任制。

（曾　娟）

老干部工作

2021年6月18日，青神县召开全县老党员老干部座谈会　（县委老干部局供图）

【概况】 2021年老干部局服务管理的副县（处）级以上离退休老干部有97人。其中，离休干部7人，包括市属单位在青代管离休干部3人（其中市委老干部局2人，市建行1人）；实职副县（处）级及以上退休干部40人，其他副县（处）级退休干部50人，包括异地安置退休干部1人（西藏1人），垂管单位在青代管退休干部1人（国税局1人）。2021年，县委老干部局立足实际、坚持围绕中心、服务大局、用心用情做好服务管理，确保离退休干部工作各项政策落到实处；聚焦离退休干部思想政治工作和党组织建设，推动老干部党史学习教育走深走实。用活本地红色教育资源，精心组织实施，推动庆祝中国共产党成立100周年系列活动入脑入心；聚力中心大局，开展“初心不改夕阳红”正能量活动，引导离退休干部在“三创一保”、乡村振兴、基层治理、疫情防控等方面贡献力量。

【老干部政治待遇落实】 2021年，县委老干部局完善老干部政治理论学习、参加重要会议和重大活动、参观考察、走访慰问制度；组织召开全县老党员老干部座谈会；组织老干部参加（列席）县“三会”、县内考察本年度重点项目；组织老干部代表参加县烈士陵园迁移会；全年走访慰问老干部及干部遗属230余人次；征订报纸杂志30余种，满足老干部学习需要。

【老干部生活待遇落实】 建立老干部重大节日走访、生病住院走访、生活困难走访、家庭有大事走访“四走访”制度，落实《进一步规范干部退休有关工作的通知》要求；落实新中国成立初期参加革命工作部分退休干部困难补助和医疗待遇照顾政策；调整新中国成立初期参加革命工作的部分退休干部困难补助标准；组织90余名老干部健康体检，建立老同志健康档案，开展“脑卒中的预防和救治”“肺部健康”等知识讲座、提供上门送诊等服务；走访慰问生病老干部20人次，帮助解决实际困难35件，协调处理老干部家庭纠纷、丧葬事宜等7件；通过加强阵地建设、宣传医疗康养、发展社区养老、利用社会资源等，推动精细化服务、个性化关怀、优质化保障。

【离退休干部党建】 县委老干部局加强离退休干部党组织建设，始终把离退休干部党组织建设作为党的基层组织建设的重要组成部分，进一步推动离退休干部组织覆盖延伸；建立小区离退休党小组7个，健全“社区党组织＋小区（网格）支部＋楼栋（院落）党小组”组织体系，推进离退休干部“组织融合、活动融合、要素融合、资源融合、活动融合”基层党建联动机制；突出离退休干部党组织标准化规范化建设，认真落实《关于实施标准化建设进一步加强和改进离退休干部党组织建设的工作意见》，兑现离退休干部党组织和单设离退休党小组组长标准化考核，对考核评价合格及以上的落实工作补贴，推动以考促评、以考促奖、以考促改，形成抓好党建是最大政绩思想共识和行动力量。2021 年，以老党员王志明为支部书记的福家小区党支部被表彰为四川省先进基层党组织。

【离退休干部活动】 县委老干部局围绕庆祝中国共产党成立 100 周年，举办“我看建党百年新成就”专题调研、开展“庆祝建党百年”主题征文、诵经典、书画摄影展文艺巡演系列活动 200 余场次，累计收集书画、诗词 135 余幅（篇），创作《面向党旗永生》《光辉照西山》红色文艺节目 40 余个，开展“听党话、颂党恩、跟党走”文艺巡演 60 余场，老干部活动中心、退干协会等组织开展送文化送健康活动 8 场次。青神县老年人协会开展《中华人民共和国老年人权益保障法》和《四川省老年人权益保障条例》普法下乡活动 20 余场次；组织老干部开展红色观影、老党员座谈会、党史知识竞赛、实地参观调研等系列活动，开展“我为城乡基层治理出份力”展风采主题活动暨第三届老干部趣味运动会。

【离退休干部发挥作用】 县委老干部局发挥离退休干部的独特优势，组织引导离退休干部在贯彻新发展理念，乡村振兴、基层治理、社会治理和公共卫生防疫等方面发挥正能量；组织“我为基层治理出份力”活动，引导 50 余名离退休干部担任小区党支部书记或委员、业主委员会主任或成员，在小区老协、关工委等涉老组织建立功能型党支部，参与老旧小区改造、小区管理、纠纷调解、社区服务等活动 120 余次；围绕庆祝中国共产党成立 100 周年，组织开展“我看建党百年新成就”主题活动，开展“学党史、颂党恩”主题征文、诵经典、书画摄影展、文艺巡演等系列活动 200 余场次；组织引导“五老”推动党史学习教育，组建“红色记忆宣讲团”以“讲述百年党史，传承红色基因”为主题，开展四进四讲活动 100 余场次，听众 2 万人次；全县成立“晚霞”志愿队 53 支、工作室 8 个，开展政策宣传、关爱帮扶、科技下乡等志愿活动 450 场次；老干部李御新被聘为“红色西山革命教育基地讲解员”和“四川关心下一代在线”五老宣讲员，个人宣讲达 82 场次。

（罗　静）

党校工作

【概况】 2021 年，青神县委党校完成主体班培训 11 期，全市乡镇（街道）党（工）委书记培训班、两新党组织书记和党建指导员培训班和 2 期纪委监委执纪审查和执法能力调查能力提升培训班，培训 1592 人次。积极推进党校分类改革，党校迁建项目——红色西山革命教育基地于 2021 年 6 月建成投用。

【党校分类改革】 2021 年，县委党校采取“走出去、带回来”的方式，完善“智慧校园”建设方案，达到办学质量评估要求；完善功能分区，设立教学区、西山广场区、基地配套建筑区、军事体验区“四大”功能区，面向党员干部，提供红色文化专题教学、体验教学、情景教学和拓展教学；面向学生和广大群众，提供体验红军精神、传承红色文化的良好环境。完善管理机制，坚持校园资源综合利用、共建共享的原则，探索采用“党校 + 公司”运行模式：由党校负责办学“内核”，专注于抓思想引领、抓课程开发、抓办学质量，充分发挥其政治效应和社会效应；由国有公司负责运营管理“外围”，科学化利用校园资源，充分发挥其经济效益，强化品牌树立，立足青神独特优势，形成具有青神党校特色的办学模式。

【党校培训教育】 党校主体班突出党的理论教育和党性教育主业主课，把习近平新时代中国特色社会主义思想，中共十九届四中、五中、六中全会精神，意识形态和党规党纪等列入培训课程。根据《市县级党校主体班班次办学规范（试行）》全面规范党校主体班班次、学制和教学计划。2021 年完成主体班培训 11 期，包括市县统筹和县县联办班次，分为进修班、培训班、专题研讨班，分别是乡科级领导干部进修班、村（社区）党组织书记进修班 2 期、主要领导干部读书班、青神县重大决策部署专题研讨班——村（社区）常职干部集中培训班、驻村帮扶干部集中培训班、中青年干部培训班、新提拔科级领导干部培训班、入党积极分子和预备党员示范培训班、基层党员示范轮训班、新任基层党组织书记培训班，共培训 1307 人。上课前签订授课教师意识形态责任书，规范办班流程，严格学员考勤，加强纪律管理，坚持以考促学。配合市县相关部门开办全市乡镇（街道）党（工）委书记培训班、两新党组织书记和党建指导员培训班和 2 期纪委监委执纪审查和执法能力调查能力提升培训班（重庆），培训 258 人次。2021 年领导上课占比 27.18%，党性教育课程占比 30.56%。县委书记刘今朝以《传承百年党史　汲取精神力量　开启全面建设社会主义现代化青神新征程》和《青神县学习贯彻党的十九届六中全会精神宣讲》为题讲授专题党课。县委副书记、县长邱磊作《深入贯彻落实中共十九届六中全会精神，全力推进青神经济社会高质量发展》专题辅导宣讲。

2021 年 6 月 29 日，青神县举行中共眉山市委党校青神分校、中共青神县委党校、青神县行政学校新校区揭牌仪式

（县委党校供图）

【党校科研】 县委党校围绕省委、市委、县委中心工作、重大决策部署、社会热点难点问题深入调查研究，撰写重点调研课题 5 篇，其中，省委党校结项 2 篇，市委党校结项 3 篇。围绕服务中心工作，撰写咨政报告 3 篇；坚持以党建为引领，撰写网评文章 10 余篇。2021 年 11 月，党校创新和完善现代乡村治理，《对“全国乡村治理示范村”百家池的调查与启示》（调研报告）荣获眉山市第十六次哲学社会科学优秀成果奖二等奖。

【党校队伍建设】 干部交流方面，2021 年 1 名党校干部到乡镇任职，政府办 1 名干部到党校任副校长。2021 年通过高层次人才招聘，引进 2 名全日制硕士研究生。

【校院建设】 县委党校迁建项目（红色西山革命教育基地）于 2020 年 12 月底开工建设，2021 年 5 月底完工，2021 年 6 月投用。新党校位于青神县西龙镇红色西山，面积约 120 亩，包括教学区 39.44 亩、红色西山广场 66.6 亩、烈士陵园十余亩。其中新建综合楼 3691 平方米，一楼设办公区、可容纳 100 人多媒体教室、研讨室 4 间、100 多平方米的开放式书吧和图书室；二楼为红色西山党性教育基地；三楼有容纳 500 人的多功能报告厅，可承接会议及小型演出。改造食堂餐饮区约 1900 平方米，改造教室 4 个约 400 平方米，原住宿楼内部翻新标间及单间共 41 间，场地内道路约 4500 平方米。配备可容纳 800 人就餐的餐厅一个，室外篮球场 1 个，羽毛球场 2 个，400 米跑道标准运动场 1 个。总投资 1.26 亿元。

（鲁江燕）

青神县人民代表大会

重要会议

【概况】2021年，青神县人大常委会召开青神县人民代表大会3次、常委会会议11次、主任会议13次、党组会议24次。

【县十七届人大八次会议】2月1—3日，青神县第十七届人民代表大会第八次会议召开。会议应到代表156名，实到代表138名。会议听取和审查《青神县人民政府工作报告》《青神县人大常委会工作报告》《青神县人民法院工作报告》《青神县人民检察院工作报告》，审查《关于2020年度全县环境状况和环境保护目标完成情况的报告》，审查和批准《青神县国民经济和社会发展第十四个五年规划纲要》《青神县2020年国民经济和社会发展计划执行情况及2021年国民经济和社会发展计划草案的报告》《青神县2020年财政预算执行情况和2021年财政预算草案的报告》，通过关于上述8个报告的决议。会议听取《青神县人民政府2020年度民生实事票决项目完成情况的报告》并进行满意度测评，票决出青神县2021年政府民生实事项目10件，分别是完成唤鱼公园C区和竹里梅花公园建设，并于7月向市民开放；完成青神县城市生活污水处理厂原有1万吨/日污水处理单元提标改造，达到岷江、沱江流域排放标准；按照“四好农村路”建设标准，完成农村公路提档升级改造20公里；开工建设青神县学道街小学校校舍改扩建工程，完成水电管网改造；按照“七化”标准，完成100个以上城镇老旧小区改造；完成城南农贸市场改造，启动城东农贸市场及其配套设施建设；加快推进复兴水库扩建工程，完成枢纽工程建设，并配套建设供水工程和灌区整治工程；完成金沙坪大桥、扬篦子桥等11座漫水桥新改建工程，彻底解决当地群众汛期安全出行问题；完成3个乡镇(街道)便民服务中心和11个村(社区)便民服务代办点标准化建设，完成青神县救助站主体工程建设。选举陈径舟为青神县人民法院院长，周文彬为青神县人民检察院检察长（须报经上一级人民检察院检察长提请该级人民代表大会常务委员会批准），毛星燕为青神县第十七届人民代表大会常务委员会委员。会议期间，大会秘书处未收到代表团或者代表联名提出的议案，共收到代表建议、批评和意见40件。

2021年7月21日，市人大常委会副主任李永高（左二）到青神县就市第四届人大七次会议代表建议、批评和意见办理情况进行调研
（郑亮供图）

【县十七届人大九次会议】4月27—28日，青神县第十七届人民代表大会第九次会议召开。会议应到代表154名，实到代表140名。会议选举邱磊为青神县人民政府县长。

【县十八届人大一次会议】11月3—5日，青神县第十八届人民代表大会第一次会议召开。会议应到代表179名，实到代表170名。会议听取和审查《青神县人民政府工作报告》《青神县人大常委会工作报告》《青神县人民法院工作报告》《青神县人民检察院工作报告》，通过关于上述4个报告的决议。会议选举邱磊为青神县人民政府县长，卢明春为青神县第十八届人民代表大会常务委员会主任，田波为青神县监察委员会主任，陈径舟为青神县人民法院院长，周文彬为青神县人民检察院检察长（须报经上一级人民检察院检察长提请该级人民代表大会常务委员会批准），曾晓宇、丁志福、彭志军、郑学敏为青神县第十八届人民代表大会常务委员会副主任，屈凌、李域高、杨燕强、万红缨、梁颖、向煊锋为青神县人民政府副县长。大会还选举出青神县第十八届人民代表大会常务委员会委员24人和青神县出席眉山市第五届人民代表大会代表28人，通过青神县第十八届人民代表大会各专门委员会组成人员。

【县人大常委会会议】2021年，青神县人大常委会召开常委会会议11次，主要传达学习中央人大工作会议精神等各类会议精神3次，学习《中华人民共和国英雄烈士保护法》《中华人民共和国建筑法》等各类法律11部。听取和审议《县政府关于县域医疗卫生共同体建设情况的报告》《县政府关于社区矫正工作开展情况的报告》《县政府关于城市形象提升两年行动工作推进情况的报告》《青神县2021年国民经济和社会发展计划上半年执行情况的报告》等专项工作报告18个，作出审议意见52条、决定决议19项。听取和审议县人大常委会执法检查组关于《中华人民共和国英雄烈士保护法》《中华人民共和国建筑法》《中华人民共和国土壤污染防治法》执法检查情况的报告3个，作出审议意见12条。依法任免国家机关工作人员95人次。

【县人大常委会党组会议和主任会议】 青神县人大常委会全年召开党组会议24次、主任会议13次。其中党组会议主要传达贯彻重要会议精神和文件精神、县委重要决策部署，研究提请县委审定的重要事项；主任会议主要研究提请县人大常委会会议审议的专项工作报告、执法检查报告、人事任免事项等议题，安排部署县人大常委会工作等。

（刘媛媛　袁　倩）

人大事务

【概况】 2021年，青神县人大常委会紧扣建设全国特色产业示范县目标和“绿色发展冲刺年”主题，以助推高质量发展为重点，以保障改善民生为根本，主动担当履职、依法规范行权，持续推动人大工作创新发展，为奋力谱写现代化青神特色发展新篇章贡献人大力量。

【依法做好干部任免】 2021年，县人大按照法定程序，依法任免国家机关工作人员95人次，组织意图圆满实现；同时，做好干部任后履职监督工作，开展县人大常委会任命干部履职情况满意度测评，推进干部任后履职监督工作向规范化、常态化、长效化发展。

【民生实事项目人大代表票决制完善】 县人大坚持以人民为中心的发展思想，深化民生实事项目人大代表票决制，充分发挥县人大代表主体作用，完善“1+1+N”动态监督工作机制和“一月一检查”“一季一督查”“半年一报告”“一年一测评”工作机制，组织代表全程参与项目收集、票决、监督、测评，实现民生实事项目从“为民做主”到“由民做主”的转变。

【民生事业推进发展】 县人大常委会持续推动民生改善，听取和审议县域医疗卫生共同体建设工作报告，推动加快基本医疗保障制度建设和基层医疗卫生机构综合改革；专题调研柑橘农业保险工作，推动农业保险政策落地落实，扩面增效；专题调研全县农村道路建设，促进实施全县农村公路建设三年攻坚行动形成共识；视察长江流域天然水域退捕禁捕工作，对土壤污染防治法进行执法检查，参与大气污染防治法眉山实施条例立法调研，在推动全县打赢蓝天碧水净土保卫战中彰显人大作为。县人大开展《中华人民共和国土壤污染防治法》执法检查，检查组现场查看县农业废弃物回收站、青竹街道程家嘴村耕地质量监测点、猫儿湾白泥堆放场、城区垃圾压缩站、工业有毒有害固废回收点等点位，并召开相关部门座谈会，认为扎实开展土壤污染状况调查、强化土壤污染源头管控、实施农用地分类管控、建设用地准入管理，土壤污染防治各项工作稳步推进，土壤利用安全得到有效保障。县第十七届人大常委会第四十九次会议听取并审议执法检查报告，会议要求县政府要坚持以和习近平生态文明思想为指导，以全县土壤环境质量提升和安全利用为核心，加大土壤污染防治法的宣传力度、加快土壤详查、提升土壤污染监测能力、开展农业农村污染治理、持续开展联合执法，切实做好土壤污染防治工作。

【人大代表建议办理】 县十七届人民代表大会第八次会议期间，县人大代表共提出建议40件，其中城市建设类6件、交通建设类12件、民生保障类8件、民生工程类7件、社会事业类5件、文旅产业类2件。截至2021年9月，所有建议均办结，其中涉及问题能够解决或及时解决的（A类）8件，占比20%；涉及问题努力解决或列入规划逐步解决的（B类）30件，占比75%；涉及问题因客观条件限制暂时不能解决，如实说明情况和原因，取得代表理解和支持（C类）的2件，占比5%。

【人大代表服务】 县人大加强对乡镇、街道人大指导，规范代表联络室运行，积极推进代表之家建设，畅通代表联系选民和群众渠道；常态化开展“11·22”代表联系选民日和代表“五个一”活动，收集社情民意169条并形成专题报告，受到县委主要领导肯定性批示。持续开展“我为群众办实事——人大代表在行动”，推动解决问题58个；组织代表初任履职培训，邀请代表列席常委会会议，参加视察、调研、执法检查，优化代表履职平台，拓宽履职渠道。

（万　琼　肖　丹
严　莲　吕海军）

青神县人民政府

政府重要会议

【概况】 2021年，青神县人民政府召开全体会议3次，常务会议26次，专题性会议93次。

【县政府全体会议】 青神县人民政府召开2021年第一次全体会议审议《政府工作报告》《青神县国民经济和社会发展第十四个五年规划纲要》《青神县2020年国民经济和社会发展计划执行情况及2021年计划草案》《青神县2021年乡镇部门综合预算编制有关情况》《关于2020年全县生态环境质量状况和生态环境保护目标完成情况的报告》，总结2020年政府工作，安排部署2021年重点工作；青神县人民政府2021年第二次全体会议暨上半年经济形势分析会议学习习近平生态文明思想，彭清华、黄强、胡元坤关于生态文明建设和生态环境保护工作的重要讲话精神，《长江保护法》，眉山市青神生态环境局通报突出环境问题整改情况和迎接第二轮中央生态环境保护督察准备情况，传达学习省委十一届九次全会、省政府第八次全体会议、市委四届十八次全会、市政府第八次全体会议暨上半年经济形势分析会议精神，《中共四川省委关于深入推进创新驱动引领高质量发展的决定》《彭清华书记关于〈决定〉的说明》《中共眉山市委关于深入推进创新驱动引领高质量发展的决定》《胡元坤书记关于〈决定〉的说明》，总结上半年经济工作，安排部署下半年重点工作；青神县人民政府2021年第三次全体会议审议《政府工作报告》。

【县政府常务会议】 2021年召开青神县十七届人民政府常务会议26次，会议听取审议县政府重点工作、重要政策文件等各类议题487个。其中传达学习全国两会精神，习近平总书记、李克强总理重要讲话和指示批示精神，《中共中央 国务院关于全面推进乡村振兴加快农业农村现代化的意见》《中共中央 国务院关于新时代加强和改进思想政治工作的意见》《中共中央 国务院法治政府建设实施纲要（2021—2025年）》《中共中央 国务院印发关于完整准确全面贯彻新发展理念做好碳达峰碳中和工作的意见》《中共中央 国务院印发关于深入打好污染防治攻坚战的意见》等中共中央、国务院，省委、省政府和市委、市政府及县委重大决定并研究制定贯彻措施159项。学习《中华人民共和国行政处罚法》《中华人民共和国长江保护法》《中华人民共和国未成年人保护法》《中华人民共和国乡村振兴促进法》《中华人民共和国保守国家秘密法》等各类法律法规21项。听取《关于贯彻落实"党和政府带头过紧日子"有关情况的报告》《关于生态环境突出问题办理情况的报告》《关于创建国家卫生县城工作情况的报告》《关于安全专项整治行动开展情况的报告》《关于城市形象提升两年行动推进情况的报告》《关于青神县医疗保障工作情况的报告》等各类汇报83项。审议《青神县消防安全责任制实施办法》《青神县人民政府合同管理办法》《关于修改〈青神县"扶持跟着项目走"实施办法〉〈关于青神县"扶持跟着项目走"实施办法的补充通知〉的通知》《青神县驻外经合局人员选配和管理办法（试行）》《青神县招商引资项目引荐奖励办法（试行）》等重要制度、政策和规范性文件15项。审议《汽车零部件及挖掘机破碎斗生产线项目投资协议书及补充说明》《家居护理用品生产线项目投资协议书及补充说明》《装配式建筑（PC）构件生产基地建设项目投资补充协议》《青神县人民政府 四川省农村信用社联合社眉山办事处共同推进实施乡村振兴战略合作协议》等各类协议19项。审议《青神县国民经济和社会发展第十四个五年规划纲要》《青神县2021年度经济社会发展主要目标》《加快建设成都都市圈绿色产业聚集区消费中心实施方案》《青神县2021年度农村公路提升改造方案》等县级有关部门（单位）请示县政府重要事项175项。审议各类干部人事议题15项。

2021年2月24日，青神县召开"三创一保"工作动员大会　　（县融媒体中心供图）

【县政府专题会议】 2021年，青神县人民政府召开专题性会议93次。会议主要研究柑橘营销、应对新型冠状病毒肺炎疫情防控工作、全县农村垃圾清运、工业园区污水处理厂尾水管网建设项目、思蒙河水质情况、岷江二桥及青衣大道东段市政道路建设工程路灯管护、卫生保洁、绿化维护、四川青神经济开发区主干道建设项目、原饲料公司综合楼通道权属、甘家沟桥（白果渡桥）改（扩）建工程、全省公益性公墓现场会筹备、竹艺文化旅游融合发展示范项目、青神县工程建设用地红线范围内砂石监管、若杨鞋业欠薪案件、青神城市资源经营有限公司砂石项目建设、锦绣大道绿植移栽及工业园区污水处理厂管网建设运营、县市场服务中心划转至县市场监管局、青关路桥耳坝桥安全隐患整治、全县重点地质灾害区域防灾减灾工作、2021年高标准农田建设项目、农村生活污水治理项目、省星级园区提档升级、青神县道路交通安全隐患整治工作、住建领域安全隐患排查整治专项行动、罗波乡场镇下场口涵道相关问题、青神县道路交通安全隐患整治工作、复兴水库扩建工程相关问题、保障万象绿庭项目按揭贷款、罗波乡场镇下场口箱涵雨污分流、青神县城镇化强弱项补短板建设项目、农村生活污水治理设施运行管控、规范开展不动产登记“一窗受理”并行审批、全县管网建设、国有平台公司与佳程燃气合资新建油气氢电项目、虎渡溪航电枢纽工程建设工作、解决环卫临聘人员遗留问题、四川青神经济开发区扩区工作、成乐高速连接线建成移交管养职责、森向中农鑫控股集团有限公司莅青考察洽谈、全县街道停车位资产经营权、省星级园区提档升级、青神县残疾人托养中心及综合服务设施项目建设、岷江青神县新建杨柳嘴堤防及加固黑龙大堤工程建设、唤鱼公园经营、虎渡社区文旅融合示范项目推进、工人文化宫阵地、工业展示中心项目建设、县民政局、县行政审批局工作情况、思蒙河河道治理工程、交通重点工作、综合执法、市场监管、水利、自然资源工作、住建、林业、竹产业领域工作、2019年县储稻谷处置方案、原青神县电影发行放映公司遗留问题。

（杜 宇）

政府重大决策

【概况】 2021年，青神县人民政府根据上级决策部署和相关法律法规规定，结合青神实际情况，全面统筹经济和社会发展，制定系列决策部署。

【投资和重点项目管理】 2021年，青神县深入贯彻落实省委、省政府“投资唱主角”和市委、市政府“三比三看”工作要求，积极推进县委、县政府“绿色发展冲刺年”项目任务，深入推进项目攻坚；制定2021年项目年度工作目标，谋划项目194个，总投资786.37亿元；积极加强对上争取，全年争取中央、省预算内项目8个，下达资金1.71亿元，占全市的19.4%，资金量排名全市第二；扎实推进红黑挂旗项目调度机制，制定《青神县重点项目“红黑旗”推进工作机制》，明确工作任务，建立“五级责任体系”、推进调度机制和督查考核机制，精细化制定重点项目倒排工期计划，挂旗作战，每月进行专项督查和通报，确保重点项目按期推进；强化固定资产投资入库，县政府主要领导每月主持召开经济指标运行调度会，做好全社会固定资产投资预测，深度挖掘入库项目；2021年，青神县完成全社会固定资产投资64.7亿元，增速10.5%；修改《青神县“扶持跟着项目走”实施办法》和《关于青神县“扶持跟着项目走”实施办法的补充通知》，进一步发挥“扶持跟着项目走”作用，不断推动产业转型升级，推进全国特色产业示范县建设，促进县域经济高质量发展。

【重点项目推进】 2021年，青神县实施省、市重点项目10个，完成投资37.67亿元，完成全年目标任务的160.19%。完成斑布健康竹产业园百万吨竹材生物质精炼项目、青神牯牛山220千伏输变电工程、德恩云造工业互联网平台项目、滨河文化公园建设；推进复兴水库扩建工程、西南表面处理循环经济产业园（一期）、虎渡溪航电枢纽工程、青神县老旧小区改造配套基础设施建设项目、彩虹健康产业园、绿色铸造创新特色产业园（一期）。

【政府投资项目审计】 2021年，青神县审计局对7个审计项目涉及的17个政府投资项目开展审计，其中竣工决算审计1个、结算审核专项审计调查9个、水利项目专项审计调查4个、跟踪审计3个；审计发现问题30个，其中移送主管部门处理问题3个，提出审计建议16条；审计发现结算办理不实，多计工程价款583.92万元。县审计局召开造价服务中介机构专题工作会，对21家在青神县从事审计造价咨询服务的中介机构提出工作和纪律要求；形成《关于加强造价服务中介机构管理的审计建议》审计专报，促进县住建局等四部门联合印发《关于进一步加强工程造价咨询企业信用评价管理工作的通知》，强化中介服务机构规范、清廉、健康发展。全县78个单位完成政府投资内部审计项目113个。

【促进就业工作】 2021年，青神县全面促进就业创业，实现城镇新增就业2823人，城镇登记失业率长期控制在4.3%以内。组织各类专项援助活动，提供更加精准的就业创业援助，按需开发公益性岗位239个，动态安置公益性岗位236人，发放各类失业保险待遇和社保补贴、公益性岗位补贴等482.78万元。开展职业培训4367人，发放培训补贴523.57万元。成立青神县人力资源管理咨询有限公司，推动市场化运作解决企业用工难问题。印发《青神县规模以上工业企业招工引才扶持办法》，举办“蓉眉高校进青神”等主题招聘活动19场，提供岗位3992个次，协助企业招工1791人次。青神县“青神竹编”荣获四川省首批“川字号”特色劳务品牌称号。

【新冠肺炎疫情防控】青神县坚持“外防输入、内防反弹”总策略和“动态清零”总方针不动摇，严格落实“人、物、环境同防”各项措施，科学精准防范新冠肺炎疫情。加强重点人员排查管控，分类落实管控措施。强化重点环节规范管理，累计对职业暴露人群、重点工作场所、高危物品等进行核酸检测19余万次，检测结果均为阴性。持续加强集中隔离、医疗救治、流调溯源、核酸检测等能力建设，达到相关防疫要求。有序推进新冠病毒疫苗接种，3岁以上人群累计接种29余万剂，无严重异常反应报告。青神县始终保持零确诊病例，为低风险地区。（杜　宇）

人事和人才管理

【概况】2021年，青神县人力资源和社会保障局（以下简称县人社局）构建“成德眉资同城化”人力资源协同发展大格局，深入推进青神县省级人才工作先进区建设，缓解企业用工难题，帮扶重点群体就业，以创业带动就业，助力乡村振兴发展，确保青神县就业形势总体稳定。

【事业人员管理】县人社局开展全县农业系列、教育系列、工程技术系列、综合技术系列中（初）级职称评审，评定中级90人、初级59人；推荐高级职称参评人员教师类46人、卫生类21人、农业技术类9人、工程类1人；审批事业单位工作人员岗位聘用近800人，事业单位岗位设置方案46个。

【职称制度改革】县人社局推进职称制度改革，发挥人才“指挥棒”作用，以品德、能力、业绩为导向，克服唯学历、唯资历、唯论文的倾向，满足用人单位选才用才需要；全年完成中初级职称评审综合技术6人、农业技术6人、工程技术49人、教师87人；完成交通、建筑、林业、教育、卫生等各行业高级职称申报初审77人；开展职称初定、确认等近50人次。

【工资福利】县人社局根据相关文件，正常晋升2020年度考核合格的事业人员及机关工勤人员工资2651人（其中机关工勤9人）；工资变动审批597人次，重新确定工资51人次；为职务晋升、岗位变动和工作调动的314名工作人员办理事业人员津补贴、义务教育绩效工资和公共卫生与基层医疗卫生事业单位绩效工资变动；为53名机关事业单位工作人员办理退休审批手续；根据连续工龄认定文件有关规定，为60人办理计算连续工龄的报批手续。

【公务员任用管理】2021年，青神县从四川大学、电子科大等高校招录公务员33人，其中全日制本科以上学历公务员31人（含选调生6人）、调任公务员2人；中共青神县委组织部制定实施《重大工作任务干部考核管理办法》《青神县公务员平时考核实施方案（细则）》，全方位掌握干部在重点工作、重大项目中的履职尽责情况；推进职级晋升工作，提出“三三制”晋升原则，启动4批次，晋升210人次。

【公务员薪资管理】2021年，中共青神县委组织部指导全县规范津贴补贴，上报2021年度公务员绩效奖方案；根据年度考核结果进行级别工资晋级晋档，办理职务（级）晋升后工资晋升、工龄认定、退休和退休费批复、抚恤金审批、工资关系转接、工资基金审核管理等工作。完成2021年公务员工资统计。

【人才引进培养】2021年，青神县实施学子“归巢”计划，建立青神籍在外人才信息库。中共青神县委组织部到北京大学等高校举办专场招聘会9次，招聘高层次人才48人；实施柔性引智计划，引进清华大学教师1人、中农大在读硕士研究生13人到青神岗位实践锻炼。青神县人社局开展“急需紧缺专业人才”引进计划，全年引进人才88人，其中新招事业人员31人、高层次和紧缺人才考核招聘35人、面向服务基层项目人员考核招聘5人、考核招聘定向医学生和免费师范生5人、调入事业干部12人；开展“才汇东坡”引才高校行活动。赴北京、天津、成都等地引进人才13人；探索放宽基层岗位招聘条件。全年卫生系统招聘乡镇医护人员9名，文化程度均为大专及以上。实施“名师”“名匠”“名医”等9类培育计划，培育国际、国家级工艺美术大师1人，国家、省级非遗代表性传承人4人、竹艺名师22人、省级技能大师工作室1个，建立“领头雁”“土专家”等人才库，培育椪香名星、田园名星218人，培育认定新型职业农民120人；开展党史学习教育，依托红色西山等资源，组织民营经济人才开展党史学习教育3次；依托格局商学院，举办国家政策解析等国情省情市情专题培训班11期，累计培训人才500余人次；建立健全

2021年8月14日，省委常委、组织部部长于立军（左）在青神县调研人才工作先行区建设情况 （县委组织部供图）

2021年12月31日，斑布竹纤维科技创新中心 （县融媒体中心供图）

县级领导联系服务专家制度，推荐86名优秀企业人才担任“两代表一委员”，选派98名干部人才到产业、项目一线蹲苗锻炼，举办选调生、青年人才等座谈会5期。县委《关于深入推进创新驱动引领特色产业高质量发展加快建设全省人才工作先行区的决定》，制定《关于进一步加强和改进事业单位引进高层次和紧缺专业技术人才管理服务的实施办法》《青神县引进高层次人才专项事业编制管理办法》《青神县规模以上工业企业招工引才扶持办法》《关于加强青神县产业研究服务中心高层次人才引进培养工作若干措施（试行）》等人才政策9个，落实100个人才专项事业编制，设立2000万元人才专项资金，对引进高层次人才，最高给予博士每人20万元、硕士每人12万元一次性购房补助，提供最高每年50万元的薪酬岗位且不受单位结构比例和职数限制，分别聘用到七、八级职员岗位或相应的专业技术岗位。

【人才开发】 县人社局调整全县农业技术、综合技术、工程技术中评委专家库成员，入库专家66人；指导德恩精工引进博士进入博士后2人创新实践基地；开展事业单位高层次人才补贴审核工作，6名研究生享受2020年人才补贴待遇。

【人才平台建设】 中共青神县委组织部成立机械产业研究院、竹产业研究院，分别核定事业编制16名、10名；指导企业新建飞地技术研发中心2个，创建省市创新平台6个，开发自主知识产权118件，德恩精工荣获“中国专利优秀奖”和“四川专利奖创新创业奖”，环龙新材料公司荣获四川专利奖一等奖。

【人才区域协作】 中共青神县委组织部深化与成都人才协同合作，携手四川省教科院、成都市教科院、电子科大附小等成都专业教育科研院校，推进学科教师专项培训；与华西医院、省人民医院等建立诊疗联盟，3名专家教授以“周末工程师”形式到青神坐诊72天；与成都市第三人民医院达成合作，在医生规培、远程问诊等方面开展帮扶。

【人才县校（院企）合作】 青神县与清华大学、中国农业大学等高校共建研究生校外实践基地、干部人才培养实践基地。探索“校区+企业”人才共育模式，开展“成眉同城，产学共赢”活动，与9所院校签订校政合作协议，通过学校订单式培育，企业生产线上上课，学生定岗实习锻炼，向企业输送技能人才1000余人，工作经验被四川卫视宣传报道。（张玲梅）

退役军人事务

【概况】 2021年，青神县退役军人事务局（以下简称县退役军人事务局）围绕“迈大步、上台阶、创一流”目标，全面实施思想政治“铸魂工程”、夯基固本“强体工程”、安置就创“提质工程”、双拥褒扬“精品工程”、矛盾问题“化解工程”、困难帮扶“暖心工程”、队伍建设“培育工程”，高质量推进全县退役军人工作。青神县退役军人事务局被四川省退役军人事务厅评为“2021年度退役军人事务工作先进单位”。

【退役军人接收安置】 2021年，青神县按照“三公开”“四优先”原则，做好退役军人安置工作，完成秋、冬季退役士兵接收安置，按时发放自主就业补助金；推荐符合条件的退役军人到公益性岗位就业，完成退役军人医保和社保“两保接续”工作。

【退役军人就业创业】 2021年，青神县抓好退役士兵适应性和技能培训，退役士兵教育培训政策知晓率100%；为有技能培训意愿的退役士兵提供电脑及职业技能培训，培训率

2022 年 6 月 29 日，四川省博士后联谊交流走进眉山青神活动启动仪式　　（青神县人力资源和社会保障局供图）

100%，证书获得率 100%；举办专场招聘会 9 场，帮助退役军人就业，与退役军人创办的企业开展“一对一”结对帮扶。

【军休服务】 2021 年，青神县按政策落实军队移交地方离退休干部政治、生活待遇，组织军休人员参加健康体检，及时看望慰问生病住院军休人员。

【优待抚恤】 2021 年，青神县严格执行现行优抚政策，为残疾军人、老复员军人、参战人员、带病回乡人员、农村 60 周岁老兵、烈士子女、烈士遗属、因公牺牲军人遗属、病故军人遗属等发放定期生活抚恤补助金和医疗补助；为残疾军人定期发放伤残抚恤金，为符合条件的伤残军人护理人员发放护理费；完成伤残军人证件换发等工作。

【纪念褒扬】 2021 年，青神县开展“清明祭英烈”活动及“9·30”烈士公祭；烈士陵园提升行动编入“十四五”规划，5 月 24 日完成烈士陵园整体迁移，提升陵园宣传、教育、祭奠功能。全年，党员干部群众 1.8 万人到烈士陵园开展祭扫活动，接受红色教育。

【困难退役军人帮扶】 2021 年，青神县按照《困难退役军人关爱帮扶专项基金实施意见》，帮扶援助有特殊困难的退役军人，解决退役军人生活、医疗、教育、就业创业、住房等困难。

【退役军人服务中心（站）建设】 2021 年，青神县按照示范型退役军人服务站考核标准建设县、乡、村三级退役军人服务中心（站），县退役军人服务中心和青竹街道办、西龙镇、罗波乡退役军人服务站通过国家级示范创建验收，其余 4 个乡镇通过省级验收，58 个村（社区）退役军人服务站达标创建通过市级验收；全县“以奖代补”奖励成功创建示范型单位 2 万元，达标型单位 5000 元。推进村级服务站标准化建设，全县 58 个村（社区）服务站实现“五有”（有机构、有编制、有人员、有经费、有保障）。

【退役军人事务信息化建设】 2021 年，青神县退役军人服务中心配齐电视机、投影仪、计算机外部设备等数字化设备。完成全县退役军人和优抚对象信息采集。

【退役军人志愿服务】 2021 年，全县成立“青神县退役军人橄榄绿志愿服务队”，动员和激励退役军人投身新时代文明实践志愿服务，引领全县退役军人在志愿服务中亮身份、树形象、做表率、践初心，覆盖全县各乡镇（街道）和村（社区）。全年志愿服务队参与应急救援 70 余次，群众求助等突发事件救援 5 次，开展“安全知识进小区、进校园”宣传活动 2 次，元旦春节治安巡逻 30 多次。退役军人志愿者参与由青神县妇儿促进会实施的“逆风飞翔·相伴成长”困境儿童关爱项目，结对帮扶儿童 13 人。参加立功送喜报，悬挂、更换光荣牌等活动；协助县退役军人事务局开展“暖冬”行动，向老兵送温暖；开展“迎新春·送春联”活动，向老兵送春联；开展“学雷锋·烈士陵园祭扫”活动，拉网式清理烈士陵园的广场、花圃、楼梯等场所，并敬献花篮、鲜花。

【双拥共建】 2021 年，青神县投入资金为驻地部队官兵修建训练、学习、生活设施。春节、“八一”等重要节日，县委、县政府主要领导走访慰问驻青神部队。青神县退役军人事务局等部门走访慰问烈军属、伤残军人、困难复员退伍军人等，送慰问信、慰问品和慰问金；为义务兵发放家庭优待金，为立三等功以上军人家庭送立功喜报、发放奖励金，开展座谈会 130 余场。调整大学生应征入伍一次性奖励标准，高于全省平均水平；悬挂光荣牌，生日送祝福，为亡故退役军人家庭送慰问。在中岩广场、青衣广场设置双拥（拥军优属、拥政爱民）宣传专栏，在道路、街道设置双拥文化展示宣传标识、标语。

（杨小红）

政务服务

【概况】 2021 年，青神县行政审批局围绕县委、县政府中心工作，以深化“放管服”改革为抓手，持续优化营商环境，被青神县委、县政府授予“全面深化改革工作先进集体”“优化营商环境工作先进集体”等10项荣誉称号。

【“放管服”改革】 2021年，青神县推进工程建设项目审批制度改革，精简项目审批环节、优化审批流程，实施项目分段式网上并联审批。64个工程建设项目享受改革红利，全流程办理提速35.2%。推进企业登记改革，设置企业登记专窗，实行新开办企业首次刻制印章、办件结果寄递、税控UKEY、办事申请材料打（复）印“四免费”服务，企业开办全流程提速85%。“四免费”为企业群众节省办事成本25万余元。建立行权清单动态调整机制，实时更新发布行权事项清单，拓展政务服务“跨区域通办”，93项政务服务事项“跨省通办”、103项“西南五省通办”、148项“川渝通办”、165项“省内通办”。办理跨区域政务服务事项140余件。结合“信用审批”推行告知承诺制，清理取消涉及企业群众办事的不合理证明、佐证材料51项，首批56项县级证明事项实施告知承诺制。全县通过告知承诺制办理事项342项，减少证明材料700余件。

【优化营商环境】 2021年，青神县完善推进政府职能转变和“放管服”改革协调小组，印发协调小组工作规则，落实各工作组和保障组工作职责，定期召开协调小组联席会议；制定青神县优化营商环境工作绩效考核办法、窗口考核办法和12345考核办法，考核结果与县优化营商环境目标考核直接挂钩；开展民营企业接待日走访活动，解决企业经营和发展困难和问题；县行政审批局常态化学习宣传《四川省优化营商环境条例》，编印《青神县优化营商环境政策汇编》并分发到园区、乡镇（街道）和村（社区），在县政府门户网站开设“放管服”改革专栏，2篇经验材料分别被省政府办公厅刊载、列入全省镇村便民服务“三化”建设优秀案例。实行“周六服务”，政务服务“周六不打烊”“下班不白跑”“困难不出门”。

2021年9月30日，青神县在烈士陵园举行烈士公祭活动 （县退役军人事务局供图）

【镇村便民服务体系“三化”建设】 2021年，县行政审批局制定《青神县镇村便民服务“三化”建设工作方案》，完成西龙、汉阳、高台等4个乡镇便民服务中心和刘家场社区、麒麟社区等11个村（社区）便民服务室“三化”建设，西龙镇便民服务中心通过省级示范便民服务中心验收；整合201项政务服务事项进驻便民服务中心集中办理，推进乡镇便民服务中心“综合受理”“一枚印章管审批（服务）”改革，解决群众办事“多头跑”问题；制定《村级民事代办制度》，全县成立58支村（社区）便民服务代办队伍，开展“上门办”“代帮办”服务，延伸基层便民服务；建成“政务＋金融”农村金融综合服务站5个，金融、物流、缴费与政务服务整合，完成11个行政村“整村授信”，授信金额4.58亿元，用信金额8650余万元，解决大众创业资金问题。

【政务服务便民热线办理】 2021年，县行政审批局围绕限时办结率、群众满意率“双满意”目标，建立“12345”热线快速响应机制，推行民生服务“接诉即办”、“7×24小时”全天候服务、“1+N”协同联办，提高工单承办单位群众诉求办理的标准化、规范化水平。全年受理各类热线工单3519件，热线办理反馈率、回访率、办结率均实现100%，群众满意率99.16%，位列全市首位。编发《热线工作通报》11期，梳理《环保问题工单》12期，获县委、县政府主要领导肯定性批示4次。

【公共资源交易监管】 2021年，县行政审批局创建省级“示范交易中心”，建立“五区一室”（交易受理区、交易组织区、交易评审区、交易监督区、自助服务区、档案室）综合性服务平台，与崇州市、简阳市等地签署《远程异地评标区域合作框架协议》，推动交易场地与评标专家资源共享，打破项目评标地域限制，公共资源交易服务成（都）德（阳）眉（山）资（阳）同城化。全年开展远程异地评标项目10次、进场交易项目165宗、成交155宗、成交金额12.38亿元，增收节资2723.29万元。

（欧利祥　朱　丽）

2021 年 10 月 14 日，青神县与成都简阳签署远程异地评标区域合作框架协议（县行政审批局供图）

2021 年 12 月 16 日，省政府政务服务和公共资源交易服务中心到青神县验收评估示范交易中心创建（县行政审批局供图）

政府事务

【概况】 2021 年，青神县政府办公室紧紧围绕全县中心工作，充分发挥参谋助手、督促检查和综合协调等职能职责，圆满完成眉山市抓项目促投资推进会等会议活动现场准备及会务筹备工作，督导完成全县十大民生工程和人大提案，政务信息工作全市排名第三。

【文秘工作】 青神县政府办按照“压减数量、提高质量”原则，严格规范收文办理、来文审查、发文审核等审签程序，办理各类文件 5000 余件；严控会议规模，坚持少开会、开短会、开套会，提高会议质效，承办重要会议、活动 30 余次，完成 2021 年县两会、全市抓项目促投资大会等重要会议工作任务；坚持“快准严细实”工作作风，落实班子成员联系县领导制度、首问负责制度、定期协调督办制度、错情责任追究制度等，推动行政效能显著提升。

【政研信调】 青神县政府办围绕疫情防控、经济发展、乡村振兴、民生福祉、环境保护、安全维稳等重点工作，聚焦农业农村、机械制造、竹艺竹业等青神特色，大力挖掘新经验、好做法，及时报送新问题、新情况，着力于用高质量政务信息服务青神高质量发展。县政府办全年编发《青神信息》48 期（专刊 2 期）；上报政务信息 310 条，被《国办专报》《政务工作交流》《眉山政讯》等国、省、市三级刊物采用 189 条，被县政府主要领导作出肯定性批示 2 次；其中《青神县反映落实国家双创金融支持政策面临的困难问题及建议》《青神县农民对今年粮食最低收购价的期盼和建议》等 25 篇专报被国务院办公厅信息刊物采用，《青神创新探索“三五”工作法抓项目促投资》《青神县实施“荧光计划”点亮“夜经济”》等 164 条信息被省政府办公厅《政务工作交流》、市政府《眉山政讯》等刊物采用；《弹好“三重奏”绘就美丽乡村新画卷——青神县创建省级实施乡村振兴战略先进县工作做法及成效》被市政府《眉山政讯》专刊采用，并全市推广；全面完成市下达全年政务信息目标任务，全市排名第三。

【网站管理】 青神县政务公开领导小组办公室、青神县政府信息服务中心大力推进政务公开相关工作，严格执行政府信息公开条例，确保县门户网站规范运行。青神县人民政府门户网站 2021 年主动公开各类信息 1.78 万条。其中，概况类信息 428 条、政务动态信息 3184 条、信息公开目录信息 1.42 万条；发布《四川印发突发事件总体应急预案（试行）》等重要文件政策解读信息 92 条；办理群众留言 210 条、办理群众向政府提出

2021 年 10 月 29 日，县机关服务中心组织召开全县机关食堂制止餐饮浪费工作会议（县机关服务中心供图）

的信息公开申请11件，按期答复率100%。

【督查督办】青神县政府办建立全员督查机制，第一时间落实县政府领导工作安排，及时跟踪督查并报告工作办理进度；坚持常务会会前通报制度，每月对政府工作报告重要项目推进情况进行督查，全年常态化开展环保、民生实事、“监督跟着项目走”、“三创一保”、重大项目、疫情防控等各类专项督查；督办县政府主要领导批交办事项24期，印发相关督查报告、通报共计10余次，发出提醒敦促函3份。（杜　宇）

机关事务

【概况】2021年，青神县机关服务中心坚持党建引领，以“服务为本，臻于至善”为思想指引，统筹推进公务用车管理、办公用房管理和公共机构节能工作，不断提高机关服务综合水平，成功创建1家国家级公共机构示范单位，2人被评为眉山市2020年度公共机构节能工作先进个人。

【办公用房管理】县机关服务中心严格办公用房使用标准，牵头建立办公用房使用台账，开展领导干部办公用房专项整治工作，全面规范领导干部办公用房使用管理；强化制度管理，明确办公用房维修、调配、租用等程序，细化办公用房日常管理、审批管理、标准管理规范，科学合理开展办公用房调剂，有效保障全县办公用房使用需求。

【公共机构节能管理】2021年，青神县机关服务中心加强节能宣传教育，组织培训120余人次，发放宣传画册200余册，提高干部职工节能意识；青神县公共机构带头推进垃圾分类和“禁塑”工作，采用节能产品，践行绿色办公和绿色出行，落实各项节能措施，创建节约型机关21个。

【公务用车管理】2021年，县机关服务中心累计派车1.5万车次，保障中央环保督察、脱贫攻坚“回头看”、疫情防控、“三代会”等全县性的大型公务活动9次；开展节假日现场和线上全覆盖督查8次，线上“双随机”抽查3000余次。青神县机关服务中心牵头开展全县公务用车安全管理专项教育整顿工作，组织驾驶员进行教育培训和考核，签订安全行车承诺书，对全县公务用车进行全面安全检查，实现全年公务用车安全出行。青神县机关服务中心实行公务用车单车核算和平台化管理，做到厉行节约。

【公共机构餐饮浪费管理】全县干部职工积极参与第二季“光盘打卡”行动，活动期间，全县“川观新闻”累计打卡3.3万人次。县机关服务中心牵头统计全县党政机关食堂基本情况，召开全县机关食堂制止餐饮浪费工作会议，推进机关食堂采取有效措施，严格食品采购、取餐配餐和监督管理，同时开展对机关单位食堂常态化监督指导，发挥机关食堂制止餐饮浪费工作示范带头作用。

（李晓玲）

群众信访

【概况】2021年，青神县信访总量1064人次，其中，走访144批、898人次，来信67件，网上信访99件，青神县被国家信访局评为信访工作“三无”县。

【群众信访事项办理】青神县信访局坚持诉求合理的解决问题到位，诉求无理的思想教育到位，生活困难的帮扶救助到位，行为违法的依法处理。2021年，青神县信访事项及时受理率100%、按期办结率100%、群众满意率96.88%。

【领导干部接访】青神县信访局持续开展领导干部接访，不定期召集相关部门分析信访件，全程跟踪办理情况。2021年，县领导公开接访群众来访46批、183人次。

【信访积案化解】青神县信访局重视信访积案难案，加大化解力度，多角度分析案情，明确包案领导，因案施策。2021年，成功化解中央、省交办青神县的15件信访积案。

【信访服务保障】青神县信访局重大会节期间与各乡镇、部门对接，讨论分析存在的矛盾隐患，将矛盾纠纷化解在源头。2021年，圆满完成元旦春节、庆祝中国共产党成立100周年大会、全国两会等重大会节信访工作任务。

【信访干部教育培训】青神县信访局重视提升信访干部业务素质，加大信访干部教育培训。2021年，主动与市信访局对接，组织信访干部到市信访局学习业务知识4次；到乡镇、县级部门指导业务工作12次。

（邓运敏）

政协青神县委员会

重要会议

【概况】2021年，青神县召开县政协九届全体会议1次（第7次）、县政协十届全体会议1次（第1次）、县政协九届常委会会议3次（第25～27次）、县政协十届常委会会议1次（第1次）、县政协九届党组会议14次（第72～85次）、县政协十届党组会议5次（第1～5次）、县政协九届主席会议12次（第61～72次）、县政协十届主席会议4次（第1～4次）

【政协第九届青神县委员会第七次会议】1月31日至2月2日，中国人民政治协商会议第九届青神县委员会第七次会议在国际竹艺中心举行。会议应到委员136名，实到126名。会议听取并协商《青神县人民政府工作报告》《青神县人民法院工作报告》《青神县人民检察院工作报告》《青神县2020年度全县环境状况和环境保护目标完成情况的报告》《青神县国民经济和社会发展第十四个五年计划》，讨论《青神县2020年国民经济和社会发展计划执行情况暨2021年计划草案的报告》《青神县2020年财政预算执行情况和2021年财政预算草案的报告》，并赞同这几个报告；审议批准陈开军代表政协第九届青神县委员会常务委员会所作的题为《风雨同舟共荣辱　凝心聚力促发展》的工作报告，审议批准汪志超代表政协九届青神县委员会常务委员会所做的提案工作报告。对“一府两院”工作进行满意度测评。中共青神县委书记肖巍在闭幕会上讲话。

【政协第十届青神县委员会第一次会议】11月3日至4日，中国人民政治协商会议第十届青神县委员会第一次会议在国际竹文化中心举行。会议应到委员152名，实到150人。会议听取并协商《青神县人民政府工作报告》《青神县人民法院工作报告》《青神县人民检察院工作报告》，并赞同这几个报告；审议批准陈开军代表政协第九届青神县委员会常务委员会所作的题为《初心如磐 使命在肩　奋力谱写新时代青神政协事业新篇章》的工作报告，审议批准尹永刚代表政协九届青神县委员会常务委员会所作的提案工作报告。会议选举政协第十届青神县委员会主席、副主席、秘书长和常务委员。全体委员列席青神县第十八届人民代表大会第一次会议。中共青神县委书记刘今朝出席会议并讲话。

【县政协常委会会议】1月15日，政协第九届青神县委员会常务委员会第二十五次会议召开。会议审议政协第九届青神县委员会常务委员会第二十五次会议（草案），协商讨论《政府工作报告（征求意见稿）》并提出修改建议，审议并通过《政协第九届青神县委员会常务委员会工作报告（审议稿）》《政协第九届青神县委员会常务委员会提案工作报告（审议稿）》《政协第九届青神县委员会第七次会议相关事项（草案）》《政协全会疫情防控工作方案（草案）》《部分县政协委员调整名单（草案）》，协商人事事项。5月28日，政协第九届青神县委员会常务委员会第二十六次会议召开。会议审议政协第九届青神县委员会常务委员会第二十六次会议（草案）；围绕文旅融合发展议题开展专题协商；开展党史学习教育；传达学习《中共四川省委关于认真做好市县乡领导班子换届工作的通知》主要精神，并开展换届纪律集体谈话；协商人事事项。10月25日，政协第九届青神县委员会常务委员会第二十七次会议召开。会议审议政协第九届青神县委员会常务委员会第二十七次会议议程（草案）；传达学习中国共产党青神县第十五次代表大会精神；听取县纪委监委工作情况的通报；听取《政府工作报告（审议稿）》并一致赞同；会议听取并肯定《县政府2021年政协委员提案办理情况》的通报；讨论并通过《政协第九届青神县委员会常务委员会工作报告（审议稿）》《政协第九届青神县委员会常务委员会提案工作报告（审议稿）》；会议讨论通过召开政协第十届青神县委员会第一次全体会议的决定（草案）、议程（草案）、日程（草案）、列席人员（草案）、主席团成员建议名单（草案）、执行主席和会议主持人建议名单（草案）、秘书长建议名单（草案）、讨论分组组长和副组长建议名单（草案）、报告人建议名单（草案）、主席台就座人

2021年7月9日，省政府副主席、党组成员杨克宁（左二）到青神县国际竹编艺术博物馆调研　（县政协供图）

员名单（草案）、提案截止时间、政协九届常委会第27次会议未尽事宜的决定（草案）。会议讨论通过政协第十届青神县委员会第一次全体会议选举办法（草案）、会议总监票员和监票员建议名单（草案）、总计票员和计票员名单；审议通过政协第十届青神县委员会主席、副主席、秘书长和常务委员会候选人建议名单（草案）；审议通过政协专委会人事调整事项，政协第十届青神县委员会委员人选。11月23日，政协第十届青神县委员会常务委员会第一次会议召开。会议审议政协第九届青神县委员会常务委员会第一次会议议程（草案）；会议传达学习党的十九届六中全会和省委常委会（扩大）会议、市委常委会（扩大）会议、县委常委会（扩大）会议精神；中国共产党眉山市第五次代表大会精神；中共青神县委第十五次代表大会精神和县委书记刘今朝在政协第十届青神县委员会第一次会议闭幕式上的讲话精神；会议听取各专委会2021年工作总结及2022年工作计划的报告。

【县政协党组会议】 中共政协第九届青神县委员会党组第72次（扩大）会议，传达学习县委第十四届二十九次全会暨县委经济工作会议精神；传达《中共眉山市纪委关于四起违反中央八项规定精神典型问题的通报》；审议《政协第九届青神县委员会第七次会议相关事项》；审议部分政协委员辞职和增补事宜，黄丹辞职申请，《政协第九届青神县委员会第二十五次常务委员会议题（草案）》；通报政协委员工作室2020年工作情况。中共政协第九届青神县委员会党组第七十三次（扩大）会议，传达学习省政协十二届四次会议和市委、县委常委会贯彻意见相关精神；传达学习眉山市委书记慕新海在政协第四届眉山市委员会第六次会议开幕大会上的讲话精神，学习中共青神县纪委关于印发《开展“四风”顽疾问题专项整改工作方案》的通知；中共眉山市纪委关于转发《中共四川省纪委关于违反中央八项规定精神典型问题的通报》的通知；审议政协青神县委员会办公室关于印发《加班、值班补助管理办法（试行）》的通知；审核政协机关2020年12月、2021年1月、2月加班、值班情况；审议目标绩效奖分配方案；安排布置政协春节前后相关工作。中共政协第九届青神县委员会党组第七十四次（扩大）会议，商议政协办公场所搬迁事宜；审议《青神文史（第五辑）》2021年栏目设置内容。中共政协第九届青神县委员会党组第七十五次（扩大）会议，开展“会前学堂·红色学习园”，领学红色经典篇目——《为人民服务》；传达省委关于认真做好市县乡领导班子换届工作的文件精神，县委十四届第一百六十五次常委会及近期相关会议精神；审议《青神县政协2021年党建工作要点》；安排2021年社情民意工作；安排“有事来协商”工作；安排2021年宣传工作；政协经科委委员党支部人事议题；安排“我爱阅读·书香政协” 读书活动、“红色故事（经典）” 诵读和“红色课堂暨干部小讲堂”工作，第一季红色课堂暨干部小讲堂开课讲授公务摄影知识。中共政协第九届青神县委员会党组第七十六次（扩大）会议，开展“会前学堂·红色学习园”，领学红色经典篇目《中国共产党进京赶考的第一份答卷》；传达学习《2021年县委党建工作领导小组（扩大）会议精神》《中共青神第十四届纪律检查委员会第八次全体会议第一次大会会议精神》、县委书记专题党课精神、县委书记刘今朝在县级领导干部和科级主要负责人读书班开班式和结业式上的讲话精神；县政协党史学习教育动员部署。中共政协第九届青神县委员会党组第七十七次（扩大）会议，开展“会前学堂·红色学习园”，领学红色经典篇目《十块银元》《烽火中，那一封绝笔家书》；传达学习中共眉山市委常委会会议决定事项通知——贯彻落实省委书记彭清华莅眉视察调研重要指示精神；传达市纪委关于4起违反中央八项规定精神典型问题的通知精神；开展换届纪律集体谈话；研究政协机关办公设备采购事项；安排政协机关读书活动交流会事项；人事议题；红色课堂暨干部小讲堂第二期《公务人员着装和行为礼仪》；审议政协第九届青神县委员会常务委员会第二十六次会议议题（草案）。中共政协第九届青神县委员会党组第七十八次会议，商议眉山市数字经济发展局关于借调同志相关事宜；商讨提高临聘人员年终目标奖金发放标准事宜。中共政协第九届青神县委员会党组第七十九次（扩大）会议，协商讨论政协第九届青神县委员会委员继任人选相关事宜。中共政协第九届青神县委员会党组第八十次（扩大）会议，开展“会前学堂·红色学习园”，领学红色经典篇目《闽西红色故事——周恩来沿途调查解危难》《从家书看朱德的壮美情怀》；观看党史微课堂视频《薪火相传 精神永续——新民主主义革命时期之青神党史》；安排政协换届工作；传达市纪委关于4起违反中央八项规定精神典型问题的通知精神；传达学习中共眉山市委办公室《关于学习宣传贯彻省委十一届九次全会精神的通知》；传达学习县委办公室关于认真学习贯彻习近平总书记在庆祝中国共产党成立100周年大会上重要讲话精神的通知。中共政协第九届青神县委员会党组第八十一次（扩大）会议，讨论县委统战部《政协第十届青神县委员会人事安排工作建议方案（征求意见稿）》及第十届政协委员建议人选初步推荐名单；传达县委严肃换届纪律督查工作要求，安排部署近期换届筹备工作。中共政协第九届青神县委员会党组第八十二次会议，推荐政协第十届青神县委员会委员初步建议人选。中共政协第九届青神县委员会党组第八十三次会议，商讨政协党组《关于政协第十届青神县委员会第一次全体会议相关事宜的请示》。中共政协第九届青神县委员会党组第八十四次会议，商讨政协第九届青神县委员会常务委员会工作报告《初心如磐 使命在肩 奋力谱写新时代青神政协事业新篇章（讨论稿）》；商讨《政协第九届青神县委员会常务委员会关于五年来提案工作情况的报告（讨论稿）》。中共政协第九届青神县委员会党组第八十五次（扩大）会议，传达学习中国共产党青神县第十五次代表大会精神；讨论《政协第九届青神县委员会常务委员会工作报告（审议稿）》；讨论《政协第九届青神县委员会常务委员会提案工作报告（审议稿）》；讨论《政协第十届青神县委员会第一次全体会议相关事项（草案）》；讨论《政协第十届青神县委员会第一次全体会议选举相关事项（草案）》；审议政协第九届青神县委员会第二十七次常委会议题（草案）；人事议题。中共政协第十届青神县委员会第1次党组会议，会议研究政协第十届青神县委员会领导班子分工。中共政协第十届青神县委员会第二次党组（扩大）会议暨理论学习中心组（扩大）会议，传达学习党的十九届六中全会和省委常委会（扩大）会议、市委常委会（扩大）会议、县委常委会（扩大）会议精神；传达县委庆祝中国共产党成立100周年活动暨党史学习教育领导小组第五次会议精神，安排部署下一步党史学习教育工作；会议围绕《中华人民共和国简史》开展集中学习研讨；审议意识形态工作责任制实施办法，并对政协党组意识形态工作进行安排部署；会议审议县政协办党总支和支部换届选举工作相关事项；会议审议县政协办总工会换届选举相关事宜；干部议题；会议对政协“三重一大”事项进行研究。中共政协第十届青神县委员会第三次党组（扩大）会议，传达学习贯彻政协第五届眉山市委员会第一次会议精神；传达学习县档案局关于认真学习贯彻习近平总书记重要批示精神；对近期工作进行安排。中共政协第十届青神县委员会第四次党组（扩大）会议，传达学习中央经济工作会议精神，并研究贯彻落实意见；传达学习省委十一届十次全会精神，并研究贯彻落实意见；讨论并审议召开政协第十届青神县委员会第二次全体会议有关问题；讨论并审议十届政协期间《青神文史》编撰方案；讨论并审议《政协机关工会制度》；总结政协党组2021年意识形态工作，并研判当前政协系统意识形态工作形势；讨论并审议《政协机关办公场所搬迁领导小组人员名单》及办公场所设计方案；审议“三重一大”相关事项。中共政协第十届青神县委员会第五次党组（扩大）会议，传达学习中央农村工作会议精神，并研究贯彻落实意见；传达学习《中共中央办公厅印发关于加强和改进新时代市县政协工作的意见》，并研究贯彻落实意见；传达学习市政协主席、党组书记黄剑东同志在政协第五届眉山市委员会常务委员会第二次会议上的讲话，并研究贯彻落实意见；讨论并审议《中共政协青神县委员会党组关于2021年工作开展情况的报告》；传达学习四川省纪委监委公开曝光4起违反中央八项规定精神典型问题，并安排部署岁末年初党风廉政建设相关工作；人事议题。

【县政协主席会议】 政协第九届青神县委员会第六十一次主席（扩大）会议，传达学习县委第十四届二十九次全会暨县委经济工作会议精神；传达《中共眉山市纪委关于四起违反中央八项规定精神典型问题的通报》；审议《政协第九届青神县委员会第七次会议相关事项（草案）》；审议部分政协委员辞职和增补事宜；审议黄丹同志辞职申请；审议《政协第九届青神县委员会第二十五次常务委员会议题（草案）》；通报政协委员工作室2020年工作情况。政协第九届青神县委员会第六十二次主席会议，听取各小组讨论情况汇报；审议《政协第九届青神县委员会第七次会议提案审查情况的报告（草案）》；审议《政协第九届青神县委员会第七次会议决议（草案）》。政协第九届青神县委员会第六十三次主席（扩大）会议，传达学习省政协十二届四次会议和市委、县委常委会贯彻意见相关精神；传达学习眉山市委书记慕新海在政协第四届眉山市委员会第六次会议开幕大会上的讲话精神；传达学习中共青神县纪委关于印发《开展“四风”顽疾问题专项整改工作方案》的通知；传达学习中共眉山市纪委关于转发《中共四川省纪委关于违反中央八项规定精神典型问题的通报》的通知；审议政协青神县委员会办公室关于印发《加班、值班补助管理办法（试行）》的通知；审核政协机关2020年12月、2021年1月、2月加班、值班情况；审议目标绩效奖分配方案；安排布置政协春节前后相关工作。政协第九届青神县委员会第六十四次主席会议，商议政协办公场所搬迁事宜；审议《青神文史（第五辑）》2021年栏目设置。政协第九届青神县委员会第六十五次主席（扩大）会议，开展“会前学堂·红色学习园”，领学红色经典篇目《为人民服务》；传达省委关于认真做好市县乡领导班子换届工作的文件精神；传达县委十四届第165次常委会及近期相关会议精神；安排2021年社情民意工作；安排“有事来协商”工作；安排2021年宣传工作；安排“我爱阅读·书香政协”读书活动、“红色故事（经典）”诵读和“红色课堂暨干部小讲堂”工作；第一季红色课堂暨干部小讲堂开课，讲授公务摄影知识。政协第九届青神县委员会第六十六次主席（扩大）会议，开展“会前学堂·红色学习园”，领学红色经典篇目《中国共产党进京赶考的第一份答卷》；传达学习 2021 年县委党建工作领导小组（扩大）会议精神；传达学习中共青神第十四届纪律检查委员会第 8 次全体会议第一次大会会议精神；传达学习县委书记专题党课精神；传达学习县委书记刘今朝在县级领导干部和科级主要负责同志读书班开班式和结业式上的讲话精神；县政协党史学习教育动员部署。政协第九届青神县委员会第六十七次主席（扩大）会议，开展“会前学堂·红色学习园”，领学红色经典篇目《十块银元》《烽火中，那一封绝笔家书》；传达学习中共眉山市委常委会会议决定事项通知，贯彻落实省委书记彭清华在眉山市视察调研重要指示精神；传达市纪委关于 4 起违反中央八项规定精神典型问题的通知精神；开展换届纪律集体谈话；研究政协机关办公设备采购事项；安排政协机关读书活动交流会事项；人事议题；红色课堂暨干部小讲堂第二期《公务人员着装和行为礼仪》；审议政协第九届青神县委员会常务委员会第二十六次会议议题（草案）。政协第九届青神县委员会第六十八次主席（扩大）会议，商讨政协第九届青神县委员会委员继任人选相关事宜。政协第九届青神县委员会第六十九次主席（扩大）会议，开展“会前学堂·红色学习园”，领学红色经典篇目《宁愿饿死也不吃背上的一口粮》《长征：她们用女儿身铸就丰碑》；传达学习省政府办公厅关于建立“两书一函”制度督促重大决策部署责任落实的通知精神；安排布置政协十届一次全会筹备工作；传达省委办公厅、省政府办公厅关于进一步改进作风提高公文质量的通知精神；“我爱阅读·书香政协”读书活动暨“干部小讲堂”：机关公文写作交流《增强责任意识，提高公文质量》；观看警示教育片《警钟长鸣》；开展换届纪律“攻心式”谈话。政协第九届青神县委员会第七十次主席会议，审议《青神文史（第五辑）》印刷出版方案。政协第九届青神县委员会第七十一次主席会议，商讨政协第九届青神县委员会常务委员会工作报告《初心如磐 使命在肩 奋力谱写新时代青神政协事业新篇章（讨论稿）》，商讨《政协第九届青神县委员会常务委员会关于五年来提案工作情况的报告（讨论稿）》。政协第九届青神县委员会第七十二次主席（扩大）会议，传达学习中国共产党青神县第十五次代表大会精神；讨论《政协第九届青神县委员会常务委员会工作报告（讨论稿）》《政协第九届青神县委员会常务委员会提案工作报告（讨论稿）》《政协第十届青神县委员会第一次全体会议相关事项（草案）》《政协第十届青神县委员会第一次全体会议选举相关事项（草案）》；审议《政协第九届青神县委员会第二十七次常委会议题（草案）》；人事议题。政协第十届青神县委员会第 1 次主席（扩大）会议，听取政协第十届青神县委员会第一次会议召开情况的报告；研究政协第十届青神县委员会领导班子分工；传达县疫情防控指挥部《关于带头做好新冠肺炎疫情防控工作的通知》要求，并研究贯彻落实意见。政协第十届青神县委员会第二次主席（扩大）会议，开展“会前学堂·红色学习园”领学红色经典篇目《习近平讲述的故事：抗美援朝精神》；传达学习政协第四届眉山市委员会常务委员会第二十二次会议精神；审议并通过《政协第十届青神县委员会第一次常委会议题（草案）》；审议并通过《政协第十届青神县委员会委员界别小组分组名单（草案）》；传达《中共青神县委保密机要局关于转发〈关于部分机关、单位工作人员使用图文识别微信小程序泄密案例的通报〉的通知》，研究贯彻落实意见；会议对近期工作进行安排。政协第十届青神县委员会第三次主席（扩大）会议，讨论市政协主席、党组书记黄剑东莅青调研有关事项；讨论并审议《政协工作手册》修订稿；讨论并审议《四川政协报》专刊事宜；审议机关“三重一大”有关事项。政协第十届青神县委员会第四次主席（扩大）会议，讨论并审议《政协青神县委员会 2022 年工作要点》《政协第十届青神县委员会常务委员会工作报告（讨论稿）》《政协第十届青神县委员会常务委员会提案工作报告（讨论稿）》《政协第十届青神县委员会第二次会议相关事项（草案）》；听取 2021 年政协机关经费开支情况汇报。

（饶金勇）

政协事务

【概况】 2021 年，青神县政协开展协商、调研、视察、座谈 70 余次，撰写提案 58 件、立案 55 件，提案办复率、满意率均为 100%；深入调研，形成《协商专报》7 期；编报《社情民意》37 条，省政协采用 2 条；《青神文史》第五辑顺利编印出版；信息宣传实现新的突破，获评“2021 年度全省政协宣传思想工作先进单位”。

【民主监督】 2021 年，青神县政协提出提案 58 件，其中委员集体提案 5 件、联名提案 14 件、个人提案 39 件。经审查并案后立案 55 件，分别交由 23 个部门主办。承办单位均在规定时间内办理，答复、办复率

100%，委员满意率100%。在立案的提案中，涉及政治经济建设方面的提案22件，占总数40%，涉及科教、文卫、环保等民生方面的提案20件，占总数的36%；涉及民主法治、公共安全、宗教等方面的提案13件，占总数的24%；问题得到解决或基本解决的A类件25件，占总数的45.45%；问题正在解决或列入规划逐步解决的B类件29件，占总数的52.73%；因客观原因限制需以后解决的C类件1件，占总数1.82%。县政协全年筛选《关于加快省级经济开发区建设、促进县域经济高质量发展的建议》《关于解决老年人面临的“数字鸿沟”问题的建议》《关于推进中岩景区旅游发展的建议》《关于持续推进农村人居环境整治的建议》《关于加强企业污染治理设施运营管理的建议》等6件在经济发展、社会保障和改善民生方面具有代表性的提案作为重点提案开展民主评议，政协主席会成员牵头成立督查组开展督查协商，对办理工作中存在的问题提出整改建议。6件重点提案民主评议结果均为满意。

【委员履职】 2021年，县政协参与县委、县政府中心工作，助推县域经济社会发展。政协主要领导联系园区和项目建设，参与招商引资工作；各位副主席履行河长职责，1名副主席和2名资环委主任参与县内生态环境巡查、督查，为成功创建国家生态文明建设示范区作出贡献；开展调研，为解决企业用工难问题建言献策，调研报告得到县政府主要领导签批；在政协委员中开展“助力巩固脱贫、助推乡村振兴”活动，助销农产品20余万斤，协调争取资金3900万元。换届期间，县政协提出并实现在每个乡镇（街道）推荐1~2名政协委员的工作思路，为民主协商向基层延伸奠定基础；关注委员工作室动态和成效，6名挂牌工作室委员通过理论宣讲、政策宣传、解疑释惑、扶弱济困等工作，在基层治理、服务群众、化解矛盾等方面发挥带头作用，使委员工作室成为宣传政策的媒体、联系群众的载体、为民办事的实体。

【考察学习】 2021年，县政协重视双向交流，安徽、贵州、湖北、广西等省内外政协考察团43批次到青神考察交流，县政协组织到县外考察学习6批次；承办眉山市首次政协秘书长工作会和市政协“有事来协商”现场会；加强青神籍在外人士联络服务工作，依托青神老乡网、青神老家群，每天发布县内动态信息，收集在外老乡建议意见，及时反馈办理情况；先后到西藏、云南、山西、广东等老乡聚集地召开乡情通报会和协商座谈会。

【宣传交流】 2021年，县政协党组重视宣传思想工作，推动全员参与、全员写稿，提炼总结政协工作经验和委员参政议政、建功立业风采。全年《四川政协报》上稿13篇，比2020年增长117%，《四川政协报》第四版整版宣传青神县政协工作。县政协提高文史资料编撰质量，编印出版第五辑《青神文史》，上传市政协征稿13篇，超额完成市政协下达的6篇征稿任务。县政协连续四年被评为全省宣传思想工作先进单位。

（饶金勇）

纪检监察

重要会议

【概况】 2021年，青神县纪委监委坚决捍卫“两个确立”、忠诚践行“两个维护”，完成县纪委换届选举工作，选举产生十五届纪委常委会委员和书记、副书记。新一届纪委监委班子团结一心、真抓实干，奋力谱写新时代纪检监察工作高质量发展新篇章，为实现县第十五次党代会确定的宏伟蓝图提供坚强保障。

【县纪委全体会议】 10月15日，中国共产党青神县第十五届纪律检查委员会第一次全体会议召开。会议选举产生中国共产党青神县第十五届纪律检查委员会常务委员会委员和书记、副书记。田波当选为中国共产党青神县第十五届纪律检查委员会书记，宋美林、郑玉当选为中国共产党青神县第十五届纪律检查委员会副书记。选举结果经中国共产党青神县第十五届委员会第一次全体会议通过。县委书记刘今朝出席并讲话。

【县纪检监察系统工作总结会】 2021年，青神县纪检监察系统工作总结会召开。宋美林代表班子作2021年度纪委监委班子述责述廉，巡察机构、派驻（出）机构负责人、乡镇（街道）纪（工）委书记依次述责述廉，领导班子成员、机关其他科级领导及部室负责人书面述责述廉。会议还对县纪委监委领导班子及所有纪检监察系统干部述责述廉情况进行民主测评。

（曾雨洁）

政治监督

【概况】 2021年，青神县纪委监委聚焦高质量发展主题，紧扣中心、履行主责、内提素质、外塑形象，把维护政治纪律和政治规矩放在首位，坚持党委中心工作推进到哪里，政治监督就跟进到哪里，围绕习近平总书记重要指示批示精神和省、市、县委重大决策部署贯彻落实情况进行监督。

【政治责任落实】 2021年，青神县纪委监委细化分解全面从严治党、党风廉政建设和反腐败工作举措7大类、55条；坚持县委带头落实全面从严治党主体责任，县委书记每季度专题听取县级领导履行党风廉政建设主体责任情况汇报；严格执行县委常委、党政主要负责人向县纪委全会述责述廉和党风廉政建设责任制情况、巡察、审查调查抄送制度，发放履职提示卡9张；持续整改落实巡视反馈问题，做到真改实改；坚持失责必问、问责必严，全年问责党组织3个、党内问责30人、监察问责3人。

【保障执行监督】 2021年，青神县纪委监委重点对意识形态、乡村振兴、“三创一保”等工作开展监督检查，发现并督促整改问题696个；维护党的政治纪律和政治规矩，查处违反政治纪律政治规矩问题3件3人；常态化开展疫情防控监督，追责问责4人；开展换届风气纪律监督，健全信访举报、检举澄清、联查联办等工作机制，督导检查112次、整改问题30个；开展环保监督检查，追责问责20件22人。

【助推党史学习教育】 2021年，青神县纪委监委把思想建党作为首要任务，以庆祝建党100周年为契机，巩固深化“不忘初心、牢记使命”主题教育成果，深入开展党史学习教育，引导党员干部提高政治判断力、政治领悟力、政治执行力；开展“我为群众办实事”实践活动，组织各级纪检组织党员干部认领办好民生实事128件。

（曾雨洁）

2021年10月15日，中共青神县第十五届纪律检查委员会第一次全会举行

（县纪委监委供图）

2021年11月25日，青神县第六期“阳光问廉”全媒体直播现场

（县纪委监委供图）

监督责任落实

【概况】 2021年，青神县纪委监委严格落实《中国共产党党内监督条例》，注重加强对“一把手”教育的针对性、管理的经常性、监督的有效性，发现问题及时提醒、批评、纠正、处理，构建新监督格局，促使领导干部做到有权必有责、有责要担当，用权受监督、失责必追究。

【搭建监督体系】 2021年，青神县纪委监委持续完善纪律、监察、派驻、巡察“四位一体”监督体系，健全完善青神县纪委监委机关内设机构、派驻机构、乡镇（街道）纪（工）委、巡察机构统筹联动的日常监督“大协作”机制；持续深化派驻改革，细化派驻（出）机构任务清单，新设立青神发展投资集团有限公司纪委；全县7个乡镇（街道）配备23名纪委委员［其中7名纪（工）委书记］，58个村（社区）配备纪委书记26名、纪检委员32名，全部纳入村“两委”常职干部管理并依法推选为村务监督委员会主任。

【创新监督方式】 2021年，青神县纪委监委突出“关键少数”，制定“一把手”和领导班子监督责任清单，细化监督措施39项；制发《青神县关于加强对“一把手”和领导班子监督工作的细化措施分解表》《关于加强对“一把手”和领导班子监督的责任清单》，着力在“一把手”监督上发力、在同级监督上破题；开展“监督跟着项目走”专项行动，对全县29个重点项目开展监督检查，制定个性化风险提示单29份，发放黄色提醒卡19张、橙色警示卡11张，约谈6人，该做法在眉山市作经验交流。

【监督信息化系统建设】 2021年，青神县纪委监委试点推进小微权力“监督一点通”服务平台建设工作，梳理清单30项，受理群众咨询举报80条，公开、公示信息569条，收到信访举报95件，收集问题线索2个；建立“监督跟着项目走”监管平台，对16个在建工地安装监控，远程监管项目建设，实现智慧化监管。

【第六期“阳光问廉”】 11月25日，青神县第六期阳光问廉栏目开播，采用“曝光+质询+测评”的“问廉”模式，由主持人、媒体记者、群众代表以及被问廉对象面对面问症结原因、问整改措施、问完成时限，真正让“红脸出汗”“咬耳扯袖”成为常态。该期曝光养老保险、交通安全、农村人居环境整治中突出问题3个，追责问责8人；直播期间，开通网友留言互动板块，收集对市场整治、道路交通、生态环境等方面意见建议3000余条，点击量达1万多人次。

（曾雨洁）

反腐败推进

【概况】 2021年，青神县作为全省唯一区县在中纪委调研座谈会上作交流发言，拍摄全国首部以“竹廉”为主题的《青廉·竹语》廉政公益形象宣传片，“程夫人家风”在全国“好风传家”研讨会上作交流，党风廉政建设社会评价工作排位全省第一方阵，片区协作办案、“监督跟着项目走”、廉洁文化阵地建设受到省市领导的充分肯定。全年工作呈现“三增一降”（立案增长6%、党纪政务处分增长9%、采取留置措施增长100%，接收群众信访举报下降16.51%）的良好态势。

【反腐败创新工作机制】 2021年，青神县纪委监委建立纵向调度、横向协作、整体联动、高效协同的片区协作工作运行机制；将7个乡镇（街道）纪（工）委、14个派驻（出）机构划分成4个协作区，由1名班子成员、1名召集人、1名联络员和N名专职纪检干部组建专班；对上争取保障基层纪检组织专项经费，用于线索摸排、审查调查等，解决基层纪检组织依附监管单位开展工作的尴尬境地；制定分区协作工作机制，以11项权责清单为指挥棒，跨乡镇、跨监管对象交叉开展监督检查；建立监督检查、线索处置、案件督办3本台账，提升内部运转流畅性；明确9项奖惩激励措施，将问题线索处置、审查调查等工作情况作为个人年度考核重要指标；发挥“室+组+地”优势，“突击专项行动+常态办案”相结合，形成片区协作推动监督执纪精准发力的良好态势，探索与组织、人社、公安、民政等职能部门建立“数据联享、线索联商、信访联办、案件联查、问题联解”五联机制，提升案件查办质效。片区协作以来，县纪委通过与各单位2万余条数据比对，发现问题线索77条、立案52件，党纪政务处分52人。做法受到市纪委主要领导肯定，在眉山市纪检监察系统推广。

【反腐败问题查处】 2021年，青神县纪委监委建成县乡检举举报平台，处置问题线索248件、立案122件，党纪政务处分121人、移送司法机关8人，收缴违纪违法资金218.3万元；通过片区协作办案成功查办眉天投原总经理孟某某、青竹街道办白塔村原临时党总支副书记齐某某等具有一定影响力的职务犯罪案件。

【以案促改工作】2021年，青神县纪委监委做好典型案件“后半篇文章”，编制警示教育读本1000本，拍摄警示教育片《贪欲之祸》，组织“一把手”上廉政党课125场，召开警示教育现场会133场次，规范在职村（社区）干部党组织关系、公共运行经费审核等程序，提出整改建议17个；通过案件追本溯源，新建制度9项，完善修改相关制度11项。

（曾雨洁）

正风肃纪

【概况】2021年，青神县纪委监委坚定不移、一以贯之贯彻落实全面从严治党战略方针，解决群众身边的腐败和作风问题，推进全面从严治党向基层延伸。

【中央八项规定落实】2021年，青神县纪委监委开展“吃公函”、违规发放差旅费等“四风”顽疾问题专项整治，追责问责4人；对违规使用“三公”经费、违规使用公车油费油卡、超标准使用办公用房、餐饮浪费等开展监督检查，督促整改问题64个；落实中央八项规定精神，查处通报违反中央八项规定精神案件34件、47人。针对公职人员、办事人员以权谋私、“吃拿卡要”与中介机构、代理人员搞利益输送等问题，青神县纪委监委开展“窗口腐败”专项治理，查处2人。

【专项治理深化】2021年，青神县纪委监委推进发改、住建、卫健、人防、人社、经信6个重点行业领域突出问题系统治理，采用“清单制”明确6个方面、17项具体治理任务，治理中主动说清问题13人，上交资金2.56万元，追责问责19人，追缴资金23.48万元；开展粮食购销领域专项整治，深化“纪委书记盯粮库”工作，自查自纠问题5个；制定《服务保障创新驱动引领特色产业高质量发展加快建设全省人才工作先行区的十五条措施》，细化交往规范，明晰政商交往界限和禁区。

【群众诉求回应】2021年，青神县纪委监委细化专项监督工作清单，围绕惠民惠农政策落实、项目资金监管等开展巩固拓展脱贫攻坚成果同乡村振兴有效衔接工作专项督导7次，督促整改问题25个，追责问责9人；开展“一卡通”专项治理，完成惠民惠农财政补贴资金“一卡通”阳光审批平台建设；参与并督促县乡村振兴工作考核组，对照69个考评指标和25项点位要求逐条逐项进行查阅评定；开展漠视侵害群众利益问题专项整治“回头看”，聚焦低保社保、教育医疗、公共停车收费、养老机构、集体“三资”等领域群众反映强烈问题，查处群众身边腐败和作风问题113件、145人；坚决打击涉黑涉恶腐败和“保护伞”，配合做好政法队伍教育整顿，发现问题线索36条，党纪政务处分6人、组织处理28人。

（曾雨洁）

监督效能提升

【概况】2021年，青神县纪委监委紧扣“锻造政治素质高、忠诚干净担当、专业化能力强、敢于善于斗争的纪检监察铁军”队伍建设目标，拓宽干部引进渠道，优化队伍结构，聚力提升监督执纪、监督调查能力。坚持“刀刃向内”，加强对纪检监察干部的监督，严防“灯下黑”。

【纪检监察干部能力提升】2021年，青神县7个乡镇（街道）配备纪委委员23名（其中专职15名），58个村（社区）配备纪委书记26名、纪检委员32名，全部纳入村“两委”常职干部管理并依法推选为村务监督委员会主任；举办审查调查读书班1期，监督执纪执法专题培训2期，村级纪检干部业务培训1期，组织赴宜宾、泸州等地专题考察学习7批次，选派20名纪检监察干部顶岗锻炼、跟班学习，系统内外提拔交流16人次，晋升职级8人，通过高层次人才引进、组织推荐等方式筛选业务素质高、作风强的8名年轻干部进入纪检监察队伍。

【纪检监察干部监督】2021年，青神县纪委监委加强纪检监察干部“八小时内”工作和“八小时外”活动的监督；严格落实“两个责任”，严肃对待涉及纪检监察干部的信访举报、问题线索，对纪检监察干部队伍中发生的违纪违法行为，坚决做到不护短、零容忍、严查处。2021年，青神县纪委监委开展纪检监察系统会风监督16次，上下班纪律明察暗访5次，了结纪检监察干部问题线索1件。

（曾雨洁）

群众团体

青神县总工会

【概况】2021年，青神县总工会弘扬"追求卓越，做小巨人"的新时代青神精神和"担当作为、团结协作、服务创新、廉洁高效"的工会作风，企业民主管理、一元普惠活动、职工文体活动、职工权益维护等多项工作走在全市前列；努力服好务、维好权、办好事，为全县经济社会发展、建设高质量发展的国际竹艺名城、开启青神现代化建设新征程作出贡献。

【工会组织建设】2021年，青神县总工会辖1个街道总工会、6个乡镇总工会、2个园区工会联合会，全县有工会组织304个，会员3.55万人。全年新建基层工会组织34个，新注册会员3265人；完成货车司机、家政服务员等"八大群体"建会，加快推进网约车司机、互联网营销师等新就业形态劳动者入会建会工作；企业集体协商工作实现常态化，已建会企业集体合同签订覆盖率100%，覆盖企业157家，覆盖行业（区域）108家（含八大群体）；建成首家市级社区职工之家"龙凤之家"，为社区职工之家建设创造典范，基层工会新建职工之家4家，推进行业职工代表大会制度，已建会公有制企业厂务公开、职工（代表）大会建制率100%，建会非公企业建制率95%。

【职工维权服务】2021年，青神县在四川青神经济开发区成立眉山市首家企业职工法律援助工作站，聘请专业律师维护职工合法权益，为职工提供法律咨询100余人次，解决合理化诉求3个；实施劳动风险排查三年行动，截至年底排查规上企业29家，化解风险点14个，发放"工会劳动法律监督意见书、建议书"5份；会同青神县人力资源和社会保障局等部门开展农民工工资支付情况专项检查，完善农民工工资拖欠信息跟踪预报机制；常态化开展集体协商，构建和谐劳动关系，签订工资集体合同45份。

【技能竞赛】2021年，青神县总工会指导四川丹甫、四川立白、裕华纺织等40余家规上企业开展劳动竞赛和技能比武；常态化开展职工厨艺竞赛活动，承办眉山市2021幼儿园食品安全技能竞赛，全市25支代表队参赛，青神县获得团体一等奖和2个单项一等奖；组织开展保安员、护工护理员培训3期，培训学员150余人。

2021年4月30日，青神县举办"传承红色基因 弘扬革命精神"职工趣味运动会 （县融媒体中心供图）

【普惠活动开展】2021年，青神县总工会开展"一元早餐""一元洗车""一元观影"等系列普惠活动，投入普惠资金20余万元，惠及职工群众1.4万人次。

【工会经费管理】2021年，青神县总工会落实财政、地税代征工作，执行各类资金政策和县的"三重一大"规定，做到专项资金专款专用，完成工会资产核算、产权界定、资产评估、资产统计等基础管理工作；完善审计监督机制，完成本级工会和33个基层工会的工会经费审计工作；全年支出498万余元，其中职工活动支出、维权支出、业务支出和补助下级支出267万余元，占支出总额53.8%。

【劳动纠纷调解】2021年，青神县总工会与县人社局配合，多次深入建筑工地或重大工程项目部，明察暗访农民工工资发放情况，向农民工解读《保障农民工工资支付条例》并发放宣传手册，提高其维权意识，要求企业完善日常工作台账，保障农民工合法权益；开展农民工工资百日清零行动和政府投资领域工程工资清欠行动，为300多名农民工追回或补发工资600多万元。

【产业工人队伍建设】2021年，青神县总工会开展线上线下培训10余期，培训产业工人1000多人；指导开展劳动竞赛和技能比武，参与职工5000多人，提高产业工人技术水平和生产积极性；组织开展"五小"活动，全县企业职工"小发明、小革新、小改造、小设计、小建议"达110件。

【关爱职工】2021年，青神县总工会常态化开展"春送岗位""夏送清凉""秋送助学""冬送温暖""四送"活动。联合县人社局在中岩广场、县体育馆开展企业用工招聘活动，收集各类求职信息934条次，帮助失业人员再就业36人；重点慰问建筑工人、环卫工人、武警官兵、企业职工等从事高温一线的工作者，送去防暑降温清凉物品，惠及职工6000多人次；为27名困难职工子女开展“金秋助学”工作，发放资金12.1万元；春节前夕慰问返乡农民工、企业困难职工、一线工人、劳模工匠、农民工子女、“快递小哥”等群体代表150余人次，送去价值11万余元温暖物资。29名县级领导干部开展“一帮一”联系困难职工活动，发放慰问金2.9万元，组织全县基层工会慰问困难职工。

【改革创新】 2021年，青神县总工会推进“互联网+”工会服务，利用“川工之家”App、工会微信公众号等平台，将工会工作拓展到网络移动终端，建好、用好、管好“网上职工之家”；做特做响“一元”系列普惠品牌，针对企业职工和新就业形态劳动者，采取“线上+线下”相结合模式，创新开展普惠活动；在全市率先建立青神县职工（农民工）子女托管服务中心，在寒暑假、周末为职工（农民工）子女开办托管班，提供托管服务，申报为省总扶持项目，争取资金4万元。

（祝丽红）

共青团青神县委

【概况】 2021年，共青团青神县委（以下简称团县委）有下级团组织300个、团员5206人。团县委立足“凝聚青年、服务大局、当好桥梁、从严治团”工作格局，着力小部门大作为、小项目大发展，完成各级各项考核指标，推动共青团工作新发展。青神县青少年宫获全省2021年度优秀集体。

【青少年思想道德建设】 2021年，团县委印发《青神共青团党史学习教育实施方案》，各级团组织全覆盖开展党史学习教育，团县委指导举办主题团日、队日活动50余次，覆盖青少年3000余人；利用新媒体宣传“四史”，开设“我为青年办实事”“红领巾心向党”等学习专栏，举办“智青春”线上知识有奖竞答2期，推广“红领巾爱学习”“青年大学习”网上主题团课、队课，累计参学3万余人；成立新时代文明实践青年宣讲团和红领巾讲师团，团县委书记任宣讲团团长，组织小青笋青年志愿者协会、青少年宫开展全会精神宣讲进公园、进校园、进课堂，面向500余名师生开展党史宣讲；举办红色舞蹈公益培训、党史学习教育公益讲座、共青团影院·红色电影展播、“党史我来讲·红色照我心”演讲比赛、争做红领巾讲解员实践体验活动，通过喜闻乐见的方式将党史带到青少年身边；召开青神县优秀青年代表座谈会、青神县各界青年学习习近平总书记在庆祝中国共产党成立100周年大会上的重要讲话精神、中共十九届六中全会座谈会，用党的百年伟大成就和历史经验激励青少年发展；徐俊获评“四川青年五四奖章”。

【共青团基层组织建设】 2021年，青神县完成乡镇（街道）、村（社区）团组织换届选举工作，落实乡镇（街道）党务副书记和组宣统委员担任团（工）委书记、副书记，选配村党组织副书记担任团支部书记，破解团建“空白村（社区）”问题；按照“推动已建党组织、符合建团条件的全部建立团组织”的工作要求，在农业园区、非公企业、城市小区、社会组织新建团组织40个，扩大共青团组织覆盖面；全县共建村（社区）、非公企业、县直属单位等基层团组织300个，其中团委15个、团工委1个、团总支40个、团支部244个；非公企业团组织59个、社会组织团组织7个（文艺体育类2个、志愿服务类5个）、学校领域团支部34个；社会领域团组织密度76.58%，团干配备率100%。严格团组织与团员发展管理，规范入团程序，全年发展新团员275人，其中学校领域255人，社会领域20人，初中、高中团学比例分别达30%、60%；常态化管理更新“智慧团建”组织树系统数据，网络化管理全县团员团干部5206人；规范党史学习教育情况、团支部对标定级、团干部的信息录入和日常功能运用等，各项KPI考核指标完成率100%。

【青少年成长促进】 2021年，团县委整合政府、社会与爱心人士资源力量，开展“新年心愿·青春微力量”公益暖冬行动，帮助实现心愿350个；开展爱助事实孤儿“阳光亲人陪伴”项目，为县内20名事实孤儿找到结对志愿者家庭，开展入户走访、亲情陪伴、素质拓展、心理团辅等活动100余次；持续运营“童伴之家”，开展关爱留守儿童系列活动，关爱儿童2000余人次；帮助3名符合条件的贫困大学新生申请“中国茅台·国之栋梁”“我要上大学——圆梦大学希望工程”助学金1.5万元；开展“共青团与人大代表、政协委员”面对面活动，青少年利益诉求有效畅通；完成《四川省青年中长期发展规划（2017—2025年）》中期总结评估；完善“青少年宫”校外活动阵地建设，打造“青课堂”特色团课，为青少年免费提供舞蹈培训、亲子手工、党史学习教育等公益课程9期，覆盖500余名青少年，引导青少年树立正确的生活习惯与价值观念；搭建青年交友平台，举办“与经典同行 打好人生底色”读书分享会、青春同路青年交友活动。

2021 年 3 月 16 日，青神县"义起行动 剪出爱心"公益义剪活动在瑞峰镇开展（团县委供图）

2021 年 3 月 21 日，青神县"相伴成长 与爱同行"关爱留守儿童亲子活动在瑞峰镇开展（团县委供图）

【青年就业创业】 2021 年，团县委依托"逐梦计划"项目搭建青年暑期职业体验平台，为青神籍大学生提供返乡实习岗位 50 余个，帮助他们了解家乡发展；组建农村青年人才联盟，联系 8 位农村青年人才，通过定期交流活动加深了解、建立合作；举办返乡就业创业网络公益讲座、农村青年电商人才培训等公益课堂 2 期，吸引 90 余名青年参加，提升青年创业就业能力；组织 2 名青年参加"眉州之星""创青春""青年创客"双创比赛，青年邹松获"创青春"成都平原经济圈双创大赛金奖。

【西部计划项目】 2021 年，团县委深入实施大学生志愿服务西部计划项目，累计争取 210 名高校毕业生到青神县服务，20 名志愿者服务青神县乡村振兴，规模全市第三，服务密度全市第一。2020—2021 年度西部计划志愿者管理考核位居全市第二名，西部计划志愿者留任率超过 80%；发挥西部计划志愿者团支部的作用，依托志愿四川平台，按照一月一主题要求，组织在青服务的西部计划志愿者开展疫情防控、义务植树、敬老爱老、生态文明建设、关心关爱留守儿童、森林防火等志愿服务 10 余次；不定期组织开展燃气安全知识、森林防火知识等自护培训，提高志愿者的安全健康自护能力；在传统节假日给予志愿者物质慰问，为志愿者过集体生日，让志愿者感受到组织温暖；落实服务期满西部计划志愿者直接考核招聘为乡镇事业单位人员的政策，鼓励服务期满志愿者扎根青神再就业，3 名西部计划志愿者通过考核招聘为乡镇事业干部，考核招聘 8 名志愿者。

【青年志愿服务】 2021 年，团县委坚持"以人为本，自愿参与"的原则，推进志愿服务改革；扶持"小青笋"青年志愿者协会发展壮大，完善内部组织建设与队伍管理，拥有会员 200 余名；宣传动员团干部、团员、入团积极分子、青年干部和社会青年成为"志愿四川"注册志愿者，截至年底注册 1.1 万名；依托"小青笋"青志协，指导全县志愿团体与志愿者常态化开展三创一保、关心关爱特殊群体、乡村振兴等志愿服务，开展新年心愿、生态文明建设、敬老爱老等主题志愿服务 180 余场次，服务群众万余人次；建设运营唤鱼公园青年志愿服务岗亭；"小青笋"青志协会会长李晶获全市志愿奉献十佳青年。

【学校少先队工作】 2021 年，团县委落实阶梯式成长激励、少先队辅导员激励等政策制度，开展县级"两红两优""红领巾奖章"表扬活动，表扬先进集体和个人 171 名（个），少先队工作获评市级先进集体和个人 16 名（个）、省级先进个人 5 名，增强少先队员和辅导员光荣感、责任感；青少年彭梁奕、张晶晶获评 2021 年眉山市"新时代好少年"，其先进事迹在全市宣传。

【青少年宫工作】 2021 年，青少年宫加强专业教师队伍管理，对合作机构的教师严把聘用关，通过听课、调查学生及家长等方式，全面考评专业教师；面对疫情，采取进校体温检测、消毒制度、人员进出登记、教职工报备、学生随访等防控措施；发挥组织和思想道德教育的阵地功能，建设"文化墙"，设立"社会主义核心价值观""旗帜鲜艳""我们的榜样""抗击疫情"等宣传专栏，在操场、门厅、走廊等显眼处张贴、摆放各类宣传标语、展板，组织学生学习；组织开展四川省青少年文化艺术展演活动，在公众号、微信群积极推广，报名 4364 人次，组织相关专业老师择其优者精心打磨，参加市级、省级展演，均取得良好成绩；继续前往西龙镇观金学校、高台学校 2 所农村学校开展"冬日暖阳"活动，采用游园活动形式，向贫困学生捐赠冬衣32件，参与活动学生近500人；8月起，青少年宫邀请专家、教师、学生、各行各业精英等为孩子们及家长开设公益活动，截至年底开展机器人、编程、小小发明家、石头画、亲子许愿瓶制作、家庭教育讲座、创意软陶等活动10余次；在延迟开课期间，青少年宫响应教育部“停课不停教、不停学”的倡议，自2月2日起，向学生提供写字、口才、英语等网上学习课堂，向家长提供家庭教育讲座等更多样的公益课程，专职老师负责建群开展学习，600余名学生及家长参与到“空中课堂”的学习。

（段姝莉　姜　霞）

青神县妇女联合会

【概况】2021年，青神县妇女联合会（以下简称县妇联）紧密团结带领广大妇女，围绕中心、服务大局、面向基层、服务妇女，以促进社会和谐为主题，以推动项目实施为抓手，不断拓展思维，创新服务方式，工作取得新成效。

【妇联组织建设】4月，青神县妇联完成全县58个村（社区）第二届村（社区）妇联换届选举工作。村（社区）妇联选举执委892名、主席58名、专职副主席10名、兼职副主席121名；9月，完成全县7个乡镇（街道）妇联换届工作，选举执委175名、主席7名，专职副主席7名、兼职副主席14名；开展全县两新组织四新领域妇联建设，完成康苑名城等18个小区妇联建设工作；策划实施“竹里姐妹——小区妇联自组织培育”项目，多方筹集资金，以福家民居、康苑名城、安盛小区为示范小区，在小区开展亲子阅读绘画、旧物利用、运动会、妇女类政策法规宣讲等活动，培育小区妇联自组织，指导和动员小区妇联积极参与基层治理。

【妇联思想建设】2021年，青神县妇联以党史学习教育为契机，将党风廉政建设工作、意识形态工作、直接联系服务群众工作等与妇联工作紧密结合，纳入党建工作责任制，将工作落实情况作为党建工作述职考评的重要内容；党组织从与团委的联合党支部中独立出来，成立妇联机关党支部，直接联系服务汉阳场社区第七党支部，开展党史学习教育，在全县各乡镇持续开展“寻找党的好女儿”系列活动15场，组织100余名优秀女党员成立巾帼宣讲队，宣讲巾帼故事，用群众喜闻乐见的方式进一步向广大妇女群众宣传百年党史、初心使命。

【巾帼创新创业】2021年，青神县妇联培育苏母艺术工坊，将毛线编织、刺绣、竹编等技艺融合，结合当地独特自然景观、地方文化进行文创开发，促进妇女居家灵活就业；组织居家妇女和残疾人等开展妇女居家灵活就业技能培训2期，培训学员100余人，与合格学员签订产品订单；争取资金40余万元，实施山区农村妇女互助项目以及女当家·春橘合作社建设项目，建立妇女互助组，在椪柑产业集中的白果乡、高台镇开展柑橘实用技术培训，搭建山区妇女合作交流平台，帮助山区妇女解决技术、农资供应等难题；继续实施“社区大学”和“社区家长学校”项目，全年开展宣讲150场次，组织外出参观学习3次，通过项目培养社区骨干，着力社区营造；实施疫情后的社区公共危机应对策略项目，通过社区公共知识培训、急救常识培训和持证急救员培训，提高社区应对公共危机的能力。

【关爱妇女儿童】2021年，青神县妇联抓住重要节日等时间节点看望慰问优秀妇女、贫困妇女代表22名，做好“两癌”妇女、困难妇女信息收集整理，争取上级“两癌”妇女专项救助资金7万元，帮助7名家庭贫困患癌妇女；“法国巴黎银行奖学金”项目持续实施6年，每年资助102名品学兼优学生，合计金额91.8万元；启动实施“逆风飞翔·相伴成长”“青神县困境儿童关爱项目”等5个儿童关爱类项目，筹集社会资金100多万元，招募志愿者结对关爱70名困境儿童，帮助困境儿童健康成长；继续实施“梦想计划·兴趣课堂”三期项目，为全县7所农村中小学校送教，全年累计送教930课时；启动科普乐园项目，加强少儿科技素质培养。

【妇女儿童合法权益保护】2021年，青神县妇联开办准妈妈课堂6期，

2021年11月24日，青神县妇联组织开展“反对家庭暴力 让爱回家”活动（县妇联供图）

组织全县机关企事业单位孕期、产后女职工及家属开展营养及心理健康培训；开办正面管教体系家长训练营6期，为30多个家庭带去正面管教、非暴力沟通等实用课程。12月，组织全县乡镇（街道）、村（社区）妇联干部参加全省婚调干部线上培训班。组织妇女参加各类线上线下培训，开展安全知识、营养保健、反诈骗、家庭教育等知识讲座宣传，在开展常规政策宣讲的同时促进妇女能力提升；持续倡导和推进性别平等，通过“月月童伴”项目，开展“法律维权进家庭、性别平等进校园、心理生理健康讲座进校园”等活动；依托县矛盾纠纷多元化解中心，与县委政法委合作，在中岩公园成立“青亲我家”婚姻家庭矛盾纠纷调解室，组建由律师、社区骨干、社会组织专家、妇联工作人员等组成的调解员、心理咨询师队伍，承办全县婚姻家庭矛盾纠纷调解；开通线上维权“高速路”，畅通“12388”维权热线，将婚姻家庭调解室移到线上，与公安、法院等部门协调配合，为妇女儿童维权。全年调解家庭矛盾20起，发出人身安全保护令2件。

【家庭文明建设】 2021年，全县评选表彰三八红旗手、优秀妇女工作者、最美家庭28名，评选表彰巾帼文明岗6个；开展“巾帼风采·三寻”“2021年度川渝乡村女能人”“省级巾帼建功标兵”等活动，全县6人获得荣誉称号，1人被评为省级维权工作先进个人。结合全县党史学习教育、“三创一保”、乡村振兴等开展活动；在“三八”妇女节等重要节点，各级妇联组织全县妇女开展花艺学习、登山踏青、竞赛游园系列活动；“五一”节在网红打卡地竹里巷子组织开展“同心向党 薪火相传”系列活动，参与群众3000余人；“六一”节举办亲子徒步游，100组家庭共游竹林湿地、竹里海棠，共赏竹里美景，参加亲子体育活动；在白果乡虎渡社区开展“丰收节”庆祝活动，参与群众1000名；组织城市40组家庭消费者在安家坝村开展“我在深山有远亲”助农增收活动；依托中国农业大学留守人口社会支持项目，在宝镜村社区大学创新开展丰富多彩的活动，让邻里关系更和谐，乡村自组织和互助小组更加活跃，其中助农抢收和中秋节活动被新华网和中央电视台报道；在汉阳镇创建社区大学，设计实施“冬日暖阳”项目，开展川剧、厨艺大赛等活动，以快板形式宣传中共十九届六中全会精神的视频广为转发。

（鲁　立）

青神县科学技术协会

【概况】 2021年，青神县有乡镇科协7个、农村专业技术协会6个。青神县科学技术协会（以下简称县科协）组织申报四川省第二批科普惠民共享基地4家；组织全县企业、农技协、基地等13家参加首届“科创中国·天府科技云服务大会”；开展科普乐园活动13次、科普下乡活动3次、科普进校园活动4次。

【银会合作】 2021年，县科协秉承“服务三农、优势互补、合作共赢”理念，搭建邮储银行和农技协合作平台，创新开展“银行+协会”合作新模式，促进全县柑橘、蔬菜、茶叶、生猪、奶牛等产业发展，深化科普惠农工作。全年贴息资金8万元，贴息种养殖户19户。

【科普项目】 2021年，斑布竹纤维科技创新中心、青神县柑橘博览园、青神县天香国色生态园、青神县邻里百家民俗馆4家基地成功申报四川省第二批科普惠民共享基地，全县有10家基地被认定为四川省科普惠民共享基地。组织全县企业、农技协、基地等13家，在成都世纪城国际会展中心参加首届“科创中国·天府科技云服务大会”，通过发放资料、播放PPT和路演推介等，展示推介项目30余个，为参与的企业、农技协、基地牵线搭桥。

【科普扶贫】 2021年，县科协在高台镇富塘村村委会开展柑橘技术培训，邀请高级农技师为当地从事柑橘种植50余人集中授课，培训柑橘的管理、摇花、保果、病虫害防治等。邀请专业律师在高台镇安家坝村为村民们举办“民法典宣讲进乡村”活动，用贴近生活的案例，讲解条文，引导

2021年4月25日，青神县科协组织师生参加第20届眉山市青少年科技创新大赛　（县科协供图）

60余名村民们知法、守法、用法。眉山市科协与青神县科协携手，以“不忘初心跟党走、牢记使命抓科普”为主题，在高台镇麻柳社区共同开展科普下乡活动，为群众发放农技知识、健康生活、防诈骗等方面的科普书籍300册、围裙和袋子500个。

【科普活动】2021年，县科协开展科普乐园活动，借助智能机器人、科普器材、平板电脑、移动投影等设备设施，在河坝子小学开展大国重器系列课程8节，桥楼村、安家坝村、盐关社区3个科普乐园开展科普活动13次。10月起，县科协以“最美夕阳，‘智’在当下”为主题，举办银龄科普专项行动3期，旨在让老人们学会使用智能手机，加强老人们与信息化社会的联系和互动；县科协举办“科普大篷车进校园”活动，走进青神县高台学校、汉阳小学、河坝子小学和观金小学，展示智能机器人、无人机、科幻画及20余件科普展品，涵盖光学、电学、力学、数学等科学知识，让1000余名乡村师生们体验到科技的魅力，激发学生学习科学的热情，营造良好的校园科技氛围。

【青少年科技创新】2021年，县科协围绕“科技自立自强 从娃娃抓起”主题，召开青神县2021年度青少年科技创新工作教师座谈会，参与教师30名，收集青神县青少年科技创新工作的师资、活动、宣传、政策等多方面的宝贵建议意见10条；7件作品在第36届四川省青少年科技创新大赛中获奖，分别是：《船闸实验教具》获得辅导员科技创新成果项目二等奖，《尖顶房屋太阳能热水循环降温系》《狗狗的专属收便工具》《左右开合的智能限高杆》《一种定时控制节点保护装置》获得青少年科技创新成果三等奖，《太空护卫队》《我和外星人交朋友》获得少年儿童科学幻想绘画三等奖。（黄文静）

青神县工商联合会

【概况】2021年，青神县工商联合会（以下简称县工商联）紧扣“两个健康”工作主题，突出重点，主动作为，认真履职，创造性推进各项工作开展，获评2020—2021年度全国“五好”县级工商联；被市工商联评为综合先进单位；“百企联百村 共走振兴路”行动和宣传教育2项工作获市工商联表彰；在《中华工商时报》《四川经济日报》《眉山日报》及四川省工商联网站等报刊、网络上稿25篇。

【党建引领】2021年，县工商联组织民营经济人士深入学习贯彻党的十九大精神和十九届六中全会精神及省、市、县各级重要会议精神10余次；组织50名企业家赴红色西山革命教育基地开展“学党史强信念 感党恩勇担当”党史学习教育；引导德恩精工、奥信紧固件、众鑫盛农牧等10户企业与结对村支部开展“红色主题党日”活动8次。

【参政议政】2021年，县工商联认真做好民营经济代表人士政治安排，配合县委统战部完成民营经济人士的综合评价工作，推荐市级人大代表7名、政协委员7名，市统一战线代表人士12人、县人大代表18名、政协委员36名；围绕“两个健康”、民营经济高质量发展等内容，撰写上报调研文章5篇，撰写各类提案意见建议5件。

【商会建设】2021年，县工商联印发《进一步推进乡镇（街道）商会改革和发展工作方案》，将乡镇（街道）商会建设工作考核纳入青神统战工作考核内容；与县民政局建立密切联系沟通机制，全程指导、配合各乡镇（街道）商会登记注册工作；深入全县7个乡镇（街道）商会开展成立指导工作，组织召开专题培训会3次；

2021年3月25日，全国工商联副主席谢经荣（前排右二）调研青神县“民企乡村共兴”工作（县工商联供图）

2021年4月20日，青神县工商业联合会（商会）第十届会员代表大会开幕（县工商联供图）

5月，组织各乡镇（街道）分管商会工作领导到丹棱县学习交流，7个乡镇（街道）商会召开成立大会，党组织同步成立。

【“百企联百村”行动】 2021年，县工商联率先在眉山市拉开“民企乡村共兴”行动序幕，印发《青神县“民企乡村共兴”行动实施方案》，发动54户民营企业与46个村对接，以“民企乡村共兴”模式共走振兴路。全县签订村企联建项目52个，投资金额1120万元，解决就业600人。发动企业积极履行社会责任参与光彩事业等公益活动，开展2022年“新年心愿·青春微力量”公益暖冬行动微信线上心愿认领活动，企业认领心愿50个，参与“99公益项目”、助残、助警、未成年保护等项目捐款60万元。3月25日，全国工商联专职副主席谢经荣到青神调研，对青神县“民企乡村共兴”行动予以肯定。四川省工商联党组书记陈泉要求青神总结经验，全面推广。青神“民企乡村共兴”行动先进经验获得眉山市人大常委会主任刘十庆，副市长肖忠良，县委书记刘今朝肯定性批示。

【企业服务】 2021年，县工商联抓好企业精英人士思想政治建设，依托县人才发展促进会开展党的理论方针、政策解析、专业技术等线上线下培训25期，开展企业会员会议精神宣讲和党史学习教育等5次，辐射教育人数1000人次；制定《青神县民营企业联谊会制度》《青神工商联干部职工联系执委企业制度》，举办民营企业联谊会4次，开展《四川省优化营商环境条例》宣讲；利用走访调研、“民营企业接待日”及问题反映直通车渠道，解决民营企业在生产要素、人才用工、融资等方面问题15个；利用工商联联系广泛的优势，服务西南表处、绿色铸造、“斑布健康竹产业园百万吨竹材生物质精炼”、彩虹健康医药产业园、立白智能家居产业园等县重点项目推进。参与培育国家级专精特新“小巨人”企业2户（四川德恩精工、四川丹甫），指导6户民营企业建立现代企业制度、12户企业建成国家级高新技术企业；配合县人社局开展“青神企业进院校推进周活动”，签订劳动协议19人，四川德恩精工与眉山职业技术学院共同签署关于联合建立“眉山智能制造学院”的合作协议；搭建企村用工信息通道，帮助企业引进专技人才80人，输送用工200人。参与青神县政协组织的外出考察，形成《关于破解我县工业企业用工“招留育”难问题的调研报告》。指导成立商事纠纷调解中心，通过市委政法委验收；参与调解企业职工劳资矛盾、产权纠纷、债权纠纷等32件，涉案金额5080万元；联合县司法局、2家律师事务所为19户企业开展“千所百处帮万企法治体检”活动。

（赵　丹）

青神县文学艺术界联合会

【概况】 2021年，青神县文学艺术界联合会（以下简称县文联）有兼职主席1人、专职副主席1人、兼职副主席8人、正式编制3人。有文学艺术、书法美术、音乐舞蹈、摄影、影视、老年书画研究、收藏艺术、民间文艺9个专业协会，团体会员近400人。

【文艺创作】 2021年，青神县文学作品有：邵永义的《青神柑橘赋》《汉阳后正街》《我们记忆中的动词》《金秋时节打毛栗》《古镇，春天的背影》在《晚霞报》发表，《裹满年味的枕头粑》《红歌讲述的峥嵘岁月》《红土地上诞生的艺术奇葩》在《国防时报》发表，《守望白鹭》在《西南商报》发表，《青神，三线建设记忆》《明代长城之父——余子俊》在《方志四川》发表。雷淑芳的《“宝藏”男孩守“宝藏”》《云山花开夙偿》《眼盲心亮》《有事找刘杨》《孝心，不论至亲》在《龙门阵》发表。小小说《蚕药》获帅乡乐至“青松杯”第五届全国小小说大赛优秀奖，作品《樱桃红了》获第二届“活力杯仁·樱你而美”文艺作品征文活动一等奖，小说《扶贫金钥匙》获第四届暨川渝首届农民工原创文艺作品大赛小说类二等奖、获第九届东坡文艺奖优秀奖。青神县出版内刊《竹里·村落》和3期《中岩》。书法美术作品有：曾世俊书法作品和中国画作品分别入编北京环球翰墨文化艺术院、书画导报社举办的中华古诗文书法作品选，参加四川省书画作品网络展、四川省老年书画协会举办的中南七地市书画作品展。廖志平作品《秋韵》参加书香致远、翰墨流芳——眉山市书画名家收藏展，中国画作品《荷塘》参加翰墨歌盛世、丹青颂百年，庆祝中国共产党成立100周年“四省五地”政协书画联展。袁小军书法作品入选市文联、书协主办的庆祝中国共产党成立100周年30人提名展。程仲金硬笔书法作品《落花诗》获眉山市第四届师生书画大赛一等奖。在崇州市举办的“紫影杯”首届硬笔书法大赛中，程仲金硬笔书法作品获特等奖，黄洪清硬笔书法作品获二等奖，王建硬笔书法作品获优秀奖。周学波篆刻作品获四川省书协主办的“传承与创新”四川省第四届临帖临印展优秀奖，并入展西泠印社十届篆刻艺术评展作品展。段文全硬笔书法作品获等四届四川律师迎春书画、摄影作品展书法一等奖。李平作品参加由翰青国韵文化艺术中心主办的“翰青国韵·墨林丹青杯”全国书画大赛，国画《守护》获优秀奖。杨幼平书法作品获“皇铭杯”书法作品大赛三等奖。摄影作品有：高显俊作品《你好，青神！》、万辽川作品《高铁驶进竹乡来》入选省“群星向党 翰墨铸魂——全国群众美术、书法、摄影主题联展”系列活动“凝聚辉煌 见证初心——庆祝中国共产党成立100周年摄影展”；徐鹏摄影作品《国际竹产业展览中心》入选“四川省第18届摄影大会影展”；程幸福《雾锁雪山》、巨全毅《东坡西岭千秋雪》、帅志军《神城余晖》、肖邡《锦绣青神》等摄影作品入选“眉山市摄影家协会2020年度影赛”，主席团成员高显俊《竿上舞蹁跹》入选“作品展示”。青神县摄协顾问巨全毅作品《东坡老家20年建设与发展》（长期关注）获得四川省第十八届摄影艺术展记录类金奖。

【文艺人才培养】 2021年，国家非遗青神竹编传承人陈岚被评为四川省首届乡土文化能人。县书法美术家协会新增会员6人，县摄影家协会新增会员5人。“森林青神五一拍”县内摄影创作采风活动邀请眉山市艺术摄影协会、东坡区老年大学服饰队等参与指导。县书法美家协会会长杨幼平受邀担任在内江举办的四川省第十二届大学生书法比赛评委。县书法美家协会会员周志丹、李小松、程仲金、刘培林、方旭等会员参加眉山市美术骨干教师培训。

【文艺活动】 2021年，县文联围绕各主题开展丰富多彩的文艺活动。组织县书法美术家协会、县老年书画研究会深入高台镇、白果乡、罗波乡、瑞峰镇等乡镇、村（社区）为群众送春联1000余副；青神县摄影协会开展“阳春三月走恋城 森林青神服饰风”摄影采风活动；开展庆祝“森林青神五一拍”县内摄影创作采风活动；开展“身边的交警”摄影创作活动；与市老年书画研究会在西龙镇龙凤社区联合开展“喜迎建党百年庆·红色西山书画惠民活动”；舞蹈《牛娃》参加眉山市第十届中小学生文艺展演及中外人文交流小使者迎东奥倒计时100天活动；在中岩广场举办庆祝中国共产党成立100周年暨“绿海竹韵森林青神”摄影书画展；组织青竹街道代表青神参加眉山市首届乡村文化振兴魅力乡镇竞演大赛；县作家协会与县摄影家协会联合采风，开展缅怀西山革命先烈采风创作培训活动；举办暑期少儿书法夏令营活动、成人书法公益班。

（杨　欢）

青神县残疾人联合会

【概况】 2021年，青神县残疾人联合会（以下简称县残联）积极履行职责，解决残疾人“急、难、愁、盼”问题，获2020年全市残联系统康复工作和组联工作先进单位；被县政府评为创业就业、民政工作先进集体及2020年度青神县走基层联系服务群众工作先进集体和群团工作先进集体。

【涉残民生工程】 2021年，县残联开展农村残疾人实用技术培训2期，培训残疾人及其家属273名；为103户困难残疾人实施家庭无障碍改造；集中（居家）托养智力、精神及重度肢体残疾人196人；为280名残疾人适配辅助器具；为4名困难偏瘫、截瘫残疾人提供康复救助；为8名脑瘫儿童提供康复救助；为4名听力残疾儿童提供康复救助；资助116例白内障患者实施复明手术。所有涉残民生工程均超额完成任务。

【残疾人教育就业工作】 2021年，县残联落实残疾学生教育资助，充分保障残疾人教育权益，全年发放教育资助6.34万元，资助残疾及残疾家庭学生73人次；开展6—14岁未入学残疾儿童少年调查，保障残疾学生就学权益，通过随班就读、特校就读、送教上门等方式保障义务教育权益，全县义务教育阶段残疾学生入学率97.8%；开展就业技能培训，投入资金20.65万元，开展农村实用技术培训和职业技能培训4期，培训残疾人及家属360余人次，按比例安置残疾人就业105名，安置贫困残疾人公益性岗位就业58名，全年帮助近20名失业残疾人实现就地就近就业，对全县28个超比例安置残疾人用人单位兑现奖励2.8万元，为152名残疾人发放就业创业补贴资金20.6万元，为残疾人集中就业机构（青神县万森木业有限公司）提供贷款贴息1万元；巩固残疾人托养工作，依托中岩阳光农场、青神县残疾人托养康复中心和凤阳社区日间照料中心等托养机构，全年投入资金60余万元，托养智力、精神及重度肢体残疾人196人，实现“托养一人，解放全家，稳定一方”的社会效益；建成残疾人托养中心及综合服务设施，提升青神县残疾人托养服务能力，为残疾人托养事业规范、优质、高效发展提供阵地支撑。

【残疾人康复工作】 2021年，县残联投入资金25.95万元对残疾儿童进行抢救性康复，全年组织8名脑瘫儿童到眉山市残疾人康复中心治疗，通过作业治疗、物理治疗、言语治疗等多种专业手段治疗，近90%的患儿部分功能得到改善，组织4名听力残疾儿童到市康复中心语训康复，3名自闭症患儿到眉山市儿童福利院进行康复治疗，取得明显效果；健全康复机制，大力推进成人康复，投入资金6.3万元，组织116名白内

2021 年 3 月 17—23 日，青神县开展残疾人居家灵活就业手工编织技能培训（县残联供图）

2021 年 9 月 29 日，四川省第三届残疾人文化艺术节眉山市工艺品类评选活动在青神县举行（县融媒体中心）

障患者到眉山市残疾人康复中心实施复明手术；投入资金 1.2 万元，资助 4 名偏瘫、截瘫患者及时康复；投入 15.05 万元，为 280 名有需求的残疾人发放康复辅具；投入 5.7 万元为 7 名肢体残疾人免费进行假肢安装定型，通过对有需求的残疾人提供及时准确的康复服务，让残疾人尽可能地实现生活自理。全县残疾人家庭医生签约率 95% 以上。

【残疾人宣文工作】 2021 年，县残联积极参加四川省第三届残疾人文化艺术节暨眉山市 2021 年残疾人文化艺术周活动，承办眉山市残疾人文化周工艺品类评选活动，共组织 6 名残疾人 20 件作品参加 6 个类别的评选，分别获得眉山市美术类第一名和手工艺品类作品评选第一名、第二名的成绩；做好参加 2022 年四川省第十届残疾人运动会暨第五届特奥运动会项目运动员摸排工作，建立后备人才数据库，资助特奥运动员梁代东进行轮滑培训；采取印发宣传册、法制讨论形式广泛宣传《中华人民共和国残疾人保障法》。紧紧围绕“民生工程”，客观真实反映工作发展动态，全年发工作信息 34 篇。

【残疾人维权组联工作】 2021 年，县残联投入 33 万元为全县 103 户残疾人实施“个性化”家庭无障碍改造；为 11 名残疾人落实机动燃油车补贴 0.4 万元；抓好项目公示，打造阳光透明残联。有效化解矛盾纠纷，提升助残服务质量；完善残联组织建设，县、乡、村三级残联组织建设全部达标；村（社区）全部建立残协。全年新办理残疾人证 451 本，到期换证 483 本，残疾类别等级变更 119 本，死亡注销残疾人证 283 本；开展入户评残 100 余户。（任惠琴）

青神县红十字会

【概况】 2021 年，青神县红十字会第五届理事会设会长 1 人（兼职）、常务副会长 1 人、秘书长 1 人、常务理事 5 人（兼职）、副会长 4 人（兼职），第五届监事会设监事长 1 人（兼职），副监事长 1 人（兼职）。

【红十字会组织建设】 2021 年，按照省委、市委、县委关于红十字会改革工作要求，县委编委会将县红十字会机关调整为县委领导下的独立群众团体，不再为县卫健局代管。6 月，红十字会依法遵章召开会员代表大会，选举产生新一届理事会、监事会，形成理事会决策、监事会监督的治理模式，聘请县委、县政府主要领导为名誉会长；加强发展团体会员单位、个人会员、青少年会员和志愿者的核实、存档、造册登记，组织单位和会员积极参加抗灾救灾、宣传和执行相关法律法规；与团县委、县妇联、县残联、县人民医院、县中医医院、县妇幼保健院、县疾控中心等单位联合，开展红十字志愿者招募和志愿服务工作；因地制宜，结合实际分批发展学校红十字会基层组织。

【募捐救助】 2021 年，青神县红十字会组织参与市红十字会公益募捐项目“应急救助‘救’在眉山”“腾讯 99 公益日眉山爱警家帮”，通过线上发布募捐倡议，线下广泛动员人道资源，募集资金 12.3 万元，居全市区县第一，超额完成非应急状况下的募捐目标，获得市红十字会肯定；关怀为新中国成立和国家建设做出积极贡献的老战士、老党员、“三线建设”老工人，发放《博爱温暖红心》心愿包 198 个。

【救护培训】 2021 年，青神县红十字会开展“应急救援培训进校园活动”，组织成艺大学学生及相关工作人员进行应急救护员培训，宣传心肺复苏和运动创伤的知识、技能，培训合格302人；发挥13个县红十字基层组织（乡镇医疗卫生机构）作用，对乡镇学生、居民等1500人开展应急救护普及培训，普及身边的急救知识，完成市红十字会下达全年民生培训任务400%。

【普法宣传】 2021年，青神县红十字会发放宣传材料7000余份，现场讲解、演练急救技能，现场咨询义诊、开展无偿献血工作宣传；通过报送新闻、信息、简报加大宣传力度，宣传红十字会的各项工作，提高红十字会的知晓度。

（张　欢）

青神县社会科学界联合会

【概况】 2021年，青神县社会科学界联合会（以下简称县社科联）宣传、贯彻执行党的路线、方针、政策；指导、管理全县社科协会、团体开展活动；负责省市县社科课题的申报工作；组织开展学术探讨、调查研究；组织开展省市县社会科学优秀科研成果的评奖活动等。

【社科研究】 2021年，青神县社科联完成2个市级社科立项课题研究“农民共同富裕指标体系的调研报告”“党领导青神人民革命与建设历史探索”。围绕经济发展、乡村振兴、民生实事等深入调查研究，形成“建设特色产业人才队伍助力乡村振兴”等调研报告32篇；在《眉州学刊》《眉山法学》《中共眉山市委党校学报》刊发《赓续长征精神 践行初心使命》《巩固脱贫攻坚成果 走出乡村振兴青神特色之路》等文章11篇。

【社科评奖】 2021年，《开放发展 建设特色产业示范县的路径探索——青神县竹产业转型高质量发展的思考》获眉山市第十六次哲学社会科学优秀成果评奖二等奖。

【社科普及】 2021年，青神县社科联在市级社科基地——学生素质教育实践社科普及基地组织开展2期科普活动，近3000名学生参加；以机关单位、乡镇、学校为阵地，以消费者权益日、宪法宣传日、世界水日等节点时段为契机，整合县内相关部门力量，走上街头、深入乡镇、进入村（社）学校，为群众进行消费权益保护、学习宪法、禁毒宣传等科普30余场，发放各类资料上万份。

（余　涛）

法　治

政法委及综治

【概况】 2021年，中共青神县委政法委以确保中国共产党成立100周年安全稳定为主线，扎实开展政法队伍教育整顿，坚决维护政治安全和社会稳定，推动平安青神、法治青神建设实现新突破，取得新成效，青神县被评为全国信访工作“三无”县、平安眉山建设工作先进集体。

【社会治理现代化建设】 2021年，青神县按照市域社会治理现代化试点工作“3张清单”（共性工作清单，特色工作清单，负面清单）要求，完成中期评估工作。打造竹里平安工程，持续开展月调度、季拉练、半年小结，全县各级各单位齐心协力，积极推进，取得明显成效；2021年眉山市市域社会治理现代化试点工作推进现场会在青神召开，青神经验在全市交流；率先在全省实行“街道吹哨、部门报到”城市治理机制，有效办理“吹哨事项”3000余件；“一乡镇一亮点”全面开花，打造“一核三微”“五百工作法”“五共众筹”等乡村治理模式，高台镇百家池村、青竹街道兰沟村被评为2021年度全国乡村治理示范村。

【司法体制改革】 2021年，中共青神县委政法委遴选员额法官4名，1名员额法官退出，修订《青神县人民法院人员分类管理和团队组建方案》，印发《青神县人民法院关于办案团队受理案件范围的规定（试行）》，16名员额法官都在审执一线办案，法官人均结案数145件；省编办批复同意原汉阳人民法庭更名为白果人民法庭，县人民检察院制定《青神县人民检察院刑事检察办案权力运行暂行办法》，明晰检察长、检委会、检察官、检察官联席会职责权力范围，落实“谁办案谁负责”原则，完善刑事检察权力运行机制，确保权责统一；建立以积分管理为核心、以全院跨岗办案为重点的检察官业绩考核体系，被眉山市人民检察院认定为创新工作推广；优化派出所和县公安局内设机构，调剂警力建成投用中心城区8个社区警务室；完成全县18名城区专职警务助理和50名农村兼职警务助理的招聘培训工作，在全市率先完成“党员社区民警（驻村民警）兼任社区（村）党支部副书记或村（居）委会主任助理”工作；增核县法律援助中心参公事业编制1名；增加5万元经费用于保障行政复议与应诉。

【政法公共服务体系完善】2021年，县委政法委深化诉讼服务改革，创新“互联网+诉讼服务”模式，推行一站式诉讼服务，采购自助诉讼服务终端机、文书辅助填写一体机、文书自助领取终端机，便利群众快捷实现立案、查询、文书领取；疫情防控期间，推行“非接触式”诉讼服务，推广12368预约立案、微法院立案、跨域立案，开通微信等多种线上缴费方式；深化检察服务改革，推进12309检察服务中心运行，处理接待来信来访19件、19人次，实现到期回复率、答复率、办结答复率3个100%；深化“放管服”改革，落实便民利企6项新措施和优化营商环境12项措施，证明材料联网核查免提交和缴费支付电子化，“四川政务服务一体化”平台受理19项日常交管业务，依托“互联网+微户政”平台，户籍业务实行网上办理，川渝两地户口迁移全面实现跨省“一站式”办理；深化公共法律服务体系建设，公共法律服务中心融入青神县矛盾纠纷多元化解协调中心，完善全县乡镇（街道）、村（社区）公共法律服务工作站（室）规范化建设，“一村（社区）一法律顾问”覆盖率100%；推进“互联网+”法律服务模式，被司法行政（法律服务）案例库采用1篇法律援助案例。

【法治保障体系完善】 2021年，中共青神县委政法委审结新久源公司破产清算案，通过非抵押财产变现最大化、破产费用分类负担等方式，使140余名职工债权人清偿率达80%；促进县域房地产领域维稳工作和“僵尸企业”摸排工作，加快“执转破”“府

2021年6月11日，眉山市市域社会治理现代化试点工作推进会在青神县召开　　（县委政法委供图）

2021 年 6 月 18 日，省政府副秘书长，省信访局党组书记、局长陈泽广（前排右二）调研青神县矛盾纠纷多元化解协调中心 （县委政法委供图）

2021 年 11 月 30 日，青神县法学会第三次会员代表大会举行 （县委政法委供图）

院联动”等机制建设，推动实施众生公司破产重整计划；依法办理组织、领导传销活动、串通投标等破坏社会主义市场经济秩序犯罪案件 4 件、7 人，办理的李某某等 24 人组织、领导传销活动案作为典型案例被省院采用，办理某房地产公司被民事欺诈、单位行贿案被评为 2021 年全市政法系统保护民营企业合法权益十大典型案例；建成投用青神县执法办案管理中心，打造全要素整合、全环节管理的“一站式”执法办案新模式，化解处置 20 余个重大涉稳敏感问题；推进涉疫法律服务、重要项目专项法律服务、民营企业专项法律服务等，开展律师进项目、进工地的公益法律服务，开展“法治体检”暨“送法进企业”，建立民营企业维权解困机制，优化法治化营商环境；推进法律援助民生工程，在经开区成立青神县首个企业职工法律援助工作站。

【政法信息化建设】 2021 年，中共青神县委政法委“1+7”司法行政视频指挥系统投入使用，依托四川省司法行政工作平台完成公文流转及业务案件录入，实现无纸化办公；启用视频探监系统，省内监狱服刑人员与家人可以实现视频交流；县公共法律服务中心配备智能一体化查询机，群众可以在线查询法律服务信息；启用法院信息管理系统，案件从立案到审理、执行、结案、归档、查询，实现网络化管理；建成投用科技法庭 6 个，实现庭审实况数字化采录、存储，与上级法院联网，推进审判高效透明；法院外网官方网站托管至中国法院网，可及时对外发布法院信息简报、法院文化、专项活动、执行专栏、司法文书等信息，扩大公开透明效应；实现诉讼服务网、诉讼服务大厅、“12368”平台互联互通，建立信息数据库，公开案件审判流程，方便群众多渠道、多手段了解案件办理情况，为当事人提供便捷的诉讼服务；对接全国执行网络查控系统，逐步实现执行查询、冻结、扣划一体化操作，加强对被执行人的财产掌控力度。

【政治安全和社会稳定维护】 2021 年，中共青神县委政法委健全人民防线体系，维护国家政治安全；招募 15 名“国家安全公益宣传志愿者”，通过各自微信平台发送国家安全宣传信息 10 余条，点赞、评论、转发人次超过 1 万人；通过“掌上青神”App、“锦绣青神”、微博等新媒体上推送国家安全教育的信息，重点场所设置展板，现场发放宣传资料，LED 屏幕滚动播放国家安全和人民防线标语等多种形式宣传，提高群众国家政治安全意识；做好重要会节信访工作，启动敏感节点维稳安保工作机制，完成“庆祝中国共产党成立 100 周年大会”等 30 多个重要会节维稳工作；“维稳跟着项目走”成效明显，对 24 个重大项目和重大利益行政决策进行风险评估备案，排查化解涉稳隐患 13 个，确保重大项目顺利实施；开展涉稳风险点排查，按照“清单制 + 责任制 + 时限制”要求，逐一制定化解方案；开展反邪教宣传做实转化工作，全年开展宣传 60 余场次，累计发放宣传单、手册 8000 余份，在“竹里成长”文林社区家长学校、青衣社区开展宣讲 2 次。

【社会治安立体化信息化防控】 2021 年，中共青神县委政法委深化综治中心实体化、实战化建设，运用“慧眼工程”“雪亮工程”“红袖标”等技防、物防、人防措施，及时排查上报预警情报信息；构建“全方位、全天候、全覆盖”的乡村治安防控网络，解决农村“雪亮工程”点位少、防控弱的问题，促进平安乡村建设和乡村振兴战略实施；全县村民小组实现全覆盖，全部接入县、乡、村三级综治中心，构建治安联防联治、资源共用共享、平安联建联创的社会治理新格局。

【平安青神建设】 2021年，中共青神县委政法委开展“两禁两治、三反三防”专项行动，对各类违法犯罪保持高压态势，侦破一批大要案件，其中“2020.6.5”跨境网络赌博案被国家122机制办挂牌督办，带破电诈案件38起，涉案总金额达4.8亿元；推进扫黑除恶斗争常态化，核查线索195条，复核中督组一般线索7条，深化重点行业领域整治，打击处理60余人，持续防范和整治“村霸”，严肃惩处涉黑涉恶腐败和“保护伞”。

【矛盾纠纷多元化解协调中心建设】 2021年，青神县率先在全市建成县级矛盾纠纷多元化解协调中心（以下简称矛调中心），助力群众“只进一扇门，最多跑一地”，使县域成为防范化解社会矛盾风险的“终点站”。整合群众工作中心、综治中心、法律服务中心、心理服务中心建成县矛调中心，设来访接待、法律服务、心理服务、多功能调解和分析研判5大功能区，通过购买社会服务方式，引入律师事务所、个人调解工作室等，为来访群众提供法律咨询、援助和心理疏导服务；针对群众诉求，准确区分类型，分流相关窗口或部门办理；完善访调、诉调、仲调等联动体系，坚持调解优先、仲裁助力、诉讼兜底。全年受理矛盾纠纷1391件、化解1376件，化解率98.92%，群众满意度98%。“只进一扇门，解开千千结”获评四川政法为民专项行动优秀案例，“打造一站式矛调中心，打通纠纷调解绿色通道”被新华社内参第78期刊发，矛调中心实体化建设实战化运行经验在全市推广。

【政法队伍教育整顿】 2021年，中共青神县委政法委政法队伍教育整顿工作围绕信念过硬、政治过硬、责任过硬、能力过硬、作风过硬“五个过硬”要求，聚焦筑牢政治忠诚、清除害群之马、整治顽瘴痼疾、弘扬英模精神“四项任务”，抓实学习教育环节、查纠整改环节、总结提升环节“三个环节”，推动全县政法队伍教育整顿工作取得成效；干警主动向组织说明问题266个，甄别查实“6+N”顽瘴痼疾180个，全部整改到位；运用“四种形态”，向25名违法违纪干部兑现“自查从宽、被查从严”政策，其中对24人兑现“自查从宽”政策（批评教育16人，谈话提醒3人，责令书面检查3人，政务记过2人），对1人执行“被查从严”政策，给予“双开”处分；聚焦政法工作主责主业，围绕群众反映强烈的难点、堵点、痛点问题，开展“我为群众办实事”实践活动，推出简政便民新举措16个。

【政法宣传】 2021年，中共青神县委政法委宣传工作注重把握重点、突出主题，开展形式多样的宣传工作，为提升政法队伍形象和推动政法工作提供强有力的舆论支持。矛盾纠纷多元化解工作经验先后被《新华社内参》和《长安》杂志刊发；青神县人民法院《用脚步与时间赛跑的日夜》《执行专案群，见证我们的风雨同行》等多篇干警手记被省高级人民法院刊载；青神县人民检察院关心关爱服刑人员未成年子女工作获《检察日报》专题报道，宣传片《如听，如证》获最高人民检察院首发；青神县公安局制发微视频作品《青神公安守护平安》《谁说警察不过年》《我的新年愿望》等累计点击量2万多人次，“拼命三郎”毛燕鹏、全市唯一女派出所所长陈楠、“90”后扶贫民警李佳俊等大批先进典型先后被《四川法制报》《华西都市报》及眉山电视台等多家主流媒体报道；兰沟村获评全国民主法治示范村，四川省“民法典走进乡村（社区）”“三个一百”主题宣讲活动启动仪式暨首场宣讲在青神举行，《四川日报》、《法治日报》《四川法治报》、人民网、新华网、川观新闻等多家媒体报道，法治宣传助力乡村振兴工作经验——“三连三新，典亮乡村美好生活”在全市推广。

（王秋艳）

法治政府建设

【概况】 2021年，青神县“首违不罚”工作经验入选四川省“法治政府建设创新实践案例”；县政府被市委、市政府评为“市依法治市和2016—2020年度法治政府建设工作先进集体”。兰沟村获评全国民主法治示范村（社区）。全省“民法典走进乡村（社区）”“三个一百”主题宣讲活动启动仪式在青神举行。青神农资信用“十二分制”管理经验入选全国绿色发展典型案例。青竹街道办事处被中宣部、司法部、普法办表彰为2016—2020年全国依法治理活动先进单位。

【法治政府建设】 县政府办公室印发《青神县人民政府常务会议学习制度》《2021年度县政府常务会议学法计划》，2021年开展县政府常务会会前学法24次。县委办公室、县政府办公室印发《关于进一步完善财政性资金审批管理的通知》，县政府办公室印发《青神县人民政府常务会议议事规则》《青神县人民政府合同管理办法》，推进依法决策。县司法局印发《行政执法领域贯彻实施民法典工作指引》，推动民法典与行政执法的有效衔接。县行政审批局印发《青神县乡镇（街道）行政权力事项清单》，进一步理顺县直各部门与各乡镇（街道）执法机构的关系。

【行政复议与应诉】 2021年，青神县司法局向县政府申请的行政复议案件共9件，其中驳回申请人的复议申请3件、申请人撤回行政复议申请4件、不予受理1件、审理中1件；贯彻落实政府办制发《青神县行政应诉管理办法》及法治政府领导小组制发《青神县行政诉讼联席会议制度》等规章制度，以县政府为被告的行政诉讼共7件，其中一审中2件、裁定驳回原告诉讼请求1件、判决撤销行政行为1件、二审裁定驳回上诉，维持原裁定1件、撤诉2件。

【行政决策合法性审核】 2021年，青神县司法局贯彻落实政府办《青神县人民政府合同管理办法》，完成合法性审核45件，其中行政规范性文件13件、县政府合同13件、党内规范性文件9件、重大行政决策2件，提出意见建议40余条，均被采纳。

【行政执法“三项制度”推行】 2021年，青神县各行政执法单位公示2021年度抽查计划，公示2021年度行政执法情况；全年对5个重点执法部门的行政处罚案卷开展交叉评查，共交叉评查案卷21卷，评查问题3项；统计31个执法单位执法设备配置情况，将行政执法“三项制度”纳入依法治县年终考核的重要内容。

【行政执法监督协调】 2021年，青神县司法局严格执行行政执法人员持证上岗和资格管理制度，238人参加全省行政执法考试，其中各乡镇（街道）112人，通过率86.55%；推动全县行政执法人员入驻互联网+平台；开展人民群众最不满意行政执法突出问题整改工作，在农业农村执法领域，针对执法人员水平不高、执法保障不足的情况，常态化开展法律法规培训；完成2021年度行政执法和行政执法监督情况公示备案统计。

【行政规范性文件管理】 2021年，青神县司法局严格执行行政规范性文件制定程序和备案管理制度，县政府制发行政规范性文件9件，县级部门向县政府备案行政规范性文件5件，备案审查后未发现违法违规现象；开展涉及外商投资法行政规范性文件专项清理，清理现行有效行政规范性文件29件，没有发现违反外商投资法的情况。

【法律顾问管理】 2021年，青神县面向社会公开遴选党政法律顾问团成员10名，为县委、县政府重大决策、重大行政行为提供法律意见200余条；开展律师行业专项治理，全县律师和法律工作者代理各类法律事务514件，担任企事业单位、社会团体法律顾问66家。

（徐　媛）

公安

【概况】 2021年，青神县公安局完成庆祝建党100周年、市县“三会”和各节假日等重大安保维稳工作，维护政治、经济、社会三大秩序平稳和安全。全年立刑事案件281件，比2020年上升3.31%，破案数比2020年上升11.54%，破案率比2020年上升3.81%；劝返缅北滞留重点人员工作受到市政府副市长李东武批示表扬。

【治安防控】 2021年，青神县公安局依托“街道吹哨、部门报到”工作，调剂警力建成中心城区4个社区警务室，依托“警格+网格”机制，实现社区警务与社区政务、社区事务的联动互补，组建以网格员、“红袖标”为主要力量的200人联防联控队伍，弹性参与社区治理和巡逻防控，夯实工作阵地和工作基础；完成“智慧平安小区”建设3年规划方案并启动80个老旧小区智慧安防建设，完成县公安局负责的14个智慧平安小区设备安装调试。

【违法犯罪打击】 2021年，青神县公安局抓获潜逃28年命案逃犯韩某某，侦破“5·5杨某某故意杀人案”“兰某某故意杀人案”“陈某某持刀抢劫案”等，实现重大影响案件全侦破；侦破“2020.12.31”帮助信息网络犯罪活动案，抓获涉案人员40人，采取刑事强制措施25人，扣押涉案车辆2台，冻结涉案银行卡2.4万余张1.2亿余元，案件被四川省“122”机制办列为第四批挂牌督办案件，被公安部列为第五批挂牌督办重大电信网络诈骗犯罪案件；组织社会综治力量弹性参与基层治理，协调网格员分片包干，深入居民小区逐楼逐户宣传安装“国家反诈中心”App2万余户，及时劝阻2000余人，止损1000余万元，缅北滞留重点人员劝返率71.23%。全年办理非法捕捞水产案3件，移送起诉2人；非法采矿1件、起诉1人；涉黄案件3件、起诉10人。涉赌案件1件，采取强制措施2人。

【公安科技信息化建设】 2021年，青神县公安局推进“天网”四期工程项目建设，计划改建原有的治安视频监控点位、卡口视频监控点位，并新建一定监控点位，对后端视频应用平台进行升级改造，年内完成项目招投标；在庆祝中国共产党成立100周年、国庆安保期间，通过全警采集、部门共享，打破各警种各管一块的松散布局，加强大数据、刑侦、治安等

2021 年 9 月 16 日，青神县公安局到高校开展反恐怖、反邪教宣传　（县公安局供图）

部门数据整合，推送情报预警 16 期，抓获逃犯 3 人。

【网络安全监管】 2021 年，青神县公安局开展全县安全网络安全执法检查 5 次，检查漏洞 5 个，提出整改通知书。

【电子证据采集服务】 2021 年，青神公安局发挥科技强警作用，利用电子数据取证实验室全方位为案侦、稳定工作服务。全年提取检材 110 余个，为 60 余件案件提供电子数据证据和案件线索。

【警卫保卫】 2021 年，青神县公安局在春节期间，着重抓好中岩寺、德云寺、唤鱼公园、竹林湿地公园等景区景点保畅工作，加强旅游路线、景区周边道路的交通组织疏导，保障景区景点良好的道路通行秩序；加大对岷东大道，青乐路、成乐高速连接线的管控力度，保障进出青神各主要路段的交通顺畅。

【公安队伍教育整顿】 2021 年，青神县公安局采取局长大会讲、分管联系讲、警种（部门）内部讲等层层会议讲和专题学习解读讲，开展党史学习教育；通过组织民警参加“缅怀先烈、参观三线建设文化旧址活动”，参加市县党史学习教育专题讲座，聆听市委、县委书记专题党课，县局党委班子成员到联系党支部上党课，集中观看《平安中国之守护者》，赴眉山抗战将士纪念馆参观学习等，筑牢全警“人民公安为人民”的为民情怀；在县局机关、派出所机构、在外办公机构设立展板 12 个，LED 屏宣传栏及标语 12 个；推送青神公安官方微信公众号 32 篇，微博转发 25 篇，中央媒体发表 6 篇，省级媒体发表 23 篇，市级媒体发表 23 篇。

（王露萍）

检察

【概况】 2021 年，青神县人民检察院强管理、抓业务、提质效，各项工作呈现出良好发展态势，其中检察听证、业绩考评工作被眉山市人民检察院列为创新工作，检察听证工作得到县长肯定批示，办案工作成效获全市检察机关一等奖，3 个案件入选全省检察机关典型案例，3 名工作人员被评为全市检察机关民事行政检察业务竞赛标兵、能手。

【刑事检察】 2021 年，青神县人民检察院受理移送审查逮捕案件 41 件、65 人，批捕 29 件、42 人，不捕 12 件、25 人；受理移送审查起诉案件 89 件、165 人，起诉 72 件、158 人，不起诉 11 件、21 人。其中，强化立案和侦查活动监督，监督立案 6 件，监督撤案 5 件，纠正违法 9 件；深化审判监督，提出抗诉 1 件。与监委办案衔接，办理监委移送案件 6 件、8 人；将“少捕慎诉慎押”刑事司法政策贯彻到每一个诉讼环节，以无社会危险性不捕 9 人，酌定不起诉 21 人；适用认罪认罚从宽制度，认罪认罚适用率 86.74%，提出确定刑量刑建议 95 人，采纳率 98.95%；开展“减假暂”（减刑、假释、暂予监外执行）专项排查整治工作，排查出“九类重点案件”5 件；开展社区矫正巡察 4 次，纠正违法 3 件、3 人。

【民事检察】 2021 年，青神县人民检察院开展虚假诉讼专项监督活动，通过深入研判、集中攻坚，监督某建筑公司系列虚假诉讼案 16 件，涉案金额达 900 余万元，会同青神县人民法院通过抗诉、再审检察建议严厉打击虚假诉讼行为；与青神县人民法院、青神县司法局会签《加强支持起诉与法律援助衔接工作的实施办法》，支持起诉 11 人，帮助农民工讨回劳动报酬 11 万余元。

【行政检察】 2021 年，青神县人民检察院组织开展国土执法领域行政非诉执行监督、渔政执法领域行政罚款清缴、禁毒领域行政强制执行 3 项专项监督活动，制发检察建议 6 份，检察建议分别被县自然资源局、县农

2021 年 5 月 31 日，青神县检察干警带领学生对校园内的窨井盖上进行绘画涂鸦以作警示　（县人民检察院供图）

业农村局、县公安局采纳；其中办理的方某某非法占地非诉执行监督一案，被四川省人民检察院评选为优秀案例。青神县人民检察院常态化开展行政争议实质性化解工作，同县司法局沟通对接，及时跟进行政争议线索 4 条，化解 2 件。

【公益诉讼检察】 2021 年，青神县人民检察院办理公益诉讼案件 36 件，其中提起行政公益诉讼 1 件，公益诉讼案件实现立案后进入诉前程序率、法定期限内回复率、跟进监督率均 100%；探索拓展监督领域，立案办理某企业生产安全隐患行政公益诉讼案，督促相关职能部门及时整治安全风险隐患；建立生态损害赔偿金制度，追偿生态资源损失 18 万余元。

【未成年人刑事检察】 2021 年，青神县人民检察院全面贯彻“教育、感化、挽救”方针，对涉罪未成年人不捕率 44.44%，附条件不起诉率 50%，诉前非羁押 2 人，变更强制措施 2 人。青神县人民检察院针对校园周边食品药品、旅店等重点领域发掘侵害未成年人合法权益问题公益诉讼线索，制发诉前检察建议 3 件；贯彻落实最高人民检察院“一号检察建议”，举办预防校园欺凌、禁毒宣传等专题法治宣讲 5 场次，受教育师生 1000 余人次；督促县教体局对全县 28 个教学机构、1820 名教职员工开展违法犯罪记录查询，未发现有违法犯罪信息。

2021 年 6 月 1 日，青神县检察干警向市民普及反洗钱法律法规　（县人民检察院供图）

【“两法衔接”推进】 2021 年，青神县人民检察院持续推进“两法衔接”工作，督促指导行政机关通过“两法衔接”信息共享平台录入行政案件，确保录入率 100%。全县行政机关向司法机关移送涉嫌犯罪案件 6 件，其中主动移送 1 件，建议移送 5 件，公安机关受理立案 6 件，县检察院起诉 5 件，县法院判决 5 件；组织召开联席会 2 次，案件讨论会 4 次。

【扫黑除恶专项斗争】 6 月，经市人民法院指定管辖，青神县人民检察院历时半年成功办理省公安厅挂牌督办的“3·12”涉黑专案，依法认定涉黑人员 27 人，其中在起诉环节依法追加认定 5 人，均提起公诉。青神县人民检察院聚焦监管缺位问题，主动发现隐患漏洞，制发反洗钱检察建议，从源头上有效遏制黑恶势力发展壮大。

【民营经济发展保障】 2021 年，青神县人民检察院依法办理组织、领导传销活动、串通投标等破坏社会主义市场经济秩序犯罪案件 4 件、7 人；办理的李某某等 24 人组织、领导传销活动案作为典型案例被省人民法院采用；在办理青神县某房地产公司被诈骗案中，帮助被害单位挽回损失 270 万余元，考虑到该单位已进入破产程序，免于追究单位行贿犯罪的刑事责任。

（王　皓）

法院

【概况】2021年，青神县人民法院围绕县委中心工作，服务大局、服务民生，为建设新时代幸福美丽青神提供司法保障。全年受理各类案件2326件，结收比99.83%，结案率、结收比均位列全市第二。青神县人民法院被四川省高级人民法院评为2021年全省涉诉信访工作先进集体，获得市、县先进集体表彰9次；干警立功受奖27人次，1人获评四川法官学院督察干部培训班优秀学员。

【政法队伍教育整顿】2021年，青神县人民法院开展党史学习教育和政法队伍教育整顿，把学习教育贯穿始终，刀刃向内，刮骨疗毒，形成《青神县人民法院整治违规从事营利活动和从业限制管理的实施办法（试行）》《青神县人民法院关于开展审限精细化管理工作的方案》等16项新建制度；组织干警开展5次实地教学，开展“我为群众办实事”，深入基层协助创建诉源治理示范村（社区），发放法治宣传资料400余份。丰富党史学习教育形式，做到学史明理、学史增信、学史崇德、学史力行。

【刑事审判】2021年，青神县人民法院审结刑事案件70件，判处罪犯130人，结案率93.34%；结案方式为：判决70件、其他1件（裁定不予受理）。当庭裁判60件，当庭裁判率85.71%；适用普通程序22件，简易程序35件（简易合议庭22件，简易独任13件），速裁程序14件；被害人提起刑事附带民事诉讼2件，公诉机关提起刑事附带民事公益诉讼4件；审结电信网络新型违法犯罪案件15件、47人，涉案金额2.56亿元；审结走私、贩卖、运输、制造毒品犯罪案件8件、17人；多次组织职务犯罪案件庭审观摩，常态化开展“法律讲堂进校园，建设平安校园”普法活动；委托司法机关调查评估16人，回访矫正对象66人次。

【民商事审判】2021年，青神县人民法院审结民商事案件1201件，结案率98.52%；加强妇女、儿童、老人合法权益保护，秉持“柔性司法”理念审理家事纠纷案件，发出人身安全保护令2份；参加市、县各类破产清算工作会议，审结新久源公司破产清算案，通过非抵押财产变现最大化、破产费用分类负担等方式，使140余名职工债权人清偿率达80%；促进县域房地产领域维稳工作和“僵尸企业”摸排工作，加快“执转破”“府院联动”等机制建设，推动众生公司破产重整计划顺利实施。

【行政审判】2021年，青神县人民法院执行县委重大决策部署，收集、归纳、整理经济发展方式转变过程中困难和共性的法律问题，协助相关部门处理涉企业、征地拆迁等群体性事件，推动依法办事、依法管理；积极协助行政案件巡回审理和调解工作，并向县级行政机关发送司法建议书4篇，促进依法行政。

【执行工作】2021年，青神县人民法院受理执行案件1301件，结收比99.92%；运用“基本解决执行难”工作中取得成果，做好“六稳六保”专项执行行动，被四川省高级人民法院表彰为“六稳六保”专项执行行动先进集体；集中力量攻坚大要案，在“161”专案中，制作超5万份文书进行线上委托扣划，执行到位金额超1亿元；利用“智慧执行”软件在证据采集、应急联通、突发事件处理、全程留痕等方面的作用，采集执行信息1164件，采集率位居全市法院前列；常态化开展“失信大曝光、执行大会战、拒执大打击”专项活动，形成“一处失信、处处受限”的联合惩戒新格局。

【多元解纷】2021年，青神县人民法院对特邀调解组织及特邀调解员实行名册管理及特邀调解员进驻值班制度，青神人民法院在册特邀调解组织6个，特邀调解员9名；抽调4名已退额的资深法官，与特邀调解员开展诉前调解工作；青神人民法院委派诉前调解521件，调解成功率48.68%；协同创建盐关社区等全市两批“诉源治理示范（村）社区”，与乡镇、村（社区）建立常态化联系机制，覆盖率100%；在全县7个乡镇的57个村（社区）设置法官联络点，实现“源头”指导自治、引导德治、保障法治。

【司法为民】2021年，青神人民法院践行“应救尽救，把好事办好”新理念，对确因客观原因“执行不能”致使当事人生活困难案件，加大司法救助力度，2021年依法缓、减、免收诉讼费用4.2万元，受理司法救助案件88件，提供司法救助金54.04万元；疫情防控期间，推行“非接触式”诉讼服务，推广12368预约立案、微法院立案、跨域立案，开通微信、支付宝扫码交费等多种线上缴费方式。

【司法公开】2021年，青神人民法院加大审判流程、执行信息、裁判文书、庭审公开平台应用力度，推进阳光司法，在中国裁判文书网公开文书2199篇；坚持重大事项报告制度，主动向县委专题汇报工作开展情况；邀请县人大代表、县政协委员及党政机关干部现场观摩庭审，提升司法公信力和透明度；加强网站、微博、微信、客户端等新媒体建设，上传信息 180 余篇，庭审录像 735 部。

【公正提速】 2021 年，青神人民法院创新“互联网＋诉讼服务”模式，整合诉讼引导、查询咨询、立案审查、救助服务、信访接待、立案调解、诉讼材料收转、判后答疑“八大功能”，采购自助诉讼服务终端机、文书辅助填写一体机、文书自助领取终端机，快捷实现立案、查询、文书领取；推进“以信息化为载体的审判管理体系”建设，完善案件质量评估统一指标体系，对审判质效进行科学、公正评估；加强案件审判流程管理，依法公开立案、审判、执行等各个环节的内容，规范司法行为；加强案件质量评查工作，分析审判管理数据，全面、客观评价法官办案质量。

（艾　睿）

司法行政

【概况】 2021 年，青神县司法局紧扣司法行政新职能，以队伍教育整顿为契机，以“我为群众办实事”为载体，推进司法行政工作创新发展，各项工作成效明显，被县委、县政府表彰为依法治县、法治政府建设、脱贫攻坚、乡村振兴战略、全面深化改革等 17 个项目先进集体；10 余名干警获省司法厅、市委市政府、县委、县政府表彰。

【公共法律服务体系建设】2021 年，青神县司法局公共法律服务中心融入青神县矛盾纠纷多元化解协调中心，设立法律咨询、法律援助、人民调解、公证服务窗口，提供“窗口化、综合性、一站式”基本公共法律服务；开展全县 7 个乡镇（街道）公共法律服务工作站和村（社区）公共法律服务工作室的督导工作，更换公告标识标牌，加强规范化建设；乡镇（街道）和村（社区）法律顾问续签到期合同，“一村（社区）一法律顾问”覆盖率 100%；加强网络平台建设，推进“互联网＋”法律服务模式，1 篇法律援助案例被司法行政（法律服务）案例库采用。

【法律援助】 2021 年，青神县法律援助中心受理法律援助案件 155 件，办理其他法律援助事项 1668 件，提供法律服务 1978 人次；开展刑事案件审判阶段律师辩护全覆盖工作，办理刑事法律援助案件 38 件；开展律师进项目、进工地的公益法律服务活动，建立 6 份合同体检档案；建立民营企业维权解困机制，受理 1 件企业困难职工法律援助案件；在青神县经济开发区成立青神县首个企业职工法律援助工作站，为园区企业职工提供免费法律服务；开展法律援助法宣传活动，开展专题讲座 1 次，提供法律咨询解答 50 次，发放宣传资料 1000 余份。

【法律服务】 2021 年，青神县法律援助中心开展“法治体检”暨“送法进企业”活动，深入民营企业，针对性提供专项法治体检服务 6 场，免费提供法律咨询 150 次，调解各类矛盾纠纷 83 件；开展农民工工资拖欠“清零”百日行动、根治欠薪“利剑”行动，受理农民工追索劳动报酬法律援助案件、人民调解 60 件，办结 51 件，挽回经济损失 49.6 万元，提供法律服务 554 人次；发挥“12348”热线职能作用，通过“12348”热线为群众提供服务 200 余人次。公共法律服务平台全年提供法律服务 5000 余人次。

【律师服务】 2021 年，青神县有 3 家律师事务所，社会执业律师 13 人，2 家基层法律服务所，执业人员 8 人。全年律师和基层法律工作者代理各类法律事务 608 件，其中刑事辩护及代理 60 件，民事诉讼及非诉类案件代理 425 件，行政案件 39 件，仲裁案件 84 件。担任法律顾问 45 家，接待法律咨询 3000 余人次。律师参与检察院值班 41 次，为犯罪嫌疑人提供帮助 54 人次。律师和基层法律工作者参与法律志愿服务活动 15 次，服务时长 50 小时。

【公证服务】 2021 年，青神县公证处办理国内各类公证 123 件，代写、修改公证文书 51 份，接待公证咨询 500 余人次；对老年人、残疾、危重病人等群体，上门办理公证案件 8 件，减免费用公证 1 件；制定 8 项制度，公示便民利民措施、公证证明材料清单、“最多跑一次”公证事项、服务承诺等内容，提高服务质量。

【人民调解】 2021 年，青神县有各类调解组织 93 个，调解员 700 余名，实现村（社区）调解组织全覆盖；选任专职人民调解员 16 名，选派 2 名驻公安派出所开展“公调对接”。各级调解组织“以防为主，调防结合”，开展矛盾纠纷排查 417 次，排查矛盾纠纷 1536 件、调处 1509 件，涉及金额 131.3 万元，调解成功率 98%。

【社区矫正】 2021 年，青神县司法局接受调查评估委托 60 件，接收社区矫正对象 64 人，解除社区矫正 55 人，在册 91 人，无脱管、漏管；加强对社区矫正人员监督管理，确立社区矫正案件评查制度，落实“一人一矫正小组”“一周六月”、调查评估、分类监管、手机 App 定位等监管制度；组织社区矫正对象开展“学四史明初心、塑新生”“禁毒和预防网络诈骗”专题学习等活动 25 次。

2021年3月11日，青神县司法局在青枫小区开展法治宣传活动　（县司法局供图）

2021年5月12日，全省“民法典走进乡村（社区）”“三个一百”主题宣讲活动启动仪式暨首场宣讲在青神县青竹街道兰沟村举行　（县司法局供图）

【安置帮教】 2021年，青神县司法局新接收安置帮教对象71人，在册447人，安置率100%，全年重新犯罪2%以内；开展“刑释矫正人员帮教防重新犯罪频发”专项行动，开展帮教走访459人次、疫情防控排查13次，在监服刑人员远程视频探视143人次，核查人员信息129条；联合县妇联开展“逆风飞翔、相伴成长”关爱活动，组织在监服刑人员未成年子女30名参加“志愿者陪伴”“成长夏令营”“亲情探监”“六一心愿礼物”等活动。

【司法所建设】 2021年，白果司法所完成规范化建设，按照“场所规范、功能齐全、服务便捷、管理有序、人员充实、保障有力”的标准，设置办公室、调解室、档案室、公共法律服务站接待大厅等功能区域，成功打造市、县共建亮点司法所；青竹司法所规范设置标志标牌、社区矫正宣告室，争创省级“枫桥式”司法所；青神县加强司法所队伍建设，参与“四川省司法厅司法所长示范培训班”“全市司法所业务工作培训”等各类培训10余人次。

【普法宣传】 2021年，青神县司法局落实“谁执法谁普法”普法责任制，通过知识竞答、法治讲座、法治文艺演出等多种形式，开展“民法典进乡村（社区）活动”“法治四川行一月一主题”“三月法治宣传月”、消费者权益保护、金融风险防范、知识产权保护、识毒防毒拒毒、未成年人保护、“宪法宣传周”等法治主题宣传活动150余场，发放宣传资料、法治文化用品3.9万余份。

（艾　睿）

军 事

人民武装

【概况】 2021年，青神县人民武装部（以下简称县人武部）认真贯彻上级党委扩大会议和市、县党管武装工作会议精神，按照省军区党委决策指示和军分区党委“举旗帜、抓龙头，谋主业、练精兵，强素质、打基础，严法纪、保安全”的工作思路和“守正创新、守土尽责、守住底线”的工作要求，注重发挥党委核心领导作用，全面建设保持良好发展势头，圆满完成上级赋予的各项任务，国防后备力量建设迈上新台阶。

【思想政治建设】 2021年，县人武部依托军分区周交班会系统学，组织党委中心组理论学习，学习贯彻习近平总书记在庆祝中国共产党成立100周年大会上的重要讲话精神和中共十九届六中全会精神。重点抓好党史学习教育，落实规定书目学习，组织观看红色影片和庆祝中国共产党成立100周年大会实况；围绕庆祝中国共产党成立100周年活动，悬挂强军横幅，制作宣传橱窗，建设百年党史墙；组织单位全员和民兵到红色西山革命教育基地上党课悟初心，缅怀革命先烈，重温入党（队）誓词，读经典唱红歌，举办讨论交流等活动；坚持把党史学习教育与巩固深化“传承红色基因、担当强军重任”和“不忘初心、牢记使命”主题教育结合，与开展“珍惜军人荣誉、立足岗位贡献”和“学英模、尽职责、履使命”教育活动结合，与开展“弘扬优良传统、整顿作风纪律”结合。开展经常性思想教育，利用专题教育、党日活动，常态化开展“四反”教育、网络安全、保密和形势战备教育，反复清理流毒思想，开展“飓风—2021”反间谍专项行动，确保单位安全稳定；做好一人一事思想工作，常态化抓好疫情防控中的思想政治工作，组织学习《预防犯罪工作条例》，搞好教育引导和心理疏导，确保全员思想稳定、向上向好。抓好信息服务和新闻报道工作，全年在各级强军网刊稿70余篇、各类纸质媒体刊稿10余篇、“天府长城”App刊稿5篇，省军区要讯刊稿3篇。

【党管武装与全面从严治党】2021年，县人武部采取上级领学、个人自学、实践悟学等多种学习方式，学习习近平新时代中国特色社会主义思想和习近平强军思想；常态化抓好军队党的建设法规学习，采取新旧对比、结合融合、边干边学等方式，掌握基本内容和运用方法；召开党委纪委换届选举会议，贯彻民主集中制，坚持先议政后议事，拟制《人武部党委会议事决策规则》，按照集体领导、民主集中、个别酝酿、会议决定“十六字”原则研究决定重大事项，召开党委会研究重大事项、重大经费；落实组织生活制度，围绕主题召开民主生活会，开展批评和自我批评，达到坚定信仰、坚强党性、团结共事目的；加强党组织规范化建设，对照军分区检查指出问题，逐条研究、逐项整改、逐一落实；常态化开展党的纪律教育，定期组织违规案例通报学习和观看纪律教育警示片，引导全体人员知敬畏、存戒惧、守底线；常态化运用“四种形态”，深入查究不正之风和苗头隐患，巩固纯洁良好生态。

【民兵组织整顿】 2021年，县人武部树立“编组出战斗力”思想，围绕编实编强、突出应急应战，召开民兵整组工作动员部署暨业务培训会，强化编制意识、编实意识、优化意识和比例意识，对民兵编组、体检政考、出队入队和预建党组织提出具体要求，青神县基干民兵按照应急、专业、特殊三类科学编组，基本实现灵活机动、战斗力最大化，全县民兵在上级组织的检查考评中走在全市前列。

【基层人武部建设】 2021年，县人武部党委坚持科学管理、有序管理，按照省军区正规战备、训练、工作、生活“四个秩序”任务部署会议要求，对照《规范建设检查考评暂行细则》，学习借鉴友邻单位经验做法，筹划制定人武部“四个秩序”建设方案，统筹推进完善软硬件建设，单位“四个秩序”建设起步较顺、开局较稳；严抓一日生活制度，从上下班、严格着装、严肃会场秩序等细节抓起；开展安全大检查，围绕12个方面重

2021年7月19日，青神县召开年度基干民兵集训开训动员大会 （何 乐/摄）

点内容，突出防范重点，结合多项活动，开展安全教育大整顿、安全隐患大排查、安全问题大整治；推进资产大清查，有计划、分步骤、按阶段全面统计清理清查单位资产情况，做到精准精确；跟进传达学习上级有关疫情防控的最新指示要求，随时关注国内外疫情发展状况，定期召开领导小组会议研判辖区疫情防控形势，针对性调整疫情防控应急处置方案，组织全员接种疫苗，确保单位零感染。

【兵役征集】 2021 年，青神县 2021 年征兵工作在军分区、市征兵办和县委、县政府领导下，严格执行上级下达的征兵命令，以疫情防控和确保兵员素质为重心，紧盯“五率”标准，健全组织领导，灵活宣传教育，强化过程管控，突出廉洁铁律，紧绷防疫之弦，重点抓好兵役登记、征兵宣传、体格检查、政治考核、役前教育、审批定兵、新兵启运等全过程的组织领导，高标准完成全年征兵任务。

【国防动员潜力统计】 2021 年，县人武部集中组织统计调查任务部署暨业务培训会，与县国动委各相关办公室配合，及时调整补充目录，增补空白的、废除过时的，确保潜力数据全面、准确统计。

【参建参治】 2021 年，县人武部积极参与地方建设，做好双拥工作，组织走访慰问。利用春节、“八一”等时机协同地方党委、政府开展为军烈属和退役军人家庭挂光荣牌、为立功军人家庭送喜报、为困难群众送温暖、为老党员送关怀等活动；做好脱贫攻坚同乡村振兴有效衔接工作，定期走访看望结对帮扶户，投入 9 万元为挂钩帮建村——高台镇河坝子社区修建灌溉水渠和蓄水池，方便群众生产生活；落实《关于新时代深入开展军民共建社会主义精神文明活动的意见》，严格遵循就近就便原则，与西龙镇长池村签订结对共建协议，明确军民共建活动内容落实，为进一步密切军政军民关系、巩固军民团结打下坚实基础；响应县委、县政府号召，指导乡镇民兵营连带领民兵带头创业致富、助力乡村振兴，积极配合县创建“四川省双拥工作先进县”。

【安全管理】 2021 年，县人武部突出重点时期、关键节点、大项活动的安全管理，强化季节性事故防范和车辆事故防范，开展安全形势分析和隐患排查治理，营造良好安全环境。

（何　乐）

武装警察

【概况】 武警青神中队在年初制定的“凝神聚力、厚实底蕴、补齐短板，努力争创‘四铁’先进单位”目标指引下，全体官兵齐心协力、同频共振，形成“中队风气正、主官表率好、干部素质强、官兵明事理、人人干劲足”的建队底蕴，中队全面建设有新的变化、适应新的环境、取得新的突破，总体保持“承上启下、奋力争先”的良好势头。

【政治教育】 2021 年，武警青神中队开展“传承红色基因、担当强军重任”主题教育和疫情防控专题教育活动，学习贯彻习近平总书记在庆祝中国共产党成立 100 周年大会上的重要讲话精神和中共十九届六中全会精神，用卫国戍边英雄战斗的故事鼓舞感染官兵，激发士气；通过干部领学、个人自学和“双百微课”相结合的方式，领悟习近平总书记系列著作，引导官兵充分认清严峻形势，坚定理想信念，打牢官兵拒腐防变的思想根基，激励官兵发扬连续作战、不怕苦累的奉献精神；利用天天学“习”、周写一文、月读一书等载体，结合板报橱窗宣传、观看红色影片和党小组讨论交流，使官兵深刻理解改革强军内涵，强化军魂意识；中队党支部发挥军人委员会和团支部委员会两个群众性组织作用，利用课间休息、党团活动、周末假日等时间，听取和收集官兵意见，组织各项文体活动；将提升官兵素质作为经常性工作重点来抓，采取多种形式提升官兵内涵底蕴；把预防工作当成安全管理工作重点来抓，每月深入搞好思想分析、预防犯罪分析，推进知心、稳心、强心、暖心的“四心工程”；发挥好“三互”“双四一”作用，开展谈心活动，指定责任人，干部、骨干与战士结成帮扶对象，让官兵感受到部队大家庭的温暖，保持良好的心态；按照教育计划，落实每周两个半天的教育日制度。

【军事训练】 2021 年，武警青神中队坚持每月或特殊时期组织官兵学习上级有关执勤战备指示精神，分析部队执勤现状，借鉴和吸取兄弟单位执勤工作中的成功经验和教训，牢固树立危机意识，把“哨位就是战场，执勤就是战斗”贯穿于哨兵执勤全过程；按照总队、支队两级党委统一部署安排，中队派出由排长带队的巡逻组，与青神县公安局、青神县看守所联勤武装巡逻，完成春节、两会、清明、“五一”、国庆等重大节假日期间安保任务；建立健全评比制度，树立“比学赶帮超”的训练作风；针对中队实际情况，组织官兵展开专勤专训、专岗专训和专哨专训，根据不同勤务，主要以各类法规为依据；根据不同目标各哨位的主要任务、警戒区域、防范重点、责任区域、控制区域哨位周边地形等要素，针对性开展勤务训练、方案演练和应急避险训练。参加支队第一届军人运动会、每月会操，利用勤训轮换、补差训练，提高实战水平，组织评选军事训练流动红旗42次。中队官兵在勤训轮换中，取得2次第一、3次第二的好成绩；与青神县看守所组织联合方案演练，圆满完成临时勤务，受到支队党委和县看守所肯定。

【从严治警】 2021年，武警青神中队组织学习贯彻落实新条令，坚持以“向管理要规范，向管理要战斗力”为目标，落实相关集训和试点精神，把一日生活制度、“八小时”以外人员管控作为重点，以板报、竞赛为载体，从日常生活穿衣戴帽等小事情入手，小处着眼，抓好生活和作风养成；落实条令法规制度，加大检查督促，正规部队秩序；坚持“稳中求进”总体基调，以“六无”为抓手，加强手机保密、网络赌博、借贷等安全隐患苗头治理，常态组织“安全大检查”活动；开展自查自纠，组织群众性大讨论，确保内部关系和谐和睦；设置安全管理监督员，建立安全员系统培训机制，筑牢安全底线；落实疫情防控及冬季事故预防工作；落实保密规定，严格手机使用管理，组织官兵学习“十个严禁”“十条禁令”等，杜绝文件外流，防止泄密事件发生；以总队、支队安全大检查活动为契机，支部明确分工，领导带头排查各类安全隐患，围绕防范8个方面重大安全问题，在全面排查整治基础上，重点检查人员管理、手机使用、执勤设施等问题，召开支委会、队务会、军人大会、班务会动员部署，明确任务，提出要求，形成“人人讲安全、时时知安全、事事谋安全、处处抓安全”的氛围；每月进行安全形势分析、安全理论测试和安全隐患排查。

人民防空

【概况】 2021年，青神县做好人防结建工程建设，做好人防异地建设费征收；抓好防空警报器建设，定期组织防空警报器维护保养等。

【人防宣传工作】 2021年，县人防办以“9·18”防空警报试鸣放为契机，与县教体局对接，指导青神县中小学校开展防空应急演练；加强人防宣传，推进人民防空教育进机关、进学校、进企业、进社区、进网络，采购发放人防应急包300份，提高人民防空防灾技能。

【规范管理】 2021年，县人防办细化相关股室关于人民防空建设职能职责，规范人民防空相关工作实施意见，促进县内人民防空事业健康有序发展。

（李典乐）

综合经济管理

经济体制改革与结构调整

【概况】 2021年，青神县推进供给侧结构性改革、投融资体制改革、全面创新改革等各项经济体制改革任务。纵深推进"放管服"改革、国资国企改革、全域开放和农村土地改革，优化营商环境、调整经济结构、优化资源配置；完善社会信用体系、加大信贷投入，优化投融资环境；强化财政资金引导、推动产学研成果转化、加快创新平台建设，推动全县向创新驱动转型发展。

【供给侧结构性改革】 2021年，青神县推进"放管服"改革，开展政务服务事项动态化调整，形成《青神县公共服务事项清单》397项、《青神县乡镇（街道）主体执法事项清单》243项；推动"一件事一次办"落地，梳理形成《青神县"一件事一次办"清单》96项；深入推进"一网通办"前提下的"最多跑一次改革"，全程网办率96.64%，一次办事项数占办理事项数98.93%，承诺时限比法定时限平均减少84.39%，材料减免率41.12%；稳步推进国资国企改革，推进县属国有企业集团化重组整合，出台《青神县县属国有企业重组改革方案》《青神发展投资集团有限公司重组转型发展方案》和《青神发展投资集团有限公司组织架构设计方案》；开展清产核资工作，将经营性资产注入国企，实现资源高效整合；推进全域开放，修改《青神县"扶持跟着项目走"实施办法》和《关于青神县"扶持跟着项目走"实施办法的补充通知》；与江苏昆山台商协会、广东表处协会和顺德机械商会等建立长期合作关系；制定"一企一策"帮扶措施"稳外资"；实施"红色代办"工作机制，实行全程代办、精准服务；推进农村土地改革，开展闲置宅基地盘活利用，完善农房设计图集，增加房屋附属功能布局和占地规模指导，建成占地1.92万平方米的"竹里巷子"精品乡村民宿；编制村庄规划，明确集体建设用地使用方向；健全农村产权交易平台，公布实施《集体建设用地及农用地基准地价》，推进农村集体经营性建设用地入市改革，出台入市管理办法，引导兰沟村4块集体经营性建设用地挂网拍卖；建立无地少地农户承包地进退机制、去碎片化机制、农户土地权益保障机制，8个试点村民小组824户农户全部签订《农村土地家庭承包延包协议书》，完成全国第二轮土地延包三十年试点任务。

【投融资体制改革】 2021年，青神县加快社会信用体系建设，制定《天府信用通平台与眉山市公共信用信息平台对接方案》；天府信用通平台累计注册认证企业和个体工商户435户，促成融资116笔、8.83亿元；中小微企业办理中征平台应收账款融资21.58亿元；累计评定出24个信用村、3个信用镇和1.83万户信用户。对上争取各类补助资金11.1亿元、新增债券资金4.5亿元；加大信贷投入，金融机构新增贷款13.4亿元，存贷比56.6%。实际利用外资2492万美元。

【全面创新改革推进】 2021年，青神县坚定不移实施创新驱动发展战略，2019—2021年组织高新技术企业申报国家、省级科技项目21个，争取到位资金676.6万元；推动省内外高校和科研院所与龙头企业组建一批技术创新联盟，云华竹旅与西南科技大学、四川农业大学合作，创新竹种质资源选育技术，获省级科技进步奖一等奖；环龙新材料与芬兰国家技术研究中心合作，实现竹全价循环产业链；围绕机械、竹等特色优势产业，以龙头企业为组建主体，成立青神县机械产业发展研究服务中心、博士后流动工作站、省级竹材生物质精炼技术工程实验室等研究中心；企业科技创新能力持续增强，科技成果转化率

2021年9月28日，中共青神县委副书记、县长邱磊（左三）带队赴广东惠州金茂源考察
（县发改局供图）

2021年12月30日，中共青神县委财经委员会第十一次会议研究部署经济工作
（县发改局供图）

80%。中桓建工成功申报省级企业技术中心，四川丹甫获评省级科技成果转移转化示范企业。德恩精工荣获中国专利奖优秀奖，环龙新材料荣获四川专利奖一等奖。

（王　粞）

固定资产投资管理

【概况】 2021年，青神县贯彻落实省委、省政府“投资唱主角”和市委、市政府“三比三看”工作要求，落实重点项目“红黑旗”推进工作机制，每周召开项目推进会，每月召开全县重点项目调度会，每季度进行重点项目现场拉练。省、市重点项目完成投资37.67亿元，年度投资完成率160%，进入2021年第二季度、第三季度全市重点项目推进“红榜”，“三比三看”考评结果一等，名列全市各区县前列。眉山市抓项目促投资现场会在青神顺利召开。全年完成全社会固定资产投资64.7亿元，和2020年相比增长10.5%。深入开展工程招投标领域突出问题系统治理工作。全县民营经济增加58.64亿元，增速9.9%，排位居全市第一。

【重点项目“红黑旗”推进工作机制建立】 2021年，青神县对标《眉山市重点项目推进“红黑榜”考评办法》，制定《青神县重点项目“红黑旗”推进工作机制》，建立“三五”项目工作法；明确县委、县政府主要领导总牵头，项目联系县领导协调服务，县政府分管领导为第一责任人，项目责任单位、项目职能部门和项目所在乡镇（街道）通力协作的五级责任体系；落实“日反馈、周调度、月推进、季拉练、年考核”“五个机制”；强化整合督查、纪检监督、红黑挂旗、末位述职、强化考核“五项举措”，推动重点项目建设。

【重点项目建设】 2021年，青神县谋划续建、新建和加快前期项目194个，总投资786.4亿元，年度计划投资125.7亿元；实施续建、新建项目132个，总投资459.5亿元，年度计划投资88亿元，其中基础设施项目62个，年度计划投资27.7亿元，占全县项目计划投资31.5%；产业项目70个，年度计划投资60.2亿元，占全县项目计划投资68.4%，工业项目36个，年度计划投资32.2亿元，占产业项目计划投资53.5%。实施省、市、县重点项目50个，总投资418.8亿元，年度计划投资99亿元，其中省、市重点项目10个，总投资200.3亿元，2021年完成投资37.67亿元，年度投资完成率160%，进入2021年第二季度、第三季度全市重点项目推进“红榜”，“三比三看”考评结果一等。

（王　粞）

【项目招投标管理】 6月29日，青神县招投标和政府采购监督管理工作领导小组成立。2021年，全县公开招标项目35件次，涉及金额8.6亿元，通过招投标节约资金1.1亿元，节约资金比12.89%；按照重点行业领域突出问题系统治理要求，全县继续开展工程招投标领域突出问题系统治理工作，围绕制度清理、规避招标、围标串标、事中事后监管、评标专家不公、领导干部和主管部门违规插手干预6个方面重点整治，查处串标案件1起、涉案人员2人、涉案金额800余万元。

（文　科）

【民间投资促进】 2021年，青神县落实省、市关于促进民间投资健康发展各项政策措施，进一步简政放权、降低市场准入门槛，精简工程建设项目审批环节、规范审批事项、划分审批阶段、制定审批流程，实行联合审图、联合验收和区域评估；建立外资企业全程跟踪服务制度，为外资企业设立、变更等审批事项提供专人全程跟踪服务。全县民营经济增加值58.64亿元，增速9.9%，排位居全市第一，占GDP比重的58.6%，民间投资占全社会投资比重61.4%。

（王　粞）

价格管理

【概况】 2021年，青神县发展和改革局（以下简称县发改局）围绕加强价格监管、维护市场价格秩序、确保物价总水平基本稳定的目标，加强涉农、涉企价格监管，解决民生价格问题，控制出台调定价收费项目，强化价格监测，开展价格认定工作，规范市场价格秩序，为青神社会稳定、和谐和经济又好又快发展做出积极的贡献。

【要素价格政策实施】 2021年，县发改局结合经济社会发展水平和群众经济承受能力，建立青神县居民生活用水阶梯价格制度，印发《青神县发展和改革局关于调整居民生活用气销售价格的通知》，落实《四川省发展和改革委员会关于四川电网2020—2022年输配电价和销售电价有关事项的通知》，完善青神县阶梯水、电、气价格制度。

【惠民价格政策实施】 2021年，全县养老托幼机构用水、电、气执行居民价格；县发改局调整经民政部门核定的特困户、五保户等低收入群体用水价格，每户每月用水5立方米以内按每吨优惠0.30元执行；低保家庭天然气价格每立方米优惠0.45元。

【价格改革】 2021年，县发改局加大政府定价和政府指导价商品和服务监管力度，调整采暖季居民用气量，从12月起，对全县范围内经认定的采暖户在当年12月至次年2月增加第二阶梯气量1200立方米；完成青神县非居民用气价格备案工作；制定全县农业水价收费标准；根据定价权限，向市发改委上报、审批青神县中职校住宿费标准；在全县范围内开展景区收费、公墓收费、养老服务收费、校外培训机构收费、城市供水价格、住宅小区停车收费和物业服务收费等收费调研工作；对上争取电费补贴，经过市、县发改部门与雅砻江公司对接，为青神企业争取到电费补贴200万元，其中德恩精工100万元，青城机械50万元，环龙新材50万元。

（吴　松）

【价格认定】 2021年，青神县价格认证中心围绕年初制订工作目标，克服疫情影响，结合自身工作特点，服务政府、司法，开展价格认定，推进各项工作；完成价格认定案件17件，标的金额34.82万元。其中，刑事案件14件，标的金额26.77万元；行政案件3件，标的金额8.05万元，无复核裁定案件发生。

（徐彬森）

国有资产管理

【概况】 2021年，青神县行政事业性国有资产59.18亿元，其中，行政单位国有资产36.73亿元，占行政事业性国有资产的62.06%；事业单位国有资产22.45亿元，占行政事业性国有资产的37.94%。主要资产为：流动资产2.58亿元，占资产总额的4.36%；固定资产5.22亿元，占资产总额的8.82%；公共基础设施50.02亿元，占资产总额的84.52%。

【国有资产监督管理】 2021年，青神县财政局开展青神县国有资产专项清理，召开国有资产监督管理工作会议2次，清查各行政事业单位和县属国有公司资产情况，指导建立完善资产管理制度，做好资产标识化，确保资产“一物一卡一标识”，确保账、证、实相符；抓好国有资产出租、报废、处置、清查等日常工作，严格按程序办理，全年出租各类国有资产58宗，租金收入约65.36万元，收到报废各类国有资产请示90余份，报请县政府审批20份，均按程序完成办理，收到房屋拆除、车辆报废请示8件，按程序上报县政府审批审核并出具批复；做好“两项改革”后半篇文章，结合青神县实际，按“四结合、三分离、多模式、一清单”模式：即与“创建微阵地”相结合，与“建立便民服务”相结合，与“人居环境治理”相结合，与“村集体经济发展”相结合，分类别盘活闲置资产，有效助力乡村振兴；对权属不清的资产，探索实行“所有权、使用权、经营权”三权分离，允许乡镇将资产委托给村集体使用、群众主动参与经营等方式，实现资源共享、利益分享，确保国有资产和村集体资产不流失，村民增收致富；让乡镇、村“两委”当家作主，有效推行“国有公司+村集体，村集体+农户，公司+农民专业合作社+农户”等多种发展模式，促进多种形式和主体的有效合作，真正实现高效盘活和村集体经济的发展；实行“不准低价转卖资产、不准将资产对外担保或抵押、不准私自拆除资产”的“三不准”负面清单，保证资产使用合法性，防范资产流失；盘活镇村公有资产73宗，其中乡镇7宗、面积5059.27平方米，村社66宗、面积2.41万平方米；定期开展国有资产安全检查，开展安全检查60余次，排查隐患10余处，指导县级各部门、县属国有公司提高政治站位，认识抓好国有资产安全工作的重要性，将国有资产保值增值放在首位。

【国企改革】 2021年，青神县财政局印发《青神县国企改革三年行动实施方案（2020—2022年）》，全年完成总体目标任务70%；优化国有资本布局和结构调整，围绕重组青神发展投资集团有限公司战略发展目标和中心工作，形成“一个集团公司，七个专业子公司”的战略布局，涵盖文化旅游、地产建工、人力资源物业和产业四大板块业务；新组建青神县交通投资建设有限公司、青神县工业投资有限公司、青神县人力资源管理咨询有限公司，提升县属国企战略性重组、专业化整合效率，逐步实现集团化、市场化运作。

【国企监管】 2021年，青神县财政局制定《青神县县属国有公司“三重一大”决策制度》，明确公司“三重一大”事项的决策范围、程序和决策层级等；按照“三重一大”制度规定的权责范围对公司重大事项进行集体研究决策；强化对县属国有企业人员、财务、项目方面监管，不定期对企业资产和项目安全进行检查，定期分析、上报企业经济运行情况和债务的化解情况；聘请专业机构对所有县属国企进行报表审计和财务专审。

【现代企业制度建设】 2021年，各县属国企修订和完善公司章程，把党组织建设写入公司章程，明确党组织在公司治理机构中的法定地位；把国有企业发展与党建工作和完善公司法人治理有机融合，发挥国有企业党组织的政治核心和领导核心作用；建立公司党委会、董事会、监事会议事规则，制定一系列内控管理机制，重大事项按《公司章程》和“三重一大”决策制度进行集体决策，依法决策；把党的领导全面融入公司治理的各个环节。

（唐靖瑜）

国有企业管理

【概况】2021年，青神县有国有企业18家、企业职工169人。国企资产总额97.70亿元，负债总额51.76亿元，所有者权益45.94亿元，2021年实现营业收入2.64亿元，实现利润总额0.035亿元，上缴税金0.17亿元、融资9.24亿元。青神县财政局积极推进重大民生项目，全年完成固定资产投资6.12亿元，较2020年增加0.87亿元，和2020年比增长16.48%。

【青神发展投资集团有限公司、青神县国有资产经营有限公司】青神发展投资集团有限公司（以下简称青发展集团）于2021年12月组建，以资本运营为主，统筹融资业务；青神县国有资产经营有限公司为母公司，是实行“两块牌子，一套人马”的综合性集团公司。全县设立青发展集团公司，在集团公司下设一级公司7个，分别为青神县城市投资有限责任公司、青神县农业发展投资有限责任公司、青神国际竹艺城发展投资有限公司、青神县文化旅游投资有限公司、青神县工业投资有限公司、青神县人力资源管理咨询有限公司、青神城市资源经营有限公司（控股）；二级公司7个，分别为青神县拓展土地储备开发有限公司、青神县国粮管理有限公司、青神羽翔建筑工程有限公司、青神竹够好文化传媒有限公司、青神县青衣文化传媒有限责任公司、四川恒开创建设工程咨询有限公司、青神竹里雅院酒店经营有限公司；参股公司1个，为青神川能水务有限公司。青发展集团现有中共党员32人，设集团公司党委，由5人组成，设党委书记1人，专职副书记1人，集团纪委设书记1人，委员2人；集团党委下设8个党支部。国有企业总人数为167人，其中，高层管理人员32名，中层管理人员61名，大专及以上学历84名。

【青神县文化旅游投资有限公司】青神县文化旅游投资有限公司成立于2020年6月12日，独立核算、自主经营、自负盈亏，是县级国有独资有限责任公司，注册资金3亿元，按照现代企业管理设立了董事会和监事会，下设党政综合部、项目部、财务部、研学部、运营部、景区管理部，现有职工人数33人，其中高层管理人员3名（董事长、总经理监事会主席为体制内工作人员），中层管理人员5名，其中，正式员工22人，未转正1人，临聘7人；主要经营组织旅游、广告设计制作、娱乐性展览、日用百货、农业园艺、中草药种植等相关业务。

【青神县农业发展投资有限责任公司】青神县农业发展投资有限责任公司成立于2018年12月，注册资本1亿元，为青发展集团全额出资，按照现代企业管理设立董事会和监事会，下设党政综合部、项目部、财务部、运营部、风控部，有职工13人，其中高层管理人员3名（董事长所属经信局在编人员，总经理属住建局在编人员，副总经理属体制内退休返聘人员），中层管理人员3名（其中财务部长为农业农村局在编人员），工作人员7人。公司以“提升农业现代化水平、促进乡村振兴”为宗旨，主营业务为农业专业及辅助性活动、餐饮服务、矿产资源（非煤矿山）开采、房地产开发经营、建设工程施工等。

【青神国际竹艺城发展投资有限公司】青神国际竹艺城发展投资有限公司成立于2014年5月，注册资本3亿元，为青发展集团全额出资，公司按照现代企业管理设立了董事会和监事会，下设党政综合部、财务部、项目部、运营部、景区管理部，现有职工29人，其中高层管理人员3名（董事长属青神县中岩风景文物名胜区服务中心在编人员、总经理属青神县青衣文化传媒有限责任公司在编人员、副总经理属青神县竹编管理委员会在编人员），中层管理人员7名（其中财务部长为集团公司委派人员），工作人员19人。公司主要从事基础设施建设，竹产业和旅游文化项目建设、开发、经营，文化演艺、演出的组织、策划、经营，市政工程服务，园林绿化工程施工等相关业务。

【青神县城市投资有限责任公司】青神县城市投资有限责任公司成立于2009年12月9日，属青神县国有企业，具有独立的法人资格，2018年5月进入实体化运营。公司注册资本为3亿元，法人股东青神发展投资控股有限公司占股96.67%，中国农发重点建设基金有限公司占股3.33%，公司按照现代企业管理设立了董事会和监事会，下设党政综合部、项目部、财务部、资产管理部、风控部；2021年12月，公司管理层组建国企改革后的第一届领导班子，现有职工38人，其中城投公司高管3名（董事长属瑞峰镇人民政府在编人员，总经理属县林业园林局在编人员）、羽翔建司高管2名、恒开创公司高管1名，中层管理人员10人，工作人员22人。公司及子公司经营范围为建设工程施工、园林绿化工程施工、土石方工程施工、工程管理服务等；国有资产经营、房屋租赁、农贸市场经营等；建筑工程设计，市政道路设计，工程技术咨询、晒图等。

【青神城市资源经营有限公司】 青神城市资源经营有限公司成立于2020年9月30日，公司注册资本2000万元，由青发展集团、眉山市城市发展投资有限责任公司共同注册成立，公司下设5个部门，分别为党政综合部、财务部、风控部、营销部、项目生产部，现有职工54人，其中正式在岗人员21人，其中董事长1人，总经理1人，副总经理1人；劳务派遣人员33人。其中本科学历8人，大专学历12人。公司主营业务为砂石加工销售、黏土及其他土砂石开采、流域水环境综合治理施工（河道水体修复、城市黑臭水治理）、河道湖泊治理服务。

【青神川能水务有限公司（参股公司）】 青神川能水务有限公司成立于2020年2月，公司注册资本1.65亿元，系四川省环保产业集团有限公司控股子公司。公司设股东会、董事会、党支部、监事会、总经会；内设财务部、综合部、生产安全环保部、自来水厂、城市生活污水处理厂和工业开发区污水处理厂6个机构，现有员工119人。公司主要负责自来水、饮用纯净水相关业务、水污染治理设施运营服务、城市生活垃圾及污泥处置、生态环保和环境治理、水利工程、环境保护工程等业务。现负责2座净水处理厂和4个供水加压站的经营管理，供水范围包括青竹街道、西龙镇、白果乡等乡镇，覆盖面积约100平方公里。供水总户数4万多户，供水人口10万余人；现有1座城市生活污水处理厂和1座工业开发区污水处理厂，同时负责11个乡镇污水处理站和机械园区工业污水处理厂的经营管理。

【青神县青衣文化传媒有限公司】 青神县青衣文化传媒有限责任公司成立于2019年12月，属国有独资公司，独立核算、自主经营、自负盈亏。公司注册资本200万元整。公司现有职工13人，其中含高层管理人员2名（董事长和总经理属体制内县融媒体中心工作人员），中层管理人员3名，正式工作人员4人，临聘工作人员2人，劳务派遣人员1名，实习生1名；其中职工中全日制本科学历6名，全日制大专学历5名。公司主营专题片、汇报片、宣传片的策划、拍摄、制作；360° VR全景制作、剪辑；微电影策划、拍摄、制作；设计制作H5、画册、PPT、logo、卡通人物、宣传海报、广告、宣传展板；微信公众号的营运、管理、发布等；线上线下活动的策划、承办；直、录播活动策划、承办。

（唐靖瑜）

经济合作管理

【概况】 2021年，青神县商务局招商引资签约项目26个（重大项目7个），签约金额70.54亿元；招商引资到位资金48.14亿元；实际利用外资到位资金2492.25万美元，完成市下达任务356%，获得2019年度省级财政重大项目招商引资激励奖补资金15万元。超额完成制造业招商引资“百日攻坚”行动任务，入列全市红榜。

【重大项目引进】 2021年，青神县招引具有支撑性、示范性的重大产业项目和延链补链、强链壮链的配套项目7个，总投资额51.73亿元，实现成链聚集、成势壮大。

【“百日招商”攻坚行动】 青神县9月13日召开制造业招商“百日攻坚”行动推进会以来，党政主要领导“走出去”对接企业42家、“请进来”实地考察企业40家，分别完成市级目标任务的210%、200%；“走下去”服务企业25次，举办专场招商推介会5次；签约项目18个（重大项目6个）、开工项目10个、到位资金13.4亿元，分别完成市级目标任务360%（600%）、333%、111.7%，入列全市红榜。

【外资“冬季攻坚”行动】 2021年，青神县商务局以2019—2021年签约项目企业为重点，全覆盖确定走访签约落户外资企业5家，发放调查问卷5份，对每户企业、每个项目情况进行详细登记，收集企业反映的困难或问题3个，通过走访调研、协调推动，帮助企业解决问题3个。实际利用外资到位资金2492.25万美元，完成市下达任务356%。

【“三走一请”招商】 2021年，青神县聚焦青神机械、竹两大特色产业，瞄准大湾区和长三角地区，绘制青神县先进制造业产业链“两图一表”，梳理目标企业170家；盯住东部地区产业转移，四大专项招商组带队赴广东、江苏、上海、成都等地考察深圳有为、江苏森隆、上海高博等42家意向投资企业；将深圳有为、江苏森隆、东莞伯格油压、上海麦库等40家企业“请进来”实地考察，推动形成在谈项目20个，在谈金额超95亿元。

【驻外招商】 2021年，青神县选派9名干部分别在广东、上海等地驻点招商，抢抓产业梯度转移机遇，获取有效项目信息23条，走访企业367家、行业协会和商会51家，引荐13家企业到青神考察。

【招商平台搭建】2021年，青神县瞄准珠三角、长三角、粤港澳大湾区等发达地区，借力省政府驻广东、上海办事处，成都市政府驻深圳办事处，选派干部挂职招商，扩大招商实效；在东部产业转移地区进行招商推介5次，推进与江苏昆山台商协会、广东表处协会和顺德机械商会等建立长期合作关系，推荐6家企业莅青考察，提供潜在目标企业信息20余条；对接深圳清华大学研究院，在技术指标、产业规划等方面给予青神指导；与深圳清华大学国际研究生院构建产学研用协同创新体系，合作共建研究生社会实践基地。

（许　倩）

2021年青神县招商引资签约项目统计表

表2

序号	项目名称	项目内容	投资额（亿元）	用地规模（亩）	产业类别	投资方	签约时间
1	新微型电机生产项目	新建厂房约1.1万平方米，新购置嵌线机10台，绕线机10台，整形机4台，绑线机4台，电检机2台，项目投产后年生产电机可达到每年300万台	0.31	20	机械高端装备产业	四川恒乐电器有限公司	2021年1月6日
2	物流筛选设备生产线项目	扩建车间厂房、办公场地、生活配套等约3600平方米，新增物流筛选设备成套生产线，主要生产销售物流筛选设备，设计年生产能力3000万元左右，预计可以解决50人左右就业	0.42	10	机械高端装备产业	青神新弘机械有限公司	2021年1月6日
3	畜禽饲料成套设备生产项目	完成对原眉山鑫和机械制造有限公司约43亩工业土地及厂房等闲置资产的收购及相关手续办理；完成厂房改造，新建5条畜禽饲料成套设备项目生产线，主要生产饲料混合机，饲料提升机和饲料制粒机，建设西南最大的畜禽饲料设备生产基地	3	43	机械高端装备产业	四川众鑫盛农牧机械有限公司	2021年1月8日
4	家居护理用品生产线项目	计划投资6000万元，新建约5500平方米多层（三楼一底）厂房，购置满足生产需要的各类机械设备，主要建设厨房清洁剂、电蚊香等家居护理用品生产线。	0.6	3	机械高端装备产业	眉山市民威林产制品有限公司	2021年3月8日
5	环保型商品混凝土搅拌站建设项目	项目位于青神县罗波乡，占地约30亩，新建环保型商品混凝土PC式一拖二2HZN120型生产线2条、堆场、停车场等。项目建成达产后，可年产商品混凝土70万立方米，形成3亿元产值，可以带动运输及建筑产业发展，拉动产业配套升级，带动就业50人以上	0.6	30	机械高端装备产业	四川辰邦新型建材有限公司	2021年4月16日
6	汽车零部件及挖掘机破碎斗生产线项目	项目计划总投资不低于5亿元，其中：一期项目计划投资4亿元，主要建设汽车零部件及挖掘机破碎斗生产线；二期项目计划投资1亿元，技改搬迁机械大道4号奥信紧固件公司和该公司租用城北路158号厂房内机加生产线及库房。全部项目建成投产后可实现年销售收入5亿元以上，上缴税收1000万元以上，新增就业岗位300个以上	5	34	机械高端装备产业	四川坤杰机械制造有限公司	2021年3月8日
7	年产50万支消毒剂生产线项目	项目总投资2000万元，一期租赁2000平方米厂房，建设四川一辰药业年产50万支消毒剂生产线项目。项目配置灌装机、贴标机和喷码机等设备，进行消毒剂生产，产品工序为单纯药品复配分装，不涉原药生产，项目可达年产50万支消毒剂。二期计划购买四川众泰精密铸造有限公司厂房扩大生产规模。项目建成达产后，预计实现年销售收入5000万元，入库税金拟达100万元左右，新增就业岗位30个以上	0.2	3	机械高端装备产业	四川一辰药业有限公司	2021年5月19日
8	航空地面设备生产线和物流快递分拣输送设备生产线扩建项目	项目占地36亩左右，分两期建设，新建厂房、研发大楼及附属配套设施不低于1.5万平方米，购置生产设备等。其中：一期项目2021年12月31日前开工建设，新建厂房、研发大楼及配套设施约7000平方米，并购置生产设备。二期项目：2022年12月31日前开工建设，新建厂房及配套设施8000平方米，并购置生产设备	1.2	36	机械高端装备产业	四川德鑫航空设备股份有限公司	2021年8月12日
9	军工、电子、门业、五金、零部件及阀芯套、活塞、模具等表面处理生产项目	计划投资10.43亿元，购置厂房约1.2万平方米，新建镀金生产线16条，镀银生产线12条，镀镍生产线9条，镀铜生产线8条，阳极氧化生产线3条，化学镍生产线2条	10.43	18	机械高端装备产业	成都市投资人王飞舟（成都市青羊区陕西街）	2021年11月1日
10	航天航空军工电子、信息产品表面处理生产项目	项目分两期建设，一期购买西南表面处理循环经济产业园5500平方米厂房，新建镀金生产线10条，镀银生产线10条，综合生产线5条；二期将母公司整体搬迁至青神	5.6	10	机械高端装备产业	众诚瑞丰金属制品有限公司	2021年9月22日
11	年产1.2万吨铸件及工模具、3D打印和检测中心生产项目	一期计划投资3.3亿元，购置厂房1.2万平方米，新建年产1.2万吨铸件生产线；二期计划投资1.2亿元，新建工模具生产线；三期计划投资1亿元，新建3D打印和检测中心	5.5	50	机械高端装备产业	青神全方机械有限公司	2021年11月1日

续表 2

序号	项目名称	项目内容	投资额（亿元）	用地规模（亩）	产业类别	投资方	签约时间
12	汽车、五金零部件表面处理生产项目	一期投资 3 亿元，购置厂房 5000 平方米，新建涮洗生产线 6 条，电泳生产线 3 条，铜镍生产线 5 条，氧化生产线 4 条；二期投资 2.2 亿元，拟将母公司整体搬迁至青神	5.2	10	机械高端装备产业	成都市武侯区投资人罗彬（成都市四维瀚海科技有限公司）	2021 年 11 月 1 日
13	汽车、五金零部件表面处理生产项目	计划投资 1.68 亿元，购置厂房约 3000 平方米，新建镀铜生产线 9 条，镀镍生产线 7 条，综合生产线 2 条	1.68	4.5	机械高端装备产业	成都市温江区胡德刚（安徽省池州市）	2021 年 11 月 1 日
14	军工、五金零部件表面处理项目	计划投资 1.34 亿元，购置厂房约 2800 平方米，新建镀铜生产线 3 条，镀镍生产线 5 条，涮洗生产线 3 条，喷塑生产线 2 条	1.34	4	机械高端装备产业	眉山市投资人宋兵、贾淑清（眉山市东坡区象耳镇）	2021 年 11 月 1 日
15	军工、五金零部件表面处理项目	计划投资 1.2 亿元，购置厂房约 2500 平方米，新建镀金生产线 6 条，镀银生产线 6 条	1.2	4	机械高端装备产业	成都市高新区投资人惠万群（四川省郫都区德源镇）	2021 年 11 月 1 日
16	鼎盛快递物流分拣设备生产项目	租用力兴园区厂房，购置生产设备，生产快递物流分拣设备，建成达产后年产值 8000 万～1 亿元。	0.5	6	其他	青神鼎盛通用设备有限公司	2021 年 10 月 22 日
17	畜禽饲料生产线改建项目	完成厂房改造并新增 5 条畜禽饲料成套设备项目生产线。新增火焰切割机、激光机、焊接机、折弯机、车床、铣床、卷板机等设备，主要生产饲料混合机，饲料提升机和饲料制粒机，建设西南最大的畜禽饲料设备生产基地	0.5	20	机械高端装备产业	四川众鑫盛农牧机械有限公司	2021 年 10 月 22 日
18	年产 3000 吨精密零部件加工生产项目	购置厂房，新建年产 3000 吨精密零部件加工生产线	0.4	2	机械高端装备产业	青神永康机械厂	2021 年 11 月 1 日
19	年产 3000 吨精密零部件加工生产项目	购置厂房，新建年产 3000 吨精密零部件加工生产线	0.4	2	机械高端装备产业	青神永久机电设备有限公司	2021 年 11 月 1 日
20	刀具制品生产线建设项目	租用青神县鑫宇机械服务有限公司闲置标准厂房 650 平方米进行扩建生产活动，购置平面磨床、刀片磨床、线切割机、投影仪、打标机、包装机、螺杆空压机等主要设备，建成后年产钨钢圆切刀 4 吨，钨钢非标异形刀 1 吨	0.2	1.5	其他	眉山凌锐精密刀具有限公司	2021 年 10 月 22 日
21	航天军工精密零部件加工生产项目	入驻绿色智能制造特色产业园，新建年产 8000 吨铸件及精密零部件加工生产线	1.26	—	机械高端装备产业	青神本宏机械有限公司	2021 年 11 月 1 日
22	通信电子、衡量仪器铸件及精密零部件加工项目	入驻绿色智能制造特色产业园，新建年产 1 万吨铸件及精密零部件加工生产线	1.35	—	机械高端装备产业	青神立德机械有限公司	2021 年 11 月 1 日
23	汽车、液压过滤铸件及精密零部件加工项目	入驻绿色智能制造特色产业园，新建年产 1 万吨铸件及精密零部件加工生产线	1.35	—	机械高端装备产业	青神青威机械有限公司	2021 年 11 月 1 日
24	中成药生产项目	购置（租用）彩虹健康产业园厂房 2 万平方米，新建车间用于中成药生产项目。	2.3	—	医药产业	成都自豪药业有限公司	2021 年 12 月 1 日
25	竹材卫品吸水材料项目	新上竹材卫品吸水芯材生产线，在二期项目用地上新建一条 10 万吨竹材卫品吸水芯材生产线	10	—	新材料	四川环龙新材料有限公司	2021 年 12 月 6 日
26	竹纤维替塑可持续创新产品项目	新建年产 10 万吨食品级的竹纤维替塑可持续创新产品生产线	10	200	新材料	四川环龙新材料有限公司	2021 年 12 月 6 日

市场行政管理

【概况】 2021 年，青神县市场监管局获得“全市市场监管系统先进集体”及“眉山市‘春雷行动’暨冷链物流疫情防控执法行动先进集体”，知识产权工作得到市、县两级主要领导肯定性批示；实施《促进制造业高质量发展十二条措施》《推进创新驱动引领高质量发展十二条措施》，为全县高质量发展提供市场监管力量；完善《考勤制度》《公务接待管理制度》《采购管理制度》《公务用车管理制度》等 18 项内部管理制度，规范干部管理、理顺机关运行。县市场监管局机关一支部成功创建五星级党支部。

【行政审批】 2021 年，青神县市场监管局建立“综合受理”窗口，实现“一窗进出、一网通办”，全程网办率 100%，承诺时限比法定时限减少 84.93%，材料减免率 42.05%；推进延时、周六错时和预约代办服务，实现“周六不打烊、下班不白跑”；压缩印章刻制、税务登记、社保缴纳等环节，企业开办全流程提速 85%；推行告知承诺制，清理取消涉及企业群众办事各类不合理证明、佐证材料 51 项，涉及教育、司法、市场监管、公安等领域的首批 56 项县级证明事项实施告知承诺制。

【综合行政执法】 2021 年，青神县市场监管局抓好行政执法公示工作，市场监管一体化平台公示 211 件行政执法案件，责令被处罚企业在国家企业信用信息公示平台主动公示被处罚信息；执行重大行政执法决定法制审核制度，组织案件审批委员会讨论案件 31 次，邀请县市场监管局法律顾问参加疑难案件分析讨论 5 次，所处罚案件无复议发生；加大行政执法力度，依法打击损害市场秩序行

2021 年 8 月 31 日，眉山市“加快民营经济发展壮大”重点课题调研组在青神县召开调研座谈会
（县市场监管局供图）

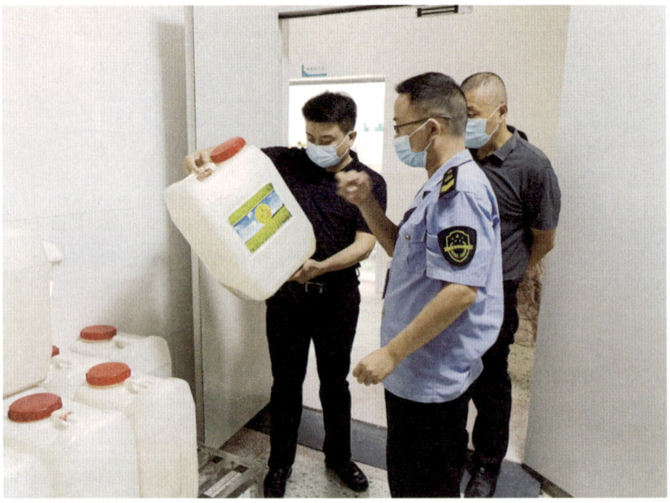

2021 年 9 月 2 日，青神县市场监管局检查青神中学校食堂安全用油情况
（县市场监管局供图）

为，开展“春雷行动 2021”、2021 民生领域案件查办“铁拳”行动、“长江禁捕 打非断链”执法行动等专项行动，全年累计办理案件 211 件（1 万以上大要案 31 件），罚没金额 66.38 万元。其中长安酒家收购、加工、销售岷江河虾一案是全省市场监管系统适用《长江保护法》首案，被列为眉山市“春雷行动 2021”十大典型案例；打击涂某生产假酒案被眉山市局列入“民生领域‘铁拳’行动”八大经典案例，被省公安厅确定为“挂牌督办”案件。县市场监管局被市市场监管局评为“春雷行动 2021”先进集体，1 人被省局评为先进个人；在扫黑除恶专项斗争工作中，1 人被省市场监管局通报表扬。

【市场主体登记注册】 2021 年，青神县新发展私营企业 312 户，较 2020 年新增 129.46%，完成全年目标任务的 183.53%；全县新发展个体工商户 1714 户，较 2020 年新增 114.73%，完成全年目标任务 244.86%。

【反不正当竞争】 2021 年，青神县市场监管局组织青神县公平竞争成员单位参加眉山市公平竞争审查工作第二次联席会议及业务培训会。2021 年各成员单位向青神县公平竞争审查联席会议办公室报送涉及市场经济活动的规范性文件 8 件（代政府起草的文件 1 份），已审查 8 件，符合公平竞争 8 件。

【消费维权行动】 2021 年，青神县市场监管局开展“3·15”消费维权宣传教育活动，推送消费维权知识、发布消费维权典型案例及消费警示；推进放心舒心消费环境建设，新建消费维权服务站 10 家，发展放心舒心消费环境建设示范景区 1 家、示范企业 4 家、示范店 15 家、示范街道 1 家，引导 6 家 ODR 企业入驻“12315”消费维权平台；畅通“12315”“12345”投诉举报渠道，做好消费者投诉举报处理工作，全年处理投诉举报 701 件（其中 ODR 企业处理 4 件），挽回消费者经济损失 12.3 万元；抓好“诉转案”工作，办结“诉转案”3 件。

【网络监督管理】 2021 年，青神县市场监管局从《中华人民共和国电子商务法》入手，加强法律政策宣传，告知平台内电商经营户权利和义务，规范电商经营行为；运用网监宝核实平台上青神范围内线索，核实 356 条，其中医疗器械线索 76 条，亮标、亮照线索 48 条，价格线索 3 条，其他线索 229 条，未发现违法线索；核查线下实体经营点与线上网店地址不符商家 2 家，行政约谈线上未亮照经营家具经营店 2 家。

【广告监督管理】 2021 年，青神县市场监管局严厉打击借“庆祝中国共产党成立 100 周年”的名义，开展损害社会公共利益以及低俗、庸俗、媚俗等违法违规商业营销宣传行为；加强对教育机构、电台媒体、房产行业等广告宣传的监督检查力度，查处虚假广告违法案 4 件，案值 2 万余元；加强线上线下清理排查和监测监管，监测传统媒体广告 46 条次，监测户外广告 146 条次，监测网络经营主体 48 户。

【民营经济发展】 2021 年，青神县民营经济增加值增速 9.9%，为全市第一；民营经济增加值占 GDP 比重 58.6%；民营经济增加值对 GDP 的贡献率 62.1%；民间投资增速负 0.3%，民间投资占全社会固定资产投资比重 61.4%；坚持“首查不处、首违不罚”包容审慎监管机制，全年对 154 个市场主体 197 种轻微违法行为实行“首违不罚”；兑现 2020 年现代企业制度鼓励资金 20 万元，对新培育的4家企业高质量完成首次走访问诊；依托“百年党史进万企”、知识产权宣传周等活动，走访民营企业70余户，解决实际困难18个；针对房地产业、金融业、保险业及中介代账机构、专精特新企业召开座谈会3次，为纳税人解决问题20个；上门走访重点纳税人1896户，解决纳税相关问题24个。

【市场秩序维护】 2021年，青神县市场监管局开展学校收费、行业协会商会收费、防控物资价格、粮油市场价格、转供电价格检查、公墓价格检查等专项整治行动；落实公平竞争审查制度，清理妨碍统一市场和公平竞争的规范性文件55件，废止2件；开展违规电动车整治行动，严格市场准入，实行联合审查制度、定期公示制度和常态化巡查制度，违规电动四轮车131辆一天全部下架；督促农贸市场、餐馆、棋牌室等人员密集场所落实“戴口罩、测体温、扫码亮码”刚性要求，开展检查62次，责令整改11家次；做好中央环保督察迎检工作，整改“油烟扰民”“农贸市场卫生不达标”“生产企业环境卫生差”等环保突出问题74个；联合综合执法局对城区范围内的夜宵店开展为期1个月的禁噪专项整治行动，巡查夜宵档2190家次，整改环保突出问题11个。

（欧利祥　朱　丽）

质量技术监督管理

【概况】 2021年，全县有工业生产企业65家，其中机械类26家，竹、木制品加工生产企业16家，纸制品生产企业3家，水泥制品生产企业7家，塑料制品类生产企业3家，其他类生产企业10家；有检验检测机构7家，体系认证企业52家，其中强制性认证企业3家，有机认证企业5家。

【质量监管】 2021年，青神县市场监管局抽检工业产品36批次，产品合格率94.4%；在全县规上企业中全面推行首席质量官制度，指导青城机械、环龙新材料等2家企业的首席质量（品牌）官取得任职资格证书；指导斑布产业园区、德恩铸造产业园区开展国家级实验室（CNAS）认可，助推环龙新材料成功获评第五届眉山市政府质量奖，推荐德恩精工、环龙新材料等12家企业列入四川省“天府名品”质量品牌企业的培育名单。

【计量监管】 2021年，青神县市场监管局做好强检计量器具备案以及上报指定检定机构工作，受理、完成备案强检计量器具230台（件），上报市局指定100台（件）；对全县加油站、出租车公司、超限检测站、眼镜制配等单位开展市场计量监督检查，检查眼镜制配店、出租车公司等经营单位9家，在用计量器具81台（件）；检查加油站14家，在用计量器具50台、106枪；对商场、超市、集贸市场的电子台秤开展计量检查，抽查电子台秤1000余台（次）；会同市局开展“民用三表”抽查，抽查川能水务水表、华龙燃气燃气表各10支，检定合格率为100%。

【标准化管理】 2021年，青神县市场监管局推进企业产品标准自我声明公开，新增标准声明公开21个；开展企业标准声明公开监督检查及“双随机”抽查，抽查企业8家，抽查标准24项；引导企业参与相关标准制（修）订，提升标准话语权，德恩公司主导制定国家标准1项、参与制定国家标准3项；推动《地理标志产品 青神竹编加工技术规范》眉山市地方标准的制定。

【特种设备安全监管】 截至2021年底，青神县有在用特种设备1200台［其中锅炉23台、压力容器283台、电梯416台、起重机械363台、场（厂）内专用机动车辆115台］，有压力管道113千米、液化石油气钢瓶1.13万只；县市场监管局以商场、宾馆、医疗机构、旅游景点、城镇燃气特种设备使用单位为重点，日常监督检查电梯、锅炉、压力容器、压力管道、起重机械等重点特种设备，检查辖区内企业及特种设备使用单位170余家，排查各类特种设备400余台次，发现安全隐患75个，均整改到位。

（周　倍）

食品药品监督管理

【概况】 2021年，青神县有食品生产经营主体1609户，其中：持证食品生产企业23户、食品流通经营户912户、餐饮单位674户；全县涉药械化单位393家，其中，药品生产企业4家，一类器械生产企业1家；药品批发3家，药品连锁总公司2家，零售药店77家；医疗器械批发企业2家，二三类医疗器械零售店15家；药械使用单位163家；化妆品经营户126家（经营店30家，美容院32个，美发店25家，美甲店8家，超市31家）。

【食品安全监督管理】 2021年，青神县市场监管局坚持进口冷链食品实行“库长制”和“三证明一报告一信息”查验制，检查冷链食品经营户2100余户次，采样检测冷链食品和环境样品4816个次，从业人员8863人次，结果均为阴性；加强基层食安队伍建设，全县58个行政村（社区）均配备食品安全协管员，落实责任最小单元；首次采取模拟现场和视频录播的方式开展食品安全突发事件（Ⅳ级）应急演练，组织全县食品安全协管员（信息员）、餐饮业主代表和乡厨400余人观摩，提升食品安全突发事件应急处置能力；保障党代会等会节活动及中高考食品安全18次、5600余人次安全就餐；创建“农村食品经营规范化建设示范店”1户，100%完成城区食品“三小”升级改造（423家），完成10个小作坊标准化规范化建设，全市食品生产加工小作坊治理提升示范创建现场会在青神召开；在全市率先开展餐饮外卖无接触取餐柜服务试点工作；开展非洲猪瘟防控、火锅底料非法添加有毒有害物质、网红餐饮店、冬至羊肉市场专项检查等行动，检查市场主体6000余户次，发现问题400余个，约谈85户次、警告31户，下发监督意见书328份。全县连续20年未发生Ⅳ级及以上食品安全事故；获得眉山市食品安全党政同责工作先进集体荣誉称号。

【食品抽检监测】 2021年，青神县市场监管局完成各类食品抽检510批次，其中完成国家监督抽检7批次，省级监督抽检55批次，市级监督抽检57批次，县级食用农产品抽检260批次，县级食品抽检100批次，县级专项抽检（腌腊肉制品专项、县粮食巡查专项）21批次，评价性抽检10批次；完成各类会议保障、中高考保障、机关企业食堂、火锅店及卤肉店等快检工作682批次。

【药品安全监督管理】 2021年，青神县市场监管局创新推广“药店疫情防控购药信息登记”微信小程序，实名登记“四类药品”购药信息12万余条，监测上报并闭环管理发热人员102人；对39家药店换发证（含变更、新办）进行资格初审，不予通过1家，依程序注销1家；强化日常监管，全年开展各类药械妆检查1428家次，其中药品零售及使用单位537家次，药品使用单位168家次，医疗器械生产企业3家次，医疗器械经营企业398家次，医疗器械使用单位119家次，化妆品经营单位203家次；全年办理药械妆案件35件，罚没款11.45万元；抓实不良反应监测，全年监测上报药品不良反应314例，医疗器械不良事件93例，化妆品不良反应35例；推进药品智慧监管，引导全县2家药品连锁总公司及52家药品零售门店全面完成药品重点品种信息化追溯体系建设，鼓励指导55家药店推行“互联网+远程药学服务”，开展“电子处方”“远程审方”；推进化妆品经营规范化建设，引导40余家化妆品经营使用单位参与示范创建；服务企业发展，结合“我为群众办实事”活动，全年走访医药企业6家，协调解决问题10余个。

【药品抽检监测】 2021年，青神县市场监管局抽检药品30批次（生产企业20批次，经营使用单位10批次）；医用口罩、红外线体温计、一次性使用输液器等医疗器械3批次；儿童化妆品、洗发产品、面膜等日用化妆品4批次，合格率为100%。

（周　倍）

知识产权保护管理

【概况】 2021年，青神县有效发明专利拥有量111件，完成目标任务102件的108%；有效注册量2026件、新注册商标535件，商标注册量增长36%，完成目标任务5%的7.2倍。拥有原产地证明商标2件，地理标志保护产品1个。

【知识产权监督管理】 2021年，青神县市场监管局完善知识产权协作机制，增设知识产权维权工作站点20个；培育企业知识产权意识，组织52家企业开展知识产权专题讲座；开展知识产权违法行为专项整治行动，出动执法人员130人次，检查商场、超市及集贸市场等各类经营户246余户，办理知识产权案件5件；指导环龙新材料申报专利，获评“四川专利奖一等奖”（全省共4个、全市唯一、青神首次），受到黄河市长肯定性批示；指导德恩精工申报的专利“一种生产锥套的系统及其生产工艺”获第22届“中国专利奖优秀奖”（县内企业首次获得此奖项）、“四川专利奖创新创业奖”；指导培育申请“青神南瓜柑”“青神马克斗”两个地理标志证明商标，截至年底进入审查阶段；促进“地标产品”转化发展为“地标产业”，指导12家青神竹编地标使用企业签订使用协议，引导4家青神椪柑地标使用企业与青神椪柑专业合作社签订商标使用协议。

（周　倍）

财政管理

【概况】 地方一般公共预算收入和政府性基金预算收入分别迈上6亿元和10亿元台阶，对上争取到位各类资金16亿元，为全县经济社会平稳健康发展提供了有力支撑。政府法定债务率风险等级始终处于绿色区间，牢牢守住不发生系统性、区域性风险的底线。

2021年10月27日，青神县召开2022年预算编制暨预算绩效管理培训会　　（县财政局供图）

【县级预算执行】 2021年，青神县一般公共预算收入合计23.79亿元，主要为地方一般公共预算收入6.07亿元、上级转移支付收入11.27亿元、政府性基金和国有资本调入4.57亿元、一般债务转贷收入1.67亿元等；全县一般公共预算支出合计20.24亿元，主要为地方一般公共预算支出17.43亿元等支出。2021年，青神县政府性基金收入合计15.03亿元，主要为地方政府性基金预算收入10.45亿元、上级转移支付收入0.18亿元、专项债务转贷收入4.4亿元等；全县政府性基金支出合计14.11亿元，主要为地方政府性基金预算支出9.24亿元等支出。

【财政管理体制完善】 2021年，青神县财政局推进预算一体化改革，以预算管理一体化系统上线运营为契机，规范从预算编制到执行的全过程集成式管理，严格执行人代会批复的法定预算，硬化预算约束，确需增支的重点急需事项，事先开展项目评审论证和财政承受能力评估；强化预算绩效管理，加大各类资金整合力度，科学编制项目实施方案，腾出更多县级财力安排用于社会保障、全域乡村振兴、疫情防控等重点支出，提高财政资金使用效率；加速国企体制改革进程，推进国企改革三年行动方案，加快国有资本布局优化和结构调整，确保国有资产保值增值，提升债务化解能力，减轻财政偿债压力，推动可持续发展；完善税源监控和纳税评估体系，掌握重点税源变化情况，及时研究解决组织收入中存在的问题，积极落实减税降费政策，完善青神县产业扶持政策体系，采取政银合作、以奖代补等方式支持中小微企业发展，最大限度激发市场主体活力；落实《全国人民代表大会常务委员会关于加强中央预算审查监督的决定》，研究出台贯彻实施的意见；贯彻落实全国人大及其常委会有关预算决议和审查意见，及时报告财税改革和财政重点工作进展，持续加强和改进财政预算管理，认真研究代表委员意见建议，把办理建议提案同完善政策、健全机制、改进工作结合起来，推动解决群众关心、社会关注的重点难点问题；加大审计查出问题整改力度，严格落实整改责任，加强跟踪督办，确保惠企利民政策落实到位。

【支付标准化改革】 2021年，青神县财政局完善青神县国库集中支付标准化管理，全面规范财政资金支付业务，防范财政资金安全风险；坚持“分步实施、稳妥推进、防范风险”的总基调，修订、完善、健全县级国库集中支付制度和业务操作流程，解决当前国库集中支付管理不规范、主体责任不明确等突出问题，建立“模式规范、责任明确、效率提升、监管有力”的国库集中支付标准化运行模式；修订《青神县国库集中支付标准化管理改革实施方案》《青神县财政国库管理制度改革资金支付管理办法》《青神县财政国库管理制度改革资金银行支付清算办法》；依次确定开户银行、开设单位零余额账户、用款计划审批、资金支付方式逐步推进。改革从2020年11月启动，涉及全县103个预算单位，2020年11—12月完成预算单位开户银行确定和单位零余额账户开设，1月1日起青神县全面实施国库集中支付标准化运行模式。

【财政支出监管】 2021年，青神县财政局会同相关部门，定期开展检查和抽查工作，建立乱发津贴补贴、专项资金管理使用问题长效工作机制，营造风清气正的财经环境；开展严肃财经纪律及财务管理风险排查，全县101个一级预算单位经过自查和抽查发现存在问题63项，全部整改到位。

【政府采购监管】 2021年，青神县财政局贯彻落实《政府采购法》和省、市有关文件，按照政府采购法和政府采购管采分离工作要求，1月起正式使用眉山市政府采购管理平台，对采购人严格执行“无预算、无计划、不采购”的原则，规范采购单位的采购行为，加大政府采购监管力度，提高财政资金的使用效益；全年完成挂网采购项目123个，采购预算金额为1.59亿元，实际采购金额1.46亿元，节约资金1259.63万元，节资率8%；贯彻落实党中央、国务院关于实现巩固发展拓展脱贫攻坚成果同乡村振兴有效衔接总体部署和“四个不摘”工作要求，继续开展政府采购脱贫地区农副产品工作，青神县各预算单位累计完成交易152.11万元，采购执行进度107.48%。

【政府购买服务管理】 2021年，青神县财政局按照“问需于民、以点带面”思路，选取高台镇“居家养老服务”和青竹街道“儿童之家”开展政府购买服务改革试点工作；制定《关于印发〈青神县政府购买服务管理办法〉的通知》《关于印发〈青神县乡镇（街道）政府购买服务指导性目录（试行）〉的通知》等文件，通过“合理放权赋能、培育承接主体、坚持问需于民、夯实制度建设”等方式，着力破解基层政府购买服务效益低下、承接主体单一、管理冗杂、服务不对口等难题。

【电子票据推行】 2021年，青神县财政局推进一体化非税收缴电子化管理和财政电子票据改革工作；加强对各单位财政票据的使用监管，强化责任意识和风险防控，夯实票据管理要求。2021年青神县教师进修校、县医院、中医院、妇幼保健院、社会保险事务中心顺利完成电子票据对接改造工作，正式启用财政电子票据。

【惠民惠农“一卡通”】 2021年，青神县财政局开展惠民惠农财政补贴资金“一卡通”工作。截至12月31日，全县发放补贴资金1.27亿元，发放35.37万人次，涉及74项补贴政策（其中中央、省项目42个、市县项目32个）。

【预算绩效管理】 2021年，青神县财政局抓好绩效目标管理，按照“谁申请资金，谁编制目标”原则，要求2021年部门整体支出和项目支出均编制绩效目标，印发《青神县财政局关于进一步做好预算绩效目标编制工作的通知》，解决中途追加的预算项目；开展事前绩效评估、事中监控、事后绩效评价工作，在编制2021年预算时，要求部门（单位）需纳入评估范围的项目开展自评，抽取了5个项目开展重点评估；7月和9月两个监控时点开展部门整体、县级项目绩效运行全覆盖监控；10月，对青神县6个部门开展重点绩效监控；11月，选取7个部门整体支出、8个项目支出和1个政策支出开展重点绩效评价。本次绩效评价平均分为81.67分，评价等级“良”11个；评价等级“中”5个。

【财政投资评审】 2021年，青神县财政局完成全县房建、市政、水利、交通、农林、电力、地灾等建设项目招标控制价、工程量增减变更、工程建设其他费用的评审项目共118个，评审金额8.60亿元，审定金额7.92亿元，审减金额6813.33万元，平均审减率7.92%。

【企业发展财政支持】 2021年，为支持企业创新创优，青神县财政局按照全县招商引资精神，安排三产发展扶持资金236.91万元；为拓展农村电商运营范围和水平，推动电商与特色农业、乡村旅游、民俗文化等地方优势产业有机整合，补助电子商务进农村综合示范项目资金750万元；支持中小微企业在抗击疫情中继续发展，安排凯京制药、彩虹制药、立白实业、民众日化、赞宇科技和四川金新农饲料6户企业临时电费补贴61.34万元；为支持企业转型升级，安排1554万元支持立白日化、德鑫航空等企业扩大再生产。

【农业发展财政投入】 2021年，青神县投入涉农资金4.99亿元，其中：安排耕地地力保护补贴1631.3万元，支持全县4.9万户农户、13.35万亩耕地地力，保护和粮食适度规模经营，安排实际种粮农民一次性补贴195.95万元，支持全县1.37万户农户、3.94万亩种粮农民一次性补贴，缓解农资价格上涨对农民种粮收益的影响，稳定农民收入，保护农民种粮积极性；安排种粮大户补贴107.17万元，支持全县30亩以上45户、1.28万亩种粮大户，有效提高补贴旨在稳定粮食生产；安排美丽乡村建设资金600万元、支持白果乡虎渡社区和西龙镇金花村村容村貌提升、生态农田打造、农旅设施建设等，有效促进农村经济社会发展、提升农民生活质量，推进新农村建设和生态文明建设；安排农村公益性建设资金475万元、支持全县公益项目15个，有效解决农民群众最关注、最期盼、最现实的问题，让农民群众从中得到实惠；安排扶持村级集体经济建设项目400万元，支持全县4个村发展村集体经济，通过“合作社＋村集体”模式，有效整合各方面资源，加大资金、项目和政策支持力度，广泛动员社会力量参与，形成推动村级集体经济发展的整体合力，提高村级集体经济发展的整体水平；安排农田建设资金900万元，支持建设青竹街道高标准农田3000亩，增加灌溉保障，改良土壤质量，增大复种指数，增强农田灌排能力，提升农机作业能力，提高耕地生产能力；安排以工代赈144万元，支持汉阳镇小三峡村农村道路建设，改善生活居住环境，提高农业综合生产能力，带动农民建设生态家园的积极性；安排农村人居环境整治项目约2247万元，支持村庄清洁行动、污水治理、厕所革命等，有效地改善农村居民生活环境，提升生活质量，助推乡村振兴建设有效全面发展；安排脱贫户产业发展的基础设施资金约964万元，支持脱贫户区域基础设施建设、产业经济发展等，巩固拓展脱贫攻坚成果和乡村振兴任务。

【交通建设与工业发展财政投入】 2021年，青神县集中力量攻坚重点交通项目，加快青神县综合交通体系建设，全年安排成乐高速（青神段）扩容及连接线3343万元，机械化养护中心建设项目经费180万元；加强公路养护管理，提升改造既有乡镇养护管理站，提升公路养护基础能力，全年安排公路养护1317万元，村道建设564万元；完善农村公路安保工程，全年安排村道安全工程398万元；积极推行“金通工程”，进一步推进城乡客运基础网络建设，全年安排城市公交车补贴361万元，金通工程车辆补贴及保险85万元，提高客运通达深度和安全水平；为促进工业企业创新发展、优化升级，安排工业发展专项资金1084万元，其中对2020年度符合工业高质量发展政策的企业给予扶持资金693.62万元，安排宏瑞钢结构、立白实业、格林维尔等工业企业390万元。

【教育事业财政投入】 2021年，青神县安排教育资金4.14亿元，切实保障教师待遇，及时兑现绩效考核；投入资金500万元，支持县幼儿园园舍改造及设备设施采购，提高学前教育办学环境；投入资金604万元，支持义务教育薄弱环节改善与能力提升；投入资金1.14亿元，支持青神中学校整体搬迁建设项目，提高普通高中办学环境；投入资金222万元，为3276名农村义务教育学生免费提供营养膳食补助；及时补充教育专项扶贫基金200万元，保持在500万元规模；投入资金134万元，落实家庭困难寄宿生生活补助。

【文旅发展财政投入】 2021年，青神县安排文化旅游方面资金2620万元，其中下达公共文化服务体系资金1542万元，充分保障农村电影公益放映、送文化下乡等基层文化文艺活动有序开展；全年开展戏曲进乡村、进校园8场次，组织450余人次开展送文化下乡25场，创新开展“周周耍巷子”活动13场，丰富人民群众精神文化生活；完善县文化馆基础设施，提高服务效能，文化馆被评为国家二级馆；开展“竹里萤光”赏萤季活动，接待游客10万余人次，实现旅游收入9000万元。原创舞蹈《母亲是中华》获得眉山市2021年群众广场舞一等奖。

【科技发展财政投入】 2021年，为促进科技创新发展、激发创新活力，支持科技事业改革和发展，青神县财政局安排科技三项费用5万元，安排德恩精工、德鑫航空第一批省级科技计划项目资金129万元，安排“基层科普行动计划”、金桥工程项目、优秀科技论文、优秀科技工作者评选和表彰奖励10万元，安排科技馆运维费10万元，安排科普经费20万元。

【民生工程财政投入】 2021年，青神县民生支出11.41亿元，占地方一般公共预算支出的65.48%；落实就业优先政策，安排就业专项资金906万元，职业技能培训5368人，补贴120万元，落实高校毕业生、返乡农民工就业创业补助、灵活就业补助135万元，为全县213个农村公益性岗位提供300万元资金保障。

【社会保障财政投入】 2021年，青神县财政局安排社会保障和就业资金2.05亿元，落实城乡居民和行政事业单位退休人员养老金2.08亿元，弥补机关事业单位基本养老保险缺口6970.74万元；落实农村五保、孤幼儿等困难群众生活救助2804万元、优抚对象补助2270.87万元、老年人高龄补贴340万元、居家养老服务体系建设资金675万元；落实就业创业补助资金442万元，推动劳动力就业创业市场建设。

【自然资源与环境保护财政投入】 2021年，青神县财政局安排岷江流域横向生态保护资金500万元，生态环境监测执法能力建设资金45万元，乡村环境治理、大气污染防治、水资源环境保护、土壤污染治理、污水处理等各类环保资金7054万元；林业草原生态保护恢复资金97万元，林业改革发展资金299万元，林业草原改革发展资金152万元，城乡绿化、栽竹、萤火虫保护、岷江流域屏障建设等林业发展资金2385万元。

【会计管理】 2021年，青神县财政局完成2021年度会计专业技术资格考试初级和中级的报名审核工作及青神县代理记账机构2020年度年检工作；开展全县会计人员信息采集工作，审核通过全县会计人员信息采集708人；开展会计人员继续教育工作，累计审核通过继续教育1020人次；完成政务一体化平台中行政许可事项管理；开展行政事业单位内部控制建设监督检查工作。

（童晓芬　余茂呈　陈　琳　杨　春）

税务管理

【概况】 2021年，青神县税务局紧紧围绕地方经济发展，坚持组织收入原则，在组织好税费收入的同时，全面落实减税降费政策措施，着眼深化“放管服”改革，持续优化税收营商环境，落实落细减负纾困、惠企利民各项举措，为地方经济发展添活力、加动力；2021年成功创建“四川省五四红旗团支部”“四川省最美女职工阅读点”，获得“眉山市模范职工之家”“全县先进基层党组织”“青神县五四红旗团支部”“青神县创建国家卫生县城示范机关”“青神县创建国家卫生县城示范小区”等称号。

【税费收入】 2021 年，青神县税务局坚持组织税费收入原则，确保收入入库科学精准，落实“税费皆重”“税费同管”要求，坚持组织税费收入同谋划、同部署、同推进，既要收好税，也要收好社保费和非税收入，确保质的稳步提升和量的合理增长；做好土地出让金等非税收入征收工作，配合社保、医保省级系统上线，优化和完善全业务的社保费征缴联合服务机制；聚焦目标任务，始终坚持组织收入原则，对税源进行全面剖析，分解落实收入任务，强化重点税源的动态管理。青神县税务局全年累计组织税费收入 11.46 亿元，其中税收收入 6.3 亿元，比 2020 年增长 0.03%，增收 16 万元；社保和非税收入 5.16 亿元，比 2020 年增长 75.51%，增收 2.22 亿元。县级地方一般公共预算收入 3.06 亿元，比 2020 年上升 2.4%，增收 715 万元。

【依法治税】 2021 年，青神县税务局落实党政主要负责人履行推进法治建设第一责任人职责，将主要负责人履行推进法治建设第一责任人职责纳入政绩考核和年终述职的内容，促进法治建设与税收业务协调；落实“三项制度”，落实执法公示，推进执法全过程记录，开展重大执法决定法制审核，规范执法用权，提升税务干部执法水平；加强法制理论学习，完成会前学法 14 期，提升干部职工法律意识。县税务局 48 名干部参加县司法局组织的行政执法理论和业务知识考试，全员取得良好的成绩；强化对破产企业债权的监管，确保税收优先权得到保障，把好防止税款流失的最后一道关口，全年在 7 户欠税企业破产案、执行案中申报债权 6900 余万元，结案 3 户，入库受偿金额总计 45.92 万元，其中正税受偿入库 37.93 万元，滞纳金受偿入库 7.98 万元。

【税收征管】 2021 年，青神县税务局优化税收征管方式，建立“2+4”的征管转型模式，建立税费服务支持中心和税费质量管理中心，设纳税服务、基础管理、风险应对和自然人社保非税收入等 4 个序列，推动部分业务股室下沉到分局办公，理顺各部门职能职责，打通业务壁垒；做好发票电子化运行、一户式 2.0 上线、申报合并、社保非税划转、减税降费等改革工作，确保各项征管措施落实到位；推行税收征管质量 5C 监控评价，根据评价指标分类应对，强化指标运行过程动态分析，强化问题整改过程科学指导，成功将 5C 质量评价由 2020 年的 C 段提升至 A 段；靶向瞄准完成破产企业死欠核销；核销金额 60.62 万元，核销滞纳金金额 40.33 万元；完成欠税抵缴 264.49 万元、留抵抵欠 154.03 万元；进行市级、县级欠税公告 6 次，欠税公告 63 户次。

【纳税服务】 2021 年，青神县税务局设立税费服务支持中心，线上审批涉税（费）事项申请 7695 件，接受线上咨询 6500 余次，短信及微信推送优惠政策约 4.5 万条，处理后台流转事项 514 件，解决疑难问题 34 个；优化创新网上办税方式，加强线上服务力量，深化税邮合作，让纳税人少跑路，涉税业务“非接触式”办税率达 97.27%；加强信用管理运用能力，青神县 1343 户纳税人参加 2020 年度纳税信用评价，比 2020 年增长 4.27%，优级纳税人稳步增长，其中 A 级纳税人比 2020 年增长 34.06%，B 级纳税人比 2020 年增长 14.81%；持续强化信用结果应用，“银税互动”为 91 户次小微企业贷款授信，总贷款金额 6969.45 万元；组织纳税人开展税费政策及系统操作培训 8 期，其中线上直播 1 次，线下集中培训 7 次；针对重点行业、涉税服务专业召开座谈会 2 次，为纳税人解决问题 18 个，上门走访 1000 余户纳税人，宣传最新税费优惠政策和便民办税春风行动，解决纳税人问题 24 个。

2021 年 3 月 24 日，“税费服务支持中心”成立仪式在国家税务总局青神县税务局第一税务分局（办税服务厅）举行
（国家税务总局青神县税务局供图）

2021 年 6 月 29 日，国家税务总局青神县税务局与盐关社区联合开展庆祝中国共产党成立 100 周年活动
（国家税务总局青神县税务局供图）

【减税降费】 2021年，青神县税务局提高政治站位，持续优化减税降费政策直达快享工作机制，加强各项减税降费政策措施落实效果评估分析，提升减税降费综合效应；聚焦中小微企业、个体工商户、制造业等重点领域，做好需要追溯执行涉及先征后退问题预案，确保各项税费优惠政策落实到位，全年落实减税降费政策减免2.27亿元。

（王玉梅）

审计管理

【概况】 2021年，青神县完成审计项目16个，其中2020年项目3个、2021年项目13个。审计发现问题133个（其中移送主管部门处理问题4个），发现管理不规范金额1.73亿元，促进增收节支584.23万元，撰写审计专报5篇、审计报告13篇、审计建议函2篇，向县委、县政府和相关部门提出审计建议50条，促进县住建局等四部门联合印发《关于进一步加强工程造价咨询企业信用评价管理工作的通知》、县财政局印发《青神县行政事业单位通用办公设备和办公家具配备标准》。

【重大政策措施落实情况跟踪审计】 2021年，青神县审计局重点关注2020年全省30件民生实事、2020年青神县十大民生实事项目推进、基本药物制度补助、深化“放管服”改革、优化营商环境相关政策措施落实情况；促进1个民生实事项目按期完工，1067.84万元民生资金、2.84万元质保金及时拨付，促进相关部门加强对基本药物补助制度的绩效考核。

【县级财政预算及部门预算执行审计】 2021年，青神县审计局完成2020年财政预算执行及决算（草案）编制、县卫健局和县农业农村局预算执行情况审计，重点关注粮食安全、乡村振兴战略落实、农机购置补贴资金使用、政府贯彻落实过“紧日子”等情况；对63个一级预算单位预算执行情况进行全覆盖数据分析，对5个预算单位组织现场核查，结合内部审计组织56个单位开展自查；审计发现问题41个，提出审计建议11条，形成《关于进一步加强公务车定点服务监督的审计建议》审计专报，获得县长邱磊批示。

【固定资产投资审计】 2021年，青神县审计局持续深化投资审计“三个转变”，完成青神县人民医院住院业务用房建设项目竣工决算审计等7个投资审计项目，重点关注政策措施落实、项目监管职责履行、项目投资成本控制等关键环节，促进建设资金合理、合法、高效使用，规范工程管理，加快项目建设；审计发现问题30个，其中移送主管部门处理问题3个，提出审计建议16条；审计发现结算办理不实，多计工程价款583.92万元；形成《关于加强造价服务中介机构管理的审计建议》审计专报，获得县长邱磊批示；召开造价服务中介机构专题工作会，对21家在青神县从事审计造价咨询服务的中介机构提出工作和纪律要求，促进中介服务机构规范、清廉、健康发展。

2021年8月18日，青神县审计局检查滨江大道排涝箱涵项目管道井　（县审计局供图）

【经济责任审计】 2021年，青神县审计局完成县农业农村局、县教体局、县卫健局、县青惠农投公司4位领导干部经济责任审计，重点关注人民群众最关心、最直接、最现实的问题，促进各项事业科学发展、领导干部履职尽责；审计发现问题48个，其中移送主管部门处理问题1个，提出审计建议12条，形成《关于进一步加强政府采购的审计建议》审计专报，获得县长邱磊批示；审计后，被审计单位追回资金3.87万元。

【自然资源资产审计】 2021年，青神县审计局完成县农业农村局领导干部自然资源资产审计，重点关注履行自然资源资产管理和生态环境保护责任情况，促进绿色发展理念贯彻落实到实处；审计发现问题14个，提出审计建议4条，形成《增强风险防控意识 防范土地流转风险》审计专报，获得县长邱磊批示。

【国有企业审计】 2021年，青神县审计局完成县青惠农投公司领导干部任期经济责任审计，重点关注企业贯彻执行党和国家经济方针政策与决策部署、推动公司可持续发展情况、公司财务状况和经营成果情况和任期内重要项目、重大经济事项的决策程序、执行情况及其效果等。审计发现问题9个，提出审计建议2条。

【内部审计指导和监督】 2021年，青神县审计局对全县78个单位开展内部审计统计调查，掌握各单位内审工作情况；组织各单位主要负责人及内审人员98人召开2021年全县内审工作会，开展基建财务管理制度和政府投资工程项目审计2个专题培训；组织全县47名内审人员参加四川省内部审计师协会举办的2021年第三期培训班；四川省审计厅内部审计监督指导处到青神开展调研，对青神内审工作开展情况给予充分肯定；与丹棱县开展“激发内生动力·推动内部审计”主题交流活动；将对内部审计的指导、监督与审计工作同部署、同落实、同检查，促进全县各单位完成内部审计项目84个，揭示问题136个，增收节支1442万元；督促全县各单位对“十三五”时期的71个政府投资项目开展结算办理审核和资产登记工作。

【审计整改】 2021年，青神县审计局在全市率先建立健全加强审计整改制度机制，认真落实各级审计委员会对审计整改工作安排部署，建立审计问题台账，严格实行对账销号制度；督促上级审计机关发现的4个方面38个问题及时完成整改，纠正问题金额2.28亿元，完善政策和制度机制共5项，1人受到开除党籍处分；督促整改2020年县级预算执行和其他财政收支审计工作发现的5个方面15类问题；对近2年实施的40个审计项目开展“回头看”，严防审计发现问题整改不实；督促县民政局对2017年至2021年9月下拨到各乡镇（街道）临时救助资金审批拨付情况和资金专账管理情况开展专项检查，收回临时救助资金4.9万元。　（陈　兰）

统计管理

【概况】 2021年，青神县统计局围绕全县经济发展目标，做好各项统计调查工作，发挥统计预警监测作用，为县委、县政府科学决策提供优质统计服务。全县GDP100.04亿元，比2020年增长9.2%，增速居全市第一。青神县人民政府被眉山市政府评为2021年度统计工作先进集体。

【统计管理】 2021年，青神县统计局深化统计管理体制机制改革，加强基层统计队伍建设，实施乡镇综合统计员双重管理制度；落实街道办、乡镇及县级相关部门统计基层基础建设工作职责，开展统计规范化建设三年行动集中验收工作；配合相关部门做好“合镇并村”改革后半篇工作，完成街道办和乡镇行政区划调整工作。

【统计法治建设】 2021年，青神县统计局加强统计法治贯彻宣传，组织学习统计法律法规以及统计系统典型案例，强化领导干部依法统计意识；参与全市统计执法检查培训2次，利用政府常务会专题学习统计法律法规、违规典型案例3次，组织开展全县统计从业人员开展法律知识培训1次，利用“12·4”国家宪法日开展统计法律法规宣传教育活动1次，印发《青神县领导干部统计法律法规知识读本》等宣传资料100余份。

【专业统计】 2021年，青神县统计局贯彻执行国家、省、市统计调查制度，按照统计业务工作流程开展统计数据报送，组织年报业务培训工作，落实各项工作要求，收集各类信息和数据，完成农业、工业、建筑业、批零住餐业、房地产业、服务业等27个专业的月度、季度数据收集、审核、汇总和上报工作。

【统计服务】 2021年，青神县统计局完成《2020年青神县国民经济和社会发展统计公报》1份，编撰并公布《青神统计月报》11期，撰写季度经济预测分析9篇、季度经济运行分析4篇、专业分析7篇，编制《青神统计资料》24期，获县主要领导肯定性批示3篇；履行统计服务职能，为成功创建乡村振兴战略工作先进县和青神经济开发区扩区工作提供切实可靠的统计数据支撑。

【统计执法检查】 2021年，青神县统计局落实《关于更加有效发挥统计监督职能作用的意见》，开展国家统计局督查“回头看”，切实防范

2021年9月29日，四川省投资领域2021年年报及2022年定期报表方法制度培训会在青神县召开　（县统计局供图）

和惩治统计造假、弄虚作假责任；通报国家重大统计违法案件，加强统计核查、执法检查力度，将针对性统计执法检查和经常性统计巡查相结合，重点打击统计上弄虚作假的违法行为。青神县统计局全年配合市级开展统计执法检查1次，开展县级统计执法检查1次，立案处理统计违法案件1起。

【第七次全国人口普查】 2021年，青神县统计局持续开展第七次全国人口普查后续工作，县乡两级完成人口普查资料归档工作，“普查两员”专项补贴经费落实到位；撰写并向社会公布《青神县第七次全国人口普查公报》1～7号，结合县情实际撰写专题人口分析报告《青神县“七人普”数据分析报告——人口结构变化面临的挑战和机遇》。

（王玉辉　孙　敏）

农　业

农业综合管理

【概况】2021年，青神县农业农村局挂牌机构“青神县扶贫开发局”更名为“青神县乡村振兴局”，主要负责巩固拓展脱贫攻坚成果、统筹推进实施乡村振兴战略有关具体工作，原水利水电工程移民等工作划入县水利局；县农业农村局下属公益一类事业单位县农村人居环境整治服务中心、县农业科教站相关职能职责并入县农村基金合作会资产服务中心，将“青神县农村基金合作会资产服务中心”更名为“青神县乡村振兴发展服务中心”。7个乡镇（街道）农业农村站职责中“负责乡镇农业技术推广服务以及乡村振兴等相关工作”对应划入各乡镇（街道）所属农业综合服务中心，保留“动物防疫检验”职责，更名为乡镇（街道）畜牧兽医站。完成非工业类固定资产投资6.24亿元；对上争取项目22个，争取资金1.73亿元；第一产业增加值12.67亿元，比2020年增长6.6%；农村居民人均可支配收入2.33万元、比2020年增长10.4%。全县粮食播种面积14.01万亩，粮食总产量6.47万吨；出栏生猪15.75万头、肉兔24.06万只、小家禽292.31万只。

2021年5月17日—18日，全省现代农业烘干冷链物流体系建设培训会在青神县高台镇百家池村召开

（县农业农村局供图）

2021年10月14日，全国农产品质量安全信用工作推进会在浙江建德市召开，青神县农业农村局在会上交流发言

（县农业农村局供图）

【农业质量安全与品牌推进】2021年，青神县农业农村局健全农产品质量安全监管、检测、执法体系，推行标准化生产、绿色防控和健康养殖技术，严厉打击经营使用禁用农药、饲料等农业投入品的违法行为，确保经营主体全部入驻国家（省级）农产品质量安全追溯管理信息平台；健全农产品生产档案，县级开展监管、检测、执法，随时监督生产主体生产、销售情况。全年未发生较大及以上农产品质量安全突发事件，省、市两级农产品质量安全例行监测总体合格率保持在98%以上，协助举办全国农产品质量安全信用中国行活动。全县认证绿色食品8个、有机食品1个、无公害产品5个。

【农业信息化推进】2021年，青神县农业农村局推动物联网信息技术应用全覆盖，适度规模种植户普遍使用水肥一体化和监控、遥控控制等相关智能设备设施，规模养殖户在养殖中普遍应用物联网等信息技术。新建成“智慧果园”示范园500亩，实现田间气象监测；建成电商孵化园1个、重点产业（柑橘、竹编）电商运营中心2个、电商快递中转配送中心1个、乡村电商服务站点125个；发展电商企业100余家，电子商务体系健全；建成一类益农信息社48个，实现村级益农社全覆盖，益农信息社持续运营率100%；运营好农产品质量可追溯平台、畜禽养殖监管平台、农村土地承包管理信息平台，提高农业信息化水平，加强农业信息资源开发利用。

【农业行政执法】2021年，青神县农业综合行政执法服务中心牵头，成立畜牧和渔政专案小组，开展执法70余次，其中联合公安部门对涉嫌非法调运猪贩调查7起、联合交通部门设流动卡点盘查猪只运输车辆

6次；开展农产品执法抽检，抽检蔬菜、水果，水产品等样品45个；出动执法人员1025人次、出动执法车辆230台次，检查农药生产企业1个、检查市场62个次、经营点278个次；查处农药案8起、种子案1起、生猪案6起、死鸡案1起、饲养场案2起、饲料案2起；成立天然流域禁捕专班，清理县域“一江五河”及部分溪流河道，出动执法人员2411人次、执法车辆643车次、执法船艇408船次，陆上巡查6240公里、水上巡查4519公里，发放宣传资料2840份；处理电鱼举报8次、销毁三无渔船144艘，拆除地笼、刺网、罾网等816余张，销毁电鱼杆8根、鱼竿1490余根、草钩30余付，收缴放生各类渔获物2000余公斤，移送司法机关电鱼案2起；青神县农业农村局印发《青神县天然水域禁捕联合执法检查工作方案》，联合青神县公安局、青神县交通运输局、青神县市场监管局、各乡镇（街道）针对“三无”船舶开展专项整治，依法拆解“三无”船舶14艘。

【农村宅基地管理】 2021年，青神县农业农村局开展农村闲置宅基地盘活利用调研，配合青神县自然资源局开展乱占耕地建房专项整治工作，举办全县农村宅基地审批和住房建设管理培训班1期、150余人，办理宅基地“12345”热线信访件3件。各乡镇（街道）全年政府审批宅基地334宗、4.3万平方米。

【新型农业经营主体培育】 2021年，青神县农业农村局持续开展四川省深化职业农民制度试点，争取中央财政补助资金200万元，培育认定扶持新型职业农民50人；全年新增注册家庭农场93家，争取中央财政补助资金50万元，用于实施5个家庭农场项目；家庭农场名录库入库农场928家，创建各级示范场66家；创建“青神县家庭农场联盟”，带动30余家家庭农场抱团发展；建立健全农民合作社信息系统，实现农民合作社示范社县、市、省、国四级联创，创建各级示范社13家；与县邮政合作，为全县合作社在物流运输、资金信贷和产业基地构建等方面提供支持；依托全国晚熟柑橘集群县等项目，初步构建“农户+合作社+村集体”的“541”柑橘托管利益联结机制；争取并开展全国农民合作社质量提升整县推进试点工作，中央财政补助资金100万元，投入3个单体合作社和1个质量提升整县推进试点项目。

【农业科技推广】 2021年，青神县农业农村局在全县各乡镇（街道）举办农业科技推广系列培训78场，培训农户、新型经营主体1万人，编写、印发技术资料1万余份；建设科技示范基地4个、科技示范主体13户，辐射带动农户200余户；推广农业科技主推技术7项。

（陈艇 陈彬 王鹏 郭义华）

乡村振兴

【概况】 2021年，青神县四川省乡村振兴先进县“回头看”考核等次为优秀；被选为全国农村改革试验区、中央农办三农政策基层联系县，获评国家生态文明建设示范区、全国村庄清洁行动先进县、四川省农村改革先进县、省级“四好农村路”示范县。

【乡村产业振兴】 2021年，青神县全面完成晚熟柑橘产业集群建设项目年度建设任务，青神县柑橘现代农业园区晋级省四星级现代农业园区，创建全省唯一的国家林业产业示范园区，建成全国竹本色纤维材料生产基地。

【乡村人才振兴】 2021年，青神县推进产才融合，引进中国农业大学、清华大学等智库人才35人，培育认定新型职业农民120人，培养土专家、田园名星等实用人才500余人，建设全省人才工作先行区。

【乡村文化振兴】 2021年，青神县抓好乡村文化建设，评选道德模范、好人23人，最美我家60余户，星级文明户20070户，建成12个县级、2个市级、1个省级乡村文化振兴样板村镇，为38个行政村农家书屋配送图书2432册，开展送文化下乡和戏曲下乡活动20余场，文化惠民活动10余场，戏曲进乡村进校园活动3场次，受众2万余人。

【乡村生态振兴】 2021年，青神县推进碳达峰碳中和，做好“两山”转化，打好大气污染防治、水污染防治、土壤污染防治“三大战役”，流域水质明显改善，岷江、思蒙河、金牛河水质持续稳定在Ⅲ类，建成中国首家竹林湿地、小微湿地等生态景观60个，建设竹林风景线150公里。

【乡村组织振兴】 2021年，青神县乡镇（街道）班子配备实现“两升一降”，35岁以下年轻干部占干部比例从53.03%升至60.27%、全日制本科以上学历占干部比例从60%升至64.62%、班子平均年龄下降3岁，书记、主任100%实现“一肩挑”，“两委”班子平均年龄下降6岁，大专及以上学历占干部学历比例提高37.9个百分点。

【美丽宜居乡村建设】 2021年，青神县围绕“共建清洁家园 喜迎建党百年”主题，按照“有制度、有标准、有队伍、有经费、有督查”的要

2021 年 6 月 3 日，青神县扶贫开发局更名为青神县乡村振兴局　　（县融媒体中心供图）

求，建立健全县、乡镇（街道）、村（社区）三级农村人居环境整治长效机制，开展月巡查、季考核；推进“拆、收、改、栽、画”五字工作法，拆除农村乱搭乱建 1.5 万余处，提升改造农房风貌 4000 余户，建成“四小园”5 万余个，建成农村生活污水处理设施 8000 余座，治理约 3.2 万户，全县农村生活污水得到有效处理的行政村占比 98.1%，“一村一主题”实施农房墙面彩画 4000 余幅。县农业农村局开展村庄清洁行动 733 次，完成路灯安装 1200 组；县域内行政村均实现生活垃圾分类处理，无害化处置的村占比 100%；无害化卫生厕所普及率达 96.7%；畜禽粪污资源化利用率 93%、秸秆综合利用率 92.56%、农药包装废弃物回收处置率 87.1%；创建全国乡村治理示范村镇 2 个、省级 3 个、市级 4 个。全县 52 个村（社区）分别建设人居环境整治示范点 1 至 2 个、示范环线 1 条以上，每个村（社区）打造示范户 50 户以上，创建“美丽青神·宜居乡村”47 个，占比 90% 以上。

【农村基础设施建设】 2021 年，青神县建制村通客车率 100%，自来水普及率 98.91%，电、天然气、宽带互联网、4G 网络均实现全覆盖，5G 网络已覆盖县域和重点场镇，推进四好农村路“建、管、养、运”协调发展，打造“四好农村路”示范线 106 公里。

【特色镇（村、社区）建设发展】 2021 年，青竹街道兰沟村被评为第二批全国乡村治理示范村，“入股”“托管”等集体经济发展模式入选《四川省发展新型农村集体经济典型案例汇编》；青竹街道、青竹街道兰沟村和青衣社区、白果乡甘家沟村、罗波乡宝镜村被列为两项改革“后半篇”文章省级直联观测点；县农业农村局持续推动竹里院子、竹里巷子和竹里萤光等独具青神特色的“竹里+”系列文旅项目开发工作，青神竹编小镇获评全省首批、眉山唯一的四川省特色小镇。

（余　滔　杨小刚）

农业和农村改革

【概况】 2021 年，青神县农业农村局统筹推进盘活集体建设用地使用方式、闲置宅基地盘活利用、全国农民合作社质量提升整县推进试点、第二轮土地承包到期后再延长 30 年试点、深化省级职业农民制度试点等国省改革任务。《青神县关于构建“三抓三好”机制 探索村集体经济高质量发展的报告》获得省农业农村厅厅长杨秀彬肯定性批示；《农民共同富裕指标体系的调研报告》获得省农业农村厅表彰，青神在全国乡村发展与农村人居环境治理论坛、第五届四川“村长”论坛暨首届乡村振兴县委书记峰会上作经验交流，《人民日报》头版以《明天会更加美丽富足》为题单条报道青神县百家池村，兰沟村被评为全国第二批乡村治理示范村；《2021 年农村改革试验区改革实践案例集》刊登青神县巩固拓展脱贫攻坚成果同乡村振兴有效衔接经验，《探索城乡县域融合发展实施路径》《探索人居环境整治“五字”工作法高质量建设美丽竹乡风景线》被中央农办《农村要情》刊发，获评四川农业农村改革十大优秀案例；《创新“333”农资管理模式探索农药包装废弃物回收处置新路径》成功入选全国农业绿色发展典型案例。青神县获评 2021 年度全省农村改革工作先进县。

【全国农村改革试验区建设】 2021 年，青神县成立青神县农村改革试验区工作领导小组，由县委书记、县长任组长，聘请中农大教授任大鹏为总顾问，成员覆盖 28 个县级部门、7 个乡镇（街道），召开领导小组会议 4 次，审议重大改革议题 15 项；县委农村工作领导小组印发《青神县盘活集体建设用地使用方式、闲置宅基地盘活利用工作指南及责任分工》、县农村改革试验区工作领导小组办公室印发《青神县农村闲置宅基地多元盘活利用指导意见》《青神县农村集体经济组织集体建设用地增值净收益分配管理试行办法》等文件；开展闲置宅基地盘活利用，优化完善农房设计图集，增加房屋附属功能布局和占地规模指导，建成占地 1.92 万平方米的“竹里巷子”精品乡村民宿，配套绚烂花镜、竹艺美学馆、竹里人家民宿等景观节点，引进竹里系列餐饮、竹艺、民宿、小吃等旅游业态15户，全年盈利50余万元；盘活集体建设用地使用方式，完成青竹街道新光村、兰沟村和高台镇百家池村3个试点村“房地一体”确权登记外业测绘和权属调查工作，摸清3个试点村集体建设用地总量为2441.3亩；编制村庄规划，明确集体建设用地使用方向；健全农村产权交易平台，公布实施《集体建设用地及农用地基准地价》，推进农村集体经营性建设用地入市改革，出台入市管理办法，引导青竹街道兰沟村对4块集体经营性建设用地实行挂网拍卖。

【农业供给侧结构性改革】2021年，青神县第一产业增加值12.67亿元，比2020年增长6.6%，农村居民人均可支配收入23331元、比2020年增长10.4%；深入实施“藏粮于地，藏粮于技”战略，全县粮食播种面积14.01万亩、粮食总产量6.47万吨、多途径增（间）种0.974万亩；开展非洲猪瘟等重大动物疫病防控，发展适度规模养殖，稳定生猪生产，全年生猪出栏15.75万头，年末生猪存栏11.01万头；完成高标准农田建设1.3万亩，全县累计建成高标准农田10.27万亩，占全县耕地面积的52.8%；做大做强柑橘、竹“两大特色产业”，柑橘产业构建“一园两片三基地”、竹产业构建“两园两馆两中心三基地”产业发展格局，青神县柑橘种植面积达到18万亩，年产量18万吨，年产值19亿元，竹产业实现产值60亿元；有序推进巩固脱贫攻坚与乡村振兴有效衔接，建立健全防返贫动态监测和帮扶机制，锁定9217名脱贫人口、83名边缘人口、79名特殊困难人口不返贫不致贫；巩固提升人居环境整治成果，建立“有制度、有标准、有队伍、有经费、有督查”的“五有”长效机制，打造重点示范村16个，全县建成美丽宜居乡村47个，农村无害化卫生厕所普及率96.7%、生活污水得到有效处理的行政村占行政村总数的98.1%，创建国家级乡村治理示范村2个、省级示范村3个、市级示范村7个；建立“三品一标”持续提升体系，选育优势特色品种，重点培育“青神马克斗”“青神南瓜柑”“柠檬柑”等，县认证绿色食品8个、有机食品1个、无公害产品5个；培育新型农业经营主体1106家，其中市级以上农业产业化重点龙头企业12家、市级以上农民专业合作社34家。“味在眉山”实现销售收入71.41亿元；持续推进畜禽粪污资源化利用，全县畜禽养殖规模场粪污处理设施配套率100%，粪污综合利用率93.8%；推动农药化肥减量控害，打造县级化肥农药减量示范点13个，开展有机肥替代化肥行动，推广面积0.57万亩，省级农产品质量安全例行监测合格率100%。

【农村集体产权制度改革】2021年，青神县将农村集体产权制度改革与两项改革“后半篇”文章相结合，在全面完成农村集体产权制度改革工作基础上，重点推进成员名册汇交和合并村集体经济融合发展，汇交农业农村部成员身份确认名册村级成员16.5万人、组级成员16.08万人；青神县农业农村局制定《关于推进合并村集体经济融合发展的专项工作方案》，分解落实各项工作任务；配合县委组织部做好发展壮大村级集体经济项目，探索集体“入股”“托管”等多种集体经济发展模式，涌现出青竹街道兰沟村、桥楼村、龙女村，高台镇百家池村，瑞峰镇天池村、白果乡官厅坝村等集体经济发展典型，全县有9个村实现集体经济组织收入超10万元；青神县代表四川省接受农业农村部农村集体产权制度改革抽查评估，获评估组肯定；农业农村部余葵巡视员一行调研农村集体产权制度改革、农村集体经济发展情况并给予肯定；青竹街道兰沟村《借力竹产业 共铺致富路》村级集体经济发展典型被省农业农村厅收录至《发展新型农村集体经济典型案例》；高台镇百家池村集体经济发展典型“农户+合作社+村集体”的“5+4+1”（农民专业合作社与农户签订果园全托管协议，果园托管后的产值按照农户50%、合作社40%、村集体10%的比例进行分配）利益联结机制在全国农村集体产权制度改革工作部署视频会议上被农业农村部政策与改革司司长赵鲲作为典型特别提出；《青神县关于构建“三抓三好”机制探索村集体经济高质量发展的报告》获省农业农村厅杨秀彬厅长肯定性批示。

【农村集体“三资”监管】2021年，青神县农业农村局印发《青神县农村集体资金资产资源管理暂行办法》，指导农村集体经济组织进一步规范农村集体“三资”管理。建立青神县农经综合平台（包括三资管理、产改系统、银农直连三个系统模块），将村（涉农社区）、村（涉农居）民小组、村组集体经济组织“三资”全部纳入平台管理，资金支出全部实行网上审核、支付；通过“请进来”“走出去”等多种方式，对农村集体“三资”管理人员和集体经济组织负责人进行培训。

【土地承包制度改革】2021年，青神县农业农村局印发《青神县农村土地经营权流转管理暂行细则》《青神县农业农村系统防止耕地“非粮化”稳定粮食生产重点任务清单的通知》《关于加强全县农村土地经营权流转管理工作的通知》《关于加强农村土地承包经营及承包经营合同管理的通知》，建立工商企业租赁农地的资格审查、项目审核和风险防范制度及青神县农村土地承包经营管理信息系统及平台，接待群众农村承包地政策咨询200余人次，为72户农户办理农村土地承包经营权证颁证（变更）工作，办理12345政务热线平台专办件13件，调处农村土地纠纷7起；全年新增农村土地流转面积2287.28亩。完成青神县第二轮土地承包到期后再延长三十年试点工作，总结提炼出“113”模式（理清一个思路：家庭承包方式的承包方是农户，只要农户户内有地，农户户内成员作为共有权人，就应当是人人有地，只是户均地多地少的问题。一个直通车：第二轮土地承包到期后，在确权登记颁证基础上直接延包，不打乱重分承包地，确保绝大多数农户原有承包地继续保持稳定；对个别农户间作适当调整的，依法依规从严掌握。三个探索：探索无地少地农户进退机制、探索把承包地去碎片化机制、探索无地少地农户土地权益保障机制，解决农户进退土地、承包地碎片化、农户承包地权益保障等问题），在全省合并村集体经济融合发展试点暨贯彻新修订《农村土地经营权流转管理办法》工作推进视频会议上作题为《建机制促流转 提升农村土地经营收益》经验交流；中国农业电影电视中心到青神拍摄主题为“青神县土地确权数据平台从乡镇（街道）到部国级接入的建设和运行情况”的全国农村承包地确权登记颁证工作总结纪录片；青神县《稳定土地承包关系 探索去土地碎片化机制》入选农业农村部管理干部学院培训视频。

【农村金融服务综合改革】2021年，青神县农村改革试验区工作领导小组办公室印发《金融支持青神县农村改革试验区试点工作的方案》，明确改革试点的目标、原则、改革试点内容及范围、试点银行机构及试点要求；青神县政府办印发《青神县乡村振兴农业产业发展贷款风险补偿金管理办法》、青神县农业农村局会同青神县财政局、中国人民银行青神县支行联合印发《青神县乡村振兴农业产业发展贷款风险补偿金管理实施细则》、青神县农业农村局印发《关于开展乡村振兴农业产业发展信贷项目推荐工作的通知》，进一步加快贷款农户在入库和产业发展推荐环节的审批工作，缩短贷款办理时限，提供更加便捷的金融服务；在县人民政府、四川省农业融资担保有限公司、青神县内商业银行三方组建的“政担银”合作模式基础上，利用青神县乡村振兴农业产业发展贷款风险补偿金（以下简称“风险补偿金”），对信用担保融资贷款风险损失以风险补偿金承担30%、四川省农业融资担保有限公司承担40%、主办商业银行承担30%的分险比例进行分险分担，共同推进金融综合服务改革工作；通过“政担银”合作的乡村振兴农业产业发展贷款风险补偿金支持的贷款共52笔5550万元，受益新型经营主体52个，其中国家重点支持的生猪养殖和特色产业发展50户。

【乡村治理制度改革】2021年，青神县完善《青神县集体经营性建设用地入市管理办法（试行）》《青神县农村集体建设用地使用权和闲置农房财产权交易管理办法》等，《四川省眉山市青神县乡村治理体系建设试点方案》经全国农村改革试验区工作联席会会议审定通过；按照“有制度、有标准、有队伍、有经费、有督查”的要求，建立健全县、乡镇（街道）、村（社区）三级农村人居环境整治长效机制，因地制宜开展农村人居环境整治“拆收改栽画”五字工作法。青神县被生态环境部授予国家生态文明建设示范县，被农业农村部、国家乡村振兴局授予全国村庄清洁行动先进县称号。

（郭柯航　郭义华　沈秀连　杨小刚）

农业产业化发展

【概况】2021年，青神县农业产业结构不断优化，特色农业、休闲农业、园区农业等现代农业亮点纷呈，形成以柑橘、竹两大产业为主导，川粮油、川猪、川茶、川菜、川牛羊等多种优势特色产业为支撑的发展格局；培育新型农业经营主体1106家，其中市级以上农业产业化重点龙头企业12家、市级以上农民专业合作社34家；“青竹粮经复合现代农业园区”“青神县瑞峰种养循环现代农业园区”被命名为2021年度“青神县现代农业园区”，青竹街道兰沟村成功获评中国美丽休闲乡村。

【产业结构优化】2021年，青神县农业农村局针对青神农业产业结构，制定《青神县乡村产业发展规划》《青神县全国休闲农业重点县建设规划》《青神县乡村休闲旅游发展实施方案》《青神县农业现代化示范区创建方案》。全县柑橘、竹等两大主导产业持续做大做强，茶叶、生猪、奶牛、水产、蚕桑、蔬菜等产业协同发展，休闲农业优势明显，“两业主导、多业支撑”的发展格局逐步优化。

【特色农业】2021年，青神柑橘产业构建“一园两片三基地”的产业发展格局，依托晚熟柑橘产业集群项目，打造全国晚熟柑橘核心区重点县，通过推广标准化基地、提升产地初加工能力、培育新型经营主体等推动产业由增量导向转为提质导向，成功创建省四星级现代农业园区，柑橘产业实现产值19亿元；竹产业构建“两园两馆两中心三基地”竹产业发展格局，青神县竹编产业园区成功创建省级特色小镇、省级现代竹产业园区，2021年，竹产业实现产值60亿元。

（席利娟　徐　培）

农业生产项目推进

【概况】 2021年，青神县农业农村局围绕全县乡村振兴战略、脱贫攻坚工作、农村改革和省、市、县农业发展工作重点，对上争取项目22个，争取资金1.73亿元，完成非工业类固定资产投资6.24亿元；实施项目50个，收到上级下达中央、省财政涉农资金1.06亿元，县级财政追加预算1539.08万元；编报2022年中央、省转移支付资金涉农项目储备10个，2022—2025年中央预算内投资农业建设项目储备5个。

【晚熟柑橘产业集群县项目】 晚熟柑橘产业集群建设项目包括2020年晚熟柑橘产业集群建设项目、2021年晚熟柑橘产业集群续建项目，项目累计投资9944万元，其中中央资金2650万元、整合投入资金800万元、社会资本6494万元。项目建设内容为：推广水肥一体化7620亩、施药系统9740亩、有机肥施用系统3250亩、土壤改良1000亩、绿色防控9750亩、林下种豆7000亩、生草栽培15200亩；新建生产线12条，修建冻库3500吨，新建柑橘枳实烘干系统一个；开展技术培训3万人次、发放技术资料6万份，建立新品种示范园一个、智能化堆肥发酵示范点5个，建立果园管理平台和农产品可追溯平台，开展贷款全额贴息。截至2021年底，完成2020年晚熟柑橘产业集群建设项目，2021年晚熟柑橘产业集群续建项目完成建设任务的98%，实施进度位居全市第一。

【乡村振兴转移支付资金项目】 2021年，省上下达青神县省级财政乡村振兴转移支付资金6060万元，主要用于以农村人居环境突出问题整治为重点，开展村庄清洁行动、污水治理、厕所革命、农业废弃物资源化利用等重点工作，实施产业发展基础设施配套项目；建设全国特色产业示范县、全国晚熟椪柑集群核心区重点县和成渝地区现代化特色农业示范区，实施深化农业农村改革项目；提升文明乡风，深化“最美+”建设，广泛开展星级文明户、最美庭院等创评活动，推行“红黑榜”“椪香橘力”等积分模式。

【脱贫攻坚与乡村振兴衔接资金项目】 2021年，中央和省级财政衔接推进乡村振兴补助资金2754万元，其中440万元用于脱贫人口公益性岗位、易地扶贫搬迁贷款贴息补助，白果乡官厅坝村、汉阳镇小三峡村道路建设；137.25万元用于脱贫人口（含监测对象）公益性岗位、雨露计划、小额信贷贴息补助；2176.75万元用于项目管理费、脱贫劳动力（含监测对象）跨省一次性交通补助、巩固提升脱贫户（含监测对象）生产生活出行和产业发展建设、乡村振兴产业发展建设，支持全县特色优势农业全产业链发展，资产收益扶贫。

【四川省青神县长江经济带农业面源污染治理专项项目】 2021年，青神县实施完成2021年长江经济带农业面源污染治理专项项目二标段畜禽养殖污染治理示范区建设，项目总投资3647万元，其中中央预算内投资1305万元、业主自筹2342万元。项目涉及青神县勇勇家庭农场、青神县丰源家庭农场、青神县贝嘉家庭农场、青神县方木家庭农场、青神县聚缘家庭农场、青神县凉水井家庭农场、青神龙鑫生态果业有限公司、青神县农业投资有限公司、青神县新长兴家庭农场、眉山市玉燕农业科技有限公司10家建设业主、87个单元。项目主要建设刮粪槽3160立方米、主粪沟860米、集粪池8420立方米、化粪池1120立方米、应急池1000立方米、排污管道1.9万米、沼气池9275立方米、氧化塘2.2万立方米、灌溉塘2.4万立方米、沉淀池2040立方米、排粪池100立方米、堆粪棚1000平方米、搅拌池50立方米、异位发酵车间1200平方米、集污池200立方米、拌均池40立方米、排粪沟300米、蓄粪池150立方米。购置并安装刮粪机209套、漏粪板3.47万平方米、干湿分离机6套、粪污喷洒系统1套、MIPS搅拌系统1套、随动粪污搅拌器1台、集粪池搅拌机6台、叠螺机1套、预制板800平方米、抽水泵5台、排粪管50米、异位发酵车间翻抛机2台、排粪阀200个。

（陈柯灵　席利娟　刘聪斌　郑美琳　邹杰）

种植业

【概况】 2021年，青神县粮食作物播种面积14.01万亩，粮食总产量6.47万吨；全县经济作物播种面积5.92万亩，其中油菜籽5.4万亩、产量6599吨；建设高标准农田1.3万亩。

【粮油作物】 2021年，全县粮食作物播种面积14.01万亩，其中种粮大户面积1.62万亩，粮食总产量6.47万吨；经济作物播种面积5.92万亩。粮食作物以水稻、玉米为主，面积、产量分别为9.71万亩、5.06万吨，2.45万亩、0.98万吨；主要推广水稻二级优米品种宜香2115、晶两优534、川种优3877，玉米成单30、中单808、同玉609。经济作物以油菜籽为主，播种面积5.4万亩、产量6599吨。

【经济作物】 全县经济作物以茶叶、蔬菜为主。2021年，全县茶园面积4.7万亩，鲜茶产量2700吨，产值2.7亿元，主要种植品种有奶白茶、安吉白茶、黄金茶、大宗绿茶品种等；西龙茶叶现代农业园区着力建基地、强基础，打造以万沟村3000亩茶园为核心，辐射带动2万亩茶叶基地，持续推广白茶、黄金茶等优势特色品种，现有绿茶绿色食品4个；不断完善园区基础道路设施及太阳能滴灌、节水喷灌等生产设施，形成7公里产业观光环线，园区先后被评为省级示范休闲农庄、省级示范农业主题公园、市级现代农业产业融合示范园区和县级现代农业园区；蔬菜播种面积3.59万亩，产量13.63万吨，产值2.86亿元，其中用于泡菜的播种面积3.24万亩、产值0.88亿元。全县有蔬菜种植合作社57家，其中市级专业合作社6家、省级专业合作社2家；泡菜初加工企业10家，均与吉香居等国内大型泡菜精加工企业签订合作协议，提供优质原材料。“味在眉山”实现销售收入71.41亿元。

【柑橘产业】 2021年，青神县农业农村局在全县推广水肥一体化、施药系统等先进技术，购置植保无人机、履带式挖沟施肥车、秸秆树枝粉碎打捆机、山地旋耕机等设备，建立移动传输网络基站、气象站、益农社平台、智慧果园等信息化应用系统；新建新品种示范园1个，引进柑橘新品种40余种，在园内开展新品种适应性研究，建成柑橘发展馆、柑橘博览园、西南地区最大的单轨运输基地；建立秸秆综合回收利用中心，推广绿色防控、生草栽培等生态种植技术13项；推广“林下种豆”土地高效利用模式，全县推广林下种豆8564亩；实行“区域品牌+企业品牌+产品品牌”发展模式，全县“三品一标”（无公害农产品、绿色食品、有机农产品和农产品地理标志）达22个，正在申报“青神椪柑”地理标志和“南瓜柑”“马克斗”的证明商标；新设计“青神椪柑”包装13款；新建柑橘枳实烘干系统，加工疏下幼果，提升柑橘的综合利用能力及价值；建设中小型冷链点35个，形成以青神冷链物流园区为核心，各乡镇(街道)、柑橘产区冷藏库点状式分布的冷链格局，以清洗、分选、预冷、包装贴牌等为主的初加工环节发展迅速；新增柑橘生产线11条，柑橘日处理能力达200吨以上。全县柑橘种植面积18万亩、年产量18万吨、年产值19亿元。

【种业发展】 2021年，青神县农业农村局开展种子门店经营资质、种子标签、备案种子、转基因种子排查等检查，检查门店98家；开展柑橘苗圃园、柑橘苗市场等检查，检查市场16次，其中联合执法检查9次；对全县4个杂交水稻种、7个杂交玉米种、2个杂交油菜种、3个蔬菜种等进行随机抽样，检测种子净度、水分、发芽率、品种纯度、品种真实性、转基因成分，指标全部合格；自2021年起，开展青神县农作物、畜禽和水产种质资源梳理。县农业农村局制定《青神县农业种质资源普查总体方案》，完成农作物种质资源普查与收集，启动畜禽遗传资源普查、水产养殖种质资源普查工作。

【高标准农田建设】 2021年，四川省眉山市青神县2020年西龙、瑞峰、罗波片区高标准农田建设项目在瑞峰镇中岩村，罗波乡宝镜村、小溪村、龙泉村，西龙镇万沟村3个乡镇、5个村实施，建设高标准农田1.3万亩，其中高效节水灌溉0.19万亩。项目计划总投资3900万元，其中中央财政农田建设补助资金1211万元、省级财政资金609万元、地方投资2080万元。完成土地平整744.32亩、土壤改良800亩、整治山坪塘7座、新建蓄水池40口、新建及整治排灌渠系11.71千米、高效节水灌溉1900亩、新建及整治田间道路39.45千米。该项目审计确认总投资为2469.31万元，结余资金1430.69万元继续用于全县高标准农田提质改造建设。

【农村能源清洁安全生产】2021年，青神县开展科技赶场、农村沼气安全生产专项整治，在青神竹编广场、各乡镇（街道）以展板展示、播放安全应急视频、张贴宣传标语、设立咨询台等形式，宣传农村户用沼气安全生产知识，发放宣传资料、画册等1.2万余份，接受技术咨询500多人次；开展安全隐患排查18次，全年无安全事故发生；农村能源重点发展新村集中供气工程和大型沼气工程，全县有大型沼气工程2处、新村集中供气工程1处，在使用的农村户用沼气1829口。

（陈 艇 席利娟
刘聪斌 陈 彬）

畜禽业

【概况】 2021年，青神县有畜禽规模养殖场97个，出栏生猪15.75万头、肉兔24.06万只、小家禽292.31万只、肉牛2607头、肉羊8498只；肉、蛋、奶产量分别为1.75万吨、4694吨、5805吨；生猪、肉兔、肉鸡为主的主要畜禽规模化比分别是96.5%、96.2%、98.6%；全县畜牧业产值达7.85亿元，农民人均畜牧业增收214.5元。

【家禽养殖】 2021年，青神县年出栏小家禽292.31万只，年出栏肉鸡3.5万只以上的规模养殖场5个，年存栏蛋鸡2.5万只以上的规模养殖场6个。

【生猪养殖】 2021年，青神县年出栏生猪15.75万头，年出栏生猪500头以上的规模养殖场80个。

【奶产业发展】 2021年，青神县引进娟姗优质奶牛500头，推广使用优质冻精5000支；采取"干稀分离，种养结合"的发展模式，建设粪污处理设备设施，种植优质牧草5000亩，建成富源牧业（眉山）有限公司、青神县涛哥哥奶牛养殖第一牧场、青神县涛哥哥农牧有限公司3个种养循环示范场。年末存栏奶牛806头、年产奶5805吨。

【蚕桑产业】 2021年，青神县桑园面积近1000亩，以白果乡胡坝村、罗湾村，高台镇富塘村、安家坝村为核心，全面推行嫁接苗高厢深沟定园栽植、配方施肥、快速丰产、绿色防控等技术，配套桑园运输、耕整、伐条、除草等机具，实现桑园当年成型、当年试产、翌年丰产。按照《青神县现代农业园区建设总体规划》，建设蚕桑现代农业园区。

【饲料产业发展】 2021年，青神县有四川金新农饲料有限公司、眉山市西都饲料有限公司饲料生产企业2家，企业严格落实生产安全、环保安全责任制，全年饲料产能8.1万吨，产品销售覆盖四川、云南、贵州等地。

【畜禽良种化和养殖场标准化建设】 2021年，青神县生猪、肉兔、肉鸡良种化率分别为96%、98%、99%。建设完成3个省级示范场，申报市级示范场5个、县级示范场5个；改造提升畜禽养殖场15个，新建生猪标准化养殖场10个。

【畜禽养殖废弃物资源化利用】 2021年，青神县着力推动种养循环示范基地建设，实施种养循环提升工程，构建畜禽养殖污染防治长效机制，对畜禽养殖废弃物产生、利用和排放情况实行动态监管；通过沼气池厌氧发酵无害化处理，储粪池储存后通过管网或者抽粪服务队转运还田；或者干湿分离后干粪用于果树施肥和生产商品有机肥，液体粪污还田；或者修建异位发酵床发酵后生产有机肥，如养猪场、养牛场；通过垫料养殖，在垫料里面加发酵菌种发酵后生产有机肥处理粪污，如养鸡场、养鸭场等；通过干清粪方法，干粪直接打包以每袋8～10元出售给种植户用于农田、经济林木施肥，如养羊场、养兔场等；固体粪便出售给有机肥生产企业生产商品有机肥，如蛋鸡养殖场、肉鸡养殖场等。全县7个抽粪服务队服务养殖户582户、种植户713户，共抽运粪污2.45万立方米，消纳面积1.38万亩；规模养殖场粪污处理设施装备配套率100%，粪污收集率均在80%以上，粪污收集利用率100%。有机肥生产企业全年处理粪污6.1万吨，建设畜禽养殖场户用沼气100口，建立"异位发酵"试点6000立方米，全县粪污综合利用率94%。

【重大动物疫病防控】 2021年，青神县农业农村局强化动物疫病防控工作责任制，突出抓好重大动物疫病的免疫注射工作，全年免疫注射畜禽达383.56万头（只）次，其中猪79.72万头次，牛、羊口蹄疫疫苗2.88万头（只）次，禽流感疫苗294.38万只次，羊小反刍兽疫疫苗1.03万只，彻底消毒畜禽养殖圈舍，全县消毒面积达251万平方米，使用消毒药达8.43吨，确保全县无重大动物疫病发生；开展春秋季免疫抗体检测工作，猪瘟抗体检测470份、猪O型口蹄疫446份、猪A型口蹄疫430份、禽流感H5抗体检测553份、H7抗体检测568份、新城疫抗体检测463份、羊O型口蹄疫312份、羊A型口蹄疫390份、羊小反刍抗体检测323份、牛O型口蹄疫289份、牛A型口蹄疫276份、犬抗体检测395份，合格率分别为94.89%、91.70%、86.98%、92.59%、87.5%、91.36%、97.76%、92.31%、98.45%、97.92%、95.65%、98.73%；牛羊布病检测1369份、血吸虫病检测913份，均符合部颁标准。开展动物疫病病原学监测，全年狂犬病检测犬唾液拭子371份，疑似阳性5份，均已做无害化处置；禽流感H5、H7咽喉/泄殖腔拭子检测拭子399份，全部为阴性；鸡新城疫检测咽喉/泄殖腔拭子81份，全部为阴性；羊小反刍兽疫眼鼻拭子252份，全部为阴性；猪瘟、猪蓝耳组织样、血样6份，全部为阴性。青神县农业农村局开展狂犬病防控工作，全年狂犬病免疫犬只5.55万只（春、秋两防），占应免犬只的99.64%，全年犬伤就诊1005人，犬伤患者伤口处理数1005人，接种疫苗1005人，接种狂犬病免疫球蛋白28人，未发生狂犬病死人事件。

【"非洲猪瘟"防控】 2021年，青神县召开非洲猪瘟防控培训会10次，培训人员800余人次，发放宣传资料1万余份。7—9月开展非洲猪瘟"大清洗、大消毒"工作，统一时间对全县范围内的运载动物及其产品的车辆、生猪养殖场、生猪屠宰加工场、场镇主要街道、村委会等人群活动密集的场所消毒，消毒面积1206.52万平方米；开展非洲猪瘟病毒监测，对生猪养殖场（户）、交易市场、屠宰场、生猪运输车辆、冷库冻库、餐厨剩余物收运转储等重点区域进行监测采样。全年排查生猪养殖场1.06万户次、生猪55.49万头次、屠宰场1个；产地检疫生猪23.77万头，屠宰检疫3.61万头；非洲猪瘟核酸检测环境样、血样、组织样、精液和唾液样共计5026份，全部为阴性。

【动物卫生监管】 2021年，青神县农业农村局完善动物产地检疫监管指导，邀请第三方公司开发青神县养殖监管体系平台，对检疫出证严格要求乡镇（街道）农业农村站按照规程实施检疫，入栏和出栏均录入青神县畜禽养殖监管体系平台，做到生猪存、出栏数据随时可查，全年检疫出证未发生违规行为。

【生猪屠宰监管】 2021年，青神县农业农村局严格落实进场非瘟自检制度，要求屠宰企业对进入屠场的生猪每车抽检，如自检发现阳性立即进行无害化处置；严格落实肉品品质检验制度，对进入屠场的生猪要求必须核对耳标号和养殖户信息，并进行登记，确保信息无误；对进入屠宰场待宰圈的生猪进行巡查，问题早发现早处理；全县屠宰企业均按要求落实肉品品质检验员，县农业农村局派驻屠宰企业官方兽医3人，监督肉品品质检验员对出场肉品按照程序进行检验，检验合格并出具检验合格证肉品方可出场，落实专人开展日常抽查，主要抽查是否严格按照检疫规范开展检疫；加强生猪屠宰日常监管，县农业农村局每月不定期对屠宰企业开展执法检查，每月出动执法人员12余人，重点检查入场查验关、非洲猪瘟检测关、检疫申报关、待宰巡查关、同步检疫关和检疫出证关“六关”；查看生猪入厂（场）记录表、“瘦肉精”抽检记录表、生猪屠宰品质检验记录表、动物产品出场记录表、非洲猪瘟采样记录表、屠宰检疫工作情况日记录表、病害动物无害化处理记录表、消毒记录表、安全生产排查记录表，现场抽取当日待宰生猪血样、企业自检留存血样、生产线和待宰圈环境样等送检，检测结果均为阴性。

（戴益明　席利娟　郑　强）

林业

【概况】 2021年，青神县高度重视林业产业发展，不断加大林业投入，推进林业民生工程，初步形成强林惠林政策体系，为兴林富民提供有力保障；强化林业植物检疫，开展林业有害生物监测，抓好林业有害生物防治，确保全县森林资源安全。全年林业总产值69.3亿元，农民人均从林业上获得收入2980元，分别比2020年增长17%和3.8%。

【林业发展】 2021年，青神县现代林业产业基地面积37.9万亩（其中速生丰产用材林、珍贵树种用材林7.4万亩、现代竹产业基地20万亩、木质原料林基地面积10.5万亩）、林下种养面积4.4万亩（其中林下种植3.45万亩、林下养殖7500亩、林下采集1995亩），林下种植产品产量1.26万吨，林禽出栏80万只，林下采集3600吨，林下经济实现产值2.07亿元；有花卉面积3779亩，切花切叶产量20.5万只，盆栽植物产量32.5万盆，花卉产业实现产值1.75亿元；有竹材加工企业92家，合作社7个，实现综合产值4.79亿元；有省级以上现代林业园区1个，为青神全国竹编产业示范园区；有竹林面积20万亩，竹笋产量3600吨，竹浆造纸13万吨，竹家具125万件，餐厨家具105万件，竹编产品100万件，竹工艺品15.75万件，竹产业实现综合产值60.68亿元；林业生态旅游接待232.22万人，实现收入14.9亿元，其中森林康养接待52万人，实现收入7376万元。青神县林业产业产值结构逐步调整，不断优化，林业工业化进程加快，第三产业比重逐步加大，特色产业集群初步形成。

（罗　娟）

【林业有害生物防治】 2021年，青神县林业园林局编制《青神县林业有害生物国家级中心测报点2021年度监测预报工作历》《2021年度监测预报工作实施方案》和《青神县2021年松材线虫病（防治）预防实施方案》，落实防控责任；利用会议、广播、报刊等多种形式，宣传森林病虫害的危害性和开展防控工作的重要

2021年2月18日，青神县召开森林防灭火工作专题会　（县融媒体中心供图）

性，现场解答群众提的相关问题，发放森林病虫害防控资料5000多份；组织人员对1.02万亩的森林病虫害进行防治，防治率100%，无公害防治率100%，主有林业有害生物成灾率控制在2.9‰以下。

（林　建）

【退耕还林工程实施】 2021年，青神县继续巩固前一轮退耕还林工程建设成果，做好退耕地面积保存、林种保持、抚育管护等工作，完成前一轮退耕还林工程面积核实和相关调查，及时办结小微权力“监督一点通”平台投诉，全面完成48.06万元国家政策补助资金的兑现工作。

（陈建如）

【林木采伐和林地管理】 2021年，青神县林业和园林局执行限额采伐制度，全县全年采伐林木蓄积量2.9万立方米、面积7354亩，占年采伐限额5万立方米的57%；开展“国家、省、市、县四级森林督查”，对全县514个疑似变化图斑逐一现场核实，组织开展涉林问题整治，依法查处违法占用林地、滥伐林木等案件11起。

（李　松）

【萤火虫研究服务工作】 2021年，青神县践行“绿水青山就是金山银山”理念，结合县域实情，以萤火虫生态保护为基础，助推竹里萤光产业发展，按照《“守望萤火”西南萤火虫研究和保护中心2021年度工作方案》，在“萤火虫种群和面积的稳定与增长”“中心基础设施建设”“萤火虫栖息地调研监测网络体系建设”“萤火虫赏萤季技术服务”等方面取得成效。青神县全年新增萤火虫栖息地30处，总数达47处，较大规模栖息地达14处，新增萤火虫种类3种。

（杨　璐）

水产业

【概况】 2021年，青神县水产养殖面积1.08万亩，年产量8200吨，产值1.96亿元。主要分布在白果、高台2个乡镇，主要养殖名优特品种长吻鮠、鲈鱼、黄颡鱼和青鱼、草鱼、鲢鱼、鳙鱼、小龙虾等，养殖大鲵250余条，产品禁用药品抽检合格率100%，养殖尾水管控率100%。

【农村养殖水面经营权确权颁证】 2021年，青神县林业园林局颁发《水域滩涂养殖证》1家，位于青神县白果乡罗湾村4组。

（戴益明）

农业机械

【概况】 2021年，青神县农业机械总动力达18.13万千瓦，其中拖拉机476台、耕整机1138台、微耕机2642台、联合收割机27台、水稻插秧机32台、植保机械819台、增氧机1758台、投饲机513台、畜牧养殖机械3314台、排灌动力机械3.66万台。

【农机化应用推进】 2021年，青神县推广应用以降低损失率为重点的水稻联合收获机械化技术，加大水稻机插秧技术推广力度，因地制宜创新简易规格化育秧方式，适时推进规模化机插育秧，提高育秧播种的均匀度，促进水稻机插育秧技术普及，努力提高水稻机插装备水平，提高单机作业量和机手收益，加快水稻机插秧技术示范推广；在适宜区域实施以免耕、秸秆直接还田、病虫害防治、浅松等为主要内容的保护性耕作技术；分区域推广水稻、小麦、油菜、玉米秸秆直接还田机械化技术，因地制宜推广应用秸秆收储运技术、秸秆饲料加工技术、秸秆能源化技术。

【农机购置补贴】 2021年，青神县完成210台（套）农机具购置补贴37.6万元的兑付工作，受益农户202户；完成13台农机报废补贴12.7万元的兑付工作，受益农户12户。

【农机智能化建设】 2021年，青神县开发集农机管理、作业调度、牌证管理、安全监管等多功能于一体的农机信息化服务系统，提高农机管理水平和效率；支持和鼓励有条件的区域和农场在播种施肥、开沟深翻等作业领域，应用装载卫星导航设备的农机装备，更大规模开展精准作业、卫星导航服务、自动驾驶作业等先进技术和作业模式的试验示范，总结形成智能化和精准化技术路线，降低生产成本和劳动强度，提高作业精度、效率和质量。

【提灌站建设】 2021年，青神县修复提灌站142座、142台、1612千瓦；改造提灌站34座、34台、758千瓦；新建提灌站3座、3台、63.5千瓦。恢复灌面1.8万余亩，新增灌面0.27万亩。

【农机安全管理】 2021年，青神县加强对拖拉机、联合收割机等各类农业机械的监督管理，开展农业机械及驾驶操作人员年检审工作，年检拖拉机18台，注册登记拖拉机7台，注销拖拉机34台。开展农机市场整顿，检查各类农机产品162台（件），检查农机销售、维修网点15家；学习贯彻《拖拉机和联合收割机驾驶证业务工作规范》《拖拉机和联合收割机登记业务工作规范》，加强农机安全管理和执法队伍建设；组织技术人员对全县机电提灌设施进行拉网式检查、维修，确保农业生产安全；举办《中华人民共和国安全生产法》专题学习培训，开展“变型拖拉机”专项治理，提高农机的年检率和上牌率；开展“百日专项”整治活动，坚决查处无证驾驶、无牌行车、违法改装、违法载人等行为；与交警部门开展联合执法检查5次，出动执法人员30余人次，纠正各类违法违规8起，查处假牌假证1起；开展安全隐患排查2次，排除隐患1处；向车主及驾驶员发送安全短信提醒2条；开展安全下乡宣传1次，发放各类资料500余份。全年无重特大农机安全事故发生。（宋　刚）

农田水利

【概况】 截至2021年底，青神县建成水利工程1221处，其中水库23座［中型2座、小(1)型1座、小(2)型20座］、山坪塘726处、固定提灌工程472处。

【小型水库管理体制改革】2021年，青神县水利局按照中共青神县委机构编制委员会《关于印发进一步优化乡镇（街道）综合行政执法体系的实施方案等3个文件的通知》要求，鸿化堰、东山、西山片区水利服务站撤销，水利基层服务工作下沉至乡镇（街道）；8名片区水利服务站工作人员移编至乡镇(街道)；20座小(2)型水库移交乡镇（街道）管理。

【农村水利】 2021年，青神县水利局加强农村水利工程项目建设，完成渠道除草、清淤65.5千米；渠道附属设施维修保养62处；渠道维修整治1.3千米；进水闸、防洪闸前清淤1.3万立方米；山坪塘维修整治11座等，水库维修养护21座。完成投资311.64万元。

（刘子昂）

现代农业示范园区

【概况】 2021年，青神县柑橘现代农业园区（原椪柑现代农业园区）位于青神东部，跨一乡一镇两村两社区，辖区面积29平方公里，以柑橘为主导产业，核心产业面积2.8万亩，年产量6.86万吨，年产值8.64亿元。园区被四川省人民政府命名为四川省四星级现代农业园区，青神县被授予“中国晚熟柑橘之乡”荣誉称号。园区牢牢把握“建设全国特色产业示范县”定位，紧盯园区晋星升级目标，聚焦基地建设、产品加工、质量品牌、科技支撑等重点，推进柑橘特色产业高质量发展，奋力为全省“10+3”农业产业体系建设贡献青神力量。

【园区创建】 2021年，青神县柑橘现代农业园区由县政府县长担任园长，分管县领导任执行副园长，县现代农业示范园区党工委、管委会专项推进园区建设；落实领导编制5名，事业编制9名、建立6个内设机构，专项推进园区建设。县财政每年设立柑橘产业发展专项资金1000万元，推进柑橘产业高质量发展。修编《青神县柑橘现代农业园区建设总体规划》；建立“邻里百家”专家工作站，组建专家团队1支，配备2名国家二级岗位专家。与中国农业大学、中国农业科学院柑桔研究所、四川省农业科学院等17位专家合作，开展柑橘新品种新技术推广；成立乡村振兴研究院和研究生校外实践教学基地；培育“土专家”12位，驻村农技员6人，推广使用绿色防控、生草栽培等实用配套技术13项；培育柑橘初加工生产企业4家、省级龙头企业2家、农民合作社6个、家庭农场43个；选育南瓜柑、柠檬柑、马克斗等特色品种，建成莎斯塔金、黄美人等良种示范基地58.8亩，良种覆盖率100%；安装山地轨道12公里，配备20台运输车，建成西南地区最大规模山地轨道运输系统；建成水果分选包装生产线14条，产地初加工能力6.38万吨，初加工率93%。

【项目建设】 2021年，青神县柑橘现代农业园区以园区机械化、信

2021年11月25日，青神县2021年省星级现代农业园区现场考评会召开　（县现代农业示范园区供图）

息化、标准化、景区化等建设为重点，培育“水晶水果”“橘香百家”“柠香果”等绿色优质品牌；开展物联网示范基地建设，水肥一体化智能灌溉和高效节水灌溉系统覆盖6000余亩，实现精准化施肥灌溉；建立农产品质量安全检测中心；引导四川果真妙电子商务有限公司入驻京东平台，带动农业企业和农民合作社开展线上直播带货；建设覆盖3000亩的智慧果园数字终端系统，与四川省气象局合作建立西南地区唯一晚熟柑橘气象实验基地，变农业“自力”为“智力”；推出“林下种豆”模式，新增粮食播种面积4000余亩；开展柑橘产业“5+4+1”信用托管服务、集体资源开发、工商资本合作三种模式，带动农户占比91%，农民户均增收3000元以上。

【景区建设】 2021年，园区启动国家AAA级旅游景区创建工作，建成川内首个柑橘主题发展馆和品种展示基地，打造椪香主题公园，设置“青神柑橘发展馆”“柑橘新品种展示基地”“百家池村村史馆”“邻里百家”等9个景点；提升产业环线100公里，新建生产便道11公里，彩化道路36公里，投资85万元完成电网改造升级，优化公共设施配套；配套桔香人家、木言兰舍等新产业新业态11个，深化农文旅体融合发展；积极“走出去”，组织园区龙头企业和专合社参加2021年中国（川渝）柑橘产业高质量发展大会暨中国晚熟柑橘产业共富发展研讨会等会节6场，在2021第十四届iFresh亚洲果蔬产业博览会，青神晚熟柑橘入选2021年受市场欢迎果品区域公用品牌100强。

【青神县农产品冷链物流园区项目建设】 2021年，园区引进眉山市果真妙农业有限公司，投资2.6亿元建成省内最大区域性农产品仓储冷链物流园区，与新加坡、马来西亚、泰国等东南亚国家开展进出口贸易业务。冷链物流园占地60亩，主要包括眉山市果真妙农业有限公司和青神柑橘发展馆；功能板块包括智能化多温冷藏中心、一站式展示交易中心、物流集配中心、商务会展中心、电商双创中心等软硬件设施及商务配套服务等；冻库容量1.3万吨，年物流量达10万吨，年销售收入5亿元以上，其中出口创汇2000万美元，提高全县柑橘产业发展综合效益10%以上，解决就业400人以上；支持衡鑫果业等新型农业经营主体建设冷藏库4座，冷藏量6.18万吨，柑橘冷藏保鲜率90%，冷链运输量4.29万吨，冷链运输率62.5%，基本实现冷链物流信息化、自动化、标准化。

【青神柑橘发展馆建设】 青神柑橘发展馆于2020年8月开工，2021年4月竣工，占地面积600平方米，总投资约400万元，是全省第一座以柑橘为主题的展示馆，也是全省科普惠民共享基地。发展馆分为休息区和展示区两个部分，展示区由序厅和8个单元组成，分别讲述了青神柑橘产业从引进到探索绿色种植，再到完成蝶变，最后成为致富宝果的发展历程。展厅内智慧果园终端以省农科院技术为支撑，采用“1+1+1+N”的模式，实现了一个平台，多种应用，N个子系统有机融合。以大数据平台为中心，实现果园数字化、智能化的灌溉、植保、栽培管理和病虫害监测以及霜冻、热害等自然灾害防控。

（姚　璐）

工信产业

工业经济运行

【概况】2021年，青神县工业以机械及高端装备制造为主，绿色化工和农产品及食品加工并重的产业发展模式，其中机械及高端装备制造产业具备“年产15万吨铸件、年机械加工20万吨、年产4000万台（套）自主产品”的能力，构建整机引领，配套机械加工协作，初步形成“先进制造业+服务业”的产业发展格局。截至年底，全县拥有国家高新技术企业12家，国家级专精特新“小巨人”企业3家，国家两化融合管理体系贯标试点企业2家，国家知识产权优势企业3家；省级技术创新示范企业2家，省级技术中心6个，省级工程技术研究中心2个；培育上市企业2家。2月22日，省委书记彭清华调研对青神制造业发展给予肯定。2021年，全县46户规模以上工业企业完成产值90.62亿元，比2020年增长19.6%；实现税收1.87亿元，利润4.19亿元。规模以上工业增加值10.6%，增速居全市区县第二。

【工业经济高质量发展政策落实】2021年，青神县兑现2020年“扶持跟着项目走”30户企业、62个项目奖补资金693.62万元；组织申报省、市工业发展专项资金和科技项目19个，争取到位资金3623万元。全年省、市科技项目7项，立项4项，到位项目资金329万元。

【工业企业信贷分险基金】2021年，青神县充分发挥县级工业贷款分险基金作用，完成眉山市锦桥人造板有限公司300万元贷款发放，发挥金融助企、金融惠企作用。

【工业产业对接合作】2021年，青神县采取推介招商、以商招商、小分队招商等形式，有针对性地对东部产业转移地区进行招商推介，以邀请、会谈、走访等形式，开展“走出去、请进来”活动，开展“走出去”26次，“走下去”64次，“请进来”90次；邀请四川江中粤通医药有限公司到县内参观医药生产企业，重点考察参观彩虹制药生产车间和正修建的彩虹产业园项目；邀请成都市机械制造业商会考察团一行参观四川丹甫、青城机械、德恩精工、金茂源西南表面处理循环经济产业园等企业和在建项目，为双方未来合作建立互信关系。

（吴　宇）

工业产业发展

【概况】2021年，青神县抓住成渝地区双城经济圈和成德眉资同城化建设重大机遇，融入全省“5+1”现代工业体系构建，紧扣全市“3+3”工业集群打造，坚持质效并重，突出产业特色优势，打造产业集群，建强承载平台，推动产业集群化、高端化、智能化、绿色化、融合化发展，形成以机械及高端装备制造为主，绿色化工和农产品及食品加工产业并重的产业发展模式。

【机械及高端装备制造产业发展】2021年，青神县19户机械及高端装备制造产业实现产值31.35亿元，税收9400万元，利润2.13亿元，分别占全县规模以上工业企业比重34.6%、50.3%和50.8%，规模以上机械企业对全年规模以上企业产值增长贡献9.1%。其中，四川丹甫小型压缩机产量突破1000万台，年产值超10亿元，成为全县首个年产值10亿元以上的机械加工企业；德恩精工、四川丹甫获评全国第三批专精特新“小巨人”企业，四川丹甫获评省级科技成果转移转化示范企业、德鑫航空获评省级服务型制造示范企业。

【电子信息产业发展】2021年，青神县有民达电子、恒乐电器电子元器件制造企业，总产值1.9亿元。电子信息产业产值2.3亿元，税收639万元，利润1584万元，分别占全县规模企业的3%、4%、4%。

【新能源新材料产业发展】2021年，青神县新能源新材料产业实现产值6.9亿元，税收1459万元，利润3308万元，分别占全县规模企业的8%、9%、8%。

2021年8月30日，眉山市“加快民营经济发展壮大”重点课题调研座谈会在青神县召开　（县融媒体中心供图）

【绿色化工产业发展】 2021年，青神县绿色化工产业实现产值19.2亿元，税收2032万元，利润4535万元，分别占全县规模产业的20%、13%、11%；4户绿色化工企业均为产值亿元企业，四川立白实业有限公司营业收入超过10亿元。

【医药产业发展】 2021年，青神县医药产业实现产值4.9亿元，税收2328万元，利润3434万元，分别占全县规模产业的6%、14%、9%。

【农产品及食品加工产业发展】 2021年，青神县农产品加工产业实现产值26.7亿元，税收1605万元、利润6951万元，分别占全县规模产业的30%、9%、17%。四川环龙新材料2021年营业收入超15亿元。

【战略性新兴产业发展】 2021年，青神县有战略性新兴产业18家，年产值33.4亿元，税收1.04亿元，利润2.6亿元，分别占全县规模企业的37%、58%、64%。其中产值亿元企业10家。

（吴　宇）

工业项目建设

【概况】 2021年，青神县实施省市县重点工业项目35个。其中省重点项目3个，环龙新材料斑布健康竹产业园百万吨竹材生物质精炼技改项目完成土建建设，进入设备安装阶段；德恩精工机械企业工业互联网云智造平台项目完成数字化车间、研发中心等基础设施建设，实现10家企业上云（依托工业互联网平台实施数字化、网络化、智能化升级）；成眉绿色铸造智慧产业园项目推进厂房基础设施建设。市重点项目3个，西南表面处理循环经济产业园推进标准厂房及污水处理厂建设；220千伏牯牛山变电站及配套线路项目完成建设，投入运行；彩虹健康产业园项目完成办公楼、研发楼主体，推进仓库厂房建设。

【工业项目投资】 2021年，青神县实现工业固定资产投资27.95亿元，比2020年增长14.4%，其中实现技术改造投资16.1亿元，比2020年增长6.8%。

【斑布健康竹产业园百万吨竹材生物质精炼技改项目】 斑布健康竹产业园百万吨竹材生物质精炼技改项目是2020年省重点项目，占地1500亩，其中新征地1300亩，升级改造200亩，总投资约20亿元，其中2020年完成投资6亿元，2021年投资7亿元新建20万吨本色生活用纸竹浆纸一体化工程，升级改造现有5万吨本色生活用纸生产线，配套建设办公用房和园区基础设施。园区建成后，将解决就业岗位4000个，年销售收入50亿～100亿元，年上缴税收5亿元以上，占领国内生活用纸5%～10%市场份额，成为竹本色纤维材料生产基地和环保管理标准高的造纸企业。

【金茂源（西南·青神）表面处理循环经济产业园项目】 金茂源（西南·青神）表面处理循环经济产业园项目由中国大型电镀工业园发展商及营运商金茂源环保控股有限公司投资建设，总投资约100亿元，规划面积1123亩，主要建设100万平方米的厂房及配套设施，含每天可处理2万吨的废水处理厂、废气处理系统、电镀污泥处置系统以及配套供水、供电、供气系统与物流中心等设施。项目建成后，将引进成都、重庆等地各类表处企业和配套企业120家，实现年表处能力7000平方米，年产值100亿元，年税收6.5亿元，解决就业岗位1万个以上，可有效解决成渝地区电镀企业“小、散、乱”环境突出问题和四川乃至西南地区制造业末端电镀产业配套能力不足问题，是成德眉资同城发展和成渝双城经济圈重要支撑项目。

【成眉绿色铸造智慧产业园项目】 成眉绿色铸造智慧产业园项目由四川德恩精工科技股份有限公司发起，青神有大工业发展有限公司投资建设，以“低碳、绿色、智能”为纲领，“全链构建、数字赋能”为目标，“引领行业进步，推动产业转型升级”为使命，秉承专业、协同、共享、共赢的理念，构筑“互联网＋创新

2021年12月22日，成眉绿色铸造智慧产业园项目　（县经信局供图）

中心＋检测中心＋智能制造中心”的全新业态，建设功能独特、链条完整的先进机械制造产业集聚区。项目计划总投资50亿元，占地约1800亩，新建厂房80万平方米，可招引涵盖铸造、锻造、钣金、机加、涂装、总装和仓储物流等先进机械制造全产业链的各类企业100家，实现年产铸件50万吨，年销售收入50亿元，年上缴税收5亿元，提供就业岗位6000个，打造成都都市圈和成渝双城经济圈有影响力的先进机械制造产业新高地。

【彩虹健康产业园建设项目】 彩虹健康产业园项目由青神彩虹医疗产业发展有限公司和四川彩虹制药有限公司共同打造。主要承接四川彩虹制药有限公司扩展能力建设，按新版GMP要求新建多功能多层标准厂房、仓库、办公楼、检验楼，污水处理站等辅助设施，建成片剂、胶囊剂、颗粒剂、酊剂、口服溶液剂等7条现代化制药净化生产线，设计产能达5亿元。彩虹健康产业园分两期建设，第一期园区主要生产藿香正气水、复方板蓝根颗粒、玄麦甘桔颗粒、小柴胡颗粒、荆防颗粒等中成药制剂，与四川大学华西医学院和成都中医药大学建立长期联系，保障技术的先进性和权威性。投产后在原生产能力基础上年产值增加500亿元，实现工业产值5亿元，实现税收3000万元，解决就业500人。第二期计划用于招商引资和平台孵化，以政府为主导，企业为主体，利用四川彩虹制药有限公司的优势资源，招商引资做大青神县医药产业，促进地方经济的快速发展。

【德恩精工机械企业工业互联网云智造平台项目】 德恩精工机械企业工业互联网云智造平台项目是2021年省重点项目，总投资3亿元，专注于机械制造行业的平台化、集群化、协同化、智能化服务，聚合行业生产企业，以及设备运维、工业技术、工品仓配、信息技术等服务商，基于平台建立行业生态伙伴群，重点打造“行业协同”“数字工厂”“IoT物联”“大数据”和“供应链”五个子平台。通过项目实施整合全县机械企业资源数据库，实现产业数据共享共通，建成2个数字化车间，实现10家企业上云。

【220千伏牯牛山变电站及配套线路项目】 220千伏牯牛山变电站及配套线路项目为2020年市重点项目。项目总投资2.3亿元，2020年完成投资9200万元，2021年完成项目建设。建设内容包括新建220千伏变电站及配套220千伏（55.6公里）、110千伏（10.9公里）线路，该项目建成后将为青神县提供220千伏电源点，解决青神电网长期依赖县外220千伏电源的问题，进一步提升电网可靠性，输送容量36万千伏安（度），保障青神县近10年用电负荷。

（吴　宇）

2021年12月15日，青神县220千伏牯牛山变电站建设项目　（县经信局供图）

工业企业发展

【概况】 2021年，青神县有规上工业企业46户，其中亿元以上企业22户、10亿元以上企业3户。46户规模以上工业企业实现营业收入85.9亿元，比2020年增长16.6％。

【规模以上工业企业培育】 2021年，青神县新培育隆源机械、捷锐机械、吉宇机械、凌锐刀具、川能水务、玉鑫食品和华晟保温建材7家规模以上工业企业，新增规模企业数量比2020年净增2家，其中新增规模以上机械企业4家。

【国省专精特新企业培育】 2021年，德恩精工、四川丹甫成功申报国家第三批专精特新“小巨人”企业，截至年底，青神县有3家获评国家级专精特新“小巨人”企业，占全市该类企业比重25%；民威林产、青城机械成功申报省级专精特新企业，截至年底，青神县有省级专精特新企业6家。

【眉山德鑫航空设备股份有限公司】 眉山德鑫航空设备股份有限公司成立于2011年，占地130余亩，注册资本2600万元，拥有员工300余人，其中技术研发人员60人。该公司先后获高新技术企业、专精特新“小巨人”企业、省级企业技术中心等，获得发明专利、实用新型专利及外观专利共50件，成果鉴定2件，市级科技进步奖1件，省首台套产品认定1件。企业主要生产：集装箱板、机场安检空框回流系统和行李自动分拣输送系统等全套航空设备，伸缩机、交叉带式智能分拣机和物流分拣系统等全套快递物流输送设备，客户遍布国内各大航空公司和快递企业，2016年正式挂牌新三板，成为行业第一股。2020年企业被评为国家专精特新“小巨人”企业。

【四川众鑫盛农牧机械有限公司】 四川众鑫盛农牧机械有限公司成立于2017年，占地面积58亩，生产厂房建设面积2万平方米，公司主要致力于粉碎机、膨化机、烘干机、油脂/喷涂等机械的研发、生产和销售，取得国家质量监督总局颁发的全国工业产品生产许可证，并通过欧盟CE认证。该企业获得7项实用新型专利，先后与海大集团、新希望集团、澳华集团、大北农集团、正大集团、台湾全兴集团等大型饲料集团建立长期合作关系。产品远销台湾地区和东南亚国家如泰国、越南、菲律宾、马来西亚、印度尼西亚等。（吴　宇）

经济开发区

【概况】 四川青神经济开发区位于全国机械制造产业集群百强县青神县境内，由四川省人民政府批准设立，是四川省高新技术产业化基地、四川省小企业创业基地、四川省知识产权试点园区。园区地处成绵乐经济发展带和天府新区、成渝经济辐射区，属成都一小时经济圈范围，规划面积21.43平方公里，核心区5.34平方公里，入驻企业100余家，其中规模以上企业47家，上市公司3家，拥有国家级高新技术企业12家，国家级专精特新“小巨人”企业3家，省级技术创新示范企业2家，国家知识产权优势企业3户，国家级两化融合管理体系贯标试点企业4家，省级两化融合管理体系贯标试点企业3家，国家级绿色工厂2家，省级工业设计中心1个，省级工程技术研究中心2个，省级企业技术中心5个。

【用地保障】 2021年，青神经济开发区科学布局工业用地空间，加快园区国土空间规划编制，《眉山市青神县游滩片区土地征收成片开发方案》涉及总面积46.52公顷，获得四川省自然资源厅批复；争取市级指标0.5平方公里、总计6.9平方公里，为全县工业留下发展空间；全力保障西南表面处理循环经济产业园项目用地32.35公顷，带动产业链上下游企业聚集，促进产业集约集群发展，提升园区能级。

【基础设施建设】 2021年，青神经济开发区加快建设工业展示中心、G245经开区段道路、3万吨工业开发区污水处理厂、牯牛山220千伏变电站及5G基站、人才公寓和倒班房等园区基础设施项目，提高园区综合承载力；搭建园区经济运行系统，实行企业数据月度监测；筹建和注册青神县工业投资有限公司，借助园区运营商力兴，为企业提供集办公、商务洽谈、超市、餐饮于一体的孵化园配套服务中心，打造特色产业园区。

【招商引资】 2021年，青神经济开发区立足绿色发展、特色发展，做好企业发展动向信息收集，依托西南表面处理循环经济产业园、绿色智能制造产业园等特色产业平台，紧盯机械制造、竹加工领域关键环节，开展“地图式”精准招引。全年新签约引进汽车零部件及挖掘机破碎斗生产线项目、航天航空军工电子、信息产品表面处理生产项目等26个项目，计划总投资70.58亿元，5亿元以上重点项目7个。

【项目建设】 2021年，青神经济开发区建立健全重大项目推进机制，坚持领导联系项目每旬调度、解决项目难题每月拉练、晒绩效挂红黑旗季度考核；推动西南表面处理循环经济产业园、智能制造产业园项目、彩虹健康产业园等27个重大项目快开工、快建设、快投产，全年完成投资19.3亿元。

【对上争取】 2021年，青神经济开发区全力对上争取政策，完成扩区勘测定界，核准面积新增1.54平方公里，通过园区控制性详细规划、规划环评等10项前期要件；借助“亩

2021年6月12日，四川青神经济开发区管理委员会（四川青神经济开发区供图）

均论英雄”、工业用地“标准地”等措施，清理低效用地，完善企业进出机制，提高土地利用率、亩均产出贡献标准；成功创建省级绿色园区，获得省级工业发展资金500万元；绿色工厂四川丹甫环境科技有限公司年产值10亿元，成为青神县域范围内首个年产值突破10亿元的机械企业，获评全国第三批专精特新“小巨人”企业。

【安全生产】 2021年，青神经济开发区健全工业园区风险分级管控和隐患排查治理双重预防机制，完成园区整体性安全风险评估，完善园区风险分级管控图；督促60余家企业制定生产安全事故应急预案并开展应急演练；开展工业企业安全生产培训，推进安全宣传“五进”工作，提升安全生产基础能力；着力消除事故隐患，聘请第三方机构安全专家排查安全隐患523条，联动执法部门发现问题隐患65处，限期及时全面整改，确保安全生产贯穿始终。

【环境保护】 2021年，青神经济开发区建立完善网格化环境监管体系，将每户企业包保责任落实到人，每月对园区企业开展全覆盖生态环境问题巡查；建立园区企业“一企一档”并动态更新，定期对园区大气、水、土壤、噪声进行检测；聘请第三方专业机构开展环保管家服务，对园区企业开展环保问题全覆盖排查，发现280个问题，全部整改到位；第二轮央督期间园区无信访件，无“12345”、“12369”等投诉件。（曾健梅）

电网建设与电力供应

【概况】 国网四川省电力公司青神县供电分公司（以下简称国网青神供电分公司）担负着青神境内1街道、4个镇、2个乡、71个村、18个社区和51个经济社及周边地区乐山市关庙乡、眉山东坡区莲花乡、井研县镇阳乡、仁寿县洪峰乡和曹家乡等部分行政区域的供电任务。2021年，青神县有110千伏变电站2座（兰店站、青竹站），总容量180兆伏安；35千伏变电站3座（罗坝站、穆家埂站、黑龙站），总容量44兆伏安。公用配电变压器1021台，总容量20.94万千伏安。辖区内有110千伏线路4条，线路长度70.69千米；35千伏线路7条，线路长度36.85千米；10千伏配电线路40条，线路长度998.78千米。全年公司完成售电量5.28亿千瓦时，比2020年增长10.96%；线上缴费率长期稳定在99.50%以上、台区合格率稳定在99.4%以上；电费回收100%。公司获国网四川省电力公司安全生产业绩优秀县公司，1个集体、1项创新成果、5名个人获省公司及以上表彰，9个集体、11名个人获眉山公司表彰。全年未发生生产性人身、电网、设备、火灾、交通事故，实现安全生产7304天。

【电网建设与发展】 2021年，青神县220千伏电源点取得新突破，国网四川省电力公司出资2亿元，建成220千伏牯牛山输变电工程，新增主变2台，新增容量36万千伏安，改变青神电网220千伏上级电源依靠东坡和乐山供电的局面，基本满足全县未来十年的负荷增长需求；迎峰度夏前完成罗坝站2号主变增容，解决主变过载问题，完成唤鱼公园、成乐高速青神站配电设施建设；完成2条10千伏线路新建工程，解决罗罗线重过载和中岩景区通道治理问题；在全市率先完成2条10千伏线路跨江备案手续，为争取廊道资源提供法律支撑；全市率先试点站内和分段开关定值和时限双重配合，减少停电线路缩小巡线范围；深度开展电网年度运行方式分析，以“三个清单”为抓手，落实电网建设项目5项，电网改造项目18项，电网运维项目8项，落实率达100%。

【电力安全生产】 2021年，国网青神供电分公司夯基固本、筑牢防线，优化和落实配网工程、可靠性管理、物资等专业职责，进一步压实安全责任；强化跳闸分析和“说清楚”管理，开展线路差异化和监察性巡视，全年保持输电线路“0”跳闸；前移安全管控关口，以风控周例会为抓手，强化现场管控；依托安全管控中心，强化“四不两直”安全监督，实现现场“线上+线下”监督全覆盖，成功管控七级电网风险8项，六级电网风险5项，安全推进工程项目68项，实现安全生产零事故；扎实开展森林草原防火专项行动，消缺率达到100%，消缺数在眉山公司排名第二；开展防外破、防汛、地灾、河心洲岛隐患大排查，彻底消除顺河村洪水孤岛风险；消除110千伏范兰线河堤施工和35千伏兰穆线青中校建设施工外破隐患，发现并及时联系处置输电线路下方修建房屋隐患3处，保障输电线路安全运行。

【电力经营管理】 2021年，国网青神供电分公司取得经济成效153.34万元，完成目标任务243.4%；落实“碳达峰、碳中和”战略，完成电能替代2700万千瓦时，比2020年提升90%；推广线上办电、移动办电渠道实现“数据多跑路，客户少跑腿”，实现办电时限再压减，全年完成线上办理业务1363笔，线上办电率保持在99%以上，实现移动办电46笔，现场移动办电率100%，业务工单达标率100%，回访满意率100%，公司低压线上缴费率长期保持眉山第一；开展“一网通办”试点，压减佐证资料和服务流程，实现“不动产登记+电力联动过户”业务；推动“百强供电所”创建工作，实现全年综合线损率1.63%，同2020年相比下降2.31个百分点，降损直接经济效益540万元，实现全年6所次入选国网同期百强所，4个供电服务站全部进入眉山前15名；完成营销业务末端融合和稽查组织体系建设，全面提高业务办理效率和现场服务质效，实现营销专业综合指标保持眉山第一。

【电力改革创新】 2021年，国网青神供电分公司深化输变配“无人机+高清视频+在线监测”立体巡检模式应用，完成5座变电站高清视频、网络五防、移动终端全覆盖，实现日常巡视90分钟到120分钟的提升，节约变电站往返和人工开支约15.6万元，变电运维班成功创建省公司运检数字化创建班组；开展智能营销新技术应用，承接省公司采集档案自动调试试点项目，试点经验获全省推广；在眉山公司范围内率先实现“小喔机器人”推广应用，累计完成计量故障换表1800余只，实现班组减负50%；协助思极公司与眉山市移动公司签订眉山首份楼宇基站用房租赁合同，为眉山公司盘活闲置资源提供青神经验。

【电力服务提升】 2021年，国网青神供电分公司因地制宜成立53个“党建+乡村振兴”服务点，把供电服务下沉到乡村、社区，做好服务群众最后一公里；持续推进网格化服务、微信群服务、定期走访、低电压改造等服务举措，“95598”投诉及工单数量大幅降低，客户服务满意率显著提升。全年共发生投诉2件，比2020年减少11件，降幅84.62%，全业务管控工单回单时间为6.01天，远低于眉山公司10.43天平均值，压降率和万户投诉率排名眉山公司前列并作经验交流。落实售电价优惠政策，截至12月优惠金额达到1378万元；实现缴存电费、业务办理等功能的线上化转型，已具备一网通办条件。统筹做好疫情防控、“三创一保”等专项工作，选派技术骨干1人支援河南新乡抢险救灾，践行央企责任。（沈　燕）

电信通信

【概况】 中国电信股份有限公司青神分公司主要经营移动通信、互联网接入及应用、固定电话、卫星通信、ICT集成等综合信息服务；提供4G和5G业务、光纤宽带和专线、IPTV视频业务、视频网络监控、网络视频会议、ICT应用等各种信息化服务；公司已将青神县打造成全光和5G网络县；承担着青神县全域普遍通信服务、党政专用通信服务、应急通信服务、综合信息服务等重要通信任务；在4G、5G无线网络建设和光纤有线网络建设取得成绩，助推县域经济发展。

【4G网络覆盖】 2021年，中国电信青神分公司新建4G基站34个。年末，青神县累计建设开通4G基站260个，青神县域全部乡镇村实现全覆盖。

【5G网络发展】 2021年，中国电信青神分公司新建5G基站68个，年末，青神县5G基站数量累计77个，城区实现全覆盖，农村场镇实现覆盖。

【4G、5G网络共建共享】 2021年，青神县电信与联通共建共享5G基站，由电信主建全量共享，联通共享电信89个站点，4G基站电信共享联通76个站点，节约资源，降低企业营运成本。

【网络质量提升】 2021年，中国电信青神分公司新建千兆光线路终端设备OLT 6台，完成青神县乡镇环网保护建设，完成光线路终端设备OLT双上行改造，保障网络质量，提升网络安全。

2021年9月8日，国网眉山供电公司对四川德恩精工科技股份有限公司二期煤改电工程的电能替代部分电气设备进行现场验收（国网青神供电公司供图）

2021年9月22日，国网青神县供电公司在田间宣传安全用电知识及电力设施保护知识（国网青神供电公司供图）

【平安智慧乡村工程建设】2021年，中国电信青神分公司在全县建设光纤终端箱体338个，端口2704个，全县宽带光纤终端箱体累计6330个，光纤端口累计50640个。全县乡村开通平安乡村监控12752个，覆盖全县各个村社的千家万户，为平安智慧乡村建设打下基础。

【通信保障】2021年，中国电信青神分公司成立专业专职的设备、管线、户线日常维护三个团队68人，保障网络障碍及时响应；成立云网分局党员服务先锋队，专职负责青神县的应急维护工作，遇重大洪涝、地震等自然灾害，党员服务先锋队冲锋在先。青神电信分公司全年完成包括庆祝中国共产党成立100周年活动、唤鱼公园开园活动、青神两会主会场分会场等重大活动的通信保障服务。

【电信服务】2021年，中国电信青神分公司建设“向服务型转型”的金牌服务体系，打造“行业标杆、客户认可”的金牌服务品牌。对内实行“倒三角”快速服务支撑。开展“我为群众办实事解难题，全员服务在行动”实践活动，内树服务标杆、外树“满意服务，十分信赖”等服务好口碑；开展“优秀服务事迹评选”和“（区县）总经理讲服务”活动；重点聚焦客户“急难愁盼”的焦点服务问题。对宽带障碍用户实行敢诺敢赔，单个宽带用户障碍超过6小时未修复按超时时间赔付，实现月月兑现。

（李乾平）

移动通信

【概况】2021年，中国移动青神分公司下设4个部门、3个服务中心，有员工35人，其中本科及硕士研究生学历人员占总数的95%。青神分公司致力于本地移动通信水平和信息化能力提升，在全县所有乡镇及城区主要街道设立营业服务点近40家，为青神客户提供精品化的网络、高品质的服务和多元化的业务。建成一个覆盖范围广、通信质量高、业务品种丰富、服务水平一流的移动通信网络。

【通信建设】2021年，中国移动青神分公司新建5G基站76个，升级改造千兆OLT 10个，基本实现青神主城区及所有行政乡镇场镇的5G网络覆盖和5G千兆宽带能力覆盖；新建4G基站36个，加强白果三清寺、瑞峰中岩村、罗波小溪沟等多个偏远乡村4G网络覆盖和家庭宽带能力覆盖；配合政府开展老旧小区改造，全年完成55个小区户线整治。

【安全生产】2021年，中国移动青神分公司把安全生产作为头等大事来抓，坚持“安全第一，预防为主”的生产方针，坚持管理、培训、落实并重，加强安全基础和现场管理，强化监管和考核制度，实施全员、全方位、全过程的安全监督，全年安全事故零发生，确保公司安全生产形势持续稳定。

【业务经营】2021年，中国移动青神分公司保持稳中有进的发展态势，个人客户规模超10万户、家庭客户规模超3.5万户。在提供天网、雪亮、智慧停车等信息化服务的基础上，公司积极发挥信息化快速集成优势，充分利用5G、物联网、云计算等新一代信息技术，加快与生产制造、智慧城市、智慧文旅、乡村振兴等融合创新，推动数字经济产品应用落地，打造数字经济新业态。公司与政府各部门、企事业单位合作，搭建青神重点项目辅助管理平台、慧眼工程“看家宝”平台、重点环保监测点位监管平台、木材加工厂和林场全方位联网监控系统、萤火虫观景网上预约系统；协助公安、住建推动13个智慧小区建设，为助力青神打造数字经济及信息化发展做出贡献。

【服务管理】2021年，中国移动青神分公司践行“以人民为中心”的发展理念，坚持“客户为根、服务为本”，建立健全基于客户感知的全面服务管理体系。推进“黑卡治理及打击电信网络新型诈骗”，开展“总经理服务日活动”“服务进万家、服务进万企、服务进万铺”等各项服务工作。为青神县重大政治、经济、文化、旅游活动做好相关保障，树立关键时刻值得信赖的移动网络品牌形象。防疫期间做好通信保障，免费发送防疫公益信息超100万条；全力保障防洪抢险、“2021竹博会”等重大会节活动，累计出动应急通信保障49次，抢险车辆212车次，处理汛期故障300余次，为广大客户提供坚实可靠的移动通信服务。

（王倩茜）

联通通信

【概况】中国联通青神分公司主要负责青神县业务拓展、客户服务、经营管理以及网络运营，下设营销中心、综合支撑中心、网络建设及维护支撑中心。2021年，公司主营收入近千万元，获四川联通2021年“经营快县”称号。

【网络建设】2021年，中国联通青神分公司核心汇聚机房2个，物理站点138个；本地网传输线路1158皮长公里，管道21管程公里；1

个10G波分环、2个分组环路，充分保障青神联通的传输网络；宽带光纤资源端口2.15万个。

【信息化及5G建设】 2021年，中国联通青神分公司致力于“智慧城市”信息化建设，以网络为基础，依托九大数据基地，基于云计算的全国统一的智慧城市平台为载体，构建“共建、汇聚、开放”的发展模式，推进智慧城市发展依托网络和平台优势，与产业链协作共同推动“智慧城市”信息化建设服务；推进“5G+”计划，重点以5G+工业互联网、5G+智能制造、5G+智慧农业、5G+智慧旅游等为方向，以技术融合打造产业转型升级加速器，以数据融通建强社会信息流动主动脉，以管理融智夯实数字社会建设新基石；全年5G建设规划站点69个，以城区和工业园区形成连续覆盖，优先采用3.5G频段，与电信共享300兆带宽。

【企业社会责任】 2021年，中国联通青神分公司成立通信应急预案小组，提升应急通信保障能力，完成县内大型活动通信保障工作；结队帮扶盐关村3户贫困户；响应国家乡村振兴号召加大投入网络资源和支持青神地方建设，为青神人民提供优质通信网络服务。

（兰　燕）

竹艺竹业

竹产业

【概况】 青神县坚持绿色发展理念，推进竹林基地建设，竹林结构日趋合理，竹种由单一慈竹发展为雷竹、绵竹、清甜竹和撑绿竹等多个主要品种。2021 年，青神县竹林总面积 20 万亩，从业人员 1.5 万人，竹林面积呈增长趋势；竹产业实现综合产值 60.68 亿元，比 2020 年增长 25%，竹产值保持增长趋势。

【竹种植】 2021 年，青神县新栽竹 5000 亩，分布在高台镇玉蟾村、瑞峰镇天池村、白果乡虎渡社区；青神县在县域内推进“竹 +”业态融合，引导农户利用乡村道路、林盘绿地植竹绿化，发展“竹 + 茶”“竹 + 果”“竹 + 花”等立体生态模式。

【竹制品】 2021 年，青神县竹加工产业蓬勃发展，初步形成以环龙新材料为龙头的竹浆造纸业，以云华竹旅、竹福竹艺等企业为龙头的竹编产业；形成以银海竹灯笼、嘉熙竹木等具有鲜明地方特色企业为指引的竹制品加工业。全年竹产品加工实现产值 44.29 亿元，占竹产业总产值 73%。

（罗　娟）

竹编艺术

【概况】 青神竹编形成竹编、竹纸、竹家具等 25 大类、产品体系 3000 余种，并远销美国、日本、瑞典等 60 多个国家。“青神竹编”作为国家地理标志保护产品，被列入国家级非物质文化遗产保护名录，连续 3 年跻身全国区域品牌百强榜。2021 年 9 月，青神竹编被评为天府旅游名品（第一批）。

【竹编企业】 2021 年，青神县竹编产业园区有国家林业重点龙头企业 2 家，聚集竹企业 31 家，打造竹产业创业创新孵化园，推进竹编机械化装备进程，培育孵化小微企业 21 家。2021 年“双十一”期间，“斑布”在京东、天猫等线上平台本色纸销售 TOP 中排名第一，获 GMV 黑马品牌榜第二，比 2020 年增长 388%。满竹里公司“跨境电商 B2B 直接出口”（监管代码“9710”）货物完成通关，助力眉山市跨境电商 9710 报关数据零突破。

【竹编研发】 2021 年，青神县加强研发创新，与国际竹藤中心合作，发挥竹产业博士工作站作用，开展竹木质素分离、竹纳米纤维素应用等科研课题 6 个；加强与中科院、芬兰国家技术研究中心等专业机构合作，“一种竹纤维制备的纸浆，其制备方法及其制成的竹制品”获四川省专利一等奖；加强与北京国际设计周合作，举办 2021 国际竹产品创意设计大赛，征集竹伴手礼类、竹居空间设计类、竹日用品类作品 4476 件。

【竹编传承】 2021 年，青神县竹编产业园区创建第二批四川省现代竹产业园区；“青神竹编小镇”被省政府纳入全省首批 17 个特色小镇管理清单，成为眉山市唯一创建成功的省级特色小镇；青神竹编被评为天府旅游名品。陈岚获“全国劳动模范”称号；陈岚、张德明成为第七批省级非遗传承人；陈云华、张德明、殷超等 5 名大师入选青神县职称评审专家库专家；沈根莲代表中国参加 2021 年度 APEC 最佳奖（APEC BEST Award）角逐，获国际吸引力大奖。县竹编产业园区依托国际竹藤中心、国际竹藤组织、“一带一路”竹艺联盟等，实施线上线下双线并进人才培训计划，省内、省外竹艺培训 700 余人。

【平面竹编】 平面竹编选用青神本地独有的单竹通过 80 多道工序制成薄如蝉翼、细如发丝的竹丝，纯手工编织，幻化为美轮美奂的艺术作品。2021 年，青神竹编作为国礼赠送给埃塞俄比亚总理阿比·艾哈迈德·阿里。青神竹编代表作《苦乐清凉》《隐

2021 年 3 月 23 日，青神县竹里院子夜景　（县竹编管委会供图）

2021 年 3 月 23 日，四川省现代竹产业园区　（徐　鹏 / 摄）

2021 年 6 月 17 日，联合国教科文组织手工艺与民间艺术之都现场审评会在青神县召开 （县竹编管委会供图）

形观音》《清明上河图》等获得“中国民间文艺山花奖”“四川省巴蜀文艺奖”等殊荣。2021 年 10 月，竹编《瓦屋山晨曦图》在上海国家会展中心永久展陈。

【立体竹编】 立体竹编指用横切面是矩形的竹丝编织出立体造型的竹编产品，具有一定的艺术造型、观赏价值和实用价值。2021 年，花篮（盆）类有供装饰用的各式各样的花篮、花盆等 30 余个品种；帽类有竹丝博士帽、女士花帽等 20 余个品种；包装箱（盒）类多用于包装食品，如月饼盒、腌腊食品盒、酒类包装盒、药材盒、水果盒等，还有用竹丝编织的旅行箱、书箱等；竹灯罩类有圆形、椭圆形、圆筒形、盆式、方形、竹房形等各种样式 30 余种。仿生动物类有鸟、鸡、牛、马、熊猫、鹰等 20 余种。云华竹旅开发“坤包”系列进军欧洲市场。

【瓷胎竹编】 瓷胎竹编是将竹丝编织于瓷器以外，胎弯竹弯，依胎成形，相得益彰，浑然天成。代表作《一帆风顺》《方圆》《尤物》等获美国洛杉矶第 33 届华人工商大展金奖、中国旅游商品设计大赛银奖等。2021 年，张德明大师瓷胎竹编艺术茶具荣获巴拿马太平洋万国（国际）博览会特等金奖。

（黄美娴）

竹编产业园区

【概况】 青神县竹编产业园区位于眉山市青神县青竹街道，成立于 2011 年，总规划面积 8.6 平方公里，园区落实《青神县 2020 年推进竹产业高质量发展建设美丽乡村风景线扶持政策兑现方案》，针对竹种植、竹产业加工、竹产业研发、竹产业营销、竹旅融合 5 个方面，兑现扶持资金 520 万元。2021 年 6 月，园区被评为全省首批、眉山唯一的省级特色小镇“青神竹编小镇”。2021 年 8 月，园区被评为四川省现代竹产业园区和四川省竹林小镇。2021 年，全县实现竹产业综合产值 60.68 亿元。

【基础设施建设】 青神县竹编产业园区投入资金 48 亿元，建成“两园两馆两中心三基地”。园区拥有竹里海棠、竹林湿地竹主题公园 2 个，拥有竹里巷子、竹里院子、竹里书屋等竹里网红打卡地 5 个，拥有竹艺街、竹艺大道等竹林风景线 5 公里，生产道路 20 公里，10 千伏供电线路 3 条，日供水 1 万立方米的供水管网 60 公里。

【项目建设】 竹里巷子项目分三期建设，目前一、二期已建成投用，总投资 2200 万元，建成老井广场、绚烂花镜、竹林空间、美食巷子等景观节点，引进竹里系列餐饮、竹艺、茶艺、民宿、小吃等行业 13 户，打造竹里竹艺美学馆、竹予时光咖啡馆、竹予晓悦花园餐厅、烟火烤肉等网红打卡地 8 处，年接待游客 30 万人次以上。在建项目竹里萤光项目总投资 4000 万元，建设面积 4807 平方米，重点打造萤火虫科普馆、沉浸体验馆和四季赏萤馆三大场馆，另配套萤光艺术厅、萤光餐厅等业态功能。竹里院子三期项目总投资 8400 万元，占地 14.51 亩，建设内容主要包括接待大厅、宴会厅、酒店客房、独栋院子、多功能厅等，2021 年 12 月已完成三栋独立院落客房建设。

【竹旅融合】 青神县依托国际竹艺城景区，重点发展竹艺研学、竹旅康养、竹文化旅游、竹美食餐饮等业态，打造竹里院子、竹里巷子、竹里萤光等竹旅“IP”，竹编非遗之旅跻身全省十大“非遗之旅”研学线路；与四川雅睿研学旅行有限公司、三苏祠研学公司等 10 家机构签订竹艺研学协议，开展研学活动 500 余场，接待研学人员 3 万余人次。斑布健康竹产业园携手央视录制《〈你好，生活〉一起让生活回归美好本色》大型综艺节目，总浏览量突破 200 万次。2021 年接待游客 150 万人次，实现竹旅收入 9 亿元。 （黄美娴）

商贸业

国内贸易

【概况】2021年，青神县内贸流通稳步发展，服务业增加值47.08亿元，比2020年增长10.6%，居全市第一。社会消费品零售总额29.52亿元，比2020年增长15.8%；批发业增速24.2%，居全市第二；零售业增速22%，居全市第二；住宿业增速44.9%，居全市第一；餐饮业增速34.2%，居全市第二。开展第三期消费促进季活动，发放消费券40余万元，直接拉动餐饮消费400余万元。完成2019年电子商务进农村综合示范县项目中期绩效评价，项目建设接近尾声。其中冷链物流园区建成1.3万吨冻库，成为眉山市最大的区域性农产品仓储物流中心。

【服务业发展】2021年，青神县完成第三产业市重点项目投资10.59亿元；将川甫冷商贸有限公司、青神鸿腾电子科技有限公司、四川绿色立白纸业有限公司、青神青衣文化旅游投资有限公司纳入国家统计局库，成为规模以上服务企业。青神县人民政府编制《青神县"十四五"现代服务业发展规划》，构建优质高效、布局合理、特色鲜明、全面协调的"543"现代服务业发展体系（五大生产性服务业：科技服务、现代物流、人力资源、商务会展和现代金融；四大生活性服务业：商业贸易、文化旅游、特色餐饮和医疗康养；三大新兴服务业：电子商务、家庭社区和体育健康）。县商务局兑现2020年度"扶持跟着项目走"第三产业、电商发展扶持资金236.91万元，帮助企业做大做强，做优品质。

【内贸流通】2021年，青神县新培育规模（限额）以上服务业单位10家，全县规模（限额）以上服务业单位47家；组织开展家政服务业培训82人，向一线城市输送家政服务业从业人员252人，完成目标任务；疫情期间对重点保供超市米、面、油等生活必需品进行市场监测，每日收集价格、库存、可供天数等信息，确保市场供应充足，避免哄抬物价；提前谋划推动农贸市场达标提升工程三年行动工作。完成全县城乡农贸市场调研。

【电子商务发展】2021年，青神县全面完成2019年国家级电子商务进农村综合示范项目建设任务，通过项目中期验收，青神县冷链物流中心建成投产；依托2019年国家级电子商务进农村综合示范项目，整合县域资源、打造本土品牌、培训优秀人才，推动青神县电商产业高速发展，发展网店2600多家，从业人员4000余人，带动就业上万人；网络零售额22.09亿元，比2020年增长33.92%。制定青神农产品电商标准手册和品牌准入管理制度，培育出青神农特产品区域品牌、地标品牌，创建"青神椪柑""青神腊味""青神竹编"等5个区域公共特色品牌。青神"杨大爷""邵腊肉""斑布竹"等特色知名品牌产品销往全国。

【商贸系统安全风险管控】2021年，青神县商场超市、宾馆酒店等商贸企业逾百家，其中建筑面积2000平方米以上的大中型商场、超市共2家，宾馆酒店35家，主要分布于县城区域及各旅游景区；年内未收到商贸行业企业的火灾等事故及财产损失报告；青神县建筑面积2000平方米以上大中型商场、超市及规模以上的酒店、餐饮店等重点消防单位基本实现烟感报警装置、喷淋、消防总控制器等自动消防控制设备全覆盖；规模较小的商贸企业消防设施以消防栓、灭火器为主，基本上未安装自动消防控制设备。

【"消费促进季"活动】2021年，青神县开展第三期"消费促进季"活动，在全省率先将消费券发放和疫情防控结合，实现提振消费和疫情防控双赢，拓展消费行业与消费区域，新增医药、农资、汽车等消费领域，多元化拉动消费市场繁荣，覆盖全县7个乡镇（街道）的17个场镇，便利群众就近消费，提振农村消费；此次活动采用电视直播抽奖方式，设置最大奖8888元，充分调动商家和群众参与热情，依托"掌上青神"App、"锦绣青神"微信公众号、"竹里青神"视频号、"青神融媒"抖音号等新媒体，推送消费券宣传文章40余条、宣传视频10余个、张贴宣传海报500余张，活动推文点击量转发量17万次以上，"掌上青神"App新增注册人数2.3万人；活动开展期间，市民和商家踊跃报名，新增活动商家296家，新注册天府健康通居民2.1万人，新增场所码注册4427个。累计发放消费券1.2万个，带动餐饮、超市、医药、农资等行业消费400余万元。

（许 倩）

对外经贸

【概况】2021年，青神县商务局建立稳外贸促增长工作机制，优化完善外贸扶持政策和激励措施，加快推进对外开放法治示范区建设，依托眉山市外贸转型升级基地平台助推外贸企业转型升级。建立重点外贸企业联系服务机制，走访外贸企业36次，为进出口企业提供服务与指导100余次、解决困难20余次，组织企业参加“单一窗口”和外贸新业态、新模式培训28人次。

【外贸进出口】 2021年，青神县进出口总额1.52亿元，其中出口1.43亿元，进口890万元；有进出口实绩的企业9家，主要出口产品有木工带锯机、压缩机、超微粉碎机零配件、紧固件、灯笼、水果、竹编制品。主要出口国家和地区有美国、德国、韩国、日本、俄罗斯、印度、埃及、丹麦及东南亚地区；四川省满竹里科技有限公司实现眉山市首笔跨境电商9710业务（跨境电商B2B直接出口）；新增众鑫盛农牧机械一家有进出口实绩的企业。

【国际经贸交流】 青神县现有3家境外投资企业：全驱动股份有限公司（美国）、CPT韩国株式会社（韩国）、与美食品美国公司（美国）；云华竹旅参加2020年迪拜世博会中国馆“四川活动日”，展示青神竹编文化之美，打开青神竹编知名度；满竹里、云华竹旅、陈篾匠竹艺公司参加“四川出口商品世界播”活动，以线上直播和线下参展方式，助推全县特色产业扩大国际影响力。 （许　倩）

粮油贸易

【概况】 2021年，青神县认真贯彻粮食安全党政同责制度，严格执行《粮食流通管理条例》《四川省粮食安全保障条例》等法规制度。青神县发改局强化粮油收储，稳定市场供应，全面完成储备目标任务。规范粮食收购，严格执行最低保护价收购政策，保障农民利益，未发现不合格粮食流入口粮市场现象。

【粮食调控】 2021年，青神县发改局按照市国家粮食和物资储备局下达青神县的县级储备粮油任务，落实粮油储备。全年实际完成县级储备稻谷3600吨、菜籽油360吨，小包装大米200吨、小包装菜籽油25吨，完成储备目标任务100%；完成县储稻谷2600吨、三次小包装大米200吨轮换工作；规范好粮食收购工作，收购超标稻谷462.82吨，未发现不合格粮食流入口粮市场现象。

【粮食重点项目建设】 2021年，青神县发改局推进3万吨集中式粮油储备库项目，项目总投资7000万元，占地面积50亩，新建3万吨低温储藏库、1万吨油罐，建设制冷压缩系统、烘干、冷链物流系统以及检测、化验、包装等附属配套设施。2021年完成立项、编制可行性研究报告，取得用地预审和环评，通过专项债的方式进行项目建设。

【粮油产业发展推进】 2021年，青神县发改局、县经信局、青神生态环境局、县农业农村局、县市场监管局联合印发《青神县粮油品质提升行动实施方案》，制定粮食质量安全检验检测体系健康运行、提升全产业链自主可控能力显著、培种育优有效开展、绿色优质安全粮油产品供给水平全面提高、助力乡村振兴、推动粮食产业经济高质量发展的总目标；布置“提升粮油品质，培育优质品牌”“完善监测体系，争当‘粮安卫士’”“健全产后服务，推进节粮减损”“对标‘天府菜油’，助推产业发展”4项任务，确保青神县粮油产业发展稳步提升。

【疫情防控期间粮油保供】 2021年，青神县新增县级储备应急小包装大米250吨，应急小包装菜籽油25吨，保障全县人民疫情期间粮油供应；与四川绿颜农业发展有限公司达成稻谷加工企业协议，如遇突发事件，负责将县级储备稻谷加工为应急大米；将全县范围内符合要求的粮油店加入粮食应急保障体系，指定为应急供应网点。

【粮食安全责任制落实】 2021年，青神县高度重视粮食安全，1月，县政府常务会听取县发改局提请的《关于青神县粮食系统“以案促改”问题阶段性整改工作推进情况的报告》，安排部署下一步工作。6月，县政府常务会审议县发改局提请的《关于解决青神县2019年粮食质量安全检测监测体系建设项目相关费用的请示》，拨付271.21万元，用于解决粮食质量安全检测监测体系建设。9月，县委常委（扩大）会专题学习习近平总书记关于粮食购销领域腐败问题重要批示和国家粮食和物资储备局督导组到眉山督导调研精神，县政府组织召开全县粮食购销领域腐败问题专项整治工作推进会。县政府常务会、县委常委会学习《四川省地方粮食储备管理办法》。10月，县政府常务会、县委常委会分别学习《粮食流通管理条例》和《四川省安全保障条例》。12月，县政府多次专题研究2021年度粮食安全党政同责工作。县委、县政府专题研究粮食工作10次。

【粮食质量安全监督检查】 2021年，青神县粮油检测中心做好收购粮食质量检测，在秋粮收购和县储2600吨稻谷轮换入库工作中，对入库的粮食进行抽样检测，完成检验检测稻谷244份；完成产新粮食质量检测，按照粮食质量安全监测工作要求，对青神县的稻谷进行采样和检测，检测样品26份；定期开展库存粮食质量检测，对储存粮食水分、脂肪酸等诸多因素进行动态监管检测，完成检验检测样品7份。全年完成检测277次。

【粮食和物资日常管理】2021年，青神县发改局修订《粮油出入库“三到场”现场监管制度》《青神县粮油储备月巡查制度》《青神县政策性储备粮油公开竞卖制度》《青神县政策性储备粮油质量安全追溯制度和质量保障制度》等制度，严把收购关，严格执行稻谷最低收购价，激发种粮积极性；提高粮食质量科技化检测水平，开展来源地溯源调查，确保入库粮食质量好、品质优，防止“陈粮变新粮”；严把存储关，严格坚持“月月到库、仓仓见粮”巡查监督制度，改善存储条件，延缓粮食陈化，减少过程损耗，保障粮食品质；严把出库关，严格执行粮食出库审批，实行公开拍卖、竞价销售，杜绝暗箱操作。青神县发改局对救灾物资实行动态化管理，对所储存的物资进行常态化清查盘点，查看是否有短缺或损毁现象，保证账物相符；对损坏的器具进行维修，确保储备的物资都是未变质的、完好的，可随时取用；根据市场供给情况和可能发生的灾害，不断进行前瞻性预测，及时补充储备物资的品种和数量，满足救灾需要；完善救灾物资调拨机制，加强信息共享，密切配合，确保物资关键时刻调得出、用得上。

【物资储备】2021年，青神县发改局按照“宁可备而不用，不可用而无备”的要求，年初清点县级应急物资储备存量，落实39.5万元应急物资采购计划，备齐49类、1万余件应急物资。新冠肺炎疫情期和汛期应拨尽拨，按需配送应急物资；8月，县内连续强降雨，全县各乡镇出现群众受灾情况，青神县发改局回应10多个部门、乡镇（街道）、村（社区）的应急物资调配请求，做好救灾应急物资保障工作，及时调配发放应急救灾物资棉被380床、夏凉被550床、折叠床280张、帐篷51顶，确保受灾群众生活稳定有序。（蒲雯佳）

烟草专卖

【概况】2021年，青神县烟草专卖局（四川省烟草公司眉山市公司青神分公司）有在岗职工26人。内设办公室、专卖监督管理科、市场营销科、综合科4个科室，负责县域内烟草专卖管理和卷烟营销工作。

【卷烟营销】2021年，青神县烟草专卖局优化市场结构，促进终端转型，持续推进卷烟终端数字化转型，充分发挥终端二维码、智慧收银机、红码管家等载体作用，增强渠道掌控力。全年销售卷烟5217箱，单箱均价3.69万元，比2020年增加753元，盈利水平比2020年提升1%左右。

【专卖管理】2021年，青神县烟草专卖局查获各类涉烟案件32起，其中，移送公安机关立案侦查的非法经营案1起，登记造册电子烟实体店10家，累计查获各类违法卷烟56.71万支；修订发布实施新合理布局规划，推行“一体化政务服务”和“互联网+监管”平台，优化行政审批流程，开展网上办证、好差评服务，打通群众办事和政务公示公开通道，实现扫码评价非常满意率100%。

（何亚卓）

盐业专营

【概况】四川省盐业总公司青神支公司是省属国有企业，非独立核算单位，实行报账制，隶属四川省盐业总公司乐山分公司，主要销售：食盐、食品加工盐、工业盐和多种经营各种商品的销售；2021年，青神支公司销售各类盐产品194.88吨，比2020年有所下降，其中小袋碘盐销售142.58吨，比2020年有所上升；多种经营销售25.990万元；实现销售利润12.68余万元。

（曾　山）

【食盐监管】2021年，青神县经济和信息化局针对疫情防控食盐供应的特殊情况，对食盐储备和社会食盐市场开展检查，维护正常的食盐流通秩序，疫情期间全县食用盐市场销售正常，无抢购现场，价格和2020年一致、无波动。开展秋季联合执法检查，以县盐业公司、食品批发户、农贸市场、商超、干鲜经营户、农村食杂店为重点，检查是否严格落实进货查验和台账记录制度，是否从合法渠道购进、销售食盐。

（吴　宇）

【碘缺乏病防治宣传】2021年，青神县疾控中心联合县经信局、青竹街道社区卫生服务中心，在碘缺乏病宣传日以主题为“科学补碘，健康一生”广泛宣传碘缺乏病防治知识。现场发放防治碘缺乏病日宣传海报、宣传折页、宣传单、围裙、购物手袋400余份。（周　丽）

供销合作社经营

【概况】2021年，青神县供销合作社联合社完善组织架构，建立规章制度，新建基层供销社3个，均被评定为基层社示范社，填补青神县基层供销社建设空白。有归口指导社25个，覆盖率100%。

2021 年 11 月 30 日，青神县供销合作社联合社第一届代表大会召开　（县商务局供图）

【供销综合改革】 2021 年，青神县供销合作社联合社召开第一届代表大会，审议通过章程，选举产生理事、监事和第一届理事会、监事会班子，健全“三会”制度；组建 3 个村级供销社，分别为青竹街道盐关社区供销社、罗波乡西坝村供销社、高台镇百家池村供销社，主要开展日用品消费、农资、农产品、再生资源回收等多种便民化服务；青神县百家椪柑专业合作社（县社归口指导）被命名为国家级农民合作示范社，青神县春橘种植专业合作社（县社归口指导）被评为省级示范社；青神县供销合作社联合社组织开展农民职业技术培训，培训学员 110 人，其中经营管理型水果种植共 70 人，专业生产型柑橘栽培 40 人，提高为农服务能力。

【农村社会化服务体系建设】 2021 年，青神县供销合作社联合社在高台镇百家椪柑专业合作社创新构建“农户 + 合作社 + 村集体”的“5+4+1”利益联结机制，大力推广现代农业体系下的柑橘代管增益共享模式，即农户、合作社、村集体以果园、技术管理服务、资金等入股，合作社与农户签订果园全托管协议，果园托管后的产值按农户 50%、合作社 40%、集体 10% 的比例分配，实现果园托管面积 260 亩，壮大村集体经济，促进农民增收。

【“四川扶贫”集体商标】 2021 年，青神县供销合作社联合社指导青神县竹乡人果茶专业合作社申报关于不知火、沃柑、爱媛 38 号、椪柑和柠香果五个集体“四川扶贫”商标，认真审核企业扶贫农产品资料，通过与市、省对接协调，青神县竹乡人果茶专业合作社使用“四川扶贫”集体商标识别申报成功。

（许　倩）

会展和节会活动

【概况】 2021 年，青神县商务局积极动员、组织企业参加广交会、加博会等各类国际展览活动，在国际市场进行宣传推广、市场推介，打开知名度，广揽市场订单。

【中国进出口商品交易会】 4 月 15 日至 24 日，第 129 届中国进出口商品交易会（广交会）在线上举行，青神县丹甫科技、与美食品两家企业参会，签订订单金额 265 万元。10 月 15 日至 19 日，第 130 届中国进出口商品交易会在线上线下融合举办，青神县丹甫科技在线下参展，签订订单金额 635 万元，青神千盛家具销售有限公司、四川省满竹里科技有限公司作为采购商参展。

【第四届中国国际进口博览会】 11 月 5 日至 10 日，第四届中国国际进口博览会（进博会）在上海国家会展中心举行。德恩精工与西门子现场签署关于德恩云造平台的展销、数字工厂建设和机床控制系统应用等方面战略合作协议；四川省人民政府将青神竹编艺术品《瓦屋山晨曦景色》捐赠给进博会组委会，被国家会展中心（上海）纳入永久陈列。

（许　倩）

旅游业

旅游业发展

【概况】2021年，青神县文化广播电视和旅游局（以下简称县文广旅局）以创建天府旅游名县为目标，融入成渝双城经济圈文旅目的地建设，以岷江旅游经济带为统揽，推动文旅融合、文旅共兴，擘画全域旅游发展新篇章。全年实施文旅项目5个，投资金额1.38亿元。对上争取到各类补助资金1243.8万元，完成目标任务124%。完成固定资产投资1.75亿元，完成目标任务70.08%。接待游客465万人次，比2022年增长28.45%；旅游收入39亿元，完成目标任务的100%，比2020年增长25.8%。

【乡村旅游发展】2021年，县文广旅局启动《全域旅游发展总体规划》《中岩景区控制性详细规划》《岷江文化旅游示范带行动方案》等规划编制工作，推进区域旅游合作发展，扩大“大竹海”“大峨眉”川渝文旅发展联盟成果，加强与宜宾、乐山等地旅游部门交流互通，共享文旅发展资源；融入成德眉资同城化发展和成渝双城经济圈，开展德阳、成都、重庆、西安等地文旅宣传推介活动；中岩景区被评为AAA级旅游景区，青竹街道兰沟村被评为全国乡村旅游重点村（眉山市唯一入选乡村），瑞峰镇中岩村被评为全省乡村旅游重点村，青神竹编被评为首批天府旅游名品，国际竹艺城被评为全省二十大文旅项目，汉阳棒棒鸡被评为天府旅游美食。陈岚、张德明被评为省级非遗传承人。

【旅游项目】2021年，完成青神县红色西山革命教育基地建设，获评省级红色研学和教育基地；中岩寺摩崖造像保护利用设施建设项目全面竣工验收；青神县应急广播体系建设建成投用，安装应急广播终端325套，受到省委宣传部副部长、省广电局党组书记、局长李晓骏肯定；初步完成青神县发展馆提档升级工程；启动苏母祠规划设计工作。

【旅游管理与服务】2021年，“青神县文化广播电视和旅游局”微信公众号推出文章330余篇，其中《赏萤须预约！千万“萤光”即将点亮竹里青神！》《神木园游船启航领略华灯初上秀美岷江》被川观新闻客户端、四川在线等多家媒体转载；央视综艺频道《你好生活》、中央广播电视总台大型直播特别节目《走进乡村看小康》走进青神兰沟村，探寻竹乡青神的独特魅力；强化文旅市场执法，开展常态化疫情防控，指导业主开展应急演练，推进文化娱乐场所专项整治。

（谭　虹）

2021年3月20日，青神县竹里萤光　（县文广旅局供图）

旅游营销与旅游节会

【概况】2021年，县文广旅局扩大“大竹海”“大峨眉”川渝文旅发展联盟成果，加强与宜宾、乐山等地旅游部门联系，共享旅游资源。融入成德眉资同城化发展和成渝双城经济圈，开展德阳、成都、重庆等地文旅宣传推介活动。

【参加德阳市乡村文化旅游品牌交流活动】1月7日，青神县参加德阳市举办的“魅力成渝·美丽乡镇”——大型乡村文化旅游品牌交流活动，宣传推介青神旅游资源和产品，推进成渝地区双城经济圈建设和成德眉资同城化发展，加快文旅产业协同合作，提升成渝地区乡村旅游品质，拓展青神县旅游市场。

【参加第25届重庆都市文化旅游节暨城际旅游交易会】4月9日至11日，青神县参加第25届重庆都市文化旅游节暨城际旅游交易会，现场发放宣传资料1000余份，向重庆市民推介青神特色竹编、特色旅游线路等。

【参加“2021西安丝绸之路国际旅游博览会”】7月16—18日，青神县组织参加西安国际会展中心“2021西安丝绸之路国际旅游博览会”，向西安市民推广青神县文旅新产品、新线路、新风貌。

【参加第八届四川国际旅游交易博览会】9月2—5日，在乐山市峨眉山市第八届四川国际旅游交易博览会上，青神县文广旅局邀请青神竹编省级非遗传承人张德明大师，现场展示瓷胎竹编技艺；现场竹服饰走秀表演和特色旅游商品展示展销，拓展文旅市场，宣传推介青神旅游资源和产品，提升青神文旅知名度。

（谭　虹）

旅游景区选介

2021 年 6 月 10 日，省委常委副省长李云泽（右二）调研红色西山革命教育基地　（县文广旅局供图）

【概况】 2021 年，青神县有国家 AAAA 级旅游景区 2 个、AAA 级旅游景区 2 个，全国重点文物保护单位和省级重点文物保护 6 处，省级风景名胜区 1 处，三级以上优质资源 204 处，省级竹林小镇 2 个、省级森林小镇 3 个。

【国际竹艺城景区】 国际竹艺城景区位于青神县竹艺大道，是国家 AAAA 级旅游景区。景区是青神县依托国家级非物质文化遗产青神竹编打造的重点文化旅游项目，被国际竹藤组织授予青神竹手工艺培训基地。青神竹编历史悠久、艺术精湛、名甲天下，国际竹艺城是中国竹编艺术之乡的标志，是集文化体验、观光休闲、产业聚焦等为一体的旅游景区。景区内主要有竹艺广场、国际竹编艺术博览馆、云华竹旅、中国首家竹林湿地、中国竹编第一村、竹产业创新创业孵化园等景观区。

【国际竹编艺术博览馆】 国际竹编艺术博览馆于 2016 年建成，共分 3 层，展陈面积约 6000 平方米，外形如篮，寓意竹编摇篮。第 1 层：主题为竹与生活，展示从新石器时代以来，人类在生产生活中创造、使用竹器具的发展历程，讲述竹在人类发展历程中发挥的重要作用。第 2 层：主题为竹与青神，展示青神纯手工精品竹编，如目前全世界最大的彩色竹编《蔬园》、镇馆之宝——《清明上河图》等，全方位、立体化展示青神竹文化。第 3 层：主题为竹与世界，重点展示世界竹编分布和 40 余个国家竹制精品，体现竹制品在现代生活中的妙用。

【国际竹文化中心】 国际竹文化中心建筑面积 6660 平方米，外观取意于瓷胎竹编的样式，以汉代方杯作为建筑主体造型，寓意青神竹编有口皆碑，建筑外立面凸显“竹”元素，运用现代化的建筑设计手法，打造具有地域特色的、现代化的国际竹艺术中心。中心主要功能包括国际竹藤产品交易博览、竹文化互动体验和会议中心。中心内部装饰采用竹黄、灰和渐变白 3 种色调，体现竹之素雅，内部软装包括桌、椅、灯具、摆件等全部采用竹制品，体现竹制品的多元化和艺术性。

【国际竹产业展览中心】 国际竹产业展览中心投资 1.5 亿元，占地面积 1.5 万平方米，整体造型以苏东坡《竹石扇面图》为设计灵感，将整个展馆以扇面形状呈现，寓意“以扇面书写竹文化”。建筑内外凸显“竹”元素，运用现代化的建筑设计手法，打造具有地域特色的、现代化的国际竹产业展览中心。与已建成的国际竹艺中心、熊猫馆、国际竹编艺术博览馆等形成了集展览展销、竹艺博览、交流培训、设计研发等功能为一体的竹产业专业博览综合体。

【红色西山革命教育基地】 红色西山革命教育基地位于青神县西山片区，是 1934 年西山红军武装起义的区域范围，紧邻高铁站和成乐高速青神出口。该基地占地面积 120 亩，总建筑面积 1.2 万平方米，先后三次进行修建和改建。整个基地把青神的“小党史”放在中共“大党史”中，党史学习长廊设置了国家领导人关于党史的重要论述板块；红色之路展示中国共产党重大历史事件；红色西山展陈馆展陈面积 740 平方米，分为星火燎原、勇于抗争、西山起义、革命英烈、继往开来 5 个厅，除了展示青神革命斗争史外，还展示土地革命时期四川省武装斗争和红军长征在四川等内容。青神县以毛慈影烈士为原型，创作了《面向党旗永生》等红色舞台剧在红色西山革命教育基地报告厅首映。2021 年被认定为“四川省中小学红色教育研学实践基地”“眉山市爱国主义教育基地”和“眉山市中共党史教育基地”。

（谭　虹）

金融业

金融业发展

【概况】 2021年，青神县金融工作紧紧围绕全县经济工作的决策部署，按照“多措并举、广开财路、引进资金、助力发展”的工作要求，全力服务“六稳”“六保”，金融服务质效全面提升，金融业务多项核心指标大幅增长，金融服务实体经济成效明显。

【信贷投放】 2021年，青神县内银行机构存款余额139.21亿元，比2020年增加14.25亿元，增幅11.4%，全市排名第二；贷款余额78.72亿元，比2020年增加13.36亿元，增幅20.44%，全市排名第四；存贷款增速14.66%，高于全市平均水平3.04个百分点，全市排名第二，存贷比56.55%。

【保险服务】 2021年，全县保费收入3.20亿元，比2020年增加0.34亿元，增幅11.89%，全市排名第一；新增生猪价格指数为中央财政优势特色农产品保险，“川果”保险投保5.92万亩，比2020年增加4.15万亩，增幅234%；全县传统大宗农产品签单保费889.44万元，中央补贴优势特色农产品签单保费1113.33万元，签单保费2002.77万元，比2020年增加1520万元，增幅315%，各级财政保费补贴1432.72万元，赔付2607万元，受益9679户。

【融资担保与小额贷款机构管理】 2021年，县邮储银行和县农商银行为2户小微企业和30个个人提供850万元资金支持，比2020年增加303万元，增幅55%，财政贴息及奖补52万元，支持大众创业和万众创新。银通小贷公司存续贷款76笔、7608.94万元，不良贷款占资本金比例15.39%。

【成眉同城金融对接】 2021年，环龙新材料与国投创益、龙门资本签署战略投资合作协议，以增资扩股的形式实现股权融资5亿元。

【金融服务多元化】 2021年，青神县财政局分别与县农发行、县农行、县农商银行签订战略合作协议，争取更多金融资源倾斜青神县；以企业点对点对接、乡村在振兴专场等形式召开银政企对接会4次，全县普惠小微企业贷款余额12.16亿元，比2020年增加1.38亿元，增速12.8%；涉农贷款余额51.76亿元，比2020年增加11.03亿元，增速27.08%。

【企业挂牌上市】 2021年，青神县邀请天府股交、天风证券、金华晟投资公司对有上市意愿的规上企业进行上市辅导5次，德鑫航空入库四川省上市后备资源库，巴斯迪科入库眉山市上市后备资源库，民威林和巴斯迪科在天府股交中心挂牌上市。

【非法集资防范与处置】 2021年，青神县建立10万元非法集资举报奖励专项资金，县政府办制定《青神县非法集资举报奖励暂行办法》，强化社会监督，发动社会各界参与防范和处置非法集资工作；开展处非专项排查4次，开展打击和处置非法集资宣传集中宣传2次、乡镇宣传12次，对净化金融环境、强化社会公众风险意识和遏制非法集资案件高发势头起到积极作用；宋某某非法吸收公众存款案经眉山市中级人民法院审结，化解众生房地产涉嫌非法吸收公众存款案，非法集资积案存案化解率50%。

（童晓芬　王　强）

金融管理

【概况】 2021年，中国人民银行青神县支行（以下简称人行青神县支行）以“两综合、两管理”（综合评价和综合执法检查，开业管理和营业管理）为主要抓手，指导青神县金融机构完善公司治理体系；对县域5家银行机构开展人民币收付质量、央行评级、资产质量、再贷款使用情况

2021年6月28日，青神县财政局组织县内金融机构在县竹编广场开展打击和处置非法集资宣传　（县财政局供图）

等专项业务检查8次，确保县域各银行机构稳健运行；各银行机构存贷款余额与资产规模稳步增长，不良资产率基本保持稳定，各项经营指标变动均在合理范围，整体风险可控。

【金融改革】 2021年，青神县各金融机构不断健全与LPR相适应的内部资金转移定价和贷款定价体系，利率定价水平进一步提升，贷款利率水平在全市长期偏高的现象得到初步改善，青神农商行发行大额存单；金融产品和服务创新取得新突破，各机构围绕重点领域融资需求，推出一系列绿色信贷产品，推广“政银担”等乡村振兴信贷产品和服务，拓宽覆盖领域和市场主体；打造金融宣传教育创新示范，开展金融知识教育，开展“一人一校一队”，参与金融知识进校园志愿服务。

【金融综合管理】 2021年，人行青神县支行联合各方力量共同构筑风险防线，严格执行重大事项报告制度，畅通银行机构和人民银行之间报送、反馈金融风险信息的快速通道，维护辖区金融体系安全稳健运行；坚持“守法”与“合规”的底线，管理和监督辖区内银行业金融机构，维护辖区金融稳定，为地方经济发展做出贡献；按照“统筹安排、整合力量、突出重点、提高效能”的要求，开展各项专项执法检查，促进银行业机构合法稳健经营、健康发展；开展综合评价工作，督促银行业金融机构贯彻落实国家金融宏观调控政策、规范经营行为。

【金融风险监管】 2021年，人行青神县支行抓好风险监测评估和金融风险分析预警工作，提升风险监测识别和预警能力，持续开展稳健性现场评估工作，加强对重点领域的风险排查，按月报送风险监测报告；对青神农商行开展重大事项报告现场核查工作，确保法人机构严格落实重大事项报告制度；加强对法人机构的监管，按照属地管理原则，做好央行评级结果的反馈、风险提示、存款保险费率的核定工作；建立健全风险管理体系，严密防范流动性风险，确保银行业金融机构资金安全稳健运行。

【反洗钱管理】 2021年，人行青神县支行深化反洗钱联席会议成员单位合作，推动各成员单位落实主体责任，大力推动洗钱罪立案、起诉和审判工作；加强交流和互训，增强侦查、司法机关查办洗钱上游犯罪案件时推动洗钱罪判决的意识；开展法人机构风险自评估，加强指导与培训，推动青神农商行在10月底前完成首次自评估；加强反洗钱宣传，把反洗钱宣传的广泛性和针对性相结合，在扩大社会宣传的同时，重视对特殊群体、行业的宣传，做到点面结合。

【金融消费权益保护】 2021年，青神县银行机构受理投诉28起，办结28起，办结率100%。分机构看，农行青神县支行2起、邮储银行青神县支行16起、青神农商银行10起；从投诉类型看，存款问题2起、贷款问题5起、银行卡问题16起、支付结算问题1起、代收代付问题2起、其他问题2起；各类投诉的受理、分办、反馈、回访、调解组织等环节不存在超过规定时限和不符合程序要求的情况。所有投诉均甄别投诉请求的实质内容，并按照金融消费者投诉、举报、信息公开等不同形式分类处理；人行青神县支行按要求每年由金融稳定岗位牵头，修订金融消费者保护工作的综合评价细则，确保金融消费权益保护工作各项制度落实到位。

【金融服务“三农”发展】 2021年，人行青神县支行开展现代农业园区金融综合服务创新示范区创建，联合县财政局等部门修定《青神县乡村振兴农业产业发展贷款风险补偿金管理实施细则》，指导银行机构加大对家庭农场、农民专业合作社等新型农业经营主体的信贷投放。年末，青神县涉农贷款余额51.75亿元，比2020年增加11.02亿元，增速26.09%；做好金融支持青神县农村改革综合试点工作，印发《青神县农村集体建设用地使用权抵押贷款试点暂行管理办法》；开展农村地区普惠金融工作，支行持续开展农村地区支付结算“迅通工程”，建立助农取款点146个。

【融资环境优化】 2021年，人行青神县支行建立失信企业定期披露制度，按季度向金融机构通报企业失信名单和企业红名单，建立相应企业奖惩机制，完善社会失信惩戒机制，制定配套的政策措施，加大失信行为披露和惩戒力度；优化农村支付结算服务，指导青神农商行在高台镇百家池村成立眉山市首家农村金融综合服务站，服务站具备取款、账户查询、转账、金融知识宣传等基础金融服务功能，同时提供便民服务、资讯服务以及电子商务服务。

【小微企业金融服务】 2021年，人行青神县支行推进民营和小微企业“服务零距离，融资大畅通”金融服务专项行动和“贷动小生意，服务大民生”金融支持个体工商户专项行动，持续开展“三访三问三送”活动；开展“行长跑流程，金融为民解难题”活动，组织开展企业座谈会1次，银行机构现场调研与协调6次，协调解决问题5个；全县普惠小微企业贷款余额12.12亿元，比2020年增加1.38亿元，增速12.85%，加权平均利率

6.56%，其中，普惠小微信用贷款余额 2.12 亿元，占全县普惠小微企业贷款比重 17.43%，全县银行机构对个体工商户发放经营性贷款 6.55 亿元，加权平均利率 5.62%，其中信用贷款 1.36 亿元，首贷户 154 户，累计为个体工商户减免支付账户提现手续费、降低网络支付手续费等各项费用 135.43 万元；创新开展普惠金融“六进服务”活动，全年进园区、进校园、进社区等活动 15 次。

【贷款市场报价利率改革】 2021 年，人行青神县支行认真贯彻落实关于贷款市场报价利率（LPR）的相关规定，指导辖区各银行机构完善贷款业务系统中相关利率功能。新发放贷款一律以 LPR 利率为定价基准，合同选择固定利率的，执行利率以 LPR 为定价基准加减 BP 数值确定；选择浮动利率的，执行利率应根据贷款发放日（即起息日）前一个工作日的 LPR 加减 BP 数值确定，并按照合同约定的周期进行调整；遇到 LPR 利率变化的，客户可选择对月对日调整或每年 1 月 1 日利率调整。年末，青神县各项贷款发生额加权平均利率 5.52，比 2020 年下降 33 个基点。

（郑　旭）

银行业

【概况】 2021 年，青神县有银行业金融机构 5 家，其中政策性银行 1 家、国有商业银行 2 家、股份制商业银行 1 家、农村商业银行 1 家。各项存款余额 139.21 亿元，比 2020 年增加 14.25 亿元，增速 11.4%；各项贷款余额 78.72 亿元，比 2020 年增加 13.36 亿元，增速 20.44%。营业网点 31 个（含邮政代理网点）、资产规模 150.96 亿元。

【货币信贷政策实施】 2021 年，人行青神县支行向县委政府领导汇报金融支持稳企业保就业、乡村振兴、农村综合改革等货币信贷政策执行情况 5 次，报送人民银行专报 2 期，召开金融机构负责人会议 3 次，对金融机构开展督查指导 4 次；召开银行业机构负责人会 4 次，传达总分行及眉山中支相关工作安排和部署，针对青神农商行房地产贷款集中度管理不达标等问题，约谈该行班子 2 次，提示、督导 4 次；针对农行青神县支行三农事业部考核不达标约谈该行班子 1 次、现场督导 2 次；货币政策工具使用方面，截至年末，支行发放再贷款余额 2.77 亿元，其中支农再贷款余额 1.6 亿元，限额使用率 95.24%，加权平均利率 4.88%，低于全县各项贷款加权平均利率 0.68 个百分点；支小再贷款余额 1.14 亿元，限额使用率 97.1%，加权平均利率 4.73%，低于全县各项贷款加权平均利率 0.83 个百分点；累计办理延期还本付息工具 1.3 亿元，2021 年办理 0.77 亿元；累计办理信用贷款支持工具 1000 万元，2021 年办理 465 万元。

【负债业务发展】 2021 年，人行青神县支行指导辖内各银行机构强化负债业务管理，从单纯的规模管理转为兼顾规模、成本、结构的统筹管理，通过价格等多种工具调节不同的资金来源，优化负债结构；管理对象上由以存款为中心，延伸到覆盖传统存款、同业融资以及大额存单等表内资金来源。截至年末，青神县各银行机构负债总额为 136.1 亿元，比 2020 年增加 10.8 亿元，增速 8.62%。其中：向中央银行借款 2.77 亿元，比 2020 年增加 0.42 亿元，增速 17.87%；吸收存款 133.33 亿元，比 2020 年增加 10.38 亿元，增速 8.44%。

【信贷管理】 2021 年，青神县使用人民银行支小再贷款 0.95 亿元，支农再贷款 0.35 亿元，运用人民银行两项直达工具，使用普惠小微企业贷款延期支持工具 31 户、0.71 亿元，使用普惠小微企业信用贷款支持计划 3 户、0.07 亿元；推进普惠金融发展的重要决策部署，实现涉农贷款、普惠涉农贷款“一个不低于”，普惠小微企业“两增两控”（增贷款增速、增户数，合理控制小微企业贷款资产质量水平和贷款综合成本）目标；修订《农户小额信用贷款》《开户贷操作规程》等制度；印发《加大创业担保贷款投放力度》《明确押品评估方式》等通知，指导业务发展；结合市场竞争、客户对利率的敏感度做好利率定价管理，发挥利率杠杆作用，增强业务可持续发展能力，达到优选客户、扩大营销、防范风险、提高效益的目的；加强涉贷人员教育培训，举办业务技能竞赛，提升信贷条线人员专业技能和综合素质。

【支付结算管理】 2021 年，人行青神县支行加强对辖内金融机构账户事后监督工作，督促金融机构严格执行 2 个工作日内完成小微企业开户审核；严格实行开户送审工作，对辖内金融机构开立账户的 50% 实行四色监督机制，确保账户开立的合规；打击防范电信网络诈骗，联合县公安局组织召开打击治理电信网络新型违法犯罪工作推进会，加强对账户可疑交易的监测、识别、分析、预警，提高全县打击治理工作实效；推进“两查一访”工作，组织全辖银行业金融机构开展交叉暗访工作，确保全辖网点暗访全覆盖，有效提升全辖账户开立工作的时效性、合规性；暗访营业网点 31 家，覆盖率 100%；组织银行机构开展支付手续费减费让利工作，开展暗访及客户回访，全年暗访对督导对公网点24家，覆盖率100%，回访单位客户10户，针对客户反映问题与银行机构沟通，确保手续费减费让利政策落实到位。

【财政资金与国债管理】 2021年，人行青神县支行办理全县各级次预算收入资金27.13亿元，其中地方公共预算收入17.01亿元；拨付各类财政款32.76亿元，其中地方公共预算支出19.05亿元；办理各类预算收入资金退付0.61亿元；办理更正调库0.77亿元；组织发行储蓄国债（凭证式）四期594.40万元、储蓄国债（电子式）四期645.73万元。

【人民币管理】 2021年，全县银行机构收入现金126.41亿元，付出现金125.15亿元；全年各渠道收缴各类假币591张（枚）、53150元；协同公安经侦、市场监管等部门开展整治拒收人民币现金、整治违规使用人民币图样行为工作。

【应收账款管理】 2021年，人行青神县支行组成应收账款融资宣讲团，紧抓“3·15”“6·14”“金普月”等特殊时间节点，深入产业园区，开展应收账款融资业务培训，解读供应链金融相关政策规定和中征平台操作流程；利用多方资源，紧抓省市重点建设项目和重点企业，发展供应链金融；运用好天府信用通、中征平台、动产融资统一登记公示系统和公共资源交易平台等信息渠道，多维度挖掘持有优质应收账款且有融资需求的小微企业；强化机制建设，建立应收账款融资半月报制度，按季度召开工作推进会，通报各金融机构和核心企业、重点企业业务开展情况，对措施较少、进度落后的机构实施走访督导，将工作成效纳入金融机构年度综合评价考核；全县开通中征平台企业用户4户，实现应收账款质押融资2.7亿元。

【央行金融机构评级】 2021年，人行青神县支行对1家法人银行业金融机构开展央行金融机构评级，综合评估银行机构经营管理和风险状况，引导金融机构审慎稳健经营；开展现场评估1次，评估公司治理、资本管理、资产质量等方面，确保银行机构平稳运行。

【存款保险风险评分】 2021年，人行青神县支行按月审核投保机构存款保险数据，按季监测投保机构账户统计表、投保机构运行情况，根据评分结果对投保机构实施差别费率管理和保费核定工作，指导督促辖内1家投保机构按制度要求交纳保费。

【信用体系建设】 2021年，人行青神县支行组织银行机构评定“产业园区红名单企业”4户和“产业园区白名单企业”26户，通过天府信用通平台发布26户白名单企业金融培育任务；2021年，9户白名单企业通过天府信用通平台获得融资13笔、0.4亿元，3户红名单企业获得贷款4笔、0.85亿元；初步制定信用新型农业经营主体评定体系，指导辖内金融机构开展2021年省级示范主体信用试评价工作。全年评定信用省级示范农民合作社优秀1家、良好3家、一般7家；持续开展信用村、信用乡（镇）、信用户、信用新型农业经营主体评定。全县评定22个信用村、3个信用镇和1.83万户信用户。

【“两权”融资渠道畅通】 2021年，人行青神县支行按照县政府《青神县农村承包土地经营权质押融资方案》要求，推进农业农村优先发展，制定金融支持青神县农村综合改革相关文件，推动青神县农村承包土地经营权、农村集体经营性建设用地使用权抵押贷款等创新工作的开展；完善青神县涉农信贷风险分担体系，联合县财政局等部门修订农业产业发展贷款风险补偿金管理办法，撬动银行机构的信贷资源；人行青神县支行印发《青神县农村集体经营性建设用地使用权抵押贷款试点管理试行办法》，支持青神县农村综合改革工作；青神县各银行机构推广创新金融产品，全年发放农村承包土地经营权抵押贷款余额200万元，由青神县乡村振兴农业产业发展贷款风险补偿金担保的贷款余额0.52亿元。

（郑　旭）

交通·邮政

交通建设

【概况】 2021年，青神县完成成乐高速扩容（青神段）及连接线建设；完成“四好农村路”示范路段建设106公里，获评省级“四好农村路”示范县；完成“金通工程·天府交邮通”品牌打造；争取天眉乐高速（青神段）“三桥三线三互通一服务区”落地青神；虎渡溪航电建设完成主体工程总量60%。

【成乐高速连接线建设】 成乐高速扩容（青神段）全长2.5公里，双向8车道，新增青神（观金）互通，按照六进九出标准设计，总投资约2.0亿元；同步规划建设青神（观金）互通与锦绣大道连接线5公里，路基宽25.5米，双向6车道，并建设游客接待中心，总投资3.0亿元。9月24日，成乐高速扩容（青神段）及连接线项目建成通车。

【岷江虎渡溪航电枢纽工程】岷江虎渡溪航电枢纽工程是岷江干流（彭山江口至乐山岷江三桥段）6个航电梯级开发中的第四级，上接“张坎梯级”，下衔“汉阳梯级”。坝址位于青神县城区下游3.5公里，左岸为白果乡，右岸为青竹街道，两岸公路纵横，交通极为便利。枢纽工程为河床式，坝线全长512.67米，正常蓄水位391米，相应库容3152万立方米，发电引用流量每秒996立方米，额定水头7.2米，坝顶高程396米。船闸等级为Ⅳ级，闸室有效尺度120米×16米×3.5米（长×宽×门槛水深），设计可通航2×500吨级船舶，渠化航道10.3公里。电站总装机容量6.3万千瓦，年利用小时数3927小时，年平均发电量每小时2.474亿千瓦。本工程为三等中型工程，枢纽建筑物从左至右为电站厂房、1孔排漂闸、17孔泄洪冲沙闸、船闸，另有左右岸坝前防洪堤、鱼道、分洪口及上坝公路等。设计工期35个月，工程总投资14.25亿元。截至年底，“二枯”闸坝及船闸开挖全部完成；闸室主体施工完成；厂房1号机及安装间土建完成；桥机投入使用；右岸堤防工程全面开工；完成鱼道建设；其他配套工程按计划同步施工。

（王梓萱）

2021年4月15日，青神县西三路（西龙至三洞）　　（县交通运输局供图）

交通规划

【概况】 2021年，青神县交通运输局着眼于建设四川省综合交通运输发展示范县，为青神县打造全国机械产业特色县，全省农业产业精品县和文化革命区县提供强有力的支撑，科学谋划未来五年青神交通运输发展思路、目标及重点任务，编制《青神县“十四五”综合交通运输发展规划（2021—2025年）》《眉山市青神县农村公路网布局规划（2021—2035年）》《青神县城乡公交一体化规划》。

【成眉交通同城化发展规划】《青神县“十四五”综合交通运输发展规划（2021—2025年）》中，规划形成“两纵一连”（两纵为已建成的成绵乐城际铁路，规划的市域铁路S16线，一连为规划的成昆铁路思蒙站—青神港货运铁路专线）的铁路网骨架，争取成绵乐城际铁路实现公交化运营，力争成都市域铁路S13线能和眉山段同期实施，铁路实现公交化运营新模式；推进天府新区经眉山至乐山高速公路（青神段）、省道S103线（青神至五通桥段）、国道G245线（青神段）、省道S307线（县城至仁寿段）等项目；建设好虎渡溪航电枢纽工程，提升航道至四级标准，旅游码头同步建设；推进县乡村道路提升改造、桥梁、安防工程、农村公路交叉路口“六个一工程”（一套指路标志标牌、一块公路信息牌、一个通视区/一块凸面镜、一组道口标柱桩、一组警示减速标线、一处景观小品）等公路设施建设，全年建成“四好农村路示范路”100公里以上，青神县创建“四好农村路”省级示范县。推进多式联运发展，充分发挥农村客运场站、车辆在服务农村物流、小件快运和农村邮政等方面的组合应用。

【农村公路网布局规划】2021年，青神县完成《眉山市青神县农村公路网布局规划（2021—2035年）》编制工作。规划县、乡、村道共548条，全长907.76公里，其中规划县道13条、169.02公里，以三级公路标准为主；乡道39条、192.98公里，以小交通量四级公路Ⅰ类标准为主；村道496条、545.76公里，以小交通量四级公路Ⅰ类标准为主。乡级人民政府所在地以及重要交通节点、重要文化旅游节点、重要经济节点至少有1条县道及以上公路连接；县际主要通道、重要乡镇间实现县道及以上公路连接；100%的建制村以及一般交通节点、一般文化旅游节点、一般经济节点至少有1条乡道及以上公路连接，具备条件的乡镇间实现乡道及以上公路连接；相邻建制村、自然村（组）至少有1条村道及以上公路连接。

【交通运输服务专项规划编制】2021年，青神县编制《青神县城乡公交一体化规划》。青神县落实公交优先发展战略，以提高服务水平、满足出行需求、促进城乡一体化为出发点和落脚点，以“社会能承受、财政可支撑、百姓得实惠”为基本要求，完善公交基础建设，加强城区公交与城乡公交的统筹协调，完善线网与场站规划，构建城乡公交一体化，加强农村交通、城际交通与城市交通的衔接；在推进国省干线公路、农村公路和城市道路建设的基础上，逐步构筑层次分明、衔接合理的城乡客运场站系统；建成衔接合理、安全高效的城际、城区、城乡三级客运网络；分阶段、分地区开展城乡客运路线的公交化改造，提高城乡公交客运网络的覆盖程度；逐步建成运力充分，舒适安全、节能环保的公共交通系统，构建与青神县经济发展相匹配的城乡公交一体化系统。

（王梓萱）

交通运营

【概况】2021年，青神县有客运车辆120辆、客位2027座，分别由3家班线客运公司、1家公交公司、1家出租车公司开展道路旅客运输；营运货车854辆、吨位1309.81吨，分别由13家货运企业开展道路货物运输。

【公路水路运输】2021年，青神县有客运车辆120辆，全社会客运量643.88万人次，客运周转量24988.78万人公里；货运车辆854辆，货运量629.86万吨，货运周转量27134.71万吨公里。

【公交路线运营】2021年，青神县有城市公交线路3条、公交车18辆，由青神万城绿道公交客运有限公司开展运营，载客量38.4万人次。完成《青神县城乡公交一体化规划》编制工作，详细说明公共交通城乡一体化建设的必要性和具体实施形态。

【金通工程建设】2021年，青神县交通运输局保障农民群众“行有所乘”，做好“金通工程”四统一［统一乡村客运logo标识、统一招呼站（牌）、统一车身外观、统一从业人员管理］；以农村客运“三化”（经营公司化、运行公交化、线路网络化）为发展方向，以“四统”（目标统揽、标准统一、政策统筹、保险统投）为着力点，以“五有”（有电话、有标识、有人员、有制度、有台账）为兜底标准，明确基本功能定位，强化落实主体责任，提高农村客运覆盖范围和服务能力；青神县7个乡镇（街道）、89个建制村（社区）全面实现乡镇和建制村通客车工作目标，开行的乡村客运线路共14条，运行车辆18辆；列支专款专用补助资金，对“金通工程”车辆经营行为进行质量信誉考核合格，每年向客运企业拨付兜底性亏损补贴54.73万元，为运输企业做好服务保障工作，惠及百姓民生。

（王梓萱）

2021年11月17日，青神县龙白旅游环线（罗波乡龙泉坝至青竹街道白塔寺）（县交通局供图）

交通运输管理

【概况】 2021年，青神县交通运输局统筹抓好青神县交通行业错峰控流、保通保畅、项目建设、安全生产、行业稳定等工作，加强客、货运企业安全源头监管，督促企业建立健全安全责任清单，要求企业按照责任清单落实主体责任，在汛期组织客、货运企业开展防汛值守工作，储备汛期救援客、货运车辆50辆，开展“11·9”消防安全宣传培训和消防应急救援演练，增强全体驾驶员的应急处置能力和安全意识，确保人民群众的生命财产安全。

【交通运输安全监管】 2021年，青神县交通运输局组织开展安全生产排险除患集中整治行动，对水陆运输企业、道路桥梁、在建交通项目开展拉网式隐患排查和整治；组织开展交通运输安全生产“创安2021”监管执法专项行动，以“一整治一减少三提升”为目标，结合行业安全生产阶段性特点，制定青神县专项行动方案，合理安排监督检查（执法）时段和内容，开展清单制安全执法监管，坚决杜绝重特大事故、遏制较大事故、减少一般事故，提高企业安全管理水平。全年出动交通执法人员1926人次，联合公安、交警50余次，出动执法车辆260辆次，检查社会车辆和营运车辆1895辆。

【交通隐患排查整治】 2021年，县交通运输局认真开展道路隐患排查，对在巡查过程中发现的安全隐患及时上报，并及时进行处理。同时加大了对超限车辆的查处力度，营造了安全良好的道路运输秩序；开展水上安全大检查94次，出动检查人员352人次，检查船舶328艘次，查出隐患9处，完成整改9处，开展防汛暨突发事件应急处置大演练1次、水上交通安全知识宣传3次；组织乡镇领导、企业、船舶业主参加水上交通安全会并签订《水上交通安全承诺书》；巡查公路约8700公里，排查整治公路安全隐患约96处，安装弯道凸面镜2个，修复损毁路肩墙432.66立方米、修复挡土墙35立方米，新增、修复波形护栏1622米；整治路面坑凼822平方米。清除地质灾害隐患1处（井洪路K28+640处危险岩石），新设公路标线4处、1400平方米，改造桥梁栏杆11座。

【超限运输治理】 2021年，县交通运输局加大超限车辆的查处力度，安排白班和夜班及日常巡查，严查超限的车辆，在岷东大道、锦绣大道、眉青路等重点路段巡查，对有存在抛洒滴漏隐患的车辆一律要求整改；每月联合交警、公安等部门开展至少一次的联合执法，加大对恶意超限车辆的震慑；全年查处超限运输车辆226辆、抛洒滴漏车辆75辆，移交交警226辆，驾驶证记分1023分，从业资格证记分1530分，罚款29.73万元（其中移交给交警罚款24.23万元）。保证道路运输秩序的良好和生产生活物资的正常运输。

【交通运输综合执法】 2021年，县交通运输局加大公路日常巡查力度，确保每天干线公路巡查不少于1次，每月乡村公路巡查不少于15次，保证巡查时间和质量，做好巡查记录；出动执法人员7368人次，治理摆摊设点236次，清除各类路障139处，处理损坏路产案件18起；对损坏的公路路产和附属设施及时恢复，对在巡查过程中发现的安全隐患及时上报处理，加强公路建筑控制区的管理，与各乡镇（街道）、自然资源局、农业农村局等相关部门联合执法，把好建筑审批，维护全县公路的路产路权。开展道路客、货运输企业、汽车维修行业、汽车驾培学校执法监督检查，全年出动执法人员689人次，组织检查183次，排查客运车辆3090台次，检查客运站33家次、普通货运企业49家次、客运企业60家次，驾驶培训学校9家次，综合性能检测站9家次，一、二类维修企业51家次，三类维修企业86家次，调查处理回复旅客投诉25起。开展汽车维修业环保整治，汽车维修市场等专项整治工作，检查137家次，发现隐患14处，督促整改完毕14处，开展重点货物运输源头巡查工作，按时报送相关资料信息，巡查18家，未发现有违法违规行为；配合县禁毒大队开展客货运输、公交、出租驾驶员、驾培教练员“毒驾”检测工作，累计检测1650余人次，未发现涉嫌“毒驾”驾驶员；实施汽车维修行业违法经营行为1例行政处罚，处罚金额1000元。

【“打非治违”专项行动】 2021年，县交通运输局成立非法营运专项整治小组，联合交警采取定点执法与流动巡查相结合的方式，在辖区汽车站、高铁站、岷东大道、眉青路、成艺大学附近等重点区域开展执法检查，全年出动执法人员4680人次，联合公安、交警开展联合执法38次、106人次，出动执法车辆437辆次，检查社会车辆和运营车辆4074辆次。查处道路旅客运输非法营运车辆3辆次、查处网络预约出租汽车违规经营10辆次，打击道路旅客运输非法营运行为，保障人民群众平安出行，促进青神县道路交通安全生产形势稳定好转。

【交通项目补助资金向上争取】 2021年，县交通运输局对上争取项目支持，争取补助资金1724.02

万元，其中“8·11”洪灾交通应急资金700万元，2019年度城市公交车成品油价格补助1.22万元，2021年度第一批省级财政农村公路养护补助资金51.3万元，产业发展资金2019年度、2020年度支持农村客运可持续发展11.2万元，铁路沿线安全整治补助19.3万元，2021年度第一批省级交通专项资金39.7万元，成乐高速扩容拆迁征地补偿470万元；农村公路日常养护资金34.3万元，河坝子客运站、农村公路项目397万元。

【交通项目造价监督管理】 2021年，县交通运输局完成交工检测验收项目5个，分别为罗波乡官斗山村龙泉村村道、两河一桥水井桥、欧河坝小桥、青神县人居环境改造项目农业产业配套基础设施（华青路青关路改造项目）、西龙镇2019年村道建设项目。项目均检测质量合格，县道桥梁主要检测指标数据很好，村道质量还有较大提升空间；监督在建项目3个，分别为2020年度漫水桥改造工程、复兴水库扩建项目移民专项交通类复建工程（库区桥）、西山柑橘产业环线，在建项目质量安全可控，2021年桥梁工程全部使用厂拌水泥混凝土，部分道路使用厂拌水泥混凝土。

【公路工程质量监管执法】 2021年，县交通运输局开展工程材料的价格调查，按时向市局上报青神县工程材料的价格情况，与2020年相比，砂石料价格略有上涨，钢材价格波动较大，水泥价格涨幅较大。

【“四好农村路”示范创建】 2021年，青神县“四好农村路”建设累计投入资金9600万元。县交通运输局对照48项创建指标，收集政策性文件50余份、各项佐证资料1000余份上报省厅；完成农村公路新改建约50公里，完善标志标线约20公里，约1500个交叉路口“六个一”工程，生命安全防护工程约10公里等工作；打造“四好农村路”示范路106公里。青神县创建“四好农村路”省级示范县。

【交通脱贫攻坚】 2021年，青神县完成农村公路提质改造工程19个、80公里，总投资8000万元；实施完成农村公路村道安全防护工程30公里，总投资300万元；实施20座农村公路危桥改造工程，总投资5000万元。

【农民工欠薪“两清零”治理】 2021年，县交通运输局按照《关于开展根治欠薪冬季专项行动的通知》要求，对2020年度漫水桥改造工程、四好农村公路建设项目的审批管理、资金监管和工程款按期足额拨付情况进行拉网式全覆盖排查；建立农民工工资支付问题情况台账，动态掌握欠薪企业、人数和金额。所涉项目均按月支付农民工工资，无拖欠工资案件发生。

【交通运输疫情防控】 2021年，县交通运输局全时段、全覆盖开展客运站、高铁车站、高速出口、渡口值守工作，全年调派工作人员7300余人次，检查出入青神人员11.87万人；严格落实行业主管部门主体责任，坚持每日抽查、定期检查，抽查客运车辆4890辆次，完成相关从业人员核酸检测4714人次、疫苗接种1440人，完成相关行业领域防控检查531次。

【铁路沿线安全环境整治】 成贵铁路客运专线由北至南途经青神县西龙、罗波2个乡镇，涉及8个村，在西龙镇马槽寺村设立高铁青神站。2021年，青神县完成铁路沿线高大危险树木砍伐清患工作，开展清理铁路沿线轻漂浮物和硬漂浮物等影响高速铁路安全的隐患治理工作。县交通运输局牵头开展铁路安全隐患整治，制定铁路沿线安全环境综合管控“双段长”责任制实施方案；逐步构建政府领导、部门协同、公众参与、法治保障的铁路环境安全治理体系，健全长效工作机制，对影响铁路安全的各类风险隐患实施分类管理、分级管控，形成地方和铁路联防联控、铁路内部联合协作、有关各方齐抓共管的合力，确保境内铁路平安运行、安全畅通。

【公路养护管理】 2021年，县交通运输局完成小修保养及安全隐患整治，完成青关路、乐青路、眉青快通等公路边沟清理，清理边沟1.4万米；检查维修井洪路、锦绣大道损坏井盖12个；对乐青路、井洪路、华青路、青关路、龙娴路、蚕丛大桥等损毁路肩墙和波形护栏进行维修及路面坑槽修补；完成汛期保通、保畅工作，对道路进行定期巡查，成立应急抢险队伍，做到出现险情及时到位、及时处理，确保干线公路畅通；针对大雨导致的井洪路、G245国道、青关路、乐青路、眉青快通、岷东大道、龙娴路、江白路等公路多处塌方，迅速组织人员和机具对公路塌方及时清理，确保公路保通、保畅，租赁挖掘机60小时、租赁装载机40小时、租赁运输车辆20台班、民工138工日，清理塌方约1500立方米，砍伐倒塌竹子、树木300多棵；完成灾毁统计，将统计基础业务规范化，建立和完善统计业务工作程序和操作规范，汛期灾毁实行现场采集，通过灾毁采集系统、“蜀路通”App和四川省公路阻断信息报送系统直报。青神县交通运输局营造“畅、洁、绿、美、安”的公路环境，做好公路保洁和绿化养护，完成公路扬尘处理，提高公路抛洒滴漏治理成效，加大洒水车的上路频率，扬尘治理取得成效。

【农村公路路长制推行】 2021年，青神县交通运输局推进“路长制”，全县13条县道、39条乡道、52条村道包干给10个县领导、8个牵头部门和17个协同单位，提升“路长制”实效，打造“智慧路长”App并在全县进行推广，推行“巡查、反馈、协调处理、督查、通报”五步工作法，形成“横向到边、纵向到底”的机制和“上下一盘棋、管理全覆盖、措施全落实”的工作局面。

【海事管理】 2021年，县交通运输局出动检查94次，检查人员352人次，检查船舶328艘次，查出隐患9个，完成整改9个；推进风险辨识管控与隐患排查治理双重预防机制建设，开展汛期安全大检查39次、防汛暨突发事件应急处置大演练1次、水上交通安全知识宣传3次；组织乡镇分管领导、企业、船舶业主参加水上交通安全会，签订《水上交通安全承诺书》；开展船舶突出问题的专项整治行动，举行水上交通安全管理教育培训18次，参加人数480人次；按照《船舶与港口污染突出问题整治省补资金》文件精神，对已安装生活污水收集装置的31艘船舶按省补资金70%的要求发放到位；配合白果乡政府、复兴水库管委会，对复兴水库库区5只存在漏油风险的违规挂载动力的机动船进行整改；做好环境保护工作，检查3家公司，开展检查15次，出动执法人员75人次，主要督促公司油污转运合同，按规定填写记录，码头船舶的环保设备配备情况。检验船舶53艘，其中换证检验10艘，临时检验4艘，年度检验39艘。全年未发生因检验质量引发的船舶安全事故。按照档案工作标准化要求，按时归档检验资料。共行政处罚船舶、船员违规违法行为3起，处罚罚金0.53万元。

（王梓萱）

邮政管理

【概况】 2021年，中国邮政集团有限公司四川省青神县分公司内设综合办公室、市场经营部2个职能部门，下辖4个生产班组、7个代理金融营业所、1个纯邮政营业所，15个农村委代办点；有从业人员83人；有生产、办公、住宿用房5352.68平方米；有生产和行政用车12辆，机动三轮车5辆，全年汽车邮路里程7万公里。

【通信建设】 2021年，青神县分公司按照“敢打硬仗、能打胜仗、百亿竿头、更进一步”的总体思路，整合邮政内外资源，强化邮政渠道优势，提高平台运营能力，做好三级物流体系建设工作；结合包裹快递业务县域整合方案，调整县内邮运线路，确保覆盖自营网点，加快邮件传递速度；加大投递设备投入，增加邮件自动分拣设备，配备邮运汽车8台、机动三轮车5台，建设包裹自提点36个，配置投递手持智能终端29台；着力推进渠道建设，完成县乡村三级物流体系的打造，完成县级物流中转中心1个，建立乡镇电子商务服务中心7个、村级（社区）电子商务服务站40个，打通“工业品下乡、农产品进城”最后一公里；三级物流体系项目的建成实现“工业品下乡、农业品返城”，更好服务地方民生。

【经营成效】 2021年，青神县分公司围绕“四梁八柱”战略构架和“六维共生”新邮政发展格局，推动青神邮政发展速度和发展效益，围绕中心工作，加强内部管理，发挥带领、引导作用，注重提高管理水平，改进工作作风，完成各项目标任务，业务总收入2988万元，完成进度104.33%，增幅13.8%。

【企业管理】 2021年，青神县分公司合理制订金融网点人员的轮岗计划，加强员工履职考核，调动员工发展业务激情；规范和完善劳动用工配套管理办法，依法规范各类用工，确保劳动合同、劳务派遣协议的规范签订率100%；加强员工教育培训，提升队伍素质，完善落实企业规章制度；定期召开班组长以上管理人员经营分析会和安全生产联席会议，坚持定期检查和突击检查相结合，严防案件的发生，定期组织防抢和消防演习，全年无安全事故，无资金票款案件，无媒体曝光事件发生；开展党员突击队等活动，改进工作作风，提高办事效率，优化服务环节；开展好联系村、联系户对接工作；更新“职工小家”设施设备，组织业务技能比赛、登山比赛，演讲比赛、摄影比赛等，丰富员工业余文化生活。

（王伟男）

城乡建设与管理

城市建设

【概况】 2021年，青神县投资约1.7亿元，新建滨江大道、振兴路南沿线、改造青衣大道、开工建设兴业路市政道路建设工程，城市“四纵四横”交通格局初步形成；坚持城市北拓，世代学府、九号公馆、澜悦庭等高品质楼盘相继成形；坚持拥江发展，累计投资约1.8亿元，建成青神城市会客厅唤鱼公园，滨江新区初见雏形；坚持河湖联通，建设兴业渠，改造护城河，“五湖四河”的城市水脉正在形成；坚持建设竹韵之城，提升城市干道绿化景观，依托项目新建点状公园绿地6个，串联竹里系列公园、唤鱼公园等，建成城市环游绿道，形成“一环多点”的城市绿地系统。

【城市基础设施建设】 2021年，青神县持续拓展新区，推进城市北拓、拥江发展，加快推进滨江新区、城北片区综合开发，投资约2.18亿元，完成占地600亩的唤鱼公园和占地82亩的竹里梅花公园建设；投资约8000万元，完成振兴路南段、城东路北段、学道街东段、外东街等市政道路建设；投资约5500万元，完成1.1公里的青绘河水系、2.3公里的护城河建设；投资约5000万元的兴业路一标段市政道路启动建设；推进万景进园、世代学府、九号公馆、万景峰汇等楼盘；未来五年城市发展框架基本构成，建成区规模达到8.1平方公里，城市人口8.03万人，城镇化率47.7%。投资1.29亿元，改造老旧小区122个；投资700万元，提标改造城南农贸市场高标准；投资2500万元，改造青衣大道约2公里；投资3600万元，整治背街小巷道路，改造外东街、一环路南段、小南街、交通街、民主街等市政道路约5公里；推进青衣大道景观工程、城东农贸市场、城乡一体化供水等项目建设和城市基础设施补短板项目融资贷款工作。城市品质不断提升，人居环境持续改善。

【“厕所革命”行动】 2021年，青神县住房与城乡建设局（以下简称县住建局）按照城乡规划、土地利用总体规划和《城市公共厕所设计标准》《城市公共厕所卫生标准》《旅游厕所质量等级的划分与评定》等技术规范标准，按照“数量充足、干净无味、实用免费、管理有效、卫生文明”的原则推进“厕所革命”，结合城市开发、公园绿地建设、景区打造等项目建设，将厕所建设与重大项目建设同步规划、同步设计、同步实施，新建公厕8座、改建公厕4座，投资约520万元，依托老旧小区改造项目，改建旱厕97个；完善长效管理机制，实行专人负责日常保洁，确保厕所卫生质量标准，做到“无异味、无污垢、无积水、无蛛网、蹲位干净、地面干净”，以优良的厕所卫生环境服务群众。

2021年3月12日，青神县竹里梅花公园建设现场　　（县住建局供图）

【老旧小区改造】 2021年，青神县老旧小区改造工程分为青神县南部片区老旧小区配套基础设施改造项目和青神县北部片区老旧小区配套基础设施改造项目，采用工程总承包（EPC）模式，由中国电建集团成都勘察设计研究院有限公司和青神羽翔建筑工程有限公司联合承包，计划投资约1.29亿元。项目位于青神县青竹街道，工程建设涉及小区122个、居民3231户；改造雨水管网1.57万米，污水管网1.57万米；道路黑化6100米；改造或新建停车场1.76平方米；绿化园林6799平方米；改造或新建地面排水沟3285米；改造或者新建物业用房、大门、供水设施、化粪池、消防设施、照明设施、环卫设施、便民设施、安防监控设施等配套基础设施。截至年底，对上争取保障性安居工程资金4446万元（其中公租房和棚户区改造补助资金47万元，老旧小区改造补助资金4399万元），完成56个老旧小区、3条道路改造。

【天然气供应管理与服务】2021年，青神县有燃气企业4家，分别是2家管道燃气公司（眉山青神华龙天然气有限责任公司和眉山恒辉天然气有限公司）、1家瓶装石油液化气充装站（青神淼龙天燃气有限公司）、1家CNG加气站（眉山佳程燃气有限责任公司）；全县建设管道长481公里（城区管道174公里、农村管道307公里），管道燃气总用户4.56万户（其中城区2.79万户、农村1.76

万户），管道燃气日供气量约 16 万立方米，全县燃气入组普及率达到 96.52%。县住建局开展燃气安全检查 47 次，发现安全隐患 66 处，发出整改通知 11 份，全部完成整改。

（李典乐）

城镇与乡村建设

【概况】 2021 年，青神县城乡面貌得到改善，人民群众的获得感、幸福感、安全感均有所提升。滨江新区初见雏形，"一环多点"的城市绿地系统、"五湖四河"的城市水脉逐步形成。

【新型城镇化建设】 2021 年，青神县累计投资约 1.7 亿元，新建滨江大道、振兴路南沿线、改造青衣大道、开工建设兴业路市政道路建设工程，城市"四纵四横"交通格局初步形成；坚持城市北拓，世代学府、九号公馆、澜悦庭等楼盘相继成形；坚持拥江发展，累计投资约 1.8 亿元，建成青神城市会客厅唤鱼公园，滨江新区初见雏形；坚持河湖联通，实施"引岷入城"，建设兴业渠，改造护城河，"五湖四河"的城市水脉逐步形成；坚持建设竹韵之城，提升城市干道绿化景观，依托项目新建点状公园绿地 6 个，串联竹里系列公园、唤鱼公园等，建成城市环游绿道，形成"一环多点"的城市绿地系统；积极对接省、市相关部门开展西龙镇"百强中心镇"申报工作。

【农村危房改造】 2021 年，青神县住建局争取中央、省级财政农村危房改造专项补助资金 80 万元，对全县 33 户农村低收入群体和未享受过农村住房保障政策支持且依靠自身

2021 年 12 月 11 日，青神县城市生活污水处理厂建设 （县住建局供图）

力量无法解决住房安全问题的其他脱贫户 C、D 级住房通过加固维修、拆除重建等方式实施改造，完成率 100%，群众满意率 100%。

【污水处理设施建设】 2021 年，青神县住建局牵头开展城市生活污水处理厂原 1 期提标升级改造，总投资约 2500 万元，7 月 1 日竣工并投入试运行，10 月前实现"双电源"保障；完成全县乡镇污水处理站备用发电机配备，建制镇生活污水处理厂（站）日处理能力 500 吨及以上的，完成水量计量、水质（出水 COD、氨氮、总磷）自动监测设备安装，完成 11 座乡镇生活污水处理站环保突出问题进行整改，全县污水处理厂（站）长期稳定达标排放，生活污水收集处理率提升至 92%；投资约 3200 万元，结合老旧小区改造，完成雨污分流改造约 29 公里；投资约 380 万元，对全县乡镇场镇污水管网进行整治，雨污管网分流改造约 17 公里；投入约 230 万元，聘请 2 家专业管道查勘公司对城区和所有乡镇污水处理站配套污水主管进行普查检测，城区普查市政污水主管道 51 公里，清除管道淤泥约 500 吨；乡镇共普查污水管网 73 公里，率先在全市实现管网普查全覆盖。城市生活污水处理厂进水 COD 浓度月均值长期稳定保持在每升 200 毫克；全县城区污泥无害化处置率长期稳定保持在 90% 以上，建制镇 80% 以上。

（李典乐）

城乡绿化

【概况】 2021 年，青神县创新工程建设模式，将公园建设与景区打造、老旧小区改造、商住开发、景观塑造、功能配套等多种功能相结合，注重将本地文化融入公园建设。坚持"随坡就势不挖山、顺其自然不填塘、依树造景不毁林、田园风光自成景"的原则，继续推进"公园绕城"建设。全县有公园 10 个，人均公园绿地面积 18 平方米，中心城区实现公园服务范围全覆盖。

【公园绿地项目建设】 2021 年，青神县投资 1.8 亿元建成占地 500 亩的唤鱼公园；投资 1700 万元，新建以青绘湖为核心的 82 亩竹里梅花公园；结合青绘河水系建设工程、护城河综合整治工程等项目，投资 7000 万元新建青绘河景观带、滨江景观带、护城河景观带等带状公园；大力推进岷江流域生态屏障建设项目，完成城

北防护林项目、成乐高速青神出口西连接线营造林建设项目等。

【城区公共绿化建设】2021年，青神县依托建设振兴路南沿线市政道路建设工程、护城河综合整治项目、老旧小区改造项目配套道路建设等项目，在城区范围内新建口袋式绿化节点6个，新增街边行道树4处。

（李典乐）

城乡土地征收补偿安置

【概况】2021年，为落实土地利用总体规划和城市总体规划，青神县住建局、自然资源局等部门按照补偿安置方案，严格落实程序，开展城乡土地征收补偿安置工作。

【失地农民社会保障】2021年，青神县审核上报按城镇人口安置的被征地农民608人，审查全失地农民最低生活补贴人员9310人。

【土地报批保障】2021年，青神县上报建设用地5个批次，保障建设用地590亩。

（鲁　艳）

【国有土地征补】2021年，青神县住建局、县自然资源局制发《关于印发盐关社区、红桥社区棚户区改造和滨江片区土地储备项目国有土地上房屋回购方案的通知》和《关于印发盐关社区、红桥社区棚户区改造和滨江片区土地储备项目国有土地上企业回购方案的通知》，完成项目范围内滨江片区182户回购工作（回购散户167户、企业12家），均签订协议；回购住户面积2.3万平方米（住宅面积1.92万平方米，临街门市面积3839.39平方米），回购补偿金额2.42亿元（回购散户1.47亿元，企业9505.42万元）。回购拆迁外东街、盐关路、老河街房屋13户，回购门市面积860.13平方米，住宅面积1801.5平方米；回购拆迁润林木材厂、搬运社，回购土地面积1872.48平方米、建筑面积1955.55平方米。

（李典乐）

【安置工作】2021年，青神县完成征地818亩，拆迁215户，安置884人。

（鲁　艳）

房屋建设

【概况】2021年，青神县有在建在售房地产项目10个，完成商品房销售面积29.28万平方米（同期数20.96万平方米），比2020年增长39.7%，全市排名第二位，完成目标任务。

【建筑业发展】2021年，青神县建筑业总产值比2020年增长11.1%。商品房销售面积29.28万平方米，比2020年增长39.7%，全市排名第二位；支持配合中桓建工集团有限公司晋升施工总承包特级资质；召回一家二级资质施工总承包企业四川鸿达伟业建设工程有限公司入青神注册。

【房地产市场发展】2021年，按照银保监会“稳地价、稳房价、稳预期，遏制房地产市场金融化泡沫倾向，健全房地产调控长效机制，促进房地产业稳定健康发展”行业发展要求，青神县房地产服务中心调研全县房地产业金融缺口，多次组织召开房地产开发企业和银行金融机构座谈会，探索联席工作制度，征求金融供需双方意见和建议，动态把握金融供需关系和发展情况，实时研究化解措施；联合县市场监督管理局对“万景進园”“青神·万景峰汇”项目发布虚假广告的行为送达调查通知书，并作出处罚决定书，分别处以1.63万元、1.4万元的罚款，净化全县房地产市场发展环境。强化对中介机构不定期的巡查力度；推进预售许可核发联席评审落地。全县首个采用联席评审制度核发商品房预售许可的项目“澜悦庭”通过评审，县住建局、县自然资源局、县人社局、县公安局等8个部门共同参与，通过多方位审核评审，降低问题楼盘出现概率。妥善解决商品房各类信访件111件，安排专人从网签备案数据库中随机抽取数据回访交流，听取购房群众对房地产开发企业产品服务的意见和建议，提升购房群众安全感。

【建筑行业专项治理】2021年，青神县住建局对县内建筑业企业专业技术人员职业资格“挂证”等违法违规行为进行专项整治，未发现建筑领域“挂证”行为；开展建筑施工企业动态核查，核查7家企业，对核查不合格的4家企业发出责令（期限）整改通知书，3家整改完成，1家因拒不整改被撤销资质；按照深化招投标行业领域突出问题系统治理要求，会同县发改局等部门通过资料核实、现场核查等方式开展核查，核查比例100%，核查初步发现问题项目1个，督促完成整改；利用信用管理平台扣分项目16个，涉及施工企业16家、监理企业9家、招标代理机构1家；青神县建筑企业加分项目13个，涉及施工企业6家、监理企业5家。

【项目审批与咨询】2021年，青神县开展工程建设项目审批“体外循环”和“隐性审批”专项整治工作，自查梳理工程建设项目审批情况，全面梳理审批服务事项、审批前置条件、审批范围、审批环节，包括是否涉及中介服务、委托专家或机构进行技术审查、现场核验、公示公告等，查找存在的“体外循环”和“隐性审批”问题，建立整治问题台账，明确责任，逐一整改落实；推进落实工程建设项目审批全程网办工作，将工程建设项目审批涉及的全部事项纳入工改平台，实现最大化并联审批，推动工程建设项目审批从申请受理、审查决定到证件制作的全流程全环节在线办理，实现工改平台与各部门审批平台系统的互联互通，数据共享。4月，青神县住建局成立行政审批股，入驻政务服务大厅，方便群众办事。全年办结“一网通办”事项3935件，全程网络办理覆盖率100%，在全市“一网通办”工作排名靠前。

【房屋勘察设计监管】 2021年，青神县住建局完成青神县兴业路东延线市政道路建设工程等19个项目地勘作业现场见证；完成青神县红色西山革命教育基地等7个项目初步设计审查工作，出具初步设计批复7份。完成施工图设计文件审查备案项目33个。

【消防审查验收】 2021年，青神县住建局对22个工程进行消防设计备案，其中邀请消防方面专家，对延天·世代学府一期、二期工程项目、西南表面处理循环经济产业园（基础设施建设）电镀废水处理厂一期项目等特殊工程开展消防设计专项审查，所查项目均审查合格或修改后合格；一般工程备案均按照施工图审查合格书备案；验收消防工程21个，其中邀请消防方面专家，完成青神县实验幼儿园分园建设项目、九号公馆（一期）项目工程等特殊工程消防设计专项验收备案，经查均整改合格；对一般工程采用备案验收，并按要求抽验。

【住建领域信访问题化解】 2021年，全县收到信访来件495件，办结率100%，满意率95%。其中问题楼盘化解成效明显，财富中心项目完成住宅不动产权证办理392户；东山商贸城协调县农商银行释放8万元按揭保证金用于项目1期业主办理不动产权证税费缴纳，开发商正在准备业主办证资料；鑫府房产依法进入破产程序，资产管理人对第一批申报办证的住宅购房户资料完成审核和公示；万象绿庭在经历破产重整后，年底全面封顶并对外销售。全县房地产领域信访积案减压减量明显。接电话、网络平台等热线工单求助，发放民工工资17件，全部限时办结，满意率90%以上。深入在建项目工地开展根治欠薪专项检查20余次，对发现的问题以“发点球”的形式分别对7个项目发放整改通知书，各项目均在规定时间内整改到位，并书面回复。对在建项目严格落实农民工实名制用工。开设农民工工资专用账户，实行银行代发工资制度，通过专用账户将工资直接转入农民工个人账户。建立失信联合惩戒机制，对拖欠农民工工资行为进行相应处理。

（李典乐）

市政管理

【概况】 2021年，青神县城市管理工作按照“城市管理应该像绣花一样精细”的城市管理要求，坚持“人民城市人民管，管好城市为人民”的理念，建立“1573”城市网格化管理工作机制（即坚持党建引领这一核心，将城区划分为5个片区进行精细化管理，建立城市管理“摊点归区，农贸归市，坐商归店，停车归位，广告归栏，店招归建，垃圾归桶”的“7归”标准，强化组织、督查、考核3个保障）。县综合行政执法局获“全市住房城乡建设系统城市管理和行政执法工作先进集体”“眉山市先进基层党组织”等16项集体荣誉，13人获得市、县表彰。

【城市防汛管理】 2021年，青神县住建局开展全县防汛安全隐患排查整治工作，逐街逐巷排查和维护城区雨污水管网、雨水收集口、检查井等市政排水设施，排查整治城区低洼处、易涝点、排水管网、护城河，减少城区内涝的发生；修订《2021年城市防汛抗涝抢险救灾应急预案》，制定详细的值班表，5月—10月15日切实开展防汛值班工作，做到分管领导带队、值班人员到位；老旧小区改造投入专项资金4399万元、市政道路配套基础设施建设投入5348万元、疏通排水道管网和市政设施管护投入173万元、老城区内涝整治工程投入500万元、市政公共设施维护投入200万元，结合老旧小区配套基础设施改造，对老城区低洼地段雨污水管道进行整治，消除原老审计局小区、城北路老年大学小区、城北路老酒厂、交通街和平港、文林街老城管等7处内涝点；投资约1000万元，新建兴业路东延线雨污管网，彻底解决城北片区内涝问题；滨江大道北段实施航电工程配套管网建设，投资约100万元，新建DN1500口径排水管道，解决盐关社区5组、6组、7组内涝问题。

（李典乐）

【环境卫生管理】 2021年，青神县综合行政执法局完善并制定《城区清扫保洁及生活垃圾收运作业标准》《青神县扬尘污染专项治理实施方案》《垃圾处理专项整治行动方

2021年1月27日，县综合行政执法局牵头开展联合执法工作　（县综合行政执法局供图）

2021年8月9日，县综合行政执法局召开执法培训会　（县综合行政执法局供图）

案》等4项管理办法。全年完成生活垃圾转运约3.28万吨，无害化处理率100%，落实4台洒水车，2台雾炮车常态开展道路扬尘治理，保障环境空气质量；推进“建成即移交”机制，建立新建城市道路、广场、公厕“建成即移交”机制，将新建成的滨江路等12.64万平方米区域纳入服务范围，完成城区约151万平方米常态化清扫保洁工作。建立目标管理、日常管理与社会监督相结合的考评机制，组建工作专班引入“公众参与考评”，坚持“日巡查+月考核”，按照日巡查占比70%、月考核占比30%的评分机制进行考核，实施倒逼整改，提升环境卫生服务质量。

【市容环境管理】 2021年，青神县综合行政执法局以“环卫保洁大起底、市容秩序大清理、停车秩序大规范、遮阳伞篷大清除、路灯光彩大检修”5大专项行动为抓手，系统整治城市各类乱象，取缔占道经营8000余处，规范车辆停放1.8万余辆，拆除遮阳伞篷570个；制定《户外广告和店牌管理办法》规范广告和店牌管理。在城区规范设置公共信息宣传栏10个，实施店招设置备案登记制，组建专业队伍开展广告乱象整治，拆除道旗广告451个，清理城市非法小广告2400余处，打击曝光14件，联合公安机关行政拘留乱涂、乱画非法小广告行为人2人；严控违章搭建，按照“统一领导、协调联动、预防为主、综合治理、依法拆除”的原则，建立健全不符合城区城市容貌标准、环境卫生标准的建筑物的防控和治理工作责任制，构建“网格发现、信息畅通、快速反应、综合执法”的违法建设制止和查处联动工作机制，组建工作小组专项常态开展整治。

【路灯管理】 2021年，青神县综合行政执法局组建市政照明维护工作专班，常态开展检修维护，全年维修维护时控柜25个、路灯1000余盏，更换电缆9万余米，完成应急抢险维修30余次，保障城市路灯亮灯率98%以上；投入260余万元完成机械大道路灯改造项目，营造城市夜景。

【城市管理行政执法】 2021年，青神县综合行政执法局强化执法队伍素质提升，以综合执法改革和两项改革为抓手，落实行政执法“三项制度”，通过教育培训、以案说法等形式，提升执法队伍能力和水平，完善执法装备，提高执法队伍的现代化水平。年内新增行政执法证持证人员9人，执法证覆盖率提升至87.5%，深化“放管服”改革，依法简化办事流程，依托一体化政务平台办理货车入城审批957份，办理占道审批168份，暂扣各类占道物品1600余件，行政处罚768人次。建立综合行政执法联动机制，推进执法力量下沉，提高行政执法效率，推动乡镇（街道）综合行政执法体系建设，深化综合行政执法体制改革，逐步实现“一支队伍管执法”。

【城市管理领域防疫】 2021年，青神县综合行政执法局做好公共区域常态化消杀工作，每日对城区14座公厕、4座垃圾地库、3座垃圾收集站及垃圾压缩转运站开展2次消杀作业，消杀率100%；对城区公共区域开展常态化消杀，每周联合检查2次，生活垃圾做到“即满即清”。落实行业监管责任，督促卫生保洁服务公司、共享电动车（自行车）公司对垃圾收集箱、环卫作业车、共享车辆等设施设备定期开展防疫消杀。加强公共区域废旧口罩收集，在城区公共区域科学设置废旧口罩专用收集桶，落实专人定时收集、定点规范处置，设置废旧口罩专用收集桶300个。严格落实城市领域疫情要求，加强城市管理综合执法，重点抓实城市广场、农贸市场、城区主次干道等秩序维护，规范活禽交易，取缔流动摊点、占道棋牌活动等，出动2100余人次，发放防疫宣传资料3.5万份，助力疫情防控。

（赵秀波）

教育·科学技术

基础教育

【概况】 2021年，青神县撤并农村小规模学校3所，暂停招生3所。全县基础教育学校34所，包括普通高中1所，单设初中3所，单设小学14所，幼儿园16所；在校学生1.61万人。县教体局获县级以上表彰27项（其中国家级1项、省级1项），学校获国家级奖项3项、省级奖项4项。

【学前教育】 2021年，青神县在园幼儿3831人，学前三年毛入园率95%；深化共同体办学模式，聚合学前教育资源，实行集团化办学；剥离小学附设园10所，组建县幼儿园教育集团和县实验幼儿园教育集团，总园、分园统一办园理念、保教保育、教研教改、教师培训、幼儿评价，提升乡镇公办园设施环创、师资队伍、园务管理、保教保育水平；开展入园走访、互动学习、师资培训、交流研讨、优质活动展评等活动70余次，打造园所主题文化10所；民办园年检合格13所、基本合格2所，限期整改1所。公办率（77.94%）、普惠率（92.33%）均居全市第一，创建市级示范性幼儿园1所，成功申报省级“幼小衔接试验区”。

【义务教育】 2021年，青神县小学、初中在校学生1.05万人，正常适龄儿童、少年入学率均100%，适龄残疾儿童、少年入学率97.8%，义务教育阶段巩固率100%，小学、初中学生毕业率分别为100%、99%，15周岁人口文盲率0%，15周岁人口初等教育完成率100%，17周岁人口中等教育完成率98%；城乡义务教育一体发展，县域义务教育校际差异系数小学、初中均达国家标准。青神县学道街小学舞蹈《牛娃》亮相迎冬奥倒计时100天艺术盛会，青神县实验小学《西山英雄——何光辉》获第四届四川省（金凫奖）中小学生电影周“十佳剧本”奖；青神县被认定为全国中小学劳动教育实验区（全国96个、四川4个）。

【普通高中教育】 2021年，青神县在校学生1771人，高中阶段毛入学率95%。普高招生597人，普职比约5.2∶4.8，56人以上大班额全面消除。高考重点本科上线104人、本科上线437人，分别完成目标任务的124%、121%，本科上线率创历史最好成绩。

（王　英）

职业教育

【概况】 2021年，青神县有中等职业学校1所，全日制在校学生1539人、毕业生413人，就业安置率100%；职业大学1所，全日制在校学生5823人、毕业1300人，大专毕业生就业安置率85%。

【中等职业教育】 2021年，青神县中等职业学校招生467人，中职全日制在校学生1539人、毕业生413人，就业安置率100%；推进中高职衔接，对口单招上线45人，上线率92%，自考大专毕业学生194名，市第12届中职学生综合素质大赛团体二等奖，单项一等奖8个；立项省级重点课题1项，结题市级课题1项，获第七届四川省教育成果奖一等奖1项；1名学生获中职学生国家奖学金。

【成都艺术职业大学】 2021年，成艺大学青神校区在校学生5823人、教职工340人、毕业1300人，大专毕业生就业安置率85%。设建筑工程学院、文化与管理学院、体育学院、城市学院、航空与旅游学院5个学院，开设专业23个，其中本科专业5个、专科专业18个。参加省级本科大学生竞赛获团体一等奖5项、二等奖16项，个人一等奖15项；申报增设“旅游管理、全媒体新闻采编与制作”2个本科专业，通过教育部审核。

（王英）

项目建设

【概况】 2021年，青神县教育体育局（以下简称县教体局）对上争取各类项目资金约3066万元，实施教育项目15个，维修、改造校舍面积约2.8万平方米。

【青神县实验幼儿园分园建设项目】 项目投入资金200万元，实施青神县实验幼儿园分园附属工程建设项目。实验幼儿园分园于2021年秋季按期投入使用。

【青神县学道街小学改扩建项目】 项目投入资金约1500万元，启动青神中学校整体搬迁后划拨给学道街小学的教学区部分改造；完成1号、2号、3号教学楼屋面、内外墙及卫生间改造、校园管网改造。

【青神中学校整体搬迁建设项目】 项目按智慧校园、文化校园、绿色校园、共享校园的理念设计建设，总投入7.8亿元，占地210亩，总建筑面积约8.77万平方米，按新高考标准1∶1.3配套教学用房及设备设施，

2021 年 5 月 20 日，青神县 2021 年学前教育宣传月活动暨青神县幼儿园教育集团罗湾分园授牌仪式　（县教体局供图）

2021 年 9 月 10 日，青神县庆祝第 37 个教师节座谈会在青神中学召开　（县教体局供图）

占地面积是原校园的 3.7 倍，建筑面积是原校园的 3 倍，新增普高学位 1200 个、初中学位 1200 个，青神中学办学条件得到根本改善。2021 年 5 月，青神中学校土建工程完成竣工验收；2021 年 8 月，完成设备设施采购验收，2021 年 9 月 1 日，青神中学整体搬迁暨秋季开学典礼在新校区举行。

【教育信息化建设】 青神县推进县校两级智慧教育平台建设，青神中学被评定为首批市级智慧教育（数字校园）示范校，OA 办公平台和互动直录播平台整体迁移天翼云；青神教体局组织 22 名教师观摩第 80 届中国教育装备展示会；完成教育政务公共数据录入工作，录入数据 53 条；制发《青神县教师信息技术应用能力提升工程 2.0 培训方案》，召开培训启动会，青神县学道街小学完成省级试点培训；完成 2021 年中小学教师网络专项研修和幼儿园教师在线培训，全县参培教师 1037 人，合格率 100%。

（王　英）

师资建设

【概况】 2021 年，全县在职教职工 1350 人。青神县探索实施人才柔性引进机制，出台教育优秀人才引进办法和优惠政策。公招遴选引进紧缺学科教师 31 人、银龄招募 3 人、园校自聘教师和教辅人员 446 人、购买服务补充后勤人员 68 人、全年补充各类人员 546 人以上。推进校长、教师交流轮岗，实行共同体内教师互派、紧缺学科教师走教制度，交流轮岗教师 75 人，共同体内互派教师 31 人、走教教师 25 人。制定教育人才评价标准及支持办法，认定菁英人才（D 级）11 名、创新人才（E 级）234 名。

2021 年 9 月 1 日，青神中学整体搬迁暨 2021 年秋季开学典礼在新校区举行。　（县教体局供图）

【师德建设】 2021 年，青神县教体局健全师德师风考核制度，完善师德考核办法，突出师德考核在教师晋职竞岗、评优奖励、年度考核中的核心地位，实行失德“一票否决”；开展师德教育，将全年师德培训不少于 10 学时纳入继续教育硬性考核指标；强化激励和楷模引领，获评四川省“教师风采大赛”二等奖 2 名、三等奖 1 名；遴选 4 名教师参与全省师德师风建设巡礼展评，推荐四川省师德师风建设专家库成员 1 名、师德师风建设典型案例 1 个，获评眉山市优秀教师 4 名，评选青神县师德标兵 10 人、县教体局师德标兵 10 人。

【师能提升】 2021 年，青神县实施《青神教师专业发展标准》，按“入职教师”“合格教师”“骨干教师”“知名教师”对标定位，实施分类晋级提升培养；各级各类培训 3000 余人次，其中专家送培、跟岗学习、工作坊研修“2+1+2”（2 次请进来，

1次走出去，2次集中校本研修）学科教师专项培训200余人，教师人均培训100学时以上；6个县级“知名校（园）长工作室”围绕校（园）长专业能力提升、教师培养、学校管理、学校文化建设等实际问题开展调研诊断、观摩研讨等活动10余次；16个县级“名师（学科）工作室”开展对外交流、送培200余人次，开展县内送教、走教500余节。省级重点课题“县域高质量教师专业标准体系构建实施研究”于2021年9月结题。

【教师职称评审与资格认定】 2021年，青神县教体局进一步规范职称晋升和岗位竞聘管理，46名教师晋升高级职称，60名教师晋升中级职称；落实农村学校教师职称评聘、岗位晋升优惠政策，21名农村义务教育学校教师不受岗位结构比例限制晋升高级职称，27名教师不受岗位结构比例限制晋升岗位；严格教师准入和资格注册条件，办理教师资格认定73人，发放教师资格证书73本，完成教师定期注册873人。

（王　英）

招生考试

【概况】 2021年，青神县教育考试中心围绕为国选才，办公平公正国家教育考试宗旨，组织高考1次、中考1次、自考2次、成考2次、大学英语四六级考试2次、计算机等级考试1次等学历及非学历考试，做到试卷绝对保密、考试平稳安全、考风考纪良好、组织严密规范。

【普通高校招生考试】 2021年，普通高等学校招生考试（以下简称普通高考）报名723人，其中文科387人、理科336人，参加考试691人。对口高职报名66人，参加考试19人。普通高考重点本科上线104人、本科上线437人。本科录取348人，其中重点本科86人、二本188人、艺体本科74人；专科录取223人（含单招61人）。对口高职专科录取56人（含单招52人）。高职扩招“六类人员”（在岗基层幼儿园教师、基层医疗卫生人员、退役军人、下岗人员、农民工和高素质农民、企业员工和基层农技人员）报名69人，录取46人。

（王　英）

2021年重点高校招生录取青神县生源一览表

表3

姓　名	科类	院校名称	专业名称
夏继超	理工	四川师范大学	心理学
吴宇健	理工	火箭军工程大学	测控工程(导弹测控技术与指挥)
廖文豪	理工	海军工程大学	核工程与核技术(潜艇核动力指挥)
王　婷	文史	四川大学	哲学
李　斌	理工	华北电力大学(保定)	计算机类
肖　锦	理工	浙江大学	理科试验班类
滕　敏	理工	西南交通大学	交通运输类
马　君	文史	浙江外国语学院	国际经济与贸易
胡婉琳	理工	西南大学	环境科学与工程类
宋晨曦	文史	西北政法大学	新闻学
童科翰	文史	河海大学	土地资源管理
宋　美	文史	山东师范大学	小学教育
周玉婷	文史	西南政法大学	法学
李雨星	理工	四川外国语大学	英语
王易扬	理工	电子科技大学	电子信息类(信息与通信)
刘舒磁	理工	南昌航空大学	飞行器制造工程
杨　甜	文史	西南财经大学	金融学类
吴玥骋	文史	华侨大学	金融学
汪紫璇	理工	四川农业大学	土地资源管理
毛文杰	理工	西南石油大学	油气储运工程
郑稼旭	理工	西南石油大学	自动化类
杨浩宇	理工	西南石油大学	材料成型及控制工程
蒋明亮	理工	四川大学	金融学类
刘宇航	理工	西南医科大学	药学类
徐瑞晗	理工	西南医科大学	临床医学
王　静	文史	西华师范大学	教育学类

续表 3

姓 名	科类	院校名称	专业名称
赵雅琳	文史	西华师范大学	历史学
唐 进	理工	四川农业大学	广告学
杨春莉	理工	四川农业大学	食品质量与安全
徐姝然	理工	四川农业大学	应用化学
王生圳	理工	燕山大学	车辆工程
邹皓宇	理工	湘潭大学	测绘工程
徐科杰	理工	南京林业大学	能源动力类
罗偲睿	文史	四川轻化工大学	国际经济与贸易
李 展	理工	成都理工大学	计算机类
李 威	理工	西南交通大学	测绘类
李彦驰	理工	福建医科大学	助产学
饶 宇	理工	兰州理工大学	水利水电工程
黄阳君	理工	西南交通大学	智能制造工程
孙嘉鑫	理工	四川师范大学	工程造价
吴宇琴	文史	成都大学	汉语国际教育
曾梓竹	理工	四川师范大学	化学
郑梵雅	文史	西华师范大学	历史学
杨 铃	理工	石河子大学	生物科学类
方启阳	文史	成都信息工程大学	财务管理
邵雨瑶	文史	西华师范大学	地理科学类
易欣语	文史	西华师范大学	中国语言文学类
陈洪兴	理工	成都信息工程大学	统计学
辜鉴垚	理工	成都信息工程大学	电子信息工程
宋坤豪	理工	四川轻化工大学	高分子材料与工程
佘双亭	理工	西华大学	会计学
陈俊沁	理工	西南科技大学	医学影像技术
刘安慧	理工	西南科技大学	兵器类
张俊杰	理工	西南科技大学	材料类
李玉强	理工	成都理工大学	电子商务
田林佳	理工	成都中医药大学	护理学
唐诗颖	理工	成都中医药大学	卫生检验与检疫
阙澜烨	理工	川北医学院	麻醉学
陈 洪	理工	川北医学院	医学检验技术
张 芮	理工	成都中医药大学	运动康复
毛彬鉴	理工	四川轻化工大学	高分子材料与工程
卢成霖	理工	四川轻化工大学	生物工程
王霁霏	理工	四川轻化工大学	电气工程及其自动化
李 薇	理工	成都中医药大学	运动康复
张 旭	理工	西南科技大学	核工程类
傅玉露	理工	西南科技大学	核工程类
刘 茜	理工	西南科技大学	数学类
侯洪林	理工	西南科技大学	测绘工程
黄文卓	理工	西南科技大学	机械类
黄仲森	理工	西南科技大学	工程力学
曾云飞	理工	西南科技大学	计算机类
徐 培	理工	西南科技大学	管理科学与工程类
李宣辉	理工	西华大学	建筑类
吴星雨	理工	成都医学院	预防医学
郑子涵	理工	成都医学院	预防医学
黄 钢	理工	西南医科大学	临床医学
鲁 颖	理工	西南医科大学	中药学
方 明	理工	西南医科大学	康复治疗学

续表 3

姓　名	科类	院校名称	专业名称
杨秋菊	理工	东北石油大学	高分子材料与工程
张远洋	理工	东北石油大学	石油工程
徐皓楠	理工	东北石油大学	建筑环境与能源应用工程
杨　娜	理工	青岛理工大学	数学与应用数学
黄颖文	理工	西华师范大学	环境工程
沈殊驰	理工	西华师范大学	经济学
姜海霞	理工	西华师范大学	计算机类
祝惟希	理工	西华师范大学	化学类

【成人高校招生考试】 2021年，青神县全国成人高考报名人数344人；参加考试328人，其中专升本122人、高起专201人、高起本5人；上线311人，其中专升本114人、高起专192人、高起本5人，录取304人。“两类专科人员”（退役军人和“下基层”服务期满人员）免试接受成人本科教育录取15人。

【高等教育自学考试】 2021年，青神县高等教育自学考试社会型新生注册123人，报考3186人、7178科（其中社会型910科，应用型6268科）。社会型考生本科毕业2人。

（王　英）

教育改革

【概况】 2021年，青神县县教体局履行改革主体责任，深化教育领域综合改革，推进两项改革教育后半篇文章。完成“成德眉资同城化教育改革创新试验区”“跨区域职教资源共建共享机制创新试点”2项省级部署改革试点和“推进县域办学共同体建设”1项县级年度改革任务，补短板锻长板，提高发展水平，推进教育现代化，教体事业高质量发展呈现新局面。教育改革发展“青神做法”多次在省、市交流。

【共同体办学】 2021年，青神县深化共同体办学模式，优化教育资源配置，组建县幼儿园教育集团和县实验幼儿园教育集团2个，5个办学共同体举办学校管理论坛10次、互派教师21人、名师结对55对、教师跟岗锻炼100人、会诊学校17所，开展集体备课146次、课堂教学展示35次、学科教研活动108次，共享教学优质资源285件，共同打造学校主题校园文化11所、特色课后服务项目10个、特色社团8个；《青神深化“1+X”办学模式构建办学共同体推进县域教育高质量发展》在四川省县（市、区）教育局局长做好两项改革“后半篇”文章推进基础教育更加公平更高质量发展专题培训上作交流发言，《青神县探索实施共同体办学模式推动县域教育高质量发展》在市委《工作交流》和省教育工委、省教育厅《四川简报》刊发，在四川省人民政府《政务工作交流》第30期、第36期单条刊发。

【“双减”工作】 2021年，青神县教体局立好课堂“标杆”、配好科研“引擎”、护好监管“航道”，聚焦课堂教学增效、作业管理提质、课后服务强能、校外培训重治，推动“双减”政策落地落实。全县一、二年级不布置书面家庭作业，三至六年级、八至九年级书面家庭作业每天分别控制在60分钟、90分钟以内。引导学科类培训机构转型为艺体类10家、注销3家，线下文化类培训机构数量压减100%，压减率全市第一。

【教育对外开放与合作】 2021年，青神县引进成都市优质教育资源，提升教师教学专业化水平和办学水平，深化与省教科院、成都市教科所、成都知名学校的合作，通过专家引领、名师送教、订单培养，200余名美育教师首次接受一线名师专业引领，补齐学科教师培训短板，促进教师专业能力均衡发展；青神中学继续与成都七中、德阳中学合作，开设成都七中网班24个、德阳中学云课堂班6个；深化与成都圣亚技工联合办学，青神中职校在校生1539人，办学规模创历史新高；组织青神中职校积极参加成乐眉资乐阿雅七市职教联盟中职师生技能大赛、学业水平测试、教研活动、师资培训、教育科研等共建共享活动，促进学校管理、教育科研、专业建设、师资队伍、教学质量全面提高。

（王　英）

教学科研

【概况】 2021年，青神县教体局组织中小学语文教师50余人参加“2+1+2”专项培训，依托2个办学共同体、2个学前教育集团、1个办学联盟对全县中小学教师、幼儿教师开展教师专业技能培训18次，全年中小学学科工作室送教360余节，开展全县性课程展示活动1次，辐射教师100余人。2021年眉山市课堂教学大比武获特等奖1个、一等奖3个。全市九年级、八年级、五年级统一质量检测，青神县五年级平均分居全市第一，八年级、九年级平均分居全市第二。

【教学管理】 2021年，青神县教体局落实部颁课程设置计划，加强课程管理，开齐、开足、开好课程；强化教学过程管理，对全县中小学进行教学常规巡查2次，促进学校做实教学过程管理，促进教师提高课堂教学效率；组织全县中小学教学质量检测2次，根据质量检测数据，进行质量分析，发挥评价激励性和导向性作用，促进教师专业成长，推动青神教育高质量发展。

【教学研究】 2021年，青神县教体局组织参加省、市学科培训和教学研讨20余次，召开县内学科教研会40余次，通过课堂观摩、课后研讨、专题讲座、四川省网络教研等，提升教师对课标、教材的分析解读能力；开展中小学办学共同体、办学联盟红蓝结对、青蓝结对赛课活动，促进教师专业发展；邀请10余名省、市一线专家到青神县开展教学研究培训，提高教师教学研究能力。

【课题研究】 2021年，青神县教体局立项省级教育科研重点课题1项、省级乡村教育发展专项课题1项、成德眉资雅乐阿职业教育联盟重点课题1项；立项眉山市教育科研重点课题2项、一般课题4项，乡村教育发展专项课题1项、“双减”背景下课堂教育专项课题8项；完成省、市级课题结题4项。多项教学科研成果分别获得四川省2021年教学成果奖一等奖2项、二等奖3项。

（王　英）

依法治教

【概况】 2021年，青神县教体局推进行政权力事项改革，落实规范性文件合法性审查备案制度和“谁执法 谁普法”责任制，对教体系统2021年以来的规范性文件、政策措施是否涉及市场主体经济活动，影响公平竞争和营商环境进行审查上报，做到应审尽审。县教体局聘请常年法律顾问1名，全县学校法治副校长（法治辅导员）配备率100%；强化“三重一大”决策运行、招生政策执行、教师有偿补课、项目推进等重点工作监督检查，深入学校开展明察暗访10余次。

【依法行政】 2021年，青神县教体局建立重大行政执法决定法制审核制度，聘请法律顾问加强合法性审查，坚持重大决策和重要事项经党委会、局务会集体讨论制度，严格执行学校“三重一大”报批制度；落实行政执法公示制度、全过程记录制度、重大行政执法决定法制审核制度；将依法用权、依法履职情况纳入领导班子年终报告和年度考核，将法治建设工作纳入学校督导评估考核内容和校（园）长绩效考核内容。实行信息公开制、黑白名单制、股室挂校制、招生章程备案制、年检公示制，全面加强校外培训机构常态监管，规范培训行为。推进“互联网+”监管模式，落实“四川教培”平台和全国校外教育培训监管与服务综合平台监管，风险防范有效推进。

【法律进机关】 2021年，青神县教体局制定《青神县教育和体育局机关2021年学法计划》，会前学法与自学相结合，局务会成员学法12次，机关干部学法12次，人均撰写学法笔记近1万字；设置“法律进机关”宣传专栏1个，利用微信、网站进行法治宣传教育，营造良好的法治氛围；严格执行行政权力清单和责任清单，切实做到法定职责必须为、法无授权不可为；落实法律顾问制度，聘请常年法律顾问1名，为教育体育重大决策、重大项目实施、规范性文件制定等提供服务。

【法律进学校】 2021年，青神县内各学校通过学习《道德与法治》，利用班（队）会课堂、教职工会等方式和LED显示屏、微信群、墙报橱窗等载体，加强校园法治文化建设，开展法治主题国旗下讲话、校园广播站，主题班(队)会、法治演讲比赛、书画比赛等活动，市级“学宪法讲宪法”活动一等奖1名、二等奖4名；推进禁毒工作宣传教育，青骄第二课堂实现学校接入率、学生注册率、课时完成率3个百分之百；开展“全民禁毒集中宣传月”活动，邀请法制副校长解读禁毒工作，普及禁毒法律法规，禁毒知识竞赛总分排名全市第二。

（王　英）

学校安全

【概况】 2021年，青神县校园专职保安配备达标率、校园防冲撞设施安装率、校园一键式报警安装联网率、校园视频公安联网率、校园封闭化管理率、校园及周边护学岗设置率均100%。学校食堂明厨亮灶视频厨房建设100%。学校食品安全管理人员培训率、培训合格率、在线抽查考核覆盖率、在线抽查考核合格率均100%。创建眉山市防震减灾科普示范学校2所，创建县级平安校园20所。

【学校安全教育】 2021年，青神县教体局制发国家安全、交通安全、防溺水、森林防火、防诈骗等学习资料10万余份，开设《生命·生态·安全》课程，打造校园安全文化宣传阵地38个，开展应急疏散、消防、防暴防恐等校园安全演练150多场次，举办查找家庭消防隐患、森林防火、防溺水、饮食卫生、防诈骗等家庭安全教育活动76校次，依托眉山市安全教育平台举行预防溺水、防灾减灾等线上家庭安全宣传宣讲活动100多场次。

【学校安全管理】 2021年，青神县落实学校安全管理职责，编制落实安全责任清单1700余份；强化学校食品安全管理，落实消防安全标准化管理和校园电梯使用管理，规范实验室安全管理，强化危化品安全管理；发放防溺水致中小学生家长信件1.7万余份，协调落实防溺水劝导员150余人。全面排查治理校园安全风险隐患230处；推送非机动车管理规定，开展爱路护路宣传，协调相关部门常态开展上、放学重点时段路面巡查，协调设置社区和村级道路常态交通安全劝导点50余个。校园安全隐患排查治理和风险管控不断加强。

（王　英）

教育扶贫

【概况】 2021年，青神县全面落实资助救助政策，以“义务教育有保障”为目标，继续实施精准化教育扶贫，巩固教育扶贫成果，全年资助3.44万人次、1158.56万元。全县无学生因家庭贫困而失学辍学。县教体局对口帮扶藏区学校6所、彝区学校3所。3名教师完成援彝3年脱贫攻坚任务。县教体局被县委政府评为“脱贫攻坚工作先进集体”，1人获“青神县事业单位脱贫攻坚先进个人嘉奖”。

【学生资助】 2021年，青神县减免贫困幼儿保教费1030人次65.42万元；落实义务教育“三免一补”政策，减免2.09万人次作业本费34.53万元，为3434人次困难学生发放生活补助133.43万元，农村义务教育学生3276人享受营养改善计划，补助膳食资金221.53万元；发放普高助学金和免学费1053人次、152.39万元；发放中职助学金351人、65.59万元，减免学费1208人、236.44万元，1人享受中职国家奖学金0.6万元，79人次中职学生享受特别资助3.95万元；向家庭经济困难本专科学生发放特别资助金59人次、23.6万元，开展大学生生源地信用助学贷款132人，贷款金额101万余元；教育扶贫基金救助1799人次、221.08万元。

【“校对校”结对帮扶】 青神县对口帮扶藏区学校6所、彝区学校3所，选派援藏教师7名、援彝教师3名、挂职管理人员7名，接收藏区跟岗锻炼教师11名，开展送培送教10余场次，工作坊研修6场次，培训教师100余人，常态推进资源共享。青神县学道街小学与金川县东方红小学建立紧密型校联体开展深度帮扶。青神县实验幼儿园被四川省教育厅评为2021年度四川省优质学校对口帮扶原深度贫困县中小学校工作先进集体。

（王　英）

科学技术

【概况】 2021年，青神县科技创新工作全面落实县委、县政府工作要求，抢抓机遇，深化科技创新服务平台建设，科技项目管理提质增效，科技成果转化能力不断提升，有国家级高新技术企业12家，占规模以上工业企业26%。

【科技金融保障】 2021年，全县12家高新技术企业享受15%的税率，减免1325.9万元。兑现2020年度新建创新平台等奖励资金74万元。

【科技平台建设】 2021年，青神县新增国家级“专精特新”小巨人企业1家、省级企业技术中心1家、市级企业技术中心1家、市级工程技术研究中心1家，省级转移转化示范企业1家；全县有国家高新企业12家，国家级专精特新小巨人企业3户，省级企业技术中心6家，省级工程技术研究中心2家，省级工业设计中心1家，产学研一体化的“大学生创业园”1个，省级博士后创新实践基地1个，省级竹材生物质精炼技术工程实验室1个，省级技术创新示范企业2家，省级科技成果转移转化示范企业4家，省级农业科技示范园区1个。

【科技人才引育】 2021年，青神县德恩精工谢龙德入选四川省通信管理局工业互联网专家库专家。四川省丹甫环境科技有限公司的庄继海被评为眉山市创新型企业家，德恩精工的蒋林被评为眉山市创新型科技人才。兑现2020年工业人才补贴78.24万元，涉及13户企业符合申报条件的193人。

【科技项目实施】 2021年，青神县省市科技项目7项，立项4项，截至年底，到位项目资金329万元。

【科技成果转化】 2021年，青神县完成科技成果转化备案项目2个，企业科技成果转化率80%，累计完成省级科技成果鉴定26项，获得省级科技进步奖8项，市级科技进步奖7项，实现技术转让交易登记991.46万元，完成目标任务117%。德恩精工“一种生产锥套的系统及其生产工艺”获中国专利优秀奖，环龙新材料公司“一种竹纤维制备的纸浆、其制备方法及其制成的纸制品”荣获四川专利奖一等奖，成为全市唯一、青神首次获此殊荣的项目。

【科技创新创业】 2021年，青神县经济和信息化局（以下简称县经信局）组织企业参加眉山市“眉州之星”创新创业大赛，青神县环龙新材料、丹甫科技、德恩精工获创新领军企业赛奖项，巴斯迪科获创新菁才奖项，郭倩获青年创客赛奖项。

【科技为农服务】 2021年，县经信局成立7个科技特派员小组，到县内46个非贫困村进行农业技术培训、技术指导和巡回服务工作，开展农业产业扶贫工作。全年开展技术培训指导45次，指导培训农民3200人次。示范推广绿色防控、标准化生产、生草栽培等新技术5项，推广明日见、甘平等新品种4个，建立特色产业建立示范基地3个。培养科技培育示范户10户、本土科技人才12人，社会化服务组织2个，培育神果食品有限公司龙头企业成为省级龙头企业。四川扯井山生态农业有限公司、青神县瑞源家庭农场成功申报为市级科技创新型农业经营主体，截至年底，全县共有市级科技创新型农业经营主体13家。

（吴　宇）

文化·体育

文化事业发展

【概况】2021年，青神县文化事业稳步发展，文化活动丰富多彩，群众参与性强，传统文化多种多样，文艺名家、乡土文艺能人充分发挥其作用，为全县基层文化事业的发展添砖加瓦。开展“竹里萤光”赏萤季活动，共接待来自成都、重庆、广东等地游客10万余人，实现旅游收入9000万元，县内主要酒店、民宿平均入驻率达到80%。

【基层公共文化建设】2021年，青神县有7个乡镇（街道）综合文化站，总面积4000余平方米，每个文化站配备300多平米的文化活动广场，设有排练厅、阅览室、培训教室、多功能厅等文化活动功能室，增加音响、乐器、服装、道具、体育器材等文体用品。有电子阅览室，并配备4台电子阅览设备、文艺队伍，每年开展常态文化活动。全县有村（社区）综合性文化服务中心58个，每个中心有统一的标牌标识，制度完善，有至少200平方米的文化活动广场，设有多功能活动室、文化宣传栏、文化器材、电子阅览设备、文艺队伍，常态化开展文化活动。

【优秀传统文化传承】青神历史悠久，文化灿烂，自古以来民俗文化众多，有狮子灯、龙灯、花灯、金钱板、围鼓、钱枪舞、偷青活动等。2021年，全县有省级非遗项目瑞峰端午龙舟节，市级非遗项目青神牛儿灯、青神钱枪舞，县级非遗项目瑞峰南派花灯表演艺术、青神川剧锣鼓艺术、青神唢呐艺术等；对全县文化遗产保护工作先进集体和先进个人进行表彰，组织非遗传承人参加省文旅厅、四川大学举办的竹工艺和文旅能人培训，提高非遗传承人的积极性；开展“青神文艺名家”培育工程，评选出“文艺名家”10名，建立群众文艺队伍70余支，培育文艺骨干1200余人、文艺指导员40余人、乡土文艺能人20余人。

【文化市场综合执法】2021年，青神县文化广播电视和旅游局加强文化旅游市场安全巡查力度，开展各类专项整治行动，强化文化旅游市场监管，规范文化旅游市场秩序。全年出动执法检查人员1668人次，检查各类文化、旅游经营场所996家次，开展联合检查30次，召开经营业主学习培训会议12次；处理眉山市党务政务服务热线平台投诉32起，12318文化市场监督举报投诉3起，按时办结率100%。

【“扫黄打非”行动】2021年，青神县按照《2021年全县“扫黄打非”行动方案》的要求，开展“净网行动”“清源行动”“秋风行动”“护苗行动”“固边行动”等系列专项整治行动；组织开展查堵政治性有害出版物、印刷复制发行监管、校园周边文化市场专项检查等系列专项行动，确保全县出版物市场和文化市场安全稳定。出动检查车辆30余台次、执法人员128余人次，检查各类经营场所52家次，开展联合执法检查5次。

（谭　虹）

专业文艺

【概况】2021年，青神县有作家协会、美术书法家协会、民间文艺家协会、音乐舞蹈家协会、体育舞蹈协会等8支文化艺术协会；县文化馆下设有中岩艺术团、中岩少儿艺术团等培养文艺人才的专业队伍；全县共有10名文艺名家，城区文艺队伍10余支，各乡镇（街道）、各村（社区）文艺队伍58支。

【文艺演出】2021年，青神县文广旅局邀请省、市专业艺术团队编创并演出话剧《面向党旗永生》2场；选送广场舞蹈《母亲是中华》参加全市2021年广场舞蹈比赛，获全市第一名；每周六在竹里巷子开展“周周耍巷子”活动，全年13场；组织中岩艺术团到乡镇开展“戏曲文化惠民乡村行”活动，邀请各乡镇的文艺队伍积极参与，同台献艺，有群舞、独舞、

2021年10月18日，《母亲是中华》荣获眉山2021年群众广场舞集中展演比赛一等奖　（县文广旅局供图）

独唱、合唱、小品等，全年20余场，丰富群众业余生活。

（谭　虹）

群众文化

【概况】2021年，青神县开展“书香青神全民阅读”“送文化下乡”、广场舞、书法、美术培训等群众文化活动；完成农家书屋、县文化馆改扩建工程建设；打造“乡村春晚”“文化惠民乡村行”“戏曲进校园”“党群集中活动日”等品牌文化活动。

【图书馆建设】2021年，青神县图书馆继续实行免押金、身份证办卡，免费开放外借室、阅览室、电子阅览室等，保证每周7天，每天8小时开放，为方便少儿读者将少儿阅览室的时间调整至早上10点开馆，晚上9点闭馆；新购图书2740册，征订报刊130余种。全年服务各类读者6.89万人次，外借书刊读者4.21万人次，书刊流通6.48万册。新设立图书阅读服务点1个，筹备图书馆竹里书屋分馆，县图书馆微信公众平台信息推送210条、智府平台推送信息114条，点击量11万人次；完成中岩广场24小时自助借阅机的修复和日常保养。汉阳图书馆接收社会捐赠书200余册，订购报刊12种，总藏书2.3万册；全年接待读者1.8万人次，外借图书0.34万册，图书借阅免费开放。

【文化馆建设】2021年，青神县文化馆被文化和旅游部公共服务司纳入第五次全国文化馆评估定级拟命名二级文化馆名单并予以公示。馆内设有综合排练厅、各类培训教室、琴房等活动场地，全部实行免费开放。

【群众文化活动】2021年，青神县文广旅局组织开展“4·23”世界读书日宣传系列活动、东坡非遗剪纸和图书分享活动；组织参加眉山市“峥嵘岁月 红色中国”经典诵读比赛；申报汉阳慧星民办公助图书馆面向社会提供免费服务项目，获得省级财政资金40万元，全年开展各类文化活动、培训、讲座、展览共40场；开展阅读宣传活动10场次，共50场。开展送文化下乡和戏曲下乡活动20余场，惠及群众1万余人；开展文化惠民活动10余场，惠及群众1万余人；开展戏曲进校园活动3场，受益师生3千余人；开展“周周耍巷子”活动13场，惠及群众1万余人。（谭　虹）

文化遗产保护

【概况】2021年，青神县有非物质文化遗产项目35项。其中国家级非遗项目青神竹编1项，省级非遗项目青神捻条画艺术和瑞峰端午龙舟节2项，青神传统杆秤制作技艺等市级非遗项目6项，青神老腊肉制作技艺等县级非遗26项。有非遗传承人60名，其中国家级传承人1人（陈云华），省级传承人4人（殷超、吴践堂、张德明、陈岚），宋美湖等12人为市级传承人，陈波等43人为县级传承人。举办“国际博物馆日”“2021文化和自然遗产日”活动2场次，表彰全县文化遗产保护工作先进集体和先进个人，组织非遗传承人参加省文旅厅、四川大学举办的竹工艺和文旅能人培训。

【文物安全管理】2021年，青神县文广旅局健全文物安全巡查制度，落实田野文物看护人员，全年无文物安全事故发生。

【考古发掘】2021年，青神县文广旅局配合成都市考古院完成全县石窟寺调查工作，配合省考古院完成虎渡溪航电考古发掘项目，配合县住建局、县自然资源局、县水务局等部门开展历史建筑调查、复兴水库文物调查保护等工作。

【文物保护项目管理】2021年，青神县文广旅局完成中岩寺摩崖造像保护利用设施建设项目、牛屁股山崖墓群文物保护及环境整治项目、瑞峰崖墓群文物保护及环境整治项目、文物库房保护设施建设项目。实施保护规划编制项目2个（《中岩寺摩崖造像保护规划》《瑞峰崖墓群保护规划》），成功申报中岩寺摩崖造像、瑞峰崖墓群2处国保单位安防工程项目。

【文物保护单位管理】2021年，青神县文广旅局每季度巡查国家级文物保护单位和省级文物保护单位，半年巡查市县级文物保护单位，每年巡查未定级文物保护单位；落实田野文物责任人清单，省级以上文物保护单位公示文物安全责任人名单和联系方式。

【非遗申报】2021年，青神祝锅盔传统制作技艺等13个项目被列为青神县第六批县级非遗项目，祝跃天等23人被列为青神县第六批县级非遗项目代表性传承人；国家级非遗项目青神竹编和省级非遗项目瑞峰镇端午龙舟节入选首届四川省20条“民间文化艺术之乡”特色文旅线路；青神竹编入选天府旅游名品（全省仅9个），市级非遗项目汉阳棒棒鸡入选首届100道天府旅游美食。张德明、陈岚为四川省第七批青神竹编省级非遗传承人。

【非遗宣传推广】2021年，青神县文广旅局组织开展“非遗过大年 文化进万家”线上推广宣传活动，在青竹街道和汉阳镇开展“非遗讲堂”活动，在罗波乡宝镜村、汉阳镇汉阳场社区等地开展非遗社区实践活动，组织开展“5·18国际博物馆日”“文化和自然遗产日”活动；组织青神竹编和优秀非遗项目参展参演2021年“文化和自然遗产日”四川省非遗宣传展示主会场开幕式和成德眉资区域合作城市文艺展演活动；参展“百年百艺·薪火相传”中国传统工艺邀请展、第八届四川国际旅游交易博览会、第十一届中国竹文化节·中国首届竹主题非遗大展、“天府根脉——四川非遗精品展”、百度“宝藏四川慢慢耍撒”App城市品牌系列非遗展示、第十六届中国义乌文化和旅游产品交易博览会等宣传展示展演活动，提升青神文化遗产保护知名度。

【四川农村生产生活遗产申报】 2021年，青神竹编入选第一批四川农村生产生活遗产保护和传承项目，汉阳棒棒鸡入选第二批四川农村生产生活遗产保护和传承项目。

【青神竹编】 国家级非遗项目青神竹编历史悠久，源远流长，自古蜀王蚕丛氏教民农桑起，青神先民就用竹编制簸箕养蚕，竹编撮箕等用于生活，县内汉墓出土的“执箕俑”、唐咸通元年的“提篮观音”摩崖造像、现收藏于沈阳故宫博物院的青神竹编“宫扇”等即为佐证。20世纪80年代初，青神竹编发展到鼎盛时期，先后涌现出殷超、陈云华、张德明、宋美湖等一批立志革新传统工艺的竹编艺术大师和云华竹旅、状元竹艺、竹福竹编等20余家竹编龙头企业，他们将青神竹编的实用性、艺术性与观赏性融于一体，开创“十字编织法”“坐标看图编织法”等新技法，用薄如蝉翼、细如发丝的竹篾、竹丝纯手工编织出中国百帝图、清明上河图、苦乐清凉、隐形观音等竹编艺术精品，开发出平面竹编、立体竹编、瓷胎竹编、混合竹编、套绘竹编、竹雕、竹贴、竹饰、竹家具等6大类、8大系列3000多种产品体系，以其新、奇、特、绝的神韵而艺甲天下，与丝绸、蜀绣并称四川旅游商品“蜀中三宝”和中国民间艺术的一朵奇葩，多次被作为国礼相赠，已发展成为青神的文化符号、地方支柱产业和四川省“五大特色”农业产业之一。2013年12月，体现青神竹编技艺的作品《苦乐清凉》获得全国民间艺术最高奖“三花奖”，2018年5月，青神竹编被列入第一批国家传统工艺振兴目录并荣登中国品牌价值百强榜。在2020年四川宣布解禁跨省游当日，所申报的青神竹编非遗研学旅行线路被省文旅厅公布为2020年四川省首批十条研学旅行主题线路。所申报的“青神竹编——非遗编出脱贫路”成功入选四川省文化和旅游扶贫典型案例（全省“文化遗产+扶贫”典型案例仅获评11个）。2021年3月，青神竹编入选中欧地理标志协定第二批保护名单。

【汉阳棒棒鸡】 汉阳棒棒鸡历史悠久，做工考究，其制作技法主要分布在青神县汉阳镇。汉阳镇位于龙泉山脉末端岷江河东岸，上依青神古中岩，下靠平羌小三峡，顺江而下直达乐山大佛，依山傍水，风光旖旎，物产丰富，食材天然，历史上曾有“嘉腐雅鱼汉阳鸡”之美称。汉阳棒棒鸡制作技艺是选用优质汉阳土公鸡，经煮熟冷却后用特制木棒敲打刀背，使鸡块一刀至下、干净整齐、均匀成型，然后拌入秘制辣椒油、花椒面、精盐、白糖、酱油等配制而成，是一道典型的四川特色凉菜，其制作技艺列入眉山市市级非物质文化遗产保护名录。

（谭　虹）

传媒事业发展

【概况】 2021年，青神县有广播电视播出机构1个，无线发射台1个，地面数字电视管理机构1个，有线电视传输网络覆盖青竹街道、西龙镇、瑞峰镇等乡镇，覆盖用户约2.1万户。建成无线地面电视有主基站1个（白果乡穆家埂），补点站5个。全年安装“村村通”“户户通”直播卫星用户1.5万多户。应急广播平台共播发疫情防控、森林防火等各类信息3000余条，播发时长140余小时，为疫情防控等工作提供支持。

【广电行业管理】 2021年，中国广电网络股份公司利用广播电视运行维护经费，保障农村有线电视、地面数字电视基站、“户户通”直播卫星等维护工作，为农村群众电视收视提供优质售后服务，对贫困用户电视信号问题进行台账化管理。全年出动工作人员110余次，为贫困户解决各类电视信号问题160余个，巡查无线发射基站130余次，维修设备17台次，确保电视节目安全正常收看；做到认识统一、责任明确、工作落实、督查到位，青神广电网络公司制定《安全播出管理实施细则》《重要播出和节假日安全播出保障制度》《有线电视网络设备、管网安全巡查制度》等安播管理及保障制度，建立健全《有线电视网络非法插播、干扰应急预案》《安全播出、消防安全、光缆线路抢险、防恐防暴防汛应急预案》等应急预案；做好各项安全播出保障准备工作，完善播出机房管理、值班值守等制度，重要保障期间落实领导带班，24小时双人双岗值班制度。

【“智慧广电”建设】 2021年，中国广电网络股份公司借“智慧广电”、5G赋能、乡村振兴等契机，青神广电网络公司谋发展，求突破，投资新设备，加大基础网络建设，组建青神—西龙—黑龙—青神，青神—瑞峰—白果—青神共2个环网；拟建设黑龙至西龙光缆20公里，青神至白果乡光缆13公里，白果乡至瑞峰光缆48公里，瑞峰至青神光缆12公里；再次升级改造传输网络，全面实施光纤到户工程（FTTH）。公司投资80万元，完成融媒体中心采编播提升项目，采购非线性编辑系统，12通道通话系统，导播切换台等设备，提升融媒体中心硬件水平；投资300万元，完成青神县应急广播建设项目，打通“省、市、县、乡、村”五级应急广播通道，建成应急广播网络，实现全县应急广播终端全覆盖。

（谭　虹）

融媒体

【概况】 2021年6月，青神县融媒体中心加挂青神县互联网信息中心牌子，增设内设机构网络信息部。

【主题宣传】 2021年，青神县融媒体中心开设“学习贯彻中共十九届六中全会精神”“学习贯彻省委十一届十次全会精神”“学习贯彻市五次党代会精神”等重要会议精神宣传贯彻专栏；结合县域内重点工作，围绕党史学习教育、乡村振兴、绿色发展冲刺年等主题，在重要时间节点开设“学党史 悟思想 办实事 开新局”“奋斗百年路 启航新征程”“美丽青神 乡村振兴”“创建国家生态文明建设示范县”“百日攻坚 青神‘智’造”“抗击疫情”等63个栏目，做到全方位、多角度宣传。“两微一端”全年发布信息9547条，其中“掌上青神”App发布图文4939条，小视频228条；“青神发布”微信公众号发布信息2555条；“锦绣青神”微信公众号发布信息1825条，“竹里青神”视频号、“青神融媒”抖音号同步发布小视频624条，电视新闻1250余条，日均发稿量20条。

【对外宣传】 2021年，青神县融媒体中心按照“传统媒体重点报道，新兴媒体多点开花”的对外宣传策略，构建对外宣传联合体，与中央电视台、《人民日报》、新华社、四川电视台、《四川日报》5家传统媒体形成外宣合作机制；与全县7个乡镇（街道）和80余个县级部门联合，形成新闻通联报道机制，全县固定中心通讯队伍96人，全年来稿1195条，通过青神县融媒体中心被市级及以上媒体采用1200余条，其中，中央电视台报道15次，四川电视台报道41条，眉山电视台共采用300余次；做好“政务+商务+服务+N”融合文章，一周内发布宣传小视频50余条，图文类报道200余条，累计浏览量突破500余万人次。做法分别受到国务院领导和省长黄强肯定。

【节目评选】 2021年，县融媒体中心组织参与2021年度眉山市广播电视和网络视听节目季度推优工作，上报电视类和短视频类参评作品36件，主要涉及电视新闻长（短）消息、专题、播音与主持作品、电视文艺作品、电视公益广告以及网络视听类的精彩短视频、网络公益广告等方面作品，作品内容涉及青神发展成就、乡村振兴、社会主义核心价值观、生态、文明、民生、人文等，入围19件作品。其中电视短消息《少花钱 少跑路 个性化健康服务包惠及百姓》、电视散文《来了 来了 幸福味儿》、网络精彩短视频《“青”近夏天》3件作品获优秀奖项，其余入围的16件作品均获提名奖。

【新媒体建设】 2021年，“掌上青神”App、“青神发布”（原为“锦绣青神”）微信公众号、微博号，“青神融媒”抖音号，“竹里青神”视频号新媒体矩阵用户量累计17万人，其中，“掌上青神”App单条稿件最高点击48.55万次，“童趣无限”最佳萌娃评选活动点击近50万次。“掌上青神”App于2021年10月启动改版工作，12月30日新版App上线，对页面功能进行优化，更加突出政治性、民生性、体验性和时代性，主要设置资讯、政务服务、互动体验三大版块及下属18个小项，凸显小视频、青神融媒抖音号等功能，较好满足受众当下网络新需求。

【媒体活动】 2021年，县融媒体中心开展《同唱一首歌》MV拍摄、党报党端视频展播、4月观萤季网上门票预订、《阳光问廉》直播、疫情期间三季消费券发放抽奖活动、青神首届电购节直播抽奖等活动45场次。

（李梦瑶）

体育事业发展

【概况】 2021年，青神县实施“体育+”行动，全县体育产业快速发展。加强体育健身设施建设，全县50个村（社区）健身设施覆盖率达100%。三级社会体育指导员培训500余人次。全县游泳、信鸽、棋类等单项体育协会14个，会员上万人，体育人口不断增加。开展国民体质监测2061人，三项综合总合格率90.68%。全年体彩销售896万元。

【体育设施】2021年，青神县在唤鱼公园、竹里桃花等地新建一批篮球场、足球场、健身步道等公共体育设施，新增公共篮球场17片、足球场3片、乒乓球台10个、健身步道20公里、健身路径器材20套，更新村级健身器材10套。新配置健身器材村（社区）12个。

【学校体育】2021年，青神县实施学校固本行动，开设上好体育课；深化体育教学改革，实行“健康知识+基本运动技能+专项运动技能”学校体育教学模式；开展学校阳光体育活动，保证每天1小时校园体育活动，师生共同参与不少于30分钟大课间活动；每期组织开展全校性运动会1次，单项比赛2次以上，重视学生运动技能训练，学生体质健康素质不断提高；举办青神县第十二届师生运动会中小学生比赛。

【群众体育】2021年，青神县免费开放体育场馆进行体育锻炼12万人次；开展“8月8日”全民健身日活动、“竹予杯”群众篮球赛、“百城千乡万村、社区”象棋赛、骑游等群众性体育赛事活动12次；2021年眉山市“百城千乡万村、社区”象棋赛青神县代表队获个人赛第二名、乒乓球比赛女子组个人第二名、太极拳和广场舞赛获二等奖。

【竞技体育】2021年，在眉山市中小学生运动会上，青神代表团获金牌20枚、银牌28枚、铜牌22枚，奖牌数居全市第三名；青神中学橄榄球队代表四川参加2021年漯河杯全国青少年U系列7人制橄榄球系列赛夺女子体校组冠军，9名学生被北京体育大学等重点高校录取；龙舟队（青神籍）代表四川省参加十四届全运会取得男子100米第四名、混合组100米第六名；女子丙组足球队参加“爱成都、迎大运”成德眉资足球交流赛获第三名；“中国体育彩票”杯2021川渝趣味轮滑嘉年华比赛，县幼儿园获一等奖、二等奖各1名，实验幼儿园获团体二等奖。

2021年5月30日，青神中学橄榄球队夺得2021年“漯河杯”全国青少年U系列英式7人制橄榄球系列赛第一站暨冠军赛女子体校组第一名　（县教体局供图）

【橄榄球队队伍建设】2021年，自2018年青神中学校组建四川省首支青少年橄榄球队以来，坚持以生为本，创新举措，推动项目发展壮大；组建由2名国家健将级教练员任主教练的教练团队，在全县学校选拔男、女橄榄球队队员，在全县初、高中开设橄榄球特色课程，开展系统训练。橄榄球队现拥有70余名四川省橄榄球注册运动员，先后培养出32名国家一级、二级橄榄球运动员。

（王　英）

卫 生

卫生健康事业发展

【概况】 2021年，青神县聚焦人民健康，专注改革创新，扎实开展全县卫生健康工作。做好疫情防控工作，全县始终保持为低风险地区，无确诊病例、无无症状感染者。青神县卫生健康局（以下简称县卫健局）下辖各级各类医疗卫生机构184个，其中：县级医疗卫生单位4所，民营医院4所（含精神病院1所），县镇卫生院9所，社区卫生服务中心1所，卫生所、诊所38个，村卫生室128个。实有床位1243张，有卫生人员1550人，其中卫生技术人员1197人；有执业（助理）医师347人，注册护士541人；每千常住人口有卫生技术人员8.05人，每千人口有医师（助理）2.75人、注册护士3.78人、医疗机构床位数7张。

【国家卫生县城创建】 2021年，青神县1个国家卫生乡镇、6个省级卫生乡镇、58个省级卫生村、24个省级卫生单位、3个省级无烟单位通过市级复审；全县新创建省级无烟单位78个，建成区通过国家卫生县城省级暗访。

【医疗联合体建设】 2021年，青神县建立一体化管理体系，成立医院集团党委和理事会、监事会，内设12个管理中心，连通县级医疗机构，实行人、财、物统一管理；率先在全市探索“一个总额、一个账户、共同监管、超支不补、结余留用”的医保支付改革，实施县域门诊总控打包付费、“两病”家庭医生个性化签约服务、33个基层医疗机构常见多发病日间医疗服务、透析患者定额收付费改革。以高血压、糖尿病为突破口，通过10支县级慢病专家服务队，实行“三色三级”销号分级管理的慢病个性化管理模式，实现医防融合的“防、治、管、康”慢病管理；建立医疗质量评价和考核体系，健全村、乡、县、牵头医院四级转诊体系；统一医疗质量标准、流程和用药目录；开展远程医疗，实现检查结果互联互通互认，初步形成上下互动互通的分级诊疗格局。

【药品供应保障】 2021年，县卫健局落实公立医疗机构药品“零加成”销售，持续保障国家医保谈判药品和带量采购药品配备使用，进一步降低药品价格；执行国家基本药物制度，坚持基本药物主导地位，鼓励民营医疗机构采购和使用国家基本药物；抓好短缺药品监测，加强精麻药品管理，持续推动药品在临床的合理应用。

2021年2月24日，青神县召开创建国家卫生县城工作推进会（县卫健局供图）

【医疗卫生行业监管】 2021年，县卫健局推行“双随机、一公开”监督抽检，监督抽检45件，抽检完成率、总结报送及时率、准确率均100%。县卫健局落实行业综合监管，加强与市场监管局、文广旅局等部门联合检查，完成44件行政案件，行政罚款近1万元；对全县142家医疗机构进行监督检查，代表县纪委对医疗机构的疫情防控进行检查；完成4家二级医疗机构医疗废物在线监测。

【基本公共卫生服务】 2021年，县卫健局落实国家基本公共卫生服务项目，居民电子健康档案建档156390人，建档率92.54%；高血压患者管理11179人，规范管理率90.07%；糖尿病患者管理4407人，规范管理率84.43%。

【医疗卫生设施建设】 2021年，青神县人民医院ICU病房、负压病房改造项目完成竣工验收及医疗设备安装调试工作，4月28日投入使用；改建业务用房1317平方米，全面提升医院救治能力，适应县城城镇化补短板需要，改善医院基础设施条件。

【卫生信息化建设】 2021年，青神县卫生信息化建设以电子健康卡为核心，依托“眉山医健通”智慧医疗服务平台，完成前两期建设，二级及以上公立医疗机构接入率100%；辖区医疗机构接入医疗“三监管”平台比例100%；辖区医疗机构使用家庭医生签约服务平台机构数量100%。投入使用医院集团信息一体化系统（县级医院平台），改变医院“三长一短”就医现状，真正实现“五卡合一”（身份证、电子健康卡、医保卡、健康卡、就诊卡）、网上预约、网上咨询、网上就诊等；同时组建医技中心，充分利用信息平台开展远程医疗会诊，推行“基层检查、县级诊断”服务模式。

【卫生行政审批改革】 2021年，青神县卫生健康局深化“放管服”改革，调整清理优化权力清单339项，行政许可申请材料减免率27.94%，进一步压缩行政许可办理时限、较法定时限压缩80.32%；完成公共场所卫生许可证、母婴保健专项技术服务人员资格实行告知承诺制；承接婚前医学检查、产前筛查等省上下放事项；推行医疗机构执业许可证、医师执业证书、护士执业证书等三类高频电子证照共享应用；推进跨省、川渝通办改革；落实政务服务“好差评”制度和“五心服务”，受理办结服务事项765件，办结率100%、满意率100%。

【卫生宣传教育】 2021年，青神县卫生健康局制定疫情期间相关纪律，客观回应社会关切问题；全面开展疫情防控科普宣传，播出新闻、公告、宣传片500余条次，通过短信、微信微博、抖音等发布1000余条（次），发放防控知识宣传资料2万余份，受宣传群众20万余人；组织开展“中国医师节”“世界卫生日”“老年健康宣传周”等主题日系列宣传活动10余场，发放健康教育宣传资料3.25万份，将项目免费政策、卫生政策、健康宣教常识、健康科普宣传融入到为民服务当中。

【健康扶贫】 2021年，县卫健局落实医疗综合保障政策，建档立卡贫困人口参加城乡居民基本医疗保险率100%；严格执行“先诊疗后付费”，实行“一站式”即时结算政策，贫困患者县域内住院和慢性病门诊维持治疗医疗费用个人支付占比控制在10%以内。全年享受慢性病签约服务防返贫监测1165人，享受慢性病签约服务的其他脱贫人数14975人；合格村医对行政村卫生室覆盖率100%，行政村标准化村卫生室覆盖率100%，标准化乡镇卫生院对乡镇覆盖率100%；实施贫困白内障复明手术35例；开展“基本医疗有保障”排查工作；实施巩固脱贫攻坚成果“回头看”督查工作；制定防返贫监测工作机制，成立防返贫工作专班组，积极推送防返贫监测风险信息。推送四批风险信息127人，有效推进防返贫动态监测工作。全县卫生扶贫救助基金累计救助2080人次，支出160.69万元，结余339.31万元。

（周　丽）

医政管理

【概况】 2021年，青神县卫健局切实开展疫情防控医疗救治工作，开展补短板、堵漏洞、强弱项、健全完善应急医疗救治体系；加强全员核酸检测能力建设，建成核酸检测实验室3个，在建核酸实验室1个；持续推进医疗卫生体制改革，安全稳步提高医疗质量，深化改善医疗服务行动，推进医疗行风建设，统筹做好健康扶贫医疗救治、征兵体检、优质护理、重点专科建设、二级生物安全实验室建设等其他重点工作。

【医疗综合监管改革】 2021年，青神县卫健局加强医疗“三医监管”平台工作，全县18家医疗机构接入平台监管，对医疗机构、医务人员、医疗行为等实行事前、事中、事后监督管理，对发现的各类问题进行清查处理。确保平台数据上传规范；强化动态精准监管，筛查“耗材使用、门诊处方、重点药品使用、住院费用、检验检查、抗菌药物处方权限”6类问题线索，督促整改到位。

【食品卫生安全监测】 2021年，县卫健局加强食品安全监测能力建设和风险评估，强化食品安全风险监测，增强发现异常病例（异常健康事件）敏锐性，构建食源性疾病监测长效机制，促进各哨点医院不断提高自身监测水平，确保食源性疾病监测工作取得实效；食源性疾病哨点医院病例上报信息366例，完成目标任务101.7%。

【卫生应急管理】 2021年，青神县成立突发公共卫生事件应急指挥部，由县政府领导、卫健局牵头、各部门联防联控、医疗卫生专业机构具体负责。建立县、乡两级疫情监控及网络直报和突发公共卫生事件直报系统，监测预警机制健全；制定完善相关专项应急预案，成立专家咨询委员会，组建2支卫生应急队伍；设置县级卫生应急物资储备库2个；有针对性开展应急演练，提升处置能力。

【医疗废物监管】 2021年，县卫健局加强医疗卫生机构医疗废物监管，将医疗卫生机构医疗废物分类收集、贮存、转运纳入院感管理，严格落实申报登记；结合新冠肺炎疫情常态化监督检查、国家“双随机”抽查及日常监督检查，联合生态环境保护部门开展医疗废弃物专项整治，推进在线监管，4家二级医疗机构接入医疗废物在线监管平台。全县医疗机构医疗废物分类收集率100%，使用专用包装物及容器率100%，均交由有资质的单位集中处置，全年安全处置医疗废物87.83吨，处置率100%。

【医疗费用管理】 2021年，青神县卫健局加强对全县医疗费用监管，受疫情影响，全县医疗总收入比

2020年下降3.7%，医药收入比2020年增长6.9%，门诊人均医药费用比2020年下降8.85%，住院人均医药费用比2020年下降7.34%。

【医疗质量管理】 2021年，县卫健局为充实县级质量控制中心专家库，建立县级医疗质量控制中心20个，开展质控督导41次、组织培训26次。

【医疗重点专科建设】 2021年，青神县市级临床重点专科立项3个、验收合格1个、青神县人民医院启动三级乙等医院的创建。

【医疗卫生人事管理】 2021年，青神县卫健局注重人才引进，公招和考核招聘14名卫生技术人才；县级医疗单位自主招聘107人，其中本科生34人；选派县医院研究生1人到上海医院参加一年期“西部之光”访问学者培养，卫生技术骨干进修培训和全科医生转岗培训7人，第二届眉州名医培育对象3人，选派1名优秀医疗卫生人才赴金川县开展对口支援“传帮带”工作，派33名中、高级职称人员下基层开展“传帮带”。

【医疗卫生财务管理】 2021年，青神县卫健局完成对上争取3222.97万元，完成率107%。按照服务量和质量要求，及时足额拨付项目资金；规范资金使用和政府采购，加强卫健系统政府采购自查，加强项目绩效评价。

【医疗卫生职业健康管理】2021年，青神县开展尘肺病防治攻坚行动，成立以县长任组长，分管卫健县领导任副组长，县政府办、县卫健局等12个部门为成员的尘肺病防治攻坚工作领导小组，印发《青神县尘肺病防治攻坚行动实施方案》，明确工作目标，

2021年5月11日，青神县庆祝“5·12”国际护士节，图为护士宣示 （县卫健局供图）

将28家企业纳入攻坚治理；加强职业病防治体系建设，全县有职业健康体检机构1家（青神县人民医院）。

【医疗卫生安全与保障】 2021年，青神县卫健局承担县委、县政府等重要会议活动医疗救治保障303次，完成全县党代会、人代会、政协会、观萤活动等重大会议、活动医疗救治保障任务。

【医疗纠纷调处建设】 2021年，青神县卫健局引入医疗责任保险经纪公司，全县17家县乡医疗机构和民营医院、9家个体诊所、10家村卫生室参保医责险，建立医疗风险分担、医疗纠纷调处和医疗风险防范机制。

（周　丽）

疾病预防控制

【概况】 2021年，青神县疾病预防控制工作围绕“健康青神”建设，提升疾病防控能力。全县居民健康素养水平25.66%；人均预期寿命达79.74岁，高于全省平均水平；甲乙类传染病报告发病率保持较低水平，持续巩固消除血吸虫病成果；打赢疫情防控阻击战，全县保持为低风险地区，抓好常态化疫情防控。

【艾滋病防控】 2021年，青神县推进综合防控措施，进一步优化艾滋病“三线一网底”运行管理，开展艾滋病终期评估；常住人口艾滋病检测率33.42%，治疗覆盖率93.78%，治疗成功率96.1%。

【血吸虫病防控】 2021年，青神县查螺264.41万平方米，未查到感染性钉螺，灭螺52.45万平方米；查病1.06万人次，扩大化疗300人次，无感染病例。

【结核病防控】 2021年，青神县推进结核病防治新型服务体系建设，登记并治疗活动性肺结核病人48例，总体到位率100%，治疗成功率93.75%；耐多药高危人群耐药筛查率100%，病原学阳性病人耐药筛查率100%；未发现利福平耐药病人。

【狂犬病防治】 2021年，青神县无狂犬病报告，犬伤就诊1803人，犬伤患者伤口处理1803人，接种狂犬疫苗1803人，接种狂免疫苗28人。

【慢性病和地方病防控】2021年，青神县管理2型糖尿病患者4368人，规范管理3624人，规范管理率82.97%。青神县疾控中心开展慢病、儿童伤害监测，全县全人群报告粗死亡率9.1‰，肿瘤登记报告发病367例、死亡257例；加强已消除达标地方病（碘缺乏病、疟疾）常规监测。

【精神障碍患者管理】2021年，青神县完善精神卫生综合管理协调机制，健全服务管理体系和网络，建立精神卫生长效保障机制，加强精神卫生工作培训、督导，提升服务能力；登记在册的严重精神障碍患者909人，其中规范管理867人，规范管理率95.38%。

【免疫规划管理】2021年，青神县深入贯彻落实《中华人民共和国疫苗管理法》，进一步巩固免疫规划成果，全县设置预防接种门诊10家、产科接种单位2家，0～6岁儿童旬接种。全年国家免疫规划疫苗常规免疫报告接种率99.4%。

【卫生监测管理】2021年，青神县卫健局全年哨点医院食源性疾病病例信息报送366例，全县处置食源性疾病暴发事件2起、12例；完成全县枯、丰水期饮用水监测72份，完成率100%，农村乡镇监测覆盖率100%；开展学生近视及其他重点常见病和健康影响因素监测与干预。

【传染病管理】2021年，青神县15家医疗卫生机构实行网络直报，全县全年报告甲乙类传染病392例，报告发病率2.33%，同比上升7.45%，发病数居前五位的分别是乙肝、梅毒、肺结核、丙肝、艾滋病；报告丙类传染病328例，同比下降0.01%。

【疫情防控就诊管理】2021年，青神县全面落实首诊负责制，规范预检分诊和发热门诊管理，完成县人民医院发热门诊改造和2家发热诊室、14家哨点诊室布局改造、设备购置等；规范医院感染管理，开展院感技术培训5000人次，开展院感防控专项督导400家次，严格落实《普通科室陪护人员/探视者监测管理制度》，做到“一患一陪一探视”，降低院内感染风险。青神县全年发热门诊（诊室）接诊1.3万人次。

【疾控基础建设】2021年，青神县以项目建设为引领，推动疾控机构软硬件水平提升，确定县人民医院为新冠肺炎定点救治医院，设立负压传染病房10间、20张床位，负压ICU病房2间，普通ICU病床12张；建成发热门诊1个、发热诊室2个、发热哨点13个，采购负压救护车3辆；建成核酸检测实验室3个，日最大检测能力7.9万人份；设置常备集中隔离医学观察场所5所（房间345间），支援成都市集中隔离场所2所（房间200间）；建设新冠病毒疫苗大规模接种点3个、常规接种点11个，规范配置接种设备设施。

（周 丽）

妇幼卫生保健

【概况】2021年，青神县加强母婴安全保障工作管理，优化妇幼健康服务管理，稳步提升妇幼健康服务能力，县妇幼保健院成功通过二级甲等复评。

【妇幼救治中心标准化建设】2021年，青神县推进危重孕产妇和新生儿救治中心标准化建设，全县孕产妇、儿童系统管理率分别为99.08%、98.96%，孕产妇住院分娩率100%，无孕产妇死亡，婴儿死亡率3.07‰，5岁以下儿童死亡率3.07‰。

【计生优生优育服务】2021年，青神县卫健局持续开展计划生育优生优育服务；遗传代谢性疾病筛查率99.81%、新生儿听力筛查率99.26%；实行《出生医学证明》网络化管理，废证率0.19%；指导举办母婴保健技术服务培训，培训技术人员33人次。

【妇幼健康服务】2021年，青神县卫健局推进妇幼重大公卫项目及民生工程稳步实施，落实农村生育妇女免费增补叶酸项目；实施免费孕期优生健康检查和免费婚前医学检查，孕检人数620对，完成目标任务100%，婚检率96.15%，农村适龄妇女宫颈癌筛查3303人，乳腺癌筛查1802人；推进预防艾滋病、梅毒和乙肝母婴传播项目，艾滋病、梅毒和乙肝孕期检测率100%，孕产妇艾滋病抗体检测率100%，实现艾滋病母婴“零”传播。2021年，青神县加强城乡适龄妇女宫颈癌和乳腺癌筛查工作，宫颈癌筛查3303人，完成市定目标任务100.09%，乳腺癌筛查1802人，完成市定目标任务100.11%。

【“两纲”实施】2021年，青神县卫健局狠抓“两纲”实施，明确目标任务和责任分工，及时梳理各项指标完成情况，完成“两纲”终期目标任务。

【婴幼儿托育服务】2021年，青神县公办托育机构建成后设立婴幼儿早期发展教育中心，开展讲座、亲子活动和家庭照护技能指导，提升家庭婴幼儿照护水平；带动一批民办婴幼儿照护服务机构建设投入运营，部分幼儿园开设托幼班，增加学位，招收 0 ~ 3 岁以下幼儿。

（周　丽）

计生管理

【概况】 2021 年，青神县推进计划生育服务管理改革，提升服务管理水平，推进人口监测手段改革，加强与民政、公安等部门合作，实时共享人口信息，依托健康档案云平台，整合比对住院分娩、预防接种、出生医学证明签发等信息，实时更新人口数据，积极推进落实计划生育特殊家庭扶助关怀措施落实，全县计生特殊家庭保持长期稳定。

【计生便民服务】 2021 年，县卫健局开展计划生育证明事项清理，精简办证材料、优化办事流程，实行特殊情形再生育审批网上办理；流动人口凭居住证提交结婚证、户口本在居住所在地卫生计生窗口即可完成生育登记，也可通过《四川省计划生育便民服务平台》上传相关资料完成网上登记，无须跑路；群众可通过微信公众号“健康四川”“健康眉山”进行网上登记，制式生育服务证可在就近乡镇卫生计生窗口异地打印；受理生育登记 522 对，其中拟生育二孩 344 对，422 对育龄夫妻通过网络自主登记，无擅自增设前置条件和门槛现象；加强全面两孩政策宣传，登记出生人口 1045 人，出生人口性别比 105.71。

【计划生育惠民政策实施】2021 年，青神县奖励扶助、特别扶助等五项计生惠民政策惠及 1.51 万人，兑现资金 2382.07 万元，均纳入“一卡通”监管平台发放；梳理计生惠民政策阳光审批流程，组织乡镇按规范开展 2021 年计生惠民政策享受对象申报受理和乡村两级核查、年审、初审等。

【计生特殊家庭扶助】 2021 年，青神县落实计划生育特殊家庭联系人制度等“三个全覆盖”，确定 3 家特殊家庭就医绿色通道定点医院，为特殊家庭提供“两免四优先”医疗便利服务，根据自愿原则，提供基本公共卫生服务和免费健康体检；确定特殊家庭乡（镇）、村联系人，了解特殊家庭动态；协调县医疗保障局、县人社局等部门，落实代缴城乡基本医疗保险和城乡基本养老保险；继续为 931 名计生特殊家庭购买住院护理补贴保险。

（周　丽）

中医药管理

【概况】 2021 年，青神县卫健局印发《青神县促进中医药传承创新发展的实施方案》，健全青神县中医药服务体系，推动全县中医药事业、产业、文化全面协调发展。全县有公立中医医院 1 所、社区卫生服务中心 1 所、乡镇卫生院 9 所、村卫生室 128 所、中医类别诊所 24 个；全县有省级中医重点专科 1 个、市级中医重点专业 2 个、县级中医重点专科 2 个。

【中医药传承创新】 2021 年，县卫健局做强优势中药产业，稳步推进彩虹健康产业园区建设，扩大中药种植规模，推动川芎、泽泻等川产道地药材科学化、标准化种植；促进中医药与康养产业融合发展，县中医医院与县中心敬老院、社会福利院开展中医药服务合作，推动中医药全产业链发展。

【中医药康养发展】 2021 年，县卫健局抢抓成德眉资同城化发展重大历史机遇，将中医养生文化与沿岷江旅游文化和康养产业有机结合，积极探索青神特色的中医康养模式。

【中医药服务能力提升】 2021 年，县卫健局启动中医“百千万”强基层工作，组织省、市、县级专家团队开展基层指导；巩固县中医医院二级甲等创建成果，启动市级中医重点专科创建；推动项目建设，打造 5 个中医综合服务区（中医馆）；实现乡镇中医馆全覆盖，村卫生室中医药服务覆盖率 93.23%，中医药服务量 45% 以上。

【中医队伍建设】 2021 年，县卫健局传承推广中医药优势特色，发挥中医药人员在健康服务领域的作用，通过全科医师转岗培训、传统师承、“西学中”等形式加强中医人才培养。截至年底，全县有中医类别医师（含助理）89 人，参加中医类别全科医师转岗培训 23 人，签订师承合同并公证 18 人，参加“西学中”5 人。

（周　丽）

医疗保障

【概况】 2021 年，青神县医疗保障局履行医保部门职责使命，在深化医共体支付方式改革、医保基金监管、医疗保障经办服务等方面主动作为、开拓进取；通过深化医共体医保支付方式改革，青神县域高血压规范管理位居全省第一，县域糖尿病规范管理位居全省第二；省医保局两次专题向国家医保局呈报青神县县域医共体医保治理综合改革工作。青神县“以人民健康为中心，推动县域医共体医保治理综合改革”案例入选国家医保局医保经办服务“学党史、办实事”典型案例。县医保局被四川省医疗保障局、四川省人力资源和社会保障厅表彰为全省医疗保障系统先进集体。

【医保支付方式改革】 2021 年，青神县医保局持续做好医保支付方式改革工作，实行门诊、家庭医生特色服务打包付费，根据医共体管辖范围内参保人员数量和医保基金预算，将门诊费用统一打包支付医院集团，超支不补、结余留用，推动医共体各成员单位利益共享、风险共担，有效增强医院集团提质增效的内生动力；按照家庭医生特色服务的签约病种和人头定额收付费，医保支付大头、患者自付小头，享受家庭医生针对性、个性化的慢病管理服务，有效提高慢病管理质效，患者自费比例也由以往的 42.48% 分别降低至 10%（参保职工）和 20%（参保居民）；按 DRG 病组（病种）定额收付费，将支付方式改革从付费端延伸到收费端，改革患者与医院的费用结算方式，把尿毒症透析治疗与 2 型糖尿病、急性上呼吸道感染等基层医院常见 18 种病组按病种定额收取费用，按参保类别分险种保障，将患者自付比例控制在 10% 以内，大大减少患者自付费用。

【城乡居民医疗保险】 青神县 2021 年城乡居民基本医疗保险参保 15.91 万人。城乡居民基本医疗保险基金收到资金 1.23 亿元，支出 1.18 亿元，享受待遇 5.78 万人。

【职工医疗保险】 青神县 2021 年职工基本医疗保险参保 1.8 万人，其中在职员工 1.37 万人，退休人员 4254 人。职工基本医疗保险基金收到资金 6101.99 万元，支出 5684.74 万元，享受待遇 1.8 万人。

2021 年 10 月 8 日，省医保局党组书记邓正权（左四）到青神县调研县域医共体和慢病管理工作　（县医保局供图）

【生育保险】 青神县 2021 年生育保险参保 1.17 万人，其中女性 5254 人。生育保险基金收入 178 万元，支出 173.96 万元，享受待遇 163 人。

【医保基金监管】 2021 年，青神县医保局高度重视基金监管工作，严厉打击欺诈骗保，“三假”整治务求实效，成立专项工作领导小组，分设现场病人访视、购销存检查、治疗仪器（理疗项目）检查、病历检查四个专班组，整合推进；汇总医药机构自查问题 25 个，追回违规违约基金 2.55 万元；聚焦“三假”问题和不合理检查、不合理治疗、不合理收费等问题，检查 99 家定点医药机构，查处 11 家定点医药机构存在药品（医用耗材）进销存不规范、多记费用、门特疾病违规报销规定不予支付的中药饮片费用等违规违约行为，出具《违约处理意见》11 份，追回医保基金 4.1 万元，收取违约金 7.65 万元。

【药品集采】 2021 年，青神县医保局药品耗材集中采购以量换价，率先将青神医院集团成员单位在四川省药械集中采购及医药价格监管平台上的账户进行整合，建立统一的药品耗材采购账户，在全省率先开展以医院集团为主体的带量采购，医疗设备、器械降价幅度达 26.15%，低值耗材降价幅度达 40.17%。

【国家谈判药品政策落实】 2021 年，青神县医保局严格按照国家谈判药品和高值药品管理相关规定，将 36 种国家谈判药品、17 种抗癌药品纳入基本医疗保险、生育保险药品目录乙类范围。按照医疗保险用药分类管理原则，分为单行支付药品和纳入现行乙类药品两种模式进行分类管理，其中，将 36 种国家谈判药品中价格昂贵、用药人群特定、用药指征明确的 20 种药品和 17 种抗癌药品纳入单行支付管理；将 36 种国家谈判药品中价格相对较低、保障供应渠道畅通的 16 种药品纳入现行乙类药品管理范围。参保人员发生的单行支付药品费用不计起付线，由基本医疗保险统筹基金直接按比例支付，职工医保支付比例 70%、城乡居民医保支付比例 60%；年度最高支付限额职工医保不超过每人 15 万元、城乡居民医保不超过每人 12 万元，计入基本医疗保险年度封顶线累计。

【医保信息化建设】 10 月 8 日，眉山市正式接入国家医疗保障信息平台。在切换接入期间，青神县严格对接落实全市医疗保障信息平台建设要求，加强信息化工作的统一领导和集约化管理，做好全市医疗保障信息平台青神系统切换上线，正式接入全国统一的医保信息平台，实现医保线上业务和医保信息数据与全国互联互通。青神县医保局制定《四川省医疗保障信息平台青神上线工作方案》，成立工作领导小组，调动全局人员参与到上线工作中；召开医疗机构协调沟通会议3次，深入各医疗机构、药店、诊所进行分组督导，联合乡镇核实全县15.8万名参保群众基础信息，组织开展上线工作培训110余人次，确保院院有骨干、有能手，全力推进上线相关工作。局机关各股室、各定点医疗机构对照整体建设时间节点，以结果为导向制定工作计划表，倒排工期、挂图作战、细化任务、对表建账，建立“日清单”，每日报到进度情况。签订《眉山市定点医药机构新系统上线承诺书》完成率100%，全县66家药店、14家诊所、18家医疗机构贯标工作全面验收完成，完成对标新医疗服务项目更新本院项目库，修正住院未结算数据168条，建设横向接入汇聚区，青神有床位医疗机构网络和医保经办机构网络接入率100%，药店、诊所网络接入率97%。

【医保便民服务】 2021年，青神县医保局落实好青神县第一批“一证通办”政务服务事项，对职工参保登记、职工参中信息变更登记、参保人员电话号码新增和更改、参保人员参保作息查询、出具《参保凭证》等5项公共服务事项，凭身份证即可办理，全年为参保群众查询办理500余件；统一成德眉资（成都、德阳、眉山、资阳）四市定点医药机构主体协议，签订协议98份，实现成德资三市职工医保缴费年限互认和医保关系无障碍转移持续，完成医保关系转入84人、转出77人，成德眉资转移8人；坚持便民高效原则与“群众办事不求人、最多跑一次”目标，为参保人员提供“一窗受理、一站服务、一柜办结”的医保经办服务，严格按国家信息化标准，完成医保经办大厅提档升级，推动医保服务标准化、规范化、便利化；做好“互联网＋政务服务”，打通群众就医“最后一公里”，解决参保群众在异地就医结算中的“急难愁盼”问题，全面推进异地就医医疗费用结算各项工作。全县4家定点医疗机构实现跨省异地联网结算，7家医药机构实现门诊费用跨省直接结算，75家定点医药机构实现省内一卡通业务，98家两定医药机构使用电子医保凭证结算业务，实现医保缴费在“眉山智慧医保”微信公众号直接缴费，异地就医可通过“四川医保”App直接申请。

【医保扶贫】 2021年，青神县医保局成立领导小组，设立工作专班，充实脱贫攻坚和乡村振兴队伍力量，统筹协调医保扶贫工作；加强与乡村振兴、民政等部门沟通，做好因病致贫返贫风险监测，严格落实防范化解因病致贫返贫风险监测机制，对农村低收入人口实施动态监测、主动发现、信息共享、精准推进，为建档立卡贫困人口9505人代缴2021年基本医疗保险，涉及资金313.67万元；持续执行医疗保障扶贫基本医保、大病保险、医疗救助“三重保障”待遇标准，在普惠性政策的基础上，增强贫困大病保险保障能力，分段报销比例由原来的50%、60%、80%分别提高至60%、70%、80%，对特困人员、低保对象实施大病保险起付线降低50%、报销比例提高5个百分点；医疗救助年度限额内按比例进行分类救助，对特困人员、低保对象等全面取消医疗救助起付线，对特困人员给予全额救助，不设年度救助限额；对纳入监测的易致贫困返贫人员，继续执行在县域内定点医疗机构住院发生的政策范围内费用个人支付控制在总费用的10%的兜底政策。2021年，青神县医保局为城乡低保对象、城镇“三无”人员、农村五保对象、孤儿及其他困难群体2.02万人次申请医疗救助资金331.66万元；为建档立卡贫困人口6283人次，落实在县域内定点医疗机构住院医疗费用兜底资金173.39万元。

【疫情防控医保服务】 2021年，青神县医保局坚持“特事特办、好事办好、统一领导”的原则，建立医保、财政、卫健部门联合工作机制，明确责任分工，加强协作配合，做好新冠疫苗及接种费用保障工作；及时完成新冠疫苗及接种费用专项资金划拨，支付新冠疫苗费875.5万元，支付26.8万人次（按每人10元标准支付）接种费268万元；按照“宁可备而不用、不可用而不备”的原则，做好物资采购，根据重点行业、重点部门、重点乡镇、街道常态化防控工作实际需要，做好相关物资的调配、发放。发放医用外科口罩35.41万只、免洗手消毒凝胶444瓶、红外额温枪743个、隔离衣4000套、医用防护服2965套、医用护目镜1700副、N95口罩1万只、防护面屏1520个、一次性帽子5600个、75%酒精（每桶10L）49桶、含氯消毒泡腾片316瓶、帐篷87顶。

（谢雨辰）

体制机制建设

【概况】 2021年，青神县开展健康主题活动，普及健康知识，提高群众参与程度，增强宣传教育效果，完成健康促进工作，创建健康促进社区、学校、单位、企业、医院80个，居民素养水平25.66%。

【医养结合机构建设】 2021年，青神县有医养结合服务机构1家，开展养老服务，纳入医保定点；全县医养结合机构床位总数178张，其中医疗床位78张、养老床位100张，有医养服务人员4人。

【健康教育促进】 2021年，青神县开展居民健康素养水平监测，通过制订方案、抽样、培训、现场调查、问卷录入、数据分析等方式，完成社区、乡镇、机关企事业单位、学校等10个监测点400份问卷调查监测。

【爱国卫生管理】 2021年，县卫健局印发《关于开展冬春季爱国卫生运动 加强新冠疫情防控的通知》《青神县关于进一步加强新时期爱国卫生工作的实施意见》《青神县爱国卫生管理实施细则》《青神县“干干净净迎新年”主题爱国卫生运动活动方案》《关于开展“讲卫生、促爱卫、助创卫、迎五一”爱国卫生运动主题活动的通知》等文件，加强爱国卫生管理。

【爱国卫生宣传】 2021年，青神县组织开展全国第33个爱国卫生月、第34个世界无烟日活动，发放宣传资料6000余份。

【病媒生物防制】 2021年，县卫健局制定《青神县2021年病媒生物防制工作实施方案》，开展以环境治理为主、药物防制为辅的病媒生物防制工作，投放“灭四害”药物6000公斤，安放毒饵盒5600余个，在公园、广场安装灭蚊蝇灯10盏，安装诱蝇笼1600余个，安装防鼠网3800余个，覆盖104个小区、63个单位、3个农贸市场、5所学校和200条背街小巷。

（周　丽）

社会民生

人口管理

【概况】 2021年，青神县年末常住人口16.85万人，户籍总数68771户，户籍总人口18.99万人，其中男性人口9.55万人、占总人口50.28%，女性人口9.44万人，占总人口49.72%；出生人口987人，出生率0.52‰；死亡人口1425人，死亡率0.72‰，人口自然增长率-0.24‰；迁入人口351人，迁出人口960人，人口机械增长率-0.32‰。

【户籍制度改革】 2021年，青神县公安局严格落实省厅户籍管理多项便民服务措施和公安部居民身份证异地受理、挂失申报、丢失招领三项制度；增设落户承接方式，增设社区集体户，用于承接无合法固定住所、无近亲属家庭户、无单位集体户等人员落户，发挥“兜底”功能，符合落户条件人员，可依次选择在合法固定住所、近亲属家庭户、单位集体户、人才集体户、社区集体户申请落户。

【微户政管理】 2021年，青神县公安局落实公安部交管局部署的便民利企6项新措施和深化公安交管“放管服”改革优化营商环境12项措施，落实证明材料联网核查免提交和缴费支付电子化，“四川政务服务一体化”平台受理19项日常交管业务，推行一证办、一窗办、网上办、异地办、就近办；为避免疫情期间人群聚集提升交叉感染风险，依托“互联网+微户政”平台，对不必要当面办理的户籍业务，全部实行网上办理；川渝两地户口迁移全面实现跨省“一站式”办理，凡符合户口迁移政策和迁入地落户条件且相关资料手续齐全的，不再为申请人出具户口准迁证，不再要求申请人到迁出地办理户口迁移证。

【居民身份证管理】 2021年，青神县公安局办理二代身份证7865张、临时身份证2043张，相关业务咨询1万余次，为特殊困难群众上门服务3次。

【无户口人员户口登记】 2021年，县公安局按照公安部《关于进一步做好无户口人员等级户口工作的通知》和省公安厅《关于进一步做好全省无户口人员清理登记落户工作的通知》要求开展工作，依托“我为群众办实事”活动，深入辖区摸排、调查，按程序为14人补录户口。

治安管理

【概况】 2021年，青神县公安局贯彻落实县委、县政府和上级公安机关的各项要求，扎实推进各项工作，对食药环节、特种行业加强监管，开展“打击电信网络违法”专项行动、“打击传统侵财犯罪”专项行动，其中成功侦破“12·31”帮助信息网络犯罪活动案，受到四川省公安厅常务副厅长张光华、总工程师余文杰批示表扬。

【社会治安防控体系建设】2021年，县公安局统筹建好20人的派出所110巡逻中队和30人的机关合成队、青年突击队，带领社区干部、物业保安、“红袖章”等治安积极分子分组分片开展综治工作，与社区“两委”形成平安创建合力。

【矛盾纠纷化解】 2021年，青神县公安局深化公调对接机制，构建村社、司法、派出所三级调解网络，将风险评估机制引入矛盾纠纷排查化解中，成功化解婚恋纠纷48起，邻里纠纷125起。

【公共安全监管】 2021年，青神县公安局协同住建局等职能部门对城市供水、供电、供气等公共基础设施及管线安全检查各2次，组织派出所等部门对加油站、加气站消防安全检查，严厉查处非法充装储存销售液化气违法行为，确保全县人民生命财产安全；对涉及易制爆使用公司、危化物品保存室分别提出整改意见4条，督促整治合格后方能使用；对青神县易制爆剧毒使用单位、学校、企业开展督促检查18人次，出动车辆8台次，发现安全隐患9处，提出整改意见，下发整改通知书；联合交通局开展寄递物流等行业进行检查暗访，发现存在安全隐患9处，要求行业部门强化整改。

【特种行业管理】 2021年，青神县公安局对全县16家易制爆使用企业单位学校、3家剧毒使用企业检查监督，确保企业单位学校在使用易制爆、剧毒化学药品的安全；强化对远安烟花爆竹销售公司监管职责，每季度进行安全检查，发现存在安全隐患4处，下发安全隐患告知书3份，要求整改并跟踪回访，确保消除安全隐患；联合派出所打击处理非法存储销售窝点，收缴烟花爆竹圆炮889盘、条炮1386封，办理两起非法存储烟花爆竹案件，行政处罚2人次，安全销毁2020年收缴的烟花爆竹；开展危爆物品安全防范宣传3次，召开联席会议1场，检查废弃厂房、闲置仓库15处。

【食药环节安全管理】 2021年，青神县公安局与市场监管局、农业农村局、生态环境局、国土资源局、检察院、法院等部门建立合作机制，加强“两法衔接”。

【食药环违法犯罪打击】 2021年，青神县公安局联合市场监督管理局，聘请第三方快检公司对城区重点单位开展突击检查，未发现有违法犯罪行为。

【禁黄禁赌行动】 2021年，青神县公安局开展“清风”整治行动，检查全县KTV125家次，宾馆酒店237家次，洗浴按摩店185家次，茶楼水吧386家次、出租房231间次、“五小门店”108间次，关停存在治安安全隐患的洗浴按摩店33家、KTV3家。

【禁毒缉毒行动】 2021年，青神县公安局开展“一月一禁毒主题”宣传活动，丰富宣传教育内容，多形式多渠道持续开展“六进”禁毒宣传活动；以青少年毒品预防教育为重点，开展有针对性禁毒宣传教育活动，9月至11月，全县7224名学生完成全国青少年毒品预防教育数字化平台（青骄第二课堂）学习考试和知识竞赛，提升青少年识别、防范、抵制毒品的意识和能力；持续开展“国家禁毒办互联网教育宁夏中心”，全县7名乡镇（街道）社区戒毒（康复）工作站人员和108名社区戒毒（康复）人员进行禁毒知识学习，每月考核积分均为优秀。

【“打击电信网络违法”专项行动】 2021年，青神县公安局成功侦破“12·31”帮助信息网络犯罪活动案，案件被四川省“122”机制办列为第四批挂牌督办案件，被公安部列为第五批挂牌督办重大电信网络诈骗犯罪案件；全年刑事案件共立案281件，比2020年下降2.28%，破案数比2020年上升1.54%，破案率上升3.81%。

【“打击传统侵财犯罪”专项行动】 2021年，青神县公安局持续开展“反盗窃、强防范、创平安”专项行动，成功侦破1起飞车抢夺案，带破外地案件2起，破获系列盗窃电瓶车案，在全县范围内形成震慑效应。

【派出所建设】 2021年，青神县公安局全面完成汉阳派出所搬迁工作，有序推进白果派出所、高台派出所维修改造工程，为打造规范化、标准化派出所和枫桥式派出所奠定坚实基础。

【社区警务建设】 2021年，青神县公安局切实将“降警情、控发案”作为社区警务工作的首要目标，派出所50%警力下沉社区，优化组建社区警务队，按照“警辅1∶1”进行人员配备，派出所副所长兼任社区警务队队长，带头扎根社区，由以前的下社区变为在社区，真正成为社区的一分子，实现社区民警的专职化和专业化，依托人熟、地熟、情况熟的优势，开展就近接处警、信息采集、矛盾纠纷排查化解、群防群治等工作，促使社区警务工作提档升级。

【安全保卫】 2021年，青神县公安局会同相关部门完成建党100周年、疫情防控、全县中高考、重大活动等安全保卫工作，确保重点时段、节点平稳过渡，全县政治安全形势保持平稳。 （王露萍）

2021年10月11日，青神县公安武警开展联防联巡 （县公安局供图）

应急管理

【概况】 2021年，青神县应急管理工作坚持“人民至上、生命至上”，以保护人民生命财产安全为抓手，实施两项改革“后半篇”文章提升基层应急管理能力专项方案，创新思路，持续夯实应急基础，补齐应急管理能力短板，构建应急管理长效机制，妥善应对处置各类突发事件，全年全县未发生较大及以上突发事件。

【应急值班制度落实】 2021年，县应急管理局严格执行24小时领导带班、值班人员在岗值守的应急值守制度；深入开展督导检查，促进应急值守各项规章制度的落实和值班人员尽职履责，有力推动各乡镇（街道）、县级重点部门值班值守制度化、规范化；全县初步建立上下对应、职责明确的应急值守网络。

【应急信息报送与预警监测】 2021年，县应急管理局完善突发事件信息报告制度，强化与“110”“119”“120”

2021 年 7 月 18 日，青神县安全体验中心建成投入使用　（县应急管理局供图）

2021 年 8 月 26 日，青神县召开第一次全国自然灾害综合风险普查综合要素调查培训会（县融媒体中心供图）

的沟通协作，实现信息互通共享，拓展和畅通突发事件信息渠道；落实会商研判制度，与气象、应急、自然资源、水利部门联合会商 18 次，预警信息发布到户到人。

【应急预案与实战演练】 2021 年，县政府完善预案体系，修订《青神县突发事件总体应急预案》，修订防汛抗旱、安全生产、道路运输、动物疫情、环境保护等专项应急预案 24 个；全县组织开展森林防火、防汛、地质灾害等应急演练 127 次，参演人数 1 万余人次，达到“检验预案、完善准备、锻炼队伍、磨合机制、科普宣教”应急演练目的和效果。

【应急救援队伍建设】 2021 年，县应急管理局大力实施两项改革“后半篇”文章提升基层应急管理能力专项方案，全县组建由同级党组织负责人为队长的乡镇（街道）应急队和村（社区）应急分队，组建应急队、应急分队 65 支、1498 人，组建青神县第一支社会应急救援队伍（青神县退役军人先锋应急救援队）。

【应急宣传教育】 2021 年，县应急管理局利用“全国防灾减灾日”“安全生产月”“国际减灾日”等特殊时间节点，通过“掌上青神”App 应急专栏，以有奖问答、宣传画册、知识手册等形式，宣传、解读新安全生产法、防灾减灾知识、应急救援科普、自救互救技能，全县开展集中宣传活动 16 场次，发放宣传资料 4.8 万份，播放警示教育片 25 场次，涉及人数 5 万余人。

（陈志强）

安全生产管理

【概况】 2021 年，青神县组织学习贯彻新修订《中华人民共和国安全生产法》，持续开展安全生产专项整治三年行动，确保全县安全生产形势总体平稳；全年发生生产安全事故 3 起、死亡 3 人（其中，道路交通事故 2 起、死亡 2 人，工贸行业生产事故 1 起、死亡 1 人），比 2020 年减少 2 起、减少 2 人。连续 17 年未发生较大及以上生产安全事故。

【安全生产责任制落实】 2021 年，青神县委常委会、县政府常务会、县安委会先后开展学习研究 12 次，贯彻落实中央、省、市关于安全生产的一系列会议、文件精神；县委、县政府专题部署安全生产专项整治三年行动、安全生产“十四五”规划、隐患排查治理等重点工作；针对春节、清明、五一、国庆、竹博会等重要时间节点，县委、县政府领导分别带队开展安全生产专项督查；县安办牵头对 7 个乡镇（街道）、12 个部门安全生产工作开展专项巡查，督促整改问题 20 余处。

【安全生产风险防控】 2021 年，县安委会抓好三年行动集中攻坚，印发《2021 年青神县安全生产专项整治三年行动工作任务清单》，在消防、道路交通、旅游、危险化学品、建筑施工等重点行业领域开展安全生产专项整治；认真贯彻落实全省安全生产视频会议精神，吸取湖北十堰“6·13”燃气爆炸等事故教训，县安办印发《青神县安全生产集中整治专项行动工作方案》和县安委会印发《青神县四个安全问题专项整治行动工作方案》，6 月 18 日至 20 日，组织 6 名副县长担任组长的专项检查组对全县有限空间、沼气、城镇燃气、食品加工等 4 个重点领域开展专项整治行动，检查企业 223 家，关闭取缔企业 4 家，停产停业企业 64 家，限期整改企业 130 家；深入开展“排险除患”工作，针对春节、清明、五一、国庆等重要时段，制定《关于开展“中秋”“国庆”期间安全隐患排查工作的紧急通知》《关于开展安全生产大排查大整治工作的通知》等文件，对道路交通、消防、学校、住建、商场、景区等重点领域开展隐患排查，检查企业1985家次，排查整改各类隐患4351处。

【安全社区建设】 2021年，青神县罗波乡、瑞峰镇持续开展安全社区建设工作，顺利通过市安委会安全社区复评验收。

【安全生产标准化建设】 2021年，青神县四川省民众日化公司和眉山子辉铸业公司两家企业通过三级标准化复评验收。

【危险化学品和烟花爆竹安全监管】 2021年，青神县制发《青神县全面加强危险化学品安全生产工作实施方案》；推进危险化学品安全专项整治三年行动，落实安全生产大检查清单和责任清单制度，规范监管内容与标准，明确检查责任，推动安全生产责任的有效落实；建立邀请专家排查隐患制度，聘请专家对全县的14家加油（加气）站进行检查，指导、帮助企业查找安全隐患，排查发现隐患82处，整改完成率100%。

【安全生产行政审批】 2021年，青神县对26家烟花爆竹经营（零售）店、13家加油站、2家票据交易场所进行换证的资料审查和现场核查工作。

【安全生产执法监察】 2021年，青神县以“创安2021”安全生产专项执法行动为抓手，全面开展安全生产执法检查。出动执法人员70余人（次），开展执法检查22家，发现问题隐患78处、立案8起，罚款10.9万元。

【安全生产文化建设】 2021年，青神县安委会办公室印发《深入推进全县安全宣传“五进”工作实施方案》，结合安全生产月深入企业开展安全生产宣传；青神县企业以此为契机自主围绕安全生产这根主线，持续开展安全文化建设，强化安全管理，不断增强全员安全意识，实现安全生产管理由传统管理向制度化、科学化、人性化管理转变，构建自我约束、持续改进安全生产长效机制。

【安全生产宣传】 2021年，青神县应急管理局组织各乡镇（街道）、县级有关部门、生产经营单位观看习近平总书记关于安全生产的重要论述的宣传片——《生命重于泰山》，通过对典型生产安全事故的深刻剖析，总结教训、探索规律、以案示警，进一步提高安全生产防范意识和能力；围绕“落实安全责任、推动安全发展”主题，通过展台展览、在线答题等“线上咨询＋线下开发”的形式，开展2021年安全生产月和安全宣传“五进”活动，组织安全生产宣传活动15场次，应急演练140余场次，参与人数6万余人次；采取集中培训宣传、执法普法相结合等方式深入企业和群众中开展新修订《安全生产法》的宣传，组织开展、参与10余次宣传活动，展示宣传展板50余栏，发放安全生产知识宣传单1.5万余份，接受群众咨询3000余人次。

（韦建军　万　兴）

防灾减灾救灾

【概况】 2021年，青神县遭受“8·22”“9·14”等暴雨洪涝灾害，全县自然灾害受灾人口3.9万人次，无因灾死亡和失踪人口，农作物受灾1805公顷，损坏房屋11户、23间，工矿企业和基础设施多处受损，直接经济损失3326万元；青神县救灾物资储备库建成投入使用，青神县应急管理信息化平台建成投入使用；2021年，全县未发生一起森林火灾，全县无因地震灾害导致人员失踪或伤亡事件。

【防灾减灾救灾机制完善】 2021年，青神县应急管理局、县发改局、县财政局联合制发《青神县应急物资管理办法（试行）》，完善全县应急物资管理机制，做到应急物资采购、管理、维护、调拨、使用全链条监管；青神县减灾委员会严格落实会商研判制度，联合县应急管理局、县自然资源局、县水利局、县气象局等部门会商18次，发布预警信息7期。

【防汛减灾】 2021年，青神县应对全县主要江河8次涨水过程，面对“8·22”全国降雨量第二的险情，实现汛期“零伤亡”；修订青神县防汛抗旱、超标准洪水、洪涝巨灾、河心洲岛等县级重要防汛应急预案4个；组建应急队、应急分队65支1498人，组织防汛应急演练55次，专题开展全县防汛桌面推演和水域救援培训；前置乡镇（街道）、河心洲岛应急物资1万余件；完善自然灾害风险监测预警和会商研判机制，强化预警信息全覆盖，联合会商18次，发布预警信息7期。

【救灾与物资保障】 2021年，青神县应急管理局完成2021年应急救灾物资储备工作，对上争取调拨折叠床194张、棉被540床、棉大衣300件等物资，新采购一批价值47.5万元救灾物资；调拨帐篷21顶、口罩1600只、消毒液50瓶用于新冠肺炎疫情防控；向乡镇（街道）前置帐篷50顶、折叠床170张、棉被240床、褥子240床、救生衣340件、铁铲 225 把等救灾物资用于抗洪抢险；为保障受灾群众温暖过冬，向乡镇（街道）调拨棉被 400 床、棉大衣 400 件、棉衣裤 200 套等物资，有力保障基层应急需要；积极对接保险公司，为全县居民购买突发事件应急救助保险。

【水旱灾害救援】 2021 年，青神县 24 艘采砂船全部上岸，新建 2 个监控、20 个固定桩，落实“一船一桩三缆”；扎实开展河心洲岛防汛安全隐患大排查，严格落实“一岛一策”；落实“三避让，三转移”（即“主动避让”“提前避让”“预防避让”；危险隐患点强降雨时撤离、隐患点发生异常险情时撤离、对隐患点险情不能准确判断时撤离）的措施，实现汛期“零伤亡”，全县投入消防、基干民兵、武警等应急救援队伍 2457 人次，救援车辆约 550 辆次，救援艇 7 艘，各类救援物资 1 万件（套），提前转移避险群众 1.12 万人次

【地质灾害救援】 2021 年，青神县应急管理局为 7 个物资储备点配置棉被、帐篷、折叠床等新应急物资及 11 部卫星电话，落实责任人，建立台账，实行专人管理，每周抽查各乡镇（街道）的卫星电话工作状态，确保遇紧急情况通信顺畅；落实“三个避让”“三个紧急转移”刚性要求，安排专人驻守，保障群众食宿，在安置点组织坝坝会，开展防汛减灾宣传和文艺活动，提高群众防灾自救能力，丰富群众文化生活，确保转移群众转得出、安得稳、留得下。

2021 年 5 月 7 日，青神县森林火灾专业扑救队巡山

（县融媒体中心供图）

【火灾防治管理】 2021 年，青神县应急管理局开展森林防灭火专项整治，提升青神县森林防灭火工作；全年发放宣传资料 20 万份，新增宣传牌 200 余个；修建防火通道 26 公里、新建和维护消防蓄水池 70 余口；加强森林火灾专业扑救队作战能力，开展专业培训 6 次、实战演练 7 次。

【防震减灾】 2021 年，青神县抗震救灾指挥部印发《青神县地震应急预案》，完善指挥框架体系，建立模块化层级响应机制，分解细化职责任务和工作内容；制定《青神县抗震救灾指挥部工作规则（试行）》，建立组织指挥体系，明确指挥部成员单位职责分工；构建“一主两辅”救援队伍，配强专职消防救援力量，强化县政府专职消防队和汉阳专职消防队建设，组建县、乡、村地震应急救援队伍 72 支、1800 余人；投资 200 万元，建设青神县地球物理台站项目；投资约 10 万元，实施青神县震情会商视频会议系统和地震监测数据显示系统建设；县实验中学、县初中创建市级防震减灾科普示范学校，罗波乡宝镜村通过国家级综合减灾示范社区验收。

【防灾减灾救灾宣传】 2021 年，青神县应急管理局抓好 5 月 12 日“全国防灾减灾日”、10 月 13 日“国际减灾日”等重要时间节点，组织县减灾委成员单位采取上街、到村、入户的方式及发送微信、短信短文等形式开展宣传，发送宣传信息 1 万余条、发放宣传资料 5000 余份，展示展板 20 张、宣传横幅 20 条，现场解答群众咨询 1000 余人次。

【灾害信息员队伍建设】 2021 年，青神县应急管理局成立青神县灾害信息员队伍，全县 75 名灾害信息员覆盖各乡镇（街道）、村（社区），定期开展灾情报送培训，灾害信息员扎根一线，第一时间收集报送灾情信息，全面落实“初报快、续报准、终报全”的工作原则，持续提升基层防灾减灾能力。

（郑建波　朱界宇　陈志强　葛睿琪）

交通安全管理

【概况】 2021 年，青神县公安局紧扣建党 100 周年交通安保这条主线，以深入开展“护旗”专项行动和事故预防“减量控大”为抓手，强弱项补短板，以重点工作突破带动整体工作推进，全力以赴防风险、护安全、保畅通、促改革、惠民生、强队伍，为中国共产党成立 100 周年创造良好的道路交通环境。

【道路交通事故预防与处理】 2021 年，青神县公安局接处警道路交通事故 1201 起（一般程序处理 36 起、简易程序处理 1165 起），死亡 15 人、受伤 954 人，事故直接经济损失 115.71 万元。（其中，生产经营性事故 2 起、死亡 2 人）与 2020 年相比，事故总数上升 5.52%；死亡人数下降 31.82%；受伤人数上升 7.56%；经济损失上升 17.3%。

【道路交通秩序管理】 2021 年，青神县公安局查处各类交通违法行为

3.01起，扣留各类车辆255辆（小型汽车32辆、摩托车205辆、人力三轮车2辆）；其中，毒驾1起、醉酒驾驶3起、饮酒驾驶262起、乱停乱放5685起、超速1190起，货车超载540起，面包车超员165起，货车违法入城507起，涉牌涉证514起，擅自改型90起，闯红灯、不按导向、逆向行驶、不戴头盔等其他违法行为2.17万起。

【道路交通安全宣传】 2021年，青神县公安局开展“七进”宣传活动98场（次），上交通安全课38次，印发各类宣传材料20万余份，通过新媒体平台发送各类安全警示、提示短信1.13万条，曝光交通违法、交通事故典型案例和不文明交通行为95次。

【车辆与驾驶人管理】 2021年，青神县新办摩托车驾驶证80人，增驾202人，补证换证4831笔，AB类驾驶证审验303笔；办理电动自行车登记入户2613辆；小型汽车注册登记318辆，摩托车注册登记1783辆，小型汽车转入登记244辆，摩托车转入登记29辆，小型汽车核发年检标志4537辆，摩托车核发年检标志7866辆，注销黄标车279辆，注销小型汽车276辆，注销摩托车2265辆。销毁汽车、摩托车、电动车等废旧车辆172辆。

（王露萍）

消防救援

【概况】 2021年，青神县消防救援大队牢固树立“以人民为中心”的发展理念，按照“全面发展年”的部署要求，瞄准火灾形势稳定、队伍内部稳定“两个稳定”目标，强化班子和队伍正规化建设，坚决扛起防范化解重大安全风险、应对处置各类灾害事故的重要职责。强化消防监督管理举措，开展火灾隐患排查整治工作，有效推进“放管服”改革和执法规范化建设，“双随机、一公开”（监管过程中随机抽取检查对象、随机选派执法检查人员、抽查情况及查处结果及时向社会公开）监管全面铺开，告知承诺制管理等新监管模式逐步建立，“96119”消防安全隐患举报投诉全部时限内满意办结，被四川省消防救援总队表彰为2021年度防火监督工作先进基层单位，被眉山市消防救援支队表彰为2021年度全市消防监督执法工作先进单位，被县委、县政府评为防灾减灾工作先进集体。

【队伍建设】 2021年，青神县消防救援大队传承“听党指挥、服从号令”的红色基因，深入开展党史学习教育，始终坚持对党忠诚、纪律严明、赴汤蹈火、竭诚为民“四句话方针”、坚持严肃的纪律、严密的组织，准现役、准军事化“两严两准”建设标准、坚持战斗力标准、坚持24小时驻勤备战、坚持走中国特色消防救援队伍建设新路子；推进队伍正规化建设，完善工作、执法、执勤、训练、生活等秩序，全力防风险、保安全、抓练兵、提战力、谋发展、争先进；主动适应“全灾种、大应急”需要，先后组建抗洪抢险、水域救援、地震救援等攻坚班组，依托青神县政府专职消防队组建的青神县森林火灾专业扑救队常态化运行，应急救援专业化水平显著提高；强化队站建设，汉阳镇二级乡镇专职消防队投入执勤备战，县域消防救援力量分布更加合理，在基本实现乡镇15分钟救援圈的基础上，使古镇等消防安全重点区域有效覆盖。

【隐患治理】 2021年，青神县消防救援大队向县委、县政府建言献策、提供决策依据，分析全县消防救援工作和消防安全形势，推动出台《青神县消防安全责任制实施办法》；以消防安全三年整治专项行动为主线，聚焦全县医院、学校、养老院、工业企业等各类行业领域场所和宾馆、饭店、商业综合体、农贸市场、歌舞娱乐等人员密集场所，开展冬春火灾防控、电动自行车、在建工地等多个专项整治行动，打通消防通道21处，规范电动自行车充电停放场所95个，在全县消防安全风险指数较高的小旅馆、老旧小区、独居老人居住地等场所推广安装独立式感烟探测器944个；依托县民政养老机构完成全市智慧消防青神试点单位安装测试工作。全年办理行政处罚案件61起，查封14家、“三停”（停止施工、停止使

2021年5月13日，青神县消防救援大队在成乐高速开展抢险救援 （县消防救援大队供图）

2021年9月17日，青神县消防救援大队走进实验幼儿园开展消防安全培训活动

（县消防救援大队供图）

2021年11月12日，青神县消防救援大队联合县市场监管局开展消防产品专项检查

（县消防救援大队供图）

用、停产停业）8家，罚款22.7万余元，挂牌整治1家县级重大火灾隐患单位。

【灭火救援】 2021年，青神县消防救援大队夯实灭火救援基础，配备皮卡车2辆、小型水罐车1辆、城市主战车1辆，充实森林火灾、水域救援、个人防护等各类灭火救援装备。天网监控系统接入大队、汉阳镇专职队接入指挥调度网，灭火救援基础不断强化。全年消防救援大队接警处置170起（其中火警62起，抢险救援16起，社会救助92起），抢救被困人员10人、疏散人员38人、死亡1人，未发生较大以上及有影响火灾事故，全县火灾形势持续平稳。

【宣传教育】 2021年，青神县消防救援大队以“落实消防责任，防范安全风险”为出发点，完善消防科普教育馆，推动全县1万余人注册全民消防安全学习云平台，依托短信、电视、网络等多媒体平台在重要时间节点密集发布消防安全宣传视频和提示信息；结合辖区火灾形势特点，针对春节、“119”宣传月、冬春火灾防控等多个重要时间点，协调社区网格员、志愿者、美团外卖骑手等人员深入社区、沿街商铺、车站、家庭等开展消防宣传，动员社会单位利用LED屏、户外楼宇电视播放消防安全标语、公益广告，引导广大群众增强防范意识和防控能力。举办全市推进宗教中国化眉山实践现场会暨宗教活动场所消防演练和全市假冒伪劣消防产品集中销毁活动。

【培训演练】 2021年，青神县消防救援大队立足“刀山敢上、火海敢闯，召之即来、战之必胜”的目标要求，分岗位、分层级、分专业大力开展实战实训和培训练兵活动。参与全省火调比武、全省法制比武、全省消防科技优秀讲师竞赛、全省装备技师比武集训、全省无人机比武集训。大力实施人才工程，1人获得高级绳索技术证书，4人完成水域救援复训，2人取得舟艇驾驶证，5人取得慧飞UTC证书。针对辖区“高低大化、老幼古标”（高层建筑、地下建筑、大型综合体、石化企业，养老服务机构、幼儿教育场所、文物古建筑、标志性建筑）等重点区域和单位企业修订完善灭火救援预案和熟悉演练，全年开展演练64次，修订完善数字预案61份。 （王　滔）

脱贫攻坚

【概况】 2021年，青神县贯彻落实中央、省、市脱贫攻坚决策部署，巩固全县脱贫成效，确保3739户9127人已脱贫贫困人口巩固提升，锁定9217名脱贫人口、83名边缘人口、79名特殊困难人口不返贫不致贫及衔接乡村振兴目标，开展防止返贫动态监测2次，排查出监测户58户139名。

【脱贫攻坚成果巩固】 2021年，青神县农业农村局对农村低收入人口实行定期核查和动态调整，巩固全县脱贫攻坚成果，确保脱贫人口不返贫不致贫。以现有社会保障体系为基础，加强对农村低保对象、农村特困人员、农村易返贫致贫人口等农村低收入人口的动态监测；民政、教育、人社、住建、农业农村（乡村振兴）、医疗保障等部门联动开展风险预警、研判和处置，实现对农村低收入人口风险点的早发现、早干预、早帮扶；对脱贫不稳定户，边缘易致贫户，以及因病因灾因意外事故等刚性支出较大或收入大幅缩减导致基本生活出现严重困难等农村易返贫致贫人口实施动态监测，通过集中排查、农户自主申报、日常摸排、部门推送、省大数据平台关联监测等方式开展风险排查，通过分析研判、信息核实、评议公示、复查审核、部门比对、审定公告等程序认定农村易返贫致贫人口；根据监测对象的风险类别（因病、因学、因安全住房、因安全饮水、因残、因自然灾害、因意外事故、因产业项目失败、因务工就业不稳等）和发展需求，落实住房安全、饮水安全、健康扶助、教育扶持等政策，开展产业、就业、金融、公益性岗位等帮扶，帮助改善生产生活条件。按照“一对一”或“多对一”落实帮扶责任人，跟踪监测对象收支情况、帮扶措施落实情况等；对家庭收入持续稳定，返贫致贫风险稳定消除的监测对象，按照评议公示、核查确认、公告退出等程序有序退出监测范围，同步做好跟踪回访。

【脱贫帮扶】 2021年，青神县全面落实义务教育“三免一补”政策，补助3434名家庭经济困难学生生活补助133.42万元，基金救助县内外各学段脱贫学生1799人次、221.08万元；投入313.67万元为脱贫人口代缴城乡居民医疗保险，确保脱贫人口县域内医疗机构就医报销比例控制在10%以内；投入1183万元为全县居民免费提供孕产妇、0～6岁儿童、慢性病患者等12项国家基本公共卫生服务；拉网式排查、整治全县3805户脱贫户（含监测户）的住房，对2户监测户的C、D级住房进行维修加固；启动城乡一体化供水工程，完成县域内23公里管网铺设，2022年将实现城乡一体化供水。脱贫户新增低保28户、39人，共对1966名脱贫人口进行低保兜底；投入74.99万元为全县7499名符合条件的缴费困难群体，代缴城乡居民养老保险费。合理设置公益性岗位，吸纳脱贫人口就业677人，平均每月增收1000余元；投入30万元对103户脱贫残疾人家庭实施无障碍改造，对300余名残疾人开展技能培训，为248户脱贫户发放扶贫小额信贷923.1万元；探索股权量化扶贫模式，吸纳370名脱贫户参与，每年人均分红700余元。

【农村扶贫开发】 2021年，青神县启动天眉乐高速和G245经开区段道路建设，推进虎渡溪航电枢纽工程、成乐高速扩容（青神段）及连接线等省市重点项目建设；建制村通客车率100%，自来水普及率98.91%，电、天然气、宽带互联网、4G网络均实现全覆盖，打造“四好农村路”示范线106公里，成功创建省级“四好农村路”示范县；建成中国首家竹林湿地、小微湿地等生态景观60个，建设竹林风景线150公里。整治沟渠4.25公里，整治山坪塘11座，完成高标准农田改造1.3万亩。

（郑美琳）

移民安置与扶持

【概况】 2021年，青神县持续推进岷江虎渡溪航电枢纽工程和复兴水库扩建工程建设征地移民安置工作。完成岷江虎渡溪航电枢纽工程建设征地移民剩余2户的搬迁安置工作，完成岷江虎渡溪航电枢纽工程截流阶段移民安置验收，专项复建工程开工建设；复兴水库扩建工程的移民安置交通专项复建、水利专项复建等工程开工建设。

【移民后期扶持】 2021年，青神县移民后期扶持现金直补人口2975人，直补资金179.97万元。安排后期扶持项目9个、517万元，其中用于移民服务（活动）中心建设150万元、库区和移民安置点的基础设施建设347万元（新改建道路5.02公里），有效改善、提升移民安置区生产生活。

【稳定工作】 青神县水利局畅通诉求渠道，认真办理不稳定因素的排查处理，重视移民群众来信、来访，及时妥善处理存在的问题与诉求。

（刘子昂）

劳动就业

【概况】 2021年，青神县城镇新增就业2823人、完成目标任务148.58%，失业人员再就业584人、完成目标任务162.22%，城镇登记失业率3.03%，低于全市平均水平；农村劳动力转移6.58万人，劳务收入14.3亿元。全县就业形势保持稳定。

【创业促进】 2021年，青神县人社局加强创业指导，做好“青创+”巡诊活动，邀请省级专家到青神县2家企业开展实地巡诊，有针对性地提出意见和建议，开拓企业的发展思路；组织创业讲师何琰参加第三届马兰花全国创业培训讲师大赛，荣获川渝地区选拔赛眉山初赛第二名，提升创业讲师的授课水平；组织成艺大学390名非毕业年度大学生开展创业培训，提升创业能力；开展第二批青神创业名星培育，通过遴选、培育、择优评选的方式，选拔、表扬郭倩等10名创业名星，营造改革创新、干事创业的良好氛围；通过电话回访和上门宣传的方式，向广大在青创业者及小微企业宣传创业担保贷款政策，为30名创业者及2户小微企业提供贷款850万元，兑现贴息38.72万元。

【高校毕业生就业】 2021年，县人社局通过“职大师”“人社在线”带岗直播、举办“青神学子爱青神”2021年青神应届毕业生本地企业专场招聘会、“青神县2021年高校毕业生专场网络直播招聘会”等，提供岗位1200余个，发放宣传资料1500余份，向2020年、2021年青神籍高校毕业生发送招聘会信息1461条；开发就业见习岗位87个，新建

2021 年 3 月 10 日，"蓉城人企进青神——成眉同城、合作共赢"主题活动在青神举行
（县人社局供图）

2021 年 6 月 24 日，"青神学子爱青神"2021 年青神应届毕业生本地企业专场招聘会在青神县体育馆举行
（县人社局供图）

立高校毕业生就业见习基地 1 个；组织环龙新材料、德恩精工等重点企业赴省内外 11 所高职院校开展 3 场"青神企业进院校"推介周活动，开展宣讲会 4 场次，签订三方协议 144 人；对教育部门移交的 118 名 2021 年离校未就业高校毕业生，采取电话回访、就业政策宣传、提供招聘信息、推荐岗位等方式宣传，实现就业率 98% 以上。

【大学生创业引导】 2021 年，青神县人社局通过创业指导、创业培训、宣传创业政策、拍摄政策宣传视频、上门走访、组织参加创业大赛、开展就业失业登记、提供人事档案保管等方式，积极开展大学生创业服务；加强创业扶持，利用大学生创新创业园区（孵化基地）为高校毕业生创业提供低成本场所支持和孵化服务，积极宣传大学生创业补贴、求职创业补贴、创业担保贷款等扶持政策；组织 390 名大学生参加创业培训，发放应届困难毕业生求职创业补贴 6.15 万元，发放大学生创业补贴 7 万元，发放高校毕业生创业担保贷款 50 万元。

【"春风行动"实施】 2021 年，青神县人社局牵头成立春风行动工作领导小组，摸排县内 52 家用工企业、3250 个用工岗位，编印成用工海报，在县内 57 个行政村、社区醒目位置张贴，实现县域全覆盖；拍摄招工引才补贴政策宣传网络情景剧并上传至抖音、微信等互联网平台，鼓励春节回乡青年在家就业创业；组织线下招聘会 10 场，线上招聘活动 78 场，发放宣传资料 5 万份，服务群众 3.4 万人次，达成就业意向 1200 余人；开展以工代训等就业创业培训 28 期，帮助县内 24 家企业实现稳岗留工 4109 人次；落实各项就业创业政策，兑现各类补贴资金 230.36 万元。

【"校区 + 产业"就业培训】 2021 年，青神县人社局开展"蓉眉高校进青神——成眉同城，产学共赢"活动，与 9 所高校共同探索校政企合作青神模式，聚焦"校区 + 产业"就业培训机制；组织企业到甘肃、成都等地开展三期"青神企业进职校"推介周活动，围绕企业不同的人才需求，开展订单式、套餐式人才培育，联建"眉山智能制造学院"1 所，建立博士、博士后工作站 2 个，大学生见习基地 7 个，共建定制班 4 个，培训学员 190 人，引入顶岗实习学员 209 人，为企业建立后备技术人才库；创新"线上理论教学 + 工作岗位实训操作"模式，破解工学矛盾，为德恩精工、青城机械等 19 家企业培训技术人员 676 人次；"校区 + 产业"就业培训模式作为眉山市"三驱联动"助力就业创业的重要组成部分，受到国务院通报表扬。

【企业用工纾困解难】 2021 年，青神县内企业用工缺口达到近年峰值，为缓解企业用工难题，县人社局成立服务专班，转变工作思路，创新服务手段，全年为企业招用各类人才 1600 余人；引导企业走市场化道路招工引才，邀请 17 家省内外人力资源企业和县内 50 余家企业代表参加"蓉城人企进青神——成眉同城、合作共赢"交流活动和人力资源市场形势宣传座谈会，围绕人力资源市场现状、企业人才招引措施进行探讨，树立"市场才能解决人力问题"的观念；出台招工引才扶持政策，县政府办印发《青神县规模以上工业企业招工引才扶持办法（试行）》，为吸引产业工人来县内企业就业提供奖补政策依据；多平台服务企业用工，线下开展"青神学子爱青神"2021 年青神应届毕业生本地企业专场招聘会等主题招聘活动 19 场；线上开发"青神人才网"和"就业青神"微信小程序，建立"人社在线"直播间，录制 9 期企业招聘视频，组织青神县龙头企业开展"高校毕业生网络直播专场招聘会"，直播访问量达 2559 人次。（张玲梅）

劳务开发和农民工服务

【概况】2021 年，青神县人社局检查用人单位 186 户次，涉及劳动者 5300 人，发出限期整改指令书 46 份；受理并处理劳动人事争议案件 232 件，帮助劳动者追发工资等 610 万元，涉及劳动者 302 人；加大对劳动保障重大违法惩戒力度，联合相关部门实行常态化执法检查，促进企业依法经营、诚实守信。

【化解劳资纠纷工作】2021 年，青神县坚持调解优先、兼顾公平的原则，处理劳动人事争议案件 232 件，立案处理 114 件，案外处理 118 件，调解成功率达 90.5%；落实国务院《关于支持多渠道灵活就业的意见》、人力资源和社会保障部《关于维护新就业形态劳动者劳动保障权益的实施意见》、四川省人力资源和社会保障厅等 11 部门《关于维护新就业形态劳动者劳动保障权益的实施意见》，切实保障新就业形态劳动者的合法权益，促进青神县劳动关系和谐稳定。

【欠薪制度保障】2021 年，青神县委常委会、政府常务会专题研究根治欠薪工作，印发《关于印发县根治拖欠农民工工资工作领导小组成员单位职责的通知》《关于对全县政府投资及国企承建项目落实根治欠薪制度开展专项整治工作的通知》，明确全县治欠保支工作重点和目标任务，从源头上杜绝政府投资项目出现拖欠农民工工资问题；通过门户网站、现场宣传、LED 显示屏、微信群等多种形式，广泛宣传《保障农民工工资支付条例》（以下简称《条例》），会同司法局、住建局开展《条例》进工地活动，发放《条例》手册 3000 份，组织在建工程项目业主单位和总包单位负责人开展培训学习，进一步提高农民工维权意识。全县未发生因拖欠农民工工资问题引发的群访集访和越级上访案件，劳资领域基本实现和谐稳定。

【欠薪专项检查】2021 年，青神县人社局与相关部门每月常态化执法检查，对全县在建工程项目根治欠薪各项工作完成情况加强执法检查，对检查发现问题的单位责令限期整改；与各行业主管部门联合对全县在建工程项目开展执法检查 113 次，向相关责任单位下发劳动保障监察限期改正指令书 53 份，绝大多数项目检查发现的问题已在规定期限内整改完毕，全年对部分未及时整改问题的项目总包单位处以罚款共计 11 万元。

【欠薪执法工作】2021 年，青神县人社局与县市场监管局等部门联合开展执法检查，对 20 余家生产经营性企业开展随机执法检查，加大对违反《条例》的查处力度，对有违法、违规现象立即责令单位限期整改。

【农民工维权】2021 年，青神县人社局督促每个在建项目设立农民工维权告示牌，向农民工公开在建项目行业主管部门拖欠工资举报投诉电话；开通劳动保障监察热线电话，24 小时接受劳动保障监察投诉咨询；公开法律援助律师和劳动人事争议仲裁投诉举报联系电话。

（张玲梅）

2021 年 12 月 9 日，青神县举行“蓉眉高校进青神——成眉同城 产学共赢”校政企交流活动 （县人社局供图）

社会保障

【概况】2021 年，青神县民政局践行“民政为民、民政爱民”的服务宗旨，聚焦新冠肺炎疫情防控、聚焦脱贫攻坚、聚焦特殊群体、聚焦群众关切，牢牢守住脱贫攻坚最后一道“防线”，做到应保尽保、应救尽救，持续推动青神县民政事业稳步向前。

（黄奕新）

【社会保险】2021 年，青神县人社局持续巩固社保扶贫和退捕渔民补贴等工作，为 7922 名符合条件的低保对象、特困人员、返贫致贫人口、重度残疾人等缴费困难群体，按最低缴费标准每人每年 100 元代缴城乡居民养老保险费 79.22 万元；与县财政、农业农村局的协调配合，跟踪摸排未缴费和已缴费未享受缴费补贴的退捕渔民，确保补贴政策落到实处。对符合养老金领取条件的退捕渔民，及时发放基本养老保险待遇。严格落实被征地农民养老保障工作，结算发放生活补贴待遇825人、1732万元；一次性征地补偿费39人、468万元；划居保个人账户1017人、6028万元。推进企业职工补缴基本养老保险费工作，完成2个批次、35人职工和个体灵活就业人员补缴。为全县1.85万名企业离退休人员调整养老金标准。全县有企业离退休人员1.95万名，全年发放养老金4.47亿元；推进机保退休“中人”（养老保险制度实施前后的国有企业职工、机关事业单位工作人员）养老保险待遇全面落实到位，2016—2017年、2018—2019年、2020年和2021年机关事业单位退休“中人”新待遇分别按时兑现到位，退休“中人”待遇兑现工作已转入常态化阶段；有效落实城乡居民基本养老保险遗属待遇兑现工作，严格按《眉山市城乡居民基本养老保险实施办法》文件，对领取待遇死亡人员按其死亡当月最低基础养老金标准的6个月，给予遗属待遇。截至年底，为289人支付遗属待遇18.55万元。

（张玲梅）

【城乡低保保障】 2021年，青神县民政局严格落实低保兜底政策，全县1514户1849人，建档立卡贫困户实现低保兜底脱贫；农村低保保障标准提高到每月450元；城市低保保障标准提高到每月630元；全县有农村低保4103户4867人，有城市低保723户867人，发放农村低保金1656.43万元，发放城市低保金365.24万元。

【特困救助】 2021年，青神县民政局将符合条件的1378人纳入特困救助供养范围，集中供养344名，其中集中供养失能、半失能特困人员108名，占全县失能、半失能特困人员的71%；特困供养标准逐步提高，城市特困人员供养标准提高到每人每月820元，农村特困人员供养标准提高到每人每月590元。全年发放特困供养金997.5万元，发放特困人员护理补贴31.5万元。

【社会救助】 2021年，青神县资助5084名民政对象参加城乡居民基本医疗保险，支出参保资金133.31万元。全县共有精简退职人员39人，起义投诚人员1人，2021年发放精简退职人员救济金18.72万元、起义投诚人员救济金7764元。发放2021年二季度高龄补贴7984人86.03万元。

【临时救助】 2021年，青神县民政部门对遭遇意外伤害、重大疾病或其他特殊原因造成家庭支出较大，基本生活受到影响的建档立卡贫困户、低保和特困等对象，及时给予临时救助。全年救助387人次，发放临时生活救助资金22.8万元；救助流浪乞讨人员42人次，建成眉山市救助站青神分站。

【残疾人关爱行动】 2021年，青神县困难残疾人生活补贴标准提高到每人每月120元，享受困难残疾人生活补贴2486人，全年发放350.23万元；重度残疾人护理补贴标准为一级每人每月100元，二级每人每月70元，享受重度残疾人护理补贴3417人，全年发放321.09万元。

【儿童关爱行动】 2021年，青神县民政局成立青神县未成年人保护工作委员会，明确未保委职责和各成员单位职责，各乡镇（街道）分别成立未成年人保护工作委员会；建成县未成年人保护中心1个，乡镇（街道）未成年人保护工作站2个，打造儿童之家示范点7个；县民政局筹资15.6万元，以购买社会组织服务的形式启动为期1年的“快乐小东坡”未成年人保护系列项目，覆盖全县7个乡镇（街道）5村、4社区困境儿童、孤儿、事实上无人抚养儿童，全年关爱435人。

【困难群众关爱行动】 2021年，青神县发放孤儿生活保障金88人次、7.92万元，发放事实无人抚养儿童生活保障金308人次、27.72万元。资助贫困学生28名，发放慈善助学金8万余元，开展慈善济困发放福彩济困资金近2万元。

（黄奕新）

住房公积金管理

【概况】 眉山市住房公积金管理中心青神管理部负责辖区内职工住房公积金的缴存、提取和贷款审核工作。2021年，全县住房公积金正常缴存人数9046人，缴交单位256个，累计住房公积金归集余额4.10亿元，住房公积金贷款余额3.65亿元。

【住房公积金缴存】 2021年，青神县住房公积金累计缴存总额12.12亿元，比2020年增长16.87%，缴存余额4.1亿元，比2020年增加4300.7万元，增长11.72%。全年缴存住房公积金1.75亿元，比2020年增加980.85万元，增长5.94%。净增缴存290人，异地公积金账户转入99笔，本地账户转出16笔。

【住房公积金提取】 2021年，青神县提取住房公积金1.2亿元，占全年缴存额的68.79%，柜台办理提取1020笔，系统自动办理提取2.87万笔。住房消费提取1.02亿元，其中购建房提取2533.17万元、还贷提取

7200.96 万元、租房提取 466.18 万元；非住房消费提取 1832.25 万元，其中离退休提取 1424.45 万元、终止劳动关系销户提取 215.08 万元、其他提取 192.72 万元。

【住房公积金贷款】 2021 年，青神县发放个人住房贷款 196 户、6310.6 万元，比 2020 年增加 36.73%；累计发放个人住房公积金贷款 3068 户、6.68 亿元，贷款余额 3.65 亿元。

【住房公积金管理与服务】 2021 年，眉山市住房公积金管理中心青神管理部根据中心授权，执行、完成辖区内的住房公积金归集和使用计划，受理职工个人住房委托贷款的审核及管理；按照中心统一的财务和会计制度实行内部核实，对所辖范围内的住房公积金业务进行会计处理。2021 年，眉山市住房公积金管理中心青神管理部参与属地政务服务建设、“优化营商环境”工作；积极落实川渝公积金发展一体化和成德眉资同城化各项协议内容；拓展“跨省通办”工作，通过住房公积金综合服务平台八大服务渠道实现异地业务办理事项全程网办。

（熊　涛）

社会管理

【概况】 2021 年，青神县民政局聚焦两项改革“后半篇”文章和村（居）委会换届选举工作，基层政权建设得到加强，城乡基层治理体系不断健全，推动基层治理现代化；引导社会力量参与社会治理，推动全县社会组织健康有序发展。

【第十一届村（居）委会换届选举】 2021 年，青神县完成第十一届村（居）委会换届选举工作。全县 58 个村（社区）选举产生村（居）委会成员 236 名，其中主任 58 名、副主任 34 名、委员 144 名，全部达到书记、主任“一肩挑”，一次性当选率 100%，高票当选率 100%。14.98 万名选民参加投票选举，参选率 92.07%，选举村（社区）主任平均得票率 93.96%，比上一届提高 11.54%；副主任平均得票率 92.27%；委员平均得票率 91.91%，比上一届提高 6.12%。新一届村（居）民委员会成员平均年龄 40.2 岁，比上一届下降 6 岁；大专及以上学历 156 名，占比 66.1%，比上一届提高 44.9%；女性成员 121 人，占比 51.2%。学历年龄“一升一降”，女性干部占比过半，实现年龄、学历、性别比例结构“三优化”。换届选举期间收到并及时办理回复群众信访 2 件，比上一届减少 4 件，实现换届全程“清净、安静、干净”。

【村民自治】 2021 年，青神县民政局制发《加强村（社区）议事协商工作的实施方案》，推进村（社区）议事协商制度化、规范化和程序化。指导全县 58 个村（社区）完成村规民约（居民公约）和自治章程修订。制发《青神县村（居）务公开指导性目录》，完善村（居）务公开制度。制发《村（社区）工作事项准入制管理办法》，制定村级小微权力清单制度，厘清村级职责权限，强化对村级权力的监督。

【基层治理】 2021 年，青神县两项改革“后半篇”文章成效初显，县民政局代表眉山市在全省统筹推进社区治理创新和社工服务体系建设视频会上作交流发言；青神县被列入全国 10 个三农政策基层联系县之一，青神经验亮相全国乡村发展与农村人居环境治理论坛，成功入选第五批“四好农村路”省级示范县，被列为全省两项改革医疗卫生“后半篇”文章重点监测县，被命名为 2021—2023 年度“四川省民间文化艺术之乡”，“青神县构建三个一体化机制，探索县域城乡融合发展路径”被评为四川省农村改革十大案例之一；高台镇被认定为四川省第二批乡村治理示范镇，百家池村被民政部确认为全国村级议事协商创新实验试点单位，《百家池村明天会更加美丽富足》在《人民日报》头版刊载；兰沟村获评司法部、民政部第八批“全国民主法治示范村”“四川省乡村治理示范村”。

【门牌补设】 2021 年，青神县乡、村、组三级建制调整改革后，县民政局开展涉改农户门牌的更换工作，年内完成 4.81 万个涉改农村门牌的制作安装。

【行政区域界线管理】 2021 年，青神县 11 条乡镇（街道）界线全部勘定，勘界成果通过省质检部门验收。

【社会组织管理】 2021 年，青神县民政局坚持“培育发展，管理监督并重”的方针，加强民间组织诚信自律建设，促进健康发展。全县社会组织新成立 7 家、变更 9 家、注销 2 家；年末有 116 家，其中社会团体 71 家、民办非企业 45 家。

（黄奕新）

社会服务

【概况】 2021 年，青神县民政局聚焦群众关切，推动志愿服务、殡葬、婚姻登记、慈善事业等民政基本社会服务创新发展。

【志愿者社工管理】2021年，青神县注册志愿者人数为3.19万人，占常住人口比例19%；有服务记录的志愿者1.68万人，占注册志愿者总人数的53%；注册志愿服务团体561个，村（社区）设立志愿服务站58个，覆盖率100%。

【婚姻登记管理】2021年，青神县民政局办理结婚登记893对，离婚登记396对，补发结婚登记证1170对，补发离婚登记证65件。

【殡葬管理】2021年，青神县推行全域绿色殡葬，建立绿色殡葬奖补等激励引导机制，县民政局印发《青神县殡葬和公墓服务所管理制度》《青神县殡葬工作服务中心车辆调度员岗位职责》《青神县殡葬和公墓管理所驾驶员管理制度》；落实惠民殡葬政策，全年减免基本丧葬费115.49万元，火化率98.8%；青神县乡村公益性公墓建设坚持政府主导、部门联动、县级主动"三级联动"，注重把好审批、标准、质量"三个关口"，突出集体性、公益性、群众性"三个属性"，强化制度规范、价格管控、乱象整治"三个管理"，形成青神县乡村公益性公墓建设"四个三"工作法。2021年建成白果五嘉坝村、瑞峰天池村2个乡村公益性公墓；总面积20亩、总投资约105万元，共建成公益性墓位358个。

【福利彩票销售】2021年，青神县销售福利彩票1051.52万元。福彩济困2人，发放福彩济困资金0.8万元。

【慈善事业发展】2021年，四川省慈善总会市慈善会资助青神县贫困学生14名，发放助学金4.6万元，县慈善会资助贫困学生12名，发放助学金2.4万元。慈善济困2人，发放慈善救助资金0.78万元；福彩济困2人，发放福彩济困资金0.8万元。

（黄奕新）

2021年2月25日，省民政厅副厅长卢攀登（右二）到青神调研乡村公益性公墓建设工作　（县民政局供图）

老龄事务

【概况】2021年，青神县围绕"一切为了老年人好"的工作目标，聚焦老年人急难愁盼，系统推进老龄重点工作，不断提升老年人的幸福感、获得感、安全感。

【老龄管理机制健全】2021年，青神县卫健局制定县老龄委成员单位职责，完善老龄工作督导员制度；完善老龄健康服务网络，1家二级以上综合医院设立老年病专科。

（周　丽）

【老年人维权】2021年，青神县司法行政机关立足司法行政职能，完善老年人权益保障机制，促进老年人法律援助步入制度化、常态化；建立"涉老法律援助服务绿色通道"，把与老年人权益保护密切相关的事项纳入法律援助范围，着力解决医疗、赡养、婚姻、财产继承等老年人最关心、最直接、最现实的法律问题，最大限度满足老年人法律援助服务需求。

（周子婷）

【老年人参保】2021年，青神县落实老年人民生实事，县财政出资保障0.9万元参保老年人意外伤害保险，共投入资金35.55万元。

（周　丽）

【养老服务设施建设】2021年，青神县改造提升城乡公办养老机构床位1206张，建成护理型床位489张，占总床位数40.54%，民办养老机构床位数达545张。

【居家和社区养老服务体系改革试点】2021年，青神县民政局以开展居家和社区养老服务改革试点为契机，逐步加强城市社区养老服务设施建设，补齐农村养老服务设施短板；探索"1+N"城市养老服务模式，在中心城区建成运营集全托照顾、日间照料、康复理疗、休闲娱乐、助餐、信息服务、儿童关爱、展示体验等于一体的社区养老服务综合体1个，并通过盘活闲置资产、改造社区活动室、建设日间照料中心等方式布局N个养老服务站点，建设综合式、门口式、嵌入式养老服务阵地体系；截至年底，建成投运养老服务综合体2个、城市社区日间照料中心 12 个、居民小区嵌入式养老服务点 9 个、农村养老服务分中心 17 个、农村养老服务点 42 个；城市“15 分钟养老服务圈”基本形成，农村养老服务设施不断完善。实施政府购买居家养老服务项目，按照每人每年 300 元的标准，为全县 60 周岁以上的失能、半失能老年人和 80周岁以上的老年人提供生活照料、紧急救援、医疗护理、精神慰藉等服务，年均服务约 7500 人；鼓励乡镇（街道）积极探索创新老年服务模式，爱邻厨房日点餐订单达 300 单，诸葛村长者食堂被新华社报道。

（黄奕新）

【老年人健康服务】 2021 年，青神县卫健局推进老年人家庭医生签约服务，为 65 周岁以上老年人提供免费健康体检、慢病管理、医疗巡访等服务，建立老年人健康管理档案。

【老龄健康服务业发展】 2021 年，青神县对标省市，探索“医养结合”新路径，充分利用现有医疗卫生和养老服务资源，为老年人提供连续适宜、规范便捷的基本医疗服务和居家养老服务，完善社会养老服务体系，提高老年人健康管理、健康促进和养老照护能力。开展老年友善医疗机构创建，完成县人民医院等 6 家医疗机构县级初审和市级复审工作。

【全国示范性老年友好型社区创建】 2021 年，青神县卫健局按照国家卫生健康委、全国老龄办《关于开展示范性全国老年友好型社区创建工作的通知》《关于开展 2021 年全示范性老年友好型社区创建工作的通知》、四川省卫健康委、四川省老龄工作委员会《关于开展示范性全国老年友好型社区创建工作的通知》文件精神，推荐高台镇百家池村为全国示范性老年友好型社区创建单位，在改善老年人居住生活环境、提高为老综合服务水平、推进老年友好社会建设方面加强指导；高台镇百家池村创建全国示范性老年友好型社区。

【老龄宣传】 2021 年，青神县卫健局依托老年大学、老年协会等平台，开展健康大讲堂，老龄健康宣传活动周活动，为老年人宣讲老年健康政策和老年健康知识，重点宣传解读老年健康。发放宣传资料 1 万份，现场义诊 1000 人次、接受咨询 800 人次。

【敬老爱老助老活动】 2021 年，青神县卫健局指导开展“敬老月”活动，县委、人大、政府、政协四大家主要领导带队到乡镇走访慰问高龄 . 留守、失能失智、失独老年人及抗美援朝老兵，县级慰问老人 65 名。重阳节发送慰问短信 2000 余条，号召全县人民以真心尊老、以诚心敬老、以行动助老。

（周　丽）

民生实事

【概况】 2021 年，青神县政府办充分发挥民生工程协调小组办公室作用，完成省、市下达青神县 136 项民生实事任务和县人大代表票决的十大民生实事；竹里梅花公园和唤鱼公园 C 区建设项目建成开放；青神县城市生活污水处理厂提标改造、青神县救助站建设、省级“四好”农村路改造等民生实事完成年度目标任务。

【唤鱼公园 C 区和竹里梅花公园建设项目】 唤鱼公园 C 区建设项目完成苏母祠约 1000 平方米，配套商业约 5000 平方米，停车场约 6000 平方米及水系、道路、绿化、亮化等配套设施建设。项目于 10 月 1 日建成开放。竹里梅花公园建设项目完成包括 30 亩调蓄湖泊、游步道及相关附属配套工程。项目于 7 月 1 日建成开放。

【青神县城市生活污水处理厂提标改造项目】 按照岷江、沱江流域排放标准对原有污水处理单元进行提标改造，污水处理量达到每日 2 万吨，中水回用达到每日 0.4 万吨。项目于 6 月底建成投用。

【“四好农村路”改造项目】 完成改造“四好农村路”21.1 公里，其中汉阳柑橘产业环线 4.1 公里、龙白旅游环线 7 公里、西三路 2.5 公里、青关路汉阳镇至交界 7.5 公里。项目于 8 月建成通车。

【学道街小学校校舍改扩建项目】 完成学道街小学校校舍水电管网、内外墙、厕所等改造，计划 2022 年 6 月建成投用，超额完成 2021 年度目标任务。

【城镇老旧小区改造项目】 按照“七化”标准，改造小区屋面、墙面、路面、管网、绿化、停车场及周边道路，增加文化体育等配套设施。截至 2021 年底，完成 128 个老旧小区改造。

【城南农贸市场改造和城东农贸市场建设项目】 城南农贸市场改造项目按照功能分区合理、卫生设施完善等建设标准完成改造。项目于 6 月底完成改造并投入使用。城东农贸市场建设项目。完成项目选址、方案设计、征地拆迁摸底调查等工作。

【复兴水库扩建工程】 完成枢纽工程，并配套启动供水工程和灌区整治工程项目建设。

【漫水桥新改建工程】 完成西龙镇垫子坨桥、长池坎桥、高台镇膏岩桥等7座漫水桥建设工程，推进罗波乡金沙坪桥、高台镇富塘中桥和青竹街道鸿化堰1号、2号剩余4座漫水桥建设工程。

【便民服务中心和村（社区）便民服务代办点标准化建设项目】 按照标准化、规范化、便利化要求对3个乡镇便民服务中心、11个村（社区）便民服务室进行升级改造。项目于11月底建成投用。

【青神县救助站建设项目】 完成建筑面积1500平方米及相关配套附属设施建设。项目于10月底完成主体工程建设。

（杜　宇）

生态环保

2021 年 5 月 14 日，青神县开展 2021 年防汛（超标准洪水）地质灾害应急抢险救援演练暨全国防灾减灾日宣传活动
（县自然资源局供图）

国土资源保护

【概况】 2021 年，青神县土地资源面积 3.87 万公顷，其中耕地 1.29 万公顷，园地 0.55 万公顷，林地 1.14 万公顷，草地 0.01 万公顷，水域及水利设施用地 0.32 万公顷，城镇村及工矿用地 0.34 万公顷，交通运输用地 0.09 万公顷，其他土地 0.13 万公顷。主要国有自然资源类型为土地、森林、矿产、水等。

【国土空间总体规划】 2021 年，青神县自然资源局编制青神县国土空间规划近期实施方案，科学布局各类重点建设项目 11 个；推进国土空间总体规划编制，完成“三区三线”（“三区”城镇空间、农业空间、生态空间三种类型国土空间，“三线”分别对应在“三区”中划定的城镇开发边界，永久基本农田、生态保护红线三条控制线）划定第一轮、第二轮试划工作，形成第二轮试划成果，纳入耕地保有量的长期稳定利用耕地 11.23 万亩，永久基本农田 10.79 万亩，生态红线保护面积 0.3 平方公里，城镇开发边界 17.59 平方公里；以“三上三下”（上即地方上报省自然资源厅数据，下即省厅返还数据，如此开展三轮）的工作程序，编制《青神县镇（乡）村片区划分方案》，将青神全域划分为 2 大区、12 小区，确定 1 个中心镇、1 个副中心镇、12 个中心村；编制完成青竹街道兰沟村村规划。

【建设项目规划管理】 2021 年，青神县自然资源局完成西南表面处理中心、工业区污水处理厂、青神救助站等 16 个项目审查和办证工作；严把“一书两证”（用地预审与选址意见书，建设用地规划许可证和建设工程规划许可证）发放关，办理用地预审 10 宗，面积 1966.51 亩，核发建设项目“一书两证”53 本，核准用地面积 115.57 万平方米，建筑面积 70.89 万平方米；验收建设工程 39 项，39 项工程全部验收合格，召开规委会 4 次，审议 16 个议题，有效保障项目建设和民生工程的规划服务。

【土地利用管理】 2021 年，青神县组织出让土地 20 宗，面积 1572.45 亩，土地出让金 6.83 亿元；划拨土地 8 宗，面积 1437.74 亩。开展农村乱占耕地建房及疑似顶风违建问题图斑清理，对上报纳入摸排范围问题图斑 1090 宗开展复核和成果完善工作；开展“大棚房”问题专项清理整治行动“回头看”工作；开展违法违规占用耕地重点问题整治工作。开展动态巡查 63 次，办理案件 18 件，罚没收入 911.44 万元。开展卫片图斑核查，经核查发现违法用地 2 宗，图斑面积 2.1 亩，均拆除复耕。

【耕地保护】 2021 年，青神县自然资源局坚持最严格的耕地保护制度，严防死守耕地红线，坚决制止各类耕地“非农化”行为，开展遏制耕地“非粮化”工作，巩固无条件退出占用耕地种植草坪工作成果，确保辖区内耕地保有量和永久基本农田，数量不减少，质量不降低。

【土地综合整治】 2021 年，青神县启动青竹街道土地整理项目建设，整理规模 1.26 万亩。

【地质灾害救援】 2021 年，青神县自然资源局坚持和完善地质灾害防灾机制，强化防灾宣传培训和应急演练，开展地质灾害隐患排查，大力建设地质灾害综合防治体系，实施完成工程治理 10 处、排危除险 11 处、避险搬迁 21 户、专职监测项目 76 处、地质灾害隐患点群专结合项目 8 处、县域地质灾害风险调查评价项目等；推进地质灾害全域综合整治三年行动，通过工程治理、排危除险和避险搬迁完成销号点 26 处，减少受威胁群众 750 人。

【土地报批】 2021 年，青神县自然资源局落实“要素跟着项目走”要求，实行用地指标差异化配置，优先保障重点项目、重大基础设施及民生工程用地；组织上报建设用地报件 5 个批次和独立选址项目建设用地 1 个（复兴水库），上报土地面积 2277.92 亩；全年获省政府批复 4 批次，批准通过402亩，主要保障青神中学整体搬迁、城北路网、烈士陵园整体迁移等项目用地；组织编报《眉山市青神县游滩片区土地征收成片开发方案》，并获省政府批准实施，主要保障县经济开发区扩区调用地。

【不动产统一登记】 2021年，青神县进一步优化营商环境，聚焦企业、群众需求重点，深化"放管服"改革，坚持"首问负责制""一次性告知制""限时办结制""周六延时服务""党员先锋示范岗服务"等制度，探索推进不动产登记"126"办结制，做到精细、精准服务、高效服务；全年办理不动产权证书3277本，不动产登记证明3283份，法院查解封168宗，办理率比2020年提升20%。

（鲁　艳）

森林资源保护

【概况】 2021年，青神县森林面积1.88万公顷，森林覆盖率48.63%；森林蓄积104万立方米。助力碳达峰、碳中和战略目标，生态环境不断优化。以绿化全川青神行动深入实施绿满青神，建设国家森林城市。

【国家森林城市创建】 2021年，青神县重点抓好创森项目攻坚，推进国家森林城市创建"六大工程"，开展创森"三大活动"；建成唤鱼公园、竹里梅花公园等城市绿地，城郊公园建设和湿地保护进一步加强，乡镇、村庄持续增绿，河流、道路绿化不断提升，森林文化广泛传播，森林资源管理、森林防火监控、林业有害生物监控防治体系进一步完善；创森宣传报道常态化，营造浓厚创建氛围，提高市民对国家森林城市创建的知晓率、支持率和满意度。

（黄尹姝）

【天然林保护工程实施】 2021年，青神县落实国家、省、市林业园林局天然林保护修复制度，编制2021年度天然林保护修复森林管护方案，完成20.57万亩林地的有效管护；实施集体公益林生态效益补偿1.23万亩，足额兑现生态效益补偿资金19.34万元。

（黄尹姝）

【竹林风景线建设】 2021年，青神县建成锦绣大道翠竹长廊和兰厂沟萤光翠竹长廊，建成竹里院子、泉水山庄、水竹怡庄3户竹林人家，成功创建竹编产业园区为"省级现代竹产业园区"、青竹街道为"省级竹林小镇"。

（罗　娟）

【绿化全川青神行动】 2021年，青神县抓住春季植树造林时机，采取多种形式开展全民义务植树活动，指导各乡镇（街道）结合乡村振兴、人居环境整治、河长制绿化工程等项目建设组织开展造林绿化。完成营造林总任务1.21万亩，其中，新造幼林地0.31万亩，人工更新0.1万亩，中幼林抚育0.8万亩，完成率均为100%；完成新育苗面积100亩，共100万株，完成率100%；完成四旁零星植树40万株，其中义务植树35.62万株，10万人次。

（黄尹姝）

【森林防火】 2021年，青神县组织开展森林防灭火专项整治，全年发放宣传资料20万份，新增宣传牌200余个。修建防火通道26公里、新建和维护消防蓄水池70余口；加强森林火灾专业扑救队作战能力，开展专业培训6次、实战演练7次。全年未发生一起森林火灾。

（余　磊）

【野生动植物保护】 2021年，青神县林业园林局利用媒体、网络平台、展板、标语等多种形式进行野生动植物法律法规知识宣传，利用3月3日世界野生动植物日和爱鸟周等时间节点组织人员到场镇进行保护野生动植物宣传，在城区进行主题宣传2次。接受宣传教育460人次，发放宣传资料2000余份；联合青神县公安局、农业农村局和市场监督管理局开展联合检查、联合执法，打击野生动植物交易，坚决查处打击违反《全面禁食野生动物决定》和《野生动物保护法》，非法猎捕、交易、运输、食用野生动物的行为。自开展行动以来，出动车辆12辆次，执法人员32人次，巡查农贸市场、花鸟市场、苗木市场14余次，餐馆农家乐22家，全县设立10个野生动物监测点，强化野外巡查。

（李　松）

矿产资源保护

【概况】 青神县矿产资源较为贫乏，截至2021年，发现和开发的矿种都为非金属矿，包括：砖瓦用页岩和砖瓦用砂岩2种。全县均为小型矿山企业，包括6处页岩矿，2处石英砂矿。

【矿产资源管理】 2021年，青神县境内采砂规划河段全长42千米，规划可采区总长15.81千米、禁采区总长23.28千米、保留区2.91千米，规划划分可采区3个，规划采砂场8个，规划采砂场范围内砂砾石资源总量653.51万立方米，规划期控制采砂总量411.5立方米，年平均控制采砂量82.30万立方米；采矿权和新立的采矿权必须设立采矿权标识牌，标识牌上标明采矿权人名称、矿山名称、矿区范围、开采矿种、开采方式、生产规模等内容；青神县自然资源局对矿山企业强化年检工作，逐步完善年检内容，并和企业共同建立矿山地质环境治理恢复基金账户，采取谁开采谁治理、边开采边治理的环境恢复治理方案。青神县水利局成立青神县砂石资源开采管理领导小组，下设青神县砂石资源开采服务中心，对全县砂石资源开采、出让和源头治理进行监管，对采砂管理法规制度建设、部门协作与联防联控机制运行情况进行责任落实。县水利局每个季度召开一次领导小组会，统筹全县砂石资源包括河道采砂工作推进；成立青神县城市资源管理有限责任公司，依托市县国企公司，加大对河道疏浚砂的综合利用和规范化管理，推行集约化、规模化统一开采管理；联合公安、交通部门印发《关于建立河道采砂管理合作机制的通知》《进一步深化船舶安全突出问题专项整治行动方案》，每个季度不少于一次联合执法检查，加大对河道采砂和涉砂船舶的监管。

（鲁　艳　刘子昂）

【矿区环保问题整改】 2021年，青神县积极开展在建矿山生态修复治理工作，7处在建矿山均开展边生产、边修复工作，修复区域植被生长良好。

（鲁　艳）

水资源保护

【概况】 2021年，青神县年均降雨量1258.6毫米，比多年平均增大16%，年均降水总量约4.87亿立方米，天然地表流量2.86亿立方米，比多年平均偏多30%。

【水土保持规划实施】 2021年，青神县完成治理水土流失面积5平方公里；主要为2021年青神县青竹街道高标准农田建设项目、青神县竹艺文化旅游融合发展示范项目（竹里稻香）—高标准农田工程、青神县青竹街道土地整理项目实施的水土流失综合治理，全面完成市水利局下达的治理任务；争取项目资金，完成《水利发展资金水土保持工程青神县罗波乡龙泉项目区水土流失综合治理项目实施方案》编制，估算总投资750万元，送省水利厅进行项目储备。

【重点水利工程建设】 2021年，青神县水利局完成岷江左岸青神县瓮家坝堤防工程、青神县思蒙河五埂桥防洪治理工程、鸿化堰片区水利工程水毁修复项目、高台镇安家坝沙溪河水毁工程等建设任务；复兴水库扩建工程（续建）稳步推进，二标段、三标段工程顺利开工，岷江右岸青神县黑龙大堤高石坝堤防工程于10月动工建设。

【河湖管理保护】 2021年，青神县加大河湖管理保护与治理力度，提升江河湖泊生态保护治理能力，巩固提升全县河湖管护水平，进一步改善河湖水质。岷江水质三十年来首次达到Ⅱ类，思蒙河、金牛河、粤江河、沙溪河水质为Ⅲ类，均达到省、市目标要求，青神县成功创建国家生态文明建设示范区，县总河长，市级河流岷江、思蒙河、金牛河、粤江河、沙溪河、通济堰县级河长在2021年市河长制工作考核中被评为优秀。

【“河湖长制”体系建设】 2021年，青神县全境属长江流域岷江水系，主要有1江、5河、32溪流，总长303公里，县境内流域面积386.8平方公里，水库23座，构成比较完善的区域小水系；青神县水利局按照《青神县全面落实河长制工作方案》和《青神县全面落实湖长制实施方案》要求，明确由县委书记和县政府县长分别担任总河长，分段分级设立县、乡、村三级河长，全县纳入河长制管理河流（水库、渠系）共86条（座），其中县级15条（座），乡级71条（座）；建立健全河湖长制工作会议、信息共享、工作督查、巡河、考核问责等系列制度，管理机制逐步完善，有力保障了河湖长制工作规范开展；根据工作变动和换届选举情况，适时对县、乡、村三级河长及县级河流牵头联系部门进行调整，落实县、乡、村三级河长204名，巡河员、保洁员247名，县级河流牵头联系部门15个，形成全域覆盖、三级联动的河湖长制体系。

（刘子昂）

【农村饮水保障】 2021年，青神龙杰水厂因水源地存在污染源，被政府回购，于3月16日停止取水和运营，原用户由城市供水管网延伸供水；开工实施全域安全饮水项目，项目工期为两年。截至2021年底，完成青竹街道、汉阳、瑞峰、罗波行政区域内的东线主管网铺设并实现通水，完成西龙至桂花段的主管铺设；完成口径为DN160毫米—DN400毫米的球墨铸铁管和PE管主管建设约35千米；全县自来水厂（站）出厂水质检测合格率为100%。　（李典乐）

【水资源利用】 2021年，青神县农业灌溉用水4690.03万立方米；工业用水513.14万立方米；公共供水管网841.82万立方米。重要江河湖泊水功能区水质达标率为100%。

【水资源管理】 2021年，青神县水利局以水资源开发利用控制、用水效率控制和水功能区限制纳污“三条红线”管理为着力点和抓手，落实最严格的水资源管理制度，保障全县经济社会的可持续发展；严格取水许可管理，以水资源税改革试点为契机，对全县取用水户进行全面清查，规范取水许可审批管理和水资源论证工作，完善取用水户档案资料和水资源税纳税人信息征管台账，促进用水计量设施的安装和水资源费（税）的征收；核定地表水 371 万立方米、地下水 24.7 万立方米，缴纳水资源税 246 万余元。县水利局新办、换发取水许可证 8 套、变更 7 套。

【节约用水】 2021 年，青神县水利局严格按照省厅，市局关于开展水利行业节水单位建设工作的部署和要求推进节水载体建设，完成建成节水型单位建设 3 个，通过县级验收。

【饮用水水源地监测保护】 2021 年，青神县水利局牵头建立复兴水库饮用水水源保护联席会议制度，形成政府统一领导、部门联合行动、公众广泛参与的饮用水源保护工作格局；建立健全《青神县饮用水水源污染事故应急预案》，强化应急反应、污染源监控、水质监测等能力建设，提高防范和处理突发事件的能力；坚持重点宣传与经常性宣传相结合，增强周边群众饮用水水源保护意识，发放保护水资源宣传资料 7000 余份，发放《青神县饮用水水源保护管理办法》2000 余册；坚持每日清理竹叶、树叶等水面漂浮物；保持库埂、库坝及码头周围良好卫生状况，及时清理两岸枯枝烂叶及白色垃圾，确保库区清洁卫生；坚持日常监管和专项行动相结合，着力查处破坏水环境的违法违规行为，加强一级保护区隔离网的巡查、维护，加大库区周边污染源检查力度，定期对县外养殖场进行巡查检查；协助县生态环境部门、卫生部门每月对复兴水库饮用水水质进行监测检测，发现异常及时排查，及时治理。确保复兴水库饮用水水质稳定达标。

【水土保持监管】 2021 年，青神县水利局深化“放管服”改革，全面加强水土保持监管；优化审批方式，严格执行“双五标准”，严格水土保持方案报告书和报告表的审批。全年审批生产建设项目水土保持方案 18 个，审批率 100%；严格执行批准的收费标准，配合税务部门征收水土保持补偿费 314.16 万元；监督检查审批的生产建设项目，出具检查通知和意见，现场检查率达到审批项目的 100%；对水利部 2019 年、2020 年、2021 年遥感监管项目进行复核，要求违法项目限期整改，在整改后及时销号，销号率 100%，并将个别生产建设项目建设单位水土保持违法违规问题纳入信用监管；生产建设项目完工后，督促建设单位完成水土保持验收报备工作，完成生产建设项目验收报备 14 个、验收核查 3 个。

【水利普法宣传】 2021 年，青神县水利局利用“世界水日”、“中国水周”、专项执法行动、党群集中活动日等进行水法律法规知识宣传；通过多媒体、微信等多种形式宣传水法规，悬挂张贴标语 12 幅，运用多媒体显示屏 7 个，发放《中华人民共和国水法》、《四川省河道采砂管理条例》、《青神县饮用水水源保护管理办法》、《节水小常识》、《山洪灾害防御手册》、水资源税改革等宣传资料 2800 余份，宣传画报 80 余份，宣传购物袋、宣传围裙等宣传品 230 余件，接受群众咨询 400 余人次，提高广大干部群众的法治意识，为有效保护水利工程安全、供水安全、优化水环境、规范水事秩序和全面推进节水型社会建设创造良好氛围。

【水务综合执法】 2021 年，青神县水利局以河湖管理、水资源、水土保持等专项执法为重点，重点检查河湖岸线保护利用、涉河建设项目管理、采砂管理、河道清障、水资源保护、水利工程保护和水土保持等法律制度的贯彻落实情况，组织开展河湖（水库）全覆盖执法检查和现场排查，进行登记造册，全面掌握河湖（水库）涉水活动情况，取用水户情况等，开展各类巡查检查 73 次，出动人员 177 人次，现场制止违法行为 3 起，对举报的各类违法行为及时检查和处理；严查水事违法案件，建立案件查处首问负责制，确保依法查处到位，注重公正文明执法，坚决对各类违章建筑、侵占河道、乱挖乱采、无证取水、损毁水工程和供水管网设施，拖欠、拒交水资源费（税）等违法行为进行依法查处，立案查处行政处罚案件 1 件，行政罚款 1.25 万元，没收违法所得砂石款 0.75 万元，限期整改 10 件。

（刘子昂）

环境保护

【概况】 2021 年，青神县创建国家生态文明建设示范区，通过第二轮中央生态环境保护督察。生态文明建设和环境保护工作取得良好成效。

【生态环境建设】 2021 年，青神生态环境局深入推进眉山市生态环境保护综合行政执法规范化建设试点工作，成立执法规范化建设领导小组，拟定青神生态环境保护综合行政执法规范化建设实施方案，按方案做好硬件、软件工作，青神县环境空气质量达到国家二级标准；水环境质量实现“三个 100%”，即国考、省考断面水质优良断面率占比 100%，全县县

2021年2月24日，青神县召开创建国家生态文明建设示范县工作推进会　　（青神生态环境局供图）

级以上集中式饮用水水源地水质达标率为100%。

【饮用水源地规范化建设】2021年，眉山市青神生态环境局每季度对城市集中式饮用水水源地复兴水库开展监测，主要分析《地表水环境质量标准》（GB 3838—2002）表1基本项目24项，委托第三方公司开展111项全指标分析一年一测。对3个乡镇集中式饮用水水源地每半年开展1次水质监测。复兴水库、3个乡镇集中式饮用水水源地水质达标率100%，水质监测情况每季度在青神县人民政府网上公开发布。

【环保政策法规实施】2021年，青神县继续推进行政执法公示制度、执法全过程记录制度、重大执法决定法制审核制度，加强环境行政执法和刑事司法相衔接，依法严厉打击违法犯罪行为。调整环境行政案件审议委员会，规范环境行政执法行为，加强案件的审议和监督管理，确保环境行政案件办理合法、公平、公正和公开。严格执行行政处罚自由裁量权制度、听证制度和行政复议制度。开展生态环境损害赔偿案件线索排查，落实生态环境损害赔偿制度改革工作要求。

【土壤污染防治】2021年，青神县秸秆综合利用率96%，规模养殖场畜禽粪污处理设施装备配套率100%，规模化畜禽养殖场粪污综合利用率95.2%，主要农作物化肥农药使用量持续负增长，农膜回收利用率86%，农药包装废弃物回收处置率85.5%。规范处置危险废物1023吨，固废综合利用率100%，均完成市定目标任务。

【大气污染防治】2021年，青神县环境空气质量$PM_{2.5}$平均浓度为每立方米27.3微克，比2020年降低1.4%，全市排名第二；优良天数344天，优良率94.2%，比2020年提高1%，全市排名第一；空气质量综合指数3，全省183个县（市、区）中排名第86位，全市排名第一。

【水污染防治】2021年，青神县水环境质量呈现大河更清、小河更净新局面，岷江出境断面水质首次达到地表水Ⅱ类，思蒙河、金牛河、粤江河、沙溪河水质持续稳定在Ⅲ类，市管河流劣Ⅴ类断面全面消除。

【环境监测管理】2021年，青神生态环境局强化监测队伍能力建设，投入130万元新增监测设备，通过劳务派遣新增监测人员4名，提升监测业务能力；完成全县15条主要河流（湖、库）及其支流监测任务；加强对岷江、思蒙河、金牛河等重点问题支沟支流监测预警，针对敏感期、特殊期加大监测频次，强化监测成果运用，精准施策做好科学管控和应急防控；全年开展环境应急及测管协同监测223次，完成监测项目8000余项次。

【环评审批】2021年，青神生态环境局坚持“五个不批”原则，实行“三个一批”管理，创新“四个提前”服务，严格把好环境准入关，审批环评项目18个；深化环评“放管服”改革，按照特事特办、急事急办原则，针对县域重点项目开辟环评审批“绿色通道”，提前介入、主动服务、及时沟通、协调，共同致力解决环评审批问题，西南表面处理循环经济产业园区规划环评取得省生态环境厅审查意见，取得眉山市生态环境局关于表处园区基础设施建设项目环评批复，是成德眉资第一个通过生态环境厅审批同意的专业表处园区，审批文本成为全省表处涉水排放环评审批的范本。

【农村生活污水治理】2021年，青神县人民政府办公室印发《青神县农村生活污水处理设施运行维护管理办法（试行）》，全县分散式农村生活污水治理设施全部移交乡镇（街道）运维管理，全县3.13万户农村生活污水得到有效治理户，52个行政村（涉农社区）污水得到有效治理。

【污染物总量减排】2021年，青神生态环境局强力推进水污染防治，对重点行业和区域实施专项整治，落实碳达峰、碳中和战略，推动能源和产业结构调整，实施煤改气、煤改电，化学需氧量、氨氮、二氧化硫、氮氧化物4项指标均完成市定目标。

【辐射环境管理】 2021年，青神生态环境局加强新冠肺炎疫情防控期间医疗机构辐射安全监管指导服务，督促医疗单位强化规范操作；对应用于新冠肺炎患者诊疗的射线装置等设备(装备)实行环评、许可手续“战时双豁免”管理；辐射建设项目环评和辐射安全许可相关行政服务事项纳入政务办证大厅统一受理，严格许可证各类申请材料审查，规范办理许可证注销手续，确保许可的准确性、严肃性和权威性，全面落实发证前的现场检查；督促指导核技术利用单位按流程注销许可证，为新增加4家Ⅲ类射线装置使用单位办理辐射许可证；加强重要节假日辐射安全管理工作；联合卫健局对医院射线装置使用单位开展联合执法检查；修订《青神县辐射事故应急案》，督促指导核技术利用单位做好应急演练。

【工业固体废物堆存场整治】 2021年，青神生态环境局开展全县非煤矿山生态环境破坏问题整治专项行动，发现4个方面环境隐患问题。截至年底，企业完成问题整改并制定突发环境事件应急预案方案，组织矿山工人开展应急演练。

【危险废物管理处置】 2021年，青神生态环境局开展危废三年行动计划。完善危险废物环境重点监管企业清单，对19家产废企业开展隐患大排查，加强危废转移联单管理，对重点产废企业开展危废管理抽查考核，转移企业危废1006.8吨。

【环保企业管理】 2021年，青神生态环境局创新管理模式，对90家重点企业开展“一对一”帮扶，单位全体干部职工均落实责任挂企业指导服务，指导服务企业476人次，现场帮助企业查找问题190余个，全部指导督促整改到位，提高业主的守法意识，让企业形成不想违、不愿违、不敢违、不能违的思想自觉和不乱排、不偷排、不漏排的行动自觉；梳理“正面清单”，对已安装在线监控并与生态环境部门联网、稳定达标、环境信用良好、一年内无环境违法记录的重点监管企业以及关系民生、环保信誉好、污染较小的25家企业纳入清单，实行守法企业无事不扰；减少现场检查频次，对未安装在线监控的10家排污许可重点管理企业，纳入用电监管企业清单，用非现场方式灵活执法。

【环境监管执法】 2021年，青神生态环境局以迎接第二轮中央督察为契机，联合经信、水利、农业农村等部门，大力开展各类执法行动，严厉打击各类环境违法行为，立案查处环境违法行为34件，查处金额151.32万元，其中移送公安机关行政拘留1件，实施查封1件；推进专项执法行动，对重点流域、重点区域和重点行业加大监察频次，开展专项检查、突击夜查、节假日查等，全年环境执法队伍现场监督检查1300余人次；强化网格化环境监管力度，对企业、乡镇、各类环境监管人员开展培训7次，通过培训提高环境监管人员发现问题处置问题的能力，有效将问题解决在萌芽状态；办理信访投诉件189件，所有投诉件都会同职能部门联合进行现场调查处理，并及时将调查处理情况告知反映人，每件投诉做到先督办交办，后查看整改落实情况，办结率100%。

【环保宣传】 2021年，青神县加强生态文明宣传教育工作，引导全社会牢固树立生态文明价值观念和行为准则，强化环保法治宣传，利用世界地球日、“5·22国际生物多样性日”、“六·五”世界环境日、全国普法日等节点开展主题宣传活动，发放宣传手册；完善生态文明新闻宣传、社会宣传、网络宣传、公众参与等相关工作机制，在全社会广泛宣传青神县国家生态文明建设示范区创建实践及成效，努力提升公民生态文明意识。

2021年4月11日，省生态环境厅副厅长雷毅（左四）调研青神生态文明建设工作
（青神生态环境局供图）

2021年12月14日，四川省2021年生态环境系统执法类业务标兵和岗位能手竞赛比武活动在青神县举行
（县融媒体中心供图）

【中央、省环保督察反馈问题及信访交办件整改】 2021年，青神县召开县委常委会25次、县政府常务会21次研究生态环境工作。8月26日至9月27日中央环保督察组进驻期间，抽调30余名业务骨干组成迎督专班，县委、县政府共召开迎接督察工作调度例会12次、央督信访投诉专题会5次，案件办理培训会3次。截至9月27日，共接到第二轮中央生态环境保护督察工作领导小组办公室环保投诉案件央督信访转办单6件，分别是：百事康臭气扰民、罗波乡施家沟矿山非法掩埋化工垃圾（加星件）、车艺洗车行噪声扰民污水直排、官山公墓哀乐扰民、西龙镇村民非法取土山体滑坡、裕华纺织厂刺鼻性气味扰民问题。收到市“12345”转办件49件，县“38812345”环保投诉转办件76件，均已办结。

（吕莉莉）

【生活垃圾无害化处理】 2021年，青神县全域推进农村生活垃圾治理标准化运行模式，生活垃圾无害化处理率100%。全县采用“一次四分法”分类处理农村生活垃圾，深化“户分类、村（社区）收集、乡镇（街道）运输、县处理”垃圾治理运行机制，村民小组保洁员配备率100%，农村生活垃圾分类处理推广率80%，农村生活垃圾有效处理的行政村100%，被农业农村部、国家乡村振兴局评为全国乡村清洁行动先进县。青神县建立农村生活垃圾无害化处理体系，通过户分类实现减量化，按照“一次四分法”的统一标准，配置户分类垃圾桶4万套、四分类垃圾亭1842座；通过收转运实现市场化，按照相关程序，委托青神国际竹艺城投资有限公司统一处置，配置专业的垃圾分类清运车辆，做到分类清运、密封清运，防止垃圾清运过程中跑冒滴漏造成二次污染；通过分类处置实现无害化，其他垃圾由生活垃圾清运服务公司（行建环卫公司）通过县第二生活垃圾压缩转运站压缩后，再转运至中机眉山再生能源公司进行无害化处理，可回收物农户售卖给回收利用中心，厨余垃圾农户采取堆肥还田、沼气发酵等方式进行就地资源化利用，有害垃圾，交由公司实行收转运专业无害化处理。

（杨小刚）

气象监测

【概况】 2021年，青神县气象局探索气象研究型业务建设，不断深化气象现代化建设，努力提高气象预警预报能力和服务精细化水平，有力推动青神气象事业跨越前进。县气象局获2021年度全市气象部门目标考核一等奖和气象服务先进集体称号。

【气候特点】 2021年，青神县年总降雨量1258.6毫米，平均气温18.0℃，年极端最高气温38.4℃，年极端最低气温–2.2℃，年总日照时数940.5小时。5月24日至6月15日，全多持续性干燥少雨时段，期间累计降雨量14.1毫米，达气候学夏旱标准。8月22日青神县出现强降雨天气过程，降雨时伴有6级阵性大风，全县普降大到暴雨，最大累计雨量出现在白果五嘉坝（127.4毫米）；9月14—15日最大小时雨强出现在瑞峰天池（85.2毫米），突破有气象观测资料以来历史极值。本年度气温偏高，降水正常，日照正常。

【人工影响天气作业】 2021年，青神县人工影响天气办公室密切天气变化趋势，抓住有利时机，开展15次人工增雨作业，取得明显的成效。为推进农业生产、缓解旱情、增加土壤墒情、防范森林火险灾害隐患等提供气象保障。

【气象科研与宣传】 2021年，青神县气象局在“3·23”世界气象日、“5·12”全国防灾减灾日等关键时间节点开展气象防灾减灾知识宣传4次，发布气象科普短信7万余条，联合县应急管理局开展全县气象信息员培训，培训专业人才52名，推进“多员合一”的基层气象信息员队伍建设，提升全社会防灾意识和避险自救能力。

【气象安全检查】 2021年，青神县气象局对20家易燃易爆场所开展2次防雷防静电气象安全全覆盖检

2021年10月17日，眉山晚熟柑橘智慧气象数字果园试验基地建设 （白果乡供图）

2021 年 11 月 19 日，青神县气象局开展人工影响天气作业 （县气象局供图）

查，检查围绕防雷防静电安全设施安装及定期检测和日常维护情况、气象灾害预警接收情况等环节开展，对检查发现的安全隐患，通知限期整改，强调生产经营企业防雷安全生产主体责任，把防雷防静电工作落到实处。

【气象现代化建设】 2021 年，县气象局完成“眉山市晚熟柑橘智慧气象数字果园试验基地”前期建设，提升园内基础道路及水电网设施、蓄水池、石板路、农田土壤水分试验场、小气候站等基础设施建设；完成实验室改造建设、完善便携式叶绿素测定仪等专业仪器 13 台；与成都信息工程大气科学学院、省市局农气中心专家联合开展柑橘气象试验，“台站 + 基地”的一体化建设，既为青神气象防灾减灾事业发展提供有利硬件支撑，又为全眉山农业气象服务科研成果应用以及全域推广提升软实力。

【气象政务服务】 2021 年，青神县气象局主要承担天气监测预报预警公共气象服务、气球施放行政审批、防雷装置竣工验收、人工影响天气、防雷设施安全检测、设计、审核等社会管理职务职能，认真贯彻落实县委、县政府和上级主管部门决策部署，坚持“人民至上、生命至上”理念，努力提高监测预警预报能力，全力做好各项气象保障服务工作。

【灾害性天气预警服务】 2021 年，青神县气象局在汛期来临前与职能部门、乡镇沟通协作，完善重大灾害性天气会商研判、应急联动处置机制，探索防汛减灾“四看”（看远、看近、看上、看下）工作法，科学高效应对多次重大天气过程；汛期每日关注县域“一江五河”上游降雨实况及未来天气，准确预报 9 次强降雨天气过程，开展点对点叫应服务 12 次，在“9・3”强降雨天气过程中，相关职能部门立即响应，紧急转移安置 267 户、747 人，实现全县人员零伤亡；预报、预警信号发布精细到乡镇，进一步增强气象防灾减灾针对性，充分发挥气象防灾减灾第一道防线作用。

【农业气象服务】 2021 年，青神县气象局对接县农业农村局相关人员，围绕气象为农服务、直通式气象服务等工作进行交流探讨，加强与农业部门的合作交流；撰写春耕春播气候趋势预测、夏收夏种气象服务专报、秋季气候趋势预测、晚熟柑橘专题、农气旬月报等各类农业气象服务材料共计 82 期，定时通报作物生长发育进程，为晚熟柑橘产业提供气象服务与保障，确保丰产丰收。

【森林火险气象服务】 2021 年，青神县气象局在森林防火期加强与县应急局、县林业局会商，严密监测天气变化，精准研判，做好天气趋势分析和森林火险气象等级预报工作，发布未来三天森林火险气象等级预报 140 期、森林火险趋势预报 4 期，配合森林防灭火指挥部开展督查工作 6 次。

【重要节点及节庆活动气象服务】 2021 年，青神县气象局在重大活动及节假日期间发布相应气象服务材料，包括中考专题预报 4 期、高考专题预报 4 期、“五一”专题预报 4 期、端午专题预报 4 期、中秋专题预报 4 期、国庆专题预报 8 期等，保障考试顺利进行，做好节假日气象保障服务。

（王佳林）

乡镇·街道

青竹街道

【概况】 2021年，青竹街道囊括原青城镇、原黑龙镇、原南城镇、西龙镇原钟家山村和光辉村，是青神县政治、经济、文化中心。青竹街道东靠岷江，北与东坡区思蒙、松江、永寿三镇毗邻，城区范围系岷江冲积平坝，属鸿化堰腹心灌区，南属城郊接合部。辖区面积75.2平方公里，总户数3.17万户，总人口10.23万人，辖柳溪、兰沟、沙河、程家嘴、白塔、鸿化、桥楼、季时坝、新光、钟家山、光辉11个行政村，花园、青衣、凤阳、文林、建华、游滩、麒麟、蚕丛、红桥、盐关、五更桥、黑龙12个社区，158个村（居）民小组。青竹街道坚持做实群众工作，为城市拓展，机械产业、竹产业发展提供具体保障，抓实乡村振兴工作，加快青竹粮油园区建设。青竹街道获全国依法治理创建活动先进单位、新型城乡基层治理体系建设工作先进集体、四川第二批竹林小镇等荣誉称号；下辖村（社区）被评为全国乡村旅游重点村、中国美丽休闲乡村、全国文明村、全国民主法治示范村、第二批全国乡村治理示范村、四川省乡村振兴示范村、四川省乡村治理名村等。

【换届选举工作】 2021年，青竹街道通过年初村级“两委”干部换届，选优配强基层组织领导班子，全部实现书记、主任“一肩挑”，现有村（社区）“两委”干部137名，其中党员100名，平均年龄为39岁，高中及以上学历占比为97.1%。

【党史学习教育】 2021年，青竹街道严格执行规定动作，打好“线上+线下”学习组合拳，重点抓好“四史”、习近平总书记在庆祝中国共产党成立100周年大会上的重要讲话精神和中共十九届六中全会精神的学习宣讲和贯彻落实，制定“我为群众办实事、街道村社尽全力”工作方案，联合多部门共同解决群众反映强烈的民生实事问题53个，推动党史学习教育成果持续转化。

2021年6月25日，青竹街道花园社区举办首届邻居节（县融媒体中心供图）

【重点项目建设】 2021年，青竹街道完成唤鱼公园C区、万景峰会、青中校、709项目12户征地拆迁工作，为项目发展提供用地保障；完成兴业路一标段租地拆迁，年内进场施工；牯牛山变电站项目，完成37座基塔的建设架线工作；虎渡溪航电工程，完成304.617亩征地工作；虎渡溪航电连接线项目，完成17亩土地征收和其中1户人员的拆迁安置；竹里巷子第2、3期计划改造房屋116户，年内改造完成57户。

【“三创一保”工作】 2021年，青竹街道依托“街道吹哨、部门报到”机制统筹全县包保单位、辖区居民、自治组织等各类力量，全力参与“三创一保”工作；开展“三创一保”宣传活动，发放张贴宣传画册1万余份；开展城乡环境大整治，发现并解决环境卫生、私搭乱建等问题400余个；打造新时代文明实践站、所、中心8个，常态化开展文明劝导和志愿服务；开展村庄绿化美化提升建设，新增村庄绿地50公顷，开展2021年春季义务植竹活动；保障国家卫生县城高分验收通过，为国家生态文明建设示范区首创即成做出青竹贡献，助力省级文明城市实地考察名次提升42名。

【特色产业】 2021年，青竹街道着眼地域特色资源，产村互动，发展一村一品。兰沟村立足“竹”资源做文章，主题化、精细化改造提升村庄风貌、开展业态打造；程家嘴村以“苏母文化”为主线，谋求文旅融合发展；白塔村结合高标准农田建设，优化“三生空间”；季时坝村结合农耕文化、酒文化用墙绘展示美丽乡村的宜居面貌；桥楼村深化“桥上建楼”的奋斗拼搏精神，通过德治教化引导群众主动参与房前屋后收整、墙面美化及道路绿化等工作。

【乡村振兴战略实施】 2021年，青竹街道建立农村人居环境整治长效机制，出台《关于人居环境整治工作考核办法》，参考县上采取月通报、季考核的形式对各村（社区）传导压力、促进工作开展；创新工作载体，主动参与，桥楼村通过“村民自筹+本地乡贤老板赞助+村集体补助”的

2021年7月19日，青竹街道稻花香 （吴国庆供图）

2021年9月1日，青竹街道青衣社区助老志愿服务队开展活动 （县融媒体中心供图）

方式建成示范环线，兰沟村通过引导群众、党员、村社集体共同筹资“筹劳筹资”修建民生路，程家嘴村秉承“群众支持在哪里、基础设施就布在哪里”的思路，用60盏路灯照亮群众心中的支持度；发展壮大集体经济，兰沟村成立集体经济组织，依托竹产业发展优势，通过承接劳务服务挣佣金、股份合作分股金、盘活闲置宅基地赚租金等方式，发展壮大村级集体经济，桥楼村利用上级支持集体经济发展资金和积极引入工商资本，建设农产品物流仓储中心，促进村民增收致富。

【老旧小区改造项目】 2021年，青竹街道老旧小区改造分为南部片区和北部片区两个项目打捆实施，涉及小区122个、楼房259栋、居民3231户，面积约35.78万平方米；实施老旧小区改造以来整合成立小区党支部57个，发挥党支部“头雁”作用；坚持“听诉求、答疑问、聚共识”，全覆盖召开小区坝坝会、小区夜话等860余场次，征求拆违拆围、新增绿地、规划停车位等“面对面”居民意见980余条，号准老旧小区改造的“需求脉”，注重功能完善，坚持群众主体地位，全过程参与改造工作，让改造更民主。老旧小区改造实施补齐多项基础设施短板，破解一批历史遗留难题，化解一系列邻里纠纷，提升居民幸福感。

【社会民生】 2021年，青竹街道落实创业就业扶持政策，城镇新增就业1500人，吸引农民工返乡就业890人；推进“绿色殡葬”，指导龙女谷公益性公墓和白塔公益性公墓规范运营，龙女谷公益性公墓成为2021年全省公益性公墓现场会的参观点位；健全养老服务体系，抓好辖区内2645名老年人居家养老服务工作；保障残疾人合法权益，做好人口计生服务工作。重点保障低收入群众基本生活；完善基础设施建设，修建完成鸿化堰、黑龙壕2座漫水桥，修补农村公路10余处。

【新冠肺炎疫情防控】 2021年，青竹街道紧抓疫情常态化防控各项措施，强化宣传引导，做好重点地区返青人员管控，全年排查2.53万人，国内重点地区返青神3249人，均严格落实相应措施。

【脱贫攻坚成果巩固】 2021年，青竹街道将“两不愁三保障”排查整改工作作为巩固脱贫攻坚成果抓手，同乡村振兴工作紧密结合；巩固义务教育控辍保学成果，全面贯彻低收入家庭学生教育帮扶机制，提高控辍保学工作质量，通过雨露计划帮扶学生40名，教育扶贫救助基金帮扶学生59名；继续实施医保帮扶工作，做到摘帽不摘政策，保证所有脱贫户（监测帮扶对象）人群100%参保，100%享受待遇；排查农村住房安全隐患，及时整改问题，保证户户有安全住房；开发公益性岗位79个，将符合条件的脱贫户（监测帮扶对象）纳入公益性岗位中，为脱贫群众增收；实施农村生活污水“千村示范工程”，建成农村生活污水处理设施3000余座，生活污水得到有效处理，岷江、思蒙河等流域水质明显改善。

【基层治理】 2021年，青竹街道抓实两项改革后半篇文章，创新“街道吹哨、部门报到”机制，在全市基层社会治理现场会作经验交流；争取省级城乡社区治理试点项目，完成黑龙、红桥、麒麟、花园4个村（社区）亲民化改造；深化法治建设，青衣社区设置民法典特色展台，兰沟村被评为全国民主法治示范村。

（向玉麒）

西龙镇

【概况】 西龙镇位于青神县城以西3公里，与东坡区、夹江县接壤，拥有“国家级重点镇”“省级生态镇”“红色旅游文化休闲镇”等美誉；全镇辖区面积67.53平方公里，地势西高东低，为丘兼坝，其中耕地1672.5公顷，村级建制调整改革后，辖5个村、2个社区，总人口1.9万人。锦绣大道和成乐高速青神连接线横贯东西，成绵乐高铁纵穿南北，思蒙河由北向南流经全镇12公里。镇内有中心学校2所、卫生院3个，规模以上企业1家、特色农家乐8家。西龙镇以茶、竹为主导产业，有集中成片优质名茶园2万余亩、优质竹1万余亩。

（罗　楠）

【换届选举工作】 2021年，西龙镇召开中国共产党西龙镇第四次代表大会，划分10个选举单位，确定103个代表名额；通过推荐、考察、联审、公示等环节，出具有广泛代表性的代表103名，其中基层一线党员93名，占90.3%；女党员34名，占33%；45岁以下的党员54名，占52.4%；35岁以下（含35岁）党员32名，占31%，高中及以上学历党员69名，占67%。依法依规选举镇党委班子成员9人，镇纪委班子成员3人，全面满票当选。选举镇党委和镇纪委的书记、副书记，均满票当选。

【党史学习教育】 2021年，西龙镇严肃党内政治生活，召开党委中心组学习5次、换届专题民主生活会2次，班子成员带头参加组织生活60余人次，深入村组讲党课20余场次；坚决贯彻落实党中央、省委、市委和县委决策部署，从严执行重大事项请示报告制度，围绕坚定打造“红色竹里茶源”，明确“争创省级百强中心镇”奋斗目标；自觉守牢意识形态主阵地，开展专题分析研判2次，全覆盖建设新时代文明实践站（所），送“红色节目”进村组、进机关、进学校18场次，社会思潮整体向上向好；突出特色优势，推动党史学习教育走深走实；开展庆祝中国共产党成立100周年党群主题活动7场次，推荐和评选表彰各级“两优一先”37名个人和7个党组织，走访慰问37人，颁发“光荣在党50年”纪念章182枚。深挖红色资源，开展革命后人讲党史、抗战老兵讲党史、身边人讲党史等活动，朗诵视频《百年风华》展现西龙精气神，聚焦停车难、夜行难、如厕难等，党员领办实事200余件，推进9个课题调研；群众自愿捐款10余万元修路、成立集体专合社等充分彰显党员示范带动作用和群众主观能动性，“学习强国”学习平台和市县专刊报道西龙镇党史学习教育4次。

（廖小莉）

【特色产业】 2021年，西龙镇推动农业高质量发展，新增黄金茶、奶白茶等高产值茶叶种植面积4000亩，产值提升约800万元，守好“粮、猪”安全，大力推广林下种豆、收荒种粮等增加粮食产量，持续壮大畜禽特色养殖，建成瀚海农业百万蛋鸡项目、长池肉牛养殖基地，德康现代化高标准母猪自繁养殖场动工建设，新培育家庭农场19家、专业合作社1家、农业公司3家，建立镇、村级农产品质量安全检测站4个；加大文旅产业全面发展，紧抓红色西山研学基地建成开园和成乐高速连接线、成绵乐高铁贯通的区位优势，对竹里青莲湿地公园进行提档升级，深入挖掘红色文化和茶文化，积极推进与县文旅投公司、熊猫印象团队等单位合作，发展康养、研学、观光等农旅文融合发展的现代园区。

（刘红艳）

【乡村振兴战略实施】 2021年，西龙镇成立由镇党委书记、镇长为双组长，镇党委副书记分管的创建实施乡村振兴先进镇领导小组，组建工作专班，高效推进乡村振兴；明确各村组党组织书记为抓乡村振兴第一责任人职责，纵深推进乡村振兴战略实施。西龙镇以建强青神西龙茶叶现代农业园区为目标，开展茶叶品种高换和技术改良，推广林下种豆、收荒种粮等想方设法增加粮食产量，在观金社区打造千亩示范稻田，开展非洲猪瘟防控，在各村设置重大动物疫情防控卡哨，守护生猪安全；持续壮大畜禽特色养殖，推动畜禽养殖规范化，建成

2021年6月22日，中共青神县西龙镇第四届代表大会第二次会议召开　（西龙镇供图）

2021年10月20日，西龙镇风貌改造（西龙镇供图）

瀚海农业百万蛋鸡项目，全面启动德康生猪养殖繁育基地示范建设，建成长池肉牛养殖基地等，全镇有家庭农场135家、专业合作社30家、农业公司3家，建立镇、村级农产品质量安全检测站4个。西龙镇以环保督察为契机，开展涉农、涉林、涉水等环境卫生整治，取缔、关闭一批不符合环保要求的小散企业（养殖业主），整改、提升一批基础良好的优质项目，环保观念深入人心；以人居环境提升为目标，持续推进“拆、收、改、栽、画”五字工作法，新增“四小园”200余个，依法拆除乱搭乱建1万平方米，农房风貌改造400余处，绿化2.7万平方米，彩绘1650平方米，形成成乐高速及连接线沿线、红色西山片区、汤家坝风貌改造示范点；常态化开展村庄清洁行动和红黑榜评比，村（居）民小组保洁员配备率100%，农村卫生厕所普及率97.1%，生活污水有效处理率90%，推行农户“1元制”付费环境管理制度收费率98%，秸秆综合利用率98%；农药废弃包装回收处理率达到80.97%；病死畜禽进行无害化处理率达100%。西龙镇依托红色文化、茶文化、竹文化和廉洁文化，成立“红色西山艺术团”，创作情景剧、乡村歌曲、集体舞等作品50余个，建成镇文化站1个、农家书屋7个，藏书1.2万余册。结合党史学习教育汇演《光辉照西山》《王二小》《毛慈影》等情景剧40余场次。打造以“红色＋清廉”为主题的竹里青莲湿地公园、万沟廉洁教育示范点，搭建“共享西龙”平台宣传推广西龙特色文化，建成省级文明村1个、市级文明村镇4个、县级文明村3个，评选“星级文明户”7户，“最美我家”10户。2021年，西龙镇扫黑除恶、禁毒、扫黄打非等工作成效显著，治理乱象乱点4处，建成镇村综治数据平台7个，全面实现“一村一法律顾问”“一村一警务助理”，深化矛盾纠纷多元化解机制，成功调解重大矛盾纠纷15件，化解“治重化积”信访案件2件，有效管控刑释解教、吸毒人员、精神病人等重点群体198人，全面完成“七五”普法任务。树牢民主自治理念，成立红白理事会、五老志愿服务队等自治组织，召开“书记坝坝会”200余场次、议事决策100余项，优化完善村规民约20余条，有效实现群众自治；拓宽脱贫户增收渠道，确保实现促进长远发展，脱贫攻坚同乡村振兴有效衔接，派驻驻村工作队60人次，落实防止返贫动态监测帮扶机制，定期开展走访，落实各项帮扶政策措施。推动完成新农村道路硬化、金花村维修改建提灌站等扶贫项目实施。解决贫困适龄儿童入学102人、贫困群众就医问题1131人。易地扶贫搬迁83人，通过介绍入企务工、扶持自主创业、公益性岗位安置等后续帮扶上岗就业310人，兜底保障贫困户229人，全镇474户、1131名贫困群众无返贫。继续开展低收入人口常态化帮扶工作，落实帮扶措施，稳定脱贫成果。使人民生活更加美好，实现共同富裕。

（肖　洪）

【社会民生】 2021年，西龙镇推进镇村便民服务体系建设，实现“一窗受理、一专多能”，规范化建设镇便民服务中心，亲民化改造村级党群服务中心5个；支持实验幼儿园观金分园、西龙分园，县幼儿园桂花分园的成立；加大社会救助力度，发放各类救助慰问金2.43万元，惠及困难群众52人次。发放残疾人补贴补助84.8万元，免费发放辅助器具34件，惠及792名残疾人；开展庆祝中国共产党成立100周年系列活动，深入实施新时代文明实践，“红色西山艺术团”新创作情景剧、乡村歌曲、集体舞等作品20余个，建成省级文明村1个、市级文明村镇4个、县级文明村3个，评选“星级文明户”7户，“最美我家”10户。

（刘红艳）

【新冠肺炎疫情防控】 2021年，西龙镇强化村（社区）网格化管理，落实重点人员分类健康管理措施，完善群防群控机制，积极排查国内外中高风险返青人员；加快新冠疫苗接种速度，累计接种2.59万剂次；利用大喇叭宣传、巡逻车全镇范围开展巡逻宣传，引导群众佩戴口罩做好自我防范。做好重点区域（政府、超市、社区场镇、茶馆）的消杀工作。

（罗　楠）

【脱贫攻坚成果巩固】 2021年，西龙镇召开“巩固脱贫攻坚成果‘回头看’工作专题部署会”，传达学习全县会议精神，压实工作责任；印发《西龙镇关于开展巩固脱贫攻坚成果“回头看”工作方案》，成立“回头看”工作领导小组，由镇党委书记、镇长任组长，分管副书记任常务副组长，其他分管领导任副组长，各村（社区）书记、农业综合服务中心干部为成员的领导小组强化工作统筹；组织各村（社区）分管干部、挂村干部召开西龙镇巩固脱贫攻坚成果“回头看”业务培训会并对工作开展进行详细安排；定期召开巩固脱贫攻坚“回头看”调度会推进工作落实。11月12—17日，西龙镇组织动员镇、村、组干部229人深入普通农户家（非脱贫户、非监测户）开展大排查，完成排查6396户，普通农户家排查覆盖度100%，确认除第四季度拟新增监测户外，暂无收入困难户；开展针对脱贫户、监测户（含拟新增监测户）动员挂村组、直联部门开展大走访，排查脱贫户和往年监测对象480户，排查进度100%；2021年纳入的监测户排查6户，进度100%，排查过程中对县乡村振兴局反馈的风险信息、其他风险信息进行集中会商，对县级单位推送的农户风险信息情况推送表里的23户农户开展分析研判。西龙镇严格落实防止返贫动态监测集中排查工作，11月，经村上摸排，村组干部及帮扶干部实地核查、评议公示及党委集体研究决定后，拟新增监测对象7户、23人，风险类型为6户突发严重困难户、1户脱贫不稳定户，及时报县上审定；西龙镇全面完成480户基础信息更新，7个村（社区）行政村信息采集。截至年底，西龙完成排查工作，发现问题13个，其中住房保障类4个、农户家庭收支类7个、饮水类问题1个、动态调整类1个，所有问题均完成整改。

（肖　洪）

【基层治理】 2021年，西龙镇梳理从1994年开始的历史遗留问题72个，解决45个；盘活5宗辖区内闲置或低效利用公有资产，仅此项增收10余万元，2个村集体经济年收入突破10万元；推进“全科式”镇村便民服务体系改革，实现便民服务“一窗受理”“一专多能”；引导16名镇干部参考，取得执法证，镇级执法办案实现“破冰”。西龙镇围绕打造“初心365”党建品牌，坚持自治、法治、德治“三治融合”，推动“干部培育理论性+实践性”“公共资源行政性+公共化”“治理重点中心区+聚居点”“便民服务一窗接+分类办”“集体经济市场化+公益性”“活动开展特色基地+微阵地”“六联互动”，绘就红信仰悟幸福、红产业创幸福、红队伍守幸福、红阵地展幸福、红能量传幸福“五红幸福”。龙凤社区党总支探索“一核三邻”治理模式，通过建强“核引领”堡垒，组建“邻管家”队伍，打造“邻聚里”阵地，用活“邻资源”财富，着力建设和谐有序、经济繁荣、创新包容、共建共享社区。龙凤新区安置区坚持“五先工作法”，即组织先建、党员先行、有事先商、功能先优、活动先融，着力打造“邻里同心、友爱暖心、融汇舒心、定居安心”的共享家园。西龙镇创建市级城乡基层治理示范点、省级安全社区。

（刘红艳）

瑞峰镇

【概况】 瑞峰镇辖区面积45.9平方公里，辖3个村（杨柳漕、中岩、天池）、1个社区（刘家场社区）、19个村民小组、14个居民小组。辖区横跨岷江，青关路、青乐路分别从河东、河西穿越。辖区内有风景名胜中岩寺、德云寺、报恩寺、汉墓群、大小牧猪池、竹海基地等资源。全镇总户数4993户，户籍人口13946人，森林覆盖率49.4%。获评全国亿万农民健身先进乡镇、四川省龙舟文化艺术之乡，成功创建四川省第一批竹林小镇，有省级非遗瑞峰端午龙舟和市级非遗青神牛儿灯、青神传统杆秤制作技艺。2021年，全镇生产总值3.24亿元，比2020年增长9.5%，全社会固定资产投资完成3624万元，全面完成投资任务，农村居民人均可支配收入2.15万元，增速9%。

【换届选举工作】 2021年，瑞峰镇完成村（社区）党组织换届工作，选举产生新一届党组织书记4名、委员18名。书记平均年龄48岁，较上一届下降3岁；委员平均年龄44岁，较上一届下降3岁。召开中共瑞峰镇第四次代表大会，选举产生新一届的镇党委领导班子12名，其中，女性4人、男性8人；研究生1人、大学本科10人；30岁及以下1人，31～35岁6人，36～40岁3人，40岁以上2人。

【党史学习教育】 2021年，瑞峰镇组织开展理论学习中心组党史专题研讨会，班子成员深入村（社区）及分管领域，围绕“四史”和习近平总书记在庆祝中国共产党成立100周年大会上的重要讲话精神等内容，带头讲专题党课；组织镇村干部前往红色西山革命教育基地开展党史学习教育研学，学好伟大的建党精神、讲好瑞峰故事，通过童伴之家、妇女儿童之家等载体，以通俗易懂方式，抓好儿童学习。打造“党史学习教育文化走廊”，充分利用校园广播、乡村“村村响”播报党史知识故事，依托刘家场社区亲民化改造项目，打造亲民化的一站式服务场所，配齐配强镇村（社区）两级文化骨干，弘扬瑞峰传统文

2021 年 7 月 5 日，岷江瑞峰段 （瑞峰镇供图）

化，组织机关党员干部走进烈士陵园，祭奠革命先烈，传承红色精神举行唱誓词、闭卷考党史、参观红色西山革命教育基地、畅谈“我的入党故事”等多形式主题党日活动。将党史学习教育与各项中心工作相结合，规范便民服务中心流程机制，设立群众办事不满意投诉专线，创新设立“办不成事”窗口，受理群众在事项办理过程中遇到的“不好办”“办不成”问题，并对问题进行追根溯源、协调解决、跟踪督办。推进便民窗口前移，创新推出领导班子轮流驻村接待服务和“一把手走流程”体验活动，靠前协调解决办事痛点难点；推行党员示范服务，创建党员示范窗口和党员示范岗，切实解决群众的痛点盲点难点。充分发挥党员干部先锋模范作用，引导群众自发参与环境整治；新建王弗湿地公园，优化群众生活环境。建立“我为群众办实事”项目清单 200 余项，班子成员牵头认领 24 项，均完成；《可爱的中国》在市委宣传部主办的《读党报党端 学百年党史 做先锋模范》阅读朗诵比赛中获得一等奖、最佳摄制奖、最佳人气奖。

【特色产业】 2021 年，瑞峰镇继续打造万亩竹基地，河东片区新栽优质竹种（斑布一号）3100 亩，对镇域内 2.5 万亩竹林进行分区规划利用；河西片区建设“田园牧歌”综合体，培育发展家庭农场 71 户，其中省级 5 户、市级 5 户，培育农民专业合作组织 16 户，其中省级 1 户、市级 3 户。挖掘文化资源，建设岷江生态文化带，组建文艺队伍 4 支，排练牛儿灯、钱枪、“三句半”等；挖掘市、县各类典型 10 余人。打造龙舟民俗文化、摩崖造像文化、蚕丛农耕文化、中岩东坡文化、竹里萤光文化，集观光、休闲、餐饮、民宿为一体的文旅产业链初具形态。中岩村被评为第二批省级乡村旅游重点村镇。

【乡村振兴战略实施】 2021 年，瑞峰镇严守耕地红线，完成粮食播种 1.26 万亩任务，梳理土地流转 87 宗、排查设施农用地 117 宗。“大棚房”问题专项清理整治行动“回头看”中，9 家违规农家乐和木材加工厂基本农田部分全部拆除复耕。通过“种植大户 + 合作社 + 农户”的方式，提升土地利用效率，涌现出潘志清、陈孟平、易桂荣等一批种植大户。打造万亩竹基地，盘活土地资源栽竹依托村集体公司提优竹片加工厂，开展竹编技艺培训，农民人均纯收入 4300 元。打造种养循环园区，优化涛哥哥一、二、三牧场布局，推广粪污还田和秸秆饲草化技术，肉牛和奶牛养殖齐头并进、粮食和经济作物轮耕轮种，带动发展家庭农场 71 户、农民专业合作组织 7 户。用好“拆、收、改、栽、画”五字工作法，以公路变彩带、庭院变花园、节点变亮点、林盘变公园为目标，拆除违建 2625 平方米、收整庭院 1875 户、绿化美化 2.68 万平方米、彩绘 2169 平方米。以畜禽养殖、小微企业、农家乐、村庄清洁为重点，建立一企（厂、户、河）一档，开展周检查、旬督导、月拉练，开展考核 10 次，整改村庄清洁问题 33 个、改厕问题 10 个、改水问题 67 个。依托瑞峰龙舟、牛儿灯、四海制称等省级、市级非遗技艺，排演群众喜闻乐见文娱节目。开展最美系列评选，挖掘各类典型，涌现出全国“敬老、爱老、助老”模范人物罗春方等先进模范。以新时代文明实践站为载体，组建志愿队伍，开展文明赏萤、森林防火、人居环境治理等主题活动，发挥志愿者“以点连线，以线串面”辐射作用。 杨柳漕村获评为市级乡村振兴示范村。

【基础设施建设】 2021 年，瑞峰镇坚持高标准规划，完成“一事一议”项目 2 个，新改建 10 公里乡道、30 公里村社道路、8 公里入户道路。慈剑路升级改造、杨柳漕村产业环线形成内循环。加大水利设施建设力度，新建蓄水池 2 口，河西片区全域安全

2021 年 7 月 5 日，瑞峰镇刘家场社区王弗湿地公园 （瑞峰镇供图）

饮水主管网铺设完毕，建设高标准农田 2500 亩，电、气、通信网络实现村村覆盖。

【社会民生】 2021 年，瑞峰镇坚持为民服务不动摇，以健全服务体系为抓手，整合近 200 万元改造刘家场社区便民服务中心。加大社会保险扩面力度，完成 2202 名特殊人群医保代缴工作，基本医疗参保率 98% 以上，养老保险参保率 92% 以上。关爱留守儿童、妇女、老人，建设妇女儿童之家 3 个、市级童伴之家 1 个、日间照料中心 1 个，统筹整体推进“一老一小”关爱服务。瑞峰镇通过省级安全社区复评。

【新冠肺炎疫情防控】 2021 年，瑞峰镇严格落实镇、村、社、网格员四级网格化管理，注重重点地区来（返）青人员排查管控，累计比对大数据 1930 条，排查外出返青人员 636 人，其中集中隔离 28 人，居家隔离 10 人，居家健康监测 55 人；落实重点场所疫情防控措施，严控聚集性活动，开展应急演练 5 场次，督促检查 80 余次，完成全程疫苗接种 9092 人，加强针接种 103 人。刘家场社区获评眉山市抗击新冠肺炎疫情先进集体。

【脱贫攻坚成果巩固】 2021 年，瑞峰镇完善帮扶举措，做好脱贫户巩固脱贫成效和监测户动态管理，通过政策兜底保障，助推教育扶贫、医疗健康脱贫，推进就业扶贫，设置扶贫公益岗 35 人，每人每月增收 600 ~ 700 元。挑选精干力量，调整充实直联帮扶队伍，各级各部门干部职工走访帮扶 455 户，整改销号问题 7 个，动态调整监测户 7 户。加强农村基础设施建设，完成青关路黑化、慈剑路提档升级，新建蓄水池 10 口，高标准农田 2500 亩，电、气、通信网络实现村村覆盖。村集体经济发展多点开花，刘家场社区盘活村级闲置资源，每年实现增收 3 万元；天池村优化集体经济收入结构，实现收益 15 万元；杨柳漕村依托企业龙头带动，实现收益 3 万元。瑞峰镇被市委市政府评为 2020 年脱贫攻坚工作先进集体。

【基层治理】 2021 年，瑞峰镇建立健全政府法律顾问制度，公开政务信息 20 条，回复群众咨询投诉和信箱热线 100 余件，增强重大行政决策公众参与实效；严格按照法定权限和程序履职尽责，自觉接受人大法律监督，认真听取和办理人大代表意见建议 4 件；坚持“平安青神”建设，以持续深入排查化解信访隐患为关键，对辖区内信访积案进行大清仓、大起底，完善常态化、长效化矛盾纠纷排查化解机制，综合运用法律、政策、经济等手段和教育、调解、疏导等办法，调处各类矛盾纠纷 85 件、信访积案 3 件，实现“小事不出村、大事不出镇、矛盾不上交”。

（陈建飞）

罗波乡

【概况】 罗波乡位于青神县以南，距离青神县城 20 千米，辖区面积 49.6 平方千米，辖 6 个村（社区）36 个村（居）民小组，2021 年末总人口 1.44 万人，人口密度 290 人 / 平方公里，耕地面积 947 公顷，是典型的农业乡镇。境内有青乐路、罗新路、龙婀路 3 条县、乡道路，“一江一河四库七沟”流淌其间。成绵乐城际铁路穿境而过，岷江汉阳航电落户于此。

【换届选举工作】 2021 年，罗波乡完成换届选举工作，选举产生县党代表 12 名、县人大代表 13 名、乡党代表 104 名、乡人大代表 54 名、村（社区）两委干部 39 名、村（居）民小组长 36 名，选举产生新一届的乡党委、乡纪委、乡人民政府和村（社区）两委班子成员，选优培强干部队伍，执政能力和发展能力明显提升，无一起违纪违规问题和问题发生，做到风清气正。

【党史学习教育】 2021 年，罗波乡成立党史学习教育领导小组，制发《党史学习教育方案》，明确目标、细化举措、责任到人，学习教育期间，组织全乡党员干部群众集中收看庆祝中国共产党成立 100 周年庆祝大会，专题学习习近平总书记在庆祝中国共

2021年7月27日，罗波乡人居环境整治　　（罗波乡供图）

产党成立100周年大会上的重要讲话并撰写心得体会，开展“百年党史一周一谈”36次，专题党课20次，召开党史学习教育专题组织生活会45次，开展重温入党誓词等专题活动20余次，为群众办实事489件，组织党员先锋队助农抢收稻谷等50余篇信息在《四川观察》《眉州先锋》等媒体刊发。

【农业园区建设】 2021年，罗波乡以建设种养循环示范乡为目标，以“种养循环调产业，农旅融合提效益”为抓手，完成总投资2600万元的高标准农田整理项目，新建产业路24千米，实施坡改梯4000亩，整理高标准农田近9000亩，培育胜东农牧、川中生态等新型农业经营主体5户，持续推进宝镜种养循环园区、金牛河农旅产业园区、龙泉沿江农旅产业园区、天庙千亩藤椒产业园区建设，带动群众增收致富。

【工业产业发展】 2021年，罗波乡坚持强工业促发展，全乡工业经济持续壮大，总投资3亿元的装配式建筑（PC）构件生产基地项目完成厂房建设，总投资6000万元的扬邦混凝土生产项目进入试生产阶段，锦桥人造板厂、聚源家具等重点企业生产稳定。2021年，完成工业投入3亿元，实现规模工业产值3.4亿元，实现税收收入3000万元，工业发展水平在全县7个乡镇（街道）中排名第二。

【乡村振兴战略实施】 2021年，罗波乡围绕乡村振兴战略“五个振兴”目标，建成“四好农村路”8千米，新增社道20余千米，全覆盖完成“村村通”应急广播系统建设，全域安全饮水项目供水主管网延伸至龙泉村，农网改造、5G基站建设有序推进；大力推广“拆、收、改、栽、画”五字工作法，发动群众开展村庄清洁行动72次，拆除乱搭乱建18户，收整庭院438户，改造风貌258户，道路增绿补绿5千米，3次获评全县人居环境整治评比第一名，西坝村人居环境整治经验在县内外获得广泛认可。2021年，农村人均可支配收入23135元，同比增长11%。

【新冠肺炎疫情防控】 2021年，罗波乡建立党政领导包村、村干部包组、组干部和片长包户的责任包保机制和网格化联防联控工作机制，制定《疫情防控应急处置实施方案》，明确职责分工，常态化落实防疫措施，守好青神的南大门。2021年，罗波乡累计出动宣传车600余辆次，发放宣传单1万余份，微信群推送防疫知识3000余条；排查管控重点地区返乡人员300余人，接种疫苗1.6万余人次，实现了“零输入、零感染”目标。

【脱贫攻坚成果巩固】 2021年，罗波乡巩固拓展脱贫攻坚成果同乡村振兴有效衔接，健全防止返贫动态监测和帮扶工作机制，围绕“两不愁三保障”，按照“六个精准”工作要求和“五个一批”脱贫要求，聚焦问题、精准施策、创新思路、补齐短板，全乡346户、825人建档立卡贫困人口全部脱贫，困难群众生产生活条件明显改善，顺利通过脱贫攻坚验收交叉检查。

【环境保护工作】 2021年，罗波乡强化工业企业监管，定期开展环保问题专项检查，督促整改环保问题，30余户工业企业全部实现污染物达标排放；严格落实“河长制”工作要求，坚持巡河保洁全覆盖、清河除污全域化，“一江一河四库七沟”水质长期稳定达标。常态化开展畜禽养殖污染整治专项行动，探索粪污综合循环利用，疏堵结合、变废为宝，有效解决畜禽养殖排污问题。

【耕地保护工作】 2021年，罗波乡严格落实耕地保护要求，坚决遏制耕地“非农化”、防止耕地“非粮化”，实施“林果上山、粮油下坝”

2021 年 9 月 17 日，罗波乡宝镜社区大学组织开展“我们的节日”系列活动（罗波乡供图）

行动，完成 260 亩退草还耕，规划建设西坝粮经园区，鼓励开展林下种植、粮经复合，有序推动粮油种植扩面，完成年度粮食生产任务。

【基层治理】 2021 年，罗波乡强化党组织领导下的多元治理路径，提升乡村基层治理能力，全乡推广“共谋、共建、共管、共评、共享”的“五共众筹”模式，持续打造西坝“五治融合”（以政治为领，提升乡村治理凝聚力；群治为基，激发乡村治理源动力；法治为本，增强乡村治理保障力；德治为要，激活乡村治理内生力；智治为先，强化乡村治理助推力）、施家沟“一核多员”（以党组织为核心，整合低保、公益岗位、特困等享受财政补贴人员参与村级事务，为村庄发展贡献力量）等基层党建亮点，宝镜村获评四川省第二批乡村治理示范村。广泛开展群众性文体活动，群众凝聚力不断增强，《迎中秋丰收 共享家乡味道》《党群齐上阵 共建村史馆》等 125 篇稿件被央视、新华社等各级媒体宣传报道。

【社会民生】 2021 年，罗波乡建成新桥社区、官斗山村养老服务分中心，持续实施政府购买居家养老服务项目，惠及全乡 700 余名高龄、失能老年人；完成新桥社区学堂山公益性公墓建设，兑现惠民殡葬奖补资金 113 人次、4.97 万元。全年新增低保对象 42 户、48 人、特困供养人员 6 人，发放临时救助资金 2.6 万元、“两残”补贴 65.5 万元，做到应保尽保、应救尽救。（毛　飞）

白果乡

【概况】 白果乡位于四川盆地西南边缘，地处岷江东岸，与青神县城隔江相望。全乡辖区面积 82.24 平方公里，深丘浅丘纵横，辖甘家沟、罗湾、官厅坝、胡坝、三清寺、五嘉坝 6 个行政村和虎渡 1 个社区，57 个村（居）民小组，总户数 7345 户、总人口 2.13 万人。2021 年，全乡农村居民人均可支配收入达 2.36 万元，比 2020 年增长 8.8%，非工业固定资产投资完成 3124 万元。全乡积极应对新冠肺炎疫情和自然灾害，确保零确诊、零伤亡；顺利通过省、市乡村振兴实绩考核、省级巩固脱贫攻坚后评估交叉检查；虎渡社区、甘家沟村获评全省乡村振兴示范村，官厅坝村获评省级乡村振兴与脱贫攻坚有效衔接重点帮扶优秀村。

【换届选举工作】 2021 年，中共白果乡第四次代表大会选举产生新一届党委班子和纪委班子，产生的 9 名党委委员中，女性 4 人、男性 5 人；研究生 1 人、大学学历 7 人、高中学历 1 人；30 岁及以下 1 人、30 ~ 35 岁 7 人、45 岁以上 1 人。2021 年，乡党委换届全过程未发生上访信访和违规违纪违法情况，全面实现“清明、清正、清新”。

【党史学习教育】 2021 年，白果乡扎实开展专题学习，组织全乡 64 个党组织认真开展党史学习教育专题组织生活会，开展“我看建党百年新成就”老党员专题座谈会、乡党委理论学习中心组党史学习教育专题学习会，从严要求全体党员干部完成材料

2021 年 7 月 15 日，白果乡三清寺村人居环境整治（白果乡供图）

2021 年 11 月 14 日，白果乡甘家沟百鲜果水果集市开业　　（白果乡供图）

学习，每月交流学习心得，收集心得体会 120 余篇；通过专题党史学习党员大会、坝坝会、户长会专题宣讲、扎实开展“四史”（党史、新中国史、改革开放史、社会主义发展史）专项学习，全方位、多层次开展习近平总书记在庆祝中国共产党成立 100 周年大会上的重要讲话精神专题学习，将自主学习、党委中心组学习和基层党组织学习相结合，采用“线上 + 线下”模式，拓宽学习路径；制作白果乡党史学习教育宣传栏，打造宣传阵地，关注困难老党员，送“党史”上门，发放党史学习手册 80 余份；开展党组织书记讲专题党课 9 次，组织全体乡、村干部集中学习习近平总书记在庆祝中国共产党成立 100 周年大会上的重要讲话精神，邀请县委宣讲团对习近平总书记在庆祝中国共产党成立 100 周年大会上的重要讲话精神深入讲解，组织班子成员进行习近平总书记在庆祝中国共产党成立 100 周年大会上的重要讲话精神专题学习，扩大党史学习教育覆盖面。组织全体机关支部党员、村（社区）党组织书记、副书记 60 余人，赴县烈士陵园缅怀革命先烈，开展“学习党史明初心，祭奠英烈励今人”主题党日活动；组织 35 岁以下党员干部 25 人参与党报党端阅读朗诵比赛，录制集体朗诵作品《信念永恒》；组织乡干部 12 人开展微党课大赛。组织机关支部、全体党员干部职工共 40 余人，先后参观三苏祠博物馆、眉山抗战将士纪念馆，开展“学党史、强信念、跟党走”主题党史学习教育系列活动。

【柑橘产业】 2021 年，白果乡提档改造老果园 1100 亩，推广林下种草 4500 亩；开展农业技术培训 30 余次，培育新型职业农民 6 人、市级家庭示范农场 2 家；落实柑橘绿色防控 1500 亩。截至 2021 年底，全乡优质柑橘园 4 万余亩，年产值超 3 亿元。白果乡扎实推动电子商务进农村综合示范项目，积极推广“网络直播 + 电商”营销模式，全年线上销售额达 6000 万元，有效提高农民收入。

【农旅融合发展】 2021 年，白果乡实施“绿满青神”行动，持续扩大竹林规模化种植，探索开发官厅坝竹林康养路线 15 公里；不断扮靓椪柑产业环线，新建观景台 1 座，打造沿线景观打卡点 5 处；保护性开发“竹里萤光”黄水凼萤火虫观赏点，全年接待游客 6 万余人次，初步形成“农旅结合、以农促旅、以旅兴农”的产业格局。

【种养殖产业】 2021 年，白果乡严格落实粮食安全主体责任，坚决遏制耕地“非农化”、防止耕地“非粮化”；完成大棚房整治“回头看”问题整改 4 宗，清退占用耕地草坪 270 余亩，开展林下种豆 3250 亩，全乡年度粮食播种面积为 1.95 万亩，粮食总产量 8600 余吨；全面加强生猪养殖产业规模化、专业化建设，抓好畜禽稳产保供工作，新建存栏 9000 头的小辉家庭农场。截至 2021 年底，全乡生猪存栏 2.82 万头，生猪出栏 3.52 万头。

【乡村振兴战略实施】 2021 年，白果乡全域推进垃圾革命、厕所革命、污水革命，全乡生活垃圾收转运覆盖率 100%，户用卫生厕所普及率达 98.1%，行政村生活污水处理率达 100%；喊响“人人缴费 12 元，干干净净过一年”的口号，激发群众参与建设的内生动力，常住人口卫生费收取 100%；推行“拆、收、改、栽、画”五字工作法，拆除违建 35 处，庭院收整 1300 余户，风貌提升 100 余户，新建小公园 4 座，绿化 3 万平方米，彩绘 6000 余平方米。

【集体经济发展】 2021 年，白果乡推进“两项改革”后半篇文章，鼓励村集体经济蓬勃发展，官厅坝村盘活官厅水库自然资产，完善冷链冻库租赁利用，采购洒水车承接清扫业务，全年增收 25 万元；整合甘家沟村、虎渡社区、罗湾村、胡坝村、三清寺村产业扶持基金 137 万元采购挖掘机，全年委托代理运营收益 20 万元。甘家沟村利用集体经济扶持资金 100 万元打造集体标准果园 65 亩，果园 2022 年挂果投产。

【社会民生】 2021 年，白果乡切实做好民生保障规范管理，按需进行动态调整，落实对农村低收入人口常态化帮扶和易地扶贫搬迁对象扶持，实行动态管理。2021 年，全乡

512户、626人落实最低生活保障制度，243人享受特困人员供养政策，实现应保尽保。2021年以来，发放重度残疾人护理补贴、残疾人困难生活津贴、困难家庭临时救助资金等，共计106.28万元。

【社会安全】 2021年，白果乡落实20个地质灾害点“三级网格”值守责任，全覆盖开展风险排查并建立风险隐患台账，整改销号地质灾害点10个；加强汛期应急值守，落实雨前排查、雨中巡查、雨后核查责任，累计转移群众300余人，避险搬迁17户、29人；落实网格化安全监管制度，常态化开展企业巡查，落实道路交通协管员上路值守，全面做好森林防灭火工作，劝导制止违规用火，全年未发生较大及以上安全事故。

【新冠肺炎疫情防控】 2021年，白果乡做好“外防输入、内防反弹”，严格落实“五有一网格”防控措施，有序做好疫苗接种工作，截至2021年底，全乡完成疫苗接种1.22万人，占18岁以上常住人口100.29%；从严从紧抓好重点人群、重点场所、重点时段、重要环节等日常疫情防控工作，坚决守住、守好、守牢疫情防控阵地，全力护航经济社会高质量发展。

【脱贫攻坚成果巩固】 2021年，白果乡始终贯彻落实“四不脱”（不脱责任、不脱帮扶、不脱政策、不脱监管）政策，组织2次全覆盖大排查和常态化开展每月动态监测，动态管理防返贫致贫监测11户；针对脱贫户和监测户，分类采取公益性岗位、医疗救助、低保提标扩面等精准帮扶措施，提供公益性岗位180人，代缴养老保险和医疗保险5000余人，雨露计划和教育救助基金帮扶300余人次，新增小额信贷2人，为114户分散安置的易地扶贫搬迁户落实后续帮扶措施，全面实现“两不愁三保障”（“两不愁”即不愁吃、不愁穿，“三保障”即义务教育、基本医疗、住房安全有保障），顺利通过全省巩固脱贫攻坚成果后评估核查。

【基层治理】 2021年，白果乡围绕社会主义核心价值观，大力开展丰收节、重阳节、“最美+”等乡村文化活动；持续推进“八五”普法和“法律七进”（法律进机关、进学校、进社区、进乡村、进军营、进企业、进网络）活动，运用法治思维、法治方法化解突出问题，2021年度，成功应对行政诉讼2件，全年共收到来信来访110件，成功化解103件，群众满意率达100%。白果乡甘家沟村获评眉山市第二批“诉源治理示范村（社区）”。

【重点项目】 2021年，白果乡道路绿化、美化、亮化稳步推进，农业基础设施日趋完善，完成宜机化道路建设7.5公里和椪柑产业道路建设5.4公里，新改建提灌站8处，修复沟渠10公里，整治山坪塘13口；安装村级广播52个，完善文化阵地建设，为15个农村书屋添置图书刊物2万余册。2021年，白果乡全力保障省市县重点项目落地落实，虎渡溪航电枢纽工程完成征地1844亩、拆迁安置12户，全年完成总工程量的70%；提前完成复兴水库扩容项目1001亩征地、25户拆迁安置工作，全年完成总工程量的55%；虎渡社区文旅融合项目完成征地278亩。基本完成杨篼子桥整治项目。

【生态环境】 2021年，白果乡从严落实“一岗双责”（指既要抓好分管的业务工作，又要以同等的注意力抓好分管部门的党风廉政建设），打好污染防治三大攻坚战，严格落实环境保护网格化管理，坚持绿色发展不动摇；全面推动区域内主要河流、水库生态保护及综合治理工作，岷江、沙溪河水质持续稳定在Ⅲ类，复兴水库饮用水源地水质达标率100%；探索农村废弃物资源化综合利用模式，常态化开展畜禽养殖分区规范、秸秆禁烧等工作，强化畜禽粪污综合服务队运行，探索农村废弃物资源化综合利用新模式，推广农药包装废弃物“1元押金制”回收处置及秸秆粉碎腐熟还田。

（孙小琴）

高台镇

【概况】 高台镇于2019年12月11日正式揭牌成立，乡镇行政区划改革中由原河坝子镇和高台乡合并而成，辖区面积47.8平方公里，距青神县城10公里、眉山城区15公里。2021年，全镇工业固定资产投资入库1793万元，非工业固定资产投资入库3000万元，完成目标任务100%，对上争取50万元，完成目标任务100%。岷江、粤江河、沙溪河、岷东大道贯境而过，交通便利、水资源丰富、生态环境良好。辖区内有青龙水库、复兴水库两个水库；一座始建于明代弘治十五年（1502）的寺庙“玉蟾寺”，相传为“刘海登仙”之地；一座修建于光绪十六年（1890）间的拱桥——安家坝村新桥。高台镇以椪柑、水产、粮经复合三大产业为主导，大力发展水果、水产、水稻“三水”产业。高台镇以全市第二名的成绩创建市级实施乡村振兴战略先进镇，获评四川省脱贫攻坚先进集体、四川省第二批乡村治理示范镇、眉山市创建全国文明城市工作先进集体、眉山市全面深化改革工作先进集体、眉山市先进基层党组织。

2021 年 3 月 21 日，农业农村部党组成员、中央农办秘书局局长吴宏耀（前排中）到青神县调研县域城乡融合发展情况
（县农业农村局供图）

【换届选举工作】 2021 年，高台镇 8 个村（社区）“两委”圆满完成换届工作，均实现村（社区）书记、主任“一肩挑”，配备纪委书记（纪检委员）并全部纳入村（社区）常职干部，两委班子一次性高票当选；村常职干部平均年龄由 48.5 岁下降到 44 岁，高中及以上学历的比例由 44% 提高到 90%；高台镇召开第一次党代会，选举中共高台镇第一届委员会、中共高台镇第一届纪律检查委员会，并选举产生第一届党委书记、副书记和第一届纪委书记、副书记，所有人员满票当选。党代会审议通过的《抢抓机遇 开放转型 奋力开启高台农业农村现代化建设新征程》报告，确定高台“十四五”规划时期“133”（“1”是以建设幸福美丽高台为总目标；“3”是突出建成五星级省级现代农业园区，建成国家 AAAA 级乡村旅游景区和种中国最好吃的椪柑三大任务；“3”是打造“门户新镇”“枢纽重镇”“治理名镇”三张名片）工作思路，确定“一带一环”“两核三区”的区域功能规划。高台镇召开第一届党代会第二次会议，选举产生出席中国共产党青神县第十五次代表大会代表 16 名，组织人选全部满票当选，圆满完成选举任务；高台镇第二届人民代表大会第一次会议召开，选举高台镇第二届政府、人大领导班子成员，组织人选全部满票当选，圆满完成选举任务。

【党史学习教育】 2021 年，高台镇党委采取理论中心组专题学习、领导干部讲党课、党史知识竞赛、干部小讲堂之“我的初心故事”等形式学党史，结合主题党日活动，组织团员、党员、职工到红色西山等红色教育基地，缅怀革命先烈，重温入党誓词，接受革命传统教育；围绕贯彻新发展理念、保障基本民生需求和深化政务服务改革便民利民等五大实事类别梳理形成 20 件“我为群众办实事”工作清单，截至年末，完成 18 件，其中 2 件为省重点项目，按计划持续推进。

【特色产业】 2021 年，高台镇以“种中国最好吃的椪柑”为目标，扎实推进全国晚熟柑橘产业集群项目，椪柑产业基地跻身省级特色农产品优势区，2021 年，全镇柑橘种植面积达 1.5 万亩，连片高标准果园 6000 亩，年产值 3500 万元。2021 年，全镇水稻播种面积 1 万亩、玉米播种面积 7800 亩、油菜播种面积 1.2 万亩，产值 2800 万元；生猪年出栏 2.8 万头，产值 5600 万元；因地制宜抓好水产养殖，多元协同发展。2021 年，全镇特种水产养殖面积达 4000 亩，水产品产量 7000 吨，产值 4000 余万元。持续推进土地延包 30 年试点工作，全镇产权制度改革全面完成，“5+4+1”小农利益链接机制进一步完善，实现农民增收、合作社盈利、村级集体经济壮大、产业效益最大化，有力推动小农户现代化农业发展；“政经”分开，释放村级集体经济活力，集体经济稳步向前发展。截至年末，全镇 3 个村（社区）村级集体经济年收入突破 10 万元。

【基层治理】 2021 年，高台镇探索“一核三微”治理模式（以党组织为核心，通过建立亲民友好开放“微阵地”，培育群众自治“微组织”，设立扶持“微基金”），构建多元协同的治理机制，纠纷调解、信访量持续下降，成功化解 3 宗重访积案；中央环保督察组进驻四川以来，全镇无环保信访交办件，全市基层治理现场会在高台召开。高台镇获评全市首批乡村治理示范乡镇、四川省第二批乡村治理示范镇，诸葛村获评四川省第二批乡村治理示范村。百家池村被民政部确定为全国村级议事协商创新实验试点单位。

【乡村振兴战略实施】 2021 年，高台镇围绕建设幸福美丽共同富裕高台的总目标，全面创建实施乡村振兴战略先进镇的定位，在镇党委下设集组织、宣传、统战、政法、民政等为一体的群众动员中心，成立社会工作服务站，探索整合政府和社会各界资源，凝聚发展共识，努力实现乡村振兴“多重成效”；围绕高台柑橘、水产、粮经复合三大主导产业，积极招大引强、探索创新，促进农村一、二、三产业融合发展；通过多方招纳、校地合作、就地培养等方式，充分落实好政策、建立好机制、搭建好平台，大力培养和吸引乡村振兴人才，有各

2021 年 11 月 8 日，高台镇百家池村召开小农利益链接机制"5+4+1"分红大会

（高台镇供图）

类人才 783 人，包括党外干部 20 人、社会名人 74 人、经济能人 689 人，为高台乡村振兴提供智力支撑；通过深入挖掘优秀传统农耕文化、培育乡土文化人才、引入文化名人等方式，开展形式多样的文艺活动和会节活动，引领乡村社会主义文化繁荣发展；秉承"专业人做专业事"的理念，引进相关企业、自由职业者、环保专家，发动村民广泛参与，大力实施农村人居环境整治，走绿色发展之路；探索"一核三微"机制，积极引进社会组织，大力培育各类群众"自治组织"和"邻里"文化，推进群众共治共建共享。

【社会民生】 2021 年，高台镇新建桥梁 2 座，新（改）扩建道路 5.6 公里，新（改）建沟渠 0.8 公里，处理安全隐患 7 处，新增护栏 700 米，设置交通各类安全标识牌 30 余处，实施残障家庭无障碍改造，获评眉山市第三批"四好农村路"示范乡镇；建立健全防止返贫动态监测和帮扶机制，对全镇农户进行返贫致贫风险全面排查，经逐户核实、审议，按程序新增 7 户、18 人为监测对象，其中边缘户 5 户、12 人，突发严重困难户 2 户、6 人，依据风险类别，有针对性地落实低保、医保、教育救助、危房改造等政策。通过公益性岗位、务工介绍等进行就业帮扶，全面巩固脱贫成果，提升保障水平，高台镇被省委、省政府表彰为脱贫攻坚先进集体，四川省道德模范、麻柳社区冯燕霞带动农村居家弱势妇女编织增收登上央视频道；组建本土低龄老人服务队，依托社会服务组织，开展邻里互助式以老养老，诸葛村建成全县首个村办"长者食堂"，精细化服务助力基层治理水平大提升，实现政府、组织共赢，群众共享，百家池村获评全国示范性老年友好型社区；优化资源配置，增强服务能力。推进覆盖全镇的"1+8+N"［1 个镇级便民服务中心、8 个村级便服务室、N 个组级便民服务点（代办点）］便民服务体系建设，依托场镇社区闲置用房改建镇便民服务中心，改善干部职工办公环境，完成麻柳社区、百家池村、富塘村、诸葛村便民服务室提档升级，成立青神县首个社工站、社区社工室，揭牌成立全县首家农村"政务 + 金融"服务模式的金融综合服务站，着力推动实现办事不出村、服务零距离。

【新冠肺炎疫情防控】 2021 年，高台镇强化精准防控，科学防控，切实抓好全镇常态化疫情防控工作，开展疫情防控宣传 300 余次，发放疫情防控明白卡、告知书 2 万余份；持续推进新冠疫苗接种，组织疫苗接种 20 余次，完成第一针 1.11 万针，加强针 9576 针，适宜人群疫苗接种率达 98%；织牢农村疫情防控网格，组织 256 名疫情防控网格员，做好重点地区返乡人员排查及居家健康管理工作；开展返乡人员"敲门行动"排查 12 次，全镇共排查出重点地区返乡人员 563 人，落实居家健康监测、三天两采等措施，全镇中高风险区和境外返乡人员 67 人，严格落实集中隔离或居家隔离。年内未发生一例疫情感染。富塘村获评眉山市抗击新冠肺炎疫情先进集体。（陈　俊）

汉阳镇

【概况】 汉阳镇位于青神县城南 23 公里，南倚龙泉山脉，北傍岷江之滨，辖区面积 22.2 平方公里，辖 2 村、1 社区，总人口 1.03 万人，全镇生态环境优美、人文历史厚重、旅游资源丰富。先后获得国家级生态镇、国家级卫生镇、国家级长吻鮠种质资源保护区和省级旅游特色镇、省级百镇建设试点镇等荣誉称号，汉阳场社区列入第二批国家级传统村落名录。

【换届选举工作】 2021 年，汉阳镇高质量完成镇村两级换届，推选产生镇党代表 102 名、县党代表 9 名，选举产生新一届镇党委班子、纪委班子，换届后，村（社区）"一肩挑"比例 100%，党员占比 81.3%，镇、村领导班子平均年龄分别下降 5 岁、10 岁，基层组织更加优化。

【党史学习教育】 2021 年，汉阳镇学习贯彻习近平新时代中国特色社会主义思想，习近平总书记在庆祝中国共产党成立 100 周年大会上的重

2021 年 2 月 28 日，汉阳湖晚霞　　（汉阳镇供图）

要讲话精神，中共十九届五中、六中全会，省委第十一届八次、九次、十次全会精神，组织集中学习 30 余次，邀请县级宣讲团到镇召开专题宣讲 3 次；多形式开展庆祝中国共产党成立 100 周年活动，开展文化活动 20 余场次，专题研讨 5 次，“党史知识竞赛”2 次，老党员、乡贤等讲党史 5 次，播放红色电影 5 场；抓实“我为群众办实事”活动，聚焦群众反映强烈的身边难事、烦事，收集问题 41 个，解决问题 41 个。

【特色产业】 2021 年，汉阳镇建设优质马克斗基地、绿色蔬菜基地，全镇现有晚熟杂柑 7000 余亩，蔬菜复种面积 1 万余亩，全力推行果树 + 蔬菜的套种模式，“林下种菜”获省人大农业农村委高度肯定，全年实现蔬菜产值 4500 余万元，蔬菜产业成为农民增收主要来源。

【乡村振兴战略实施】 2021 年，汉阳镇完成 4 公里马克斗产业环线文新段提档升级、4 公里小三峡村生产道路建设，启动 2 公里汉阳场社区临江游步道建设前期工作；新建镇便民服务中心和文新村便民服务室，完成亲民化改造，启动汉阳场社区和小三峡村便民服务室改造建设；完成图书馆提档升级项目建设；抢在汛期前完成新街雨污管网建设；完成全域安全饮水主管网铺设；投入资金近 600 万元开展农村人居环境整治，纵深推进全域“拆、收、改、栽、画”，全力建设美丽宜居村庄；完成主干道沿线及古镇核心区域绿化美化，沿青关路新建特色节点 3 处，清理私搭乱建 30 余处，整治乱堆乱放问题 21 个，加快推进改造无害化卫生厕所 22 个，新建“四小园”17 个、农村生活污水处理砖砌联户池 2 个，覆盖农户 75 户；与县妇女儿童促进会合作，开展旧物改造等活动，促进群众意识转变。汉阳镇获评市级乡村振兴、乡村治理先进镇；文新村获评省级乡村振兴示范村；汉阳镇成功入选“省级百强中心镇”候选镇。

【文化旅游】 2021 年，汉阳镇投入资金 100 余万元，把汉阳图书馆打造为集宣传教育、文艺娱乐、科普培训、信息服务、乡史展示等多功能为一体的文化综合体，全年开展各类文体活动 60 余场次，服务群众 2 万人次；深入推进文旅融合，依托文化、旅游、物产等特色资源，集中打造提升特色餐饮、茶铺、民宿等，支持特色突出、内涵丰富、影响力大的新型经营主体产业化发展，常态化开展“最美商铺”评选活动，新培育特色民宿 3 家、特色餐饮 10 余家、老茶馆 10 余家；坚持保护传承与挖掘开发相结合，有效保护、传承和合理利用非物质文化遗产，完好保存市级非遗文化遗产工坊 1 处、县级非遗文化遗产工坊 3 处。

【新冠肺炎疫情防控】 2021 年，汉阳镇完善《汉阳镇新冠肺炎疫情应

2021 年 8 月 25 日，汉阳镇开展“传承民族文化 弘扬国粹经典”书法培训　　（汉阳镇供图）

2021 年 10 月 2 日，汉阳镇开展迎国庆活动　　（汉阳镇供图）

急处置预案》，建立疫情防控“督查+通报+整改”三同步工作法，明确镇、村（社区）、卫生部门、大数据专班协调机制，加强境外、中高风险地区返乡人员动态排查，全年核查大数据推送信息1416条，动态摸排境外返乡28人，重点地区返乡人员118人，均按眉山市防控要求实施管控；落实“镇包村、村包组、组包户”三级网格包干责任，划分小网格116个，保证镇不漏村、村不漏组、组不漏户，对重点领域、重点场所动态监管，定期消杀，强化镇、村社区应急物资储备，全覆盖完成辖区疫苗接种工作，实现应接尽接。2021年，汉阳镇获评眉山市抗击新冠肺炎疫情先进集体。

【脱贫攻坚成果巩固】 2021年，汉阳镇聚焦平稳过渡，严格落实“四个不摘”要求，整合帮扶部门、驻村工作队力量223人，全覆盖开展3轮防返贫动态监测，通过就业帮扶、医疗救助、政策兜底等加强对重点人员的精准帮扶，确保工作“不脱钩、不减力、不断档”；顺利通过省巩固脱贫成果后评估实地核查，25个反馈问题全部整改到位。

【基层治理】 2021年，汉阳镇以建强党建为核心引领基层治理，不断完善镇村组三级基层党建领导体制，成立党建工作领导小组，指导各村（社区）基层党建和基层治理，规范基层治理运行机制；开展文化惠民活动，发挥思想引领作用，激发自治内生动力；以“民法典在汉阳”为实践、汉阳图书馆为阵地，强化制度支撑，形成良好的法治氛围；以满足群众需求为契机，搭建学习交流平台，拓宽参与渠道；以汉阳图书馆、社区大学、文新村基层治理聚集点为载体，广泛开展民俗活动、政策宣讲、文艺展演等惠民活动，深入推进移风易俗，倡导科学文明生活，加强德治教化能力建设，提升基层群众自治能力。

【社会民生】 2021年，汉阳镇不断完善社会保障体系，医保、社保参保率均达100%；推行家院互融、综合养老等居家养老模式，逐步完善居家养老服务体系和社会救助事业体系，完成敬老院提档升级，配套日间照料中心2个；全面落实救助政策，严格按照要求为符合条件农户办理农村五保、低保、优抚对象等惠民政策，解决各类群体的生产生活问题；保障农民工劳动报酬权益，协调兑现农民工工资20万元，确保社会面稳定。

（王　涛）

附　录

人物

党政军机关及其工作部门、直属企事业单位领导名录

◎ 青神县县领导 ◎

中共青神县委员会

书　记：肖　巍（3月离职）
　　　　刘今朝（3月任职）
副书记：梁　宁（5月离职）
　　　　邱　磊（4月任职）
　　　　袁利民（5月任职）
常　委：胡　刚（9月离职）
　　　　屈　凌
　　　　阚建军（9月离职）
　　　　田　波
　　　　廖长明（11月任职）
　　　　魏　斌
　　　　张志源
　　　　陈其军（10月任职）
　　　　刘　卓（11月任职）
　　　　黄　丽（女）
　　　　杨　威（9月任职）

青神县人大常委会

主　任：卢明春
副主任：吴小萍（女，8月离职）
　　　　曾晓宇（女，11月任职）
　　　　丁志福
　　　　王盛祥（11月离职）
　　　　彭志军
　　　　郑学敏（女，11月任职）

青神县人民政府

县　长：刘今朝（4月离职）
　　　　邱　磊（4月任职）
副县长：邱　磊（4月离职）
　　　　屈　凌（11月任职）
　　　　张志源
　　　　李域高
　　　　杨燕强（11月任职）
　　　　宋麒麟（9月离职）
　　　　刘　卓（11月离职）
　　　　余永松（9月离职）
　　　　余俊任
　　　　万红缨（女）
　　　　梁　颖（女，9月任职）
　　　　向煊锋（9月任职）
党组成员：滕文学
　　　　　杨燕强（11月离职）

政协青神县委员会

主　席：陈开军
副主席：汪志超（11月离职）
　　　　曾晓宇（女，11月离职）
　　　　李仕贵（11月任职）
　　　　涂成钢
　　　　刘勇义（11月任职）
　　　　尹永刚（11月任职）

青神县人民法院

院　长：廖　敏（女，1月离职）
　　　　陈径舟（女，1月任职）

青神县人民检察院

检察长：周文彬

◎ 青神县各组织机构领导 ◎

中共青神县纪委监委

县纪委书记、县监委主任：田　波
县纪委副书记、县监委副主任：
　　宋美林
　　郑　玉（女）
县纪委常委：罗亚君（女）
　　　　　　杨　军
　　　　　　文　学（4月任职）
　　　　　　李　娟（女，10月任职）
县监委委员：罗亚君（女）
　　　　　　杨　军
　　　　　　文　学（4月离职）
　　　　　　张　祥
　　　　　　李星世（7月任职）
第一纪检监察室
主　任：呼友红
第二纪检监察室
主　任：文　学（4月离职）
　　　　王　阳（12月任职）
第三纪检监察室
主　任：罗　娟（女，9月离职）
第四纪检监察室
主　任：张　祥
信访室
主　任：罗亚君（女，9月离职）
　　　　赵宇凡（女，9月任职）
案件审理室
主　任：梅　波
组织部
部　长：杜冬梅（女）
机关党委书记：何丽虹（女，5月离职）
　　　　　　　刘巧茹（女，5月任职）
党风政风监督室主任：
　　刘一江（女，3月任职）
案件监督管理室主任：
　　刘哲妍（女，5月任职）

青神县人民法院

常务副院长：杜　晋
副院长：曾　楠
政治部主任：杨　洪
执行工作局
副局长：高利斌（主持工作）
审管办
主　任：鲁春燕（女）
司法调解中心
主　任：詹　斌

青神县人民检察院

检察长：周文彬
常务副检察长：郑文博

副检察长：刘　君（女，下派）
胡　建（9月任职）
王学义（9月离职）
党组成员：何明中
陈　刚
胡　建（6月任职）
王学义（6月离职）
政治部主任：赵建宏（女）
专职委员：兰　金
胡　建（6月离职）
派驻汉阳检察室主任：陈　艳（女）
司调中心主任：易丽萍（女）

县委办公室

主　任：李仕贵
副主任：姜兴云（9月离职）
李艳祥（9月离职）
江　涛（5月离职）
郑　淼（女，9月任职）
张　良（5月任职）
万　臣（10月任职）
机关党委书记：彭兴湄（女，5月离职）
李　伟（5月任职）
纪检监察组组长：徐　斌

县目标绩效服务中心

主　任：邓德军
副主任：程　栋
周智顺

县委保密机要局

局　长：姜兴云（9月离职）
郑　淼（女，9月任职）
专职密码督察员：段燕群（女）

县电子政务内网服务中心

主　任：王晨昂

县外事工作办公室

主　任：万　臣（10月任职）

县档案局

局　长：江　涛（5月离职）
张　良（5月任职）

县人大常委会各委室

办公室

主　任：宋明元（5月离职）
郑　亮（5月任职）
副主任：刘媛媛（女，9月离职）
袁　倩（女，9月任职）

法制与监察司法委员会

主任委员：李学文（5月提名免职，11月离职）
宋明元（5月提名任职，11月任职）
副主任委员：葛　磊

经济委员会

主任委员：程慧东（9月提名免职，11月离职）
王会君（9月提名任职，11月任职）

预算委员会

主任委员：刘　涛
副主任委员：王会君（9月提名免职，11月免职）

农业与农村委员会

主任委员：宋文贤（5月提名免职，11月离职）
胡仁国（5月提名任职，9月提名免职）
兰晓东（9月提名任职，11月任职）

城乡建设环境与资源保护委员会

主任委员：汪品元

社会建设委员会

主任委员：刘勇义（4月离职）
胡仁国（9月提名任职，11月任职）

人事代表工作委员会

主　任：胡仁国（5月离职）
游　文（5月任职）

研究室

主　任：万　琼（女）
副主任：袁　倩（女，9月离职）
刘媛媛（女，9月任职）

县政府办公室

主　任：刘建林（3月任职）
副主任：鲁成洪
钟　滔（7月任职）
张小娟（女）
党组成员：郑春艳（女，12月离职）
机关党委书记：赵宇凡（女，9月离职）
白蜀卉（女，9月任职）
纪检监察组组长：李海嘉（女）

县政府信息服务中心

主　任：钟　滔（7月离职）
宋美志（10月任职）
副主任：宋美志（10月离职）
温　婧（女）
李　松（10月任职）

县政协各委室

办公室

主　任：方　青（10月离职）
副主任：黄　丹（女，1月辞职）
刘巧林（女，11月任职）

提案委员会

主　任：张　苗

经济科技委员会

主　任：刘志刚（10月离职）
方　青（10月任职）
副主任：吴永安（5月任职）

农业和农村委员会

主　任：陈永秋（10月离职）
姜兴云（10月任职）

学习文史委员会

主　任：李红波

教体医卫委员会

主　任：张建忠（5月离职）
苏绍云（5月任职）

民宗法制群团委员会

主　任：黄建明（5月离职）
佘成昆（5月任职）

政协委员联络工作服务中心（青神籍在外人士联络工作服务中心）

主　任：刘旭明

资源环境委员会

主　任：文　敏（10月离职）
唐　容（女，10月任职）
副主任：唐　容（女，10月离职）

县委组织部

部　长：屈　凌（9月离职）
杨　威（9月任职）
常委副部长：毛星燕（女）
副部长：王茂军（11月离职）
游晓艳（女）
罗超英（女）
胡光勋
部务委员：张聪巧

帅　鹏（5 月离职）
段　斐（5 月辞职）
张　志（5 月任职）
罗婉鑫（女，5 月任职）
纪检监察组组长：熊倩玉（女）
县委党员干部现代远程教育中心
主　任：张　良（5 月离职）
副主任：郭先勇（11 月任职）
县流动党员服务中心
主　任：刘　鸥（女，4 月任职）
县人才发展服务中心
主　任：郑　欢（9 月离职）
副主任：刘桥军
县委宣传部
部　长：阚建军（9 月离职）
黄　丽（9 月任职）
常务副部长：林　刚（5 月离职）
宋杰林（5 月任职）
副部长：郑　斌
郑　淼（女，9 月离职）
刘丽娜（女）
部务委员：阳佳秀（女，9 月离职）
陈泓西（女，10 月任职）
县委统战部
部　长：黄　丽（女，9 月离职）
陈其军（9 月任职）
常务副部长：刘炼刚
副部长：王　飞
涂　英（女）
李昕欣（女）
部务委员：何陈昊（4 月任职）
县委政法委
书　记：胡　刚（9 月离职）
廖长明（9 月任职）
常务副书记：宋志全
副书记：邹　旭
陈　勇（5 月任职）
政治部
主　任：田春丽（女）
法学会
专职副会长：石仿琴（女）
秘书长：林发军（5 月开除）
黄友虎（9 月提名，11 月当选）
县矛盾纠纷多元化解协调中心
专职副主任：王秋艳（女，4 月任职）
县社会治安综合治理中心
主　任：何容（女）
副主任：黄友虎（9 月离职）
王　鹏（9 月任职）
县委编办
主　任：王茂军（11 月离职）
游晓艳（女，11 月任职）
副主任：沈江萍（女）
电子政务中心
主　任：罗慧（女）
县直机关工委
书　记：屈　凌（9 月离职）
杨　威（9 月任职）
常务副书记：张　聪（女）
纪检监察工委书记：章　敏（女，6 月离职）
县委巡察办
主　任：罗姝毅（女）
副主任：罗志清
县委老干部局
局　长：游晓艳（女）
县发改局
局　长：杨传华（9 月离职）
苏　雨（9 月任职）
副局长：刘超英（女，6 月离职）
刘　竣（6 月任职）
宋振兴（11 月离职）
詹彦清（12 月任职）
纪检监察组组长：吴　山
总经济师：徐庆娥（女）
县项目协调服务中心
主　任：张云雾
县经信局
局　长：贾靖宇
副局长：李　娟（女，10 月离职）
刘德平
曹　蕊（女）
总经济师：罗晓刚
县节能监察中心
主　任：李　勇（11 月离职）
县教体局
局　长：杨　宏
副局长：辜志华
杨　平
纪检监察组组长：徐富华
县进修校
校　长：龚志平
县公安局
局　长：李域高
政　委：徐建忠
常务副局长：彭　力
副政委：张志华（12 月离职）
陈　洁（12 月任职）
文胜军
副局长：张　强（12 月离职）
冯保清（12 月离职）
刘　勇（12 月任职）
王　坚（12 月任职）
驻局纪检组组长：范　勇（12 月离职）
机关党委书记：范　勇（12 月任职）
政治处主任：陈　洁
县交管大队
队　长：刘建文
国保大队
队　长：刘 勇
特巡警大队
队　长：王 坚
县民政局
党组书记：佘成昆（5 月离职）
李　科（5 月任职）
局　长：辜素芬（女，5 月离职）
李　科（5 月任职）
党组成员：罗志勇（1 月任职）
副局长：赵中明（2 月离职）
潘钦坤
罗志勇（2 月任职）
县敬老院服务中心
主　任：罗小兵（6 月离职）
县司法局
党组书记：余业非
局　长：余亚非（12 月离职）
潘　雯（女，12 月任职）
副局长：刘文霞（女）
陈友权
政治处主任：周丽芬（女）
县财政局
局　长：彭章勤

副局长：张　超
杨　林（7月离职）
辜志军
杨　军（女，4月任职）
总会计师：杨　军（女，3月离职）
徐　巍（4月任职）
局机关党委书记：胡　琴（女）
县投资评审中心主任：吴　进
县国库集中支付中心主任：
徐　巍（3月离职）
县政府和社会资本合作中心主任：
商德林（12月离职）
县金融国资局主任：刘　波
副主任：陈晓庆（女）
副主任：车　刚（1月任职）
纪检监察组长：李海嘉（女）

县人社局

局　长：徐　鹏
副局长：曾晓红
帅　鹏（5月任职）
县社会保险事务中心
主　任：李学利
县就业服务中心
主　任：王　强
县农劳办
主　任：陈　艳（女）
县劳动人事争议仲裁院
院　长：宋建宏

县自然资源局

局　长：黄　颖（女）
副局长：潘正强
杨群星（女）
机关党委书记：陈晓梅（女）
总规划师：刘　竣（4月离职）
县规划服务中心主任：
刘　竣（4月离职）
刘巍然（5月任职）
县不动产登记中心主任：刘　刚
土地储备中心主任：
郑　军（11月任职）

眉山市青神生态环境局

局　长：汤田计
副局长：余世春
潘　雯（女，12月免职）
党组成员：鲁　欢

县住建局

局　长：刘建林（3月离职）
刘永生（3月任职）
副局长：黎志红（5月离职）
兰平昌
黄义容（女，6月任职）
机关党委书记：黄义容（女，6月离职）
曾　怡（9月任职）
纪检监察组组长：林　军
总工程师：伍经纬
县房地产服务中心
主　任：张　译
县防震减灾服务中心（机构改革调整至县应急管理局）
主　任：彭　利（9月离职）

县交通运输局

局　长：陈　骏
副局长：黄　川
黄世伟（1月任职）
罗　平（12月任职）
县公路养护服务站站长：刘炼强
县重点交通工程推进服务中心主任：
赵萍祥
县交通运输综合行政执法服务中心主任：
刘　平
县渡口服务所所长：
程　红（7月退休）
县航电办主任：彭建中
副主任：余　涌

县水利局

局　长：徐洪刚（12月离职）
刘　欣（12月任职）
副局长：贺　勇
魏志明
机关党委书记：任　茜（女，9月任职）
总工程师：王建勇
县防汛抗旱保障中心
主　任：邵建武
县河湖服务中心（河长办）
主　任：帅　庆
县砂石资源开采服务中心
主　任：刘　坤（12月离职）

县农业农村局

局　长：饶　舜
党组成员：梁振宇
副局长：童　苗
李春晖（女）
余　伟（12月任职）
徐　婧（女，12月离职）
兰晓东（10月离职）
机关党委书记：魏玲慧（女）
纪检监察组组长：张　勇
总农艺师：陈建六
总畜牧师：尹琦佳（女）
县委农办
专职副主任：王文娇（女，12月任职）
县“味在眉山”食品产业推进服务中心
主　任：徐海涛
县乡村振兴发展服务中心
副主任：黄　亮（女，10月任职）

县商务局

局　长：郑　亮（5月离职）
李　燕（女，5月任职）
副局长：林　涛
县投资促进服务中心
主　任：彭　娟（女）
副主任：张无为
县现代服务业促进中心
主　任：杨　静（女）
副主任：宋海燕（女）
县供销合作社联合社
主　任：吴永安（5月离职）
辜素芬（女，5月任职）
副主任：刘小平（6月离职）
祝芸雅（女，4月离职）
颜红梅（女，5月任职）
冯　刚（6月任职）
监事会主任：鲁成洪

县文广旅局

局　长：余　瑶（女）
机关党委书记：
黄　莉（女，11月离职）
曾令正（11月任职）
副局长：李华英（女，6月离职）
朱　峰
黄　莉（女，12月任职）

中岩文物风景名胜区服务中心主任：
王 敏（11月离职）
县卫健局
局 长：苏绍云（5月离职）
陈爱中（12月任职）
副局长：杨旭东
机关党委书记：刘 瑶
县老龄服务中心
主 任：郑学敏（女，12月离职）
高 敏（12月任职）
副主任：李勐燃
县卫生和计划生育监督执法大队
队 长：李卫祥
县疾控中心
主 任：张学祥
县退役军人事务局
局 长：雷栋奎
副局长：阳和平
周兴奎
县退役军人服务中心主任：
尹东升（2月任职）
县应急管理局
局 长：游 文（5月离职）
陈建英（女，5月任职）
副局长：魏志刚
吴良超（3月离职）
陈 洪（3月任职）
帅其林
机关党委书记：郑建友（9月任职）
县应急保障中心
主 任：陈 洪（3月离职）
副主任：曾 怡（9月离职）
伍 翔（9月任职）
县安全生产监察执法大队
队 长：郭 锐
县森林防火保障中心
主 任：董树全
县防震减灾服务中心（机构改革自县住建局划出）
主 任：彭 利（9月离职）
郑建波（9月任职）
县审计局
局 长：陈 治（5月任职）
陈冬梅（女，5月离职）
总审计师：杨 锐（女）
副局长：冯小辉（4月任职）
王 萍（女，9月离职）
经济责任审计服务中心主任：
颜 熙（女）
县市场监督管理局
局 长：刘 炯
副局长：蹇翠华（女）
颜 清
刘友谊
纪检监察组组长：罗文祥
食品（药品）安全总监：王 琪
党组成员：罗志江
总工程师：孙 林
机关党委书记：伍玉群（女）
县统计局
局 长：彭燕循（5月离职）
徐 鑫（11月离职）
徐洪刚（11月任职）
副局长：胡 军
宋文斌
总统计师：陈思宇
青神县普查中心
主 任：王玉辉（女）
县信访局
局 长：邹 建
副局长：曾 键
欧建英（女）
县信访群众疏导调解中心副主任：
倪 艳（女）
县群众工作中心主任：任佳锌（女）
县医疗保障局
局 长：章 伟
副局长：朱 琳（女）
胡红利（6月离职）
李 玲（女，6月任职）
医疗保障服务中心
主 任：孙 宇
县行政审批局
局 长：苏 雨（9月离职）
李艳祥（9月任职）
副局长：王学平
陈 瑜
县政务服务和公共资源交易服务中心
主 任：蒲 隽
副主任：徐 建
张菊梅（女）
县综合行政执法局
局 长：杨勇建
副局长：周江东
李 伟（6月离职）
沈 铁（6月任职）
机关党委书记：廖敏丽（女）
环境服务中心主任：苏成云
环境服务中心副主任：余 涌
罗 毅
县林业和园林局
局 长：张 旭
副局长：李 伟
帅 华（6月任职）
党组成员：周久贵（11月离职）
总园艺师：万芯巧（女）
县总工会
主 席：陈其军（10月任职）
常务副主席：陈建英（女，5月离职）
林 刚（5月任职）
副主席：李 莉（女）
工人俱乐部
主 任：涂建平
共青团青神县委
书 记：林 莉（女，9月离职）
阳佳秀（女，9月任职）
副书记：任 茜（女，9月离职）
李 晶（女，兼）
县妇联
主 席：刘迎春（女）
副主席：杨 芳（女）
县科协
主 席：滕 薇（女）
副主席：邓子辉
县工商联（商会）
主席（会长）：刘勇义 4
党组书记：王 飞
副主席（副会长）：
王 飞
赵 斌
陈 容（女，4月离职）

刘　芳（女，4月任职）

县文联

主　席：郑　斌

专职副主席：何韦霞（女）

县残联

理事长：费永军

副理事长：段　平（女）

县红十字会

会　长：黄　丽（11月离职）

陈其军（11月任职）

常务副会长：刘旭明

监事长：张超

秘书长：王爱平（4月离职）

张　欢（女，4月任职）

县社科联

主　席：郑　斌

县委党校

校　长：屈　凌（9月离职）

杨　威（9月任职）

常务副校长：张建华

副校长：郑春艳（女，10月任职）

李晓一

县公务服务中心

主　任：余卫红（女，9月离职）

黄　霞（女，9月任职）

副主任：张　志（5月离职）

黄　霞（女，9月离职）

宋美平（女，9月任职）

魏娇玲（女，9月任职）

县档案馆

馆　长：魏艳琼（女）

副馆长：刘黎红（女）

县史志编纂中心

主　任：徐　红（女）

副主任：杜燕玲（女）

县机关服务中心

主　任：邵利英（女）

副主任：杨　洁（女）

眉山市住房公积金管理中心青神管理部

主　任：杨　慧（女）

县融媒体中心

主　任：郑　淼（女，9月离职）

郑　欢（9月任职）

副主任：何　勇（11月离职）

李彦彬

总编辑：帅　艳（女）

总工程师：张　趣

县税务局

局　长：刘应军（7月离职）

吴　涯（7月任职）

副局长：彭纪江

刘　刚

冷杰宇

钟庆平（女）

纪检组组长：李本超

县气象局

局　长：杨　磊

副局长：黄永根（6月离职）

徐　曼（女，6月任职）

气象台台长：徐　曼（女，6月离职）

四川青神经济开发区管委会

书　记：徐　鑫（5月离职）

唐　阳（5月任职）

主　任：徐　俊（5月离职）

刘超英（女，5月任职）

副书记：徐　俊（5月离职）

刘超英（女，5月任职）

专职副书记：梁煜梓（女）

副主任：刘　庚

蒋彬权（6月任职）

纪工委书记：金　鑫（女）

项目促进部部长：王志学

规建部部长：郑廉刚

安全监管部部长：兰林义

党群工作部部长：陈　霞（女）

县竹编产业园区管委会

党工委书记：万红缨（女，1月离职）

张　旭（1月任职）

主　任：万　臣（9月离职）

林　莉（女，9月任职）

纪工委书记：陈　刚

副主任：陈　斌

副主任：郭良才

党群工作部部长：祝芸雅（女）

综合服务部部长：郭剑超（女）

安全生产部部长：杨　均

营销合作部部长：张　瀚

产业发展部部长：宋焰红（女）

县现代农业示范园区管理委员会

书　记：刘　欣（11月离职）

周　勇（12月任职）

主　任：周　勇（12月离职）

徐　婧（12月任职）

副书记：何丽虹（5月任职）

副主任：王　健（5月离职）

高　敏（12月离职）

蒋　勇（11月任职）

党工委委员：高　强

中国邮政集团青神分公司

总经理：程传武

副总经理：何　志

周希全（1月任职）

中国人民银行青神县支行

行　长：冯立勋

副行长：鲁成湘

王茂春

中国农业发展银行青神县支行

行　长：王　琦

副行长：龙　龙

毛　勇

中国工商银行眉山市分行青神支行

行　长：罗　文

副行长：张　柯（女）

中国农业银行青神县支行

行　长：龙祥斌（女，5月离任）

向　昊（10月任职）

纪委书记：向　昊（4月离职）

高　飞（4月任职）

副行长：刘　坤

行长助理：马　琴（女，8月离任）

四川青神农村商业银行股份有限公司

董事长：荣　勇（3月离职）

郑　里（6月任职）

行　长：李　平（12月离职）

监事长：吴旭春（女）

副行长：唐洪斌

兰　燕（女）

中国邮政储蓄银行青神县支行

行　长：夏　芳（女）

人保财险青神支公司

经　理：杨　惠（女）

副经理：文　冉

人寿保险青神支公司
经　理：何　爽
副经理：蔡　宇
国网四川省电力公司青神县供电分公司
经　理：刘　晶（10月离职）
　　　　夏承续（10月任职）
华龙天然气公司
经　理：杨志均
副经理：朱馥佳
恒辉天然气公司
经　理：江　兵
县烟草专卖局（公司）
局　长（经理）：郭左铭
盐业总公司青神支公司
经　理：曾　山
中国移动青神分公司
经　理：黄忠祥
副总经理：蒋　强
总经理助理：陈亚冲
中国联通青神分公司
经　理：赵　钦
中国电信青神分公司
总经理：胡劲波（3月离职）
　　　　肖德伟（4月任职）
副总经理：余　丰（10月离职）
　　　　　郭佳毅（11月任职）
县广电网络公司
经　理：艾　岷

军事机关

武警中队
中队长：韩骏捷
指导员：贾一叶（8月离职）
　　　　费　旋（8月任职）
县消防救援大队
大队长：王北纬
教导员：周　毅

国有企业领导

青神发展投资集团有限公司、
青神县国有资产经营有限公司
董事长：周久贵（12月任职）
副总经理：郭洪祥
　　　　　吴方洁（12月任职）
专职党委副书记：王茂军（12月任职）
纪委书记：宋　刚（12月任职）
监事会主席：徐炯林（12月任职）
青神县文化旅游投资有限公司
董事长：王　敏（12月任职）
总经理：张　琦（12月任职）
青神县农业发展投资有限责任公司
董事长：李　勇（12月任职）
总经理：郑　林（12月任职）
青神国际竹艺城发展投资有限公司
董事长：周华斌（12月任职）
总经理：何　勇（12月任职）
青神县城市投资有限责任公司
董事长：郭洪祥（12月任职）
总经理：吕　峰（12月任职）
青神城市资源经营有限公司
董事长：刘　坤（12月任职）
总经理：胡　迪
青神川能水务有限公司（参股公司）
董事长：张文伦
副总经理：徐立波
青神县青衣文化传媒有限公司
董事长：帅　艳（女）
总经理：杨继文

城区学校

县青神中学
校　长：兰志祥
副校长：王晓梅（女）
　　　　陈学兵
　　　　王志宏
县中职校
副校长：张友波（主持工作）
副校长：邓光强
县初级中学
校　长：鲁学年
县学道街小学
校　长：欧　建
县幼儿园
园　长：王志英（女）
县实验中学
校　长：鲁建文
县实验小学
校　长：艾永红
县实验幼儿园
园　长：吴　霞（女）

城区医院

县人民医院
院　长：陈爱中（5月离职）
　　　　邓红阳（5月任职）
县中医院
院　长：胡仁杰
县妇幼保健计划生育服务中心
院　长：赵　英（女）

乡镇（街道）领导名录

青竹街道
书　记：刘永生（3月离职）
　　　　王　超（3月任职）
副书记：徐　静（女）
　　　　郑建友（9月离职）
　　　　宋振兴（9月任职）
　　　　王丽蓉（女，5月离职）
　　　　章　敏（女，5月任职）
人大工委主任：赵　洋
主　任：徐　静（女）
副主任：徐　强（12月离职）
　　　　吴方玉
　　　　张　斌（12月任职）
　　　　陈　颖（女，7月离职）
　　　　殷华清
　　　　周　霞（女）
　　　　张晓冬
　　　　常文治（7月任职）
纪工委书记：石卓亚（女）
专职组织员：刘　芳（女，4月离职）
　　　　　　吴　月（女，6月离职）
便民服务中心主任：刘　实
西龙镇
书　记：宋杰林（5月离职）
　　　　任　和（5月任职）

镇　长：任　和（5月离职）
王　健（10月任职）
人大主席：帅建军（5月离职）
杨　林（10月任职）
副书记：廖小莉（女）
副书记兼政法委员：覃　超
纪委书记：刘哲妍（女，5月离职）
雷跃宇（6月任职）
组织宣传统战委员：
张　欢（女，4月离职）
刘红艳（女，6月任职）
副镇长：曾令正（11月离职）
帅　华（5月离职）
刘红艳（女，6月离任）
易　思（女，10月任职）
张依然（女）
任启松（10月任职）
便民服务中心主任：王新

瑞峰镇

书　记：唐　阳（5月离职）
葛亚飞（5月任职）
镇　长：吴　颖（3月辞职）
熊　菲（10月任职）
人大主席：陈　勇（4月离职）
黎志红（10月任职）
副书记：吴 颖（3月辞职）
熊　菲（5月任职）
李淑君（女）
宋小红（女，5月任职）
政法委员：宋小红（女，5月任职）
纪委书记：黄　潇（女，6月离职）
刘　俊（6月任职）
组织宣传统战委员：
刘琼穗（女，6月离职）
邵　威（6月任职）
副镇长：张　斌
宋小红（女，5月离职）
刘琼穗（女，6月任职）
李　军
沈航帆（10月任职）
便民服务中心主任：姜　虹

罗波乡

书　记：张世洪
乡　长：李　兵
人大主席：张泽勤（6月离任）
李华英（女，10月任职）
副书记：李　兵
李佳诚（6月离任）
刘　影（6月任职）
张　朋
政法委员：张　朋
纪委书记：雷跃宇（6月离任）
李　旭（6月任职）
组织宣传统战委员：张　静（女）
副乡长：佘　伟（12月离任）
蒋　勇（6月离任）
罗小兵（10月任职）
黎雪玲（女，10月任职）
便民服务中心主任：张　琦（12月离职）

白果乡

书　记：李　科（ 5月离职）
何　喻（女，5月任职）
乡　长：何　喻（女，5月离职）
吴　磊（10月任职）
人大主席：熊　菲（女，5月离职）
王丽容（女，10月任职）
副书记：何　喻（女，5月离职）
安　娜（女，6月离职）
吴　磊（5月任职）
龚　飞
马　俊
政法委员：马　俊
纪委书记：刘一江（女，3月离职）
黄　潇（女，6月任职）
组织宣传统战委员：周小龙
副乡长：刘　俊（6月离职）
蒋彬权（6月离职）
魏众县
彭兴湄（女，10月任职）
罗升阳（10月任职）
伍建波（10月任职）
便民服务中心主任：张华（2月任职）

高台镇

书　记：王　军（女）
副书记：葛亚飞（5月离职）
徐　俊（5月任职）
唐　敏（7月离职）
吴　磊（5月离职）
李小凤（女，5月任职）
赵海燃（5月任职）
镇　长：葛亚飞（5月离职）
徐　俊（10月任职）
人大主席：王正斌
政法委员：吴　磊（5月离职）
赵海燃（5月任职）
纪委书记：杨亚梅（女）
组织宣传统战委员：
郭剑超（女，5月离职）
刘宇波（5月任职）
副镇长：赵海燃（5月离职）
罗　平（11月离职）
李　玲（女，5月离职）
陈　阳（10月任职）
韦　跃（10月任职）
左伟力（11月提名人选）
人大副主席：刘明媚（女）
便民服务中心主任：朱霈露

汉阳镇

书　记：李　燕（女，5月离职）
江　涛（5月任职）
镇　长：周　川（4月离任）
李佳诚（5月任职）
人大主席：赵飞龙
副书记：周　川（4月离任）
李佳诚（5月任职）
王美娟（女）
彭　静（5月任职）
政法委员：沈　铁（5月离任）
彭　静（5月任职）
纪委书记：冯　刚（5月离任）
宋　路（女，5月任职）
组织宣传统战委员：
朱　珠（女，5月任职）
副镇长：
蒋　勇（5月任职，11月离任）
彭　静（5月离任）
朱　珠（5月离任）
李　旭（5月离任）
肖杰峰（5月任职）
张　静（女，5月任职）
戚亚群（女，6月任职）
便民服务中心主任：杨　超

荣誉榜

获国家级表彰的先进个人简介

全国脱贫攻坚先进个人、四川省第六届“人民最满意的公务员”、第24届“四川青年五四奖章”获奖者　徐俊，男，1983年3月出生，四川青神人，大学学历，中共党员，青神县高台镇党委副书记、镇长。2015年脱贫攻坚工作启动后，徐俊担任青神县坛罐窑村第一书记；2016年底又向组织申请到藏区参加脱贫攻坚工作。2017年5月，在自身工作任务繁重的情况下，徐俊主动申请到条件更为艰苦的高半山深度贫困村嘎伍岭村担任第一书记；2018年8月在援藏期满但任务未完成的情况下，再次主动申请留在藏区，并动员妻子带上儿子一起到藏区奉献教育事业，举家援藏。徐俊在金川县独松乡嘎伍岭村驻村工作期间，为克服山高路远，方便工作，连续骑行15个小时、520公里，把摩托车从青神骑上了雪域高原。4年间，徐俊在嘎伍岭村跑了5万余公里，跑废了一辆小摩托，跑出了一条致富路，发起成立嘎伍岭村“一家亲”农民专业合作社，开电商企业店铺，卖出3000多只鸡和上万斤花椒；建起300亩红脆李基地、100亩林下白芪中药材种植基地，带动当地45户、145名村民年人均增收2000余元；积极争取眉山市对口帮扶工作组的支持，整合扶贫资金1000余万元，改扩建村级活动阵地约400平方米，新建村道2公里、水渠4.7公里、蓄水池9口等6个脱贫攻坚基础设施建设项目。2019年3月和7月，嘎伍岭村各项工作顺利通过省检国评，群众满意度100%，成功实现脱贫“摘帽”任务。

获省级表彰的先进个人简介

省脱贫攻坚先进个人　李燕，女，1984年8月出生，四川丹棱人，大学学历，中共党员，青神县商务局党组书记、局长，原青神县汉阳镇党委书记。在全面打赢脱贫攻坚战收官之年，李燕带领汉阳镇党政班子，认真履行代表职能，密切联系群众，齐心协力，精准帮扶。用心用力宣传政策、帮农户算收入、干实事，不负百姓厚望，不惧艰难困苦，带领全镇群众打赢脱贫攻坚这场硬仗。

省自然资源系统先进个人　黄颖，女，1980年1月出生，四川青神人，大学学历，中共党员，2001年6月参加工作。青神县自然资源局党组书记、局长。在自然资源管理工作中，黄颖牢牢把握新时代自然资源工作新要求、新目标、新使命，狠抓管理、敢为善成，统筹谋划工作思路、积极创新工作举措，高起点推动县国土空间规划和村规划编制，助推乡村振兴，积极开展土地整理、矿山生态修复、严肃查处自然资源违法行为，坚守耕地红线，有力保护自然资源；加强土地报批、强化用地保障、科学做好土地出让，为青神发展提供保障；积极开展地质防治、优化营商环境，成立不动产“一窗受理”窗口，切实保障了民生。2021年1月被四川省自然资源厅、四川省人力资源和社会保障厅评为四川省自然资源系统先进个人。

省党史工作先进个人　徐红，女，汉族，1981年9月出生，四川青神人，大学学历，中共党员，2000年7月参加工作，青神县党史和县志编纂中心主任。5年来，徐红充分发挥党史“存史、资政、育人”作用，多项工作在全市区县中领先，撰写多篇文稿被报刊网站采用和领导签批，开展党史宣讲近200场次，多次受到市、县委主要领导肯定；理想信念坚定，综合能力较强，打造党史“七进”示范县成效明显，2018年6月在全省党史会上作经验交流；业务水平较高，工作业绩突出，开展党史理论研究成果较多，多篇文稿被主流媒体采用，多次在省、市作经验交流；想方设法增强党史工作合力，党史阵地建设成效明显，党史社会影响力不断提升；利用一切机会宣传青神党史，工作中创新点子多，不同群体采用不种形式的宣传方式，在全市反响较好。2021年11月，被中共四川省委党史研究室、四川省人力资源和社会保障厅评为四川省党史工作先进个人。

省特级教师　章晓斌，男，1974年9月出生，四川仁寿人，1993年7月参加工作，大专学历，高级教师，青神县学道街小学教科室副主任，青神县第十届政协委员。章晓斌在科普教育讲台辛勤耕耘25年，用智慧启迪智慧，用执着播种科学的种子，追求真知，勤奋学习，锐意进取，让创新的智慧熠熠闪光，让创新的幼苗茁壮成长。章晓斌长期担任学校科学教师、科普辅导员，利用科学课、校外实践、科创社团等，带领团队培养、指导上万人次参加科普活动；2003年至今，辅导学生的竞赛项目作品参加历届四川省青少年科技创新大赛，近100项作品获省级以上奖励。其中，全国奖励6项、国家专利2项、省一等奖8项、省二等奖13项、中科生物创新奖2项；指导学生科技小论文在全国《科学课》杂志发表3篇，获国家级奖励101篇；25载的锲而不舍、辛勤耕耘，深受学生喜爱，受到领导褒奖，先后获评四川省优秀科技教师、四川省十佳优秀科技教师、全国教研系统优秀教师、眉山市科普工作先进个人等殊荣。2021年9月被四川省人民政府授予四川省特级教师称号。

最美基层民警 毛燕鹏，男，汉族，四川青神人，1999年10月参加工作，大学文化，中共党员，青神县公安局刑侦大队长。毛燕鹏多次被评为优秀公务员，荣获个人二等功2次、个人三等功4次、个人嘉奖4次，2015年被省委政法委评为四川省“政法先进个人”。毛燕鹏一直战斗在侦查一线，参与侦破各类刑事案件500余件，抓获各类违法犯罪嫌疑人600余人；自参加公安工作以来，接到群众送来的锦旗20多面，感谢信30余封，成为群众心中的守护神。2021年8月被省委宣传部、省公安厅评为最美基层民警。

省残联系统先进工作者 费永军，男，1976年1月出生，四川青神人，大学学历，中共党员，青神县残疾人联合会理事长。费永军统筹推进全县残疾人工作，带领残联干部职工管理和发展残疾人事业，维护残疾人合法权益，团结教育残疾人，为残疾人服务，着力解决残疾人“急、难、愁、盼”问题，为全县残疾人事业发展做出杰出的贡献。

省残疾人就业工作先进个人、省第五次自强模范 徐建兵，男，1972年11月出生，四川青神人，初中学历，青神年轮竹艺坊负责人。徐建兵14岁因股骨头坏死落下残疾，但身残志坚，创办的年轮竹艺坊2017年获“眉山市残疾人竹编示范基地”称号，2021年被中国残疾人联合会办公厅确定为第二批全国残疾人文化创意产业基地，2021年被市残联命名为眉山市首批农村残疾人就业创业示范基地。徐建兵带领周边群众和残疾人从事竹编产业脱贫致富，为残疾人脱贫攻坚做出显著贡献。

省青年教师风采大赛二等奖 毛翔逸，女，1991年3月出生，四川青神人，2013年9月参加工作，大学学历，二级教师，青神县艺术工作室成员。毛翔逸扎根农村10年，不忘初心，爱岗敬业，关注特殊儿童。毛翔逸探索适合农村孩子的音乐教学方法，擅于营造和谐、快乐的艺术氛围，在艺术教学过程中培养学生良好的道德品质、审美能力、实践能力和创新能力，致力于每一位孩子的全面健康成长。作为音乐教师，毛翔逸教学基本功扎实，教育教学能力强，多次承担市、县音乐教研课、公开课、示范课，获市“唱家乡的歌”展评活动三等奖，县公开课、说课比赛一等奖；指导学生参加各级各类比赛多次荣获一等奖，本人被评为优秀指导教师，学校合唱社团被评为眉山市优秀艺术社团。被评为眉山市优秀音乐教师、青神县师德标兵，获县师德师风演讲比赛一等奖。2021年9月在四川省教育厅举办的第三届四川省青年教师“庆祝建党100周年我把青春献给党”风采大赛中荣获二等奖。

省巾帼建功标兵 吴霞，女，1980年10月出生，四川青神人，2000年7月参加工作，大学学历，中共党员，高级教师，青神县实验幼儿园园长。21年来吴霞一直耕耘在教育一线，静心教书、潜心育人，引领实幼人打造优质幼教品牌、提升办园理念，精心营造“温馨家健康城”；切实加强党支部规范化建设，创建“根·本”党建品牌，以“扎红色信仰之根、正立德树人之本”为思想主旋律，以红色润园，打造自然实幼，实验幼儿园支部被评为青神县先进党组织；为调动女职工充分发挥“半边天”的工作积极性和主动性，吴霞把“巾帼建功示范岗”创建活动与师训、保教工作有机结合，培养省、市、县优秀教师40余名；作为实验幼儿园教育集团、办学共同体负责人，多次受邀在国培、省培中担任授课专家，为甘肃、贵州、甘阿凉等地学员开设培训讲座，多次到阿坝金川送培送教。个人先后荣获省级表彰2项、市级表彰5项、县级表彰3项，主研多项省、市课题荣获省、市一、二等奖。2021年11月，被四川省妇女联合会评为四川省巾帼建功标兵。

国家税务总局四川省税务局优化营商环境专项工作“三等功” 吴涯，男，1979年2月出生，四川眉山人，大学学历，中共党员，国家税务总局青神县税务局党委书记、局长。吴涯扎实践行“忠诚担当、崇法守纪、兴税强国”的中国税务精神，始终保持主动担当的责任意识和行动自觉，坚持以身作则，用科学决策、民主决策、依法决策的标准来干工作、带队伍；坚持以纳税人和缴费人为中心，聚焦“放管服”改革，围绕“一条主线”，构建“办税服务厅+税费征缴服务中心+12366+征纳互动平台”四位一体高效便捷的税费征缴体系，有效地提升办税服务厅整体服务质效，打造了充满活力、富有效率、体验更好、更加开放的税收营商环境。

国家税务总局四川省税务局参与脱贫攻坚专项工作嘉奖 曾小平，男，1965年8月出生，四川青神人，大专学历，中共党员，国家税务总局青神县税务局机关党委三级主办。曾小平从2015年开始到高台镇玉蟾寺村（原河坝子镇黄莺岭村）担任脱贫攻坚第一书记、扶贫工作组组长；6年间，帮助玉蟾寺村97户、239人已全部脱贫，4户贫困户被评为全省脱贫攻坚示范户，玉蟾寺村实现脱贫“摘帽”。

获市级表彰的先进个人简介

市抗击新冠肺炎疫情先进个人　王朝阳，男，1971年3月出生，四川东坡区人，大专学历，中共党员，青神县疾控中心医师。新冠肺炎疫情发生后，王朝阳牵头制定青神县新冠肺炎疫情应急预案、相关工作规范和流程等，组织实施应急演练，开展密切接触者追踪、重点人员排查和管控等防疫措施。面对疫情，王朝阳挺身而出、迎难而上、全力以赴，始终坚持在抗疫第一线，切实履行疾控人员防疫职责。

市抗击新冠肺炎疫情先进个人　龚艳，女，1972年6月出生，四川青神人，大学学历，青神县人民医院院感科科长。新冠肺炎疫情发生以来，龚艳担任医院感防控组组长，带领感控团队积极从医院感染防控方面出谋划策，协助设置发热门诊、留观病区，制定实用和可操作性强的院级防控制度、预案；作为青神县感控专家，龚艳参与县域医疗机构感控指导和培训任务，为青神县全面阻击新冠肺炎疫情贡献力量。

市抗击新冠肺炎疫情先进个人　黄利惠，女，1975年6月出生，四川青神人，大学学历，中共预备党员，青神县中医医院护理部副主任兼康复科护士长。新冠肺炎疫情发生后，黄利惠主动请缨驰援武汉参与新冠肺炎疫情防控工作，在此工作期间救治感染患者200余人。

市抗击新冠肺炎疫情先进个人　王东林，女，1975年9月出生，四川井研人，大学学历，中共党员，青神县妇幼保健院护理部主任。新冠肺炎疫情发生后，王东林积极投身疫情防控中，面对严峻疫情形势，总是冲锋在前，积极参与集中医学留观室、院内疫情防控培训及指导工作，核酸采集工作、新冠疫苗接种工作等。

市抗击新冠肺炎疫情先进个人　何娟，女，1980年10月出生，四川青神人，大学学历，中共党员，青神县疾病预防控制中心副主任兼检验科科长。疫情发生后，何娟积极开展有关防疫工作，主动承担县集中医学观点和核酸实验室筹建及集中医学留观工作。何娟直面风险，迎难而上，主动作为、创新务实，留观工作取得可喜成绩。疫情常态化后，何娟带领团队不分昼夜、加班加点对重点人群、冷链食品、学校、养老机构等进行核酸采样检测，共检测10万多份；指导县中医医院、康达骨科医院新冠实验室建设；指导培训乡镇卫生院医务人员核酸采样检测。

市抗击新冠肺炎疫情先进个人　刘忠，男，1974年8月出生，四川眉山人，大学学历，青神县政协委员，青神康达骨科医院业务院长、上肢骨科主任。新冠肺炎疫情发生后，刘忠第一时间召集全院中层管理人员召开疫情防控工作会，部署并落实疫情防控相关工作；对外每天要根据上级指示做好各项防控工作，对内督查防控预案和流程的制订、人员出入体温检测、住院病人及家属（陪护）的管理、院内消毒，协调防控物资的采购与储备，统筹安排人员应对突发情况等。在这场没有硝烟的战争中，刘忠未将个人得失放在心上，始终坚守岗位，履行着作为一位医务工作者的职责。

市抗击新冠肺炎疫情先进个人　章亚群，女，1986年5月出生，四川青神人，大专学历，中共党员，青神县罗波乡卫生院院长。新冠肺炎疫情发生后，章亚群迅速召回全体干部职工，召开疫情防控工作会，部署并落实疫情防控相关工作。在疫情防控工作中，章亚群始终坚持在抗疫第一线，直面风险、迎难而上，主动作为，共筹备召开疫情防控工作会议10余次。

市抗击新冠肺炎疫情先进个人　李松晟，男，汉族，四川东坡区人，中共党员，1989年4月出生，本科学历，青神县公安局白果派出所四级警长、驻高台镇杨店村第一书记。李松晟引导村组干部认识到疫情的严峻性，动员全村14名村组干部思想重视起来，全部进入工作状态，相关工作随即有序展开。李松晟白天与村组干部走村入户排，晚上在村办公室对白天收集的数据进行统计、建立工作台账，并落实了外出返村人员动态补报制度，及时了解掌握返村人员健康状况；每日通过微信、电话等方式，随时收集医学观察户需要的生活物资等情况，迅速帮助他们采购，利用每日定时配送医用口罩等时机，将生活必需品送到群众手中，确保医学观察人员足不出户也能正常生活；利用村委会广播每日早8点至晚8点，不间断地对防疫相关知识进行循环播报；组织10个村民小组长，利用电瓶车、摩托车等交通工具，携带音响、扩音器，分散穿梭于各村民小组进行全覆盖式宣传。2021年5月被市委、市政府评为眉山市抗击新冠肺炎疫情先进个人。

市抗击新冠肺炎疫情先进个人　郑熹，女，1990年6月出生，四川青神县人，2014年9月参加工作，本科学历，罗波乡党建办主任。新冠肺炎疫情发生后，郑熹深知疫情就是命令，防控就是责任，积极听从乡党委政府号召，放弃休假主动请战，第一时间回到工作岗位，肩扛责任、顶住压力，坚守在基层疫情防控第一线，虽说其是一名党外人士，但始终以党员的要求来要求自己，以自己的实际行动践行着党的初心和使命；在人员排查中，秒变“侦察兵”，及时排查、准确上报；在信息核查中，秒变“话务员”，安抚群众、保障群众正常生活；数据收集上报工作中，每日对上报表准确无误。

市2021年度退役军人事务工作先进个人 杨燕强，男，生于1972年5月，四川青神人，大学学历，中共党员，1992年7月参加工作，青神县人民政府副县长。杨燕强政治立场坚定，思想素质过硬，始终以习近平新时代中国特色社会主义思想为指导，积极探索青神特色双拥模式，大力推进服务体系建设，全面营造尊崇军人良好氛围，以维护退役军人合法权益为己任，深入基层化解矛盾纠纷，全面巩固军政军民团结，退役军人群体满意率、归属感得到显著提升。

市开放发展攻坚年先进个人 彭娟，女，1985年12月出生，四川青神人，研究生学历，中共党员，青神县商务局投资促进服务中心主任。在眉山市开放发展攻坚年，彭娟带领商务干部认真贯彻落实开放发展决策部署，准确把握新形势下开放发展工作的原则和要求，不断提升开放水平，不断提升开放空间、开放布局、开放能级，不断优化营商环境，为推动眉山高质量发展做出重要贡献。

2020年中国国际竹产业交易博览会筹办工作先进个人 彭娟，女，1985年12月出生，四川青神人，研究生学历，中共党员，青神县商务局投资促进服务中心主任。彭娟带领商务招商队伍积极参加“西博会”“进博会”和“竹博会”等大型会节活动，成功签约投资50亿元的绿色铸造创新特色产业园项目，投资20亿元的立白智能家居·绿色日化产业园项目，投资10亿元的彩虹健康产业园项目，投资5亿元的水月楼旅游度假酒店项目、变频压缩机及商用压缩机智能生产线项目和青神竹里萤光文化园项目。竹博会上共签约项目27个，其中产业投资类项目16个、合作经贸类项目8个、合作机制类项目3个，总金额193亿元。

2020中国国际竹产业交易博览会工作先进个人 林莉，女，1989年3月出生，四川青神人，大学学历，中共党员，2011年7月参加工作，共青团青神县委书记，在2020中国国际竹产业交易博览会筹备期间，林莉作为志愿服务组（青神县）牵头单位负责人，切实做好130名会节志愿者的招募、培训、管理等各个环节工作。在招募环节精心选拔。由单位推荐择优选定30名机关志愿者，对接成都艺术职业大学团委、四川大学锦江学院团委精心挑选100名学生志愿者，经过语言表达能力、形象气质、特长展示等综合评定，契合竹博会雅致内涵。在培训环节精准施教。组织全体志愿者开展会节概况、市情县情、外事工作礼仪规范、志愿者形象塑造及沟通技巧、应急救护等集中培训；组织志愿者开展“点对点”实岗培训和模拟演练，确保岗岗有人、人岗相适。在管理方面抓实抓细。采取团县委统筹协调，用人单位、学校团委协同管理方式，建立志愿者“总队—分队—小队—队员”组织体系，层层落实分工，明确责任到人；建立会节志愿服务微信管理群，严格岗位管理，与用人单位保持常态联系，机动调整人员。对志愿服务按类别分设岗位，确保不漏点位不漏环节，全方位为嘉宾提供热情周到的服务。2021年6月，被市委、市政府评为2020中国国际竹产业交易博览会工作先进个人。

2020年度加快推进竹产业高质量发展建设美丽乡村竹林风景线先进个人 苏开艳，女，1981年11月出生，四川宜宾人，大学学历，2002年7月参加工作，青神县财政局经济建设股股长。苏开艳积极配合相关部门做好竹资源培育、竹制品加工及竹产品交易工作；做好全县6282亩新造和抚育林工作，为深化“竹里桃花”“竹里海棠”“竹林湿地”等竹里系列风景线提升改造，将竹林风景线与萤火虫保护和旅游开发相结合，打造“竹里萤光”网红点，打造竹生态旅游地基础设施建设，做好财政资金保障工作，及时将相关资金拨付到位；积极配合相关部门参与省级竹产业高质量发展申报创建工作。苏开艳积极参与2020年国际（眉山）竹产业交易博览会，做好会节期相关资金拨付和外宾接待工作。获得2020年度加快推进竹产业高质量发展建设美丽乡村竹林风景线先进个人称号。

市2020年实施乡村振兴战略先进个人 刘欣，男，1974年8月出生，大专学历，中共党员，1997年8月参加工作，青神县现代农业示范园区党工委书记。刘欣专注实干实效，认真贯彻落实“三农”政策，开展省、市、县乡村振兴梯次创建，完成省“1+5”督导组日常考核和省级交叉考评验收，得分位居全省前列；青神县获评市级先进县、1个市级先进乡镇和4个示范村；青神县十二分制农资管理、农药包装废弃物“1元押金制”等经验做法在全国、全省交流推广。刘欣专注项目建设促发展，引入果真妙公司建设冷藏量5万吨的柑橘冷链物流园区，建成川内首个柑橘博览园，建成智慧果园和高标准果园示范点；做优高台驿站、彩化道路、墙绘等节点，打造椪香主题公园，深化农旅融合发展。刘欣专注联农带农促增收，发展“林下种豆”4000余亩，带动农户就近就业增收，开展柑橘“5+4+1”利益分配模式信用托管试点，带动500余农户户均增收4000元。2021年2月，获眉山市2020年实施乡村振兴战略先进个人荣誉称号。

2020年度全市金融工作先进个人　彭章勤，男，1979年8月出生，四川青神人，大学学历，中共党员，1998年7月参加工作，青神县财政局党委书记、局长兼青神县国有资产和金融工作局局长。彭章勤始终与上级的各项方针政策和决定保持高度一致，政治上成熟，党性原则、大局观念强，能够始终坚持廉政自律，勤政为民的思想开展各项工作；对全局工作认真负责，常抓不懈，在廉洁自律上做表率，求真务实，团结实干，坚持执政为民，联系群众，为人正派，待人谦和，团结同志，作风民主，关心群众生活，在干部群众中威信高。2021年8月，被市委、市政府评为2020年度金融工作先进个人荣誉称号。

市级财政工作先进个人　徐巍，男，1983年11月出生，四川青神人，大学学历，中共党员，2002年8月参加工作，青神县财政局党委委员、总会计师。徐巍从事财政工作17年，2015年、2019年两次被中共青神县委批准记三等功，获得2019年四川省财政系统先进个人荣誉称号，2020年度市级财政工作先进个人荣誉称号。徐巍敢于改革，勇于创新，在组织收入、民生事务、防范债务风险等方面取得卓越成效。2021年，全县地方一般公共预算收入和政府性基金预算收入分别迈上6亿元和10亿元台阶，兑现落实各类减税降费资金近0.7亿元，全年对上争取转移支付资金11.1亿元，专项债券4.33亿元，安排民生支出11.41亿元，支出占比达65.48%，徐巍将青神县政府法定债务率控制在绿色区间，因债务管理工作成效显著，分别于2016年、2018年、2019年、2021年被财政厅、财政部四川监管局抽调参与全省性债务检查工作，并获得监管局表扬信表彰。

市2020年度优化营商环境先进个人　蒲隽，男，1981年6月出生，四川青神人，大学学历，中共党员，2004年11月参加工作，青神县行政审批局党组成员、青神县政务服务和公共资源交易服务中心主任。蒲隽认真学习贯彻关于优化营商环境各项决策部署，坚持以“放管服”改革为抓手，持续开展民营企业接待日服务和周六预约服务，实施新开办企业首次刻制印章免费服务和市民服务中心办件结果免费寄递“四个”服务；加快推进“一网通办”前提下的“最多跑一次”改革，持续巩固扩大“一窗受理”改革成果，完善政务服务“好差评”平台建设；制定现场交易各投标主体行为规范，梳理出71项交易现场异常情况表现，制定公共资源交易项目现场监督卡，明确责任主体、处理建议、投诉渠道，确保项目顺利开评标。2021年5月获评眉山市2020年度优化营商环境先进个人。

市平安眉山建设先进个人、市扫黑除恶专项斗争先进个人　宋志全，男，1970年11月出生，四川青神人，中共党员，大学学历，1998年3月参加工作，中共青神县委政法委常务副书记。从事政法工作以来，宋志全坚决贯彻总体国家安全观，深入开展国家安全宣传教育，强化政法领域意识形态安全；深化反恐、反邪教斗争，推行“教转骨干＋专家包案”教转模式，成功教转邪教人员7名，圆满完成“清零”任务；强化对政治重点人员的查、控、管，全县重点人员无一人脱管失控；保持高压态势，推进扫黑除恶斗争常态化；充分运用“慧眼工程”“雪亮工程”“红袖标”等人防、技防、物防措施，深化社会面管控，扎实开展“两禁两治、三反三防”专项行动，受理治安案件同比下降35.68%；整合县综治中心、群众工作中心等资源，率先在全市建成县级矛盾纠纷多元化解协调中心，中心运行以来受理1284件，化解1269件，成功率98.8%；2021年全市市域社会治理现代化试点工作推进现场会在青神召开，经验全市交流；探索社会治理“青神模式”，率先在全省实行“街道吹哨、部门报到”城市治理机制，有效办理“吹哨事项”3000余件；“一乡镇一亮点”全面开花，打造“一核三微”“五百工作法”“五共众筹”等乡村治理模式，高台镇百家池村、青竹街道兰沟村被评为全国乡村治理示范村。2021年被市委、市政府评为2020年度平安眉山建设先进个人和全市扫黑除恶专项斗争先进个人。

市扫黑除恶专项斗争先进个人　胡建，男，汉族，1981年11月出生，四川夹江人，大学学历，中共党员，2006年3月参加工作，青神县人民检察院党组成员、副检察长。胡建从事检察工作11年来，始终保持对检察事业的无限热爱，一直战斗在刑事检察工作第一线。胡建先后办理刑事案件350余件，曾办理“全国扫黑办”挂牌督办的“7·30”专案分案、公安部挂牌督办的“6·05”专案等多件重大疑难复杂案件。2018年被四川省人民检察院记二等功，被评为青神县“优秀公务员”；2019年至2020年，先后两次被评为青神县政法工作先进个人；2021年，被中共眉山市委、眉山市人民政府评为眉山市扫黑除恶专项斗争先进个人。

市“扫黑除恶”专项斗争先进个人　王军，女，1974年2月出生，四川青神人，大学学历，中共党员，中共高台镇党委书记。自“扫黑除恶”

专项斗争开展以来，王军作为第一责任人，高度重视，迅速行动。成立领导小组，下设办公室，定期召开党委联席会议，专题研究具体工作，提出“四个结合”要求，压实工作责任；领导小组每月定期召开会议，提出“一套机构、三条措施、四个结合、十五项重点、三个阶段、六个保障、一个总体目标”的全镇“扫黑除恶”行动方案；召开全镇“扫黑除恶”专项斗争动员部署会议，全镇动员，全民参与，共组织召开“扫黑除恶”专项斗争推进会议6次；定期专题听取全镇“扫黑除恶”专项斗争工作开展情况，及时研究解决工作中遇到的困难和问题；加强摸底排查，做到全发动、全覆盖、全摸排，辖区内所有村（社区）开展入户摸排工作实行一户一表、一村（社区）一汇总、一季度一轮回。对辖区内的重点人群进行突击检查，坚决做到“黑恶必除，除恶务尽”。全力做好“扫黑除恶”宣传工作，营造良好的社会治安氛围。设置举报箱，公开举报电话，畅通信息渠道。

市信访工作先进个人　邹旭，男，汉族，1973年2月出生，四川仁寿人，大学学历，中共党员，1994年8月参加工作，中共青神县委政法委副书记。邹旭2008年以来一直工作在信访第一线，先后5次获得眉山市委、市政府和青神县委、县政府信访维稳先进个人表彰。2020年全国开展“治重化积”专项工作，县委、县政府将一多年信访积案列入“治重化积”重点督办案件，并交由县委政法委牵头，邹旭具体负责化解。该案多年来先后被中央政法委、眉山市挂牌督办，是青神县历届县委、县政府都未妥善化解的钉子案、骨头案。邹旭顶着压力本着妥善化解的决心，通过与信访人多达10余次沟通谈判，终于触动其内心，诉求也有所松动，后在领导的协调下，多部门联动、多管齐下、多方努力，信访人最终自愿签订息访息诉协议，至此长达近20年的信访积案终于圆满解决。2021年，被眉山市委、市政府评为信访工作先进个人。

2020年度依法治市和2016—2020年法治政府建设工作先进个人　余亚非，男，1978年10月出生，四川青神人，研究生学历，中共党员，青神县司法局党组书记。余亚非扎实推进全面依法治县工作，严把规范性文件、重大行政决策的合法性审查、备案关口，做好行政执法协调与监督，拓展公共法律服务实体、热线、网络三级服务平台功能，提供精准法律服务，打造诸葛村、杨柳漕村民法典主题法治广场，全面完成“七五”普法。

市保密机要工作先进个人　张雷，男，1985年4月出生，四川青神人，大专学历，2002年12月参加工作，青神县法学会党组成员。张雷2016—2020年从事政法委保密工作。政法委因工作特殊性，保密工作责任重大，为切实守好保密“责任田”，张雷始终践行“三个坚持”，圆满完成各项工作任务；坚持把保密学习贯穿于日常工作中，通过学习各类规章制度和典型案例，让自己时刻绷紧保密工作的弦，坚决做到不把秘密文件带回家，不在公共场所谈论保密事项，不向任何无关人员透露保密的内容，不在机关联网计算机上操作与工作无关的事项，并严格做到不该自己知道的不打听，不该外传的事坚决不外传；坚持定期对各股室（中心）保密工作开展全方位“体检”，帮助查找风险点并及时帮助堵塞漏洞、消除隐患。2021年，被眉山市委、市政府评为保密机要工作先进个人。

市2020年脱贫攻坚工作先进个人　张华，男，1987年10月出生，四川青神人，大学学历，2009年8月参加工作，青神县政务服务和公共资源交易服务中心工作人员。2018年6月，张华主动请缨，请求到彝区参加脱贫攻坚帮扶工作。在凉山州金阳县商务经济合作和外事局承担商务扶贫、供销社、局办公室等业务工作，在此期间利用自身业务专长，将青神县先进的电商经验和当地的实际情况相结合，不断探索创新新型电商模式，全力做好电商项目，为金阳县45个贫困村建立健全电商、物流站点，累计培训电商专业人才3200人次，带动贫困户100余户增收脱贫，成功帮助贫困户累计销售农产品58余万元；积极创建“四川扶贫”集体商标使用权，全县3家企业、11种农特产品已获“四川扶贫”集体商标使用权。两年的援彝工作，张华同当地干部群众心往一处想，劲往一处使，全身心致力于金阳县电商产业发展，为金阳县打通县、乡、村物流体系“最后一公里”和电商扶贫工作贡献自己的力量。2018年、2019年、2020年连续三年年度考核为优秀，2020年7月被凉山州委、州政府评为2019年度脱贫攻坚优秀帮扶队员。

市2020年度办公室工作先进个人　罗升阳，男，1995年5月出生，四川眉山人，大学学历，2016年9月参加工作，中共青神县委办公室工作人员，罗升阳先后从事督察督办、信息文稿、目标绩效考核、干部人事、机关党建等具体工作，熟悉“两办”工作运行机制，在办公室工作中成绩突出。罗升阳善于学习总结经验，工作思路明晰有序，不管是起草重要文稿，还是筹备会议，以及协调县委、县政府主要领导日常工作开展等具体事务，都尽自己最大的努力去完成，取得较好的工作实绩。罗升阳敢于挑担子，冲在最前面，始终认真严谨细致完成各项工作任务，紧紧围绕县委中心工作及领导关注问题展开调查研究，青神实践信息《下“竹”功夫做“竹”文章，因地制宜建设美丽乡村竹林风景线》被中办采用，《四川青神县打造“邻里百家”文化示范点托起新时代乡风文明新风尚》上报中央改革办。2021年，获评市2020年度办公室工作先进个人。

市全面深化改革工作先进个人　王军，女，1974年2月出生，四川青神人，大学学历，中共党员，中共高台镇党委书记。王军任高台镇党委书记期间，深入一线，抓住用好岷东大道通车带来的区位优势和实施乡村振兴创建示范县契机，自觉强化特色产业重镇发展意识，自我加压、主动作为、改革创新，加速推进水果、水稻、水产“三水”产业发展，创新“一核三微”基层治理，深入推进人居环境“六大行动”，探索“垃圾不落地、垃圾不出村”模式，全域实施“拆收改栽画”提升村容村貌；带领高台镇顺利通过省级现代农业园区、全省脱贫攻坚、乡村振兴示范创建、全省三年人居环境整治验收，成功创建省级乡村治理示范镇、四川省脱贫攻坚先进集体。

市关心下一代工作先进个人　陈国东，男，1994年4月出生，四川丹棱人，大学学历，中共党员，高台镇人民政府关工委秘书长。2015年参加关心下一代工作以来，陈国东从适应岗位到胜任岗位，工作勤勤恳恳、兢兢业业，极大地发挥了关工委秘书长的作用。积极联动各方力量，凝聚教育合力，激发“五老人员”关心下一代的积极性和责任感；主动衔接，与学校、工商、派出所建立定期联席会议制度，积极争取团委、妇联、民政、工会的支持。营造健康成长环境，落实工作责任。协调教体部门完善学校基础设施，发挥村（社区）图书室、电脑室、文体活动室作用，开展实践教育、文艺活动等，丰富青少年儿童精神生活；联合工商、派出所等部门共同开展校园周边环境专项整治活动，每年整治检查10次，清查摊点10家，有效净化校园周边环境；利用重大节庆，开展以主流价值观为主题的系列教育活动，拓展青少年价值观教育途径；入校开展法律法规知识讲座，宣传安全知识；积极向上争取助学名额，最大限度开展扶贫助学活动；关心关注单亲家庭子女、困难家庭子女和留守儿童的成长，建立健全留守儿童工作机制，指导中小学成立关爱留守儿童的“爱心家庭”“爱心家长”队伍，建立困难学生、留守儿童档案。

市2020年度河湖长制工作和防汛减灾工作先进个人　陈洪，男，汉族，1975年4月出生，四川青神人，中共党员，大学学历，1999年10月参加工作，青神县应急局党委委员、副局长。陈洪与应急、防汛战线同志，致力于防汛减灾体制、机制、队伍建设，着力提升防灾救灾能力；完善应急委和19个专项指挥部工作机制，修订防汛抗旱等30个专项应急预案，组织防汛减灾培训8次；精准会商、精准研判、精准预警，全面落实主动避让刚性要求，避险转移群众5132人次；投资500万元县应急指挥中心和投资300万元的县应急物资储备建成投用，为乡镇（街道）前置应急物资1万余件，配备乡镇（街道）卫星电话11台；强化县、乡、村应急救援队伍建设，建立周边区县区域联动机制社会救援队伍建立合作机制。组织防汛地灾等县级大型综合演练3次，全年共组织演练128次。成功应对“8·11”和“8·18”暴雨洪涝灾害。2021年6月1日，被市委、市政府表彰为2020年度河湖长制工作和防汛减灾工作先进个人。

市2020年度安全生产工作考核先进个人　郭锐，男，1986年5月出生，四川眉山人，中共党员，大学学历，2008年10月参加工作。郭锐作为一名基层一线的执法者，始终牢记岗位职责，强化安全生产监管执法，在开展执法工作的同时不忘普法，坚持“处罚一次，教育一次”的理念，全面提升企业安全水平，保障了安全生产形势的稳定。持续推进“放管服”改革。在县政府的统一部署下，持续推进“放管服”改革，进一步精简行政审批流程，提升“一网通办”效能，优化营商环境，让“数据多跑路、群众少跑路”，全年行政许可办结率100%，群众满意率100%。创新宣传形式，与安全生产宣传“五进”工作相结合，牵头打造青神县青少年校外实习基地安全生产教育示范点；在竹编广场和部分企业开展专题宣传，印发宣传资料3000余份，受众5000余人次；针对新修订的《中华人民共和国安全生产法》宣贯工作，分类组织实施专题培训3期，参与人员200人次，发放新修订《中华人民共和国安全生产法》单行本600余本；提升县内安全生产法制宣传工作的效能。2021年8月25日，被市安委会表彰为2020年度安全生产工作考核先进个人。

市2020年度促进民营经济发展工作先进个人　刘建林，男，1975年3月出生，1995年8月参加工作，中共党员，青神县住房和城乡建设局党组书记、局长。2020年，刘建林坚持“党政同管、一岗双责、齐抓共管”统筹全局经济工作，2020年青神县住房和城乡建设局完成非工固投20.28亿元（目标14.5亿元），占全年目标任务的139.6%。商品房销售面积20.96万平方米（目标12万平方米），同比增速45.07%，居全市第二。完成建筑业产值29.13亿元，同比增速11.74%（目标增速22%），居全市第三。房地产从业人员增速及从业人员劳动报酬增速40%（目标35%）。城镇基础设施千亿大会战投资完成20.03亿元（目标16.27亿元），居全市第二。

市2020年度保密机要工作先进个人　李松，男，1987年1月出生，2010年7月参加工作，大学本科，青神县住房和城乡建设局办公室负责人。结合工作实际，按照“落实责任、健全制度、加强管理”的工作原则，李松不断加强自身的保密知识学习，积极健全单位的保密工作制度，认真规范单位的保密工作管理，坚持原则，敢于同违反保密法规的行为作斗争，较好完成保密工作任务，取得一定的成绩。

市2020年度统计调查工作先进个人　张伟，男，1982年9月出生，大学本科，2004年7月参加工作。2020年，张伟工作兢兢业业，尽职尽责，在各建筑企业和房地产企业调查核实相关数据，协助完成全年非工固投20.2亿元；商品房销售面积20.96万平方米，完成建筑业产值29.13亿元。

市2020年度城市工作先进个人　彭利，男，汉族，1981年3月出生，大学学历，2002年8月参加工作，中共党员，青神县住建局党组成员。2020年，彭利统筹项目建设，克服项目扎堆、疫情影响、统筹项目难、雨天多、工期紧、拆迁难等不利因素，加快推进各项目建设。完成唤鱼公园ABDE区建设，建成并通车滨江大道、振兴路南段、外东街、学道街东段等市政道路，形成南北纵向城市道路骨架网络；建成青绘河、护城河（一期）、滨江排涝箱涵建成通水，构建贯穿全城的绿地系统、水生态系统和慢行系统。持续推进“厕所革命”，全县“厕所革命”目标任务新建公厕7座、改建公厕11座。

市办公室工作先进个人　杨群星，女，1978年7月出生，四川青神人，中共党员，大学学历，1999年12月参加工作。青神县自然资源局党组成员、副局长。杨群星在办公室管理工作中，始终牢固树立“办公室工作无小事”理念，强化目标管理职责制度，根据办公室各项工作特点，明确工作目标和工作任务，办公室工作定期汇报、常态沟通交流、定期讨论推进，坚持工作业绩与年终评优评先挂钩；按照“人员少而精、工作简而明、管理严而实”的要求，岗位职责进一步理顺明确，公文运转进一步优化提升，跟踪督促进一步落实落细，提高工作效率；扎实做好综合协调、目标绩效管理、人事管理、党风廉政建设、脱贫攻坚、乡村振兴示范县创建、车辆管理、机关食堂管理等日常事务性工作。2021年8月被市委、市政府评为2020年度市办公室工作先进个人。

市河湖长制和防汛减灾先进个人　曾柯嘉，男，1978年6月出生，四川青神人，中共党员，大专学历，1996年12月参加工作。青神县自然资源局调查确权和开发利用股负责人。曾柯嘉在防汛减灾工作中履职尽责，制发《青神县地质灾害防治方案》《青神县突发性地质灾害应急预案》，加大地质灾害预防宣传力度，及时组织发放“防灾明白卡”“避险明白卡”；坚持和完善地质灾害防灾机制，加强地质灾害防灾体系建设，强化防灾宣传培训和应急演练，开展地质灾害隐患排查，组织实施各项防灾项目建设，确保人民群众生命财产安全。2021年6月，被市委、市政府评为2020年度河湖长制和防汛减灾先进个人。

市优化营商环境先进个人　张云雾，男，1982年9月出生，四川青神人，大学学历，中共党员，2006年7月参加工作，青神县项目工作协调服务中心主任。张云雾带领职工干部严格执行“一窗进出、一网通办”规定，巩固提升企业开办8小时改革成果，实现企业设立登记5小时办结。推进“并联审批”制度改革，优化审批流程；加强全国投资项目在线审批监管平台推广运用，实现企业投资项目备案“零材料、零环节、零上门”全流程网上办理；积极配合市发改委开展营商环境评价，打造一流营商环境。

市成德眉资同城化发展工作先进个人　刘超英，女，1978年10月出生，四川青神人，大学学历，中共党员，2000年11月参加工作，青神县发展和改革局副局长。刘超英负责梳理形成2020年成德眉资同城化工作项目清单，涉及交通、产业、社会事业类等50个事项；主动对接崇州市，签订《崇州市人民政府 青神县人民政府区域协同发展合作协议》；积极引进产业转移项目，根据青神产业发展定位，把好项目产业引进和投资准入关；加强对上争取，2020年共争取到位中央预算内资金2.1亿元，争取项目15个。

市优秀工会工作者　邹娟，女，1983年9月出生，四川青神人，大学学历，中共党员，青神县人民医院工会主席。自担任医院工会主席以来，邹娟始终坚守红心，不忘初心，密切党群、干群关系，用心用情探索工会工作新途径，联合县团委组建青年志愿者服务队，开展防疫志愿服务工作；打造医院职工之家；以志愿者身份参加县妇联组织的关爱困境儿童项目，领养2名困难儿童；主动参加直联帮扶工作，帮扶对象实现脱贫。

市优秀军人家属　余梦婷，女，1994年9月出生，四川青神人，大学学历，青神县人民医院呼吸内科护士。作为一名军嫂，余梦婷孝顺父母、支持丈夫、支持祖国军人事业，无怨无悔做坚强后盾，守好“小家”；作为一名“白衣战士”，余梦婷爱岗敬业、勤勉好学，疫情期间凭借扎实的专业理论和技能，投身本县疫情防控一线工作，两个身份突显余梦婷的坚定、坚守、大爱与担当。

市三八红旗手、优秀护士　邹春，女，1986年1月出生，四川乐山人，大学学历，青神县妇幼保健院妇产科护士长，在日常工作中，邹春严格要求自己，团结同事，关爱病人，始终把科室安全放在第一位，组织科室进行业务培训、应急演练数次，科室无一起责任性事故发生，在疫情防控中，冲锋在前，任劳任怨，得到同事和病人的一致好评。

市优秀教师　雷旭颖，女，1970年4月出生，四川青神人，大学学历，高级教师，1990年7月参加工作，青神县小学数学学科带头人，青神县小学数学工作室成员、市级数学骨干教师。雷旭颖尊重学生，以诚相待，倾注无限热情和关爱，关注学生思想和心理变化，处处为学生着想，及时与家长沟通，偏重表扬鼓励，着眼进步，经常义务辅导学生；在教学上勇于探索、大胆创新，获得县“教学质量优胜奖”13次。作为高段数学教研组长，雷旭颖带领教师积极践行课堂教学改革，进行高效课堂、分享式课堂教学探究；在学校“青蓝结对活动”系列活动中，“传帮带”本校和共同体内学校年轻教师12名，“徒弟们”迅速成长为学校骨干教师；个人小课题获市级一等奖1项、二等奖2项，自制教具获市级二等奖1个，微课“商的近似值”获市级一等奖，论文获市级二等奖1篇，获评县级优秀教研组长4次，2017年被评为县级优秀教师。2021年9月，被眉山市人民政府评为眉山市优秀教师。

市优秀党务工作者　鲁学年，男，1982年1月出生，四川青神人，大学学历，中共党员，高级教师，2000年7月参加工作，青神县初级中学校党支部书记、校长。鲁学年打造“竹韵芳华”党建品牌，推进“433”（“4”是四项修炼：修炼情怀与理想、风骨与良知、视野与学识、爱心与胸襟；“3”是三大领导力：价值、组织、教学领导力；“3”是三美教育：行之美、知之美、志之美）党建工作法，实现党建工作与中心工作的有机融合。4个科研课题获市级奖，2个科研成果获省政府奖。个人先后荣获眉山市教体系统优秀共产党员、眉山市优秀校长、青神县优秀教师、青神县骨干教师、青神县知名校长等荣誉称号。2021年6月，被中共眉山市委评为眉山市优秀党务工作者。

市优秀教师　严妤平，女，1980年11月出生，四川青神人，大学学历，中共党员，1999年7月参加工作，青神县初级中学校一级英语教师。严妤平在工作中勤勤恳恳，兢兢业业，注重加强自身思想政治业务学习，不断提高自身综合素质，把理论与联系实际相结合，潜心钻研教育教学工作；从事团委书记和班主任工作22年，所带班级获评县优秀少先队集体、眉山市优秀班集体。个人获省级表彰1次、市级表彰1次、县级表彰8次。2021年9月，被眉山市人民政府评为眉山市优秀教师。

市优秀教师　余刚，男，1977年9月出生，四川青神人，大学学历，高级教师，2003年7月参加工作，青神中学政教处副主任。余刚在思想上坚持党的领导，爱岗敬业，时时处处以优秀教师的标准严格要求自己，所带班级班风正学风浓。作为分管学校体育工作行政，余刚高度重视橄榄球队建设与管理工作，探索建立橄榄球人才梯队培养机制，形成初、高中两支队伍。青神中学于2018年组建四川省首支青少年橄榄球队，现有四川省橄榄球注册运动员70余名，先后培养出国家一级、二级橄榄球运动员32名。2019年7月，学校橄榄球队代表四川省参加“全国第二届青年运动会”橄榄球项目比赛，男队、女队均获得社会俱乐部组第四名，并被四川省棒垒曲协会授予“突出贡献奖”。2019—2021年，学校橄榄球队先后获得全国英式7人制橄榄球系列赛冠军2次、亚军1次。工作经验整理成文章《“橄榄之花”开满校园》在全市作交流。被四川省人力资源和社会保障厅、四川省体育局评为2014—2017年度群众体育先进个人。2021年9月，被眉山市人民政府评为眉山市优秀教师。

市优秀教师　张军容，女，1979年10月出生，四川青神人，大学学历，一级教师，2002年7月参加工作，青神中职校党务干部。张军容坚守教育一线20载，工作勤奋，勇于担当，敢于创新，爱生如子，班风学风纯正，被学生亲切地称为“张妈妈”，用实际行动践行“学高为师，身正为范”教育誓言。张军容作为市级语文骨干教师，四川省尹福泉语文名师工作室成员、眉山工作站负责人，深入钻研教材教法，针对学情创新课堂，指导实践，教学风格独特，教学成绩优异，先后荣获四川省第三届青年教师风采大赛三等奖、四川省中华经典诵写演讲微课“将进酒诵读指导”二等奖、四川省中职教师教学技能大赛三等奖，获眉山市说课比赛一等奖2次。先后被评为青神县师德标兵、优秀党员、优秀教师。2021年9月，被眉山市人民政府评为眉山市优秀教师。

《眉山市志》编纂工作先进个人 杜燕玲，女，汉族，1986年5月出生，四川青神人，大学学历，中共党员，青神县党史和县志编纂中心副主任。在《眉山市志》编纂工作中，杜燕玲为了尽快掌握编纂业务，认真学习《地方志工作条例》和《四川省地方志工作条例》，请教老专家和老同志，把握地方志体例等各方面的要求；真心、用心、尽心参与编纂工作，与市上反复沟通，密切协作；为了查证一件事或一个数字，常常翻阅历史资料，到部门核对，向老同志请教，做到不出差错；在审核过程中，严格要求，力求准确，不放过一个误差和错别字，较好地完成《眉山市志》青神县编纂任务。2021年8月，被市委、市政府表彰为《眉山市志》编纂工作先进个人。

市委、市政府以上表彰的先进集体一览表

表4

序号	单 位	时 间	表彰机关	荣誉称号
1	青神县	2022.1.27	农业农村部、国家乡村振兴局	2021年全国村庄清洁行动先进县
2	青神县	2021.5	国家信访局	信访工作“三无”县
3	青神县	2022.1.23	省委、省政府	2021年度全省农村改革工作先进县
4	青神县	2021.2.19	省委、省政府	2020年度全省农村改革工作先进县
5	青神县	2021.2.19	省委、省政府	2020年度全省农民增收工作先进县
6	青神县	2021.2.19	省委、省政府	2020年度四川省乡村振兴先进县
7	青神县	2021.5.26	省委、省政府	2020年脱贫攻坚先进县（青神县）
8	青神县	2021.10.25	省农村工作领导小组办公室	在《四川农民共同富裕指标体系课题》研究中，荣获县（市、区）组一等奖
9	青神县	2022.1.12	省农村工作领导小组办公室	四川省乡村振兴先进县（市、区）2021年度“回头看”考核优秀等次
10	青神县	2021.9	省农业农村厅	《构建三个一体化机制探索县域城乡融合发展路径》被评为党的十九大以来四川农业农村改革十大优秀案例
11	青神县	2021.6.3	市委、市政府	2020年度百企联百村工作先进集体
12	青神县	2021.6.1	市委、市政府	2020年度党风廉政建设先进集体
13	青神县	2021.6.1	市委、市政府	2020年度30件民生实事工作先进集体
14	青神县	2021.6.1	市委、市政府	2020年度平安眉山建设工作先进集体
15	青神县	2021.6.1	市委、市政府	2020年度统战工作先进集体
16	青神县	2021.6.1	市委、市政府	2020年度依法治市和2016—2020年度法治政府建设工作先进集体
17	青神县	2021.6.1	市委、市政府	2020年度河湖长制工作和防汛减灾工作先进集体
18	青神县	2021.6.1	市委、市政府	2020年度百企联百村工作先进集体
19	青神县	2021.6.1	市委、市政府	2020年度全面深化改革工作先进集体
20	青神县	2021.6.1	市委、市政府	2020中国国际竹产业交易博览会筹办工作先进集体
21	青神县医疗保障局	2021.10.28	省医疗保障局、省人力资源和社会保障厅	四川省医疗保障系统先进集体
22	青神县农业农村局	2021.6.3	市委、市政府	2020年度脱贫攻坚工作先进集体
23	青神县农业农村局	2021.6.3	市委、市政府	2020年度全面深化改革工作先进集体
24	青神县档案馆	2021.11.22	省档案局、省人力资源和社会保障厅	四川省档案工作先进集体
25	青神县人民法院	2022.1	省高级人民法院	2021年涉诉信访工作先进集体
26	青神县人民法院	2021.11	省高级人民法院	“发挥执行职能、做好‘六稳’工作落实‘六保’任务”专项执行行动先进集体
27	6·05跨境网络赌博案专案组	2021.8.26	省公安厅	集体二等功
28	青神县公安局	2021.3.22	省公安厅	全警实战大练兵第一批省级标兵 标兵集体
29	汉阳派出所	2021.1.11	市委、市政府	抗击新冠肺炎疫情先进集体
30	青神县公安局	2021.8.9	市委、市政府	眉山市扫黑除恶专项斗争先进集体
31	青神县纪委监委	2020.12	省精神文明建设委员会	四川省文明单位
32	青神县人民检察院	2021.7	市委、市政府	眉山市扫黑除恶专项斗争先进个人
33	青神县就业服务中心	2021.12.10	省人力资源和社会保障厅	2021年度全省人力资源和社会保障系统优质服务窗口
34	青神县商务局	2021.12.31	市政府	眉山市2020年度开放发展攻坚年先进集体

续表 4

序号	单 位	时 间	表彰机关	荣誉称号
35	青神县水利局	2021.8.11	市委、市政府	2020 年度公共机构节能管理先进单位
36	青神县水利局	2021.6.3	市委、市政府	2020 年度河湖长制工作和防汛减灾工作 先进集体
37	青神县税务局	2021.4.23	共青团四川省委	四川省五四红旗团支部
38	青神县税务局	2021.10.20	省总工会女职工委员会	四川省最美女职工阅读点
39	青神县税务局	2021.9.9	市总工会	眉山市模范职工之家
40	青神县人民医院	2021.8	国家机关事务局、国家发改委、财政部	节约型公共机构示范单位
41	青神县人民医院住院部党支部	2021.6	市委	眉山市先进基层党组织
42	罗波乡卫生院	2021.5	市委、市政府	眉山市抗击新冠肺炎疫情先进集体
43	青神县消防救援大队	2022.8.10	市委、市政府	2020 年度安全生产党政同责先进个人
44	青神县烟草专卖局（分公司）	2021	省烟草专卖局（公司）	四川烟草商业系统党支部标准化规范化建设优秀支部
45	青神县自然资源局	2021	省自然资源厅	四川自然资源系统先进集体
46	青神县林业和园林局	2021	市政府	2020 年度加快推进竹产业高质量发展建设美丽乡村竹林风景线先进集体
47	青神竹编特色小镇	2021.6.20	省政府办公厅	四川省特色小镇
48	青神县林业和园林局	2021.6.3	市委、市政府	2020 中国国际竹产业交易博览会筹办工作先进集体
49	青神县竹编产业园区	2021.8.30	省委农村工作领导小组	四川省现代竹产业园区
50	青神竹编 · 平面系列	2021.9	省文化和旅游厅、省农业农村厅、省商务厅	天府旅游名品
51	四川环龙新材料有限公司	2021.11.20	省政府	2020 年度四川专利奖一等奖
52	青神县综合行政执法局机关党委	2021.6.28	市委	眉山市先进基层党组织
53	青神县政府办	2021.6.1	市委、市政府	2020 中国国际竹产业交易博览会筹办工作先进集体（县政府办）
54	青神县党史和县志编纂中心	2021.8	市委、市政府	《眉山市志》编纂工作先进集体
55	青神县教体局	2021.5.14	教育部办公厅	全国中小学劳动教育实验区
56	青神县教体局	2021.1	省教育融媒体中心	2020—2021 年度四川教育宣传工作先进单位
57	青神中学校	2021.5.30	国家体育总局小球运动管理中心、中国橄榄球协会	2021 年“漯河杯”全国青少年 U 系列英式 7 人制橄榄球系列赛第一站暨冠军赛女子体校组冠军
58	青神县实验小学	2021.11.23	教育部办公厅	第三批全国中小学中华优秀传统文化传承学校
59	青神县实验幼儿园	2021.12	当代学前教育网、中国人民大学书报资料中心《幼儿教育导读》杂志社、当代学前教育研究会、当代杯全国幼 儿教师职业技能大赛组委会	第十九届“当代杯”全国幼儿教师职业技能大赛先进单位
60	青神中学校	2021.6	省教育厅、省林业和草原局	文轩杯——四川“森林草原防灭火”安全教育主题征文活动优秀学校奖
61	青神县实验小学	2021.6	省教育厅、省林业和草原局	文轩杯——四川“森林草原防灭火”安全教育主题征文活动优秀学校奖
62	青神县实验幼儿园	2021.7	省教育厅	“欢歌现时代、颂歌献给党”百场红歌大传唱活动优秀作品
63	青神县实验幼儿园	2022.3.22	省教育厅	2021 年度四川省优质学校对口帮扶原深度贫困县中小学校工作先进集体
64	白果乡	2021.4	省委、省政府	四川省脱贫攻坚先进集体
65	白果乡	2021.5.28	市委、市政府	眉山市抗击新冠肺炎疫情先进集体
66	白果乡	2021.8.25	市安委会	四川省安全社区
67	白果乡	2021.6.1	市委城乡基层治理委员会、市中级人民法院	眉山市第二批“诉源治理示范村（社区）”
68	白果乡甘家沟村	2021.2.19	省委、省政府	四川省乡村振兴示范村
69	青神县春橘种植专业合作社、白庙水果专业合作社	2021.10.11	省农业农村厅	四川省第十三批农民合作社省级示范社
70	白果乡虎渡社区	2020.12.29	市委、市政府	眉山市乡村振兴示范村（社区）
71	白果乡甘家沟村	2020.12.25	市委、市政府	眉山市首批乡村治理示范村镇
72	白果乡虎渡社区	2021.12	市委、市政府	眉山市第二批乡村治理示范村镇
73	青神县年轮竹艺坊	2021.1	中国残疾人联合会办公厅	第二批全国残疾人文化创意产业基地

续表 4

序号	单 位	时 间	表彰机关	荣誉称号
74	高台镇	2021.1	市城乡基层治理委员会	眉山市首批乡村治理示范乡镇
75	高台镇	2021.4	省委、省政府	四川省脱贫攻坚先进集体
76	高台镇	2021.12	省委城乡基层治理委员会	四川省第二批乡村治理示范乡镇
77	高台镇	2021.6	市委、市政府	眉山市 2020 年度全面深化改革工作先进集体
78	高台镇	2021.6	市委	眉山市优秀先进基层党组织
79	高台镇安家坝村女当家养殖专业合作社	2021.3	中华全国妇女联合会	全国巾帼文明岗称号
80	高台镇富塘村	2021.5	市委	眉山市抗击新冠肺炎疫情先进基层党组织
81	高台镇百家池村	2021.6	市委、市政府	眉山市统战工作先进集体
82	高台镇百家池村	2021.10	国家卫生健康委、全国老龄办	全国示范性老年友好型社区
83	高台镇百家池村	2021.11	市精神文明建设委员会	第五届眉山市优秀志愿服务村
84	高台镇妇联	2021.11	省妇女联合会	四川省维护妇女儿童合法权益先进集体
85	高台镇诸葛村	2021.12	省委城乡基层治理委员会	四川省第二批乡村治理示范村
86	高台镇百家池村	2021.12	市民族宗教事务局	第一批眉山市民族团结进步教育基地
87	高台镇百家池村	2021.12	省委宣传部	四川省首批乡村文化振兴样板村
88	高台镇百家池村	2021.12	民政部办公厅	“全国村级议事协商创新实验”试点单位
89	汉阳镇	2021.7.30	省推进中心镇改革发展厅际联席会议办公室	四川省“省级百强中心镇”入库候选名单
90	汉阳镇	2021.5.31	市委、市政府	眉山市抗击新冠肺炎疫情先进集体
91	罗波乡龙泉村	2021.5.28	市委、市政府	眉山市抗击新冠肺炎疫情先进集体
92	西龙镇龙凤社区居委会	2021.5.28	市委、市政府	眉山市抗击新冠肺炎疫情先进集体
93	西龙镇龙凤社区	2021.11.11	市精神文明建设委员会	第五届眉山市优秀志愿服务社区(村)
94	西龙镇龙凤社区	2022.3.8	市委平安眉山建设领导小组办公室	2021 年眉山市“青少年零犯罪零受害社区(村)”
95	青神县西龙茶叶现代农业园区	2022.3.15	市政府	眉山市 2021 年度市级现代农业园区
96	青神县青竹街道办事处	2021.8.30	省委农村工作领导小组	四川第二批竹林小镇
97	青神县青竹街道办事处	2021.5.28	市委、市政府办	关于表彰眉山市抗击新冠肺炎疫情先进个人和先进集体的决定
98	青神县青竹街道办事处	2021.5.28	市委	关于表彰眉山市抗击新冠肺炎疫情优秀共产党员和先进基层党组织的决定
99	青神县青竹街道办事处	2021.6.17	市委	2020 年度新型城乡基层治理体系建设工作先进集体
100	青竹街道兰沟村	2021.3	中共四川省委城乡基层治理委员会	四川省乡村治理示范村
101	青竹街道兰沟村	2021	市城乡基层治理委员会、市中级人民法院	眉山市诉源治理示范村
102	青竹街道兰沟村	2021.1	司法部、民政部	全国民主法治示范村
103	青竹街道兰沟村	2021.1	四川村长论坛组委会	四川省有效治理名村
104	青竹街道兰沟村	2021.9	文化和旅游部	全国乡村旅游重点村
105	青竹街道兰沟村	2021.9	国家乡村振兴局	全国乡村治理示范村
106	青竹街道兰沟村	2021.10.29	农业农村部	中国美丽休闲乡村
107	青竹街道凤阳社区、花园社区、青衣社区、桥楼村	2021.7.17	市委、市中级人民法院	眉山市诉源治理示范社区
108	青竹街道花园社区	2021.10.28	省住建厅	四川第一批绿色社区
109	青竹街道青衣社区	2021.3.12	市精神文明建设委员会	四川省城乡基层治理第二批试点社区
110	青竹街道青衣社区、蚕丛社区、建华社区、麒麟社区	2021.4.9	市委平安眉山建设	眉山市“双零”社区
111	青竹街道文林社区	2021.6.28	市委、市政府	眉山市先进基层党组织
112	青竹街道文林福家小区党支部	2021.6	省委	四川省先进基层党组织
113	青竹街道兰沟村	2021.9.30	司法厅	四川省法治宣传教育基地
114	瑞峰镇中岩村	2021.7.13	省文化和旅游厅、省发展和改革委员会	第二批省级乡村旅游重点村镇
115	瑞峰镇	2021.6.1	市委、市政府	2020 年脱贫攻坚工作先进集体

续表 4

序号	单　位	时　间	表彰机关	荣誉称号
116	刘家场社区	2021.5.28	市委、市政府	眉山市抗击新冠肺炎疫情先进集体
117	瑞峰镇杨柳漕村	2021.6.28	市委	眉山市先进基层党组织

2021 年中共青神县委部分文件一览表

表 5

序号	发文单位	发文名称	发文字号	发文时间
1	中共青神县委办公室	中共青神县委关于制定青神县国民经济和社会发展第十四个五年规划和二〇三五年远景目标的建议	青委发〔2021〕1 号	2021.1.13
2	中共青神县委办公室	中共青神县委关于深入推进创新驱动引领特色产业高质量发展加快建设全省人才工作先行区的决定	青委发〔2021〕9 号	2021.9.29
3	中共青神县委办公室、青神县人民政府办公室	中共青神县委、青神县人民政府关于印发《青神县促进中医药传承创新发展的实施方案》的通知	青委发〔2021〕11 号	2021.12.13
4	中共青神县委办公室	中共青神县委关于青神县 2020 年河湖长制工作开展情况的报告	青委〔2021〕7 号	2021.1.12
5	中共青神县委办公室	中共青神县委关于 2020 年度法治政府建设工作情况的报告	青委〔2021〕10 号	2021.1.15
6	中共青神县委办公室	中共青神县委关于 2020 年度工作情况的报告	青委〔2021〕11 号	2021.1.18
7	中共青神县委办公室	中共青神县委关于县委委员调整的报告	青委〔2021〕12 号	2021.1.18
8	中共青神县委办公室	中共青神县委关于 2020 年贯彻落实中央八项规定和省委省政府十项规定及市委市政府“六个坚持”精神情况的报告	青委〔2021〕13 号	2021.1.16
9	中共青神县委办公室	中共青神县委关于 2020 年度党建工作情况的报告	青委〔2021〕18 号	2021.1.27
10	中共青神县委办公室	中共青神县委关于 2020 年度县委常委班子民主生活会综合情况报告	青委〔2021〕19 号	2021.2.6
11	中共青神县委办公室	中共青神县委关于 2020 年度落实全面从严治党主体责任情况的报告	青委〔2021〕20 号	2021.1.27
12	中共青神县委办公室	中共青神县委关于 2020 生态文明建设和生态环境保护污染防治工作情况的报告	青委〔2021〕25 号	2021.1.28
13	中共青神县委办公室、青神县人民政府办公室	中共青神县委、青神县人民政府关于邻里百家“五位联动”加速谱写全国乡村振兴样板村新篇章的情况报告	青委〔2021〕26 号	2021.2.1
14	中共青神县委办公室	中共青神县委关于表扬 2020 年基层党建十大亮点的通报	青委〔2021〕32 号	2021.2.22
15	中共青神县委办公室	中共青神县委关于青神县 2020 年“三农”重点工作情况的报告	青委〔2021〕33 号	2021.2.22
16	中共青神县委办公室	中共青神县委关于青神县 2020 年度落实主体责任述职综合情况报告	青委〔2021〕37 号	2021.3.1
17	中共青神县委办公室	中共青神县委关于印发《切实加强新时代人大工作和建设的实施方案》的通知	青委〔2021〕38 号	2021.3.1
18	中共青神县委办公室	中共青神县委关于批转《青神县人大常委会 2021 年工作要点》的通知	青委〔2021〕41 号	2021.3.8
19	中共青神县委办公室	中共青神县委关于批转《政协青神县委员会 2021 年工作要点》的通知	青委〔2021〕40 号	2021.3.5
20	中共青神县委办公室	中共青神县委关于 2020 年度县委书记落实主体责任查找问题整改方案	青委〔2021〕48 号	2021.3.25
21	中共青神县委办公室	中共青神县委关于四川省“两优一先”评选推荐工作的报告	青委〔2021〕64 号	2021.4.14
22	中共青神县委办公室、青神县人民政府办公室	中共青神县委、青神县人民政府关于下达青神县 2021 年度经济社会发展主要目标的通知	青委〔2021〕80 号	2021.4.27
23	中共青神县委办公室、青神县人民政府办公室	中共青神县委、青神县人民政府关于贯彻落实农业农村部党组成员、中央农办秘书局局长吴宏耀一行莅青调研指示精神的情况报告	青委〔2021〕83 号	2021.4.29
24	中共青神县委办公室	中共青神县委关于眉山市“两优一先”评选推荐工作的报告	青委〔2021〕118 号	2021.5.31
25	中共青神县委办公室	中共青神县委关于红色遗址普查工作开展情况的报告	青委〔2021〕119 号	2021.8.17
26	中共青神县委办公室	中共青神县委关于表彰青神县优秀共产党员、优秀党务工作者、先进基层党组织的决定	青委〔2021〕143 号	2021.6.30
27	中共青神县委办公室、青神县人民政府办公室	中共青神县委、青神县人民政府关于农业农村工作情况的报告	青委〔2021〕149 号	2021.7.9
28	中共青神县委办公室	中共青神县委关于县委常委班子严肃换届纪律专题民主生活会情况的报告	青委〔2021〕150 号	2021.7.12
29	中共青神县委办公室	中共青神县委关于“青神竹编特色小镇”成功创建全省首批特色小镇有关情况的报告	青委〔2021〕151 号	2021.7.21
30	中共青神县委办公室	中共青神县委关于 2021 年上半年贯彻落实中央八项规定和省委省政府十项规定及市委市政府“六个坚持”精神情况的报告	青委〔2021〕155 号	2021.7.23
31	中共青神县委办公室	中共青神县委关于被选定为全国三农政策基层联系县的报告	青委〔2021〕157 号	2021.7.26
32	中共青神县委办公室、青神县人民政府办公室	中共青神县委、青神县人民政府关于国家生态文明建设示范县指标完成情况报告	青委〔2021〕159 号	2021.7.30

续表 5

序号	发文单位	发文名称	发文字号	发文时间
33	中共青神县委办公室、青神县人民政府办公室	中共青神县委、青神县人民政府关于给予白蜀卉等同志记三等功和嘉奖奖励的决定	青委〔2021〕163 号	2021.8.7
34	中共青神县委办公室	中共青神县委关于县纪委换届人选考察对象党风廉政情况的报告	青委〔2021〕164 号	2021.8.17
35	中共青神县委办公室	中共青神县委关于县级领导班子人选考察对象经责审计结果情况的报告	青委〔2021〕170 号	2021.8.17
36	中共青神县委办公室	中共青神县委关于中共青神县第十五届委员会、纪律检查委员会选举结果的报告	青委〔2021〕214 号	2021.10.20
37	中共青神县委办公室	中共青神县委关于市五届人大代表、五届市政协委员初步建议人选考察情况的报告	青委〔2021〕219 号	2021.10.25
38	中共青神县委办公室	中共青神县委关于中国共产党青神县第十五次代表大会工作情况的报告	青委〔2021〕222 号	2021.10.25
39	中共青神县委办公室	中共青神县委关于成立中共政协第十届青神县委员会第一次会议临时委员会的决定	青委〔2021〕226 号	2021.11.1
40	中共青神县委办公室	中共青神县委关于成立中共青神县第十八届人民代表大会第一次会议临时委员会的决定	青委〔2021〕227 号	2021.11.1
41	中共青神县委办公室	中共青神县委关于 2021 年贯彻落实中央八项规定和省委省政府十项规定及市委市政府“六个坚持”精神情况的报告	青委〔2021〕233 号	2021.11.10
42	中共青神县委办公室	中共青神县委关于换届后党政班子成员分工和县人大、县政协班子成员分工调整的备案报告	青委〔2021〕234 号	2021.11.9
43	中共青神县委办公室、青神县人民政府办公室	中共青神县委、青神县人民政府关于 2021 年计划生育工作情况的报告	青委〔2021〕250 号	2021.12.21
44	中共青神县委办公室、青神县人民政府办公室	中共青神县委、青神县人民政府关于 2021 年青神县实施乡村振兴战略工作情况的报告	青委〔2021〕259 号	2021.12.28
45	中共青神县委办公室、青神县人民政府办公室	中共青神县委、青神县人民政府关于 2021 年贯彻落实中央八项规定、省委省政府十项规定精神和市委市政府“六个坚持”实施细则情况的报告	青委〔2021〕261 号	2021.12.23
46	中共青神县委办公室、青神县人民政府办公室	中共青神县委、青神县人民政府关于青神县 2021 年食品安全工作情况的报告	青委〔2021〕262 号	2021.12.31
47	中共青神县委办公室、青神县人民政府办公室	中共青神县委、青神县人民政府关于青神县 2021 年河湖长制工作开展情况的报告	青委〔2021〕263 号	2021.12.31

2021 年中共青神县委办公室部分文件一览表

表 6

序号	发文单位	发文名称	发文字号	发文时间
1	中共青神县委办公室、青神县人民政府办公室	中共青神县委办公室、青神县人民政府办公室关于印发《2021 年全县经济工作要点》的通知	青委办发〔2021〕1 号	2021.1.15
2	中共青神县委办公室、青神县人民政府办公室	中共青神县委办公室、青神县人民政府办公室印发《关于全面推行林长制的实施意见》的通知	青委办发〔2021〕3 号	2021.11.29
3	中共青神县委办公室	中共青神县委办公室关于印发《青神县巩固深化“不忘初心、牢记使命”主题教育成果的实施方案》的通知	青委办〔2021〕13 号	2021.2.9
4	中共青神县委办公室	中共青神县委办公室、青神县人民政府办公室关于印发《青神县县属国有公司“三重一大”决策制度》的通知	青委办〔2021〕27 号	2021.3.30
5	中共青神县委办公室	中共青神县委办公室、青神县人民政府办公室关于印发《青神县重点项目“红黑旗”推进工作机制》的通知	青委办〔2021〕31 号	2021.4.9
6	中共青神县委办公室、青神县人民政府办公室	中共青神县委办公室、青神县人民政府办公室关于 2020 年度目标绩效考评结果的通报	青委办〔2021〕32 号	2021.4.19
7	中共青神县委办公室、青神县人民政府办公室	中共青神县委办公室、青神县人民政府办公室关于 2020 年度重大改革创新和亮点工作评选结果的通报	青委办〔2021〕33 号	2021.4.19
8	中共青神县委办公室、青神县人民政府办公室	中共青神县委办公室、青神县人民政府办公室关于印发《青神县驻外经合局人员选配和管理办法（试行）》的通知	青委办〔2021〕62 号	2021.8.12
9	中共青神县委办公室、青神县人民政府办公室	中共青神县委办公室、青神县人民政府办公室关于印发《青神县目标绩效管理办法》的通知	青委办〔2021〕65 号	2021.8.31
10	中共青神县委办公室、青神县人民政府办公室	中共青神县委办公室、青神县人民政府办公室关于印发县委书记、县政府县长、副书记、常委、副县长、县政府党组成员工作分工的通知	青委办〔2021〕80 号	2021.11.25
11	中共青神县委办公室	中共青神县委办公室关于 2021 年重点项目推进情况的报告	青委办〔2021〕91 号	2021.12.31

2021 年青神县人民政府部分文件一览表

表 7

序号	文件名称	字　号	发文日期
1	青神县人民政府关于公布实施青神县集体建设用地和农用地基准地价的通知	青府发〔2021〕1 号	2021.5.30
2	青神县人民政府关于印发《加快建设成都都市圈绿色产业集聚区消费中心实施方案》的通知	青府发〔2021〕2 号	2021.6.16
3	青神县人民政府关于修改《青神县“扶持跟着项目走”实施办法》《关于青神县“扶持跟着项目走”实施办法的补充通知》的通知	青府发〔2021〕3 号	2021.7.14
4	青神县人民政府关于印发《青神县突发事件总体应急预案（试行）》的通知	青府发〔2021〕4 号	2021.10.29

2021 年青神县人民政府办公室部分文件一览表

表 8

序号	文件名称	字　号	发文日期
1	青神县人民政府办公室关于印发《青神县 2021 年度国有建设用地供应计划》的通知	青府办发〔2021〕1 号	2021.3.3
2	青神县人民政府办公室关于印发《青神县消防安全责任制实施办法》的通知	青府办发〔2021〕5 号	2021.6.12
3	青神县人民政府办公室关于印发《青神县人民政府合同管理办法》的通知	青府办发〔2021〕6 号	2021.7.7
4	青神县人民政府办公室关于印发《青神县防汛抗旱应急预案（2021 年修订）》的通知	青府办发〔2021〕7 号	2021.7.30
5	青神县人民政府办公室关于印发《青神县农村生活污水处理设施运行维护管理办法（试行）》的通知	青府办发〔2021〕8 号	2021.8.20
6	青神县人民政府办公室关于印发《青神县乡村振兴农业产业发展贷款风险补偿金管理办法》的通知	青府办发〔2021〕9 号	2021.8.25
7	青神县人民政府办公室关于印发《青神县城镇生活污水和城乡垃圾处理设施建设三年推进实施方案（2021—2023 年）》的通知	青府办发〔2021〕10 号	2021.8.29
8	青神县人民政府办公室关于印发《青神县推进“标准地”改革工作实施方案》的通知	青府办发〔2021〕11 号	2021.9.2
9	青神县人民政府办公室关于印发《青神县非法集资举报奖励暂行办法》的通知	青府办发〔2021〕13 号	2021.10.28
10	青神县人民政府办公室关于印发《青神县行政应诉管理办法》的通知	青府办发〔2021〕14 号	2021.12.10
11	青神县人民政府办公室关于印发《青神县关于加强产业研究服务中心高层次人才引进培养工作若干措施（试行）》的通知	青府办发〔2021〕15 号	2021.12.30

统计资料

2021 年青神县国民经济和社会发展统计公报

2021 年，面对复杂严峻的经济形势，县委、县政府带领全县上下认真贯彻落实党中央、国务院、省委、省政府和市委、市政府决策部署，立足新发展阶段，贯彻新发展理念，构建新发展格局，抢抓成渝地区双城经济圈建设、成德眉资同城化发展机遇，坚持稳中求进工作总基调，科学统筹疫情防控和经济社会发展，有力有效抓好经济社会发展，较好实现全年预期目标，实现“十四五”良好开局。

一、综合

（一）地区生产总值

根据县（区）地区生产总值统一核算结果：2021 年，全县地区生产总值（GDP）100.04 亿元，增长 9.2%，两年平均增长 6.7%。其中，第一产业增加值 12.67 亿元，增长 6.6%，两年平均增长 6.3%；第二产业增加值 40.3 亿元，增长 8.3%，两年平均增长 5.7%；第三产业增加值 47.08 亿元，增长 10.6%，两年平均增长 7.7%。三次产业对 GDP 增长的贡献率分别为 10%、36.1%、53.9%，分别拉动 GDP 增长 0.9、3.3、4.9 个百分点，三次产业结构调整为 12.7 ∶ 40.3 ∶ 47。

（二）民营经济

全年民营经济增加值 58.64 亿元，增长 9.9%，占 GDP 比重 58.6%，对 GDP 的贡献率 62.1%，拉动 GDP 增长 5.7 个百分点。年末工商登记个体工商户 11359 户，私营企业 1726 户。民间投资下降 0.3%，占全社会固定资产投资比重 61.4%。

（三）人口

年末常住人口 16.85 万人，城镇化率 47.7%，其中城镇人口 8.03 万人，乡村人口 8.82 万人。户籍总户数 68771 户，户籍总人口 18.99 万人。

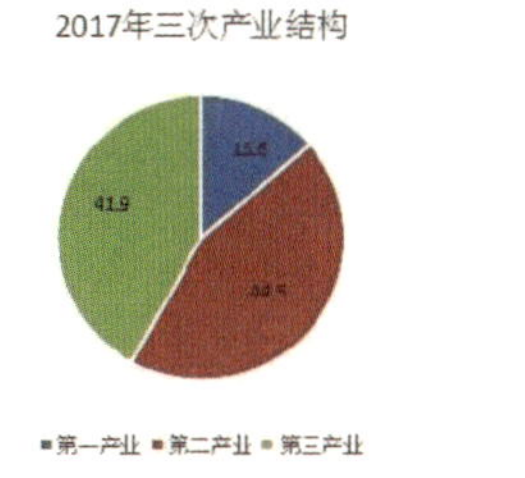

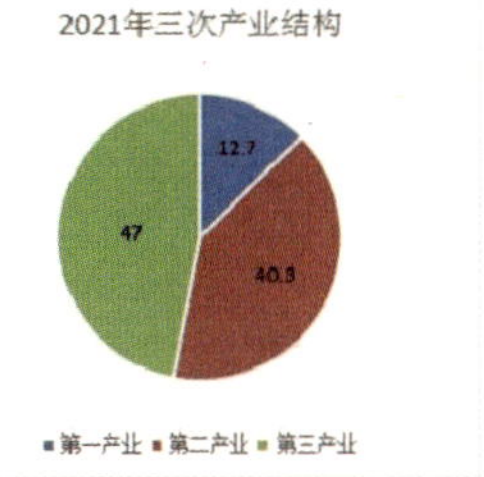

二、农业

全年农作物总播种面积 25.12 万亩，增长 0.7%。其中，粮食作物播种面积 14.01 万亩，增长 0.9%；油料作物播种面积 5.92 万亩，增长 0.7%；中药材播种面积 0.15 万亩，增长 1.4%；蔬菜播种面积 3.59 万亩，增长 0.4%。

全年粮食产量 6.47 万吨，增长 4.1%。其中，小春粮食产量 0.12 万吨，增长 0.5%；大春粮食产量 6.35 万吨，增长 4.1%。经济作物中，油菜籽产量 6599 吨，与去年基本持平；茶叶产量 725 吨，增长 1.7%；水果产量 79758 吨，增长 4.2%。

全年肉类总产量 1.75 万吨，增长 1.6%。其中，猪肉产量 12696 吨，增长 2.4%；牛肉产量 330 吨，增长 5.8%；羊肉产量 115 吨，下降 9.2%。牛奶产量 5805 吨，增长 4.3%。禽蛋产量 4694 吨，下降 1.3%。生猪存栏增长 8.4%，生猪出栏下降 12.5%，羊出栏下降 8.9%，家禽出栏下降 3.4%。

年末已建成高标准农田 10.27 万亩，农业机械总动力 18.13 万千瓦，机耕作业面积 1.3 万公顷，主要农作物耕种收综合机械化水平 84.1%。维修改造提灌站机械数 176 台次，维修改造提灌机械总动力 2370 千瓦。全年农业生产燃油消耗 850 吨。

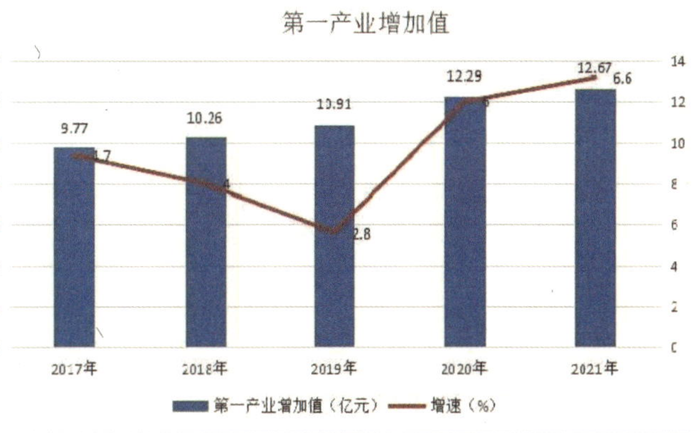

三、工业和建筑业

年末规模以上工业企业 46 户，规模以上工业增加值增长 10.6%。规模以上工业产销率 96.58%，实现营业收入 85.92 亿元，增长 16.6%；实现利润总额 4.19 亿元，增长 6.9%。

全年建筑业增加值 8.31 亿元，增长 2.2%，建筑业总产值增长 11.1%。年末具有资质等级的建筑企业在库 13 户，增长 18.2%；新签合同额 39.0 亿元，增长 41.8%。房屋建筑施工面积 120.7 万平方米，增长 1.9%。房屋建筑竣工面积 61.8 万平方米，增长 12.4%。

四、固定资产投资和房地产开发

全年全社会固定资产投资增长 10.5%。按产业分，第一产业投资增长 85.8%，第二产业投资增长 14.3%，第三产业投资增长 1.1%。按构成分，建筑安装工程类投资增长 14.8%，设备工器具购置类投资下降 19.1%。

全年房地产开发投资增长 9.5%。商品房施工面积 76.28 万平方米，增长 62.2%。商品房销售面积 29.28 万平方米，增长 39.7%。

五、国内贸易、对外经济

全年实现社会消费品零售总额 29.52 亿元，增长 15.8%。其中，限额以上企业（单位）实现消费品零售额 3.87 亿元，增长 30.6%。按经营地分，城镇市场实现消费品零售额 28 亿元，增长 15.7%；乡村市场实现消费品零售额 1.52 亿元，增长 17.4%。按消费形态分，商品零售 19.18 亿元，增长 8%；餐饮收入 10.34 亿元，增长 33.6%。全年进出口总额 1.52 亿元。其中，进口额 890 万元，出口额 1.43 亿元。外商投资实际到位资金 2492.25 万美元。

六、交通、通信和邮电

全年累计完成旅客运输总量 643.88 万人次，旅客运输周转量 24988.78 万人公里；年末境内公路总里程 686.87 公里，等级公路 667.71 公里，高速公路 2.5 公里，乡、村级公路 400.03 公里。机动车保有量 6.41 万辆，其中，大型车 0.12 万辆，小型车 2.53 万辆，新能源汽车保有量 22 辆。

全年电信业务总量 1.59 亿元，增长 28.5%。固定电话用户 4.24 万户，增长 1%。移动电话用户 19.01 万户，增长 5.2%。宽带用户 7.22 万户，增长 7.1%。

全年邮政业务总量 7010.95 万元，增长 28.7%。快递业务量 577.63 万件，增长 65.8%；快递业务收入 2376.73 万元，增长 71.3%。

七、财政、金融和保险

全年地方一般公共预算收入 6.07 亿元，增长 7.3%；地方一般公共预算支出 17.43 亿元，增长 0.1%。

年末全社会存款余额 139.21 亿元，增长 11.4%，贷款余额 78.72 亿元，增长 20.4%。城乡居民储蓄余额 117.71 亿元，增长 11.6%，其中，城镇居民储蓄余额 51.43 亿元， 增长 11.2%；农村居民储蓄余额 66.28 亿元，增长 11.9%。

年末有保险公司 11 家，其中，财险公司 6 家，寿险公司 5 家。全年保费总收入 3.2 亿元，其中，产险保费收入 0.96 亿元，寿险保费收入 2.24 亿元。

八、科技、教体、文化和卫健

全年组织实施市级以上科技计划项目 7 项，向上争取到位无偿科技项目资金 229 万元。获得专利申请授权 176 件。举办科技培训 3 次，参加科技培训人员 120 人次。

年末有各类学校 36 所。其中，幼儿园 16 所，小学 14 所，初级中学 3 所，高级中学 1 所，中等职业学校 1 所，特殊学校 1 所。各类学校在校学生 17665 人。其中，幼儿园学生 3831 人，小学学生 7386 人，初级中学学生 3136 人，高级中学学生 1771 人，中等职业学校学生 1539 人。各类学校专任教师总数 1271 人。其中，幼儿园专任教师 270 人，小学专任教师 528 人，初级中学专任教师 292 人，高级中学专任教师 134 人，中等职业专任教师 44 人。各类学校校舍面积 27.79 万平方米。

全年举办运动会 50 场次，参与运动会 5000 人次。体育协会 14 个，教育系统体育场地 20 个。

年末文化馆 1 座，文化站 10 个，博物馆 1 座，公共图书馆 3 座，公共图书馆藏书量 13.9 万册。广播电视台 1 座，有线广播电视用户 2.1 万户。公共广播节目、电视节目播出时间分别为 0.19 万小时和 0.49 万小时。

年末医疗卫生机构 185 个，实有床位数 1243 张。医院卫生机构技术人员 1197 人。其中，执业医师 347 人，注册护士 541 人。门急诊人数 97.42 万人次，实际占用总床日数 35.47 万床日，病床使用率 80.92%。

九、人民生活、社会保障

全年全体居民人均可支配收入 30086 元，增长 9.5%。城镇居民人均可支配收入 40913 元，增长 8.4%；农村居民人均可支配收入 23331 元，增长 10.4%。全体居民人均消费支出 22239 元，增长 10%。城镇居民人均消费性支出 28689 元，增长 9.1%；农村居民人均消费性支出 18216 元，增长 10.7%。

全年参加城乡基本养老保险 9.4 万人，工伤保险 1.8 万人，失业保险 1.21 万人，城乡居民基本医疗保险 15.91 万人，城镇职工基本医疗保险 1.8 万人。发放养老金 0.56 亿元，失业金 58.05 万元，支出城乡居民基本医疗保险待遇 1.18 亿元，城镇职工基本医疗保险待遇 0.59 亿元。

全年城镇新增就业 0.28 万人，失业人员实现再就业 584 人，就业困难人员实现就业 324 人，城镇登记失业率 3.0%。组织各类就业、创业培训 0.44 万人次，发放小额担保贷款 850 万元。

年末城乡低保保障人数 5734 人，支出保障金 0.2 亿元。城乡特困供养人员 1378 人，集中供养率 25%。每千老年人口养老床位数 27 张，老年学校 1 所。社区服务设施 20 个，农村社区综合服务设施覆盖率 100%，城市社区综合服务设施覆盖率 100%。全年销售福利彩票 0.11 亿元。

十、资源、环境和安全生产

全年水资源总量 2.6 亿立方米。水库总数 23 座。水利建设总投资 2.63 亿元。年末森林面积 1.88 万公顷，森林覆盖率 48.63%。全年空气质量优良天数 344 天，城市空气质量达标率 94.2%。PM_{10} 年平均浓度 44.5 微克 / 立方米，$PM_{2.5}$ 年平均浓度 27.3 微克 / 立方米。

全年各类生产经营性事故 3 起，死亡 3 人。其中，工矿商贸事故死亡 1 人。全年产品质量合格率 94.4%。

十一、司法与公证

全年律师代理案件 401 件，法律援助 155 件，法院受理案件 76 件，结案 71 件。年末有公证处 1 家，办理公证业务 123 件。年末有专职调解人员 16 人，化解纠纷 1296 件。

注：

1. 公报中各项数据为初步统计数据，正式数据以《青神县统计年鉴—2022》为准。部分数据采取四舍五入收舍小数后，总计与分项合计可能存在尾数差异。

2. 文中表述某个指标“增长”和“下降”，如无特别说明，指的是与上年相比。

3. 公报中林业、渔业、农业机械、交通运输、工商登记、邮政、电信、财政、金融、旅游、对外贸易、保险、教育体育、科技、文化、卫生健康、人民生活、社会保障、资源、环境、安全生产等统计资料来源于相关部门。

4. 公报中地区生产总值、分产业分行业增加值绝对数按当年价格计算，增长速度按可比价格计算。

5. 主要农作物包括水稻、玉米、小麦、油菜。

6. 教育数据未包含高等教育。

索　引

编制说明

一、本索引为《青神年鉴（2022）》的内容分析索引。通过本索引所选的主题词条，可以对具有独立检索意义的完整资料进行检索。

二、本索引按汉语拼音字母（同音字按声调）顺序排列。索引词条用楷体字标明。数字表示该词条内容所在页码。内文中有关图表仅对其标题进行索引。

三、内文中的"大事记"“特载”“专记”和“附录”类目，以及随文照片和彩色图片未做索引。

A

B

C

G

H

J

K

L

M

N

P

Q

Y